S. FISCHER

Paul Jankowski

Das Wanken der Welt

Wie 1933 der Weltfrieden verspielt wurde

Aus dem Englischen von Bernhard Josef

S. FISCHER

Aus Verantwortung für die Umwelt hat sich der S. Fischer Verlag zu einer nachhaltigen Buchproduktion verpflichtet. Der bewusste Umgang mit unseren Ressourcen, der Schutz unseres Klimas und der Natur gehören zu unseren obersten Unternehmenszielen. Gemeinsam mit unseren Partnern und Lieferanten setzen wir uns für eine klimaneutrale Buchproduktion ein, die den Erwerb von Klimazertifikaten zur Kompensation des CO_2-Ausstoßes einschließt. Weitere Informationen finden Sie unter: www.klimaneutralerverlag.de

FSC www.fsc.org
MIX
Papier aus verantwortungsvollen Quellen
FSC® C083411

Erschienen bei S. FISCHER

Die englischsprachige Ausgabe erschien 2020 unter dem Titel »All Against All. The Long Winter of 1933 and the Origins of the Second World War« bei Profile Books Ltd., London, und HarperCollins Publishers, New York.

Satz: Dörlemann Satz, Lemförde
Druck und Bindung: CPI books GmbH, Leck
Printed in Germany
ISBN 978-3-10-397236-8

Inhalt

Zum Geleit

Mitunter werde ich gefragt, womit ich mich als Historiker gerade beschäftige. Mit dem Augenblick in den 1930ern, antworte ich dann, in dem die Weltmächte und einige der kleineren Staaten sowohl der »Weltordnung« – oder was davon noch übrig war – als auch einander den Rücken kehrten. »Hört sich ganz nach heute an«, meint mein Gegenüber dann oft.

Ich bin mir da nicht so sicher. Zwischen Herbst 1932 und Anfang Sommer 1933 kam Hitler an die Macht, Japan schickte Truppen über die Chinesische Mauer und trat aus dem Völkerbund aus, Mussolini schielte südwärts nach dem Horn von Afrika, Roosevelt, eben zum Präsidenten gewählt, sorgte mit seiner Isolationspolitik für eine Vertiefung der Kluft zwischen den USA und Europa, die Briten zogen sich in den Schutz ihres Empires zurück, und Frankreich sah, wie gleich drei Premiers erfolglos versuchten, seine beiden früheren Verbündeten in den magischen Kreis der Sieger von 1918 zurückzuholen. Stattdessen gerieten die drei ehemaligen Alliierten in einen erbitterten Streit um Kriegsschulden, Waffen, Währungen, Zölle und das Deutsche Reich. Nicht zum ersten Mal. Diesmal aber waren trotz jahrelanger gemeinsamer Vorarbeit unter der Ägide des Völkerbunds gleich zwei Weltkonferenzen gescheitert, die eine zur Abrüstungsfrage, die andere zur Sanierung der Weltwirtschaft. Mauern gingen hoch, wohin man auch blickte. In diesem langen Winter schlug die Nachkriegswelt endgültig in eine Vorkriegswelt um. Hört sich das wirklich nach heute an? Ich bin mir da, wie gesagt, nicht so sicher.

Der Glaube an eine Fragmentierung der Welt sitzt tief. Hinter ihm steht die Annahme, dass zentrifugale nationalistische Kräfte wiedererstarken und gegen die Schimäre globaler Integration konspirieren, die naiven Gemütern nach dem Ende des Kalten Krieges den Kopf verdrehte. Darüber hinaus beschwört die finstere Parabel der 1930er-Jahre den Aufstieg autoritärer Bewegungen und ihrer demagogischen Führer nebst einem Heer wirtschaftlich Unzufriedener, das sie mutmaßlich stützte. Beinahe, als besäßen sie Endgültigkeit, reihen die Gewissheiten sich aneinander. Nationalismus, Autoritarismus, soziale Ressentiments – dergestalt nimmt sich die dämonische Triade aus, die heute rund um den Globus zu beobachten ist, sich in aller Welt bemerkbar macht und die man im fernen Spiegel von W. H. Audens »elender, ehrloser Zeit« reflektiert wähnt.

Historische Analogien sind leicht zu entkräften. Die unsere basiert auf verworrenen Annahmen über die Welt von damals wie die von heute. So hat in einigen Ländern die wirtschaftliche Katastrophe der frühen 1930er-Jahre in der Tat dazu beigetragen, dass eigentlich unbedeutende faschistische Parteien sich zu Massenbewegungen aufblähten. In den Vereinigten Staaten und Frankreich jedoch brachte sie sozialdemokratische Regierungen der linken Mitte an die Macht. Und bis vor kurzem noch konnten im Geruch einer Blutsverwandtschaft mit denen der 1930er-Jahre stehende »Nationalpopulisten« oft gerade in den wohlhabendsten Ländern Erfolge verbuchen, während sie sich in anderen, in denen schleppendes wirtschaftliches Wachstum und hohe Arbeitslosigkeit herrschen, eher schwertun. Die meisten der autoritären Regierungen der 1930er-Jahre waren bei Ausbruch der Weltwirtschaftskrise bereits an der Macht und versuchten die ungebärdigen Faschisten – wenigstens eine Zeitlang – von den Regierungsgeschäften fernzuhalten. Mit zur lautesten ethnisch beziehungsweise rassisch motivierten Panikmache kam es in den demokratischsten Kulturen. Das Modell scheitert an seiner eigenen Reichweite. Es führt zum ewigen Streit zwischen dem Historiker, der den Wald vor Bäumen nicht sieht, und dem Politikwissenschaftler, der den Wald, aber keine Bäume zu sehen vermag.

Bedürften wir zur Erhellung unserer gegenwärtigen Dilemmata unbedingt einer historischen Analogie, so wäre die Welt um 1900 dazu wahrscheinlich besser geeignet als die der 1930er-Jahre. Anfang des 20. Jahrhunderts erbrachten die transnationalen Bewegungen von Menschen, Gütern und Kapital neben einer globalen Integration auch protektionistischen Eifer, die Heraufbeschwörung der »gelben Gefahr«, die Propagierung von *White Australia* und *France d'abord*, die Ausschließungsgesetze in den USA, pangermanische Phantasien in Berlin und Wien. Die Großmächte sorgten sich um ihre Stellung im kommenden Jahrhundert. Die neue Schule der Geopolitik erblickte das Licht der Welt. Der Nationalismus hatte der Globalisierung viel zu verdanken. Das gilt auch heute noch.[1]

Wie dem auch sei, niemand, der heute Zeitung liest, kann sich hier und da eines gewissen Schauers erwehren, schlägt er ein Blatt aus den 1930er-Jahren auf. Wie heute nutzten Demagogen bei ihrem Griff nach der Macht oder deren Erhalt nationale oder ethnische Animositäten; der Internationalismus gleich welcher Ausprägung – Weltkörperschaften, transnationale Zusammenschlüsse, Zivilgesellschaft, Weltrevolution, Freihandel, offene Grenzen, kollektive Sicherheit oder die klare Absage an jegliche Rivalität zwischen den Großmächten –, dieser Internationalismus wurde Opfer der schneidenden Rufe nach dem nationalen Primat. Zuweilen, wenn auch nicht immer, gingen derlei Rufe einher mit Angriffen gegen die Demokratie; zuweilen, wenn auch nicht immer, nützten sie den Demagogen. Unterschiedliche Staaten und Regime, von Moskau über Washington bis Tokio, folgten diesen Rufen auf unterschiedliche Weise. Autoritäre Persönlichkeiten, die sich gegen multilaterale Zwänge von außen ebenso sträuben wie gegen Verfassungen und abweichende Meinungen zu Hause, mögen eher geneigt sein, dem Ruf der 1930er-Jahre – »Jeder für sich!« – zu folgen, aber damals waren sie nicht die Einzigen.

Für einige Beobachter, insbesondere die sogenannten Realisten, sind die sechzig oder siebzig Jahre relativen Friedens und Wohlstands, die wir im Westen seit 1945 unter amerikanischer Ägide hatten, eine Anomalie, ein historischer Zufall, der sich kaum wieder holen wird.[2] Nichts an der politischen Landschaft der 1930er-Jahre vermöchte die Realisten unter den Theoretikern internationaler Beziehungen heute zu überraschen – außer vielleicht die Menge an Tinte, die man auf Lamentos über diese Epoche verschwendet hat. In seiner elementarsten Form zeichnet der Realismus die Welt von Haus aus in dieser Weise: als anarchische Menagerie von Staaten im ständigen Gerangel um Macht, Sicherheit oder ihren jeweiligen Vorteil.[3] So unterschiedlich auch immer die Realisten ihre Landsleute behandeln, so fremd sie einander zu Hause erscheinen mögen – tun sie den Schritt nach draußen und betrachten einander, so gehorchen sie alle ein und derselben Logik, zwingt ihnen die Welt hier doch ihre absolute Indifferenz gegenüber jedweden Regeln auf. Sie sehen sich von ihr zum Wettbewerb verurteilt; wenn auch nicht notwendigerweise zum Krieg gegeneinander, da ihnen immer noch die Zuflucht zu Instrumenten bleibt, mit denen sich Bedrohungen wie die der Unterwanderung oder der Unterwerfung neutralisieren lassen. So können etwa zum Beispiel kleinere Staaten für einen Ausgleich sorgen, indem sie das Kräftegleichgewicht durch Zusammenschluss manipulieren, um der Herausbildung einer Hegemonialmacht in ihrer Mitte vorzubeugen; oder Staaten schrecken ihre gierigeren Nachbarn durch eine offen zur Schau getragene Kriegslust ab; darüber hinaus kann man sich heimlich zusammentun, um einen unverbesserlichen Störenfried in sich zu spalten oder zu eliminieren. Eine Garantie freilich bieten diese Methoden nicht. Der Realismus, nach wie vor die dominante Erklärung für das Verhalten einer Nation gegenüber den anderen, präsentiert eine Welt, anarchisch und kalkulierbar zugleich, in der den scharfsichtigeren unter den Chronisten launische Zufälle die wiederkehrende Sequenz von Bedrohung und Reaktion zu enthüllen vermögen.

So einige taten dies bereits unbewusst, schon bevor Realismus, Neorealismus und ihre Spielarten eine Prämisse in den Stand einer zunehmend anspruchsvollen Theorie erhoben. Gefeierte Darstellungen der Geschichte traditioneller Diplomatie präsentierten Krieg, Frieden und alles dazwischen als Ergebnisse des Ringens moderner Staaten um Überleben, Expansion oder Ruhe. »In dem von

Hobbes imaginierten Naturzustand«, so begann eine von ihnen, »ist Gewalt das einzige Gesetz und das Leben ›ekelhaft, tierisch und kurz‹. Auch wenn der Einzelne nie in diesem Naturzustand existiert hat, für die Großmächte Europas gilt das sehr wohl und von Anfang an.«[4] Zweieinhalb Jahrtausende zuvor bereits hatte Thukydides den Mächten seiner Zeit in etwa dasselbe unterstellt.[5] Weder er noch seine Nachfolger wussten etwas vom realistischen Denken in Bezug auf internationale Beziehungen, zu schweigen von Theorien der rationalen Entscheidung oder der Spieltheorie, in der es in jüngerer Zeit teilweise aufgegangen ist; gemeinsam jedoch war ihnen eine hobbessche Prämisse bezüglich einer primitiven Anarchie in der Welt, die es irgendwie im Zaum zu halten galt, damit der Krieg aller gegen alle nicht einmal mehr zum Zuge kam.

Ebendiese Aussicht plagte die Zwischenkriegsjahre. Köpfe, die in den 1920er-Jahren auf den Großen Krieg als Abstieg in atavistische Zwietracht zurückgeblickt hatten, sahen in den 1930ern einem gar noch verhängnisvolleren Rückfall entgegen: dem Abstreifen jedweder verbliebener Hemmnisse gegenüber menschlicher Barbarei. Immer wieder warnten Persönlichkeiten des öffentlichen Lebens vor dem Ende der Zivilisation. Den Völkermord sah merkwürdigerweise niemand voraus, sehr wohl aber die chemische Kriegführung und ein von Bombern verfinstertes Firmament – zwei der Innovationen des vorhergehenden Konflikts. Zugrunde zu liegen schien alledem die drohende Gefahr eines erneuten Aufflammens weltweiter Anarchie. Arnold Toynbee war nach einem eingehenden Blick auf die öffentliche Meinung des Jahres 1936 so resigniert wie entsetzt zu der düsteren Prognose gelangt, dass eine Situation, die nun vierhundert Jahre währte, durchaus weitere vierhundert Jahre anhalten könnte. Kurzfristig sah er eine hohe Wahrscheinlichkeit, dass »die neue internationale Ära (falls sie denn tatsächlich neu war) auf dieselbe katastrophale Art wie ihre Vorgängerin im 19. Jahrhundert zu Ende kam«.[6]

Ob er sich nun, wie seine klassischen Vorläufer, dafür aussprach, aus der Not eine Tugend zu machen, oder ob er, wie es seine strukturell ausgerichteten Vertreter taten, die unerbittlichen Zwänge einer anarchischen Welt enthüllte, der Realismus empfahl die Wahrung des Gleichgewichts der Kräfte nicht nur, er sagte sie auch voraus.[7] Er sah eine unablässige Folge immer wieder aufs Neue geschaffener Kräftegleichgewichte in einer multipolaren, ja für einige sogar bipolaren Weltordnung, ohne sich um eine Erklärung für ihr Gedeihen oder Verkümmern zu bemühen oder dafür, ob Konflikte aus ihrer Entstehung oder aus ihrer Auflösung erwuchsen. In einem der Organisationstheorie entlehnten Schema würde dem Realismus zufolge alles bestimmten ungeschriebenen Regeln gehorchen, insofern die schwächeren Staaten es den erfolgreichsten gleichzutun versuchen. Nur trat in den Zwischenkriegsjahren dergleichen nicht ein. Die Bündnisse, die den Großen Krieg über gehalten hatten, lösten sich nach Kriegsende nach und nach auf, und kein neues nahm ihren Platz ein. Obwohl Großbritannien Deutschlands Rehabilitation zu befördern versuchte, während Frankreich ihr mit zunehmender Dringlichkeit Einhalt zu gebieten trachtete, kam jenes Irrlicht namens Gleichgewicht der Kräfte nie zustande. Die Sowjetunion, die morgens jedwedes Bündnis europäischer Mächte zu konterkarieren, mittags eines gegen Deutschland zu bewirken und abends selbst eines mit dem Reich zu schließen versuchte, schien der realistischen Logik am treuesten anzuhängen; aber es handelte sich hier um taktische Mittel, die ihr die eigene Militarisierung erlaubten, mit der man vor allen anderen Mächten begann. Und die Vereinigten Staaten interessierte ein Gleichgewicht der Kräfte erst gar nicht, egal welcher Art.

Später versuchten die Realisten die Instabilitäten der Zwischenkriegswelt strukturellen Mängeln zuzuschreiben – indem sie zum Beispiel erklärten, dass sich kein System herausgebildet habe, das den Frieden hätte bewahren können, wie es 1815 auf dem Wiener Kongress mit dem »Konzert der Mächte« erfolgt war, oder dass keine Weltmacht den Platz eingenommen habe, den Großbritannien im vorigen Jahrhundert innegehabt habe, oder dass die tripolare Welt vor dem Zweiten Weltkrieg eben gefährlicher gewesen sei als die bipolare danach.[8] Alle diese strukturellen Mängel waren ihrer Ansicht nach dazu angetan, einen weltweiten Zusammenstoß zu beschleunigen – in etwa so, wie ein Heer zu einer Bande von Plünderern verkommt, ist eine Stadt erst mal überrannt. Nur warum kam ein Konzert der Mächte nicht zustande? Warum wollten die Männer, die 1919 aus Versailles zurückkehrten, ein solches nicht im selben Maße wie ihre Vorgänger ein Jahrhundert zuvor in Wien? Und die Welt zwischen den Kriegen war auch keine tripolare; ihre Pole waren vielmehr in ständiger Veränderung begriffen hinsichtlich Zahl und Gewicht – Variablen, die der strukturelle Realismus zwar einräumt, aber nicht weiter erklärt.

Als Theorie erklärte der Realismus diese Welt kaum; als Rezept billigte er Isolationismus und Appeasement. Ersterer bemühte geopolitische Notwendigkeiten, Zweiteres berief sich auf die Realitäten der Macht. E.H. Carr, einer der renommiertesten frühen Realisten der Zwischenkriegszeit, sprach sich für eine Ermutigung Deutschlands zur Südost-Expansion aus und hielt noch im Frühjahr 1939 große Stücke auf den »Realisten« Neville Chamberlain. Später fragte er sich, wie er nur so blind hatte sein können. Und die Frage war berechtigt. Wie andere nach ihm hatte er die transformative Kraft des Glaubens oder des Fanatismus in der Geschichte verkannt. Würden allein internationale Strukturen das Verhalten von Staaten zueinander bestimmen, ein Gutteil der aufgezeichneten Geschichte hätte sich erst gar nicht ereignet. Carr selbst rückte bald von den Implikationen eines ungezügelten Realismus ab.[9]

Freilich herrschte die Doktrin, so beharrlich sie sich auch hielt, zu keinem Zeitpunkt unangefochten. Was auch für Hobbes' Ansicht vom Naturzustand gilt. Über Jahrhunderte hinweg stellten Staatsphilosophen sich eine primitive Menschheit ganz anders vor und ersannen einen zivilisierten Gegenentwurf. Liberale Denker begannen eine Welt voll gegenseitiger Abhängigkeiten und Verflechtungen ins Auge zu fassen, in der Nationalstaaten Neid und Missgunst wenigstens teilweise überwinden, von einigen ihrer Vorrechte abrücken, sich eines Teils ihrer Waffen entledigen. In den Zwischenkriegsjahren hofften sie, der Katastrophe weniger durch die Ausbalancierung der Machtverhältnisse entgegenzuwirken als durch die Aufgabe des Primats absoluter nationalstaatlicher Souveränität – jenes irreduziblen Elements der modernen Welt und eines Gutteils realistischen Denkens. Was sie sich in Genf vorstellten, war ein System kollektiver Sicherheit, das jeden potenziellen Aggressor in ihrer Mitte in die Schranken verwies. Das Konzept war mit einem gerüttelt Maß an Unklarheiten verbunden: Würde eine Ächtung durch die Weltmeinung ausreichen, oder wäre es den Mitgliedern des Völkerbunds möglich, Gewaltmaßnahmen gegen den Missetäter zu ergreifen? Letzteres war eine Aussicht, an der so manches liberale Gewissen sich stieß. Der Glaube an die Vorstellung jedoch bewegte Millionen, ob sie ihn nun definieren konnten oder nicht. Der Marxismus, auf seine Weise nicht weniger optimistisch als der klassische Liberalismus, prophezeite die Auflösung des Nationalstaats durch das Fortschreiten des Kapitalismus. Und auch wenn der Chiliasmus der Internationalen letztlich zur Auflösung des Marxismus führen sollte, für den Augenblick leuchtete er so manchem Konvertiten, Renegaten oder Pilger den Weg zu einer klassen- und kriegslosen Welt.

Zum Ende des Großen Krieges proklamierte zunächst Woodrow Wilson, dann Wladimir Iljitsch Lenin eine solche freundliche Vision für die Welt. Beide sollten ihre Visionen binnen einiger Jahre und noch zu Lebzeiten sich wieder auflösen sehen, und in den 1930er-Jahren verschwanden sie endgültig. Ihre Jünger hielten ihnen zwar die Stange, aber die Welt blieb nicht stehen. Die Mächte, die in Genf der kollektiven Sicherheit einen Schrein errichtet hatten, unternahmen im Falle der Mandschurei nichts, um der Idee zu ihrem Recht zu verhelfen; sie hielt sich noch eine Weile, um schließlich vor den Provokationen der Italiener und der Deutschen in Afrika wie in Europa selbst zu kapitulieren. Wilson hatte das zweite Versprechen seines Traums, die nationale Selbstbestimmung, nur den Völkern des europäischen Kontinents angeboten, und einige von ihnen, neue Minderheiten in neuen Staaten, standen danach schlechter da als zuvor. Der Liberalismus von Freihandel und unsichtbarer Hand, dem der Realismus die Ansicht verdankte, alle Akteure arbeiteten unbewusst an einem internationalen System, das größer ausfallen würde als sie selbst und den Marxismus insofern widerspiegelte, als es die Erosion von Staaten und Grenzen durch die Gezeiten des Handels verhieß, verschwand unter den Trümmern der Depression.[10] Die Sowjetführung schloss sich dem internationalen System alsbald in dem Maße an, in dem sich für sie ein solches ausmachen ließ.

Mitte der 1930er-Jahre sah sich jeder, der die Staatslenker der Welt nach den sie bewegenden Kräften befragte, in einer Wüstenei von Antworten. Selbstredend zogen sie einer wie der andere die Selbsterhaltung der Auslöschung vor, aber sowohl das Versprechen als auch die Bedrohung, die sie in historischen Visionen jeglicher Art zum Ausdruck brachten – sei es unter den Aspekten von Raum und Rasse wie bei Deutschen oder Japanern, sei es in Form von Sehnsucht nach alter Größe wie im Falle von Italienern und Ungarn, sei es, wie im Falle der Briten und ihres unermesslichen Empires, in der Freiheit der Meere und allem, was damit einherging. Die Sowjets sorgten sich unentwegt um die Verteidigung ihres Mutterlands, Befürchtungen, die fast so berechtigt waren wie die von Franzosen oder Polen. Ähnliches galt für die Amerikaner, die fest entschlossen waren, sich fernzuhalten von den tückischen Fallstricken der alten Welt. Es musste nicht weiter überraschen, so unterschiedliche Protagonisten jeweils nach ihren eigenen diplomatischen und militärischen Sternen navigieren zu sehen. Briten und Franzosen verwarfen nach und nach die Schimäre kollektiver Sicherheit, hielten sich jedoch nach wie vor an die Staatskunst von Richelieu, Castlereagh und Bismarck, schlossen mit anderen Worten Verträge, verbuchten kleine Zugewinne, ließen sich auf Kompromisse ein; und sie fassten, falls denn doch einer kommen sollte, einen Krieg ins Auge, der zwar länger, aber dafür weniger grausam ausfallen und ihren Nationen die verheerende Wirkung ersparen würde, die sich nur allzu lebhaft ausmalen ließ. Deutschland und die Sowjetunion unterzeichneten Verträge und verkündeten dieselbe Art von Mäßigung, hielten den Frieden jedoch insgeheim für vorübergehend und bereiteten sich für den Fall des Falles auf einen Vernichtungskrieg vor.

Weder der Realismus noch die meisten konkurrierenden Theorien internationaler Politik müssen näher auf derlei nationale Eigenheiten eingehen. Die Theoretiker graben die Grammatik der internationalen Geschichte aus; die Historiker bergen ihre gesprochenen Sprachen. So wird etwa den Realisten zufolge internationales Verhalten ausschließlich von Macht, Sicherheit oder »Selbsthilfe« bestimmt. Auf welche Weise Veränderungen in Weltanschauung und Außenpolitik diese – und jeden anderen Impuls – ausdrücken, ist für sie bestenfalls von nachgeordnetem Interesse; der Begründer des strukturellen Realismus Kenneth Waltz schloss sie aus seinem theoretischen Ansatz aus.[11] Für den Historiker jedoch stehen sie im Mittelpunkt und damit ganz oben an – eher im Plural als im Singular, eher wechselhaft als beständig und nie und nimmer auf ein universales Verlangen, eine einzige Furcht oder die Unterwerfung unter einen eindeutigen und systemischen Deus ex Machina zurückzuführen. Von ihrem Ende des Teleskops aus beobachten Historiker, wie große und kleine Staaten – zuweilen auf bestürzende Weise – das Gesicht verändern, das sie der Welt präsentieren. Allein das 20. Jahrhundert könnte hierfür faszinierende Beispiele bieten. So übernahmen die Vereinigten Staaten innerhalb einer Dekade, der 1940er-Jahre, eine Rolle in der Weltpolitik, die sie ihre ganze Geschichte hindurch sorgsam gemieden hatten. In einer anderen Dekade, den 1980er-Jahren, machte die Sowjetunion sich ein neues Sicherheitskonzept zu eigen, das zu einer Veränderung ihrer Beziehungen nicht nur zu ihren Nachbarn, sondern auch zu ihrem wesentlichen Widersacher führte. Binnen einer Generation, lange vor der Wiedervereinigung, hatte Deutschland sich derart verändert, dass jemand, der mit dem Verhalten des Reichs in der ersten Hälfte des Jahrhunderts vertraut war, es nicht wiedererkannt hätte. War Deutschland einst begierig auf eine Position, die mit eigenen Ressourcen unmöglich zu halten war, schreckte die Bundesrepublik nun vor einer Stellung zurück, zu der sie geradezu prädestiniert schien. Japan entsagte der imperialen Eroberung nebst den Waffen, mit denen man diese garantiert hatte. Sicher erklären sich solche Verschiebungen durch besondere Umstände, aber eben auch durch bewusste Willensakte, durch die Anpassung eines nationalen Narrativs an ein neues Ziel. Der amerikanische Exzeptionalismus konnte sowohl zu Interventionismus als auch zu Isolationismus führen. Deutschland und Japan verzichteten auf die Sprache existenzieller Panik und trennten den nationalen Erfolg vom militärischen. Und die noch junge Sowjetunion hörte auf, die Welt nur unter dem Aspekt der Bedrohung zu sehen.

Hin und wieder beschließen Staaten, wie auch immer sie sich selbst sehen mögen, eine Veränderung des internationalen Systems, mittels dessen sie einander sehen. Sie definieren es lieber, als sich ihm zu unterwerfen. So etwa 1815, als die europäischen Mächte im Bund gegen Frankreich im kommenden Frieden Stabilität über individuelle Ausdehnung stellten. Sie entschlossen sich, den Gedanken des Kräftegleichgewichts und damit einen wettbewerbsorientierten Zeitvertreib aufzugeben, der seit 1763 nichts als Ungleichgewicht und endemische Kriege gebracht hatte, und sich stattdessen auf ein Konzert ineinander verschränkter Verpflichtungen und Restriktionen zu konzentrieren. Nicht jeder profitierte davon – Polen und Sachsen konnten ein Lied davon singen –, und das System baute mit Großbritannien und Russland auf zwei hegemoniale Flankenmächte, um die Länder dazwischen an der Kandare zu halten; sein Geist jedoch ersparte dem Kontinent über eine ganze Generation hinweg einen Krieg zwischen den Großmächten und gar ein Jahrhundert lang einen allgemeinen.[12] Nach 1945 hielt man es erneut so, als die USA zusammen mit ihren ehemaligen Verbündeten und Gegnern und den Ländern der sich herausbildenden Europäischen Gemeinschaft ein weiteres System internationaler Zusammenarbeit ersannen. Es glich keinem bis dahin bekannten, stellte aber einmal mehr das gemeinsame über das individuelle Ziel. Und wieder erbrachte es eine lange Friedenszeit. Der Kalte Krieg allein vermochte die Beteiligten nicht dazu zu bringen, auf kurzfristige zugunsten langfristiger Befriedigung zu verzichten – man hatte das bereits vor dem Einsetzen der Eiszeit in den späten 1940er-Jahren ins Auge gefasst und hielt das weiter so, als in den 1970er-Jahren Tauwetter einsetzte und der Kalte Krieg in den 1990ern zu Ende ging. Die Beteiligten hatten sich verändert.[13]

In den Zwischenkriegsjahren jedoch passierte das Gegenteil. Alle Anstrengungen, das internationale System zu verändern, jede Verhandlung in den 1920er- und Anfang der 1930er-Jahre, sei es in Washington, Genf, Genua, Locarno, Den Haag oder London – noch vor Mitte der 1930er-Jahre waren sie alle gescheitert. Die Probleme begannen zu Hause, im eigenen Land. Die größeren genauso wie die kleineren Mächte erfasste ein Gefühl interner wie externer Verwundbarkeit. Es war dies nicht das erste Mal, bereits 1914 war es einigen Kontinentalmächten so ergangen, aber nie hatte das Phänomen so viele sowohl in als auch außerhalb der Regierungskreise gleichzeitig im Griff, und das sowohl in Europa als auch in Nordamerika und Ostasien. Es markierte eine neue Art von Nationalismus, der weniger auf einen bestimmten Unterdrücker oder Erbfeind gerichtet war als auf eine feindliche Welt, die sich sowohl durch Akteure zu Hause – oder innerhalb eines Empires – als auch im Ausland manifestierte. Kommunismus, Zuwanderung, Kapitalismus, das Judentum, der Westen, Pazifismus, die existenzielle Bedrohung in all ihren Masken – derlei Schrecken überschritten mühelos Grenzen; und wo immer sie Fuß fassten, wer immer sie sich zunutze machte, sie schlichen sich sowohl in die Innen- wie in die Außenpolitik ein.

Eine Erklärung für die weltweite Verbreitung solcher Ängste könnte die Globalisierung liefern, zusammen mit der Verbreitung von politischen Sprachen, die Völkern, die einst taub gegenüber einander waren, verständlich waren. Die Ausbreitung der Demokratie, liberal oder nicht – die Erweiterung der politischen Nation – könnte ihre Wirkung erklären. Beide Phänomene sind jedoch keineswegs Neuerungen des 20. Jahrhunderts, sondern etablierten sich bereits im Jahrhundert zuvor. Und die Masse wartete nicht etwa darauf, als Kraft in den internationalen Beziehungen hier und da ihre Stimme zu erheben. Im 16. wie im 17. Jahrhundert, als Armeen durchaus Mobs ähneln konnten, hielten sowohl der Volkszorn als auch die Staatskunst die Religionskriege in West- und Mitteleuropa in Gang. Im 18. Jahrhundert unterbrach die Frankophobie beim britischen und die Austrophobie beim französischen Volk die Schachpartien der Diplomaten, und in der Mitte des 19. Jahrhunderts zog der Sog der Russophobie in London und des christlich-orthodoxen Eifers in Sankt Petersburg die Regierungen in einen Krimkrieg, den einige ihrer weiseren Mitglieder lieber vermieden hätten. Der Palast hörte, wenn auch oft nur ungern, auf den Mann auf der Straße. Und bald darauf auch auf Aufsichtsräte und Zeitungsleute. Eine ganze Schule deutscher Historiker, die sich für das Primat der Innenpolitik starkmachte, schreibt einen Gutteil des wilhelminischen Kriegsgehabes, ja überhaupt der Krise vom Sommer 1914, dem Kunstgriff zu, die öffentliche Meinung von heimischen auf ausländische Ziele zu lenken oder die mächtigen heimischen Lobbys zu beschwichtigen, die gefügigen Kanzlern schwindelerregende Ausblicke auf eine kontinentale Vorherrschaft schmackhaft zu machen versuchten.[14] Die Diplomaten von Wien hatten 1815 die heimische öffentliche Meinung noch größtenteils ignorieren können. Im Versailles von 1919 konnten sie das nicht mehr, wenngleich sie sich immer noch absonderten, als ob sie es nach wie vor könnten.

Das Neue an der Krise der Zwischenkriegszeit war mitnichten, dass die Kabinettsdiplomatie damals so passé war wie die Kabinettskriege; neu war vielmehr die Art, in der Massenpolitik endgültig gegen jedes über den augenfälligsten unmittelbaren Eigennutz hinausgehende internationale Engagement zu wirken begann. Damit hielten die kriegerischen Optionen Vermeiden oder Raubzug auch in der Friedenszeit Einzug. Die Aushärtung des Schemas erfolgte kurz nach der Halbzeit zwischen dem Ersten und dem Zweiten Weltkrieg, Anfang der 1930er-Jahre, in ebendem Augenblick, den das vorliegende Buch beschreibt. »Der Rechtshistoriker«, so sagte der bedeutende englische Mediävist Frederic William Maitland im Rahmen seiner Antrittsvorlesung in Cambridge 1888, »wird oft vom Klaren hin zum Vagen arbeiten müssen, vom Bekannten zum Unbekannten«.[15] Er würde also gleichsam mit dem Ende beginnen müssen – und ebenso könnte der Historiker der frühen 1930er-Jahre zurück in die Vergangenheit reisen, ausgehend vom dokumentierten Scheitern internationaler Konferenzen, um dann über die vageren Terrains heimischen Widerstands gegen Verpflichtungen im Ausland schließlich auf das im Dunkeln liegende Territorium nationaler Kopfgeburten zu stoßen.

Letztere führten unter anderem zu Hitler, zur Flucht aus kollektiven Verpflichtungen, zur Passivität der Westmächte, zur japanischen Herausforderung und zum sowjetischen Verfolgungswahn. Desgleichen führten sie mit zum Zweiten Weltkrieg, auch wenn sie nicht unmittelbar zu seinen Ursachen zählen, die vielmehr in dem zu suchen sind, was in den folgenden Jahren getan respektive versäumt wurde. Ihren Ursprung hatten sie in der jüngsten Erfahrung, allen voran dem Großen Krieg und der Großen Depression, aber auch in der eher fernen Überlieferung nationaler Großtaten, Prüfungen oder Demütigungen; darüber hinaus schlugen sie eine Brücke über die Kluft zwischen gelebter und erdachter Geschichte. Unter Amerikanern war der Krieg in Europa eine Erinnerung, Isolation eine Illusion, Neutralität eine Politik, aber mochte ihre Sprache auch an Präzision gewinnen, die Zahl derer, die sich entsprechend äußerten, ging zurück. Im Raum zwischen den größtenteils schweigenden Millionen, die sich noch erinnerten, und der regierenden zungenfertigen Minderheit erhob sich das Stimmengewirr des öffentlichen Diskurses, in dem nationale Anschauungen Form annahmen und sich dominierende Motive herausbildeten: Deutschland als Opfer, Sowjetrussland als Erlöser und Paria, Japans Jahrtausendmission in Asien, sein Heil in der Mandschurei, Großbritanniens imperiale Freistatt – derlei kollektive Vorstellungen spielen eine große Rolle auf den kommenden Seiten, da man ohne sie unmöglich einen Einblick in die geistige Welt bekommt, in der sich selbst die pragmatischsten Staatsoberhäupter bewegten und einander begegneten und in der die Kinder des Ersten zu den Eltern des Zweiten Weltkrieges wurden.

Jahre später, nach Krieg und Völkermord, versuchte der eine oder andere Historiker sich an einer allgemeinen Erklärung für das, was der Welt da widerfahren war. Weit mehr jedoch versuchten sich an einer Erklärung für die europäische Katastrophe von 1914 als an einer für den weit größeren globalen Konflikt, der hier und da zwischen 1937 und 1941 ausbrach. Letzterer schien nationale oder regionale Konflikte zu vereinen, die man am besten einzeln, jeden für sich verstand. Außerdem erschien paradoxerweise die schrittweise Ausbreitung des Krieges über drei Kontinente auf den ersten Blick weniger mysteriös als die Angstattacke im Sommer 1914 ausgerechnet auf dem kleinsten von ihnen, Europa. Für die Nachwelt am verständlichsten waren die Kriegsherde in Ostasien 1937, in Europa 1939 und im Pazifik 1941, da sie eine Vorgeschichte hatten, die so bunt, kontrovers, in den Archiven nur allmählich zugänglich und in mancher Hinsicht auch ohne die nachfolgenden Konflikte die eingehendere Betrachtung wert war. Der Krieg verwüstete einen Gutteil des Planeten, und die großen oder gar weltweiten Strategien, die Verbindungen zwischen dem einen Kriegsschauplatz und dem anderen, zogen die Aufmerksamkeit so einiger Fachleute an; eine Suche von vergleichbarem Umfang nach den Ursachen hinkte da eher launisch hinterher.[16]

Die eine oder andere dieser Fragestellungen beschäftigte führende amerikanische und europäische Köpfe schon unmittelbar nach dem Zweiten Weltkrieg, wie einige – nicht alle – ihn damals bereits nannten.[17] Implizit oder explizit gaben sie die Schuld für den weltweiten Flächenbrand dem in den 1930er-Jahren erfolgten Zusammenbruch von liberaler Demokratie, Wirtschaftswachstum, internationaler Handels- und Investitionstätigkeit und eines kollektiven, alle einbeziehenden Sicherheitssystems. Sie sahen die einzelnen Faktoren als Vorbedingung für die anderen und dachten sich die neue Welt, die zu schaffen ihnen vorschwebte, als das schematische Gegenteil der alten. Es war kein Zufall, dass sie, ganz im Gegensatz zu 1815, sowohl die heimische als auch die internationale Gesellschaft zu verändern trachteten. Im Lauf der Zeit schienen Frieden und Wohlstand im Westen ihre Prämisse zu bestätigen, war sie doch als politische Richtlinie unanfechtbar, wenn auch solipsistisch als historisches Argument. Sicher, Zusammenbrüche hatten zum Zusammenbruch geführt. Es oblag den Historikern zu erklären, wieso die ökonomische Stagnation ausgerechnet diesmal, das war ja nicht immer so gewesen, zum Krieg geführt haben sollte; und warum der Rückzug der Demokratie zum Krieg geführt haben sollte, was ebenfalls kaum eine gesetzmäßige Folge war. Entsprechend tat man sich schwer mit Antworten, die auch über nationale Grenzen hinweg von überzeugender Gültigkeit waren.

Die Geschichte der Diplomatie führte den Versailler Vertrag ins Feld, was in der Gegenüberstellung von zufriedenen und unzufriedenen Signataren resultierte. Aber lange bevor Hitler 1939 seinen Krieg begann, hatte die Entwicklung so gut wie all die Bestimmungen, die die Deutschen als demütigend empfanden, null und nichtig gemacht. Warum verschärften sich die Spannungen erst, *nachdem* die aus dem Großen Krieg resultierenden Missstände – mit Einwilligung der Siegermächte – beseitigt waren? Die Wirtschaftshistoriker setzten auf die Depression, die auf der Rechten Nationalisten – in faschistischer, rassistischer oder militaristischer Form – hervorbrachte, die sich für die Einrichtung aggressiver Regime starkmachten, welche die Expansion verfolgten und das Heil im Ausland sahen. Aber die Depression vermochte ebenso wenig zu erklären, warum sich solche Nationalismen so beharrlich hielten, noch den Umstand, dass sie sich sogar noch verfestigten, wo sich doch gerade einige der verbittertsten Kläger – Japan und Deutschland – stetiger als andere von der ökonomischen Katastrophe der frühen 1930er-Jahre erholten. Eine psychosoziale Geschichtsschreibung baute auf die entwürdigenden Auswirkungen des totalen Krieges und ging davon aus, dass sechzig bis siebzig Millionen Veteranen die Brutalität, die ihnen im Großen Krieg begegnet war, auf ihre zivile Welt übertrugen. Die Massendiagnose erklärte freilich nicht, warum so viele stattdessen zu Pazifisten wurden oder warum deutschen, italienischen oder russischen Kriegsheimkehrern Brutaleres widerfahren sein sollte als ihren französischen oder britischen Pendants.[18] Der Übergang vom Frieden zum Krieg gestaltete sich unterschiedlich von Nation zu Nation; jede folgte ihrem eigenen Weg von gemeinsamen Bedingungen hin zu individuellen Entscheidungen. Kein Wunder, dass Historiker vor der Suche nach gemeinsamen Ursprüngen zurückscheuten, die bei der Beschäftigung mit dem Juli 1914 so vielen zur Versuchung geworden war.

Das vorliegende Buch baut auf der These auf, dass jeder dieser

Wege über nationale, in den Zwischenkriegsjahren in die Massenpolitik übergegangene Mythologien führte, die, so einzigartig jede für sich sein mochte, allenthalben dieselbe Folge hatten – sie setzten jede Nation auf die eine oder andere Weise gegen den Rest der Welt. Jede machte internationale Regeln und Normen, wenn schon nicht irrelevant, so doch zur Ermessensfrage. Einer anderen, jüngeren Schule der Theorie internationaler Beziehung dürfte die These durchaus willkommen sein. »Anarchie ist«, dem Konstruktivismus zufolge, »was der Staat im Einzelnen daraus macht.« Sie mag von Anfang an gegeben sein, wie die Realisten behaupten, ist aber auch formbar und kann durchaus zu mehr taugen als zur bloßen amoralischen Selbsthilfe. So kann sie unter Freunden zu kooperativeren Arrangements führen, zu weniger Kriegslüsternheit unter Feinden, je nach Identität, sei diese nun gewachsen oder modifiziert. Identität als Konstrukt ist zu vielgestaltig, um hier damit zu arbeiten, aber der Gedanke ist derselbe: Für wen oder was eine Nation sich hält, vermag zu bestimmen, wonach ihr ist.[19]

Zuweilen verbreiten sich, einer ansteckenden Krankheit gleich, Ressentiments gegen eine Beleidigung, Demütigung oder Entwürdigung der Nation; Klagen aller Art beginnen zu schwären und volksnahe Führer sprechen sie aus. »Hört sich ganz nach heute an« – in derlei überaus gefährlichen Übertragungen von Regimen oder Parteien von »damals« auf ein anderes »Heute« klingt – in einem beunruhigenden Echo – das »Heute« der 1930er-Jahre nach. Derlei Töne machen nervös: ein geopolitisches Geburtsrecht, wie es damals Japan einforderte und heute China; grenzübergreifende ethnische Parolen wie die der Deutschen von damals und der Russen von heute; die Absage des amerikanischen Wohltäters an undankbare Verbündete, Nationen, die, damals wie heute, im Krieg wie im Frieden seine Großzügigkeit ausnutz(t)en. Die Kläger mögen verschwinden oder gar auf andere Klagen verfallen, aber die Verbitterung bleibt.

Die transnationalen Neuerungen der 1930er-Jahre unterschieden sich grundlegend von den heutigen. Angesichts der Aufteilung der Macht unter zahllosen staatlichen und nicht staatlichen Akteuren sowie einer unüberschaubaren Zahl multilateraler Organisationen gestaltet sich die Welt heute weder multipolar wie in den 1930er- noch unipolar wie in den 1990er-Jahren, sondern schlicht »apolar«.[20] Die heutige Weltwirtschaft lähmt keine Depression. Aggressive Diktaturen und die ideologische Herausforderung durch Kommunismus und Faschismus verliehen den 1930ern ein einzigartiges Gesicht, während die Schreckgespenster von Umweltkrise, Proliferation und Cyber-Dschungel unserer eigenen Dekade ein ganz anderes, unliebiges Gepräge verleihen. Nur müssen nationale Paniken nicht in identischen Umständen entstehen. Sie entstehen jedoch zur selben Zeit, da sie sowohl miteinander konspirieren als auch im Wettstreit stehen. Sie wirken gemeinsam, obwohl sie einander abstoßen – als rezitierten sie unisono den Internationalismus ihrer Altvorderen, während sie sich gleichzeitig schon gegen die bloße Andeutung einer neugefundenen Gemeinschaftlichkeit wehren.

In den 1930er-Jahren trugen Regime aller Art, sei es aus Verlegenheit, sei es aus Verachtung, die Reste kollektiver Sicherheit und gemeinsamer Normen zu Grabe. In den Zehnerjahren des 21. Jahrhunderts vertagten ihre zahlreichen Nachkommen auf unbestimmte Zeit eine globale Agenda, die das neue Millennium mit den Versprechen auf Freihandel, nationale Selbstbestimmung und Achtung der Menschenrechte begann. Ersteres fiel dem ökonomischen Nationalismus zum Opfer – einer Studie zufolge drohten die Vereinigten Staaten 2019 China mit Zöllen in Höhe derer des Smoot-Hawley-Zollgesetzes von 1930, dem unüberhörbaren ersten Schuss im folgenden Handelskrieg.[21] Das Zweite öffnete eine Pandora-Büchse von Subnationalismen und ethnischen Separationsbewegungen, die sich Sympathie heuchelnde Nachbarn zunutze machten, denen allein um die Macht zu tun war. Auch das dritte Versprechen appellierte an die Verantwortung der internationalen Gemeinde, diesmal zum Schutz von Minderheiten vor ihren eigenen Staaten; es sah in einem ebenso neuen wie kühnen Schritt das Recht auf das militärische Einschreiten gegen die Unterdrücker vor, aber die Staaten überlegten sich das bald anders.[22] Die

Ordnung, die dem Kalten Krieg folgen sollte, erwies sich ebenso als Schimäre wie die nach dem Großen Krieg und als nicht weniger kurzlebig. Was ist noch zu erwarten?

Niemand vermöchte das zu sagen, nicht angesichts des resoluten Widerstands gegen die Regression zum Nationalismus, vor allem in Europa – aber selbst dort geraten die Disputanten in jedem Land über die Frage nach der nationalen Identität aneinander, und das nicht etwa wegen kontinentaler oder gar globaler Probleme. Wir wissen, dass die Ausbreitung der Unordnung der 1930er-Jahre im Zweiten Weltkrieg gipfelte. Das hätte nicht sein müssen. Die künftigen Kombattanten hatten es in der Hand, im Lauf der Dekade mit entsprechenden Entscheidungen ihrer jeweiligen nationalen Geschichte eine andere Richtung zu geben. Sie taten es nicht. Das ist das Einzige, was es uns erlaubt, eine Parallele zu heute zu ziehen. Anarchie ist in der Tat das, was Staaten im Einzelnen daraus machen.

PROLOG

Genf und Schanghai

2. Februar 1932

Einmal mehr war die Stadt beflaggt, die offiziellen Bauten mit Bannern und etwas diskreter die grandiosen Limousinen, in denen man die Delegierten den Genfer See entlang zu den Abendgesellschaften im Rahmen der Eröffnungsfeierlichkeiten fuhr. Genf erstrahlte am Vorabend der Abrüstungskonferenz noch einmal im alten Glanz seiner heroischen Zeit in den Mittzwanzigerjahren, als der Völkerbund es für kurze Zeit zur Hauptstadt eines befriedeten Kontinents gemacht hatte und selbst die Hotelfenster mit Flaggen geschmückt waren. Am Bahnhof hatte eine jubelnde Menschenmenge die Friedensstifter – ein Trio von Außenministern mit einem gemeinsamen Nobelpreis – empfangen: Aristide Briand, Austen Chamberlain und Gustav Stresemann. Besucher hatten sich auf den Straßen gedrängt, Journalisten aus aller Welt sich eingefunden. »Zu Ende ist der Krieg zwischen uns!«, hatte Briand 1926 bei seiner Rede vor der Vollversammlung des Völkerbunds den deutschen Außenminister Stresemann und sein Land willkommen geheißen; Filmkameras hatten den Augenblick in flimmernden Bildern für die Wochenschauen der Kinos ferner Länder auf Zelluloid gebannt. Der Augenblick hatte die Krönung der im Vorjahr in Locarno, an einem anderen teils in der Schweiz gelegenen See, getroffenen Vereinbarungen zwischen ehemaligen Feinden markiert und eine versöhnlichere Version des Versailler Vertrags verheißen, die, als die Leidenschaften allmählich abkühlten, eine einvernehmliche und friedliche Revision einiger der härteren seiner Bestimmungen in Betracht zog. Jetzt, im Februar 1932, hatte der Völkerbund vierundsechzig Mitgliedsländer und andere Nationen eingeladen, mit der »Herabsetzung der nationalen Rüstungen auf das Mindestmaß …, das mit der nationalen Sicherheit und mit der Erzwingung internationaler Verpflichtungen durch gemeinschaftliches Vorgehen vereinbar« sei, endlich eines der Versprechen seiner Satzung zu verwirklichen. Und die meisten hatten die Einladung angenommen, so viele gar, dass man, um die Verhandlungen zu beherbergen, dem umfunktionierten ehemaligen Hôtel National, nun Palais Wilson, wo die Offiziellen des Völkerbunds damals noch zur Arbeit zusammenkamen, einen modernen Annex aus Glas, Metall und Beton zur Seite stellte, ein gutes Stück unterhalb des Parks, wo sein strahlend weißes neues Domizil – das Palais des Nations – im Entstehen begriffen war.[1]

Stresemann war 1929 verstorben, Briand lag im Sterben, Chamberlain war endgültig in den Ruhestand getreten, und über den Völkerbund und seine Projekte hatte sich jüngst ein bleierner Schatten gelegt. »Die beherrschende Wirklichkeit der heutigen Welt«, so sagte der damalige Erzbischof von York am Vorabend des Konferenzbeginns einer englischsprachigen Gemeinde in der Genfer Kathedrale Saint-Pierre, »ist die Angst.« Ein Lokalblatt sprach von einer ansteckenden Krankheit. Jeder habe Angst vor jedem.[2] Absurd oder nicht, die Sowjets hatten Angst vor einer Invasion der kapitalistischen Mächte unter der Führung Polens, das seinerseits eine weitere Aufteilung zwischen Russen und Deutschen befürchtete, während Letztere bereits den Einmarsch der Polen in Ostpreußen sahen; in fast allen Balkanstaaten herrschte die Furcht vor einer Unterwanderung oder Isolation durch andere Staaten, in Italien die Umzingelung durch Jugoslawien und Frankreich, dem wiederum vor dem Wiedererstarken Deutschlands und dem nächsten Verrat durch die »Angelsachsen« graute, das heißt auf der einen Seite Großbritannien, das Angst vor kontinentalen Verstrickungen hatte, und die Vereinigten Staaten von Amerika mit ihrer Angst vor Verstrickungen außerhalb Lateinamerikas auf der anderen. China hatte Angst vor dem japanischen Militarismus; Japan vor dem chinesischen Nationalismus, dem Sowjetkommunismus und dem Ausschluss durch den Westen. Und auch die Ängste schwächerer

Länder, die sich vom Völkerbund Versicherungen erhofften, hatten sich in jüngerer Zeit verstärkt. Teile der japanischen Kwantung-Armee waren in die Mandschurei eingefallen, und weder ihre eigene Regierung noch die westlichen Mächte, geschweige denn der Rat des Völkerbunds, den diese dominierten, hatten sie zu zügeln vermocht oder zügeln wollen. Im Juni sollte es zum Krieg zwischen Bolivien und Paraguay um den Gran Chaco kommen, eines größtenteils trockenen Ödlands. Offensichtlich so überrascht wie peinlich berührt, lauschte der Rat des Völkerbunds einmal mehr einer bloßen Aufzählung der Ereignisse, während das amerikanische Außenministerium über die Panamerikanische Union Einfluss zu nehmen versuchte, was einige Offizielle des Völkerbunds als Versuch der Amerikaner werteten, auf die Unantastbarkeit ihrer Hemisphäre zu pochen.[3] Dreizehn Jahre zuvor hatte Woodrow Wilson die Monroe-Doktrin in die Satzung des Völkerbunds namentlich eingebracht. Der Chaco-Krieg sollte sich über drei Jahre hinziehen. Dem elf Jahre alten Bund drohte das Schreckgespenst der Bedeutungslosigkeit, was insbesondere einige seiner kleineren Mitglieder wie etwa die Tschechoslowakei verängstigte, die von ihm die Garantie ihrer Territorien, wie sie nach dem Krieg festgelegt worden waren und denen sie ihre Existenz verdankten, erwarteten; auf der anderen Seite wurden so einige Unzufriedene wie Ungarn oder Deutschland, die keine Gelegenheit ausließen, sie zu überwinden, ermuntert. Kaum einer erwog eine bewaffnete Aggression, aber viele befürchteten sie.

Die Farbe war noch nicht trocken, Teppiche wurden ausgelegt, noch waren die Handwerker zugange in dem lichten, an einen generalüberholten Ozeanriesen gemahnenden neuen Annex. Derweil fielen bereits Bomben auf Schanghai; nur wenige Tage zuvor waren von den japanischen Flugzeugträgern vor der Mündung des Jangtsekiang Bomber aufgestiegen, der Stadtteil Zhabei stand in Flammen, der in ihm befindliche Nordbahnhof lag in Trümmern; allenthalben stiegen schwarze Rauchsäulen auf. Die japanische Marine führte denselben Vorwand an wie die Armee in der Mandschurei ein halbes Jahr zuvor: die Sicherheit japanischer Einwohner und japanischen Eigentums, die man nicht nur durch den Wirtschaftsboykott der Chinesen, sondern auch durch willkürliche Akte der Gewalt bedroht sah. Die Regierung sah tatenlos zu. Einige tausend japanische Marineinfanteristen waren in die Stadt eingedrungen, hatten sich aber nach erbittertem Widerstand der Chinesen in den Hafen und das internationale Viertel zurückgezogen, wo gelegentliches Artillerie- und MG-Feuer die chinesischen Flüchtlinge in Schrecken versetzte, die sich vor den Konsulaten drängten. Für Mitternacht ausgehandelte Waffenruhen waren im Morgengrauen bereits wieder gebrochen. Es kam zu Tumulten. Auf dem Seeweg waren britische und amerikanische Truppen aus Hongkong und Manila unterwegs, um die Verteidigungseinrichtungen zu bemannen und ihre Landsleute zu schützen. Die Regierung in Nanking appellierte an Völkerbund und Großmächte, und man munkelte gar, sie könnte den Krieg erklären, just in dem Augenblick, in dem die Welt in Genf zusammengekommen war, um ihm abzuschwören.[4]

Am Dienstag, dem 2. Februar, waren zweitausend Delegierte, Fachleute, Journalisten und wohlmeinende Interessierte aller Art unterwegs zum hoch in der Genfer Altstadt gelegenen Bâtiment électoral. Das seines Mangels an Eleganz wegen bei den Genfern nie sehr beliebte Gebäude, das unter anderem als Konzertsaal, Messehalle und Lokal für die Kantonswahlen diente, beherbergte seit 1930 die Jahresversammlungen des Völkerbunds, die zuvor in der luftlosen calvinistischen Strenge der Salle de la Réformation zwischen der Rue du Rhône und der Rue Versonnex stattgefunden hatten. Für den heutigen Tag war im Bâtiment électoral die Eröffnungssitzung der Abrüstungskonferenz angesetzt, Beginn sollte um 15.30 Uhr sein. Vor dem nüchtern-kantigen Monumentalbau drängten sich die Schaulustigen; im nicht weniger schmucklosen Saal selbst harrten Gesandte wie Journalisten, Publikum und das Präsidium der Konferenz auf der Estrade dem Beginn der Sitzung. Hinter dem Ereignis standen sieben Jahre obskurer militärischer und diplomatischer Vorbereitungen, die man jetzt fast über Nacht durch die Kampfhandlungen in Schanghai gefährdet sah. Den ganzen Montag über sahen die auswärtigen Ämter sich mit Depeschen aus dem umkämpften Hafenviertel der Stadt überflutet, und an diesem Dienstagvormittag hatten die Vertreter der Ratsmächte bereits fieberhaft per Telefon mit ihren Regierungen konferiert. Gegen Mittag hatte man sich entschlossen, den Rat zu einer Notsitzung einzuberufen und die Eröffnungsveranstaltung auf der anderen Seite der Rhône zu verschieben, nur um eine Stunde zwar, aber immerhin – in einem Augenblick so schrecklicher wie vielsagender Ironie – unter dem Zwang ebender Gewalt, die zu zügeln man hier zusammengekommen war.[5]

Die eher symbolische Verzögerung gemahnte die Abrüster daran, dass es so lange Panzer, Flugzeuge und weittragende Artillerie geben würde, solange es Angst und Befürchtungen gab. Darüber hinaus machte sie deutlich, dass die alte Frage »Huhn oder Ei« – ob nun Waffen Unsicherheit oder Unsicherheit Waffen gebiert – kaum eine Rolle spielte, solange das Vertrauen zueinander nicht wiederhergestellt war. Die Gläubigen hielten dagegen, man bräuchte Panzer, Flugzeuge und weittragende Artillerie nur zu beseitigen, um den kollektiven Selbstmord abzuwenden, den der Erste Weltkrieg in Aussicht gestellt hatte. Die Logik der Skeptiker auf den Kopf stellend, versicherten sie diesen, dass Feindschaften sich von selbst legen würden, hätten die Gegner sich erst einmal ihrer Waffen entledigt. So entschlossen waren sie, nationale Animositäten aus ihrer Mitte zu verbannen und sich – um das Politische, sofern das irgend möglich war, vom Materiellen zu trennen – auf eine Reduzierung quantitativ messbarer Größen zu konzentrieren, dass sie sich aus dem Schoß des Bundes absetzten, um sich – mit dessen Segen – an dem neuen – nahe gelegenen, aber doch autonomen – Veranstaltungsort ihrem Unterfangen zu widmen. Am Montag jedoch verbreitete sich das Gerücht, der stämmige, bebrillte sowjetische Volkskommissar für Auswärtige Angelegenheiten – oder Außenminister – Maxim Litwinow, der an der Spitze einer fünfundzwanzigköpfigen Delegation nach Genf gekommen war, spiele nicht mit. Es hieß, er beabsichtige vom Podium aus den imperialistischen Mächten des Völkerbunds die stillschweigende Duldung der japanischen Aggression vorzuwerfen, die Eröffnungssitzung selbst zu sabotieren und damit die unabhängigen Bemühungen um eine Reduzierung der Rüstungen zur Farce zu machen, bevor sie überhaupt begonnen hätten. So tagte denn der Rat, von einem neuen Vorsitzenden hastig einberufen, so unvermutet wie übereilt. Anstelle seines Präsidenten *pro tempore*, des französischen Außenministers, der aus gesundheitlichen Gründen in Paris festsaß, war sein Kollege André Tardieu – der Kriegsminister – in Genf.[6]

Der Ironie nicht genug, spielte das Schicksal der Konferenz gleich den nächsten Streich – nur dass der Rat diesmal ausnahmsweise prompt reagierte. Im September, während der Mandschurei-Krise, hatte man sich herumgequält, war der Rat doch wegen der internen Zerstrittenheit seiner ständigen Mitglieder und der externen Widerspenstigkeit der USA handlungsunfähig gewesen. Weder die Briten noch die Amerikaner, deren beider Flotten die Japaner als einzige hätten einschüchtern können, sahen sich damals zum Handeln genötigt, beide mit gutem Grund. Jetzt trafen die vierzehn Mitglieder des Rats sich eine Stunde lang, unter den Augen eines handverlesenen Publikums, im Crystal Chamber, dem glasgesäumten ehemaligen Speisesaal des Hôtel National. Rasch hatte man seine Unterstützung der Westmächte zum Ausdruck gebracht, die die Ordnung in Schanghai wiederherstellen sollten, und billigte, fast wie in wehmütigem Gedenken an die internationale Macht, die dem Völkerbund zunächst verwehrt gewesen war, für diesen Ausnahmefall die finanziellen Mittel für eine dem Konflikt gewidmete Kommission. Selbst der japanische Delegierte sprach sich dafür aus. Reglos saß er da, zögerte einen Augenblick und stimmte dann wortlos für die Resolution »gegen den chinesischen Aggressor«. Ein Lachen ging durch das Publikum. Für den Augenblick war das Prestige des Rats wiederhergestellt. »Hätte man doch damit nur im September begonnen!«, hörte ein Reporter einen der Zuschauer ausrufen, als Rat und Publikum den Saal verließen, um sich auf den Weg zur Konferenz auf der anderen Seite der Rhône zu machen.[7]

Die Kampfhandlungen in Schanghai freilich hielten an. Und sie breiteten sich ins Landesinnere aus. An den Genfer Hauswänden sah man Reklameplakate für das *Journal de Genève*:

Die Neue Friedenskonferenz
Japaner bombardieren Nanking[8]

Polizisten in weißen Handschuhen dirigierten den Verkehr, der sich auf der Suche nach Parkplätzen durch die Altstadt schob, und die Straßen rund um das Bâtiment électoral verdunkelten sich mit dem Gedränge der Schaulustigen. Einige hatten schon Stunden gewartet; der eine oder andere zog den Hut, wenn einer der bekannteren Delegierten eintraf. Das Geläut von Saint-Pierre erklang. Genf, an die Versammlungen des Völkerbunds gewöhnt, hatte dergleichen noch nie gesehen. Es war die größte Zusammenkunft von Nationen aus aller Welt seit Versailles.[9]

Sie begann damit, dass man der Weltpresse die Türen öffnete. Die denn auch kam – zwischen fünf- und sechshundert Journalisten füllten die Sitzreihen, die die Wände entlang für sie reserviert waren. Und die Ausrichter der Konferenz hatten sie nicht nur für die Eröffnungsveranstaltung eingeplant, sondern für die ganze Dauer der Konferenz am westlichen Ufer des Genfer Sees. Dort hielt man in dem neuen, modernen Glas- und Stahlannex des alten Hôtel National über den Zugang zu allen Sitzungsräumen hinaus allerhand weitere Annehmlichkeiten für sie bereit: einen großzügig bemessenen Presseraum zum Beispiel, eine eigene Post- und Telegraphenstelle sowie vierzig Telefonzellen. Außerdem konnten sie über den neuen Kurzwellensender des Völkerbunds Radio-Nations bei Prangins, ein Stück den See hinauf, nach Nord- und Südamerika und – eine weitere Ironie – nach China und Japan senden. Damit hatte auch die Diplomatie die Massenpolitik akzeptiert. Ein Jahrhundert zuvor hatten die Herrscher ihre Gesandten zu gemeinsamen Konferenzen in die verschwiegenen Paläste von Wien, Verona oder Aix-en-Provence geschickt. In jüngerer Zeit hatte man in Versailles oder den Palazzi von San Remo und Genua getagt. Zwar hatte auch dort in unmittelbarer Nähe die Presse gelauert, aber man hatte sie auf Distanz gehalten. Jetzt war sie mit im Sitzungssaal, und was an Eleganz verlorengegangen sein mochte, glich das Versprechen von Transparenz wieder aus.[10]

In den 1920er-Jahren hatte ein kosmopolitisches Völkchen von Reportern, Delegierten und Staatsmännern Calvins Bastion der Askese in der Welt liebstes Kaffeehaus verwandelt, zumal bei den Tagungen der Vollversammlung einmal im Jahr. Die Diplomaten blieben freilich selten lange genug in der Stadt, um jenen Korpsgeist zu entwickeln, mit dem sie sich sonst auf ganz natürliche Weise abheben, wenn sie in fremden Hauptstädten im Dienste ihrer jeweiligen Regierung ansässig sind. Stattdessen kamen und gingen sie hier, ganz wie die Journalisten, die ihnen durchaus einen Gruß zuriefen, wenn man sich sah. Stresemann, zum Beispiel, traf sich, wann immer es seine Gesundheit erlaubte, mit ihnen auf ein Bier an der Bar des Café Bavaria; nicht selten saß Briand, nicht weniger gesellig und ständig in eine Wolke Zigarettenrauchs gehüllt, zusammen mit ihm im altbackenen Ambiente aus rotem Rips, verblichener Spitze und grünem Plüsch des Salons im gleich neben der Salle de la Réformation gelegenen Hôtel Victoria. Während der Vollversammlungen drängten sich im Hotel Stenotypistinnen, Völkerbundoffizielle und Fanatiker für jede nur denkbare Sache auf dieser Welt, zu schweigen von den Journalisten, die nachts im Schreibzimmer gleich hinter der Portiersloge Poker und Chemin de Fer spielten. In ihrer bevorzugten Schenke, dem Café Bavaria, dessen Wände mit politischen Karikaturen tapeziert waren, kreierten die Korrespondenten inmitten von Stimmengewirr und dem Klappern von Gläsern und Geschirr ihre Berichte über Friedensverhandlungen und von Kompromissen geprägte Resolutionen, die sie dann an ihre Redaktionen kabelten. Angesichts des lebhaften Treibens dort konnte einer von ihnen sich für einen Augenblick im Zentrum des Geschehens wähnen: »Hier wusste man, was passiert, hatte den Finger am Puls der Welt und lauschte auf ihren Herzschlag.«[11]

Selbst wenn die Vollversammlung nicht tagte und wenn sich, wie gewöhnlich, auch sonst nichts tat, drängten sich auf den Korridoren des Sekretariats frustrierte Enthusiasten, Grüppchen verärgerter Minderheiten und Presseleute auf der Suche nach Stoff für ein Bulletin. An diesem Februarnachmittag jedoch hatte sich alles im Bâtiment électoral eingefunden, wo sich ein Stimmengewirr aus allen möglichen Sprachen erhob, als die Delegierten ihre Plätze einnahmen. In New York läuteten am späten Vormittag mit ganz bewusstem Timing die Glocken: Saint Patrick auf der einen Seite des Atlantiks, Saint-Pierre auf der anderen. Vier Tage später, am Samstagmorgen, präsentierten die Sprecher von Millionen ihre Petitionen dem Präsidium auf der Estrade, von wo aus sie der jetzige Vorsitzende der Konferenz, der ehemalige britische Außenminister Arthur Henderson, zu einer Sondersitzung willkommen hieß. Sie vertraten Frauen-, Veteranen- und Jugendgruppen, politische Parteien, Gewerkschaften und studentische Verbindungen, Kirchen, pazifistische Bewegungen, Einrichtungen des Völkerbunds und viele mehr; sie vermittelten den fernen Lärm der Zivilgesellschaft sowie der Stimmen, so jedenfalls ging das Gerücht, von alles in allem zweihundert Millionen Mitgliedern – etwa zehn Prozent der Weltbevölkerung. Die Frauen, dünn gesät unter den Delegierten, dafür im Publikum umso zahlreicher, beherrschten die Umzüge. Ein PAX auf dem weißen Armband, der Name ihres Herkunftslands auf der grünen Schärpe, überbrachten sie Petitionen mit fast sechs Millionen Unterschriften; auf fernen Bahnhöfen waren sie kistenweise nach Genf verschickt und von bannertragenden Frauen verabschiedet worden. Die großen und kleinen Packen, ordentlich zusammengebunden oder simpel verschnürt, häuften sich nach und nach auf dem Tisch des Präsidenten. In den Augen der Gläubigen dämmerte hier, an den Gestaden des Genfer Sees, eine internationale Öffentlichkeit, die die Nationen der Welt zur Vernunft aufrief.[12]

Nur war dem nicht so. Die »Meinung der Weltöffentlichkeit«, wie Aktivisten sie sich an diesem Tag in Genf vorstellten, mochte sich eines transnationalen Augenblicks erfreuen, aber sie war alles andere als einig, sogar eher fragmentarisch und episodenhaft, setzte sie sich doch aus lokalen Stimmen zusammen, die letztlich nur ihre Aversion gegen das emblematischste aller Übel in ihren jeweiligen Nationen – namentlich die Kriegswaffen – verband. In Frankreich waren die lautesten Stimmen nicht selten die der Radikalen, unter denen einige Pazifisten, aber nur wenige Internationalisten waren, sowie die der Kommunisten, die internationalistisch, aber keineswegs pazifistisch eingestellt waren; und schließlich gab es noch eine Handvoll politischer Nonkonformisten, die weder das eine noch das andere waren. In Großbritannien kamen sie von Atheisten und Kirchenleuten, von der Labour Party wie von Konservativen, von agnostischen Unabhängigen und vielen mehr. War eine solche Gemeinschaftlichkeit schon innerhalb einer Nation anfällig, so galt das doppelt für die Nationen untereinander. Überproportional anglo-amerikanisch besetzt, voll nationaler Widersprüche hinsichtlich der angezeigten Abrüstungsansätze, oftmals dissonant und ideologisch diffus, sprach aus diesem Chor in erster Linie ein ungeheures Gefühl – dass die Staatsmänner dieser Welt eine neue Katastrophe irgendwie vermeiden könnten. Aber handelte es sich hier tatsächlich um eine neue Öffentlichkeit, die dem Kokon der alten zu entschlüpfen versuchte?[13] Diversität hatte der Herausbildung neuer Öffentlichkeiten innerhalb von Nationen und einigen ihrer Kolonien seit dem 18. Jahrhundert nicht mehr im Wege gestanden; sie hatte sie sogar begünstigt; allerdings hatten sie einen gemeinsamen Raum beherrscht, in dem es sich im Lauf der Zeit wachsen und den jeweiligen Fürsten bedeuten ließ, sich anzupassen oder zu gehen. Dem war in Genf nicht so.

Die Petenten traten hier eher als Bittsteller denn als Herausforderer auf und beriefen sich einmal mehr auf ihre zahlenmäßige Überlegenheit und »das Volk«, aber eben nur, um den Offiziellen zuzureden, bevor sie sich wieder zerstreuten. Und die Offiziellen strahlten; der Völkerbund nahm sich der Sache der Besucher an; die Konferenz öffnete ihnen die Türen. Wir sprechen hier nicht von internationalen Generalständen nach Art von 1789, wo sich Frankreichs tausendjährige königliche Ordnung auf eigene Veranlassung einer Versammlung ebenso unfügsamer wie eloquenter Unzufriedener gestellt hatte. Die meisten derer, die 1932 Genf besuchten, kamen nicht wieder, obwohl der Strom der Resolutionen und Petitionen aus aller Welt nicht abreißen wollte.[14] Noch im selben Monat machten britische Freiwillige das Angebot, sich im

Rahmen einer »Friedensarmee« unbewaffnet in einem gedachten »Niemandsland« zwischen chinesischen und japanischen Kräften zu postieren, während die Konferenz aushandelte, was ihr Landsmann Henderson als »Wendepunkt in der Geschichte der Welt« bezeichnen sollte. Aber der Augenblick war so schnell wieder vorbei, wie er sich ergeben hatte. Und was war mit dem Morgen danach? Die Delegierten, mit ihren ebenso undankbaren wie unlösbaren Aufgaben in den technischen Kommissionen befasst, hatten erhebliche Bedenken, noch während sie sich abmühten, die Masse von Panzern, das Kaliber von Haubitzen, die Zahl von Ausgehobenen und Freiwilligen zu reduzieren. Es war alles, wie einer schrieb, eine einzige ungeheure Spiegelfechterei. Im Namen Frankreichs überraschte André Tardieu die Konferenz bei der Eröffnung mit der Vorlage eines eigenen Plans. Freilich hatte ein leitender Berater bei der Arbeit an der Rede einige Wochen zuvor darauf hingewiesen, dass »die Realität der Konferenz ... eine demagogische und theatralische Realität« sei.[15] Manöver zur Eroberung der öffentlichen Meinung, so hatte er seine Regierung wissen lassen, würden die Konferenz beherrschen. Es dauerte nicht lange, und welterfahrene Reporter, die in Erwartung von Nachrichten nach Genf gekommen waren, sahen sich bitter enttäuscht, und hin und wieder trat einer aus der alkoholseligen Wärme des Café Bavaria nach draußen, um in der ernüchternden Nachtluft seine Gedanken zu klären.[16]

Damals und im Folgenden begann ein merkwürdiger Irrglaube um sich zu greifen – in Genf hätten Staatsräson und die gewohnheitsmäßige Habsucht souveräner Staaten den Willen der Welt durchkreuzt. »Die Delegierten der Regierung«, so schrieb ein allseits geschätzter Korrespondent des *Manchester Guardian* nach seinem Einsatz in Genf, »spielten das Spiel der Machtpolitik ohne die geringste Rücksicht auf die allgemeinen Interessen der Welt und zeigten auch nicht den Hauch eines internationalen Geistes.« Sein Kollege von der Londoner *Sunday Times* sah den Schuldigen im nationalen Interesse selbst; seiner Ansicht nach triumphierte in Genf die Unaufrichtigkeit, war der Völkerbund eine Scharade und Genf die Bühne dafür. Aber auch dem war nicht so.[17] Die Regierungen kamen keineswegs zum Völkerbund, um ihn zu unterminieren, und noch weniger, um auch nur einen Teil ihrer Souveränität aufzugeben, nein, sie kamen, um sich seiner zu bedienen. Inmitten der Trümmer des Großen Krieges war Großbritannien vor allem daran gelegen, verbindliche bilaterale europäische Verpflichtungen zu vermeiden; Frankreich dagegen wollte seinen Status und seine Sicherheit garantiert sehen; den Regierungen der kleineren Mächte wiederum lag daran, ihr Überleben durch ein Rahmenwerk sicherzustellen, an dem auch die anderen beteiligt waren. Dem Konzept der kollektiven Sicherheit, das keiner der wesentlichen Interessen im Wege stand und obendrein elastisch genug für jegliche Auslegung war, konnte sich niemand entziehen. Zu Hause jedoch schlug die Stunde des nationalen Vorrangs, und das allenthalben; es kam schier zu Wettbewerben, sich seine Vorzüge auszumalen, was die Stimmen aus Genf noch fremder, noch exotischer klingen ließ.

*

In Schanghai verschleierten Rauchwolken und Pulverdampf die widerstreitenden Faktionen, die auf jeder der gegnerischen Seiten die Führung eines nationalen Kreuzzugs an sich zu reißen versuchten. Die Kampfhandlungen dauerten noch an, als in Japan die regierende Minseito-Partei die Mehrheit an ihre Rivalin, die Seiyukai, verlor, die nicht nur Wohlstand, sondern auch den Sieg in China versprach. Die Wähler warfen der scheidenden Regierung ihre Konzessionen an China ebenso vor wie ihre fruchtlosen Annäherungsversuche gegenüber den Amerikanern und ihr bescheidenes Auftreten beim Völkerbund. Über das Japanische Meer kam die Demagogie aus der Mandschurei, wo General Honjo Shigeru und seine Offiziere der Kwantung-Armee vollmundig die Besiedlung der riesigen Provinz mit den Familien von Reservisten ebenso versprachen wie die Befreiung Japans von den Trusts, den Mitsuis und Mitsubishis, und den Finanzmagnaten, die für sie für die Weltwirtschaft standen; ihr Ziel war es, in Tokio eine Regierung der verarmten Bauernmassen zu installieren, aus denen so viele von ihnen stammten. Japanische

Marineoffiziere hatten nichts als Verachtung für die Flottenabkommen von Washington und London, die das Wachstum ihrer Flotte behinderten, an die sie sich jedoch von einer zivilen Regierung und deren Schwäche für die Westmächte gekettet sahen. Gleichzeitig versuchten sie in Schanghai, etwas von dem Prestige zurückzubekommen, das die Armee ihnen in der Mandschurei abspenstig gemacht hatte. Zu Hause begannen Attentate die politische Landschaft zu beflecken; sie waren das Werk von Geheimbünden, die zwar im Dunkeln operierten, aber letztlich von Offizieren aus Heer und Marine geschickt manipuliert wurden. Am 9. Februar, kaum zwei Wochen nach Beginn des Mikrokrieges in Schanghai, verlor die Minseito ihre Galionsfigur, den ehemaligen Finanzminister Inoue Junnosuke, der einem dieser Attentate zum Opfer fiel. Drei Monate später kosteten die Unterzeichnung des Waffenstillstands und der Abzug aus Schanghai Premier Inukai Tsuyoshi, den Chef des Mitsui-Konglomerats und andere Würdenträger das Leben. Auslandskorrespondenten und Diplomaten bemerkten dazu, die Presse hätte die Morde zwar einstimmig verurteilt, aber wenig über ihre Motive berichtet. Die Meinung des Mainstreams brauchte sich erst gar nicht mit der faschistischen Rechten zu identifizieren, um im Landgewinn in der Mandschurei und der Eroberung chinesischer Märkte den wirtschaftlichen Rettungsanker für ihre Insel zu sehen. Bei solch tönender Kriegsbereitschaft schlugen Zweifler und Kritiker an der Operation in Schanghai, viele von ihnen aus der Geschäftswelt und den höheren Berufsständen, denn prompt leisere Töne an. General Araki Sadao, der Kriegsminister, denunzierte sie als Träger ausländischer materialistischer Ideen, und einer ihrer aktivsten Vertreter, der Hochschullehrer und Autor Nitobe Inazo, ein ehemaliger Vizegeneralsekretär des Völkerbunds, tauchte gar zeitweilig ab.[18]

Die chinesische Zentralregierung, so berichtete der französische Generalkonsul in Schanghai im April, sehe sich unter dem Druck einer öffentlichen Meinung, die sie nicht kontrollieren könne.[19] Aber wo *war* denn nun eigentlich besagte chinesische Zentralregierung? Im fernen Hinterland, in den Händen der neuen Sowjetrepublik

China und der Kommunisten? In Nanking, wo Chiang Kai-shek und die herrschende Kuomintang eine republikanische Regierung eingerichtet hatten, die vom größten Teil der Welt anerkannt war? Allerdings war sie nach Luoyang umgezogen, als die ersten japanischen Bomben auf das Jangtse-Tal fielen. Oder saß sie in Kanton an der Küste, wo eine starke sezessionistische Faktion innerhalb der Kuomintang sich vorübergehend eingerichtet hatte, um dort in die vernichtenden Schmähungen der Kommunisten gegen Chiangs Patriotismus miteinzustimmen, ja ihn sogar eines landesverräterischen Bündnisses mit den japanischen Invasoren zu bezichtigen? Im September, beim Einfall der Japaner in der Mandschurei, war Chiang dem offenen Krieg aus dem Weg gegangen, da ihm der Augenblick ungünstig und der Imperativ der inneren Einheit zu dringlich schien. Drei Monate später zwangen ihn aufgebrachte antijapanische Menschenmassen in Nanking aus dem Amt. Als er im folgenden Monat mit einer hastig zusammengeschusterten Koalition mit den Kantonesen wieder auf den Plan trat, musste er feststellen, dass sich die nationalistische Flut nicht länger eindämmen ließ. Das bedeutete Krieg; das Volk rund um ihn war in Aufruhr. Arbeitslose meldeten sich freiwillig zum Bau von Verteidigungsanlagen, hungrige Demonstranten schrien nach Krieg, die Zeitungen veröffentlichten entsprechende Manifeste. Von ihrem Schlupfwinkel in den Bergen aus sorgten die Kommunisten für Zulauf, indem sie Arbeiter und Studenten zum Widerstand sowohl gegen die Kuomintang als auch die Japaner aufriefen. Und Chiang schickte weitere Truppen nach Schanghai. Den Krieg freilich konnte er immer noch nicht erklären. Das sollten dann die Kommunisten im April besorgen, und zwar in einem Propagandacoup, der den Bemühungen um einen Waffenstillstand sicher nicht zuträglich war.[20]

Sowohl bei den Japanern als auch bei den Chinesen verknüpften die lautesten Verfechter der nationalen Sache eine interne Bedrohung mit einer aus dem Ausland und versprachen die Rettung der Nation vor beiden. Derlei Vexierspiele fanden in den unterschiedlichsten Regimen und Milieus statt, in politischen Machtkämpfen ebenso wie hinsichtlich der Ängste in der Bevölkerung. In der

Sowjetunion wurde ein Konterrevolutionär als Auslandsagent zum Klassenfeind abgestempelt und damit – in Stalins im Entstehen begriffenem Regime – zum Feind des sowjetischen Volks. In Deutschland weckte die Weimarer Republik nicht bloß eine institutionelle Nostalgie nach dem wilhelminischen Reich, dessen Nachfolge sie 1919 angetreten hatte. Sie wurde auch des Verrats an der Nation verdächtigt. Hatten ihre Vertreter nicht mit ihrer Unterschrift in Versailles versprochen, den Vertrag zu »erfüllen«? Hatten sie nicht die Sozialdemokraten in die Koalitionen einbezogen und in Genf das Gift des Internationalismus getrunken? Allein der Kommunismus markierte für viele Gegner der Republik die Trennlinie zwischen der heimischen und der Bedrohung aus dem Ausland. Als die Nationalsozialisten das ebenso umstürzlerische wie xenophobe »Deutschland erwache!« zu singen begannen, schmähten sie nicht nur den Niedergang, sondern jede Art von Alterität. Im Süden und Südosten, in den Nachfolgestaaten der 1917 und 1918 kollabierten Reiche von Russen, Deutschen, Österreichern und Osmanen, führten Ängste um das nationale Überleben zu innenpolitischer wie diplomatischer Wachsamkeit. Minderheiten mit grenzüberschreitenden Loyalitäten *waren* in den Augen von feindselig gesinnten Angehörigen der Mehrheit die fremde Präsenz im Land; das galt für Sudetendeutsche oder Ungarn in der Tschechoslowakei ebenso wie für Deutsche in Schlesien oder galizische Ukrainer in Polen, Bulgaren aus der Dobrudscha oder Siebenbürger Ungarn in Rumänien und viele andere mehr. Die starken Männer der Politik nahmen das zur Kenntnis und artikulierten als Doktrin, was ihnen als Volksregung zu Ohren kam. Im Kern durch nationalen Kleingeist und folkloristische Elemente verwässert, verschafften sie sich damit angesichts der verunsicherten Massen selbst jenseits des angestammten Reservoirs der extremen Rechten Gehör.

Mitten ins Herz dieser Ängste traf mitunter eine Attacke gegen die Genfer Häresien. Die radikalsten Kritiker sahen in einem ausländischen Gefüge wie dem Völkerbund eine weitere Bedrohung der nationalen oder rassischen Gemeinschaft. Hinter Joseph Goebbels' hier und da geäußertem Wahlversprechen, ihn zu »zerschlagen«, falls Hitler an die Macht käme, stand die Verachtung der Nationalsozialisten für alles Kosmopolitische, wie immer sich dieses im Einzelnen rassisch oder institutionell gestalten mochte. Für andere roch das Trugbild ewigen Friedens nach Scheinheiligkeit gegenüber dem Wähler, nach einer Masche, die mit jedem nahenden Wahltag unverfrorener wurde. Ein französischer Diplomat bezeichnete das Konzept als Fetisch, mit dem sich die Leichtgläubigkeit der Öffentlichkeit ausnutzen ließ.[21] In den Vereinigten Staaten drängte die auf Autarkie bedachte isolationistische Hearst-Presse darauf, den Völkerbund unter Quarantäne zu stellen, so bedrohlich erschien er ihr. Im Oktober enthüllte sie ihren vier, fünf Millionen Lesern den geheimen Plan der Organisation, die USA durch die Indoktrination ihrer Jugend zu »internationalisieren«. Es war genau die Art von Sensationsjournalismus, der die Massen während des Spanisch-Amerikanischen Krieges aufgehetzt hatte; jetzt sprach er von der Abrüstung als Falle, vom Völkerbund als europäischer Tarnorganisation und nannte auch gleich die einfache Methode zur Erlösung von alledem: »Für Uncle Sam gibt es einen besseren Weg. Er braucht nichts weiter zu tun, als zu seinen alten Traditionen zurückzukehren.«[22]

Noch hatte diese Art von kultureller Paranoia keinen Einfluss auf die gemäßigteren Kritiker des supranationalen Experiments. In Japan beklagten die Blätter des Mainstreams nur den übertrieben »theoretischen« Ansatz des Bunds in Bezug auf die Mandschurei sowie seine Einmischung oder seinen Eurozentrismus.[23] Viele deutsche Zentristen und Rechte, an sich jedweden Auswirkungen des Versailler Vertrags abhold, akzeptierten – so reserviert auch immer – die Ansicht, der Völkerbund könnte das Unrecht wiedergutmachen, das man der Nation ihrer Ansicht nach angetan hatte; zumindest, so meinten sie, habe man fürs Erste nichts zu verlieren, wenn man sich auf ihn einließ.[24] Nach seiner Gründung hatten einige osteuropäische Nationalisten sich vom Völkerbund die Unterstützung ihrer Bemühungen um einen eigenen Staat respektive dessen Verteidigung erhofft. Da sich daran kaum etwas geändert hatte, verfolgte man jetzt entsprechend bange die Appelle der chinesischen Regierung, etwas gegen die Aggressionen eines mächtigen Nachbarn zu unternehmen. Und seinen glühendsten Verfechtern, die jetzt bei der Genfer Abrüstungskonferenz vor dem Schreibtisch des Präsidenten aufmarschierten, hatte die wegweisende Vision des Völkerbundpakts seit der Katastrophe des Großen Krieges als unerlässlicher Leitstern gedient. Der Bund erschien damit den einen noch immer im selben Maße als unseliges Unterfangen, in dem er anderen eine Verheißung war – mit zahlreichen Varianten zwischen den beiden Polen. Die Ereignisse in Genf und Schanghai machten offenbar allen Mut.

Schanghai war nicht die Mandschurei. Die Besetzung der fast menschenleeren Steppen hatte gerade mal die Sowjets, damals noch nicht im Völkerbund, sowie einige der kleineren Mitglieder alarmiert. Der Überfall auf die große kosmopolitische Hafenstadt dagegen, wo Granaten sowohl im Internationalen Viertel als auch unter den Chinesen im Stadtteil Zhabei einschlugen, schockierte denn auch Beobachter in Europa und Nordamerika, von denen so einige die Stadt recht gut kannten. Eine Woche nach Beginn der Kampfhandlungen erinnerte sich der französische Romancier Joseph Kessel an das Hotel Astor und den Shanghai Club, wo Kundschaft aus allen Teilen der Welt sich sieben, acht Reihen tief vor der längsten Bar der Welt drängte, während weißuniformierte Kellner bunte Cocktails über die Köpfe der Gäste hinwegbalancierten. Er stellte sich vor, wie MG-Garben in die Fassade des Astor und die draußen vor der endlosen Bar aufgeschichteten Sandsäcke fuhren, und schwermütig reflektierte er über den Kontrast. Diesmal fand man durch die Vermittlung von Briten und Amerikanern eine Lösung, die beide Seiten das Gesicht wahren half, aber es dauerte nahezu drei Monate. Die Unterhändler konnten nicht ahnen, dass sie damit nur den Vorhang für die Generalprobe einer weit größeren Feuersbrunst schließen halfen, die am selben Ort ausbrechen und sie zusammen mit vielen anderen verschlingen sollte.[25]

So mancher vernahm die Meldungen aus dem Fernen Osten mit düsteren Vorahnungen und vagen Befürchtungen bezüglich der eigenen Person. Im Mai erfuhr Harry Graf Kessler, Diplomat und

Kunstmäzen, in Berlin von der Ermordung des japanischen Premierministers Inukai in Tokio. In Berlin hatten nationalistische Generäle eben Reichswehrminister Groener aus dem Amt gedrängt und Abgeordnete der NSDAP für Krawalle im Reichstag gesorgt. In Paris hatte ein geistig verwirrter weißrussischer Emigrant auf einer Buchausstellung der Association des écrivains combattants (Vereinigung schreibender Kombattanten) den Präsidenten der Republik Doumer erschossen – verwandte Vorzeichen in drei Hauptstädten. Kessler befürchtete den »Punkt, wo eine verheerende Explosion erfolgen muß, wenn nicht schleunigst die Spannung vermindert wird. Aber wie?«[26]

In New York begrüßte in seiner Kolumne »Today and Tomorrow« in der *Herald Tribune* Walter Lippmann das »orientalische Lehrbeispiel«, das Schanghai Genf geliefert habe. Abrüstung, so habe dieses den versammelten Nationen gezeigt, sei nicht durch feierliche Erklärungen oder selbstverleugnende Versprechen zu erreichen, ja noch nicht einmal durch die Berechnung zulässiger Rüstungsquoten, sondern einzig durch die Überwindung der Anarchie uneingeschränkter nationaler Souveränität. Wie dies zu bewerkstelligen sei, darüber schwieg Lippmann sich aus, aber er sah die Meldungen aus Fernost als Warnung an die Völker der Welt vor »idiotischen Streitereien, die in wenigen Wochen der Zurechnungsfähigkeit und des gesunden Menschenverstands zu lösen wären«.[27]

Idiotisch, vielleicht, aber so leicht nicht ad acta gelegt. Interner Hader, mit nationalen Konflikten gepaart, pausierte nicht lange genug, um groß verhandeln oder vermitteln zu können, egal wie viel Mühe man investierte. Das hatten bereits die europäischen Religionskriege des 16. und 17. Jahrhunderts nahegelegt, bei denen dynastische Missgunst zwischen Fürsten sich mit dem konfessionell bedingten Hass ihrer Untertanen mischte. In den 1940er-Jahren sollten mit dem nationalen Widerstand gegen Invasoren in den meisten besetzten Ländern Ostasiens und Europas bittere Bürgerkriege einhergehen. Jetzt, zehn Jahre davor, waren in ebendiesen Ländern deren erste Vorboten zu beobachten, und in den Nationen, die sie überfallen und besetzen sollten, zeigten sich in etwa dieselben Verworrenheiten zwischen heimischem und ausländischem Feind, und das in einem Maß, dass sie die Auftritte der Petenten auf der Abrüstungskonferenz ebenso tief in den Schatten stellten wie die Delegationen des Völkerbunds selbst.

*

Inmitten der Konfusion, inmitten des Gärens isolationistischer Konzepte, pazifistischer Träumereien, revolutionärer Chiliasmen, eingebildeter existenzieller Bedrohungen für Rasse, Nation oder Klasse und verwandter kollektiver Kopfgeburten der frühen 1930er-Jahre begann sich eine Front abzuzeichnen. Sie verlief zwischen den Streitern für die Heimat und den Propheten eher abstrakter Fiktionen, die den Ruf des Clans übertönten – zwischen der Vergangenheit und der Zukunft oder, um es philosophischer zu sagen, zwischen Immanenz und Transzendenz, auch wenn das damals kaum einer so ausgedrückt hätte. Manchmal verlief sie zwischen der Rechten und der Linken, manchmal auch innerhalb der einen wie der anderen. Manchmal verlief sie zwischen Stadt und Land. Womöglich verlief sie gar, angefangen bei den erlauchtesten unter ihnen, innerhalb jeder einzelnen politisch bewussten Brust. Stresemann beanspruchte den Mantel des Friedensstifters ebenso wie den des Nationalisten, womit er Deutschlands Nachbarn im Osten beunruhigte, während er die im Westen beschwichtigte. Als er 1929 starb, erinnerte der *Berliner Lokal-Anzeiger* seine paneuropäischen Bewunderer daran, dass er in erster Linie ein »fanatischer Deutscher« gewesen sei. Briand, der seinen Namen mit einem internationalen Pakt gegen den Krieg verknüpft und immer wieder darauf bestanden hatte, dass es während seiner Amtszeit keinen neuen geben würde, hatte seiner französischen Armee bei Verdun beim deutschen Angriff 1916 selbst einen taktischen Rückzug verboten; jetzt bestand er darauf, dass es eine Abrüstung niemals ohne – französische – Sicherheit geben würde. Und der stets liebenswürdige Unterzeichner von Locarno, Chamberlain, sagte den Genfer Delegierten zwei Jahre später: »Nicht einmal für diesen Völkerbund würde ich den kleineren, aber älteren Bund zerstören, dessen Geburtsstätte mein eigenes Land war und dessen Zentrum es bleiben wird.« Er meinte damit das britische Empire.[28]

Und noch vor den beiden hatte Woodrow Wilson die Vision einer gesetzestreuen Welt mit Annahmen von nationaler und rassischer Überlegenheit vermählt. Verstandesmäßig ließe sich die Spreu vom Weizen trennen oder das Utopische und Ausgesprochene vom Atavistischen und eher Ungesagten, um so Unheil zu vermeiden; aber Anfang Februar 1932 prallte das offen aufeinander, und die Flaggen, die Genf aufgezogen hatte, um eine Welt auf dem Weg zueinander zu feiern, drückten nicht weniger treffend die vielfältigen Tröstungen des Tribalismus aus.

1 Heuschreckenjahre

»Und wir hungerten.« Sie hatten als Kinder während des Krieges gehungert und danach während der Inflation mit ihrer Flut an wertlosem Geld und schließlich gleich noch einmal, als nach 1929, nach einem kurzen Zwischenspiel, das an die gute alte Zeit vor 1914 – an ein Leben mit anderen Regeln – erinnerte, die Wirtschaftskrise ein weiteres Mal über sie hereinbrach. Alles, woran ein junger Deutscher aus einer in den Vorkriegsjahren geborenen Generation sich im Herbst 1932 erinnerte, legte ihm den Gedanken nahe, dass die Güter dieser Welt höchstens zufällige Leihgabe und nicht von Dauer waren. Arbeitslos, der Traum von einer schönen Stellung mit zweihundert Mark im Monat längst ausgeträumt, von Luftschlössern ganz zu schweigen, waren ihm und seiner Generation Arbeit oder Stempelgeld nichts weiter als Mittel zu überleben, zur bloßen Erhaltung ihrer körperlichen Existenz. Die Hoffnung auf eine freie und würdige Lebensentfaltung in der Arbeit hatten sie aufgegeben in einer Weltordnung, die sie vom Leben ausgeschlossen hatte.

Kindheitseindrücke von feldgrauen Uniformen und dem »Gerede von Krieg, Waffen, M.G., Angriff, Sturm, Stahlhelm, Gewehr, Schützengräben, Baracken, Truppenlagern, Feldküchen« hatten sie eine haltlose Jugend hindurch begleitet; jetzt wühlten ein militärähnlicher Arbeitsdienst, »Uniformen, Aufmärsche, Belagerungszustand und Militärbefehlshaber« jene allzu präsenten Kindheitserinnerungen wieder auf. Folge davon war ein Leben voll Heldenphantasien in materieller Not, eine Mixtur, die zu revolutionären, konterrevolutionären oder welchen Sympathien auch immer führen konnte. Waren sich die da oben, so fragte der junge Deutsche sich, der Gefahren ihres Handelns in einer von Hoffnungslosigkeit und Bürgerkriegsstimmung geprägten Zeit denn so gar nicht bewusst?[1]

1932 glich die Depression, unermesslich, unverständlich und scheinbar endlos für alle Betroffenen, längst dem Krieg. Millionen von Menschen, die beides durchgemacht hatten, war das eine wie das andere zugestoßen – sie waren Opfer, nicht Schurken. 1933, siebzehn Jahre nach seinem Einsatz an der Somme, stellte der englische Romancier J.B. Priestley beim ersten Treffen der Kameraden seines Bataillons von der »alten Kitchener-Armee« im Hinterzimmer einer Wirtschaft in Bradford-on-Avon fest, dass einige zu arm waren, um dem Wiedersehen beizuwohnen. Mit den anderen stieß er auf die Gefallenen an, die den feisten alten Männern, den Diplomaten mit ihren vor dem Auge funkelnden Monokeln, den sensationslüsternen Journalisten und fahnenschwenkenden Frauen zum Opfer gefallen waren. Auf die Lebenden stieß man nicht an, »die für eine Welt gekämpft hatten, die sie nicht wollte, die zurückgekommen waren, um ihre Uniform gegen Lumpen zu tauschen«. Sie waren nicht weniger Opfer als die, die sie an der Somme hatten zurücklassen müssen, auch wenn ihre Peiniger nicht so bekannt waren. »Und wer wird ihnen die Jahre erstatten, welche die Heuschrecken gefressen haben?«[2]

Die Wege der Unzufriedenen aus Krieg und Frieden kreuzten sich immer wieder, fast als wären sie füreinander bestimmt gewesen. 1932 hatte die Volksmeinung die Große Depression und den Großen Krieg bereits miteinander in Verbindung gebracht; und auch für zahlreiche Fachleute stellte die zweite Katastrophe sich als düstere Folge der ersten dar. Wie genau es sich dabei mit Ursache und Wirkung verhielt, darauf konnte man sich freilich nicht einigen – manche gaben der Inflation während und unmittelbar nach der Kriegszeit die Schuld, andere der rigorosen Deflationspolitik, mit der man ihr zu begegnen versuchte; wieder andere machten die Reparationszahlungen, die Deutschland den ehemaligen Kriegsgegnern schuldete, verantwortlich sowie deren Schulden gegenüber den

USA – alles Staatsschulden im Gefolge des Krieges, die dazu angetan waren, Wechselkurse und Devisen noch auf Jahre nach dessen Ende hinaus zu komplizieren; dann gab es die, die dem Aufkommen neuer Produzenten und Märkte während des Krieges und dem Überangebot bzw. der Sättigung danach die Schuld gaben; andere nannten die Verschwendung von Ressourcen auf Heer und Marine eine Sucht, von der die ehemaligen Kombattanten partout nicht lassen wollten. Für die sowjetische und kommunistische Doktrin waren die beiden globalen Paroxysmen auf ein und dasselbe imperialistische Ringen um Märkte zurückzuführen. Die fünfundzwanzig Experten der »Golddelegation« des Völkerbunds, die erstmals 1929 in Genf tagte, um die Finanzinstitutionen der Welt unter die Lupe zu nehmen, nannten als Ursache einer ganzen Reihe monetärer Missstände weltweit, die zur Lähmung des Geschäftslebens und damit auch zu Arbeitslosigkeit und menschlichem Elend führten, den Krieg. Politiker griffen das Thema auf.[3] In den Vereinigten Staaten sprach Präsident Hoover im Rahmen seiner Kampagne zur Wiederwahl im Oktober sowohl Landwirten in Iowa als auch Städtern in Cleveland gegenüber von der »enormen Erbschuld«, dem Anwachsen stehender Armeen, den finanziellen Debakeln als Folge internationaler Torheit, was sich jetzt rächte.[4] Als eine Wahlkampfrede war sie eher von zweifelhafter Wirkung, da Theorien dieser Art, stichhaltig oder nicht, seine zuhauf gekommenen Zuhörer zwar überzeugen mochten, aber kaum bewegt haben dürften. Er wollte die Vereinigten Staaten und damit nebenbei auch seine Regierung von der Verantwortung für eine Wirtschaftskrise freisprechen, die sich einfach nicht wieder legen wollte. Seinem Publikum war nach etwas leichterer Kost.

Um das Unglück ihrer Zuhörer mit dem der Nation in Deckung zu bringen, beschuldigten Regierende wie Kandidaten Kräfte jenseits der Grenzen oder den Feind im eigenen Land, im Zweifelsfalle beide. Damit machten sie die Ressentiments zum Problem der Nation. Die Nation an sich war das Opfer sowohl des vergangenen Krieges als auch der gegenwärtigen Depression, ein Narrativ, das den Bürgern zum einen eine gewisse Größe verlieh und sie zum anderen entlastete, während es überdies ein erklärendes Licht auf die Ungerechtigkeiten warf, denen sie sich ausgesetzt sahen. Die Wirtschaft war, wie der Krieg, zur Angelegenheit aller geworden, eine Beleidigung der Nation, die kaum einer verstehen mochte, unter der jedoch viele litten. In allen großen wie auch in vielen kleineren Mächten blickten die Menschen auf ihre Führer – nicht nur in Erwartung eines Wegs zur nationalen Erneuerung, sondern der Los-, wenn nicht gar Erlösung von einer feindlichen Welt. Kein internationalistischer Führer, keiner, dem es um eine kollektive Lösung für Armut und Unsicherheit auf der Welt gegangen wäre, konnte in einem solchen Klima auf Erfolg hoffen. Und so war es.

Die Vorstellung von der eigenen Opferrolle hatte einen durchaus realen Hintergrund. Gegen Ende der 1920er-Jahre nahm sich ein gewissenhafter französischer Kritiker etwa dreihundert Kriegsschilderungen aus erster Hand vor, alle von französischen Soldaten und Offizieren. »Es wird hier«, so sein Fazit, »weit mehr gestorben als getötet.«[5] Und das mit gutem Grund: In diesem industriellen Krieg mit seinen weitreichenden Geschützen und hochexplosiven Granaten schossen Artilleristen größtenteils, ohne ihre menschlichen Ziele zu sehen, während auf der anderen Seite Soldaten starben, ohne zu wissen, durch wessen Hand. Selbst in den verherrlichenden Darstellungen, wie sie die populäre Kunst – Literatur, Film und Bühne – durchzogen und derer sich selbst die berühmteren pazifistischen Elegien nicht erwehren konnten, stellte sich die Opferrolle lediglich anders dar, insofern sie von sinnlosem Heldentum, edlem Scheitern oder problematischer Tugend umrahmt war. Als 1932 in Frankreich die Verfilmung von Roland Dorgelès' Roman *Die hölzernen Kreuze* mit ihrer unerhörten Darstellung menschlichen Leidens in die Kinos kam, hatten die Kritiker ihre liebe Not mit der Deutung der realistischen Szenen des Films. Er verherrliche, so schrieb einer von ihnen, sowohl die Ritterlichkeit als auch den Kampfgeist der Franzosen, dennoch würde »die verfilmte Geschichte des heroischen Infanteriezugs Schaudern vor dem Krieg hervorrufen und den Weltfrieden fördern«.[6] Derart konfuser Goodwill begann und endete mit dem Leiden des Soldaten.

Der Finger des Vorwurfs ließ sich freilich auch auf die Zivilisten unter seinen Landsleuten richten, schuldig des Verrats am Opfer des Soldaten. Im Herbst 1932 konnte das Theaterpublikum in Paris und Berlin in dem Stück *Wunder um Verdun* des österreichischen Dramatikers Hans Chlumberg die ausgezehrten Toten aus ihren Gräbern auf einem Friedhof in den Argonnen sich erheben sehen. Massenwiederauferstehungen waren in Mode gekommen, seit Abel Gance noch während des Krieges *Ich klage an* gedreht hatte. Auch diesmal öffneten sich die Gräber, kamen die Soldaten nach Hause zurück, nur um festzustellen, dass andere ihren Platz eingenommen hatten, an der Arbeitsstätte wie im Ehebett, und ihr Heldentum vergessen war. Und diesmal erwachten Franzosen und Deutsche gemeinsam aus ihrem sechzehnjährigen Schlaf, um – weniger Opfer der jeweils anderen als ihrer selbst – sich zu verbrüdern. Die Kritiker waren nicht beeindruckt. Aber die Entfremdung, die Kluft zwischen Front und Zuhause, wie sie im und nach dem Krieg allzu real gewesen war, vermochte die Soldaten, offiziell als Idole verehrt, durchaus zu marginalisieren. Die Beliebtheit zorniger Instant-Geschichtsschreibung, die sie als Kanonenfutter darstellte, tat den Rest. Sie kam zum Teil aus der Feder von Autoren, denen man durchaus Sachverstand unterstellte. Sowohl Churchills *The World Crisis* in den 1920er-Jahren als auch Lloyd Georges Memoiren im nächsten Jahrzehnt, beide Werke vehemente, wenn auch mit Mängeln behaftete Anklagen der Generäle, die eine Generation junger Männer verheizt hatten, erschienen in Serie oder gekürzten Ausgaben für ein Massenpublikum.[7] Der Frontsoldat wurde so gleich dreifaches Opfer – des Feindes, der Zivilisten, der Generäle: des Krieges.

Warum sollte seiner Nation nicht ebensolches Unrecht widerfahren? Und warum sollte sie sich, zumal im Falle der Niederlage, sein Schicksal nicht wenigstens symbolisch zu eigen machen? Hitler perfektionierte diese Methode und vereinte das eine mit dem anderen in der eigenen Person. Was ihm vorschwebte, war, als die Inkarnation des gemeinen Soldaten und der deutschen Nation zugleich aufzutreten – einer Nation, die von den Novemberverbrechern und ihrem Waffenstillstand verraten wurde, als er 1918 vorübergehend erblindet in seinem Lazarettbett in Pasewalk lag. Immer und immer wieder griff er das Thema auf. Und es funktionierte. Als einzige unter den Verlierermächten gab Deutschland sich der Illusion hin, nicht etwa den Krieg verloren zu haben, sondern den Sieg. 1932 präsentierte Paul Joseph Cremers' *Die Marneschlacht* den Theaterbesuchern in Mannheim und Anfang des folgenden Jahres in Berlin die *dramatis personae* der Schlacht, die im September 1914 dem Vormarsch der Deutschen ein Ende gemacht hatte, als Personal einer vermeidlichen Tragödie. Einem Kommentar des Autors im Programmheft zufolge wurde die Schlacht an der Marne von der deutschen Front gewonnen, von der deutschen Obersten Heeresleitung jedoch verloren. Man tourte mit dem Stück durch ganz Deutschland. »Bravo Mannheim!«, rief der Theaterkritiker einer liberalen deutschen Zeitung aus. Er selbst hatte den Krieg in der Tiefe der Gräben erlebt; jetzt sah er die Halbgötter der Obersten Heeresleitung den Krieg auf der Bühne austragen.[8] In der Sowjetunion, die ebenfalls zu den Kriegsverlierern gehörte, verurteilte man den imperialistischen Krieg als ein weiteres zaristisches Verbrechen gegen das Volk. Die Bolschewiki konnten schlecht einen opportunen militärischen Zusammenbruch beklagen, zu dem sie selbst aktiv beigetragen und der ihnen in den Wirren von 1917 die Machtergreifung ermöglicht hatte. Anfang der 1930er-Jahre jedoch rechtfertigte Stalin seine unmäßigen Forderungen gegenüber dem Volk mit der Beschwörung der reichen, technisch fortgeschritteneren Feinde, die das Land so oft überfallen hatten, um die nach wie vor lebendigen Erinnerungen an den jüngsten dieser Überfälle, den der Deutschen, zu wecken, und versprach die Erlösung von dieser Gefahr. Gegen Ende August 1932 erklärte die offizielle Tageszeitung *Iswestija* ihren Lesern, das Zarenregime hätte sich mit den anderen Imperialisten zur Entfesselung des Krieges von 1914 verschworen. Und die anderen, so schloss der Artikel ominös, seien noch immer am Werk.[9]

Die Siegermächte grollten einander; jede warf der anderen die eigenen Opfer vor. Die Franzosen, die fast doppelt so viele Männer verloren hatten wie die Briten und fast zehnmal so viele wie die Amerikaner, wollten dieses Opfer für eine liberale Zivilisation gebracht haben. Die Briten dagegen waren der Ansicht, sich sowohl für die Franzosen als auch für einen dauerhaften Frieden geopfert zu haben, den Frankreich in seiner unversöhnlichen Haltung methodisch brach. In den Vereinigten Staaten hatte sowohl der Kongress als auch die Presse in Wilsons Abenteuer von 1917 jahrelang eine von Bankern und ihnen hörigen Politikern in die Wege geleitete Vergeudung von Menschenleben und Geldern gesehen, die den Amerikanern nichts als Undank eingebracht habe.[10] Die Italiener, die in den Alpen eine halbe Million Mann verloren hatten, fühlten sich von der Versailler Konferenz betrogen; sie sahen das Ergebnis als Schmähung sowohl ihrer Toten als auch ihrer nationalen Souveränität. Und in Japan, wo man kaum Menschenleben zu beklagen gehabt hatte, wurde zunehmend die Ansicht laut, die ehemaligen Alliierten versagten dem Inselreich seinen Platz in der Sonne. Wohl selten hat ein Krieg so viele verbitterte Sieger hervorgebracht.

Im September 1932 trafen sich zum achtzehnten Jahrestag des Sieges an der Marne amerikanische Diplomaten sowie französische Militärs und Politiker in dem Dörfchen Varreddes im Département Seine-et-Marne, mitten im Herzen der endlosen ehemaligen Schlachtfelder nordöstlich von Paris. Man war zur Enthüllung eines zweiundzwanzig Meter hohen Denkmals gekommen, der Arbeit eines französischen Bildhauers, die jedoch ein Geschenk amerikanischer Stifter und als Dankeschön für die Freiheitsstatue gedacht war. Die Landschaft ringsum beherrschend, erhob es sich auf der Höhe 109, wie der Hügel bei den Militärs geheißen hatte. Die Atmosphäre war erfüllt von Artigkeiten und Komplimenten. Stets würde das amerikanische Volk, so dessen Botschafter, sich mit all seiner moralischen und, wenn nötig, militärischen Kraft gegen die Aggression stellen. Ihm fehlte freilich die Befugnis, diese Worte zu äußern – der damalige Außenminister Henry L. Stimson hatte lediglich eine Beraterrolle zugesagt, und auch das schon zum Unwillen der orthodoxen Isolationisten. In den Augen der Franzosen genügte das nicht – hatte es nie genügt. Bereits beim Lunch hatte der französische Kriegsminister Joseph Paul-Boncour das Schreckgespenst deutscher Wiederbewaffnung unter dem Deckmantel der Gleichbehandlung angesprochen. Der Krieg war, wie immer, die Ultima Ratio. »Frankreich wird sich weder seinen Sieg nehmen lassen«, sagte er, »noch den Sinn, mit dem es ihn erfüllt hat«, womit er nichts anderes gemeint haben konnte als die Sicherheit vor den Deutschen. Böte die öffentliche Meinung allein, wie der amerikanische Botschafter zusammen mit Stimson glaubte, die Garantie für eine gute Beziehung? Premierminister Édouard Herriot jedenfalls schien das zu bezweifeln. Den Frieden gebe es nicht umsonst, erinnerte er seine Gäste, weshalb er, der Radikale aus dem Lager des französischen Pazifismus, nach Waffen und Befestigungsanlagen rufe. Und er erinnerte an die französischen Hekatomben. »Man bezichtigt uns der Kriegstreiberei!«, rief er aus. »Wo besser als hier ließe sich an die dumme Barbarei, die wir Krieg nennen, erinnern, an die grausamen Wunden, das erlittene Unrecht, das nur dem Augenschein nach wiedergutgemacht ist?«[11]

Unter all den Artigkeiten schwärten die Ressentiments – aufseiten der Amerikaner wegen der französischen Weigerung, abzurüsten oder Schulden abzuzahlen; aufseiten der Franzosen wegen der amerikanischen Weigerung, die während des Krieges herrschende Einigkeit wiederzubeleben. Amerikaner und Briten stritten sich um Kriegsschulden, bei Briten und Franzosen ging es unter anderem um Deutschland, Abrüstung und eine Revision des Versailler Vertrags. *Le Temps* berichtete bewundernd über Herriots Ansprache in Varreddes. Das Blatt erinnerte an die große Schlacht und merkte an, dass die Franzosen sie allein ausgetragen hätten. Die Stimme des Außenministeriums, die Zeitung des Establishments, hatte dabei nur eines vergessen: das Britische Expeditionskorps war ebenfalls vor Ort gewesen.[12]

Alle, Sieger wie Besiegte, waren davon überzeugt, einen Verteidigungskrieg geführt zu haben, um ihr Leben oder um ihre Ideale. Alle waren davon überzeugt, ihnen sei durch den folgenden Frieden auf die eine oder andere Weise Unrecht widerfahren. Nie hatte ein

Krieg bei allen Beteiligten zu einem so nachhaltigen Gefühl nationaler Kränkung geführt.

*

1932 bedurfte ein Schauspiel der Erklärung, das nahezu in der ganzen industrialisierten Welt zu beobachten war: eine stillstehende Fabrik, freigesetzte Arbeiter, unverkaufte Waren. In diesem Winter ragten die Schornsteine aufgelassener Glashütten rauchlos über die Lichtungen des Thüringer Walds. Die Schmelzöfen erkalteten, einer nach dem anderen. Die meisten der sechstausend Arbeiter in den betroffenen Dörfern waren arbeitslos und hungerten, wenn das Stempelgeld alle war. Im Ruhrgebiet, dem industriellen Herzen Deutschlands, häufte sich, ungewollt und ungenutzt, auf den Zechengeländen die Kohle – einige Zehnmillionen Tonnen, nahezu die Produktion eines ganzen Jahres. Weder das fertige Glas noch die Rohförderkohle fanden Auslandsmärkte, die selbst in der Krise oder zu hoher Zölle wegen nach außen geschlossen waren. Der Staat hatte kein Geld, die Banken kein Kapital, Maschinen hatten die Menschen ersetzt. »Nennen Sie so etwas ein Wirtschaftssystem?«, fragte der Inhaber einer Glashütte in Altenfeld vorwurfsvoll. In Turin und Mailand, im industriellen Herzen Italiens, gaben Ladeninhaber und Geschäftsleute die Schuld an schließenden Fabriken und sinkenden Verkaufszahlen einem Regime, das sich im Gegensatz zu seinem liberalen Vorgänger gewohnheitsmäßig in die Wirtschaft einmischte. Zum Leidwesen der Faschisten griffen sie zur naheliegendsten Erklärung: ja, die weltweite Krise machte Italien zu schaffen, aber eben auch das Regime. In den Vereinigten Staaten hatte der Maler Charles Sheeler 1927 und 1928 die ersten Fotografien von Fords River-Rouge-Werk gemacht, um dessen schieres Ausmaß, Leistungsfähigkeit und Präzision, mit anderen Worten: seine Modernität, zu dokumentieren. Als er 1932 Licht und Linien des Werks in Öl malte, hatte die Stille und das Fehlen von Menschen auf der Leinwand etwas geradezu Unheilvolles, fast so, als hätte er das Werk als Tempel fotografiert, um es dann als Leichenschauhaus zu malen. Was ebenso nach einer Erklärung verlangte wie die Ballen unverkaufter japanischer Seide und die überfüllten Getreidespeicher im Donauraum.[13]

Der Abschwung von 1932 verwirrte noch mehr als die wirtschaftliche Lähmung. Im Nordosten Englands suchten Arbeitslose vor den Zechenanlagen nach Kohlebrocken; in Schlesien ließen arbeitslose Bergleute nächtens einander in Eimern oder Drahtseilen in die Schächte ruhender Zechen hinab.[14] Manchmal fanden sie erst in fünfzehn, zwanzig Metern Tiefe etwas Kohle, um im Winter zu heizen oder um sie zu verkaufen, wenn das möglich war. Drahtseile rissen, es kam zu Gasvergiftungen, Revierkämpfe brachen aus. Die Grubenbesitzer erstatteten Anzeige, die Polizei traf ein, erbitterte Auseinandersetzungen folgten. Der wilde Kohlenabbau brachte neue Wörter wie »Armutsschacht« hervor, und man griff dabei auf Grubentechnik aus der Eisenzeit zurück. In Chicago hatten per Stadtverordnung alle Arbeitslosen, die nicht dort ansässig waren, die Stadt zu verlassen, und die Meldestellen schickten die Arbeitslosen in wachsenden Zahlen in Unterkünfte, ins Hull House oder in die Armenhäuser von Oak Forest im Nordosten der Stadt. Keine dieser Einrichtungen erreichte an Trostlosigkeit das Angelus Building in der South Wabash Avenue, eine Feuerfalle ohne Heizung und Licht, in der siebenundsechzig afroamerikanische Familien Zuflucht suchten – als kehrten sie zurück in die finsteren Frachträume der Sklavenschiffe ihrer Vorfahren.[15]

Bis zum Herbst 1932 hatte die Panik an den Finanzmärkten sich wieder gelegt, aber dafür hatten Ruin und Erschöpfung sich ausgebreitet. Seit dem Herbst 1929 waren die Schäden der Nachwehen des Börsenkrachs aufgelaufen: der Handel war um fast zwei Drittel zurückgegangen, die Zahl der Arbeitslosen war auf etwa fünfundzwanzig Millionen gestiegen, die Produktion der europäischen Industrie um über ein Viertel gesunken, die der amerikanischen um fast die Hälfte. Zahlreiche Länder, vor allem die Exporteure landwirtschaftlicher Güter und Rohstoffe der südlichen Hemisphäre, sahen sich von Rekordtiefs auf dem Warenmarkt getroffen; die Volkseinkommen waren um die Hälfte geschrumpft. Handelsschranken,

Kapitalverkehrskontrollen, Währungsinstabilität – Reaktionen auf die wirtschaftliche Talfahrt, letztlich aber Hindernisse für den Aufschwung – drohten für eine endlose Abwärtsspirale zu sorgen. Ein Mini-Boom in den Vereinigten Staaten und Anzeichen für eine Erholung in Europa gaben vorübergehend Anlass zur Hoffnung, bis im Winter eine neue Runde fallender Indikatoren für allgemeine Ernüchterung und Verwirrung bei den Analysten sorgte; die Folge war eine ungewisse Mischung aus Hoffnung und Angst. Nicht einer der Experten beim Völkerbund wagte zu sagen, dass man das Schlimmste hinter sich habe.[16]

Die Nationalökonomen boten mittlerweile so viele, nicht selten in Spitzfindigkeiten verpackte Erklärungen für die anhaltende Krise, dass der ungeduldige Laie bei der politischen Führung darauf zu drängen begann, den doktrinären Ballast über Bord zu werfen und ohne Expertenhilfe zu handeln.[17] Falls Überproduktion – als unweigerliche Folge von Unternehmensgröße und technischer Entwicklung – für eine Sättigung des Angebots oder Unterverbrauch gesorgt und die Priorisierung von Investitionen über die Löhne die Nachfrage gedrückt hatte, dann sollte ja vielleicht ein Dritter – der Staat – einspringen, um ein gewisses Maß an Gleichgewicht wiederherzustellen. Sollte auf der anderen Seite die Krise auf ein Übermaß an Eingriffen in die Kräfte des Marktes durch Staat, Zentralbanken oder andere Akteure, wie etwa Gewerkschaften, zurückzuführen sein, dann renkte ja vielleicht ein Weniger statt ein Mehr an Einmischung den Konjunkturzyklus wieder ein. So buhlten 1932 auf beiden Seiten des Atlantiks die ökonomischen Schulen um die Aufmerksamkeit der politischen Entscheidungsträger. Ihr jeweiliges Verständnis der Ursachen entschied über ihre Rezepte für den Aufschwung, die von der Planwirtschaft bis hin zu orthodoxen Prinzipien des Laissez-faire reichten, von der kontrollierten Inflation mit billigem Geld und mehr Ausgaben der öffentlichen Hand bis zur resoluten Deflation, die beidem entsagte. In einigen Kreisen, so klagte der liberale *Observer*, sei das Planen auf dem besten Wege, zum Selbstzweck zu werden, zum netten intellektuellen Zeitvertreib. Eine Idee jagte die andere. Auf der anderen Seite des

Atlantiks plädierten Keynes und einige seiner Kollegen zunehmend für eine Linderung der Arbeitslosigkeit durch mehr Ausgaben und Investitionen der öffentlichen Hand statt einer bloßen Senkung des Leitzinssatzes. Was sie noch nicht in Worte gefasst hatten, das war die ganze Tragweite einer anhaltenden Stagnation, einer Konjunktur, die sich schlicht nicht mehr selbst korrigierte.[18]

»Ich gehe dieses ganze Thema«, so gestand der Gouverneur der Bank of England, »nicht nur in Unwissenheit an, sondern mit Demut.«[19] Im Gegensatz zu den Volkswirtschaftlern stand er im Blickpunkt der Öffentlichkeit. In der Presse und auf der Straße übersetzten andere – mit noch weniger Erfahrung und entsprechend nicht ganz so bescheiden – die Syllogismen der Volkswirtschaftler in die unverblümte Sprache der Politik. Für die Linke bedeutete »Unterverbrauch«, dass knausrige Arbeitgeber und Staat die Nachfrage nicht ausreichend durch konjunkturfördernde Maßnahmen stimulierten; und »Überproduktion« war in ihren Augen nur eine frei erfundene Ausrede für die Aufforderung, den Gürtel enger zu schnallen. Für die Rechte bedeuteten Ausgaben der öffentlichen Hand, »den Wähler mit seinem eigenen Geld zu bestechen«, indem man höhere Steuern in verschwenderische neue Programme steckte. Die Linke sah im »Gleichgewicht« einen Götzen, nichts weiter als etwas scheinheiliger Glanz auf den immer rigoroseren Abstrichen bei Löhnen, Gehältern und sozialer Absicherung. Für die Rechte manifestierten sich in einem »Ungleichgewicht« störende Eingriffe: durch Gewerkschaften im Falle von Löhnen und Gehältern, durch den Staat im Falle von Krediten, Preisen und Profiten, und was die natürliche Balance zwischen Angebot und Nachfrage anbelangt durch beide.[20] Was an sich nicht neu war. Die Böen und Stürme der Nachkriegszeit mit ihren Anpassungskrisen, Umschwüngen und Erschütterungen hatten die ökonomische Debatte politisiert. Und zuweilen hatten sie sie auch verstaatlicht. Als die Franzosen 1923 der ausbleibenden Reparationszahlungen wegen das Ruhrgebiet besetzt hatten, um ihre Haushalte auszugleichen und ihre Währung zu schützen, hatte der deutsche Staat nicht nur mit passivem Widerstand, sondern mit einer Hyperinflation reagiert. Hier waren

Chauvinismus und Geldpolitik Hand in Hand gegangen. Jetzt jedoch, vor dem Hintergrund einer weltweiten Depression, äußerten sich, und das nicht nur im Reich, ökonomische Klagen auf Dauer in nationalen Ressentiments.

In Altenfeld, dem Dörfchen in Thüringen, wo die Glashütte hatte schließen müssen, gab deren Inhaber die Schuld dafür den Anfang 1932 in Kraft getretenen britischen Schutzzöllen. Mit seinen Exportmärkten verschwand auch ein Gutteil seines Geschäfts. Die Gründe für den Mangel an Kapital und Krediten sah er in der französischen Forderung nach Reparationszahlungen. Dass das Reich diese kaum tatsächlich bezahlt hatte, spielt dabei ebenso wenig eine Rolle wie der Umstand, dass die Franzosen kurz darauf ganz auf sie verzichteten. Die eingebildete Realität schloss die andere aus. Im sächsischen Falkenstein, wo die Textilwerke stillstanden, war die Hälfte der fünfzehntausend Einwohner entweder arbeitslos oder abhängig von Leuten, die arbeitslos waren. 1925 hatte deren Zahl gerade einmal 323 betragen. Gott strafe uns alle, erklärte der methodistische Prediger dort seiner Gemeinde. »Die Franzosen nicht«, murrte einer aus ihren Reihen.[21]

Der Interventionismus der Amerikaner, so schrieb *Le Temps* am 11. November 1932, dem Jahrestag des Waffenstillstands, habe nicht nur die amerikanische Wirtschaft ruiniert, sondern auch dem Rest der industrialisierten Welt ein bedauernswertes Beispiel gesetzt. Protektionismus, kreditpolitische Maßnahmen, Handelsschranken hätten zu hoher Arbeitslosigkeit und zur Lähmung der Industrie geführt. Das Blatt, ein Musterbeispiel der zeitgenössischen ökonomischen Orthodoxie Frankreichs, vermochte eine derlei gewohnheitsmäßige Einmischung weniger als republikanisch oder demokratisch denn als schlicht amerikanisch zu sehen.[22] Im Allgemeinen jedoch beklagten französische Blätter eher das Gegenteil, nämlich die ungezügelten Exzesse der amerikanischen Märkte, die *aventures* der Wall Street, die am Morgen danach eine Trümmerlandschaft zurückließen. Selbst die französischen Freunde und Bewunderer der USA, die in ihnen den Verbündeten ihrer Wahl sahen, verfolgten die Entwicklung dort mit Besorgnis. »Das Leben Amerikas hängt, atemlos, an seiner *stock exchange*«, schrieb einer von ihnen. Und das belaste die Welt, fuhr er fort. Eine Nation, die ihren Bürgern ein Glas Wein oder einen Abend beim Glücksspiel verwehre, aber ihr Spekulationsfieber mit Beifall bedenke. »Ein Rätsel!«[23] Darüber hinaus forderte die amerikanische Regierung, ohne Ausnahme, weiterhin die Begleichung der Kriegsschuld – und das obwohl man die Franzosen zum Verzicht auf die deutschen Reparationen drängte. Von der Abrüstung ganz zu schweigen.

Derlei Probleme, die mit sachkundiger Nüchternheit durchaus zu lösen gewesen wären, sperrten sich in der aufgebrachten Volksseele gegen jedwede Lösung. Die Franzosen hatten sich bereits 1924 in London bereit erklärt, ihre Reparationsforderungen zusammenzustreichen, dann noch einmal 1929 in Den Haag, bis man sie schließlich im Sommer 1932 in Lausanne vollends in den Schornstein schrieb – zum nicht zu überhörenden Schweigen der deutschen Meinung. Weder Presse noch Parteien, so bemerkte der Dolmetscher der deutschen Delegation nach seiner Rückkehr aus Lausanne, hatten groß Notiz davon genommen. Der Abneigung gegen Frankreich jedenfalls tat der Schritt keinen Abbruch. Als französische und amerikanische Unterhändler 1926 ein Abkommen zur Neuordnung der Kriegsschulden erarbeiteten, war die öffentliche Meinung Frankreichs geschlossen dagegen; hier und da ging man sogar auf die Straße. Die amerikanische Presse hatte mit den Franzosen 1932, obwohl sie ihre Kriegsschuld bezahlten, mehr Probleme als 1926, als die Zahlungen ausgeblieben waren. Die Depression, die drohende Möglichkeit einer französischen Zahlungsunfähigkeit, die jeweilige Sichtweise des Krieges – das alles hatte latente Ressentiments aufgeheizt, die jeden rationalen Verhandlungswillen überschatteten.[24]

Die Amerikaner standen durchaus zu ihrer Mitschuld an der Wirtschaftskrise. Als Präsident Hoover oder die Hearst-Presse, die ihm in jenem Herbst alles andere als freundlich zugetan war, die Schuld am Crash von 1929 der Verderbtheit der Boom-Jahre gaben, schlossen sie sich damit den französischen Moralisten an – und vergaßen dabei, dass der eine während der Hochblüte der fraglichen

Zeit Handelsminister und die andere ihr ausgesprochen wohlwollend gesinnt war. Sie bestritten jedoch, und das zu Recht, dass der Crash alleine die Weltwirtschaftskrise herbeigeführt haben sollte, an der man ebenfalls dem Krieg die Schuld gab. Damit meinten sie nicht nur die Ereignisse zwischen 1914 und 1918, sondern das Syndrom der Verschwendungssucht und Kriegslust hinter dem Treiben der Europäer, das jetzt hinter Wettrüsten und unausgeglichenen Haushalten stand. Und die ernüchterten amerikanischen Prasser der 1920er-Jahre wurden jetzt zu Opfern europäischer Frevler, ausländischer Spekulanten, die das Land durch den Verkauf ihrer Dollarbestände um seine Goldreserven zu bringen versuchten. Hätte nicht er am Ruder gestanden, so erklärte Hoover im Rahmen seiner Wahlkampagne im Oktober 1932 im Coliseum von Des Moines, hätte das Land womöglich gezwungenermaßen vom Goldstandard abrücken müssen. Zusammen mit dem Publikum stimmten er und Mrs. Hoover ein Lied an; die Kapelle spielte den »Iowa Corn Song«, die Hymne des Bundesstaats. Millionen von Radiohörern lauschten der Übertragung auf NBC und CBS. Er sei fest entschlossen, so sagte er, den Goldabfluss zu stoppen und die Währung und damit das Land selbst zu verteidigen, »das Gibraltar der Weltstabilität«, wie er sich ausdrückte, »weil nur das Halten dieser letzten Bastion uns vor einer zusammenbrechenden Welt retten kann«.[25]

Weltreiche haben schon immer den Neid derer geweckt, die keinem angehören, was nach außen hin eine Frage der Wirtschaft, insgeheim jedoch eine Frage des Prestiges ist. Im November des Jahres bezeichnete *Nichi Nichi*, eine der einflussreichsten Tokioter Zeitungen, die Ottawa-Vereinbarungen vom August als Paradebeispiel vom Wettbewerbsgedanken geprägter Autarkie. Sie hätten Produkte aus Großbritannien oder seinen Dominions bevorzugt behandelt und die anderen ausgesperrt. In der heutigen Welt, so bemerkte die Zeitung, seien ökonomische Maßnahmen immer politischer Art. Durch das Schließen bis dahin offener Türen habe Großbritannien andere – Deutschland, Italien und eben auch Japan – vor die Frage gestellt, warum es so viele Absatzmärkte in Übersee hätte und sie so wenige. »Altes Japan«, hatte General Sato im April ausgerufen, »deine Erde ist verbraucht! Armes Land! Du bist völlig erschöpft und du bist unfruchtbar!« Was ihn zu dem Schluss kommen ließ, dass Japans neue Mission darin bestehe, sich die Schätze Asiens zu erschließen. Und im Herbst besuchte König Viktor Emanuel III. die italienische Kolonie Eritrea am Roten Meer. Könnten zweiundvierzig Millionen Italiener, so hatte Außenminister Dino Grandi im Juni im italienischen Senat gefragt, in einem Land von der halben Größe Frankreichs, Spaniens oder Deutschlands leben und prosperieren, ohne Reichtümer oder Rohstoffe, eingesperrt in einem Meer, das andere kontrollierten und das zwischen der Halbinsel und den Ländern lag, mit denen es Handel trieb? Während diese die Bewegung von Gütern und Kapital erstickten? Er rief nach Kolonien. Italiens wichtigstes Problem, so fügte er hinzu, sei unausweichlich auch das der übrigen Welt.[26]

»Wie viel Geld haben Sie?«, fragten Zollbeamte an jedem Grenzübergang der sieben Donauanrainerstaaten. Und das nicht nur Touristen, sondern auch Journalisten und selbst Diplomaten. Allenthalben waren Grenzen mit einem Mal zu Instrumenten wirtschaftlichen Überlebens, quasi neuen existenziellen Symbolen geworden. Kapitalverkehrskontrollen machten Schule, und im Donauraum hatte der Reisende bei der Einreise jeden Cent ausländischer Währung zu deklarieren, wollte er damit wieder ausreisen. Importeure mussten mitunter wochenlang auf Devisen warten – eine fatale Behinderung für den Außenhandel, auf den diese Länder, mehr als andere, angewiesen waren. Nationale Animositäten, ökonomisch so irrational wie der Krieg selbst, sorgten für so viele Barrieren in den einst offenen Territorien Österreich-Ungarns, dass Devisenkontrollen offenbar nur der vorherbestimmte Schlusspunkt für eine mit der politischen Zerstörung von 1918 begonnene Aufgabe waren.[27]

Bevor die Passagiere sich Anfang Oktober an Bord des Ozeanriesen *Monte Olivia* begeben konnten, der im Schimmer unzähliger Lichter an einem Landungssteg des Hamburger Freihafens lag, erwartete sie im Zollhaus die Devisenkontrolle durch die Beamten der Hamburger Zollfahndungsstelle, die sich so höflich als möglich ihre Hand- und Brieftaschen ansahen. Jeder der Reisenden mit dem Ziel Südamerika durfte 200 Mark in bar mit aus dem Land nehmen, mehr nicht. Desgleichen durchsuchten draußen an der Schranke Beamte in grüner Uniform sämtliche von Bord kommenden Personen – zollfreie Waren wie französischer Kognak oder ägyptische Zigaretten durften nicht mit an Land. An der sowjetischen Grenze informierten Zollbeamte deutsche Reisende, ein Rubel entspreche zwei Mark und sechzehn Pfennigen. Als sie dann freilich in ihrem Moskauer Hotel eintrafen, erfuhren sie, dass Rubel nicht gleich Rubel war und dass es neben dem offiziellen eine Reihe anderer Wechselkurse gab und sie mit dem Überschreiten der Grenze in einem Land monetären Wahnsinns gelandet waren, wo nichts so war, wie es schien.[28]

Die Welt war dem monetären Chaos anheimgefallen. Gold und Devisen waren zu Agenten der Unordnung geworden, Trägern einer ansteckenden Krankheit, die man in den 1920er-Jahren durch prophylaktische Kurzzeittherapien im Zaum gehalten hatte. Jetzt wirkten sie nicht mehr. Internationale Kapitalflüsse, einschließlich lang- und kurzfristiger Anleihen, Investitionen sowie des Geldverkehrs zwischen Zentralbanken und ihren souveränen Regierungen, waren zu Rinnsalen versiegt; Gläubiger drängten auf Rückzahlung, Schuldner verlangten Erlass. Gold, das Geld ohne Heimatland, frei übertragbar, einst Instrument des Welthandels und sichtbarer Garant seiner Regeln, hatte seine Lahmlegung beschleunigt, und die engen Beziehungen zwischen den Banken, durch die es bewegt wurde, hatten für die Ausbreitung von offenen Positionen, Anfälligkeit und Panik über Kontinente und Weltmeere hinweg gesorgt. Der Krieg hatte die monetäre Unordnung in die Welt hinausgetragen, die die Depression zehn Jahre später zum Chaos aufblies.

Während der letzten Friedensjahrzehnte hatte der Goldstandard die Währungen über eine jeweils fest definierte Menge Feingold und damit auch in ihrem Verhältnis zueinander fixiert, was sie bei Bedarf frei in Gold konvertierbar machte; Voraussetzung dafür war, dass eine Zentralbank das von ihr ausgegebene Geld mit einem Minimum an Goldreserven gedeckt hielt. Dieses System schloss eine politische Manipulation von Währungen praktisch aus. Der Krieg von 1914 machte effektiv Schluss mit dem Goldstandard, insofern die Teilnehmer zum Schutz ihrer schwindenden Goldreserven die freie Konvertierbarkeit ihrer Währungen aufhoben. Vier Jahre später sahen die Überlebenden sich mit Ländern konfrontiert, deren Reichtum an Edelmetall sich größtenteils verflüchtigt hatte, teils in neutrale Staaten wie die Niederlande, Spanien oder die Schweiz, teils in ferne, selbst unversehrte Kriegsnationen wie Japan; der Löwenanteil freilich war in den Vereinigten Staaten gelandet, die sich – allen eigenen Auslagen zum Trotz – bereichert sahen. Der Krieg hatte die Goldreserven quasi gewaltsam umverteilt, als sie im Austausch vor allem für Munition die Hände gewechselt hatten, bis die Tresore einiger Nationalbanken praktisch ausgeräumt waren. Ihre inflationären Währungen verloren an Wert gegenüber dem goldgestützten Dollar, was zu einem freien, aber eben auch unberechenbaren Floating führte. Sieger wie Besiegte bevölkerten damit einen monetären Turm zu Babel, der hoch über die Ruine des Goldstandards hinausragte.[29]

Ende der 1920er-Jahre war es den meisten von ihnen unter großen Mühen gelungen, wieder zum Goldstandard zurückzukehren. Ihr Erfolg hatte sogar Neuzugänge angezogen, so stark war die Überzeugung, dass die Disziplin und die fixen Wechselkurse, die er implizierte, der Schlüssel zu finanzieller Respektabilität und wirtschaftlichem Gleichgewicht waren. Ein Hauch von Stabilität hatte sich eingestellt. Aber war das tatsächlich noch das alte System? Tatsache war, dass die Umstände es bis zur Unkenntlichkeit politisiert hatten. Zu Hause drängten Interessengruppen – Arbeitslose, Arbeitende und Arbeitgeber, Schuldner und Gläubiger, Volksvertreter und ihre Wähler – die Notenbanken zur Erhöhung oder Verknappung der Geldmenge, und das in einem Maß, das vor dem Krieg undenkbar erschienen war. Im Ausland wirkte die neutrale ökonomische Harmonie eines unabhängigen Goldstandards, der den Optimisten der Vorkriegszeit so lieb und teuer gewesen war, zunehmend wie ein kurioses Relikt aus einer anderen Zeit angesichts deutscher Reparationen oder interalliierter Kriegsschulden sowie einer wachsenden Komplizenschaft zwischen Geld- und Außenpolitik. Seinerzeit, als die meisten Verbraucher noch nicht einmal die Existenz des Goldstandards zur Kenntnis genommen hatten, konnten die Notenbanker die Politiker in die Galerie verbannen, wohin sie nach Ansicht der liberalen Vorstellungen der Zeit auch gehörten. Jetzt, wo Inflation und Deflation zum politischen Thema geworden waren, wo der Gewinn der einen Zentralbank den Verlust einer anderen bedeutete, ging das nicht mehr. Die Goldreserven waren zu Waffen nationalstaatlicher Politik geworden; geldpolitische Erwägungen und Staatsräson waren mit einem Mal eins.[30]

1931 türmte sich in Mitteleuropa eine gewaltige Angstwelle auf, schob sich in den europäischen Norden und erfasste dann über die Ozeane hinweg die USA und Japan. Investoren des einen Landes zogen, sofern ihnen das möglich war, ihr Geld aus dem anderen ab, bevor Moratorien, Zahlungsunfähigkeit, Schließungen oder Haushaltssperren sie von ihren Anlagewerten trennten. In der Vergangenheit wären andere Zentral- oder Privatbanken eingesprungen, um ihren Kollegen auszuhelfen und den Abfluss zu stoppen. Jetzt konnten – oder wollten – sie das nicht mehr, oder sie taten einfach nicht genug. Allenthalben drehte man den Geldhahn zu. Was dazu führte, dass die Panik sich auf die Börsen ausbreitete. Wirtschaftliche Depression, politische Instabilität, chronische Ängste um Schulden und die Dauer von Moratorien veranlassten Halter von Devisen, ihre Anlagen zu Gold zu machen und sie von einer bedrohten Oase in die nächste zu transferieren, solange es nur irgendwie ging. »Goldbarren«, so sagte der französische Justizminister Paul Reynaud im folgenden Frühjahr, »fliehen bei der geringsten Bewegung wie aufgescheuchte Hasen von Bau zu Bau.« Als Großbritannien sich nicht mehr in der Lage sah, verängstigte Investoren und Geldgeber unter Kontrolle zu halten, hob die Regierung im September die Bindung des Pfunds an den Goldstandard und damit seine freie Konvertibilität in Gold auf, was effektiv einer Abwertung des Pfunds gleichkam.[31] Das Land, das der Welt den Goldstandard gebracht hatte, stand jetzt an der Spitze derer, die vor ihm flohen. Das System war einmal mehr kollabiert.

An seiner statt kam es das ganze folgende Jahr über wieder zu frei schwankenden Währungen oder, wie in vielen der Länder, die nominell noch an den Goldstandard gebunden waren, zu drakonischen Währungs- und Kapitalverkehrskontrollen, die den Goldstandard jeder Bedeutung beraubten. Eigentlich dazu gedacht, Regierungen zur Disziplin anzuhalten, hatte er einigen gedient, andere dagegen behindert. Kaum ein Land hätte es sich jetzt leisten können, die staatlichen Instrumente der Kapitalverkehrskontrolle und Währungsmanipulation oder Zölle der einen oder anderen Art wieder aufzugeben und ihre Länder und deren Zukunft internationalen Regeln auszusetzen, die nur mehr Reminiszenzen an stabilere Zeiten waren. Von fixen Wechselkursen ebenso befreit wie von der Notwendigkeit, ihre Goldreserven zu schützen, konnten die Nationen jetzt Exporteure unterstützen und mehr Kredite vergeben. Nur taten sich viele Geldexperten rund um die Welt schwer, wieder aus dem Wald heraus zurück auf das vertraute Terrain von einst zu finden. So mancher Ansicht nach hatte der Goldstandard in der Vorkriegszeit allenthalben das Gleichgewicht garantiert; anderen zufolge war er, wo immer er galt, einem solchen zumindest nahegekommen, würde aber ohne die Rücknahme der ins Kraut schießenden Hindernisse und Bedrohungen für den Handel nie wieder funktionieren.[32]

Derlei Huhn-oder-Ei-Fragen waren den Zeitgenossen, sehen wir einmal von Bankern und Industriellen und den Politikern, die ihnen den Hof machten, ab, schlicht zu hoch. Der monetäre Zwist jedoch hatte den primitiveren Vorwürfen, mit denen die betroffenen Nationen einander bedachten, eine dunklere Wendung gegeben. Frankreich hatte die Goldreserven der Banque de France bereits dazu eingesetzt, Deutschland seinen Willen aufzuzwingen. Dazu war es erst jüngst wieder – im Frühjahr 1931 – gekommen, als man in Reichskanzler Heinrich Brünings taktlosem Vorschlag einer Zollunion mit Österreich einen versteckten Revisionismus und damit ebendie Art von Manöver zu erkennen meinte, mit dem das Reich Versailles zu konterkarieren versuchte, weil es die Vorherrschaft über seine Nachbarn anstrebte, die der Vertrag hatte ausschließen wollen. Entsprechend versagte man österreichischen und deutschen Banken günstige Darlehen, bis ihre Regierungen das Projekt wieder aufgegeben hatten. Gold als Waffe einzusetzen, sorgte für Entrüstung, aber es funktionierte.[33] Nachdem Großbritannien sich vom Goldstandard abgewandt hatte und andere Nationen folgten, tat sich im September – und im Jahr darauf – eine neue Bruchlinie auf. Britischen Journalisten zufolge sei die Nation vom Goldstandard nur abgerückt, weil hysterische ausländische Spekulanten sie dazu getrieben, weil mitteleuropäische Zentralbanken britisches Kapital eingefroren und andere nicht nach den Regeln gespielt hätten – so hätte etwa Frankreich mit balzacscher Begierde seine Reserven gehortet. Die Franzosen, die noch am Goldstandard festhielten, sahen in derlei Anwürfen die pure Heuchelei aus dem Munde eines von ökonomischem Missgeschick befallenen Nachbarn; sie bedauerten, dass die Briten nicht vom Goldstandard abrücken konnten, ohne dabei auch gleich ihren Verstand aufzugeben. Als eine der wenigen Nationen auf dem Kontinent, die ihre Währungen nicht manipulierten, fühlten sie sich im Stich gelassen. Jede der beiden Nationen war Opfer des Misstrauens der anderen.[34]

Geld war nicht nur Tauschmittel, es hatte auch eine heraldische Funktion, es war das Emblem nationaler Liquidität. Ob man nun vom Gold abrückte oder dabei blieb, es ging dabei nicht weniger um das Schatzamt als um die Flagge. Das autoritäre Polen, das faschistische Italien, das liberale Frankreich, die Vereinigten Staaten, alle sprachen sie vom Goldstandard mit patriotischer Befriedigung, solange man ihn beibehielt; Großbritannien sprach nach seinem Austritt davon, das Gold habe das Pfund verlassen, von einem zu begrüßenden Abstreifen »goldener Fesseln«, von Unrecht, das man erlitten, und von guten Beispielen, die man gegeben habe.[35] Indem sie sich als Horatius Cocles an der Brücke und die anderen als etruskische Invasoren sahen, verliehen nationale Staatsoberhäupter der Opferrolle eine gewisse Größe. Mit Hilfe unter anderem der Presse verstaatlichten sie die Verbitterung über die Depression ebenso wie die über den Krieg und gaben für die unseligen Überlebenden beider dem Unbegreiflichen Bedeutung.

*

»In diesem Augenblick quasi-deliriösen Unverstands«, so befand Toynbee, »als man vor der Auflösung der bisherigen Weltwirtschaftsordnung zu stehen schien« – in diesem Augenblick hatten die Staaten die Möglichkeiten des Internationalismus keineswegs aufgegeben. Sie heimsten den Nutzen aus dem Abrücken vom Goldstandard ein, arbeiteten aber auf diplomatischer Ebene an seiner Wiederherstellung; sie rüsteten zu Lande wie zur See, trafen sich aber, um strategische Grenzen zu setzen und die Sicherheit mit weniger bedrohlichen Werkzeugen zu garantieren; sie forderten lauthals die Bezahlung von Kriegsschulden und Schadenersatz, ersannen aber raffinierte Wege zur Linderung der jeweiligen Last. Im Jahr 1932 gelang ihnen das bisweilen. Bei der Konferenz in Lausanne im Sommer nahmen die Siegermächte effektiv von ihren Forderungen Deutschland gegenüber Abstand und machten sich danach geschlossen an ernsthafte Vorbereitungen für eine Weltwirtschaftskonferenz im folgenden Jahr.[36]

Öfter jedoch noch erhöhten sie, in diesem Jahr wie im folgenden, Zollmauern, stellten Territorialforderungen, sorgten für Kapitalverkehrskontrollen und Einwanderungsquoten, unterzeichneten Sicherheitsabkommen, schmiedeten Pläne zur Wiederaufrüstung und brachten internationale Konferenzen zum Stillstand. In der regen Beteiligung, die ein derlei undurchsichtiges Mit- und Gegeneinander trug, drückten sich nationale Regungen ebenso wie Unsicherheiten aus. Der Impetus dazu kam nicht von Randgruppen, sondern aus dem Herzen des Volks. Andernfalls hätte die politische Führung ihm nicht folgen müssen. »Nach reiflicher Überlegung«, so schrieb der britische Ökonom Arthur Salter im Herbst 1932, »bin ich zu dem Schluss gekommen, dass die größte und grundlegende Schwierigkeit gar keine internationale war, sondern die Hilflosigkeit nationaler Regierungen.« Er dachte dabei an all die

Handelskonferenzen, denen er beigewohnt hatte, und an die Macht von wirtschaftlichem Nationalismus und sektoralen Interessen.[37]

Als Ideal sorgte der Gedanke von der nationalen Autarkie für Konvertiten in den unterschiedlichsten Kreisen. Unter Ökonomen und Finanzjournalisten im Westen genoss der internationale Laissez-faire-Kapitalismus längst nicht mehr die alte unerschütterliche Loyalität. Im 19. Jahrhundert hatte der Freihandel in den Augen der Gläubigen nicht nur Freiheit und Prosperität, sondern auch den Frieden garantiert. Anfang der 1930er-Jahre jedoch widerrief John Maynard Keynes derlei Glaubensartikel, die zum Katechismus seiner Jugend gehört hatten. Die Erfahrung, so schrieb er, deute nicht länger darauf hin, dass geschäftliche Verflechtungen zwischen Nationen ihnen tatsächlich den Frieden bringen würden oder dass die bedingungslose Hingabe an die freie internationale Bewegung von Gütern und Kapital es den Regierungen ermögliche, durch Experimentieren ihren jeweiligen Weg aus der tiefen Krise des Kapitalismus zu finden. Sie bedürften vielmehr der Freiheit von äußeren Kräften, ja selbst, falls nötig, der wirtschaftlichen Absonderung. Er äußere derlei Ansicht nicht als Ketzer, erklärte er, sondern in dem Versuch, »die Vorstellungen, die dem Wunsch so vieler Länder nach einer größeren nationalen Selbstgenügsamkeit zugrundeliegen, zu verstehen«. Ihm gehe es darum, »die geistigen Vorkriegsgewohnheiten aus der Welt des 19. Jahrhunderts abzulegen«, auch seine eigenen. Zwei Jahre zuvor, als eine Zahlungsbilanzkrise und der Run auf das britische Pfund sein eigenes Land den Goldstandard aufgeben ließen, waren in der Presse Rufe nach ökonomischer Selbstgenügsamkeit lautgeworden, die Aufforderung, britisch zu kaufen und Selbstversorgungsgärten anzulegen. Und so wie man sich im Falle der Staatshaushalte auf die heimische Warte besann, verhielt sich das dann auch mit den Währungskrisen – sie förderten die Eigenverantwortlichkeit und die Meidung ausländischer Abhängigkeiten.[38]

Unter dem Begriff Autarkie gewann die Idee nationaler Selbstgenügsamkeit an Dringlichkeit und wurde durchaus erzwungen. Ihre stalinistische Variante, vom Regime mit immensen – finanziellen wie menschlichen – Kosten verfolgt, unterschied sich von der keynesschen wie Tag und Nacht; wenn die nationale Eigenständigkeit auf Kosten des unabhängigen, kritischen Geistes gehe, so der Kommentar des liberalen Volkswirtschaftlers, dann würde er doch lieber wieder zu seinen alten Idealen aus dem 19. Jahrhundert zurückkehren. Aber so sehr die sowjetische Ideologie unter Stalins »Sozialismus in einem Land« die Eigenständigkeit beim Einzelnen bedauerte, so sehr pries sie diese, aus militärischen wie aus wirtschaftlichen Gründen, um das Überleben der Sowjetunion zu garantieren, beim Kollektiv.[39] In Deutschland, wo der Gedanke nationaler Selbstgenügsamkeit in den 1920er-Jahren kaum Anhänger hatte, war ein wachsender Kreis von geopolitischen Sehern zu dem Schluss gekommen, keinen Nutzen aus der Weltwirtschaft ziehen zu können und dass man sie, da eine gänzliche Autarkie jenseits des Möglichen liege, in einer regionalen »Großraumwirtschaft« suchen sollte: in den geschlossenen Wirtschaftsräumen des südöstlichen und östlichen Europas oder vielleicht sogar des ganzen europäischen Kontinents. Nur so könnte Deutschland sich, in den Augen der militärischen Planer, gegen eine abermalige Blockade durch westliche Seemächte in Kriegszeiten behaupten.[40]

Die Nationalsozialisten, die selbst keine ökonomischen Ideen mitbrachten, übernahmen das Konzept und verbanden es mit dem des »Lebensraums« – der Kolonisierung neuer Gebiete im Osten zur Sicherung der deutschen Ernährung. Autarkie dieser Spielart implizierte Eroberung. Der Abhängigkeit von Exporten und der Integration in die Weltwirtschaft nicht weniger feindlich gesinnt als die anderen Spielarten, bedurfte diese aber militärischer Aktionen, die wiederum nur durch weitere Eroberungen zu tragen waren, und versprach so einen endlosen Kreislauf der Gewalt.[41] Kein Kartograph hat die Grenzen dieses »Lebensraums« je definiert. Der asiatische Boden, den japanische Militaristen bereits besetzt hatten, und die afrikanischen Kolonien, welche die italienischen Faschisten in Kürze beanspruchen sollten, waren zwar klarer begrenzt. Sie ermöglichten jedoch den Übergang zur Autarkie, die für einige den Rückzug angeraten erschienen ließ, für andere dagegen das Gebot der Expansion beinhaltete.

Ohne die Mandschurei, so schrieb ein japanischer Beobachter im Frühjahr 1932, würde Japan nie zur Ruhe kommen; mit ihr wäre das Land »so sicher wie die Vereinigten Staaten es heute sind«.[42] Jedem seinen Irrtum. Dem territorialen Irrtum zufolge erforderte Prosperität, selbst im Industriezeitalter, ein Mehr an Land; dem ökologischen Irrtum zufolge befanden Nationen und Völker sich in einem tödlichen Kampf um endliche Ressourcen. Hitler hatte in seinem unveröffentlichten zweiten Buch einen Blick auf die amerikanische Eroberung kontinentalen Raums im 19. Jahrhundert geworfen und darin sowohl ein Modell als auch eine existenzielle Herausforderung, den einzigen Weg aus dem malthusischen Albtraum einer unzureichenden Versorgung mit Nahrung gesehen.[43] Stalins Ansicht nach hing das Leben der Sowjetunion davon ab, dass ihr Produktionsausstoß den aller anderen übertraf. Dem nativistischen Irrtum zufolge, älter und diffuser als die anderen, bedarf das Überleben der nationalen Identität des Ausschlusses beziehungsweise der Vertreibung von Außenseitern und Neulingen. Sowohl in Europa als auch in Nordamerika ging er dem damaligen Unbehagen weit voraus. Im Herbst 1932 jedoch verquickte er sich mit ihm. In Manhattan, wo die Baracken der Elendsviertel – der Hoovervilles – sich über den Central Park und Morningside Heights zogen und eineinhalb Millionen arbeitslos waren, rief im September eines der Hearst-Blätter dazu auf, »kriminelle und anderweitig unerwünschte Ausländer« ohne Anhörung zu deportieren: »Befreit das Land von diesem Abschaum.«[44] Als Anfang November unter jahreszeitlich bedingten Nebeln und Klagen der Jahrestag des Weltkriegsendes heranrückte, reflektierte in Paris ein Finanzwochenblatt über den kläglichen Zustand nicht nur Frankreichs, sondern ganz Europas. Fast als läge nichts näher, beklagte man die Invasion von drei Millionen Einwanderern, Kriminellen, Flüchtlingen und Arbeitslosen aller Farben seit dem Ende des Krieges. »Der November ist ein Monat der Meditation«, fügte der Autor hinzu, »über uns selbst, über unsere Vergangenheit … Unsere Konsuln sollten darüber nachdenken.«[45]

Derlei Irrtümer, die – ein Erbe des Krieges oder der Depression oder sowohl als auch – von derselben Angst vor dem Nieder- oder gar Untergang gekennzeichnet waren, konnten einander entweder ignorieren oder in den Schulterschluss gehen. Der Nazismus verschweißte sie zur Rassenpanik, die sich auf »den Juden« einschoss. Alle sahen sie die Welt jenseits der Grenze als feindlichen Ort. »Desorientiert wie wir sind«, erklärte der Professor in Mihail Sebastians Roman *Seit zweitausend Jahren* von 1934, »werden wir vielleicht eines Tages die Wahrheit wiederfinden, die uns zur Erde zurückbringt.« Die Figur basierte auf Nae Ionescu, einem führenden rumänischen Nationalisten der Zeit, der wie seine Genossen eine tiefe Abscheu gegen alles Ausländische und Kosmopolitische hegte. Sein fiktionales Alter Ego hielt eine vom Ausland finanzierte Ölraffinerie inmitten rumänischer Weinstöcke und Pflaumenbäume für ein »organisiertes Verbrechen«, für eine »Abstraktion«, Europa für eine Fiktion, und die weltweite Finanzkrise war für ihn nichts weiter als Symptom des kulturellen Zerfalls. Eine starke Währung war ein Symbol starker Werte auf jeder Ebene. »Merkst du nicht, dass ich nach Erde rieche?«, fragte einer seiner Studenten den Erzähler, einen Juden und Protegé des Professors, in Anspielung auf Ahasver. »Ob ich nicht fühle, dass er nach Erde rieche?«, erwidert der Gefragte. »Natürlich fühle ich es. Und darum beneide ich ihn ja.«[46]

2 Tokio und Rom

September und Oktober 1932

Die Abgeordneten des Reichstags, die sich am 23. August zu einer außerordentlichen Sitzung im Festsaal des Parlaments eingefunden hatten, harrten der Ankunft des Kaisers. Dieser war an diesem Morgen in Galauniform zusammen mit seinem Großkämmerer Admiral Suzuki in seine Kalesche gestiegen und an der Spitze eines Autokorsos mit den Honoratioren des Hofstaats auf dem Wege zum Parlament. Zusammen mit dem Kabinett empfing ihn der Premierminister, Vizegraf Saito Makoto auf der Terrasse des Oberhauses, und im Festsaal selbst verbeugten sich die Mitglieder beider Häuser wie ein Mann, als der Mikado auf seinem Thron Platz nahm. Saito überreichte ihm eine Schriftrolle, von der er mit klarer Stimme die kaiserliche Erklärung verlas, bevor er zwanzig Minuten später unter einer weiteren Geste der Ehrerbietung seitens des Parlaments wieder ging.[1]

Am nächsten Tag folgten, wie immer nach solchen Anlässen, die drei Reden des Premiers, des Finanzministers und des Außenministers. Nur Finanzminister Takahashi ging ausführlich auf den wirtschaftlichen Notstand ein, aufgrund dessen die Regierung sich zur Einberufung und der Kaiser zur Billigung der außerordentlichen Sitzung vom Vortag genötigt gesehen hatten. Gefordert hatte man sie bereits am Schluss der letzten außerordentlichen Sitzung im Juni, als die Bauern hungerten und Exportbetriebe ihre Fabriken schlossen. Takahashi sprach über die Gesetzesvorlagen bezüglich Reis, Nothilfe und Schulden. Saitos Kabinett war überparteilich, eine Art große Koalition, die man nach dem politischen Mord an

Inukai im Mai eingesetzt hatte, und wie alle hybriden Regierungen dieser Art fürchtete sie ihre zänkischen Partner.

Erst tags zuvor hatte der Chef der im Augenblick größten Partei, der Seiyukai, vor einem »Ausbruch von Unzufriedenheit« gewarnt und das Allheilmittel der »Selbsthilfe« der Regierung als sinnlos verhöhnt. Seine Partei verlangte mehr Mittel für Hilfsmaßnahmen; Takahashi wollte abwarten. Und die Seiyukai war seine Partei. Einige Wochen vorher hatte *Hochi Shimbun*, ein Massenblatt des japanischen »Magazinkönigs«, das es mit der anderen großen Partei, der Minseito, hielt, ähnliche Vorwürfe erhoben: Das Land leide, und die Regierung sehe tatenlos zu. Niemand konnte sagen, wie einsichtig die Abgeordneten sich zeigen würden.[2]

Der Reichstag tagte nicht allzu oft. Normalerweise trat er im Dezember zusammen und vertagte sich dann auf Mitte Januar, um im März abzustimmen, nicht selten in der Hektik eingebrachter Amtsenthebungsanträge und vehementer Proteste gegen den einen oder anderen Verstoß gegen Ritus und Protokoll. Zusammen mit der reichen und vielfältigen Presselandschaft des Landes war er der Inbegriff des politischen Pluralismus; in entscheidenden Augenblicken jedoch lag die Macht effektiv anderswo, wenn auch ebenfalls fernab der aufgebrachten Massen. Entscheidungen entstanden mit anderen Worten im Konsens eines mysteriösen Schmelztiegels konkurrierender Interessen und Ansichten: im Palast, um den Thron, im Staatsrat, im Oberkommando von Heer und Marine und unter einigen der großen Kapitäne von Finanzwelt und Industrie.[3] Auf diese Weise war Saito im Mai ins Amt gekommen, auf Beschluss ebendieser Art von Konklave und eines Schutzheiligen aus grauer Vorzeit: Fürst Saionji. Der war mit seinen zweiundneunzig Jahren der Letzte der Weisen, die 1868 bei der Meiji-Restauration mitgewirkt hatten – der Letzte der *Genrō*, jener legendären Ältesten, die dem gottähnlichen Kaiser näherstanden als der mondäne Reichstag und seine unruhige Mehrheit. Letztere ignorierend, sorgte Saionji unter allgemeinem Konsens dafür, dass der Kaiser die durch die Ermordung Inukais geschaffene Lücke mit einem Parteilosen füllte, dem ehemaligen Generalgouverneur von Korea, Admiral Saito, mittlerweile ein müder alter Mann von dreiundsiebzig Jahren, aber es war dies die akzeptabelste aller Lösungen. Die Seiyukai, die Regierungspartei, die im Februar mit einer starken Mehrheit der Reichstagsmandate zurückgekehrt war, fügte sich.[4] Aller Zerstrittenheit und allen innerparteilichen Rivalitäten zum Trotz stand der Reichstag zum Staat. Bei seiner Tagung im März hatte Inukai die beiden Häuser mit einem Verweis auf die Dringlichkeit der Probleme um die debattenlose Verabschiedung seiner Projekte gebeten: die Finanzierung der japanischen Operationen in China und die Aufhebung des Goldstandards. Was man denn auch tat, das Oberhaus einstimmig, das Unterhaus mit nur wenigen Gegenstimmen. Nach fünf Tagen konnte man wieder nach Hause gehen. Aber das System war im Wesentlichen instabil. Wer sollte nach Saionjis Tod in die Fußstapfen des letzten *Genrō* treten? Die Generäle?[5]

Die Formalität der Wahlen enthüllte der jeweiligen Regierung die Stimmung im Volk, und wie anderswo lebten die parlamentarischen Parteien vom Austausch mit ihren Wählern und ihrer Klientel, denen man Dienste für ihre Loyalität erwies. Außerdem erfüllten sie die wertvolle Funktion, den Volkszorn von sakrosankteren Zielen fernzuhalten. Bis zum August, als sie wieder zusammenkamen, war die Wertschätzung für sie unaufhaltsam gesunken. Als im Mai die Massenblätter den Verlust des öffentlichen Vertrauens in die politischen Parteien beklagten, hatten Premier Inukai und Baron Wakatsuki, der Führer der oppositionellen Minseito, die konstitutionelle Regierungsform und ihre Parteien zum idealen System für Japan erklärt. Inukai verurteilte die Kritiker dieses Systems; drei Tage später ermordete ihn eine Handvoll von ihnen. In den seltensten Fällen hob die breite Verurteilung des Attentats den Vorwurf einer unbewussten Komplizenschaft der Parteien auf – die niedrige Tat, so schienen die Blätter durchblicken zu lassen, reflektiere die Abscheu, die sie sich zugezogen hätten. Wie um seine düstere Diagnose zu bekräftigen, hatte *Yomiuri* nur wenige Tage zuvor unverblümt erklärt, das Volk würde bald eine andere Form von Regierung verlangen, falls die Parteien im Reichstag nicht etwas gegen die zunehmende Arbeitslosigkeit in der Hauptstadt und den Provinzen unternahmen. *Hochi Shimbun* gab Inukais regierender Seiyukai die Schuld an der allgemeinen Enttäuschung hinsichtlich der Regierungsform. Ein konkretes Rezept hatten die Mainstreamblätter jedoch nicht. *Jiji*, eine Wirtschaftszeitung, wollte einen Premierminister, der den Parteien das alte Prestige zurückgab. Wo die Parteien die Interessen des Volks ignoriert und sein Vertrauen verspielt hätten, so schrieb *Nichi Nichi*, brauche das Land neue Männer, aber nicht um »die konstitutionelle Regierung zu demontieren, wie sie Kaiser Meiji geschaffen« habe, sondern um sie anzupassen – was immer das hieß.[6]

Vorsichtig, wenn nicht gar hinterhältig, hatte *Nichi Nichi* die fundamentale Frage gestellt: Würde Japan den Weg der Verwestlichung weitergehen, den Weg hin zu Industrialisierung und parlamentarischer Regierungsform, den man 1868 eingeschlagen und den Außenminister Baron Shidehara Kijuro nach 1919 mit seiner Hinwendung zu Völkerbund, Abkommen und westlichen Märkten fortgesetzt hatte?[7] Junge Männer hatten diese Frage bereits durch die Ermordung von Persönlichkeiten des öffentlichen Lebens beantwortet, Leuten mit unterschiedlichen Sympathien, die in ihren Augen jedoch alle mit dem Stigma landesverräterischer Beziehungen behaftet waren: Hamaguchi Osachi, der 1930 im selben Tokioter Bahnhof starb, wo neun Jahre zuvor einer der Führer der Seiyukai, Premierminister Hara Takashi, von einem dieser jungen Männer erstochen worden war; im Februar 1932 ermordeten sie den Chef der Minseito, den ehemaligen Finanzminister Inoue Junnosuke, als er im Rahmen einer Wahlveranstaltung eine Grundschule besuchte; im März starb Dan Takuma, Chef des Mitsui-Konglomerats, als er in seinem Büro eintraf; und schließlich töteten sie im Mai Premierminister Inukai in seiner offiziellen Residenz, als er sich mit einem Besucher traf und während die Komplizen des Attentäters am helllichten Tag in der ganzen Hauptstadt wahllos Handgranaten warfen: an der Parteizentrale der Seiyukai, am Polizeipräsidium, vor der Mitsubishi-Bank. Einige der Täter trugen Marineuniformen, und alle stellten sich, als wollten sie sich zu erkennen geben und von vornherein jeden Vorwurf eines versuchten Staatsstreichs von sich weisen. Darüber hinaus übergaben sie der Polizei eine Liste mit

Forderungen zugunsten der mittellosen Arbeiter und Bauern, deren Söhne sie waren: Schluss mit dem Reichstag und seinen Parteien, Schluss mit den kapitalistischen Trusts und ihren Profitmachern, Schluss mit der Regierung und ihrer unentschlossenen Außenpolitik. Sie verlangten ein neues Regime auf der Basis alter Werte und die Herrschaft der militärischen Tradition. Sie gestanden später freimütig, dass sie eigentlich mehr Leute hatten töten wollen, alle vom selben Schlag, darunter auch Fürst Saionji, der dem parlamentarischen Regime zu freundlich gesinnt war, und Baron Shidehara, der China gegenüber nicht hart genug auftrat.[8]

Die Mörder von Inoue, Dan und Inukai hatten ihre Pläne unter der asketisch-priesterlichen Ägide von Inoue Nissho geschmiedet, einem früheren Söldner und Spion, jetzt buddhistischer Priester und Prophet von eigenen Gnaden. Er war der Kopf, sie waren sein Arm, und in seiner Ketsumeidan (Blutsbrüderschaft oder Blut-Liga) hörten sie zuerst seine Lehren über das Ziel – die nationale Erneuerung und die Beseitigung korrupter und ausländischer Eliten – und berieten dann über Mittel und Wege zu dessen Erreichung. Ein politischer Mord hatte das Land bereits 1921 von Hara Takashi befreit, der sich der Sympathien für den Völkerbund und allem, wofür er stand, schuldig gemacht hatte. Jetzt, 1932, hatte sich die Liste um weitere präzise ausgewählte Opfer verlängert: Inoue, der das Militärbudget kürzen wollte, Baron Dan, der das Volk ausgeplündert und Gold verschifft hatte, und schließlich Premier Inukai, der den Waffenstillstand unterzeichnet und die Marine von ihrem unseligen Abenteuer in Schanghai zurückgeholt hatte. Die Delikte, die sie nahtlos miteinander verbanden, waren sowohl innen- wie außenpolitischer Art. Wer oder was ihnen folgen sollten, das war weniger klar. Inoue Nissho, der dem Kaiser und dem über tausendjährigen Kult um ihn ergeben war, missbilligte jedwedes Gerede von »Faschismus« oder Militärdiktatur. Seine uniformierten Jünger und ihr Milieu waren dem gar nicht so abgeneigt, so »westlich« derlei Neuheiten auch waren.[9]

Ihr Milieu – kleine, mehr oder weniger geheime Bruderschaften mit überlappenden Glaubensbekenntnissen – hatte sich seit etwa

1930 vergrößert. Hatte es 1927 gerade mal fünfundzwanzig solcher Gesellschaften gegeben, waren es 1932 fast zweihundert. Sie fanden ihr Fußvolk nicht nur in Marinestützpunkten und Militärakademien, sondern auch an Universitäten und in den Ministerien, vor allem unter Söhnen, die dazu neigten, die Herrschaft der Parteien und des Geldes für das Elend ihrer notleidenden Familien verantwortlich zu machen. Sie unterschieden sich jedoch durchaus. Eine der größten, die Kokuhonsha, die ihr Ansehen ihrem Anführer, Baron Hiranuma Kiichiro, Vizepräsident des Staatsrats, verdankte, war so gut wie überhaupt nicht geheim; eine der kleinsten, Inoues Ketsumeidan, operierte für sich alleine und behielt ihre Pläne für sich. Einige, wie die Kokuhonsha, enthielten sich allen Geredes über Aufstand und Umsturz; andere, wie die kleinere Dai Nippon Seisanto, hätte nichts lieber gesehen. Sie sprachen jedoch miteinander. Nach den Zwischenfällen vom 15. Mai fand die Polizei Inoue Nissho im Haus von Toyama Mitsuru, einem nicht weniger asketischen wie zwielichtigen Fanatiker, der ein Kompendium für junge Attentäter verfasst hatte und der Dai Nippon Seisanto beratend zur Seite stand. Und sosehr sie sich hinsichtlich ihrer gesellschaftlichen Ideale – agrarischer oder industrieller Art – und ihrer politischen Strategien – gewalttätig oder gewaltlos – unterscheiden mochten, was sie einte, war der Wunsch, ihr Land von Parteien und Trusts zu befreien und die alte heilige Union zwischen Kaiser, Krieger und Erzeuger wiederherzustellen.[10]

Ein Magnetfeld vergrößerte ihre Reichweite über Heer und Marine hinaus in die japanische Gesellschaft und selbst über die Meere. Durch den Zaigo Gunjin-Kai, den Reservistenverband mit seinen 14 000 Ortsgruppen und drei Millionen ehemaligen, von Offizieren a. D. geleiteten Soldaten, trugen sie ihre Botschaft unter die Landbevölkerung. Als der Reichstag Ende August zusammentrat, trug man dem Kaiser eine Petition von über 100 000 Bauern aus notleidenden Provinzen vor. Wetter und Wirtschaft hatten sich verschworen, ihnen entweder die Ernte oder ihre Märkte zu ruinieren; in ihren Dörfern ging das Gespenst des Hungers um; Schulkinder aßen die eigentlich für das Vieh bestimmte Weizenkleie. Eltern und

Bittsteller brachten die Gleichgültigkeit der Parteien ihrer Not gegenüber vor und erbaten die Unterstützung durch Wehrpflichtige aus ihrer Gegend, die zwar im Augenblick unter Waffen standen, deren Hilfe ihnen jedoch seitens verständnisvoller Stabsoffiziere der jeweiligen Regimenter zugesagt war. Binnen weniger Wochen nach Saitos Amtsübernahme bestürmten Delegationen seine Regierung, und die Parteien, deren verfassungsmäßige Rolle für den Augenblick aufgehoben war, befürchteten die Übernahme ihrer ländlichen Wählerschaft durch Nationalisten. Umso lauter riefen sie nach Hilfsmaßnahmen für sie, inflationär oder nicht, und hinter den Warnungen der Seiyukai vor einer allgemeinen »Unzufriedenheit« anlässlich der Zusammenkunft des Reichstags stand die Sorge der Partei um ihr eigenes Überleben.[11]

Beim Gipfel konnten die Bruderschaften Kabinett und Hof über das Oberkommando erreichen. Allein in den Reihen der Kokuhonsha fanden sich, neben anderen militärischen Würdenträgern, Admiral Togo Heihachiro, einer der höchstdekorierten Helden Japans, und General Araki Sadao, der Kriegsminister. Über Araki ließ das Heer nach Inukais Ermordung im Mai verlauten, dass es keine Rückkehr zur Parteipolitik dulden würde, dass eine Regierung der nationalen Einheit das Ruder zu übernehmen und das Parlament sich dieser zu beugen hätte. Und Fürst Saionji höchstpersönlich kam nach Tokio. Die Minister für Heer und Marine entstammten dem aktiven Dienst oder den Reihen der Reservisten, nie zivilen Berufen; der Kaiser persönlich ernannte sie und ihren jeweiligen Stab; für den Rest des Kabinetts stellten sie eine so invasive wie vertraute Bedrohung dar wie der kaiserliche Staatsrat. Arakis Ultimatum hatte nichts, aber auch gar nichts von einer ehrlosen Meuterei, auch wenn es zur Aufhebung der Parteienregierung führte, zur Ernennung des Kabinetts Saito und zum regierungsamtlichen Gebrauch des Begriffs *hijoji* – Zeit der Krise bzw. des Notstands –, der noch im selben Jahr Einzug in den allgemeinen Wortschatz des Landes halten sollte. Aber mit den Geheimgesellschaften und deren Sympathisanten im Rücken konnten Generäle und Admirale die unausgesprochene Gefahr eines Aufruhrs im Land mit ihrer eigenen zunehmenden Ungeduld angesichts der ihnen in Übersee auferlegten Beschränkungen verbinden.[12]

Noch definierte die überseeische Expansion nicht die Sache der Bruderschaften; sie ergab sich erst aus ihrer Mission, sich Japans Niedergang entgegenzustellen. Sowohl der Reservistenverband als auch die Dai Nippon Seisanto verorteten Japans ökonomisches Schicksal in China, und das auf Kosten der dortigen anglo-amerikanischen Interessen. Baron Hiranuma, aus der Führungsspitze der Kokuhonsha, verband seine heimischen Sozialprogramme mit einem vagen, aber kriegerischen panasiatischen Nationalismus im Ausland. Andere zeigten sich desinteressiert. In dem Manifest, das man am 15. Mai bei der Polizei hinterlassen hatte, wie auch während ihres Prozesses im folgenden Jahr, sprachen die Verschwörer der Ketsumeidan kaum von anderen Ländern, anderen Meeren; hier und da kam sogar eine gewisse Skepsis hinsichtlich der japanischen Feldzüge zum Ausdruck, die damals im Gange waren. Für den Augenblick war der alle nationalistischen Sekten verbindende Kreuzzug innenpolitisch inspiriert und erst in seiner Weiterentwicklung auswärtig. In den Augen der militärischen Führung jedoch und einiger der Offiziere unter ihrem Befehl versprach allein das asiatische Festland Raum und Sicherheit; es war der Lebensnerv von Großjapan und ganz nebenbei auch der ihres eigenen Ansehens und ihrer eigenen Macht.[13]

*

Als die Abgeordneten in Tokio anlässlich der außerordentlichen Reichstagssitzung Ende August ihre Plätze einnahmen, befand man sich kurz vor dem ersten Jahrestag des Zwischenfalls in Mukden. Am 18. September 1931 hatten Angehörige der japanischen Kwantung-Armee eine harmlose Explosion an der südmandschurischen Eisenbahntrasse inszeniert, diese der örtlichen chinesischen Garnison in die Schuhe geschoben und tags darauf Mukden und in den folgenden Wochen einen Gutteil der Mandschurei besetzt. Im Handumdrehen wurde eine lokale Kabbelei zu einer größeren

Kraftprobe zwischen Offizieren und Zivilisten zu Hause, zwischen Mitgliedern des Völkerbunds, die mehr oder weniger erpicht darauf waren, sich Chinas Beschwerde anzuhören und die Zusage des Völkerbundpakts einzuhalten, Aggressionen wenigstens zu ahnden, wenn die Abschreckung schon versagte.

Der Theorie nach beherrschte China die Mandschurei; tatsächlich konnte dort von Herrschaft keine Rede sein. Zhang Xueliang, ein lokaler Kriegsherr, herrschte in der Hauptstadt Changchun; Räuberbanden, bei denen nicht immer zwischen chinesischen Soldaten und notleidenden Bauern zu unterscheiden war, durchstreiften das Land; und die Russen, die aus eigenem Interesse eifersüchtig über die Ostchinesische – oder Transmandschurische – Eisenbahn wachten, entsandten 1929 Truppen, als sie diese durch Zhang bedroht sahen. Entlang der 1100 Kilometer langen Trasse, die ihre Soldaten angeblich gerade gerettet hatten, genossen die Japaner erhebliche extraterritoriale Rechte, die ihnen durch Verträge mit Russland (1905), China (1915) und den Westmächten (1922) eingeräumt respektive den anderen Beteiligten auferlegt worden waren. Die japanische Präsenz unterschied sich von allen anderen, insofern sie sowohl eindringender, entziehender als auch aufbauender als alle anderen war. So betrieb die japanische Südmandschurische Eisenbahn-Aktiengesellschaft etwa über die Bahn hinaus auch Schulen, Krankenhäuser, Polizeiwachen, Bibliotheken und öffentliche Versorgungseinrichtungen; ein gutes Stück abseits davon ernteten die Japaner Getreide, schürften Kohle und Eisenerz und schlugen Holz. 1931 überstiegen ihre Investitionen in die Provinz die aller anderen ausländischen Mächte mit Ausnahme der Briten; alles in allem beliefen sie sich auf über ein Drittel der gesamten Investitionen. Man musste sich fragen, ob sie überhaupt Ausländer waren. Die Mandschurei, so hatte das Kabinett von Premierminister Tanaka Giichi 1927 erklärt, sei eine besondere Region, die es mit allen Mitteln zu verteidigen galt.[14]

Gegen wen? Niemand drohte, die Kwantung-Armee aus ihrer Bastion zu vertreiben – nicht die Sowjets, denen die Motivation dazu fehlte, noch Zhang Xueliang, der nicht über die Mittel dazu verfügte, noch die nationalistischen Armeen im Süden, die immer noch damit beschäftigt waren, das Land – und sich selbst – unter Chiang Kai-shek in Nanking zu vereinigen. Als sie 1927 und 1928 im Rahmen des Nordfeldzugs in Richtung Mandschurei marschierten, entsandte Tanaka sofort Truppen, um ihren Vormarsch zu stoppen. Im Sommer 1931 stand auch nicht eine drohende Invasionswolke am Horizont. Der Boykott japanischer Waren, den die Regierung in Nanking in diesem Sommer verhängt hatte – der neunte seit 1919 –, tat den japanischen Geschäften in der Mandschurei kaum einen Abbruch. Aber es kam zu Unruhen und Aufruhr. In einem entlegenen Winkel der Provinz, in dem sie eigentlich nichts verloren hatten, töteten chinesische Soldaten einen japanischen Hauptmann; in Mukden kam es zu einigen Übergriffen chinesischer Zivilisten gegen japanische Frauen und Kinder; berittene Banditen – *bazoku* – überfielen und plünderten einen Personenzug der Südmandschurischen Eisenbahn. Aber die Polizeigewalt in den Gebieten unter japanischer Gerichtsbarkeit zu wahren, war eine Sache, die Invasion der unermesslich großen Provinz eine ganz andere. *Jiji*, ein Blatt für Geschäftsleute und Beamte, sah jedenfalls am 15. September keinerlei Anlass, dass die Soldaten der Kwantung-Armee auf Gewaltmaßnahmen zurückgreifen müssten.[15]

Für sie ging die eigentliche Gefahr, beängstigender als jede andere, von ihrer eigenen Regierung aus, die einknickte, während sie selbst standhielten. Außenminister Shidehara hätte Japans wirtschaftliche Position in der Mandschurei gern bewahrt – daran war nicht zu rütteln. Ihm war aber auch klar, dass die Vereinigten Staaten der größte Absatzmarkt für japanische Seide und Britisch-Indien Japans größter Lieferant für Baumwolle und Roheisen war und dass China für Japan wirtschaftlich eine größere Rolle spielte als für irgendein anderes Land; auch wusste er, dass die chinesischen Nationalisten sowohl die Briten als auch die Amerikaner seit 1928 dazu breitgeschlagen hatten, Verträge und extraterritoriale Privilegien auslaufen zu lassen. Als pragmatischer Diplomat war ihm vor allem daran gelegen, durch Verhandlungen die Wogen zu glätten; und seine Partei, die Minseito, stand geschlossen hinter ihm. Für die »Jungtürken« der Kwantung-Armee, zumindest für die Ideologen unter ihnen und ihre Freunde in Tokio, verhieß die Mandschurei weit mehr als Nahrungsmittel und Rohstoffe für das Mutterland. Sie sahen in ihr den Schauplatz für militärische Operationen gegen die Sowjetunion im Norden und vielleicht auch gegen China im Süden; die kommende spirituelle Erneuerung Japans, mit einer Wiederherstellung des alten Kaisertums und der Shinto-Kulte; und nicht zuletzt die Pforte für die Befreiung ganz Asiens vom Westen – wenn ihnen nur die Loslösung ihrer eigenen Regierung aus den Klauen westlicher Gewinnsucht gelang. Sie würden die Mandschurei nicht als Handlanger kapitalistischer Trusts besiedeln, sondern als Soldatenbauern, als Legionäre an den Grenzen des Reichs. Ihre Phantasie war von einem egalitären Ethos ebenso durchdrungen wie von der imperialen Idee. Shidehara wollte vermeiden, dass General Honjo Shigeru, der Kommandant der Kwantung-Armee, den Mukden-Zwischenfall eskalieren ließ; Honjo ignorierte ihn.[16]

Seither hatte sich das Machtgleichgewicht immer weiter zugunsten des Militärs verschoben. Zunächst bemühten sich Kabinett und Hof darum, das Oberkommando zu zügeln, das seinerseits die Kwantung-Armee in Schranken zu halten versuchte. Aber Ende 1931 war das Kabinett zurückgetreten und Shidehara nicht mehr im Amt; die nachfolgende Seiyukai-Regierung war geneigter, sich hinter den Feldzug in der Mandschurei zu stellen, und der Generalstab hatte seine anfängliche Nervosität überwunden.[17] Aus dem Volk gingen Spenden aller Art an die Truppen in der Mandschurei, eine Großzügigkeit, die *Asahi*, das wahrscheinlich größte Massenblatt der Zeit, als Beweis für die einhellige Unterstützung des dortigen Übergriffs wertete.[18] Ob das nun zutraf oder nicht, diese Logik verriet den Konsensdruck der Kriegszeit. Wer getraute sich, den schlechteren Patrioten zu spielen? Einer übertrumpfte den anderen. Im August, noch vor Ausbruch der Kampfhandlungen, hatte Seiyukai, damals noch in der Opposition, nach einer Untersuchung die Bedingungen in der Mandschurei für unannehmbar und zum Casus Belli erklärt; gleich zu Beginn des neuen Jahres übte Minseito Kritik an der Handhabung des unerklärten Krieges.[19]

Die Militärführung konnte nur müde lächeln ob so viel Zurückhaltung bezüglich ihres Unterfangens, zumal die Parteienregierung seit Mai aufgehoben war. Zusammen mit der Zivilbevölkerung blieb sie bei ihren Forderungen nach einer Annexion der Mandschurei, aber die Fiktion, auf die man sich Anfang 1932 festlegte – ein souveränes Staatsgebilde namens Mandschukuo, das, unter japanischer Protektion, die separatistischen Aspirationen einer angeblich indigenen Bevölkerung reflektierte – konnte der Kwantung-Armee genauso recht sein. Sie hatte die Schlüssel, sie ernannte die Beamten, sie bekämpfte die Banditen und die chinesischen Nationalisten; hinter dem Scheinoberhaupt des neuen Staats, dem entthronten Kaiser von China Puyi, und einem Kommandanten, der um des Anscheins willen in der Rolle eines Botschafters an seinem Hof auftrat, operierte sie in imperialer Manier und hoffte, endlich ihre Kopfgeburten zu realisieren.[20]

Die Marine hatte ihrerseits parallel dazu eine eigene Kampagne gegen die Regierung geführt. Sowohl Verbündete als auch Rivalin des Heeres, teilte sie dessen Abneigung gegen die Shidehara-Diplomatie, verübelte dem Heer jedoch seine Macht ebenso wie seinen jüngsten Erfolg. Premierminister Hamaguchi hatte die japanischen Delegierten bei der Londoner Flottenkonferenz von 1930 angewiesen, die Verhältnisse der Tonnagen für Großkampfschiffe, auf die man sich acht Jahre zuvor in Washington geeinigt hatte, zu akzeptieren. Dahinter standen sowohl fiskalische als auch diplomatische Prioritäten, dieselbe Mischung monetärer und westlicher Empfindlichkeiten mit anderen Worten, die den Heeresoffizieren über alle Ränge hinweg ein Dorn im Auge waren. Um die Ratifizierung entbrannte ein grimmiger Streit. Admiral Takarabe Takeshi, der Marineminister, der die Prioritäten des Premierministers teilte, ja sogar der Anglo-Japanischen Allianz von 1902 wieder Leben einzuhauchen hoffte, musste sich bei seiner Rückkehr den Anfeindungen zorniger Anhänger der japanischen Seemacht stellen. Einer von ihnen begrüßte ihn noch am Bahnhof mit einem in Reispapier eingeschlagenen Dolch, eine Aufforderung, Harakiri zu begehen, die Takarabe freilich ablehnte. Im November des Jahres verletzte im

Bahnhof Tokio ein Attentäter Premier Hamaguchi Osachi durch einen Schuss in den Bauch so schwer, dass er einige Monate später an der Verletzung starb. Der unfaire Vertrag und die mit ihm für Japan verbundenen Zwänge schwärten in den folgenden Jahren. Mittlerweile war das Heer auf dem Vormarsch; was immer aus seinen Reihen kam, es spottete dem Neun-Mächte-Vertrag von 1922, der unter anderem die territoriale Integrität Chinas garantiert hatte. Warum also sollte die Marine sich den Zwängen des Londoner Vertrags beugen? Zumindest wagte die Regierung nicht, seine Erneuerung auch nur anzusprechen, als es 1936 so weit war. Nicht zuletzt aus Prestigegründen ließ die Admiralität sich Anfang 1932 auf ihr unseliges Schanghai-Abenteuer ein, nur um sich dann im Mai gestoppt zu sehen. Außerdem musste sie zusehen, wie Kabinett, Reichstag und Staatsrat dem Heer nachgaben, wann immer dieses um neue Kredite für die Mandschurei bat. Um den Großtaten der Armee nachzueifern und etwas von ihrer alten Glorie zurückzubekommen, musste die Marine ihre Mission erneuern.[21]

Wie das Heer in Mukden berief auch die Marine in Schanghai sich auf die Sicherheit der dort ansässigen Japaner zur Rechtfertigung ihrer Handlungsweise gegenüber einer größtenteils kritischen Weltöffentlichkeit.[22] Beide Teilstreitkräfte verlegten sich darauf, internationale Schmähungen und Nationalstolz gegeneinander auszuspielen, sowohl in der Presse als auch in den staatlichen Gremien. Die Presse brauchten sie dabei nicht erst einzuschüchtern; je schärfer der Tadel aus dem Ausland, desto vehementer nahm sie eine Verteidigungshaltung ein. Die Regierung führte ihren eigenen Pressekrieg, verfasste ihre eigene Apologie, und Soldaten und Matrosen hielten es ebenso.

Obwohl sie nach dem Mukden-Zwischenfall zunächst eher gezögert hatte, bildete die Mainstreampresse bald eine geschlossene Front. Das war den Verkaufszahlen wie dem Nationalstolz geschuldet. Schließlich trat eine Zensur von Meldungen, die die offizielle Version in Frage stellten oder gar untergruben, in Kraft; und so schwierig sie im Einzelnen durchzusetzen war, der Staat musste nur selten eingreifen, um Artikel tatsächlich zu verbieten, die ihm gegenüber dem Militär oder der Außenpolitik zu kritisch waren. Die meisten Zeitungen zogen die Neutralität, jedoch nicht die Legitimität des Völkerbunds und der Kommission in Zweifel, die man mit der Untersuchung des chinesisch-japanischen Streits betraute; deren Vorsitzender, Victor Bulwer-Lytton, zweiter Earl of Lytton, und seine vier Kollegen hielten es in ihren Augen mit der anderen Seite, auf Kosten der eigenen. Als die Kommissionsmitglieder im Februar 1932 in Tokio eintrafen, um von dort aus nach Schanghai und schließlich Peking und Mukden zu reisen, hatten die großen Tageszeitungen Befürchtungen geäußert, sie würden damit nur die Flammen des chinesischen Nationalismus schüren; als sie im Sommer wieder abreisten, um ihren Bericht zu schreiben, der im Herbst erscheinen sollte, bedauerten die Leitartikler ihr Unverständnis der japanischen Motive und ihre Anfälligkeit für die Manipulationen der Chinesen. Wäre die Kommission, so der allgemeine Tenor der Klagen, doch nur tiefer gegangen und hätte sich mit der ganzen Komplexität des Geschehenen befasst. Nach dem Abzug der japanischen Truppen aus einer kurzlebigen neutralen Zone um Jinzhou (auch: Chinchow) im Süden der Mandschurei Ende 1931 hatten die Zeitungen Gerüchte aufgegriffen, denen zufolge der Rückzug auf einige lediglich hingeworfene Vorschläge des damaligen amerikanischen Außenministers Henry Stimson erfolgt sei – ein ehrenrühriger Schlag für das Prestige des Landes. Immerhin hatten seine Streitkräfte damit einem fernen Dritten gehorcht! Dem Truppenabzug selbst maßen sie dagegen keine große Bedeutung zu.[23]

Ehre ging in den Augen der japanischen Regierung einher mit Gesetz, Geschichte und Ethnizität. Ihren Narrativen für Genf zufolge hatten Chinas revolutionäre Nationalisten Verträge gebrochen, Öl in die Flammen bornierter Sektierer gegossen und ethnische Identitäten mit Füßen getreten. Die Kuomintang, die von Sun Yat-sen gegründete Nationale Volkspartei Chinas, die Chiang Kai-shek übernommen hatte, erfüllte nunmehr ihren ursprünglichen Zweck – den der Annullierung der dem Land vom Westen aufgenötigten einseitigen Verträge – durch systematische Verletzungen von Japans vertraglich verbrieften Rechten in der Mandschurei. Sie hatte den

Japanern jegliche Rechte dort abgesprochen und agitierte über die antijapanische Hetze hinaus allenthalben in Form von Boykotten. War China überhaupt ein souveräner Staat? Unfähig, im eigenen Reich für Ordnung zu sorgen, von Chaos im Innern gebeutelt, »ein einträgliches Jagdrevier für selbstsüchtige und räuberische Kriegsherren«, bot China japanischen Staatsangehörigen keinerlei Schutz außer den durch ihre eigenen Truppen, die sich schließlich in Eigeninitiative zum Handeln genötigt sahen. Sie, nicht die Chinesen hatten das Recht auf ihrer Seite. Die nationalistische Regierung, falls sie das überhaupt war, hatte die Fiktion der Souveränität der Mandschurei aufrechterhalten, einer Region, die nicht von Han-Chinesen, sondern von dreißig Millionen Mandschuren bevölkert war, die sich jetzt mit Hilfe der Japaner zu einer Art Selbstbestimmung in dem neuen Staat Mandschukuo verhalfen. Die »erklärenden« diplomatischen Noten aus Tokio, spärlicher – und obendrein herablassender – als der stete Strom von Nankings Appellen an Genf, lasen sich, als sähen ihre aufgebrachten Verfasser die Grenzen des menschlich Erträglichen endgültig erreicht.[24]

Japans Heer und Marine boten dabei eine weitere Variante der nationalen Sache in Form von panasiatischen Plänen, die mit zunehmender Aussicht auf eine Verurteilung durch den Völkerbund von Monat zu Monat visionärer wurden. Im März 1932, als die Presse gegen die Lytton-Kommission wetterte, drohte General Araki mit dem Ausschluss des Völkerbunds aus Ostasien, falls dieser sein Verhalten nicht ändern sollte. Im April sagte er auf mehreren Zusammenkünften der Kokuhonsha in Folge, Japan brauche weder auf den Bund zu hören noch auf Russland, China oder die USA, es müsse vielmehr »wohlgerüstet sein für alle Eventualitäten«. Ende Juli veröffentlichte er in *Kaikosha*, dem Monatsmagazin des Tokioter Armee-Clubs, einen Artikel über Japans Mission in Asien. Mandschurei und Mongolei, so schrieb er, seien das Tor zur Verbreitung von Japans göttlicher Zivilisation. Er bedauere, die Völker Indiens, Zentralasiens und Sibiriens unter dem Joch der weißen Herrschaft zu sehen, und warf China vor, sich bei Europäern und Amerikanern lieb Kind zu machen, damit sie ihre schützende Hand über ein Land hielten, das in einem chronischen Chaos versunken sei. Einen Monat später schlug er eine »Monroe-Doktrin« für Asien vor. Er lud hundert hochrangige Angehörige des Offizierskorps in seine offizielle Residenz ein, um dort den Erinnerungen des Staatsrats Vizegraf Kaneko Kentaro zu lauschen. Diesem gegenüber hatte Präsident Theodore Roosevelt, ein Jahrgangskamerad aus Harvard, siebenundzwanzig Jahre zuvor nach einem Diner in Oyster Bay privat eine solche Möglichkeit für die Region erwähnt. Die Idee, die so alt war wie Japans Sieg über Russland 1905, genoss mittlerweile öffentlich den Segen des Kriegsministers.[25]

Als der Reichstag im August zusammentrat, prallten der Patriotismus der Presse, der Pragmatismus der Regierung und der berauschende Imperialismus von Heer und Marine kurz aufeinander. Ihre Begegnungen waren nie von einem im Voraus festgelegten Ausgang bestimmt gewesen, aber mittlerweile hatten die kühnsten unter den Nationalisten die Segel im Wind. Es überraschte denn auch nicht weiter, dass Außenminister Graf Uchida Kosai im Namen seiner Regierung die Gelegenheit zur Anerkennung des Staats Mandschukuo wahrnahm. Er tue dies, wie er erklärte, weil die Mächte schon immer im Ausland eingegriffen hätten, wenn es ihre Staatsangehörigen und ihre geschäftlichen Interessen zu schützen galt – zum Beispiel die Vereinigten Staaten in Panama und Nicaragua, führte er pointiert aus, und fast alle in China selbst. Japan könne gar nicht anders, als das im Falle der Mandschurei ebenfalls so zu halten. Die Presse nahm die Geste überwiegend wohlwollend auf; viele waren der Ansicht, sie hätte durchaus früher erfolgen sollen. Die Erklärung, man würde China niemals die Herrschaft über die Mandschurei überlassen, war dagegen eher unnötig aus dem Munde eines Diplomaten, der Jahre zuvor sowohl bei der Unterzeichnung des Versailler als auch des Washingtoner Neun-Mächte-Vertrags federführend zugegen gewesen war. Immerhin beschwichtigte sie einige seiner Kritiker. Wenn auch nicht alle. Mori Kaku, Generalsekretär der Seiyukai und Kabinettschef, sah sich genötigt, gegen Uchidas Rede zu protestieren. Er fand sie selbstgefällig, bürokratisch, legalistisch; sie sei eine lahme Beweisführung dafür, dass Japan weder gegen den Neun-Mächte-Vertrag noch den Briand-Kellogg-Pakt verstoßen hätte. Mori hatte im Jahr zuvor, noch vor dem Mukden-Zwischenfall, die Delegation der Seiyukai in der Mandschurei angeführt, fast wie um diesen im Voraus zu rechtfertigen, und im Februar hatte er in Yokohama seiner Partei erklärt, Japan diene sich katzbuckelnd dem Völkerbund an und untergrabe so »das Prestige einer großen Nation«. Ob das Land, so fragte er jetzt den Reichstag, auf den großen bevorstehenden Schock vorbereitet sei, die Kollision mit dem Völkerbund? Auf Reibereien mit den USA? Sei Uchida bereit? Für den Außenminister war die Bildung des Staats Mandschukuo eine Lösung gewesen und damit ein Schlusspunkt; für Mori markierte sie einen Anfang. Japan sollte der westlichen Zivilisation, nachdem die Nation sie nun sechzig Jahre nachzuäffen versuchte, den Rücken kehren und sich wieder Asien zuwenden.[26]

Zu einer Entscheidung kam es nicht. Noch hatten die Stimmen des militanten Nationalismus die der Gemäßigten nicht übertönt. Die Nationalisten vergeudeten ihre Energien auf Verschwörungen und Intrigen untereinander. Im September und Oktober, der Völkerbund arbeitete noch an der Veröffentlichung des Befunds der Lytton-Kommission, schien Saitos zivile Regierung, so anstößig sie für die Militaristen in ihr und andernorts auch gewesen sein mochte, überraschend fest im Sattel zu sitzen. Die Wirtschaft, von der abgewerteten Währung, den Ausgaben der öffentlichen Hand und der plötzlichen Erholung des weltweiten Seidenmarkts belebt, schien sich wieder zu erholen. Die Armee war nicht in der Lage, hochrangige Staatsdiener, die ihnen zu gemäßigt und zu kritisch ihren Bestrebungen gegenüber erschienen, einfach aus dem Amt zu entfernen, so etwa den *Naidaijin* (Lordsiegelbewahrer) oder den Botschafter des Landes in den USA. Andere versicherten dem amerikanischen Botschafter, dass die gemäßigte Haltung an Boden gewinne und man im Begriff sei, wieder zur Shidehara-Diplomatie zurückzukehren. Dem Vertreter Washingtons schien die Nervosität Japans in der Luft zu liegen: in den Spekulationen über allzu hitzköpfige Offiziere, darin, dass der Bruder des Kaisers bei einem

Diner einen amerikanischen Besucher fragte, ob die Vereinigten Staaten aktiv mit Kriegsvorbereitungen gegen Japan befasst seien. »Alles wird in Ordnung kommen«, versicherten die Offiziellen dem Botschafter – womöglich etwas zu oft. Ihm kam zu Ohren, dass der Kaiser höchstpersönlich »das chauvinistische Gerede über einen Krieg zu unterbinden« trachtete. Vielleicht hatte die Anerkennung von Mandschukuo den Militaristen den Wind aus den Segeln genommen. Niemand vermochte es zu sagen.[27]

Sollte jedoch die Wirtschaft einmal mehr abflauen oder eine internationale Ächtung das Land isolieren, sollte die Regierung ihre Glaubwürdigkeit verlieren und der trotzige Widerstand im Land die Oberhand gewinnen, die Hoffnung der 1920er-Jahre auf eine Restauration hätte sich im Nu in Luft aufgelöst. Was den militanten Nationalismus anbelangte, so bedurfte er noch nicht einmal mehr einer derart günstigen Konstellation, um zur Blüte zu gelangen. Im September erklärte General Araki gegenüber der Presse, dass Japan, falls es sich denn zum Austritt aus dem Völkerbund gezwungen sehe, unter eigener Ägide für ein asiatisches Gegenstück zu Genf sorgen würde. Anklang fand diese Überzeugung, so unwahrscheinlich das anmuten mag, ausgerechnet im Zuhause der Shidehara-Diplomatie, dem japanischen Außenministerium, dem *Gaimu-shō*. Im selben Monat noch machte sich der Chef des Informationsbüros im Außenministerium, Shiratori Toshio, Roosevelts Ansichten zu eigen, wenngleich bis zur Unkenntlichkeit aufgebläht. Das japanische Kaiserreich, so sein Argument, brauche nicht nur Festland unter den Füßen, sondern auch Einflussbereiche darüber hinaus – so wie Großbritannien sie über die Grenzen Indiens hinaus in Zentralasien geschaffen hatte. Außerdem beanspruchte er das Recht auf Mandate des Völkerbunds über Völker, die ungeeignet waren für eine Souveränität, so wie man sie den Briten und Franzosen im Nahen Osten und Afrika zugestanden hatte. Aus dem Außenministerium kommend, sorgten derlei Zielsetzungen für Bestürzung. Nur langsam hatte Japan den Handlungsspielraum in Nordostasien wahrgenommen, den man ihm im Vertrag von Portsmouth 1905 und dann 1922 in Washington zugestanden hatte, um daraus allmählich eine offene Vormachtstellung zu schmieden. Jetzt konnte der »Monroeismus«, eine amerikanische Doktrin, die zwar keinerlei juristische Gültigkeit mehr, aber dafür die Zustimmung eines Kontinents und der übrigen Welt beanspruchen konnte, seinen Reiz über Heer und Marine hinaus auf die ihnen verbundenen Bruderschaften und deren Freunde ausweiten, zu denen auch Shiratori gehörte. Shidehara hatte diesen während seiner Amtszeit vergeblich aus dem Außenministerium zu drängen versucht. »Wir arbeiten in diesen Tagen in Überstunden von 8 bis 6«, sagte ein Offizier des japanischen Generalstabs dem amerikanischen Militärattaché, »weil wir zwei getrennte Abteilungen zu leiten haben, das Kriegsministerium und das Außenministerium.«[28]

In Abständen schwappten Wellen der Fremdenfeindlichkeit durch die Presse. Im September war klargeworden, dass das Kriegsministerium dabei die Hand im Spiel hatte. In einem Anfall von Spionagehysterie berichteten die Zeitungen von mysteriösen Ausländern, die man in der Nähe militärischer Einrichtungen und Munitionsfabriken gesehen habe. Ein Angehöriger der amerikanischen Botschaft sei in Nagoya aufgetaucht, einem Zentrum der japanischen Rüstungsindustrie; ein Ausländer Mitte fünfzig in Begleitung eines Japaners, der sich als Versicherungsvertreter ausgegeben habe, hätte in Hiroshima ein Stahlwerk zu inspizieren versucht, das die Marine belieferte; die Sichtungen von Ausländern »aus einem bestimmten Land« nahmen zu; die Gendarmerien sahen sich mit Meldungen geradezu überschwemmt. Einer dieser Vorfälle weitete sich gar zu einem internationalen Zwischenfall aus. Als die New Yorker National City Bank ihre japanischen Zweigstellen um Fotos von Schiffen, Bürogebäuden und Industrieanlagen bat, ging eine Kriegspanik durch die Presse. Der Bank war es lediglich um ein fotografisches Portfolio der Früchte ihrer Kapitalspritzen gegangen – abgesehen davon, dass sämtliche Motive allenthalben auf Postkarten und bei den örtlichen Fremdenverkehrsämtern zu sehen waren. Die Zeitungen und patriotische Gesellschaften landauf, landab jedoch hielten ihre Landsleute an, sich auf bevorstehende Bombenangriffe gefasst zu machen. Delegationen der Bruderschaften fielen in der Zweig stelle der Bank in Osaka ein; selbst die japanischen Angestellten dort fürchteten um ihre Sicherheit. Radiosender berichteten über Bewegungen von Flugzeugträgern im Pazifik. Das Kriegsministerium lehnte jede Stellungnahme ab, und das Außenministerium beteuerte seine Machtlosigkeit gegenüber der Presse, die mittlerweile dem amerikanischen Botschafter mutwillige Einmischung vorwarf. Der Sturm legte sich wieder; Uchida und der Außenminister räumten ein, dass die Bank sich nichts vorzuwerfen habe, lehnten es aber ab, das auch öffentlich zu sagen. Später dann fand ihre Einräumung über die amerikanische Presse ihren Weg in einige japanische Blätter. Das Kriegsministerium äußerte sich jedoch nach wie vor nicht dazu.[29]

Jenseits der artikulierten politischen Sphäre mit ihren Institutionen, Parteien und ihrer Presse erfasste ein wahrer Kriegsboom die Massenmedien. Auch das spielte der Armee in die Hände, die zur gleichen Zeit ihren eigenen Propagandafeldzug führte. Seit dem Mukden-Zwischenfall überfluteten Verleger, Filmstudios, Theater und Musikgesellschaften den Markt mit Geschichten japanischen Märtyrertums an der Front, eine tragischer oder heroischer als die andere, so manche apokryph, fast alle jedoch voll des Lobs für die japanischen Soldaten in ihrem Kampf gegen die ausländischen Horden. Die Mainstreampresse konnte, sofern sie wollte, noch für Balance sorgen und Komplexität tolerieren, die Unterhaltungsindustrie jedoch konnte das nicht, sie lebte von Simplifizierung und Übertreibung und davon, Nachrichten zu Legenden zu machen. Was das Heer anging, so veranstaltete man Kundgebungen und Aufrufe zu Petitionen; hatte es sich früher gegen Kürzungen des Militärhaushalts starkgemacht, feierte es nun den ersten Jahrestag des Mukden-Zwischenfalls, um die Getreuen aufzurütteln und die darbenden Provinzen zum Handeln zu motivieren. In Tokio ergoss sich ein Meer von Loyalisten auf die Straße.[30] Dergestalt gestärkt, konnte die Armee durchaus mit dem Gedanken an neue Abenteuer spielen. Durch die Besetzung der Mandschurei hatte sie die Regierung geschwächt, den Tadel des Auslands auf sich gezogen und dafür die Popularität des Volks gewonnen. Jetzt drohte sie der im

Westen an Mandschukuo und die Chinesische Mauer angrenzenden Provinz Jehol. Hier begann ein Teufelskreis.

Anfang September kamen im Hafen von Kobe dreißigtausend Menschen zusammen, um General Honjos Schiff zu begrüßen. Als Nationalheld kehrte er von seinem Kommando als Befehlshaber der Kwantung-Armee zurück in die Heimat. Feuerwerk erstrahlte am Himmel; Flugzeuge brausten über den Hafen hinweg; die Menge erging sich in Begeisterungsstürmen: »Banzai!« Die Emotionen der Öffentlichkeit, sowohl Ursache als auch Wirkung der Flut von Reportagen und Erfolgsbotschaften aus der Mandschurei, vermochte die Lebenden nicht weniger zu verklären als die Toten. Honjos Einzug in Tokio, der an den eines römischen Feldherren erinnerte, war die Krönung einer triumphalen Reise, die begonnen hatte, als sein Zug unter leidenschaftlichen Abschiedsszenen in Mukden abgefahren war. Seine Ankunft fügte sich nahtlos in einen Monat offizieller Feierlichkeiten: die Unterzeichnung des Protokolls zwischen Japan und Mandschukuo, der Jahrestag von Mukden; immer wieder füllten sich die Straßen und Parks mit dem begeisterten Jubel gesichtsloser Massen.[31]

Was hielten sie von dem Krieg in der Mandschurei? War es überhaupt ein Krieg? Im Vergleich zu den Verlusten der japanischen Infanterie beim Kampf um Port Arthur oder Mukden 1904 und 1905, an den sich der eine oder andere noch erinnern mochte, handelte es sich hier bestenfalls um ein längeres Scharmützel. Im Sommer 1932 hatte die Kwantung-Armee weniger als 50000 Mann dort stehen. Das erste Jahr forderte kaum 1000 japanische Leben, im Gegensatz zu den 14000 allein in den fünf Monaten der Belagerung von Port Arthur. Nationale und internationale Presseberichte hatten die mandschurische Affäre zum existenziellen Ringen oder gar einer Bedrohung für den Weltfrieden stilisiert, aber nur wenige Familien spürten bislang ihren Stachel oder fürchteten die Opfer, die sie fordern könnte. Für einige abgelegene Ortschaften, in denen kaum jemand Zeitung las und noch weniger Menschen Radio hörten, lag noch immer eine ganze Welt zwischen Japan und der Mandschurei.[32] Dörfler, Städter und Geschäftsleute schickten Geld und

Versorgungspakete, folgten dem Ruf der Armee, beteten für die Soldaten, besuchten den einen oder anderen Schrein, aber für den Augenblick ließen derlei Gesten ebenso wenig auf eine künstliche Raserei oder ein neugefundenes expansionistisches Fieber schließen wie die Begeisterung über Kriegsfilme oder die jubelnde Menge im Hafen von Kobe. Selbst die jungen Männer, die sich freiwillig zum Mandschukuo-Befriedungskorps meldeten und infolgedessen ihre Fotos in den Zeitungen fanden, traten weniger radikal auf als die Handvoll Kriegsgegner der Linken, die zum Schweigen gebracht, wenn auch nicht ausgemerzt waren. Tradition und Technologie – durch die Massenkommunikation allenthalben stimulierter Patriotismus – hatten der Armee, wie immer sie ihn nun nutzen mochte, den ersehnten Rückhalt eingebracht.[33]

Die Notsitzung war vorbei, der Reichstag löste sich wieder auf. Die Bemühungen der Seiyukai, Finanzminister Takahashi der völlig unzureichenden Hilfsmaßnahmen wegen zu Fall zu bringen, hatten die Parteien nur noch mehr diskreditiert. Was die Presse anbelangte, so standen die großen Tageszeitungen zur konstitutionellen Regierungsform. Einige von ihnen wiesen jedoch warnend darauf hin, dass Spektakel der Art, wie sie das Unterhaus soeben geliefert hatte, durchaus dazu angetan sein könnten, die Heraufkunft einer faschistischen oder Diktatorenherrschaft zu beschleunigen.[34] In der politisch denkenden Nation wuchs die Versuchung, die Schuld an der wirtschaftlichen, politischen und diplomatischen Ohnmacht dem für die einen vor zehn, für die anderen vor sechzig Jahren eingeschlagenen Westkurs zu geben und neue Wege hin zu einem Platz in der Sonne zu gehen. Den Rest besorgte der Patriotismus.

Im Hafen von Dairen (Dalian) an der Spitze der Halbinsel Liaodong am südlichen Zipfel der Mandschurei trugen die vom Stadtpark ausgehenden Straßen die Namen der Helden des Russisch-Japanischen Krieges; im Zentrum des Parks stand eine Statue des ersten japanischen Gouverneurs der Halbinsel, die 1895 vorübergehend Kolonie gewesen war. Jetzt folgten in diesem Park, Mandschukuo und den Sieg über China feiernd, Schüler und Studenten den Marschkapellen. Tagsüber winkten sie mit japanischen Wimpeln; nachts wogte ein Meer japanischer Embleme in Form von leuchtenden weißen Laternen mit roten Punkten im Park.[35]

Einige hundert Kilometer im Norden davon, in der neuen Hauptstadt Xinjing/Shinkyo, wie die Japaner Changchun jetzt nannten, um den Beginn einer neuen Ära zu markieren, richtete Puyi, als Kleinkind der letzte Kaiser von China und als Erwachsener nun erstes Staatsoberhaupt von Mandschukuo, sich vorübergehend in einem rotgefliesten europäischen Gebäude inmitten einer mit Türmen punktierten Mauer ein. Hochgewachsen, stets in erlesenen Anzügen aus der Londoner Savile Row, lebte der nunmehr Siebenundzwanzigjährige inmitten eines Hofstaats von Kammerherrn, Funktionären und kaiserlichen Prinzen aus dem aufgelösten Hof in Peking. Ganz in der Nähe baute man ihm einen neuen Palast. Er verbrachte seine Tage mit Audienzen, Tennis, Billard, Pingpong oder auf dem Rücken eines seiner neunundzwanzig mongolischen Pferde.[36]

Weitere vierhundert Kilometer im Norden liegt Harbin, wo die damals 12 000 dort lebenden Russen die Ostchinesische Eisenbahn betrieben. Der Zug aus Changchun fuhr nachts nicht mehr, der Banditen und der Gefahr der Entgleisung wegen; tagsüber begleiteten schwerbewaffnete Soldaten die zivilen Passagiere zu ihrem Schutz – Mandschuren auf einem Flachwagen gleich hinter der Lokomotive und Japaner in der dritten Klasse. Die ganze Strecke entlang, die sich durch endlose und zuweilen überschwemmte Ebenen zog, begegnete man Zügen mit japanischen Kavallerieeinheiten, und in den abgelegenen Stationen war russische Polizei stationiert, zusammen mit mandschurischen Soldaten, die zuweilen zur Identifikation Flaggen mitführten und viel Mühe darauf verwandten, nicht für Deserteure gehalten zu werden.

Die Dörfer auf den großen Prärien im Nordwesten von Harbin glichen einander wie ein Ei dem anderen. Sie schützten sich mit Lehmmauern und Türmen, auf denen mit alten Vorderladern bewaffnete Zivilisten Wache hielten. Sie verteidigten sich gegen alle: die Japaner, die Banditen und Guerilleros, die immer wieder einfielen, sowie gegen die chinesischen Truppen, die sie mal als »gut«, mal als »schlecht« einstuften und deren Präsenz letztlich nur die

Japaner anzog. Die Kwantung-Armee hatte die Anarchie über die Mandschurei gebracht.[37]

Und noch weiter im Norden, jenseits der Prärien und des Amur, lag die sibirische Taiga – mit anderen Worten: die Sowjetunion.

*

Hoch zu Ross ritt Benito Mussolini auf der Piazza Venezia ein; er trug die Uniform der faschistischen Milizen, verziert mit goldenen Epauletten und allerhand Auszeichnungen, dazu einen schwarzen, mit Reiherfedern geschmückten Fes. Begleitet wurde er von den Anführern der Kolonnen des Marschs auf Rom. Die Inszenierung wiederholte zehn Jahre später das nicht weniger inszenierte Ereignis vom 28. Oktober 1922. Hinter ihnen folgten die geschlossenen Reihen der Schwarzhemden und Kriegsversehrten; über ihnen zogen Staffeln der Luftwaffe über das Firmament. Zehntausende sahen von Fenstern, Dächern und von den Gehsteigen aus zu. Mit dem Durchschneiden des Bands eröffnete er die Via dell'Impero, die Straße des Reichs, auf der er dann, vorbei an einer Reihe frisch exhumierter antiker Bauten, ausgegrabener Foren und der Ostflanke des Kapitolhügels, in Richtung des Kolosseums ritt, das nun von der Piazza aus in seiner ganzen Pracht zu sehen war.[38]

Zehn Tage lang waren die großen öffentlichen Plätze den ganzen italienischen Stiefel hinauf und hinab vom Lärm der Gedenkfeierlichkeiten erfüllt gewesen. Sie waren die Arenen der neuen Ordnung, die lärmigen Andachtsstätten des neuen Kults. Hier traf das Regime sich mit dem Volk; hier kamen, nach Zeremonien, die in den Anfangsjahren noch improvisiert, 1932 aber längst ritualisiert waren, zivile und militärische Autoritäten zusammen, die Menge versammelte sich; gemeinsam ehrte man die Gefallenen des Krieges und der Revolution, die Italien im Schulterschluss das Regime gebracht hatten. Und hier sprach der Duce, manchmal persönlich, öfter jedoch über den Rundfunk oder von einer riesigen Leinwand, auf die man ihn für alle zu sehen leuchtend und überlebensgroß projizierte. Diese Art von Festivitäten hatten ihn jüngst nach Mailand geführt, wo Hunderttausende sich auf der Piazza del Duomo und in den Nebenstraßen ringsum drängten, um ihn von der Freitreppe der Kathedrale aus reden zu hören, und zwei Tage zuvor auf dem Balkon der Präfektur in Turin und wieder eine Woche zuvor auf der Piazza Venezia, als er die Feierlichkeiten eröffnet hatte, indem er 25 000 Persönlichkeiten aus ganz Italien hatte wissen lassen – als sei das ein Grund zur Freude –, dass die faschistische Erhebung zehn Jahre zuvor eine der blutigsten der Geschichte gewesen sei – bevor ein Platzregen die Menge auf dem ungeschützten Platz zerstreute.[39]

Am Morgen des achtundzwanzigsten, als die Maschinen der Luftwaffe über Sankt Peter hinwegdonnerten, beruhigte Kardinal Pacelli, der Außenminister des Vatikans, den französischen Botschafter bezüglich des kriegerischen Charakters der Feierlichkeiten dieses Monats. Das alles gelte nur der Öffentlichkeit, erklärte er, es gehe lediglich darum, die Begeisterung der Masse aufrechtzuerhalten. *L'Osservatore Romano*, die Zeitung des Vatikans, war ausgesprochen gemäßigt in seiner Berichterstattung über das Regime, ja geradezu kühl im Vergleich zu den Hymnen der kontrollierten Presse, und der Botschafter war durchaus geneigt, Pacellis Urteil zu respektieren.[40] Seit dem Konkordat drei Jahre zuvor waren die Beziehungen zwischen dem faschistischen Staat und der katholischen Kirche eher korrekt gewesen als herzlich, und vielleicht erkannte der Kardinal vom Fenster des Apostolischen Palasts aus ohne Bedauern das martialische Gebaren eines Neulings, der sich der Hingabe des Volks nicht ganz sicher war.

Zweifellos; aber die Pflege römisch-kaiserlicher Größe und Herrlichkeit – oder *romanità* – war anderen sehr wohl Anlass zur Sorge. So hatten etwa Jugoslawen, Albaner, Griechen, aber auch Briten und Franzosen guten Grund aufzumerken ob der Ambitionen hinter einer derartigen Zurschaustellung von Nostalgie. Rebellische Völker – wie die Nomadenstämme in Tripolitanien und der sufistisch-islamische Senussi-Orden in der libyschen Kyrenaika oder die Dörfer in den nordöstlichen Sultanaten von Italienisch-Somaliland am Horn von Afrika – hatten erst jüngst die blutige Bedeutung die ser alten Größe erfahren müssen, während sie für die Amharen in dem souveränen multi-ethnischen Kaiserreich Abessinien nach wie vor erst noch eine im Werden begriffene Bedrohung war. Der Begriff des *impero* implizierte weit mehr als nur ein archäologisches Divertimento oder ein Tableau für das Volk – seine Wiederbelebung definierte das Versprechen des Faschismus an sich.

Der Faschismus hatte sich 1919 als Herausforderung sowohl an die neue Welt- als auch an die alte italienische Ordnung verstanden. Erstere, so erklärte er, habe Italien den größten Teil der Früchte vorenthalten, die man ihm 1915 im Londoner Vertrag für seinen Kriegseintritt zugesagt und die das Land sich schließlich 1918 auf dem Schlachtfeld von Vittorio Veneto verdient hatte; Zweitere sei zu schwach gewesen, sie einzufordern. Ein Großteil von Dalmatien ging an das neue Königreich Jugoslawien, Albanien blieb unabhängig, auch nicht ein Stückchen des Osmanischen oder eine Kolonie des Deutschen Reichs fiel an Italien, weder im Nahen Osten noch in Afrika. Irgendwo, in der Adria oder sonstwo im Mittelmeer, ging der Irredentismus über in den Imperialismus, und die Bestrebungen, die italienische Herrschaft dem italienischen Volk zurückzugeben, taten den Schritt hin zu einem Ehrgeiz, diese auf andere auszuweiten. Derlei Großtaten waren unmöglich zu realisieren von einer durch Klassenkonflikte gelähmten Gesellschaft oder einer durch liberalen Individualismus fragmentierten oder durch Pazifismus entmannten Nation. Ein Staat, der sich über den unerbittlichen Kampf hinaus eine farblose Uniformität auf die Fahnen geschrieben hatte, hingegen konnte das; um jedoch den Willen dazu zu mobilisieren, galt es, dieses Ziel durch unablässige Propagierung vor Augen zu führen, ohne dass dem Faschismus ein Zirkelschluss zugrunde lag. Die Bewegung entstand aus der Gleichsetzung von nationalem Schimpf mit dem Niedergang des Vaterlands und dadurch, unter seinen Anhängern ein gerüttelt Maß an Gefühl für beides zu schüren, eine simple Assimilation, die Nachahmer in ganz Europa und darüber hinaus finden sollte.

»Das Italien von Vittorio Veneto«, so hatte Mussolini im Mai 1919 in der adriatischen Hafenstadt Fiume (Rijeka) erklärt, das die

Alliierten der Nation in einem weiteren anmaßenden Verrat in Versailles verwehrt hatten, »verspürt die unwiderstehliche Anziehungskraft des Mittelmeers, das seinerseits den Weg nach Afrika öffnen wird.« Als König Viktor Emanuel III., sich dem unblutigen Staatsstreich beugend, Mussolini im Oktober 1922 zum Ministerpräsidenten ernannte, hatte dieser in einer flammenden Rede nach der anderen seine überseeischen Absichten kundgetan. Italien würde die Karte Europas umgestalten, alle fremden Mächte aus dem Mittelmeerraum vertreiben, das britische Empire zerstören und nach Afrika zurückkehren. Als Premier und Duce rief er sein Publikum ein ums andere Mal auf, die erfahrenen Demütigungen auszulöschen und den in Versailles konzipierten, in Genf bestätigten und in London und Paris durchgesetzten Status quo umzustoßen. Er wurde damit zum führenden Revisionisten unter den Staatsmännern der 1920er-Jahre. Der Völkerbund selbst war ihm ein anglofranzösisches Kondominium, das in der Maske eines pazifistischen Internationalismus daherkam, und stand damit für ebenden kleinmütigen Idealismus, den er im eigenen Land so beklagenswert fand. »Worte sind etwas wahrhaft Schönes«, sagte Mussolini seinen Zuhörern am 17. Mai 1930 in Florenz, am selben Tag, an dem der damalige französische Außenminister Aristide Briand eine politische Einigung Europas vorschlug, »aber noch schöner sind Gewehre, Maschinengewehre, Schiffe, Flugzeuge und Kanonen«. Vom Balkon des Palazzo Vecchio aus gesprochen, trugen Lautsprecher seine Worte hinaus auf die Piazza della Signoria, auf der die Menge »*impero, impero*« skandierte. Es war dies, so befand eine französische Zeitung, die kriegslüsternste Tirade, die das Jahrhundert je zu Friedenszeiten gehört habe.[41]

Der Faschismus hatte viele seiner Ambitionen in Übersee von den Nationalisten vor ihm geerbt; weder hatte er sich die Schaffung neuer Kolonien in Afrika ausgedacht noch eine italienische Vorherrschaft über Balkan und Mittelmeerraum. Er hatte sich vielmehr ihrem Bestreben nach einem neuen totalen Staat zu Hause angeschlossen, und durch die Machtübernahme verlieh er ihnen eine Dringlichkeit, die liberale Regierungen, selbst wenn sie einige der

Sehnsüchte der Nationalisten teilten, weise gemieden hatten. Mussolini handelte, lange bevor er 1925 mit der Umwandlung der konstitutionellen Macht in eine diktatorische begann: durch die Besetzung der griechischen Insel Korfu. Er lernte damals zum ersten Mal die Hürden einer ungestümen Expansion kennen: die britische Marine im Falle Korfus, vor allem aber die französische Armee im Falle der Aggression gegen ihren Verbündeten Jugoslawien, aber natürlich auch der Völkerbund, zu schweigen von der gähnenden Kluft zwischen Träumen und Mitteln. So mangelte es dem faschistischen Italien in seinen ersten zehn Jahren einfach an finanziellen, diplomatischen und militärischen Ressourcen zur Durchsetzung seines Willens im Ausland. Mussolini würde also noch warten müssen.[42]

In der Zwischenzeit suchte er nach Verbündeten, mal in Wien oder Budapest, mal in Athen oder Ankara; darüber hinaus behielt er das ganze Jahrzehnt über gespannt die Unruhen in Deutschland im Auge. Nicht dass derlei Tändeleien nennenswert etwas eingebracht hätten. Und so gab er denn auf der Weltbühne, selbst während er aufrüstete, den Friedensstifter, unterzeichnete 1925 den Vertrag von Locarno, der Italien zusammen mit Großbritannien zum Gendarmen der franko-belgisch-deutschen Grenzen einsetzte, und 1928 den Briand-Kellogg-Pakt, der den Krieg an sich ächtete, was ihn so wenig kümmerte wie die Genfer Abrüstungsbemühungen, die er zu unterstützen vorgab. Im April 1926 traf Mussolini an Bord des Kreuzers *Cavour*, gefolgt von ihrem Schwesterschiff und einer Flottille kleinerer Schiffe, in der libyschen Hafenstadt Tripolis ein, um über Italiens Bestimmung in den leeren Räumen Afrikas zu sprechen; beim ersten Zeichen britischer und französischer Bestürzung versicherte er dem Senat und der Welt, der italienische Imperialismus sei ganz und gar friedlicher Art. Mussolini hatte als Friedensstifter mittlerweile ein gewisses Gewicht unter den ehemaligen Verbündeten Italiens, die mit Erleichterung zur Kenntnis nahmen, dass das schwächste Glied in ihrer Nachkriegsordnung noch immer zu halten schien und dass der Zwischenfall in Korfu keine Fortsetzung fand.[43]

Ganz und gar ignorieren freilich konnten sie die regelmäßigen

Ausbrüche des Regimes in der italienischen Presse und auf der einen oder anderen Piazza des Landes freilich nicht. Offenbarten Schmeicheleien oder Tadel sein wahres Gesicht? Mit gutem Grund machten die Franzosen sich in dieser Hinsicht größere Sorgen als die Briten, schließlich waren ihre Überlegenheit nach dem Krieg und der Status quo in Europa wie im Mittelmeerraum genau das, was der Nachbar im Süden zu kippen trachtete. Immer wieder sahen sie sich mit der Nase darauf gestoßen, zuweilen anlässlich eines bitteren Jubiläums. So erinnerte im Mai 1932, am siebzehnten Jahrestag von Italiens Eintritt in den Großen Krieg, das offizielle Jugendorgan *Gioventù Fascista* seine Leser einmal mehr an den großen Schwindel von Versailles. Man bezichtigte die Franzosen der »Undankbarkeit, Selbstsucht und Feindseligkeit« in Bezug auf die Fesseln, die es der Halbinsel nach dem Krieg angelegt hatte, sowie in Bezug auf die Schaffung der »monströsen Karikatur einer Nation wie den serbisch-kroatisch-slowenischen Staat« und schließlich dafür, die Italiener in den überseeischen Kolonien auszuhungern. Man würde sich, so versicherte der Artikel, so lange nicht »im Frieden wähnen, solange man keine Länder zu befruchten« habe. Der Artikel an sich bot nichts Neues; noch nicht einmal die Behauptung, Italien habe mehr als Frankreich zum Sieg von 1918 beigetragen, war neu. Nur schrieb sein Autor auch für *Il Popolo d'Italia*, das Blatt, das Mussolini selbst ins Leben gerufen hatte; entsprechend kommentierte die Presse ihn oder druckte ihn nach; und dann war der Herausgeber der *Gioventù Fascista* Achille Starace, der geistlose Speichellecker, den Mussolini jüngst zum Generalsekretär des *Partito Nazionale Fascista* gemacht hatte. Es war schlicht unmöglich, dass das Regime Dr. Jekyll ins Ausland schicken und Mr. Hyde zu Hause behalten konnte, wenigstens nicht auf Dauer.[44]

Das französische *Journal des Débats* hatte Mussolinis Florentiner Ansprache vom Oktober 1930 als die kriegslüsternste Tirade bezeichnet, die das Jahrhundert je zu Friedenszeiten gehört habe. Was man selbstverständlich auf ein Staatsoberhaupt bezog, denn auch Straßenredner schwangen in Italien wie andernorts revanchistische oder aggressive Reden. Wie viele von denen, die auf der

Piazza della Signoria »impero« skandiert hatten, wünschten tatsächlich einen Eroberungskrieg irgendwo auf der Welt? Wie viele andere fernab von Florenz würden einem entsprechenden Aufruf folgen? Mussolini schien sich das zu fragen, als er 1932 Emil Ludwig gegenüber – mit seinen Biographien großer Männer eine Art deutscher Thomas Carlyle – die Öffentlichkeit als »Herde« bezeichnete. Der Duce gestand ein, er habe 1930 mit seinen kriegerischen Ansprachen »sehen wollen, wie weit die Nation ihm, falls nötig, folgen würde«. Die Behörden jedenfalls zogen die Vorabexemplare der italienischen Ausgabe von Ludwigs Buch in jenem Sommer aus dem Verkehr und wiesen die Presse an, keine Auszüge daraus zu bringen.[45]

Mussolinis Bemerkung, wenig schmeichelhaft für die Masse und peinlich für ihn persönlich, erfolgte lediglich in Anerkenntnis der Realität. Zwischen der einen Minderheit, der bekennenden Faschisten, die kein Hehl aus ihrer Gesinnung machten, und der anderen, kleineren, der Antifaschisten, die man nicht zu Gesicht bekam, weil sie entweder auf die Liparischen Inseln verbannt waren oder im Exil lebten, gärte im Volk ein dunkles Magma von Regungen. Unter solchen Umständen konnte kein einheitliches Bild des Duce die Oberhand gewinnen, weder das des *condottiere*, des Heerführers, noch das des Staatsmannes; das Gleiche galt für das Regime und seine historische Mission zu Hause wie im Ausland. In ständiger Veränderung begriffen, instabil, schwierig zu bestimmen, womöglich »a-faschistisch«, forderte es die unverdrossene Aufmerksamkeit und Anstrengungen des Regimes heraus, zu bestimmen, Zwang auszuüben und – mit Beginn der 1930er-Jahre – zunehmend zu überzeugen. Damals litten bereits so viele der ehemals stillen, aber zuverlässigen Anhänger des Regimes aus der Mittelschicht unter den wirtschaftlichen Nöten, dass es sie zurückzugewinnen galt, so bedingt war ihre Loyalität geworden; und dafür erwiesen die Instrumente des Zwangs sich als nutzlos.[46]

»Alle sind die faschistische Ordnung leid«, berichteten Gewährsleute 1931 aus Mailand und flehten die Regierung an, etwas für die lokale Wirtschaft zu tun. Kaufleute vor Ort gaben der Regierung die Schuld für die sinkenden Preise, den Mangel an Krediten, den Einbruch der Verkaufszahlen, die Pleiten. Sicher, die ganze Welt sei notleidend, aber die Regierung habe alles nur noch schlimmer gemacht. Aus anderen Städten kamen ähnlich alarmierende Meldungen; die untere Mittelschicht, der Fels, auf den das Regime baute, ging von der Fahne; die obere Mittelschicht zeigte ein auffälliges Desinteresse an seinen Initiativen; hier und da stand es gar im Schatten einer undenkbaren Nostalgie nach dem alten liberalen Staat. Es muss also nicht weiter verwundern, dass in einer anderen großen Industriestadt des Nordens, Turin, die Arbeiter ihre angestammte Verzweiflung und ihre Übellaunigkeit ganz offen zeigten; aber dass der Rest der Gesellschaft der Stadt sich ihnen anschließen sollte, das sorgte denn doch für Bestürzung. Wie jedes repressive Regime sorgte sich auch dieses wegen seiner Anhänger, wenngleich das Gerede der Antifaschisten über einen bevorstehenden Kollaps maßlos übertrieben war. Von etwaigen Anfängen einer drohenden Revolte jedenfalls fehlte jede Spur. Die Wirtschaftskrise jedoch hatte in den unterschiedlichsten Milieus, im Norden wie im Süden, die Brüchigkeit der Unterstützung für das Regime mehr als deutlich gemacht.[47]

Einzig massive Ausgaben der öffentlichen Hand – für Hilfsmaßnahmen und öffentliche Arbeiten – vermochten das völlige Versiegen der Unterstützung aufzuhalten. Unter den Leistungen, die dem Regime in den 1920er-Jahren Anerkennung eingebracht hatten, standen neben der Herstellung der öffentlichen Ordnung, der Unterdrückung des Bolschewismus, der Neulandgewinnung, der Einigung mit der Kirche und einem gewissen Status im Ausland öffentliche Ausgaben ganz oben an; in zehn Jahren hatte das Regime mehr für solche Projekte – so etwa den Bau von Aquädukten, Straßen und Dämmen – ausgegeben als die liberalen Regierungen in den vorangegangenen sechzig Jahren. Jetzt brachten Notmaßnahmen, großzügig zugewiesen und intelligent verwaltet, dem Regime einen Gutteil des Bodens wieder zurück, den die wirtschaftliche Stagnation sie gekostet hatte. Die Maßnahmen taten unterm Strich wenig für die Wirtschaft oder die Finanzen der neuen Ordnung, aber dafür umso mehr für ihr Image: als Anstrengungen kaschierte Almosen, das Verschwinden von Arbeitslosen und Bettlern aus dem Straßenbild. Man verbreitete die Kunde von der Freigebigkeit des Staats per Mundpropaganda und lobte sie in der Presse als Kontrapunkt zum Elend der Demokratien in Deutschland oder den USA.[48]

Die Angst vor einer Revolution – im Sommer 1931 patrouillierten Lastkraftwagen mit Soldaten die Straßen Mailands – und die Bestätigung aus dem Ausland taten das Übrige. »Es herrschen eine solche Ruhe und Stabilität im öffentlichen Leben Italiens«, schrieb in London der *Observer* am Vorabend der Feierlichkeiten zum zehnten Jahrestag, »dass sich der Vergleich mit dem Bild, das andere mittel- und südeuropäische Länder abgeben, geradezu aufdrängt.« Der *Observer* war ein konservatives Wochenblatt, aber selbst linksgerichtete Blätter der ausländischen Presse hielten sich zurück, sosehr man das Regime seiner Geheimpolizei und seinen repressiven Methoden wegen im Allgemeinen schalt. Das Regime dürstete nach solchem Lob, und seit Jahren gewöhnt an die herablassende Art des Auslands, stand für viele Italiener hinter ihrem neuen Status ja womöglich doch seine Magie.[49]

Das diplomatische Lamento hatte, wann immer sich Mussolini darauf verlegte, dem Regime im Ausland wenig Wertschätzung eingebracht und für sein Überleben in der öffentlichen Meinung keine Rolle gespielt. Die allgegenwärtige Apathie, die ihren Schatten auf die Berichterstattung über die öffentliche Meinung in den 1920er-Jahren geworfen hatte, kam mit der materiellen Not und verschwand erst mit der materiellen Entlastung. Es war dies jedoch auch der Augenblick, in dem sich seine Entschlossenheit festigte, sich auf ein Auslandsabenteuer einzulassen. Getrieben sah er sich dabei von imperialem Neid, einer Unzufriedenheit von weltgeschichtlichem Ausmaß, die seiner Ansicht nach die Massen früher oder später aus ihrer Erstarrung reißen würde, von der er den Faschismus bedroht sah. Aber würden sie ihm folgen?[50]

Er brauchte sich nicht weiter umzusehen als bei den ihn umgebenden Eliten, um die Bedenken vor Augen zu haben, die seine Ambitionen auslösten. Auf Schritt und Tritt begegneten ihm Vorsicht und Widerstand, sei es seitens der Offiziere des Generalstabs, der maßgeblichen Beamten des Außenministeriums im Palazzo Chigi oder seitens der Berater des Königs Viktor Emanuel. Wer sollte ihm nicht Beifall zollen für seinen Wunsch, die Niederlage von Adua zu rächen, wo abessinische Truppen 1896 eine italienische Armee besiegt und damit die Hoffnung auf ein Kolonialreich in Ostafrika zerschlagen hatten? So gut wie jeder war da einer Meinung mit ihm. Aber Strategen wie Diplomaten überzeugten ihn, an eine Invasion dort noch nicht einmal zu denken ohne die Billigung von Briten und Franzosen und wenigstens einen Anschein von Rückhalt im Volk. Im gärenden Magma hatte bis dato noch niemand groß unter einer der faschistischen Eskapaden gelitten, und niemand musste sich bislang einer solchen entgegenstellen. Andererseits wies auch nichts darauf hin, dass der Öffentlichkeit nach einer solchen war. Man würde sie darauf vorbereiten müssen.[51]

Die Akzeptanz des Regimes, war die Vertrauenskrise der Jahre 1930 bis 1932 erst einmal überwunden, trug zur Erleichterung seiner Aufgabe bei; desgleichen galt für den *mussolinismo*, den Kult um den Duce, und die Hingabe, die aus den gut 1500 privaten Briefen sprach, die Tag für Tag in seinem Büro eintrafen. Das Regime ermutigte die Leute dazu, so wie man mit Zügen und Bussen Anhänger herankarrte, die dann Straßen und Plätze füllten, wann immer Mussolini in eine Stadt kam. Sie zeigten aber auch einen ebenso rührenden wie echten Glauben an seine zutiefst menschliche Anteilnahme an ihrem persönlichen Schicksal, eine Reaktion auf eine weitere Maske seines Mythos, die der Vaterfigur. Sie schrieben, um ihrer Bewunderung Ausdruck zu verleihen, aber auch ihrer Verzweiflung – *se lo sapesse il Duce!*, wenn das der Duce wüsste! Sie schrieben ihm von den Kopfschmerzen, die ihnen Parteioffizielle oder Staatsbeamte zu Hause bereiteten. Er könnte da ja vielleicht helfen; was er hier und da, sofern es sich publikumswirksam inszenieren ließ, denn auch tat.[52] Aber die eine oder andere seiner Unternehmungen im Ausland, wie etwa ein Krieg, der ihre Alltagssorgen kaum lindern würde, brachte ihnen womöglich neue ein.

»Wann hören Sie endlich auf, mich mit Ihrem ewigen Afrika zu traktieren?«, hatte Mussolini, die Arme vor der Brust gekreuzt, Dino Grandi angebrummt, als die Kammer einer Ansprache applaudierte, in der der Außenminister die italienische Industrie aufgefordert hatte, die leeren Räume des Kontinents für sich zu erschließen. Mussolini hatte eine ganz andere Vorstellung von den kommenden Kampagnen. Im Herbst 1932, der zehnte Jahrestag stand unmittelbar bevor, entfaltete sich die Logik des Faschismus. Seine offizielle Doktrin, im Sommer des Jahres, rechtzeitig für die Feierlichkeiten, in der *Enciclopedia Italiana* veröffentlicht, von Mussolini gezeichnet, verfasst jedoch von Giovanni Gentile, maß sowohl dem Krieg als auch dem imperialistischen Geist eine besondere Bedeutung bei. Ersterer »verleiht den Völkern die Würde des Adels, die den Mut und die *virtù* haben, dem Kampfe die Stirn zu bieten«, Zweiterer sei »ein Ausdruck der Vitalität ... eines Volkes wie des italienischen ... das nach vielen Jahrhunderten des Niederganges und der Fremdherrschaft sich wieder erhebt«. Am 28. Oktober eröffnete in einem streng modernistischen Gebäude an der Via Nazionale die ganz in Pompejanisch-Rot gehaltene große Ausstellung der faschistischen Revolution. Im Herzen der Schau standen an einem Schrein für die Kriegstoten, Musketen bei Fuß, Honoratioren der faschistischen Bewegung Wache. Mehrmals täglich erfolgte eine rituelle Wachablösung; die Ausstellung öffnete und schloss zu Fanfarenklängen, dem Römischen Gruß und Gewehrsalven; sie feierte Mussolini als zeitgenössischen Inbegriff italienischen Heldentums, und das auf so martialische Weise, dass es keiner großen Phantasie bedurfte, um sich die Zukunft auszumalen. Dino Grandi war nicht mehr im Amt; man hatte den Außenminister im Sommer kurzerhand entlassen; Grund dafür waren seine Sympathien für den Völkerbund, den Mussolini in seinem Manifest namentlich zurückweist, ebenso wie die nicht weniger seichte Illusion vom ewigen Frieden. Damit konnte Mussolini, da er mit dem Außenministerium auch Heer, Marine und Luftwaffe übernahm, an der Umsetzung seiner Pläne arbeiten, kompromisslos und auf Konfrontationskurs mit Genf. In *Gerarchia*, der faschistischen Monatsschrift zum Zeitgeschehen, erinnerte sich Kolonialminister Emilio De Bono an die Begeisterung, die er und seine Truppen 1885 bei der Landung in Eritrea verspürten, der ersten von Italiens Kolonien. Was aus diesem jugendlichen Verlangen geworden sei, überlegte er. Es sei nirgendwo mehr zu sehen, klagte er, weder bei der Bevölkerung noch bei ihren Abgeordneten. Er beschwor seine Leser, sich Italiens Zukunft in Afrika vorzustellen – und er denke dabei, wie er erklärte, keineswegs an Libyen. Die Vorbereitungen seien im Gange.[53]

Die Erinnerungsfeierlichkeiten im Oktober riefen die italienische Jugend auf, das Versprechen des Faschismus einzulösen und damit dem Land seine Würde wiederzugeben.[54] Nicht dass die Feierlichkeiten selbst als Kriegsdrohungen zu deuten gewesen wären, aber als Weihe einer kraftvollen Art nationaler Erneuerung waren sie unmissverständlich. Vor der Ausstellungshalle, jenseits der Paraden und Umzüge, schlich sich ein trotzig-herausfordernder Ton in Artikel und Ansprachen, der die Außenministerien im Ausland aufhorchen ließ. In Turin etwa äußerte Mussolini sein Bedauern über die »französische Hegemonie« und erinnerte die versammelte Menge daran, dass ihre Grenzstadt den Krieg schließlich noch nie gefürchtet habe. Auf der Treppe vor dem Mailänder Dom erinnerte er an die Meutereien in der französischen Armee 1917, zu denen es »nach blutigen und erfolglosen Offensiven« gekommen sei, und in Rom auf der Piazza Venezia sagte er, indem er auf den Palazzo deutete, in dem Napoleons Mutter Letizia gestorben war: »Derselbe Bonaparte, der der kraftvollen Rasse von Dante und Michelangelo entstammte … der nie richtig Französisch gelernt hat … der die Italiener, die er zu den besten Soldaten der Welt zählte, zu den Waffen rief.« Sollte das die Italiener ermutigen, die Korsika für die Nation beanspruchten? Und als er in Mailand versprach, es nicht zuzulassen, dass die ungeheuerlichen Ungerechtigkeiten von Versailles sich herauskristallisierten, legten Tschechen und Polen – und vermutlich alle anderen mit neuen Grenzen – besorgt die Stirn in Falten. Darüber hinaus versprach er, binnen zehn Jahren würde ganz Europa faschistisch sein, wobei er offensichtlich vergaß, dass er in lichteren Augenblicken gesagt hatte, die Innovation, mit der sein Name auf immer verbunden sein würde, sei kein »Exportartikel«.

In derselben Woche verurteilte, wie in einem Echo von Mussolinis Worten, der Vorsitzende der Journalistengewerkschaft die französische »Hegemonie« im *Corriere della Sera*, damals Mailands wichtigste Tageszeitung und eines der einflussreichten Blätter im ganzen Land. Er fügte dem seine eigene Diagnose des »instinktiven Neids« hinzu, der Italien seiner Ansicht nach den internationalen Status verwehrte, der »seiner hohen Kultur, seinen 42 Millionen Menschen und der Glorie von Vittorio Veneto« gebührte.[55]

Bloße Worte, sicher, aber mit der Zeit vermag ja vielleicht die tagtägliche Kultivierung nationaler Ressentiments durch eine Regierung, die durch ein Monopol auf alle Medien dafür gesorgt hatte, dass allein sie dazu in der Lage war, den kollektiven Willen zu schmieden, auf die Wiedergutmachung vergangenen Unrechts zu bestehen. In der Zwischenzeit ließ die Regierung sich in aller Stille Varianten für eine Aggression im Ausland – von der Subversion bis hin zur Invasion – durch den Kopf gehen.

Wenn Jugoslawien sich nicht von selbst auflöste, dann ließ sich da durchaus Hilfe leisten; die Aussicht jedenfalls war verlockend, solange keine andere Möglichkeit zur Einmischung oder Ausweitung des italienischen Einflussbereichs bei der Hand war. In Fiume, das man 1923 trotz seiner slawischen Mehrheit Italien zugesprochen hatte, gewährten lokale Behörden kroatischen Separatisten Unterschlupf und Verpflegung; diese hatten die serbische Vorherrschaft im neuen Königreich der Südslawen nie akzeptiert. Die Faschisten vor Ort brachten sie unter, übersetzten ihre Propaganda ins Italienische, deckten ihre Korrespondenz mit Exilkroaten und versorgten sie mit Waffen und Munition, um damit über die Grenze nach Kroatien bzw. Dalmatien zu gehen. Im September und Oktober 1932 versuchte von dort und von der italienischen Enklave Zara (Zadar) aus die terroristische Ustascha vergeblich, die Einheimischen zum Aufstand zu bewegen, indem sie Bomben legte und im abgelegenen Hochbecken der Lika Polizeiwachen überfiel. Banditen, die die Berge unsicher machten, sorgten für Nachschub, soweit ihnen das möglich war. Sie flohen schließlich, die Einheimischen in die Berge, die Ustascha zurück nach Zara und Fiume, wobei militärische Ausrüstung italienischer Provenienz zurückblieb. Italienischen Presseberichten zufolge hatten aufständische Kroaten eine ganze serbische Armee in Schach gehalten. Was nicht stimmte. Jahre später, nachdem die deutsche Wehrmacht dem Königreich ein Ende gemacht hatte, beherrschte die Ustascha Kroatien mit der Protektion der Italiener. Nicht so dieses Mal. Weder hier noch im südlich angrenzenden Mazedonien, wo lokale Agitatoren sich ebenfalls italienischer Unterstützung erfreuten, vermochten die Streiche des Duce die Brüchigkeit Jugoslawiens auszunutzen und seinen Traum vom Zerfall des Königreichs zu realisieren.[56]

Im Juli 1925, als Mussolini seinen Kolonialminister angewiesen hatte, Pläne für die »Zerschlagung« Abessiniens auszuarbeiten, hatte er ihn gebeten, das in aller Stille zu tun – wenn möglich mit britischer Duldung; in jedem Fall sollte er die Äthiopier bezüglich einschlägiger Pläne »chloroformieren«. Seither hatte man Erkundigungen vor Ort vorgenommen, hatte ein italienisches Expeditionskorps, lokale eritreische Truppen, Luftunterstützung, chemische Waffen sowie die vorausgehende Korrumpierung abessinischer Feudalmagnaten entlang der Grenzen zu Eritrea und Italienisch-Somaliland ins Auge gefasst. Mussolinis hitzige Erwartungen waren von Jahr zu Jahr gewachsen, und zur Zeit der Feierlichkeiten im Oktober 1932 war der operative Plan für eine Invasion unter De Bonos Führung so gut wie unter Dach und Fach.[57]

Nur das Timing stimmte nicht; Mussolinis Minister und Berater bestanden noch immer auf der vorherigen Zustimmung Großbritanniens und Frankreichs und damit auch der des Völkerbunds, der Abessinien 1923 aufgenommen hatte – neben Liberia einer der beiden souveränen Staaten Afrikas. Es hieß also bis auf weiteres, diplomatisch zu bleiben und auf die Wechselwirkung von aggressivem und moderatem Verhalten zu bauen. Schließlich galt es auch, die europäischen Mächte zu »chloroformieren«. Auch das wollte vorbereitet sein. In Turin, wo er über die französische Vormachtstellung geklagt hatte, war von einem Pakt zwischen Großbritannien, Frankreich, Deutschland und Italien die Rede gewesen, eine Art Kondominium zur Ruhigstellung Europas. Aber – und das sprach er nicht aus – ein solches Arrangement könnte durchaus Frankreich von seinen kontinentalen Verbündeten isolieren, vor allem in Osteuropa und den Balkanstaaten, und den Völkerbund in den Schatten stellen. Die Dissonanz zwischen De Bonos grausamem Plan und Mussolinis umgänglichem Vorschlag war eher scheinbarer Art. Und womöglich ergaben sich ja auch noch weitere Optionen; so könnte man sich zum Beispiel eventuell auch mit Deutschland allein arrangieren.

Wie auch immer, die Ausstellung war eröffnet, und noch bevor sie zwei Jahre später wieder schloss, sprach Mussolini bereits von der nächsten zur Feier des zwanzigsten Jahrestags – unter dem Kürzel »E42« –, den man mit einer neu errichteten Stadt vor den Toren Roms begehen würde, direkt am Meer, entlang einer neuen Prachtstraße parallel zu der, die eben zwischen Rom und Ostia gebaut worden war.[58]

*

Niemand schien es bemerkt zu haben, aber am östlichen Rand Asiens und am südlichen Saum Europas verwischten zwei Entwicklungen die Grenze zwischen Innen- und Außenpolitik. Die eine wie die andere lehnte selbst den Hauch des Kosmopolitischen – das Fremdländische zu Hause, den Internationalismus im Ausland – ab und beschwor den Nimbus einer einzigartigen Nation, die weder Dissens innerhalb noch Versagen außerhalb ihrer Grenzen dulden konnte. Aber beide mussten sie, so widerwillig auch immer, die Macht mit heimischen zivilen oder religiösen Akteuren teilen, deren Ansichten und Interessen sich nicht immer mit ihren eigenen deckten. Der Weg zur ungeteilten Herrschaft führte in beiden Fällen über die ungehemmte Expansion, womit Völkerbund und kollektive Sicherheit, falls deren Verfechtern an ihrem Schutz gelegen sein sollte, zwischen ihnen und der Herrschaft standen – nicht nur der über andere, sondern auch der über das eigene Volk.

3 Berlin

6. November 1932

Sonntag, der 6. November war in Berlin Wahltag, der fünfte in acht Monaten.[1] Es war ein verhangener Tag, und die Beschäftigten der Berliner Verkehrsgesellschaft waren im Ausstand. Entsprechend strömten die Wähler größtenteils zu Fuß zu den Urnen, in Eile, aber ansonsten ungerührt. Vor Wahllokalen und Restaurants standen, ein Bild des Jammers, Männer und Frauen mit Papptafeln auf Brust und Rücken, auf denen die letzten Aufrufe der Parteien zu lesen waren. Sie verdienten sich damit die eine oder andere damals knappe Mark.

Die Nationalsozialisten, in senfbraunen Uniformen mit Schulterriemen und mit Hakenkreuzen auf den Armbinden, hoben gegenüber ihresgleichen die Arme zum zackigen Gruß. Die Sozialdemokraten grüßten wie die Kommunisten mit geballter Faust, nur dass sie dabei kampfeslustig den Ellenbogen anzogen. Die Katholiken der Zentrumspartei hoben, wie zum Segen, zwei Finger der rechten Hand. Überall in Berlin hingen Fahnen aus den Fenstern der Wohnblöcke – im Norden und im Wedding Hammer und Sichel, Hakenkreuze eher im Westen, Steglitz und Friedenau; dazwischen sah man das konstitutionelle Schwarz-Rot-Gold der Weimarer Republik, die drei Pfeile der Eisernen Front oder das nationalistische Schwarz-Weiß-Rot des wilhelminischen Reichs, das 1918 mit der Niederlage und der Revolution kollabiert war.[2]

Die Wähler warteten geduldig auf ihren Auftritt in den Kabinen, um dort ihr Kreuz zu machen. Jeweils sechzigtausend Stimmen brachten einer Partei einen Sitz im Reichstag ein, so wie es das Verhältniswahlsystem wollte, das seit 1919, seit der Geburt der Weimarer Republik, eine Regierungskoalition nach der anderen hervorgebracht hatte, vierzehn alles in allem in den ersten elf Jahren ihres Bestehens. Viele davon hatten sich jedoch mit nicht einmal der Hälfte der Reichstagsabgeordneten gehalten, und seit 1930 hatte der betagte Reichspräsident Paul von Hindenburg in der Erkenntnis, dass kein potenzieller Kanzler eine beschlussfähige Mehrheit zusammenbekäme, seine verfassungsmäßigen Rechte dahingehend eingesetzt, eine solche zu ernennen – und dann gleich noch eine. Niemand erwartete, dass heutige demokratische Riten die Parteien von ihrer Abscheu füreinander oder das Parlament von seiner Lähmung zu heilen vermochten. Achtzig Prozent der Wahlberechtigten kamen ihrer Bürgerpflicht nach an diesem grauen, verregneten Tag, und das bei bestenfalls »Notverkehr«, der für die Bedürfnisse der Weltstadt in keiner Weise ausreichend war. Auch wenn diese Wahlbeteiligung sich im Vergleich zu den meisten Demokratien durchaus sehen lassen konnte, war sie doch geringer als beim letzten Urnengang im Juli des Jahres. In den Schlangen vor den Kinos zeigte man mehr Emotionen als vor den Wahllokalen. An den Litfaßsäulen klebten wenig aufregende Wahlplakate; eines von der NSDAP zeigte ein Skelett in sowjetischer Uniform, eine nationalistische Karikatur zeigte einen Nationalsozialisten und einen Kommunisten als Komplizen, Arm in Arm; gegen die Filmposter hatten sie keine Chance. Deutsche wie ausländische Reporter schrieben ihre Artikel weniger mit Begeisterung denn aus Pflicht.[3]

Eine gewisse Wahlmüdigkeit machte sich breit. Nach dem ersten Wahlgang der Präsidentschaftswahlen im März, dann dem zweiten und den preußischen Wahlen im April sowie den Reichstagswahlen im Juli sahen die Wähler sich schon wieder gefordert; mehr als die Geduld begannen sie freilich die Hoffnung zu verlieren. Sie hatten als Präsidenten den alten Generalfeldmarschall von Hindenburg wiedergewählt; in Preußen, wo etwa zwei Drittel der Bevölkerung des Reichs lebten, hatte man die Sozialdemokraten nur als Minderheit in die Regierung gewählt und für ein parlamentarisches Patt gesorgt, diesmal mit der NSDAP als größter Partei. Aber Hindenburg hatte nur einen unbeliebten Kanzler durch einen anderen ersetzt, und die Sozialdemokraten hatten klein beigegeben, als die Reichsregierung beschloss, die preußische Minderheitsregierung abzusetzen, da man sie für unfähig hielt, die Ordnung aufrechtzuerhalten. Und schließlich hatte auch dieses Parlament sich nach einer chaotischen Sitzung im September wieder aufgelöst und war nach Hause gegangen, um den nächsten Wahlkampf anzugehen. An der Lage hatte all der Aufwand nichts geändert, weder hinsichtlich der wirtschaftlichen noch der politischen Krise, weder am Elend noch daran, dass sich im Volk das Gefühl breitmachte, das Land treibe ruderlos vor sich hin. Wieso also ein weiteres Mal wählen? Dabei, so hieß es in der *Vossischen Zeitung* eine Woche vor der Wahl, könnte niemand, »der seinen kühlen Kopf bewahrt hat«, leugnen, dass »ernste Gefahr stärker als je zuvor unser junges Staatswesen bedroht«.[4]

Ende August war Reichskanzler Franz von Papen zum Stammgut von Hindenburgs Junkerfamilie im ostpreußischen Neudeck gereist in der Absicht, falls irgend möglich, das ungebärdige Parlament wieder loszuwerden, das ihm die Wahl im Juli beschert hatte. Mittlerweile war Papen ein Führer ohne Anhänger und ein Politiker ohne Partei. Er verstand sich als wahrer Patriot und pries seine Parteilosigkeit entsprechend als Tugend an, aber der Schritt hatte nur zum Spott beigetragen, an dem es ihm als Dilettanten und lässig-eleganten Mann von Welt ohnehin nicht mangelte. Selbst einige seiner Freunde lachten über ihn. Pressefotos und Wochenschauen zeigten ihn stets bester Laune im Theater, beim Tennis, bei Modenschauen und auf der Rennbahn – immerhin war er selbst Herrenreiter und ehemaliger Kavallerieoffizier mit besonderem Spaß an Steeplechase-Rennen. Für George Bernard Shaw war er ein geistloser Salonlöwe. Nur sein Austritt aus der katholischen Zentrumspartei, wo man in ihm einen falschen Freund sah, hatte ihn vor dem Ausschluss bewahrt. Dass er dennoch im Sattel blieb, verdankte er Hindenburg, dem er gefügiger schien als sein sturer Vorgänger Heinrich Brüning; außerdem stand er der Armee nahe und, was noch besser war, schien fest entschlossen, die Herrschaft des Parlaments an sich wenn schon nicht auszumerzen, so doch zu reformieren.[5]

Auf Gut Neudeck empfing Hindenburg ihn mit drei anderen Mitgliedern des inneren Kreises, der Kamarilla, darunter Reichswehrminister Kurt von Schleicher, ein unentwegter Intrigant und Hindenburgs Vertrauter, der »Machiavelli der deutschen Nachkriegszeit«, der mitgeholfen hatte, Papen zum Kanzler zu machen, und ihn genauso gut wieder absetzen konnte. Papen, der Landjunker, und Schleicher, der General, waren typisch für die Regierung des Reichs, die von Kritikern mal als »Herrenklub«, mal als »Kabinett der Barone« bezeichnet wurde, die mehr einer Art König verantwortlich waren als einem regierungsunfähigen Parlament – Geister des Bismarck'schen Reichs in einer todgeweihten Republik. Der amerikanische Botschafter konnte nicht umhin, sich so seine Gedanken zu machen über ihre in Klausur getroffenen Entscheidungen über die Zukunft Deutschlands, während man das Land selbst im Dunkeln ließ.[6]

Seit nunmehr zwei Jahren lag die Weimarer Republik danieder. Im Gegensatz zu der im November 1932 waren die Wahlen früher lebhafte, leidenschaftliche Angelegenheiten gewesen, aber die liberalen Einrichtungen hatten sich festgefahren, während die Wirtschaftskrise klammheimlich Millionen von Leben ruinierte. Sowohl Brüning als auch Papen hatten per Notverordnung regiert, ohne parlamentarische Mehrheiten, und nach und nach tagte der Reichstag noch nicht einmal mehr. Von den größeren Parteien machten weder die Nationalsozialisten noch die Kommunisten einen Hehl aus ihrer Abneigung gegen die Republik; eine dritte, Brünings katholische Zentrumspartei, unterstützte sie, ja hielt sie sogar am Leben, aber letztlich mehr aus Gewohnheit denn aus Prinzip. Sie ließ durchblicken, dass man zur Anpassung bereit sei, was immer die Zukunft bringen mochte. Brüning selbst, wie Hindenburg konservativ bis ins Mark, hoffte, die Weimarer Republik würde sich auf legalem Wege zu einem autoritären Staat entwickeln, womöglich sogar wieder zur Monarchie. Desgleichen Papen. Anfang Juni 1932 prangerte er in seiner Regierungserklärung die »Mißwirtschaft der Parlamentsdemokratie« an, forderte eine geistige Erneuerung, ein neues Deutschland »auf der Grundlage der unveränderlichen

Grundsätze der christlichen Weltanschauung«. Mit dieser Sprache eines organischen Konservatismus hörte er sich an wie seine wilhelminischen Vorgänger aus der Vorkriegszeit, hatte aber, als er in seinem schwarzseidenen Sonntagsanzug Haltung annahm, irgendwie etwas von einer Figur aus *Alice im Wunderland*. Ende August sagte Papen in einer Ansprache vor dem Westfälischen Bauernverein in der großen Stadthalle von Münster, er fühle sich »innerlich an Scholle und Heimat gebunden« und dass der Mensch die letzten Dinge dieser Welt nicht »der eigenen intellektuellen Entscheidung unterwerfen« könne und dürfe. Fest entschlossen, »die schwelende Glut des Bürgerkrieges auszutreten«, redete er einem »Neubau des Reiches« das Wort, der jedoch nur durch eine »autoritäre Reichsführung« erfolgen könne, da allein eine solche in der Lage sei, »den Zustand politischer Unruhen und politischer Gewalttaten zu beenden«. Nachdem Hindenburg im folgenden Monat den Reichstag ein weiteres Mal aufgelöst und Neuwahlen angesetzt hatte, wiederholte Papen im Oktober auf einer Rede vor dem Bayerischen Industriellen-Verband noch einmal, dass einzig eine »machtvolle und überparteiliche Staatsgewalt« ein geeignetes Korrektiv »gegen das überspitzte parlamentarische System und gegen das Versagen des Reichstages« sei. Unausgesprochen hoffte er, der nächste Reichstag würde sich, abermals Opfer seiner Handlungsunfähigkeit, endlich lammfromm der hierarchischen Einheitspolitik seiner Träume beugen.[7]

Warum sollte die Weimarer Republik angesichts all der Schmähungen, sowohl ihrer Verfassung als auch ihrer Volksvertretung, nicht auf die Erlösung durch ihre Staatsdiener hoffen? Wenn ihre gewählten Vertreter die liberale Ordnung nicht aufrechtzuerhalten vermochten, gelang das ja vielleicht den ernannten. Als jedoch im Oktober der Leipziger Staatsgerichtshof die durch Papens »Preußenschlag« im Juli aus dem Amt vertriebenen Sozialdemokraten wieder einzusetzen versuchte, spielte das keine Rolle mehr, waren sie doch nach ihrer Rückkehr bestenfalls noch Schatten am Rand des nunmehr endgültig eingeschlagenen Wegs zum zentralisierten Staat. In der Zwischenzeit vermochten weder Gerichte noch die

Polizei, die deren Anordnungen ausführte, die grassierende Gewalt zwischen der extremen Rechten und der extremen Linken einzudämmen, die Tote und Verletzte auf allen Seiten forderte, sowohl bei den Kommunisten und Sozialdemokraten als auch bei den Nationalsozialisten, und das nicht nur auf der Straße, bei Versammlungen oder bei den Betroffenen zu Hause, die Gewalt machte selbst vor dem Reichstag nicht halt. Das Schreckgespenst rechtlicher Willkür spukte durch die junge Republik, wann immer Richter, einige von ihnen noch Überbleibsel aus dem alten Regime, die Gewalt der Kommunisten verwerflicher fanden als die der Nationalsozialisten. Überhaupt sah die Justiz sich geschwächt, während das Militär – die Reichswehr – zunehmend Stärkung erfuhr. Es gab sie nunmehr seit 1919, und sie war eigener Ansicht nach besser geeignet, der Nation zu dienen als das neue Regime. Ihr stetes Anwachsen, an sich schon ein Verstoß gegen den Versailler Vertrag, hatte sie nur noch ermutigt, sich in die Politik einzumischen, und das in einem Maß, das selbst General Hans von Seeckt, einer ihrer Mitbegründer, bedauerlich fand. So hatten General Schleicher und einige seiner Kollegen Hindenburg im März 1930 dazu bewegt, Brüning zum Kanzler zu ernennen; im Mai 1932 hatten sie ihm Schleicher als Kriegsminister nachgerade aufgedrängt; und als Papen im Juli 1932 in Preußen die Regierung übernahm, patrouillierten Schleichers Soldaten durch die Straßen für den Fall, dass die Sozialdemokraten töricht genug sein sollten, sich dem »Staatsstreich in Preußen« zu widersetzen. Zu dem Zeitpunkt hatte auch Schleicher Parteien und Reichstag endgültig aufgegeben; außerdem hatte er Hindenburgs Ohr. Je passiver die anderen Institutionen wurden, desto aktiver wurde das Militär.[8]

Sollte sich dann wenigstens die freie Presse, ein weiterer Pfeiler eines liberalen Systems, der Entwicklung entgegenstellen – oder knickte sie ebenfalls ein? Das Land hatte damals um die 4700 Zeitungen, 147 allein in Berlin. Artikel 118 der Reichsverfassung garantierte ihnen zwar die Meinungsfreiheit, womit man seinerzeit der Zensur der Kriegszeit ein Ende gemacht hatte, aber bereits Brüning hatte begonnen, mit Notverordnungen gegen die großen Tageszeitungen vorzugehen. Sein Nachfolger Papen ging gar noch weiter und sorgte dafür, dass man staatlicherseits gegen Zeitungen wegen »böswilliger Verächtlichmachung« ein befristetes Verbot aussprach, obwohl derlei Verstöße eigentlich nur durch die Betroffenen selbst einzuklagen gewesen wären. Die Behörden hatten jedoch, auf der linken wie auch auf der rechten Seite, Zeitungen jeder Couleur zu schließen begonnen, und das bis zu einem Monat lang; selbst die eher moderate *Berliner Volkszeitung* blieb davon ihrer scharf formulierten, aber wohl kaum beleidigenden Darstellungen wegen nicht verschont. Darüber hinaus hatte die Reichsregierung selbst regen Gebrauch von ihrem Recht auf Gegendarstellungen gemacht, was zuweilen so weit ging, dass man widerspenstigen Redakteuren Platzierung und Typengröße vorschrieb. Da er Parteipolitik im Äther hatte verbieten lassen, durften die fünf Millionen deutschen Rundfunkhörer Papens wichtigeren Reden lauschen, nicht aber denen seiner Gegner, womit er sich für die Wahlen im November ein Monopol auf Sendezeit gesichert hatte. Dessen ungeachtet beharrte im Herbst 1932 wenigstens die Presse noch hartnäckig auf ihrer Unabhängigkeit, eine Plattform, auf der man sich gegenseitig ebenso aufs Korn nahm wie die Regierung; und ihre Stimme war deutlicher vernehmbar als ein Reichstag, der kaum noch tagte, oder eine Verwaltung, von der nur selten ein Einwand kam. Deutschland, so schrieb der französische Botschafter nach Hause, sei weder das faschistische Italien noch das kommunistische Russland, sondern fast schon zu stolz auf seine kulturellen Traditionen, und die Versklavung der Presse, so glaubte er, stellte eine Beleidigung, wenn nicht gar eine Schändung »von Prestige und Unabhängigkeit deutschen Denkens« dar.[9]

Diese Presse bot jetzt den Wahlkämpfern einer siechen Demokratie eine Möglichkeit zur freien Meinungsäußerung. Woraus sich ein zuweilen verwirrendes Schauspiel ergab. Reihenweise bediente sich die politische Klasse liberaler Einrichtungen mit dem erklärten Ziel, diese untergraben zu wollen. Der Wahlkampf im Herbst begann absurderweise damit, dass die Regierung das Parlament aufzulösen und das Parlament die Regierung niederzustimmen versuchte.

Noch absurder war, dass ausgerechnet Nationalsozialisten und Kommunisten sich nun zu Bewahrern der parlamentarischen Legitimität aufwerfen sollten. Sie beabsichtigten, ihre beherrschende Präsenz auf den Bänken des Reichstags dazu einzusetzen, ebendiesen zu vernichten und damit den Zerfall der Republik um ihn herum zu beschleunigen.[10] Derweil standen Sozialdemokraten und Zentrumspolitiker, mehr oder weniger die einzig wahren Verfechter des parlamentarischen Systems, hinter der Auflösung des Reichstags in der Hoffnung, bei den bevorstehenden Wahlen das Land von einem Kanzler befreien zu können, der ohne Mehrheit regierte. Nichts von alledem ergab auch nur den geringsten Sinn.

Nationalsozialisten und Kommunisten schlugen einander auf der Straße tot, nahmen sich aber in ihren Wahlreden und Zeitungen die Worte aus dem Mund. In ihrer ersten Wahlkundgebung kamen – inmitten eines Riesenaufgebots von SA-Leuten, Fahnen und Militärmärschen – die Nationalsozialisten im Sportpalast zusammen, um Hermann Göring, den Präsidenten des scheidenden Reichstags, über den reaktionären Klüngel, der das Land regierte, die »Barone« und »Herrenreiter«, die das Volk unterdrückten, herziehen zu hören.[11] Die Nationalsozialistische Deutsche Arbeiterpartei hauchte hier ihren einstigen antikapitalistischen und populistischen Neigungen neues Leben ein, und als die *Rote Fahne* sich zum Kampf der Kommunisten bis in den Tod sowohl gegen Kapitalismus als auch Versailles bekannte, hätte das weder der *Völkische Beobachter* noch *Der Angriff* treffender zu sagen vermocht. Zur Krönung ihres trügerischen Einvernehmens gingen die beiden entschlossensten Feinde des Regimes in den Schulterschluss, um im November, kurz vor den Wahlen, den Streik der Berliner Verkehrsgesellschaft zu organisieren. In den Augen der konservativen Nationalisten, in denen die Nazis mittlerweile »bürgerlichen Mischmasch« sahen, waren die ehemaligen Waffenbrüder jetzt politische Extremisten, Revolutionäre, zu ungestüm, um Deutschland zu reformieren, aber womöglich nicht dafür, neben ihnen die Rolle als Juniorpartner bei ihrem Unterfangen zu spielen.[12] Die Sozialdemokraten bezichtigten sie von der anderen Seite her, die Wiedereinführung der Monarchie zu planen; und das, obwohl sie selbst im April Hindenburgs Präsidentschaft unterstützt hatten. Das katholische Zentrum hatte sich zur Reformation des Staats bereit erklärt, nicht aber zu seiner Zerstörung; die Frage war nur, mit wem? Gewiss nicht mit Papen.[13] Bei den kleineren liberalen Parteien rief man eher zaghaft zur Verteidigung der Verfassung auf. Aber die Regierung Papen loszuwerden, war eine Sache, sie zu ersetzen eine ganz andere. Das Reich war unregierbar geworden.

Das System wie auch die Regierung stützten sich auf eine Minderheit. Schon im ersten Parlament der Republik 1920 wollte es den Parteien der Weimarer Koalition – rechts und links von Feinden der neuen Ordnung flankiert – nicht gelingen, genügend Sitze für eine klare Mehrheit zusammenzubekommen. Und daran sollte sich auch nichts ändern. Trotzdem regierten sie, bis 1930 auch noch die Koalition zerfiel. Die feindlichen Kräfte, deren Zahlen stetig zunahmen, warteten derweil ab. 1925 wählten die vom rechten Flügel den ehrwürdigen Generalfeldmarschall Hindenburg zum Präsidenten. Ein nationalistischer, populistischer, republikfeindlicher, völkischer Flügel hatte sich damit für einen Präsidenten entschieden, der ebenfalls keinerlei Sympathien für die Republik empfand. Es waren ebendiese Bastionen, denen sieben Jahre später – bei den Wahlen im Juli 1932 – die Nationalsozialisten ihren Aufschwung verdankten, deren Reihen mittlerweile durch die nicht selten verarmten Opfer der Wirtschaftskrise noch verstärkt waren. Unter Angehörigen dieser Gruppe fand ein republikfeindliches Glaubenssystem sein Zuhause, das auf Vergeltung sann, und das im Rahmen einer Massenprotestpartei, der die Kommunisten auf der anderen Seite noch in die Hände arbeiteten, die insbesondere die Stimmen der Arbeitslosen auf sich zogen. Im Sommer 1932 hatten fast zwei Drittel der Reichstagsabgeordneten der Republik den Rücken gekehrt. Der Demokratie waren die Demokraten ausgegangen.[14]

Die Nationalsozialisten, die letztendlich gültige Inkarnation dieses Glaubens, setzten sich aus allen sozialen Schichten zusammen, umfassten Arbeiter wie Angestellte, Männer wie Frauen, jung wie alt. Gespeist wurde ihr Fluss, wie einer ihrer Gegner nach ihrem ersten Durchbruch bei den Reichstagswahlen von 1930 bemerkte, von vielen Bächen. Allen eigneten jedoch einige gemeinsame Züge. Ihre Anhänger gehörten eher der Mittelschicht an, waren eher protestantisch und vor allem uninteressiert am Schicksal liberaler Institutionen. Ihr Aufstieg hatte noch vor dem Einsetzen der Depression 1930 begonnen, in Kreis- und Regionalwahlen, bei denen ihre Stimmenzahl zwischen 1926 und 1929 stetig gestiegen war. In Sachsen etwa hatte sie sich zwischen Mai und Juni des Jahres verdreifacht. Gefördert durch die Weltwirtschaftskrise und den Zerfall der Weimarer Koalition, standen sie zu diesem Zeitpunkt unmittelbar vor ihrem reichsweiten Durchbruch; ein erstes Raunen von dessen Unvermeidlichkeit begann sich in den politischen Diskurs einzuschleichen. Jubel oder Verzweiflung begleitete ihren Weg, selbst unter ihren eher philosophisch geneigten Zeitgenossen. »Ich war seit 1931 fest überzeugt, daß die Nazis ans Ruder kommen würden«, erinnerte sich Hannah Arendt später. »Ich hielt es für hoffnungslos.« Zu Weihnachten dieses Jahres versicherte der Philosoph Martin Heidegger seiner Familie frohen Muts, dass die nationalsozialistische Bewegung nur wachsen könne. Es gehe dabei, so führte er aus, »um Rettung oder Untergang Europas und der abendländischen Kultur«.[15]

Und das obwohl der Kopf der Bewegung Adolf Hitler sich so gar nicht ausnahm wie ein Prophet. Das ganze Jahr über hatte der künftige »Führer« bei der ersten Begegnung mit ihm eher für ungläubiges Erstaunen gesorgt; die Leute waren bestürzt ob des ersten Eindrucks, schien er doch auf nachgerade komische Weise nichtssagend und bestenfalls *durch* seine Unscheinbarkeit aufzufallen. Als Dorothy Thompson von der *New York Post* sich mit ihm im Berliner Hotel Kaiserhof traf, hatte sie sich einen künftigen Diktator vorgestellt; stattdessen fand sie »das Inbild des Kleinen Mannes«, praktisch gesichtslos, wenn auch wendig, aber ohne Mitte und unsicher; hier und da nahm sein Ausdruck einen hysterischen Unterton an, und auch wenn er zuweilen zum Schwulst neigte, zu mehr als vagen Antworten reichte es kaum. In München frequentierte er die Carlton-Teestube, wo sich eines Tages Klaus Mann, der Sohn des großen Romanciers, am Nachbartisch sah. Auf der anderen Seite der Brienner Straße befand sich das eher lärmige, plebejische Café Luitpold, wo sich »neuerdings« SA und SS trafen. Hitler saß derweil mit einigen seiner »Spießgesellen« in der »Intimität des distinguierten ›Tea-Room‹« und verschmauste – mit einer »halb infantilen, halb raubtierhaften Gefräßigkeit« – zwei Erdbeertörtchen, »dann ein drittes – wenn es nicht schon das vierte war«. Mit seinem aufgedunsenen blassen Gesicht hatte Klaus Mann denselben Eindruck von ihm wie Dorothy Thompson: ein harmloser »kleiner Mann« mit einem komischen Schnurrbart, gewöhnlich, ja gemein, dessen Blick hier und da etwas Hysterisches hatte. Aber schon damals verspürte Mann eine Abneigung gegen ihn und alles, wofür er stand. »Du willst Deutschland regieren?«, dachte er sich bei gedämpfter Musik und diffusem Licht. »Diktator willst du sein – mit *der* Nase? Daß ich nicht kichere! ... Du kommst nie zur Macht!«[16]

Das Drum und Dran dieser Banalität war so ungereimt wie die Aspirationen des Mannes. Im Winter des Jahres hatte Hitler in München Hubert »Red« Knickerbocker von der *New York Evening Post* in seinem Büro im Braunen Haus empfangen, umgeben von säkularen Fetischen, Symbolen und Götzenbildern. Die Fenster, deren Scheiben mit Hakenkreuzemblemen versehen waren, wurden eingerahmt von einer lachsfarbenen Wandbekleidung, hinter seinem Stuhl hing ein Portrat Friedrichs des Großen; gleich daneben stand ein lebensgroßer Mussolinikopf in Bronze; an einer anderen Wand hing ein weiteres Bildnis Friedrichs, an einer anderen ein Gemälde, das eine der Flandernschlachten zeigte – alles ein Ausdruck von großmannssüchtigem Kitsch anstatt dem dekadenten, verachtungswürdigen Expressionismus der Künstler der Weimarer Zeit. Auf dem runden Tisch in der Mitte eines der Räume stand die Statuette eines Riesen in Ketten: »Das geknechtete Deutschland«.[17]

Noch ungereimter im Lichte des nichtssagenden Eindrucks, den er privat machte, war die Persönlichkeit, die er vor Publikum annahm, seine Gabe, einer dichtgedrängten Masse das Gefühl zu geben, ein Gespür für ihre Hoffnungen und Ängste zu haben – wie durch den Trick eines Illusionisten, hätte man meinen können, oder durch

Telepathie. Ein achtsamer Beobachter hätte sich fragen können, wie sich mit all dem Gerede über Juden, Grundherren und Versailles die Aufmerksamkeit der Massen gewinnen ließ.[18] Aber er schaffte es, und das nicht nur, weil seine aufgebrachten Landsleute hörten, was sie hören, und die Ohren gegenüber allem verschlossen, was sie nicht hören wollten, sondern auch, weil er über das Versprechen der nationalen Erlösung hinaus kaum auf einen konkreten Modus Operandi zu sprechen kam. Er würde Deutschland retten, versprach er den Leuten. Aber wovor? Vor dem Bolschewismus ebenso wie vor dem Finanzkapitalismus, vor der Sowjetunion ebenso wie vor den Raubvögeln des Westens und vor Weimar, aber nicht, wie es schien, vor dem Parlament, in dem die Nationalsozialisten jetzt den Ton angaben. Von einem Programm konnte keine Rede sein, aber seine Worte schmeichelten seinen Zuhörern. Sie waren, wie er selbst, das gewöhnliche Fußvolk in der unwiderstehlichen Bewegung, die die dekadenten Aristokraten um den greisen Hindenburg hinwegfegen würde. Sie, wie er selbst, hätten ihre Ehre nicht geerbt, sie hatten sie sich verdient, sagte er im September bei einer Massenveranstaltung im Münchner Circus Krone, und er wies dabei auf die dichten Reihen von SA und SS. »Dort steht der neue Adel der Nation! Die Männer sind es, die 13 Jahre lang für ihres Volkes Freiheit gekämpft haben und gerungen!«[19] Seine Reden in diesem Herbst mischten soziale Ressentiments mit Chauvinismus und der berauschenden Gewissheit vorherbestimmten Erfolgs. Zu schweigen von einer Macht, die auf immer die ihre wäre. Ihm gehe es um echte Macht, betonte er immer wieder, nicht um irgendeinen Ministertitel, und im Oktober sagte er seinem Publikum in Königsberg, dass ihnen diese Macht, hätten sie sie erst einmal, niemand wieder nehmen würde: »Wir werden sie uns nie wieder stehlen lassen.«[20]

Nicht dass sein Image allein die Massen bekehrt hätte – zwar bedienten die Nationalsozialisten sich einer deutschen Presse, die bis in den letzten Winkel der Provinz reichte, aber keine noch so akribische Untersuchung konnte bislang eine hieb- und stichfeste Beziehung ausmachen zwischen lokalen Wahlsiegen und dem Auftreten des Führers vor Ort. Die Parteimythologie jedoch schwelgte in seinen messianischen Erfolgen im Angesicht einer feindlichen, von Juden kontrollierten Presse und verlieh seinem Glauben Gültigkeit durch die Überzeugungskraft der Sprache über das gedruckte Wort; und noch lange, nachdem er und sie nicht mehr waren, schrieb die Nachwelt seinen Aufstieg immer wieder ahnungslos ebendieser Magie als Redner zu. Nun, sie trug sicher dazu bei, aber weit effektiver waren die tausend Variationen dieser hohlen Botschaft, von Goebbels trotz der Skepsis seines Herrn und Meisters kontrolliert, von Lokalredakteuren unter die Leute gebracht und in freundlich gesinnten Mainstreamblättern zitiert.[21]

Hinter den Worten verbarg sich, bei aller Leere, das unausgesprochene Projekt einer auf den Gedanken der Rasse gegründeten Diktatur. Das Hakenkreuz als Symbol arischer Überlegenheit implizierte das in einem Emblem, das noch von einer ganz anderen Vision für das Deutschland von morgen sprach. Andere vermittelten erkennbarere Präferenzen. Das Gelb und Weiß der Zentrumspartei versprach einen christlichen Staat, Hammer und Sichel der Kommunisten eine sowjetische Republik, die drei Pfeile der Eisernen Front eine soziale Demokratie. Die konservativen Nationalisten, für die die Nazis nichts als Hohn und Verachtung übrig hatten und deren Kundgebungen sie mit dem Schlagwort »Deutschland, erwache!« störten, versammelten sich inmitten der Farben des wilhelminischen Reichs: Schwarz, Weiß und Rot.[22] Wie und in wessen Namen die Restauration erfolgen sollte, war selbst ihren Anhängern nicht wirklich klar. Vierzehn Jahre zuvor hatte die Niederlage Deutschland vor die Frage nach seiner Identität gestellt. Was für eine Nation war man jetzt?[23] Weder das Regime, das den Krieg verloren und sich verabschiedet hatte, noch das folgende, das – sich den Siegermächten beugend – seinen Platz eingenommen hatte, konnten darauf eine glaubwürdige Antwort geben. Die Frage war nach wie vor offen.

Was die Antworten darauf anging, war es mit einer Verfassung allein, falls es denn eine geben sollte, nicht getan; sie bestimmten auch deutsches Handeln in der weiteren Welt. Niemand rief nach Krieg, aber der Weltrevolution, moderatem Pazifismus und zupackendem Nationalismus war nun einmal international keine andere

Haltung gemein. Die Kommunisten setzten die Sache der proletarischen Revolution in Deutschland gleich mit der Sache der Dritten Internationalen und der Sowjetunion sowie der übrigen Welt. Freunde der parlamentarischen Republik, selbst die mit Bedenken, bevorzugten noch immer das Engagement – in Form von Verhandlungen – mit den ehemaligen Feinden des Reichs, sei es in Genf oder andernorts. Die Feinde Weimars auf der Rechten betrachteten derlei Kontakte entweder als Wahnsinn oder als Landesverrat und predigten die Dringlichkeit von Stärke zu Hause wie im Ausland, als gäbe es ohne Feindschaften weder Einheit noch Glaubwürdigkeit und Autorität. Als ein Mitarbeiter des Vorsitzenden der Deutschnationalen diesem im Oktober anlässlich der Vorstandssitzung der DNVP sagte, Deutschland sei 1918 »eine Kolonie des internationalen Sozialismus« geworden, galt diese Klage sowohl Diplomatie und Gesellschaft als auch der nationalen Souveränität und dem Regime.[24] Ausländische und heimische Visionen beschrieben Kreise, die einander überlappten. Gegen Ende des Wahlkampfs schrieb eine der großen Tageszeitungen bedauernd, dass die Deutschen über »wichtige Dinge der Außenpolitik« deshalb nichts wüssten, weil die Regierung sie darüber nicht informiere, weder über den Osten noch über Frankreichs dortige Verbündete noch über die rumänischen Forderungen, mit anderen Worten über so gut wie nichts.[25] Die Kandidaten selbst boten in ihrem Wahlkampf auch kaum Einzelheiten, jedenfalls nicht mehr als im Juli.[26] Aber vielleicht mussten sie das auch gar nicht, standen die Parteifarben auf den Plakaten doch an sich schon für ihre Vorstellungen von Deutschland in der Welt, für unausgesprochene Gefühle, die andere Vehikel nur weiter verbreiteten.

Die konservative Rechte entschied sich für die Verehrung Hindenburgs, des Bezwingers der Russen bei Tannenberg 1914 und Architekten eines mächtigen, wenn auch kurzlebigen Reichs von Ostkolonien und Satelliten im letzten Jahr des Großen Krieges. Ein glücklicherer Ausgang im Westen hätte Deutschland zur beherrschenden Nation Mittel- und Osteuropas gemacht.[27] Derlei berauschende Aussichten gaukelten die Parteiführer vom rechten Flügel ihren Wählern längst nicht mehr vor. Aber sie verquickten die Sehnsucht nach der Erneuerung einstiger Macht, die so vielen Deutschen gemeinsam war, mit einem verkappten Militarismus und Nostalgie. Im Oktober beschwor Reichskanzler Papen auf der bereits erwähnten Tagung des Bayerischen Industriellen-Verbandes in München die »Idee des heiligen Deutschen Reiches«, dessen »unsichtbarer Kraftstrom von den Alpen bis zur Memel ... durch die Länder« eile. Diese Anspielung auf das alte *sacrum imperium* führte sein Publikum weit hinaus über das Mitteleuropa der Vorkriegszeit, hinaus selbst über Bismarck und Friedrich, bis zurück zum mittelalterlichen Reich der Ottonen. Ihre Bedeutung blieb dabei eher obskur. Vage sprach er von einem nötigen »Umbau der Verfassung des Deutschen Reiches« und verband nicht weniger vage die Wiederherstellung der militärischen Sicherheit Deutschlands mit dem Gedeihen von Handel und Wandel des deutschen Volks. Worte wie das vom Heiligen Deutschen Reich jedoch hoben seine Zuhörer – und das waren etliche, wenn man bedenkt, dass die Rede im Rundfunk übertragen wurde – heraus aus der gegenwärtigen Sackgasse und hinein ins Reich geopolitischer Phantasien. Ein nationalistisches Blatt spendete ihm entsprechenden Beifall; es hörte starke alte Traditionen aus seiner Rede heraus und sprach gar von einer »Politik des Glaubens«.[28]

Derweil quollen, die »Wacht am Rhein« auf den Lippen, uniformierte Veteranen des Stahlhelms betrunken aus deutschen Zügen, der eine oder andere mit dem schwarz-rot-weißen Emblem des wilhelminischen Reichs; es kam zu Aufmärschen an der polnischen Grenze.[29] Als am Freitag, dem 2. September 1932, 20000 von ihnen in dem mit Reichsflaggen und Regimentsstandarten geschmückten Berliner Sportpalast zusammenkamen, stimmte die Kapelle den Sedan-Marsch an zum Gedenken des Siegs über Frankreich genau zweiundsechzig Jahre zuvor. Überhaupt schien die Veranstaltung von der Vergangenheit beseelt. Kronprinz Wilhelm, der müßige Erbe seines entthronten Vaters, kam, zusammen mit einer Ehrengarde und einem Dutzend weiterer Hohenzollern. Desgleichen ließen sich Papen, Schleicher und der größte Teil der Regierung sehen.

Von der Tribüne aus rief der Anführer der Veteranen seine Kameraden auf zur Vollendung des von Bismarck gegründeten Reichs, und als er Versailles und Weimar für ein und dasselbe erklärte, brachte ihm das, auch von Prinz Wilhelm in der ersten Reihe, stürmischen Beifall ein. Am Sonntag marschierten auf dem Tempelhofer Feld, wo preußische Könige und deutsche Kaiser ihre Armeen inspiziert hatten, 180 000 Stahlhelm-Leute auf, den ganzen Nachmittag über bis in den frühen Abend hinein. »Hört ihr den Schritt der Bataillone?«, fragte der Sprecher des Deutschlandsenders seine Landsleute über den Äther, und auch für die Hörer im Elsass war dieser nicht zu überhören.[30]

Am Donnerstag, dem Abend vor der Veteranenveranstaltung im Sportpalast, hatten sich dort nicht weniger zahlreich die radikalen Nationalisten – die Nationalsozialisten – versammelt. Für sie war es weniger die Vergangenheit als die Zukunft, die sie mit Begeisterung erfüllte; ihr Auftritt hatte nichts vom Zeremoniell und Pomp der Vorkriegszeit, geschweige denn deren Ordentlichkeit. Wo die Konservativen applaudierten, jubelten sie. Hitler hielt eine so inhaltslose wie frenetische Rede, eine Philippika gegen die Regierung, die ihm die Ovationen eines Publikums einbrachte, das von dem Versprechen auf Macht erfüllt war. Und Hindenburg, so bekamen sie zu hören, sei fast doppelt so alt wie er. Von Außenpolitik hörten sie nichts.[31]

Daran sollte sich auch im Wahlkampf nichts ändern. Was sollten die Nationalsozialisten auch sagen, was die anderen von der Rechten nicht bereits gesagt hatten? Auch sie wollten »deutsche Größe«, auch sie wollten Deutschland herausheben aus den Gefahren, die es umgab;[32] auch sie hassten Versailles, Genf, Moskau, Paris. Ihr Schweigen implizierte Einverständnis. Die Blöcke, die 1925 Hindenburg und 1932 nationalsozialistisch gewählt hatten, stimmten zwischenzeitlich – beim Volksentscheid 1929 – gegen den Young-Plan, in dem die ehemaligen Feinde ein letztes Mal die Reparationspläne festlegten und die Franzosen sich zur Räumung des Rheinlands bereit erklärten.[33] Ihnen war jede Übereinkunft suspekt. Eine gewisse Stimmung fixierte ihren Ausblick auf die Welt der Gegenwart, was sich auf die Parteien auswirkte, die sie hofierten. Es sei schwieriger, zu definieren, was einen Papen von einem Hitler unterschied, schrieb ein französischer Kolumnist, als das, was sie vereinte – der Wille, Deutschland wieder als Militärmacht zu sehen.[34]

Hitler und Goebbels appellierten an Emotionen, nicht an den Verstand; sie bedienten sich furioser des gesprochenen als des geschriebenen Worts, und ihre bevorzugten Waffen waren ätzende Schärfe und Verleumdung. Sie zogen Motive und Charakter jeder Politik, die nicht die ihre war, in Zweifel. Nur einmal, nach Papens Münchener Ansprache im Oktober, begab Hitler sich in die Niederungen der Substanz; Papen, so schrieb er in einem offenen Brief, gefährde Deutschland auf der »Genfer Abrüstungskomödie«, bei der Lausanner Reparationskonferenz dieses Sommers, überhaupt bei allen diesen Vorstellungen, die die nationalen Interessen verkauften.[35] Die Unterstellung des Landesverrats sprach sich in Windeseile herum. Im August hatten fünf SA-Leute im oberschlesischen Potempa einen polnischen Kommunisten ermordet. Als ein Sondergericht sie aufgrund der von Papens Regierung eben erlassenen Notverordnungen gegen politische Verbrechen dieser Art zum Tode verurteilte, begehrte die Rechte unwillig auf. Hitlers Reaktion jedoch ging weit über die aller anderen hinaus. Papen und seine Regierung werden ihm zu den Totengräbern der deutschen Nation; Papen habe »damit seinen Namen mit dem Blut nationaler Kämpfer in die deutsche Geschichte eingezeichnet«. Harry Graf Kessler reagierte entrüstet auf Hitlers Engagement für die Freilassung der »fünf Nazi-Mörder«. »Diese Leute«, notiert er in seinem Tagebuch und meint damit Hitler und seinesgleichen, »sollen jetzt in die Regierung hinein!« Diese Sanktionierung des politischen Mords schockierte viele, aber nur wenige erkannten den »Partner«, der sie ermöglichte: die Xenophobie. Das Opfer war Pole gewesen, und Hitler kam wiederholt auf die Redlichkeit seiner Mörder zurück. »Ich habe kein Verständnis dafür, daß für einen polnischen Insurgenten, der einst gegen unsere deutschen Brüder in Schlesien gestanden hat, fünf Nationalsozialisten unter das Fallbeil sollen.«

Wer für Deutschland kämpfe, so fügte er hinzu, habe »alles Recht«, und wer sich gegen Deutschland wende, habe »gar kein Recht«. Diese Art von manichäischem Tribalismus kam besonders in seinen gelegentlichen antisemitischen Ausbrüchen durch, bei denen die Unterscheidung zwischen heimischem und ausländischem Feind verschwand. Jüdische Bankiers, jüdische Zeitungen, die Geißel des jüdischen Bolschewismus, die nahezu von einem ganzen Kontinent Besitz ergriffen hätte und Deutschland in den Abgrund zu ziehen drohe: »Entweder kommt das deutsche Volk aus den Händen der Juden oder es verkommt«, rief er am 30. Oktober bei einer Veranstaltung in Essen. Hass, die authentische Stimme des Nazismus, war auch die treibende Kraft seiner Außenpolitik.[36]

Hätte sein Verleger und Kriegskamerad Max Amann Hitlers zweites Buch nach seiner Fertigstellung im Sommer 1928 herausgebracht, seine Landsleute und der Rest der Welt hätten seine Ziele womöglich verstanden. Was Amann jedoch nicht tat aus Angst, es könnte dem ohnehin mehr als schleppenden Verkauf von Hitlers wirrer Autobiographie *Mein Kampf* abträglich sein, die dieser 1924 in der Landsberger Haft verfasst und deren erster Band im Jahr darauf erschienen war.[37] Hitler hatte 1926 den zweiten Band herausgegeben, in dem er bereits die Ansicht äußerte, Deutschland müsse sich seinen »Lebensraum« im Osten und damit die Sowjetunion, die Brutstätte von Juden und der bolschewistischen Revolution, erobern; nur hatte er den Gedanken nicht weiter ausgeführt.[38] Jetzt, vier Jahre später, warnte er ausführlicher sowohl vor der malthusischen Katastrophe, die dem in Mitteleuropa eingekeilten, übervölkerten Deutschland drohe, als auch vor der allmählichen rassischen Degeneration durch die Auswanderung der Tatkräftigsten und einer durch »Geburtenbeschränkung« verursachten Bevölkerungsstagnation.[39] Das Heil der Nation sah er zum einen in der Eroberung und Germanisierung des Ostens, wo die Slawen ohnehin zur Selbstregierung nicht fähig seien, sowie im Krieg gegen die Juden, der überall, seiner Ansicht nach vor allem aber im Osten zu führen sei, von wo aus sie den Bolschewismus auf die Welt gehetzt hätten.[40] Aber zunächst einmal gelte es, Frankreich zu besiegen, eine Vorbedingung sozusagen, die mit Hilfe eines ohnehin natürlichen Bündnisses mit Großbritannien und Italien, vielleicht auch mit Spanien und Ungarn, durchaus zu erfüllen sei.[41] Zum ersten Mal sprach er von einer noch fernen Konfrontation, womöglich wieder in einer Koalition, mit dem Volk, das sich seinen eigenen kontinentalen Lebensraum in Nordamerika erobert und ihre überlegene Rasse auf dessen fruchtbarer Scholle angesiedelt hatte.[42] Zu Hause sollten die Deutschen indessen Krieger heranzüchten und Schwerter schmieden.[43] Es war dies alles andere als ein revisionistisches Traktat, das einmal mehr nach Deutschlands alten Kolonien und Grenzen rief, es handelte sich hier um die Erklärung eines endlosen Rassenkrieges. Seine Ausführungen hatten auch nichts zu tun mit Versailles oder mit der Rückkehr ins Jahr 1914 oder sonst irgendeiner Art Vorkriegs-Status-quo; es ging vielmehr einzig um eine blendende Vision von Vergangenheit und Zukunft – um Lebenskampf und Raumpolitik statt Grenzpolitik, um eine Welt nicht von Staaten und Grenzen, sondern Völkern und Räumen.[44]

Abgesehen von Max Amann, seinem engen Vertrauen Rudolf Heß und vielleicht ein, zwei anderen aus dem inneren Kreis, hatte das Manuskript niemand zu sehen bekommen. Allerdings hatte er diese Gedanken bei der einen oder anderen Gelegenheit Tausenden gegenüber geäußert. So wiederholte er im Juli 1928, während er letzte Hand an das Manuskript legte, in Berlin in einer Rede über Außenpolitik einen Gutteil der Motive, die er eben zu Papier gebracht hatte: die Panik um die »Ernährungsbasis« der Nation, der territoriale Imperativ, die heutige Feindschaft mit Frankreich und Russland und die morgige mit den USA. »Wir brauchen Macht, um Lebensraum zu erwerben«, hatte er etwas früher im selben Jahr gesagt und damit ein Leitmotiv einer kaum durch allzu viele andere verstellten Weltsicht wiederholt.[45]

An deren Klarheit sollte sich auch nichts ändern, nur dass sie während des Wahlkampfs 1932 so gut wie unterging in endlosem Gerede um den inneren Zerfall der Nation. Außenpolitik, so wiederholte er immer und immer wieder, baue – wie die wirtschaftliche Genesung – auf Zusammenhalt und Stärke im eigenen Land. Weder

Konferenzen noch Industrie und Handel würden Deutschlands Schicksal bestimmen, sondern der unbeirrbare Wille des deutschen Volkes, unangefochten von all den Totengräbern der Nation, die Deutschlands Armee im November 1918 verraten hätten und sich seither krampfhaft an die Macht klammerten. Der Niedergang der Nation habe zu Versailles geführt, so erklärte er, und nicht umgekehrt; so war es nur logisch, dass erst das Volk wieder »geistig und seelisch in Ordnung kommen« müsse, um die Mittel zu einer »kühnen Außenpolitik« schaffen zu können.[46]

Und wie sollte eine solche aussehen? Dazu schwieg er. Wer genau genug hinhörte, der mochte den einen oder anderen Hinweis darauf erhaschen, aber nicht mehr. Rohe Gewalt jedenfalls war dabei von fundamentaler Bedeutung. Nicht auf dem Wege von Recht und Gesetz, sondern durch Ausübung von Macht habe die weiße Rasse die Welt erobert, sagte er im Januar knapp siebenhundert Wirtschaftsvertretern im Ballsaal des Düsseldorfer Parkhotels. Stärke, die nicht etwa Folge, sondern Ursache wirtschaftlichen Aufstiegs sei, erwachse aus dem politischen Willen der Nation und ermögliche sowohl den Schutz der Rasse als auch ihrer Fortpflanzung.[47] Die Garanten deutscher Größe seien »der deutsche Bauer« und »der deutsche Siedler«, erklärte er auf einer NSDAP-Versammlung in Ostpreußen, und dass Deutschlands Zukunft »im Osten« liege – wie weit im Osten, darüber schwieg er sich aus.[48] Er werde dafür sorgen, dass der Tag komme, »an dem 65 Millionen Deutsche mit Ihnen hier in Ostpreußen verbunden sind«, versicherte er seinem Publikum in Ortelsburg, einer Stadt inmitten der masurischen Seen und Wälder, der Tag, »an dem Ostpreußen Seite an Seite mit dem übrigen Deutschland liegt, an dem der sogenannte Korridor nicht mehr existieren wird«.[49] Wann und wie besagte polnische Landstriche wieder deutsch werden, wann und wie seine Zuhörer wieder mit ihren Landsleuten im Reich vereint werden sollten, das sagte er nicht – teils weil er es nicht wusste, teils weil Kriegstreiberei zu diesem Zeitpunkt politisch wenig Sinn gehabt hätte. Weit sinnvoller war es, sich Stolz und Ressentiments seines Publikums zunutze zu machen. So gelobte er in einer Reithalle im linksrheinischen Rodenkirchen, auf der anderen Seite des Reichs, dass die Deutschen mit den Nationalsozialisten am Ruder »nicht mehr vor Polen zittern« müssten – Worte, die ein Lautsprecher in eine zweite Halle und auf den Marktplatz der Stadt übertrug.[50] Britischen und italienischen Journalisten gegenüber kam er wieder auf seine Jahre zuvor schon entworfene Idee eines Bündnisses gegen den gemeinsamen Feind Frankreich oder die weltweite Gefahr des Bolschewismus zu sprechen. Immer wieder jedoch rekurrierte er auf die deutsche Macht. Es werde der Sowjetunion, so ließ er den italienischen Faschisten Carlo Scorza im Münchner Braunen Haus wissen, nicht gelingen, ein starkes Deutschland zu unterwandern, sie zwinge das Reich nur, seine Energien nach Osten zu richten, gegen britische, amerikanische und japanische Interessen in Asien.[51] Und seinen Landsleuten in Essen eine Woche vor der Wahl im November sagte er, dass die Deutschen, »mehr als vielleicht irgendein anderes Volk angewiesen sind auf eine Weltbedeutung, auf eine Weltstellung, die letzten Endes doch nur der Ausdruck unserer inneren Kraft und Stärke sein kann«.[52]

Weder die nationalsozialistische Presse noch ihre Volksredner hatten dem viel hinzuzufügen. Wenn sie das Thema Außenpolitik überhaupt ansprachen, dann nur um gegen die Regierung vom Leder zu ziehen; auf etwas Eigenes wollten sie sich diesbezüglich nicht festlegen. Während des Wahlkampfs für die Novemberwahlen mokierte sich der *Völkische Beobachter* über das kraftlose Auftreten der Regierung Papen in Genf, wo sie die deutsche Wiederaufrüstung ausländischer Billigung anheimstelle; in London zeige sie sich unfähig, da sie britischen Goodwill vergeude; und in Paris begehe sie gar Landesverrat, insofern sie um eine Annäherung, ja sogar um ein Militärbündnis mit den Franzosen bemüht sei.[53] Immerhin sei Frankreich der Feind, erinnerte die Zeitung ihre Leser, der unerbittliche Gegner, der 1923 das Ruhrgebiet besetzt habe, der Deutschland sein Recht auf Wiederbewaffnung vorenthalte und obendrein feindliche Mächte im Osten unterstütze, die dort deutsche Minderheiten unterdrückten. Es handelte sich hier um die übliche revisionistische Rhetorik, die gelegentlich mit höhnischen Spitzen versetzt war wie etwa, als man von der Einfuhr von »Negertruppen« aus Nordafrika schrieb; zu kriegerischen Drohgebärden jedoch kam es nicht. Über »Lebensraum« und »Rassenkrieg« im Osten erfuhren die Leser von ihrem Blatt ebenso wenig wie aus dem Munde des Führers selbst.

Welche Änderungen im Verhalten des Reichs nach außen hätte ein intelligenter Wähler von der neuen Ordnung wohl zu erwarten? Nun, vermutlich würde Deutschland wieder aufrüsten und eigene Arrangements anstreben, entweder autarker oder bilateraler Art. Aber darüber hinaus lag alles im Dunkeln. *Germania*, das Organ der katholischen Zentrumspartei, war der Ansicht, Hitler wolle Deutschland lediglich wieder als Großmacht sehen. Desgleichen nahmen nur wenige Sozialdemokraten und Kommunisten die kriegerischen Omen in näheren Augenschein, schließlich hatte kaum einer von ihnen *Mein Kampf* gelesen oder nahm das Werk ernst. Einer, der es gelesen hatte, der sozialdemokratische Journalist Friedrich Wendel wies im Frühjahr 1932 in einer Druckschrift auf Hitlers offenes Versprechen, in der Sowjetunion einzufallen, hin und fand es merkwürdig, dem Feind derlei Absichten so offen mitzuteilen. Aber in der Regel machte man sich bei den Sozialdemokraten bestenfalls Gedanken über den soziologischen Aspekt der Bewegung – oder sah sich ihre Propagandamethoden an.[54]

Ihr Schlachtruf »Hitler bedeutet Krieg!« kam erst aus ihrem späteren Exil in Prag. Zunächst warnten sie eher vor der Bedrohung der Nationalsozialisten für die Demokratie als den Frieden. »Lebensraum« und expansionistische Absichten im Osten wie im Westen entgingen auch einigen Kommunisten nicht, waren sie doch Ausdruck des kapitalistischen Imperialismus oder des Klassenkampfs; im Großen und Ganzen jedoch vermochte man hinter der ganzen Bewegung keine Ideologie zu sehen.[55]

Die Nazis hatten bis dato noch keine nationalen Ämter innegehabt, und was ihre Außenpolitik anbelangte, konnten selbst die Neugierigen nur nach ihren Aussagen gehen. Hinsichtlich innenpolitischer Angelegenheiten konnte man sich dagegen mittlerweile auf Lokal- und Regionalebene umsehen, wollte man mehr erfahren.

In Thüringen – ironischerweise ausgerechnet in Weimar – war der erste Nationalsozialist im Kabinett, Wilhelm Frick, vom Januar 1930 bis in den April 1931 hinein Volksbildungs- und Innenminister gewesen. Während seiner Amtszeit hatte er hohe Posten bei der Polizei mit Nazis besetzt und durch strenge Maßgaben an die Behörden Jazz und andere den »Neger« verherrlichende Aufführungen zu unterbinden versucht; außerdem hatte er ein Schulgebet eingeführt, das Gott um Erlösung von Verrat und Hochverrat – vermutlich den der Republik – bat; alles in allem bemühte er sich um die Förderung der nationalsozialistischen Vorstellungen von einer germanischen Kultur. In Braunschweig hatte Dietrich Klagges, ein anderer nationalsozialistischer Innenminister, mit der Vertreibung von Sozialdemokraten und Juden aus öffentlichen Ämtern begonnen. Ihre Experimente hatten, auch wenn sie hier und da auf Kritik stießen, Vorhersagekraft.[56] In den ersten Monaten des Dritten Reichs gehörten Frick und Klagges zu den Anstiftern staatlich geförderten Terrors, der eine von einem hohen Berliner Amt aus, der andere noch immer in Braunschweig. Sie und andere ihres Schlags gaben Grund zur Annahme – oder zur Hoffnung –, dass mit Weimar auch einige der Grundrechte und Freiheiten verschwinden würden, womöglich auch die eine oder andere Partei.

Hinsichtlich der politischen Kultur herrschte damit einige Klarheit, was man für das Feld der Wirtschaft nicht sagen konnte und noch weniger was die Aussichten für Krieg und Frieden anging. Verpackt war das Ganze in eine nationale Theologie. Eine ätherische Botschaft von Wiederauferstehung und Erlösung kam buchstäblich vom Himmel her, wenn die gecharterte dreimotorige Ju 52 in einer Stadt nach der anderen ihren Verkünder unter die erwartungsvolle Menge trug. Das Schlagwort »Hitler über Deutschland«, das die Nazi-Propaganda nebst einschlägigen Bildern verbreitete, war in dreifacher Hinsicht symbolisch, stand es doch zugleich für Herrschaft, messianisches Versprechen und Modernität. Der »Führerkult« verschmolz unterschiedliche, zuweilen sogar kritische Neulinge zu einer Masse von Anhängern, tat aber nicht das Geringste, um sie über so prosaische Angelegenheiten wie die konkrete Staatslenkung aufzuklären.[57] Was durchaus Absicht war, ein strategischer Mangel an Präzision, der vieles den eklektischen Interpretationen Einzelner überließ. So konnte jeder den Worten des Führers die Beteuerung oder Zusage in den Mund legen, nach der ihm war – sei es die Zerschlagung der Linken, die der Juden oder der Republik, sei es die Erlösung des deutschen Bauern oder die Rückkehr zu deutscher Vormachtstellung oder zu einer germanischen Kultur. Alles andere konnte man übersehen.

Niemand stimmte für den Krieg; und doch schwelgte der Nazismus nachgerade in ihm. Sei es in Form prügelnder brauner Horden, sei es in Form der an Regimentssymbole gemahnenden schwarz-rot-weißen Standarten, sei es die unterwürfige Geste des gehobenen Arms, das Lehnstreue verheißende *Heil!*, der stete Trommelschlag der Parolen vom Kampf des Führers wie dem aller Deutschen, sei es das Primat der Macht und die Schmähung des Feinds in Text, Gestik, Symbolik und Zeremonie, der Nazismus war erfüllt vom Gedanken des Krieges. Im März 1932 kamen auf der deutschen Rheinseite, Straßburg direkt gegenüber, sechshundert Nationalsozialisten in einem Gasthaus zusammen, um der Rede einer lokalen Parteigröße zu lauschen. Lägen auf einem Tisch eine Tafel Schokolade und ein Gewehr, so erklärte der Redner, würde der Jude die Schokolade nehmen, der Deutsche das Gewehr. Entsprechend würden die Deutschen sich, Kämpfer, die sie seien, für Hitler entscheiden.[58] Im August strömten in Pirmasens dreißigtausend Begeisterte aus ganz Deutschland zusammen, um die Rückgabe von Gebieten im Elsass, im Saarland, aber auch im Osten einzufordern. Redner riefen laut in Richtung ihrer Landsleute auf der anderen Seite des Rheins, Militärkapellen spielten, Soldaten mit Pickelhauben und Uniformen aus dem Großen Krieg zogen auf. In fast allen Fenstern wurden Hakenkreuze gezeigt, in einigen anderen die Farben des wilhelminischen Reichs; einzig Postamt und Rathaus zeigten die Farben der Republik.[59] Im Osten machte der Stahlhelm, uniformiert und organisiert, provokativ an der polnischen Grenze mobil. Die Jüngeren unter ihnen zielten mit Ästen auf Polen wie mit Gewehren.[60] Aber sie waren ein Veteranenverband, während die

Nazis eine politische Bewegung waren, die freilich in der Kultivierung kriegerischer Gefühle schwelgte wie keine sonst. Nur wozu? Der Nazismus war mehr Stimmung als Programm, und für den Augenblick noch camouflierte der augenfälligste Affekt das verborgenste Ziel: den Rassenkrieg.

Anfang 1932 unterhielt sich in Weimar ein amerikanischer Journalist ausführlich unter anderem mit einem arbeitslosen Schullehrer. Der war drei Jahre zuvor in die NSDAP eingetreten. Mit Hitler, so versprach er Hubert »Red« Knickerbocker von der *New York Evening Post*, würde Deutschland den Versailler Vertrag zerreißen, ein mindestens 600 000 Mann starkes Heer aufstellen und »den Franzosen sagen, sie sollen sich die Tributgelder in der Hölle holen gehen«, und wenn sie das Rheinland noch mal zu besetzen versuchten, so würde man »die Franzosen hinauswerfen«, was ein Leichtes wäre, schließlich würde »Hitler ein Militärbündnis mit Italien und England eingehen«. Man würde den Polnischen Korridor, den deutschen Teil Oberschlesiens, die Kolonien wiederholen. Vom Inhalt, wenn auch nicht vom Ton her unterschied sich das in keiner Weise von den Plänen der Nationalisten, egal welcher Art. Ebenso wenig unterschied es sich von den innenpolitischen Plänen, da in der nationalsozialistischen Weltsicht Innen- und Außenpolitik auf einem Kontinuum lagen. Nicht nur würden die Nazis den Erwerbslosen Arbeit geben, so fuhr der Lehrer fort, sie würden die Kommunistische Partei auflösen und die Juden aus Deutschland vertreiben. »Hitler wird ein Deutschland für die Deutschen schaffen, und wenn sich Ausländer hier betätigen wollen, werden sie sehr auf der Hut sein müssen.«[61] Hitler hatte längst aufgehört mit derlei konkreten Versprechen, doch seine Anhänger hörten sie weiterhin. Sie einte eine Sprache der Gewalt, der Fremdenfeindlichkeit und der Ressentiments, ihre treibende Kraft war ein gemeinsames Ziel: die Macht. »Was werdet ihr tun, wenn ihr die Macht in Händen habt?«, fragte Knickerbocker in Berlin einen anderen Nationalsozialisten. »Festhalten«, lautete die Antwort.[62]

Sie sollten sich noch etwas gedulden müssen. Die NSDAP schnitt schlecht ab bei den Wahlen am Sonntag, dem 6. November. Am

Wahlabend begannen die Berliner Rundfunksender die Ergebnisse durchzusagen. Papen hörte sie sich zu Hause bei Schleicher zusammen mit diesem an; in einer Hotelbar im Westen lauschten befrackte Männer den Durchsagen bei Cocktails; Goebbels, der sie zu Hause mit seinen Gästen verfolgte, war entsetzt. »Wir haben einen großen Rückschlag erlitten«, vertraute er tags darauf seinem Tagebuch an.[63] Die Nationalsozialisten hatten zwei Millionen Stimmen und vier Prozent der Wählerschaft verloren seit ihrem Rekordhoch von 37 Prozent im Juli. Worte – die Wiederentdeckung pseudorealistischer Rhetorik – und Taten – die Unterstützung des BVG-Streiks – hatten nur die Wähler von rechts verschreckt, von denen einige zur Deutschnationalen Volkspartei zurückgegangen waren, und von der Linken hatte man keine anziehen können; die hatten sich in größerer Zahl den Kommunisten zugewandt. Die Empörung über die Verbrechen der SA hatte das ihre getan. Die Moral der Partei ging in den Keller; die Kassen waren leer, und der Zwist um Hitlers Weigerung, irgendetwas anderes zu akzeptieren als das Kanzleramt, die Sturheit, mit der er auf »alles oder nichts« bestand, kochte wieder hoch. Der Führer hatte sich als fehlbar erwiesen, der Kult um ihn als fragil.

In Deutschland wie im Ausland erschienen sofort Nachrufe auf die nationalsozialistische Bewegung. Hitler habe, so der rechtslastige *Berliner Lokal-Anzeiger*, mehr zu beklagen als nur den Schwund von zwei Millionen Stimmen; schwerer noch wiege die Tatsache, dass »der Zauber der agitatorischen Suggestion Hitlers« gebrochen sei. Die *Vossische Zeitung*, die tragende Säule der liberalen Mitte, erklärte Hitler zum Verlierer und meinte, der Glaube sei am Verblassen. Die Blätter der Linken riefen die Niederlage des Faschismus aus. Die Kommunisten beanspruchten gar den Sieg. In London spekulierte der *Evening Standard* über das jähe Verschwinden der Nazis. In Paris verkündeten die Tageszeitungen, Hitler habe eine strahlende Zukunft *hinter* sich, sein Augenblick sei gekommen und bereits wieder vorbei: »Es sei vielleicht noch verfrüht … zu sagen, die Ratten verließen das Schiff, aber sie begännen sich zu rühren.« In Berlin sah sich der Chargé d'affaires der amerikanischen

Botschaft abberufen. »Sogar der glühendste Nazi-Anhänger«, so ließ er seine Regierung wissen, »muss erkennen, dass das vielgepriesene Dritte Reich zu einer sehr fernen Möglichkeit geworden ist.«[64]

Tatsache war, dass sich wenig geändert hatte. Die Wahl hatte nur bestätigt, was der größte Teil der Sozialdemokraten und Kommunisten nicht begriffen hatte – dass die NSDAP im nationalen und nicht im Klassenkampf ihre Melodie gefunden hatte und dass sie ihr Publikum in dem Augenblick verlor, in dem sie zu eindringlich auf soziale Motive zurückkam. Inzwischen blieb Weimar eine Minderheitsregierung: Im Reichstag waren die antirepublikanischen Abgeordneten auf den extremen Flügeln immer noch in der Überzahl gegenüber dem schrumpfenden Fähnlein von Anhängern der konstitutionellen Regierungsform. Hitler war mit seiner Kandidatur gescheitert, aber das änderte nichts daran, dass die NSDAP die größte Fraktion im Reichstag blieb. »Wer gewinnt?«, fragte die *Vossische Zeitung* am Dienstagmorgen, nur um dann zu dem Schluss zu kommen, dass niemand gewonnen hatte. Papen jedenfalls nicht; sein Rückhalt im Reichstag war schwächer denn je. Eine funktionsfähige Koalition war nicht realisierbar, und eine erneute Wahl stand außer Frage. Die Krise hielt an. Hindenburg konnte einen weiteren Kanzler ohne Mehrheit ernennen, auch der wieder ein Gegner der Republik. Er hatte das bereits zweimal getan. Am Mittwoch, dem Jahrestag sowohl des Dahinscheidens des Kaiserreichs 1918 als auch von Hitlers misslungenem Putsch 1923, rief Goebbels ihn bei sich zu Hause in München an. »Ein großartiger Mann«, schrieb Goebbels, und vor dem Braunen Haus marschierten – mit Standarten, Hakenkreuzen und sonstigem Brimborium – einige Nazis auf.[65]

In Berlin, in den stattlichen Gebäuden um die Wilhelmstraße, wo Herrscher und Gesetzgeber seit Bismarck das Deutsche Reich regiert hatten, setzte das Ringen um die Macht sich fort. Und praktisch in Spuckweite im Norden davon wölbte sich der Reichstag, die »Quasselbude«, wie Kaiser Wilhelm ihn einmal abfällig genannt hatte, nur dass es dort jetzt still geworden war. In einem Monat sollte er wieder tagen. Im Tiergarten, im Westen der Stadt, ritt General Schleicher morgens ganz gern mal aus, auch Papen, im modischen Hut und der für die Reiter typischen Schleife. Hitler hätte man dagegen dort nicht getroffen; er gehörte nicht zu ihrer Welt. Aber wann immer er seine Zimmer im Hotel Kaiserhof an der Ostseite der Wilhelmstraße verließ und die Säulen des Portikus entlangblickte, hatte er das Mittel und das Ziel seiner Bemühungen vor Augen, einen Palast, auf dessen anderer Fassade noch immer die längst ausgestorbenen Adler der preußischen Könige prangten: die Reichskanzlei.[66]

4 Moskau

7. November 1932

Am Montag, dem 7. November, dem Tag nach der Wahl in Deutschland, erstrahlte Moskau im Lichterglanz der Feierlichkeiten zum fünfzehnten Jahrestag der bolschewistischen Revolution. Schon seit Sonntag säumten allenthalben rote Fahnen, bunte Lichter, grelle Porträts von Lenin und Stalin und dazwischen Plakate mit den Produktionszahlen die Zufahrtsstraßen zum Roten Platz. Am frühen Morgen waren Panzer auf den Straßen aufgetaucht, gefolgt von Eskadronen der Kavallerie, Flaggen und Standarten vorneweg, auf beiden Seiten von bewaffneten Soldaten flankiert, dahinter Artillerie, Grenzschutz und schließlich Infanterie. Militärkapellen spielten Märsche. Der Volkskommissar für Verteidigung Kliment Woroschilow kam im Galopp aus dem Tor des Spasski-Turms, um sie zu den Klängen der »Internationale« zu empfangen. Einheiten der Sicherheitspolizei, Offizierskadetten und viele andere hatten sich ihnen angeschlossen. Drei Stunden dauerte der Aufmarsch; immer wieder dröhnten am Himmel Geschwader dreimotoriger Bomber über den Platz hinweg. Die Auslandspresse sah sich mit Plakaten auf Englisch, Französisch, Deutsch und Chinesisch begrüßt, und das diplomatische Korps mit einem LANG LEBE DIE REVOLUTION. Von der lichten Höhe des neuen Lenin-Mausoleums aus wohnten etwa zwanzig führende Köpfe aus Partei und Militär dem Spektakel der waffenstrotzenden Lawine auf dem Roten Platz bei. Stalin stand in der Mitte, in schlichtem Heeresmantel und Mütze; er wirkte verdrießlich, verstimmt. Auf der einen Seite stand, etwas munterer, Woroschilow, der sich nach seinem Auftritt auf dem Platz unten zu ihnen gesellt hatte, auf der anderen Seite Michail Kalinin, formell das Staatsoberhaupt, in Wirklichkeit aber machtlos; sein weißes Ziegenbärtchen deutlich zu sehen, stand er einen Schritt weiter vorne. Die anderen, die sie zu beiden Seiten flankierten, standen sorgfältig gestaffelt, je nach Rang, so etwa der Regierungschef Wjatscheslaw Molotow, der einen besorgten Eindruck machte, und der eher steife General Semjon Budjonny mit Schnauzbart und vier Orden auf der Brust. Einem britischen Journalisten auf der Pressetribüne weit unter ihnen erschienen die Herren wie eine Reihe Pygmäen; er konnte nicht umhin, sich zu fragen, was die Diktatur da oben am Himmel mit dem Proletariat da unten verband.[1]

Am späten Vormittag kamen in den Straßen rundum grüppchenweise zivile Arbeiter und Angestellte zusammen, die schließlich, zu Kolonnen formiert, hinter den Soldaten auf dem Platz einmarschierten. Unter ihnen befand sich Stalins Gattin, Nadeschda Allilujewa, die zusammen mit ihren Kommilitonen von der Moskauer Industrieakademie an dem Aufmarsch teilnahm. So vergingen einige Stunden. Sah man sie nicht aus der luftigen Höhe einer Tribüne, sondern aus der Perspektive des dichtgedrängten Publikums, vermochten derlei Spektakel durchaus traurig zu stimmen. So hatte ein deutscher Arbeiter um sieben in seiner Moskauer Fabrik zu sein, um dann um neun mit der ganzen Belegschaft auszurücken, bei Musik, Liedern und unter allgemeinem Durcheinander, das nur noch zunahm, je näher man dem Roten Platz kam, um dort zusammen mit anderthalb Millionen anderen an Parteiführung und ausländischen Honoratioren vorbeizumarschieren. Um drei war alles vorbei. Er war seit fünf Uhr morgens auf den Beinen, hatte entweder herumgestanden oder war marschiert. So etwas machte müde, vor allem wenn man nicht mehr der Jüngste war. In der Fabrik war ein Buffet aufgebaut, eventuell gab es in den Geschäften die eine oder andere Delikatesse. Am Jahrestag von Lenins Tod oder dem der Revolution, am Ersten Mai oder irgendeinem nicht vorhergesehenen Anlass, der eine spontane Demonstration proletarischen Unmuts erforderte, hatte man früher Schluss zu machen und gemeinsam marschieren zu gehen. Im November 1930 hatte man einigen Ingenieuren den Prozess gemacht, die ein konterrevolutionäres Komplott ausgeheckt hatten, und der arme deutsche Arbeiter war um Haaresbreite einem weiteren Zwangsaufmarsch im Zentrum der Stadt entgangen, wo er mit Transparenten wie »Tod den Mietlingen ausländischen Kapitals« auf »die Erschießung der bourgeoisen Söldner« hätte drängen sollen.[2]

Angesichts derlei orchestrierter Langeweile, die eines der Gesichter war, die der sowjetische Patriotismus der Welt zeigte, hätten einem durchaus Zweifel an der Aufrichtigkeit dieser Patrioten kommen können. Ob das sowjetische Volk denn glücklich sei, hatte der amerikanische Gesandte in Riga, der Hauptstadt des winzigen Ostseestaats Lettland gleich nebenan, seine Mitarbeiter im August 1932 gefragt. Washington unterhielt keine diplomatischen Beziehungen zum Nachfolger des russischen Kaiserreichs, der noch immer ein Paria unter den Nationen und allen ein Rätsel war. Die Angestellten der Gesandtschaft antworteten, sie wüssten es nicht und könnten die Frage deshalb nicht beantworten, aber die meisten gaben sich große Mühe, ihm zu erklären, dass einige glücklicher waren als andere – viele Fabrikarbeiter, aufstrebende Parteileute oder die Stadtjugend in ihren Komsomol-Einheiten, zum Beispiel, erfreuten sich eines ganz und gar anderen Schicksals als die »ehemaligen Leute«, die Adeligen, Priester, Banker oder andere Honoratioren des alten Regimes; das galt auch für jüngst enteignete Bauern, deren Zahl mittlerweile in die Millionen ging. Einer aus dem Stab der Gesandtschaft, George Kennan, betonte in seiner Antwort, »die Romantik der wirtschaftlichen Entwicklung« habe eine ganze Generation dazu inspiriert, sich beziehungsweise »Komfort und Nerven« einer Doktrin und einer Sache zu opfern. Von ihnen sah er, mehr als von den Massen der ohnehin Unzufriedenen, künftig Gefahren ausgehen. Sowohl die materielle Sättigung als auch ein wirtschaftliches Versagen würde sie der guten Sache berauben und das Regime letztendlich zum moralischen Chaos verurteilen.[3]

Überall auf der Welt priesen Sympathisanten das Versprechen und führten Gegner Buch über die Gräuel des Regimes. In England ließen sich Sidney und Beatrice Webb, Fabianische Sozialisten, die erst in diesem Jahr die Sowjetunion besucht hatten, gegenüber Gästen auf ihrem Landsitz Passfield Corner über die strahlende Zukunft des Landes aus. In einem Café in Choisy-le-Roi vor den Toren von Paris berichtete ein Arzt und Stadtrat nach seiner Rückkehr von Hunger in weiten Teilen des Landes, von endlosen Arbeitstagen und, was das Schlimmste war, von einer virulenten Frankophobie. Ein Pariser Journalist vom rechten Flügel äußerte sich in seinem Blatt bedauernd darüber, dass Beamte der sowjetischen Geheimpolizei GPU die Besuche anfälliger Enthusiasten organisierten, viele von ihnen Snobs, Intellektuelle oder Aristokraten, die mit sich nichts anzufangen wüssten. In New York dagegen verabschiedeten kommunistische Intellektuelle sich voneinander mit dem Schlagwort: »Wir sehen uns auf den Barrikaden!«[4]

Ob solche Kenner den Sowjetkommunismus nun beklatschten oder bedauerten, was sie durch die Bank außer Acht ließen, das war seine sich herausbildende Identität: der Aufbau des Sozialismus war zu einer Form von Nationalismus geworden. Man gab der Heimat der Revolution eine einzigartige Mission in der Welt und erhob sie, wie das der Nationalismus so an sich hat, über alle anderen hinaus. Und trotz des Murrens über Elend, Korruption und Ineffizienz, trotz der Zweifel an der Weisheit der Hierarchen blieb der Glaube intakt.

Ein technischer Vorarbeiter in Charkow, der in die Partei eingetreten war, um, wie er seinem Vater sagte, im Dienste seines Landes zur Verwirklichung der großen sowjetischen Pläne beizutragen, fand Anfang der 1930er-Jahre für gewöhnlich die eine oder andere Möglichkeit zur Rationalisierung der Kluft zwischen Schlagwort und Resultat; und nicht nur er. Nicht alle zitierten sie *Prawda*, *Iswestija* oder Stalin mit derselben sklavischen Hingabe, aber die meisten vermochten doch »edle Motive hinter scheinbar schändlichem Verhalten zu entdecken und im Allgemeinen unseren gemeinsamen Glauben in einer bedrückenden Phase zu festigen«.[5] Selbst Stigmatisierte hatten die Möglichkeit, sich in den Patriotismus zu flüchten, um sich ihres Stigmas zu entledigen; so mancher »entkulakisierte Bauer«, dem man genommen hatte, was immer er an Land oder Vieh gehabt haben mochte, wurde so ein glühender Bolschewik.[6] Einer von ihnen, aus seiner westukrainischen Heimat gerissen, strengte sich in Moskau mächtig an, sich nach dem Bilde des neuen *Homo sovieticus* umzugestalten, aber als Sohn eines Vaters, der als »Kulak« nach Archangelsk verbannt worden war, fühlte er sich entfremdet, ja sogar in Gefahr.[7] Eine Wissenschaftlerin aus dem Lehrkörper des Landwirtschaftlichen Instituts in Woronesch dagegen hatte, nachdem die Partei der Anstalt 1930 konspirative Absichten unterstellte, ihren Glauben verloren. Sie hielt die Vorwürfe für absurd. Sie fand ihn jedoch wieder, als sie im Radio am 7. November des Jahres die Übertragung der Feierlichkeiten hörte. Und sie glaubte die Vorwürfe gegen die Ingenieure, denen der deutsche Spezialist in Moskau skeptisch gegenüberstand. Am Maifeiertag 1931 war sie dann zusammen mit Tausenden marschiert, »mit allen anderen verschmolzen, war ich ein Tropfen im Meer«. Die Sowjetunion, so reflektierte sie, war zu ihrem neuen Zuhause geworden, dessen Flure Paradeplätze waren. Und was all die Geschichten von Sabotage und Zerstörung anbelangte, durfte »man die Einzelheiten nicht mit dem Allgemeinen verwechseln«.[8]

Aber es gab im Herbst 1932 auch eine Opposition, und Stalin war sich ihrer sehr wohl bewusst – schließlich war er ihre Zielscheibe. Industrialisierung und Überleben der Sowjetunion, so wiederholte er nun seit drei Jahren, hingen ab von der Kollektivierung der Landwirtschaft, ein Albtraum, der sich bald zum ökonomischen und menschlichen Desaster entwickeln sollte. Schon schwärten unter Rivalen und Puristen in der Partei die ersten Ressentiments bezüglich der diktatorischen Befugnisse, mit denen sie ihn seit 1928 ausgestattet sahen; die Verfolgung der Landbevölkerung drohte Eifersüchteleien der Auserwählten mit dem Widerstand der Unseligen zu vermählen.

Inzwischen hatte man zehn Millionen Bauern aus ihrer Heimat vertrieben und deportiert, in Strafkolonien, Arbeitslager, Fabriken oder in die Städte; andere sahen sich zur Landstreicherei verdammt; der Hunger griff um sich, bedrohte sogar große Teile der Ukraine, Kasachstans, der unteren Wolga und des nördlichen Kaukasus. Ein

Jahr später waren bereits vier bis fünf Millionen Menschen verhungert oder an Krankheiten gestorben.[9] Die Kampagne war gewaltsamem Widerstand begegnet, und sosehr die Behörden sich auch bemühten, die Katastrophe unter Verschluss zu halten und das Durchsickern von Nachrichten und Flüchtlingen aus den betroffenen Gebieten zu unterbinden, sprach sich die Kunde von ihr denn doch herum, und das nicht nur in der Sowjetunion, sondern – zu Stalins maßlosem Zorn – in der ganzen Welt. Malcolm Muggeridge, der britische Journalist, der Stalin im November auf dem Lenin-Mausoleum gesehen hatte, sollte im März Bauern, die Hände auf den Rücken gefesselt, unter vorgehaltener Waffe in Viehtransporter steigen sehen. An jedem Bahnhof der Ukraine sah der kommunistische Autor Arthur Koestler, auf einer Pilgerreise unter der Ägide der Komintern, haufenweise Bauern in Lumpen, die Ikonen und Bettwäsche feilboten für ein Stück Brot. In Charkow (Charkiw), damals noch die Hauptstadt der Ukraine, drängte er sich auf dem Basar durch Horden verarmter Nomaden, die ihre Dörfer verlassen hatten und jetzt die letzten ihnen noch verbliebenen Habseligkeiten verscherbelten.[10]

Zum Ende des ersten Fünf-Jahres-Plans, der ungestümen Industrialisierung, die die Kollektivierung der Landwirtschaft tragen sollte, munkelte man von einem Debakel: Gerüchte von nicht erreichten Zielen, gefälschten Produktionszahlen, Qualitätsmängeln, Engpässen, Knappheit, Betriebsstörungen. Für Koestler nahm sich die sowjetische Industrie aus wie ein junger Riese, der abwechselnd an Lähmungen und epileptischen Anfällen litt. Die Reallöhne sanken unter die Hälfte des Niveaus von 1928. Die Partei bezichtigte »Umstürzler«, viele andere jedoch die Funktionäre und Bürokraten, von denen wiederum einer dem anderen die Schuld in die Schuhe schob. Und wo hörte das System auf?[11] Stalin, dessen Griff sich immer fester um Parteiapparat und Ministerien schloss, ließ sich, abgesehen vom Maifeiertag und den Jahrestagen der Revolution im November, nur selten in der Öffentlichkeit sehen; noch seltener äußerte er sich oder erschien in den Wochenschauen, wenn er doch einmal eine Rede hielt.[12] Aber mehr als der irgendeines anderen war sein Name mit der Kollektivierung verbunden, und die Opposition, über die man ihm berichtete, richtete sich nicht gegen die Revolution oder das Regime, sondern gegen ihn. Stalin hatte Feinde.

Nicht dass das an sich etwas Neues für ihn gewesen wäre, aber derlei Feindseligkeit wurde zur Gefahr für das politische Überleben, wenn sich dahinter auf dem hungernden Land gewalttätiger Widerstand formierte und in halbfertigen Fabriken die Frustration zu schwären begann. Anfang 1932 hatte das Politbüro, mit Stalins Segen, einige der drakonischsten Maßnahmen auf dem Land wieder etwas gelockert und die OGPU, die Sicherheitspolizei, an die Kandare genommen, bis er es sich im Sommer wieder anders überlegte. Im August hielt der Fundamentalismus erneut Einzug, und das mit aller Härte in Form des »Ährengesetzes«, das den Diebstahl von Getreide, das als sozialistisches Eigentum galt, mit dem Tod oder mit mindestens zehn Jahren Arbeitslager ahndete. Im selben Monat orchestrierte Martemjan Rjutin, ein alter Weggefährte, den Stalin einst unterstützt hatte, eine kleine Kabale unter Bürokraten und Parteimitgliedern in der Absicht, den Diktator zu stürzen. Er sei, so erklärten sie schriftlich, der Totengräber der Revolution, der Abenteurer, der Kollektivierung, Diktatur und Terror über das Land gebracht und den Marxismus-Leninismus verraten habe. Selbstverständlich bekam die Zielscheibe ihrer Verschwörung Wind von der Sache, und im Oktober steckte das Politbüro die Verschwörer und einige hohe Funktionäre, die von der Intrige gewusst, aber nichts gesagt hatten, ins Gefängnis, schickte sie ins Exil oder warf sie aus der Partei. Es folgten weitere Komplotte im November und auch im neuen Jahr, deren Urheber man der Öffentlichkeit als »parteifeindliche Splittergruppen« oder »parteifeindliche konterrevolutionäre Gruppe« präsentierte. Im Gegensatz zu den Opfern stalinistischen Terrors im weiteren Verlauf des Jahrzehnts waren diese Gegner echt und kamen mit dem Leben davon. Aber Stalin konnte nie wissen, wie viele Sympathisanten sie verstecken mochten. So begann in einer Art Reflexhandlung eine Säuberung der Partei mit dem Ziel, die Herrschenden vor den ungeplanten Folgen ihrer eigenen Missregierung zu bewahren.[13]

»Höchst reaktionär«, schrieb *Prawda* über die Pläne Rjutins und seiner Komplizen, »aber von allen antisowjetischen Gruppen geltend gemacht.« Das Blatt gab Anfang Oktober den Ausschluss von zwanzig Parteimitgliedern bekannt, die in die Verschwörung verwickelt und von denen einige – so etwa Alexander Slepkow, der »rote Professor«, und zwei von Lenins engsten Weggefährten, Grigori Sinowjew und Lew Kamenew – den Lesern wohlbekannt waren.[14] In den Augen Stalins und seiner Anhänger im Parteiapparat hatten sie sich zur Unterwanderung des sozialistischen Aufbaus und damit gegen die Sowjetunion selbst verschworen. Womit man ihnen dieselben Ambitionen unterstellte wie den Klassenfeinden und den imperialistischen Mächten im Ausland. Objektiv betrachtet, konnten sie gar keine anderen haben. Objektiv betrachtet, waren sie mit diesen eins. Drei Jahre zuvor, am 7. November 1929, hatte Stalin in der *Prawda* bekanntgegeben, dass mit dem Großen Umbruch die letzte Schlacht zur Ausmerzung auch der letzten Spuren der todgeweihten Gesellschaft begonnen habe, die sich nach wie vor draußen auf dem Lande und in den Ritzen des verborgenen alten Regimes ans Leben klammere. Nur dass diesmal der utopische Bolschewismus als Großmachtnationalismus wiedergeboren war. Einer entzündete sich am anderen; also galt es, mit Nachdruck den Aufbau des Sozialismus voranzutreiben, um alle feindlichen Mächte zu übertreffen; und zum Aufbau des Sozialismus wiederum galt es, die Pläne der feindlichen Mächte – ihre Agenten im Land, ihre Diplomatie im Ausland – zu konterkarieren. Eines Tages käme es dann zur letzten Konfrontation.

Stalin glaubte dies. Das Überleben der Nation hatte dem Klassenkampf eine neue Bedeutung gegeben, und ein kämpferisches Schlagwort – »Einholen und Überholen« – schmückte fortan die Wände neuer Fabriken ebenso wie die jeder Parteikonferenz. 1931 hatte Stalin seine Landsleute an die historische Rückständigkeit erinnert, die so oft den Triumph ihrer ausländischen Feinde garantiert habe. Diese gelte es jetzt zu überwinden, oder die Sowjetunion würde zugrunde gehen: »Wir hinken fünfzig bis hundert Jahre hinter den hochentwickelten Nationen her. Wir müssen diesen Vorsprung binnen zehn Jahren einholen. Entweder wir schaffen das, oder sie werden uns zertreten.« Womit der Nationalismus sowjetischer Prägung geboren war.[15]

Lange schon sah er ausländische Hände am Werk, wann immer die Geschicke der Sowjetunion sich zum Schlechteren wandten. So glaubte er 1927 den Berichten seiner Geheimdienste, die britisches Treiben hinter den nationalistischen Bewegungen in Georgien und der Ukraine, der Bombe im Leningrader Parteiclub und der Ermordung des sowjetischen Gesandten in Warschau erblickten; und er glaubte 1928 denen, die die Bergwerksunglücke im nördlichen Kaukasus nicht nur bourgeoisen Technikern zuschoben, sondern obendrein auch noch ausländischen Saboteuren; und schließlich glaubte er den Berichten 1930, die hinter den sinkenden Produktionszahlen das Wirken einer im Untergrund operierenden »Industriepartei« von Ingenieuren erkannten, die ihrerseits von den Generalstäben gleich eines ganzen Dutzends ausländischer Mächte und deren Mitverschwörern im sowjetischen Komitee für Wirtschaftsplanung – Gosplan – manipuliert wurden, Berichten mit anderen Worten, die eine Sabotage auf europäischer Ebene beschrieben. Jetzt, 1932, sah Stalin hinter dem Widerstand gegen die Zwangskollektivierung in der Ukraine die subversiven Bemühungen polnischer Agenten. »Wir könnten die Ukraine verlieren«, schrieb er im August seinem Stellvertreter und Chef des Zentralkomitees Lasar Kaganowitsch und fügte hinzu, dass das polnische Netz dort um ein Vielfaches stärker sei als selbst das der Kommunistischen Partei.[16]

Die OGPU handelte nach ebensolchen Fiktionen, und eine Kriegspanik wie etwa die um eine bevorstehende Konfrontation mit England 1927 kam immer gelegen, um eine allgemeine Feindseligkeit gegen politische Rivalen zu schüren. Die Pressestelle des Außenministeriums habe deshalb auf Pläne einer ausländischen Offensive noch im selben Jahr hingewiesen, so ihr Direktor, »weil sich den Massen bestimmte Sachverhalte nur durch extreme Simplifizierung erklären« ließen. Wie auch immer, die Angst vor einer Umschließung durch ausländische Mächte wirkte nicht weniger nachhaltig auf die Erfüllung des ersten Fünf-Jahres-Plans als irgendein innerer Zwang. In den Köpfen der Bevölkerung war diese Angst eine Realität, egal wie plump das Regime zu Propagandazwecken mit ihr umgehen mochte. Den sie begleitenden Ängsten, wie etwa der bezüglich der Unzulänglichkeit der Roten Armee, war ohne die für einen modernen Krieg erforderlichen Kapazitäten der Industrie ebenso schlecht beizukommen wie ohne die allgemeine Mobilmachung gegen alle, die man des Zweifels an der Dringlichkeit der Situation verdächtigte. Im Krieg gegen den internationalen Klassenfeind verschwanden die Grenzen zwischen in- und auswärtig. So absurd die Gleichsetzung von stillstehenden Fließbändern und leeren Getreidespeichern mit Konterrevolution und ausländischer Subversion auch sein mag, eine gewisse eigene innere Logik derlei offizieller Phantastereien ist nicht zu verhehlen. Das monumentale Projekt bedurfte einer feindlichen Welt. Einer von Stalins exilierten Gegenspielern machte sich so seine Gedanken über diese seiner Ansicht nach bedauerliche Kreuzung aus Mutterland, Ideologie und Diktatur. »Was uns die Niederlage beibrachte«, so schrieb er später, »war Parteipatriotismus.«[17]

Die Kommandeure der Roten Armee waren zwar nach wie vor in Sorge, aber bis Ende 1932 hatte der erste Fünf-Jahres-Plan die Sowjetunion nicht nur mit allem versorgt, was eine gut ausgerüstete Armee in Kriegszeiten braucht, sondern darüber hinaus auch noch mit einem militärisch-industriellen Komplex, der seinesgleichen suchte. So viel wenigstens war also gelungen. Zwischen 1930 und 1932 unter derart widrigen Bedingungen über neue Haubitzen und andere Artillerie hinaus 5000 neue Kampfflugzeuge und 3500 neue leichte Panzer produziert zu haben, und das obendrein nach sowjetischen statt nach vorsowjetischen oder ausländischen Plänen, reichte zwar immer noch nicht zur Erfüllung des schimärischen Plansolls, aber die Welle der Mechanisierung hatte die Reiterarmeen des Bürgerkrieges und der 1920er-Jahre endgültig hinter sich gelassen, und das zeigte sich überall.[18]

Das Aufgebot an mechanisiertem Kriegsgerät, das am Maifeiertag nach einem vielsagend kurzen Defilee von Infanterie und berittener Artillerie auf dem Roten Platz zu bestaunen war, schien dem französischen Botschafter alles andere als subtil. Am 7. November vertiefte sich dieser Eindruck noch. An diesem Tag hatte die Kavallerie nur noch einen flüchtigen Auftritt, und die Panzer, selbst die ausländischen Designs, stammten alle aus sowjetischer Produktion. Den Überlegungen des Botschafters zufolge war ein Gutteil der Waffen, vor allem die gepanzerten, ausgesprochen geeignet für einen Angriffskrieg. Das alte Russland, so hatte Stalin 1931 gesagt, habe sich immer und immer wieder anderen gebeugt – mongolischen Khans, türkischen Beys, polnischen Adeligen, japanischen Baronen, englischen und französischen Kapitalisten –, und das könne man, das dürfe man nie wieder zulassen. Entsprechend sei der Fünf-Jahres-Plan voranzutreiben und alles, was dazugehört. Die neue Sowjetunion, so erklärte er gegenüber dem Zentralkomitee und der Zentralen Kontrollkommission der KPdSU zwei Jahre später, habe es dem soeben erfüllten Plan zu verdanken, andere von einer Invasion und damit von einem »blutigen und ungleichen Krieg« abschrecken zu können.[19]

Die Zeichen für eine Militarisierung häuften sich. Anfang 1932 weihte man in Moskau eine Produktionsstätte ein, in der über tausend Beschäftigte an Drehbänken Platz fanden. Einem von ihnen, dem einzigen Amerikaner, sah sie von Ausstattung und Anlage her eher nach einer Munitionsfabrik aus; bei genauerem Hinsehen wurde ihm klar, dass man fast über Nacht würde Granaten herstellen können. An einem Ende befand sich eine Waffenkammer mit Handfeuerwaffen und Maschinengewehren, an denen die Belegschaft in den Nachmittagsstunden ausgebildet wurde. Im selben Monat sah ein amerikanischer Ingenieur in Moskau fünfzehn der neuen »Tanketten« durch die Straßen rumpeln. Diese Kleinpanzer waren kaum drei Meter lang und von gerade mal Brusthöhe; ihre Bewaffnung bestand aus einem einzigen MG, aber sie waren enorm flink. »Eine verdammt famose Maschine«, dachte er. So etwas hatte man noch nie gesehen. Noch im selben Monat erfuhr ein anderer Amerikaner, der in einer Moskauer Maschinenfabrik beschäftigt war, dass sämtliche Traktorenwerke im Süden des Landes nun Panzer produzierten. In Moskauer und Stalingrader Traktorenwerken konnte ein amerikanischer Ingenieur und gebürtiger Russe so ziemlich dasselbe feststellen. Er stieß immer wieder auf Abteilungen, die der militärischen Produktion vorbehalten und nicht zugänglich waren, stolperte aber pausenlos über Panzerteile, Granaten und Schwefelsäure, die sonst in Produktionsbetrieben keine Verwendung fand.[20]

Im Kinderdorf im Moskauer Park der Kultur und der Ruhe befehligten Soldaten der Roten Armee relativ junge Kinder bei Kriegsspielen; jedes bekam eine Uniform und eine Funktion zugewiesen; es gab Nebelgranaten, Sirenen und Gasmasken. Im Sommer 1932 spielte man im Dorf Auslandskrieg und mimte ausländische Spione. Zwei englische Pfadfinder infiltrierten das Land, um sich den Kulaken und einem ehemaligen General der Weißen Armee anzuschließen und so gemeinsam das Regime zu stürzen; Erwachsene mit roten Fahnen, die die Namen Lenin, Stalin und Woroschilow trugen, befehligten vierhundert Kinder auf einer Jagd durch den Park, um sie aufzuspüren. Überall im Park standen groteske Darstellungen von Kapitalisten, Priestern, Trunkenbolden und Drückebergern, daneben lebensgroße Büsten von Arbeitern der Stoßbrigaden. »Die ganzen dreißiger Jahre über«, erinnerte sich ein amerikanischer Ingenieur im Stahlwerk von Magnitogorsk im Ural, das sein Vorbild in Gary, Indiana, noch übertreffen sollte, »befand sich das russische Volk im Krieg.« Dieses kämpfte an vielen Fronten, an der Getreidefront wie an der chemischen und an der Rüstungsfront sowie im Flugzeugbau. Im großen Treppenhaus des Zentralhauses der Roten Armee, einem Club für Offiziere und Gemeine, war eine Montage von Schiffen aus aller Welt zu sehen – »dort« dümpelten sie, vor sich hin rostend, in amerikanischen Häfen, »hier« kreuzten sie mit Volldampf in russischen Gewässern. Zwei Besucher aus dem Ausland sprachen bei einem Redakteur der *Iswestija* in der »Zeitungsfabrik« vor. Berge von Zeitungsausschnitten umgaben den Mann, der ihnen in gutem Deutsch erklärte, was es mit der militärischen Ausbildung russischer Kinder auf sich habe. Stellen Sie sich eine Frau und ein Kind in einer Hütte im Wald vor, von hungrigen Wölfen umgeben, sagte er. »Sowjetrussland ist eine sozialistische

Nation allein inmitten eines gierigen, neidischen Rudels kapitalistischer Nationen. Diese Nationen sind schon einmal in unser Land eingefallen. Das können sie sehr gut noch mal.«[21]

Aber wer und wo war dieser Feind? Wie die dehnbaren Schimpfnamen »Kulak« und »Umstürzler« zu Hause, so erforderten auch Begriffe wie »imperialistische« oder »kapitalistische Macht« im Ausland eine präzisere Definition. Und die konnte alleine Moskau liefern. Alle Auslandsnachrichten kamen von TASS, der offiziellen Nachrichtenagentur, und jede Aufklärung kam von der Regierung oder der Parteipresse. Selbst eine Meldung aus einer Nachbarprovinz hatte die Zensur zu durchlaufen, bevor sie den neugierigen Nachbarn zu Ohren kam. Und 1932 bezeichneten *Iswestija* und *Prawda* den Sowjetbürgern wie der Welt gegenüber Frankreich, Polen und Rumänien als die antisowjetischsten Mächte überhaupt. Früher hatte Großbritannien diese zweifelhafte Ehre gebührt, in jüngster Zeit hatte sich, nach dem Vormarsch in der Mandschurei, Japan dazugesellt. 1932 jedoch hatte sich die Sowjetunion das ganze Jahr über alle Mühe gegeben, Japan nicht unnötig zu provozieren, und der Krieg der Worte, den sie führte, ermöglichte indirekt die versöhnliche Diplomatie, die man im Stillen betrieb. In Genf, so teilte die *Prawda* ihren Lesern im Oktober mit, versuche Frankreich hinter einer pazifistischen Fassade die Herrschaft über den Kontinent zu gewinnen und eine antisowjetische Koalition zu formieren. Auch rumänische Hofcliquen mit ihren Verbindungen zu »den Abenteurern des internationalen Imperialismus« bedrohten den Frieden. Noch während die Sowjetunion Nichtangriffspakte mit ihren Nachbarn und Frankreich anstrebte, erinnerten die Zeitungen ihre Leser an das Unrecht, das man unter ihren Händen erlitten habe. All das reflektierte das militärische Denken der Zeit. In einer Einschätzung der Bedrohung, die es Ende 1932 für den kommenden Fünf-Jahres-Plan aufstellte, sah das Oberkommando ein polnisch-rumänisches Bündnis mit Unterstützung Frankreichs – »des stärksten Feinds der UdSSR in Europa« – als das plausible Szenario für die unmittelbare Zukunft. Aber wo nun Japan immer stärker figurierte, eine neue und ominöse Entwicklung seit dem vorigen

Jahrzehnt, müsse die UdSSR sich darauf vorbereiten, gleichzeitig Krieg im Osten und im Westen zu führen.[22]

So abstrakt und unbestimmt, wie sie als Feinde waren, konnten der Imperialismus und seine nationalen Varianten durchaus ungerichtete Ängste auslösen bei einem Volk, dem man das Gegengewicht anderer Nachrichten und Weltsichten vorenthielt. Hier und da konnten sie eigenem Augenschein nach urteilen oder auf ihre Vorurteile hören. Als Anfang 1932 Lkw-Konvois in den frühen Morgenstunden Handfeuerwaffen und Maschinengewehre durch Moskau transportierten, die angeblich für den sowjetischen Fernen Osten bestimmt waren, und Züge mit Soldaten und Artillerie auf der Transsibirischen Eisenbahn in den Osten befördert wurden und sich dann auch noch im östlichen Sibirien Bergarbeiter und Bauern als Freiwillige zur Armee meldeten, breiteten sich Kriegsgerüchte auch ohne Zutun der Presse aus. Als Stalin, alles andere als ein Freund der Polen, eine »engstirnige antipolnische Manie niedrigster Gesinnung« beklagte, die einer taktischen Annäherung nur hinderlich sein könnte, räumte er eine kollektive Feindseligkeit gegen einen Erbfeind ein.[23] Größtenteils jedoch herrschten Mutmaßungen. Die Kriegspanik Anfang 1932, zu der die Presse nun wirklich nicht beigetragen hatte, führte zu Spekulationen, dass Kampfhandlungen im Fernen Osten die antisowjetischen Europäer zu einem Angriff im Westen ermutigten, was für die UdSSR ein schlimmes Ende nehmen könnte; ferner erklärten womöglich die Vereinigten Staaten Japan den Krieg, um ihre Interessen in der Region zu verteidigen, was den Pazifik zur Hölle auf Erden zu machen drohte; außerdem könnte das Ganze Frankreich mit hineinziehen und damit einen weiteren Weltkrieg auslösen; oder der Krieg mit Japan würde die Vereinigten Staaten aufgrund gemeinsamer Interessen zum sowjetischen Verbündeten machen, was dann womöglich die Europäer von Aggressionen abhielt. Mehrmals flammte 1932 derlei Kriegsgerede auf; dann war es plötzlich wieder vorbei.[24]

Es sollte den Rest des Jahrzehnts keine Panik mehr geben, die mit der Gewissheit der Vorahnung den Krieg vorhersah. An die Stelle der unmittelbaren Bedrohung trat die Aussicht auf die Möglichkeit eines Krieges, den man sich irgendwann vorstellen konnte und der sich immer noch mit allerhand Mutmaßungen ausschmücken ließ. Wie sollte es auch anders sein, wo doch der Marxismus-Leninismus lehrte, dass eine finale Konfrontation zwischen Kapitalismus und Sozialismus unvermeidlich sei, wenn ein Erdkundebuch von 1932 seinen jungen Lesern beibrachte, dass der Papst – der Gott die Bolschewiken zu bestrafen und ihren Fünf-Jahres-Plan zunichtezumachen bat – sich insgeheim den Kriegsvorbereitungen der kapitalistischen und vor allem der katholischen Nationen – Frankreich und Polen – angeschlossen habe; wie sollte er nicht unvermeidlich sein angesichts der Beharrlichkeit, mit der man sich auf die Leier vom »Angriff der Polen aus dem Westen« versteifte und man den Fünf-Jahres-Plan als apokalyptischen Existenzkampf präsentierte? Wann immer er kommen sollte, dieser Krieg, man war für ihn bereit.[25]

In der Zwischenzeit brauchte die Sowjetunion Raum zum Atmen. Stalin gab seinen Diplomaten entsprechende Anweisungen. Die Weltrevolution zu betreiben, während man die reaktionären Mächte rundum beruhigte und ihnen dabei Kapital und Technologie abzog, auf diplomatische Anerkennung oder Nichtangriffspakte hinzuarbeiten, während man massiv aufrüstete, bedurfte wahrer Kraftakte an Überredungskunst; außerdem stellte es die Pragmatiker im Kommissariat für auswärtige Angelegenheiten gegen die Puristen in Komintern und Partei und sorgte für ein unlösbares Dilemma: War die Sowjetunion in eine Ära friedlicher Koexistenz mit der kapitalistischen Welt übergegangen, oder sollten die Kriege und die Revolutionen in Kürze fortgesetzt werden?[26] »Sozialismus in einem Land« – das Motto wich der Frage aus Beliebtheitsgründen aus und zog den Unwägbarkeiten der Weltgeschichte das Hier und Heute der nationalen Rettung gegenüber einer ominösen Bedrohung vor. Es bediente sich der konkreten Sprache des sowjetischen, insbesondere des russischen Arbeiters, nicht der Abstraktionen kosmopolitischer bourgeoiser Intellektueller, die noch immer von der Revolution in China oder Deutschland plapperten und deren Archetyp Lew Bronstein, alias Leo Trotzki, der jetzt unter dem wachsamen Auge der türkischen Polizei auf Prinkipos (Büyükada), einer der Prinzeninseln im Marmarameer vor Istanbul, lebte, während Josef Stalin im Kreml saß.

Dort nahm sich am 8. November Stalins Ehefrau Nadeschda Allilujewa das Leben, die leidenschaftliche Bolschewikin, die noch tags zuvor auf dem Roten Platz mitmarschiert war. Depressionen, Ernüchterung oder Verzweiflung mochten glaubwürdige Gründe dafür sein, nicht aber eine Appendizitis, wie die *Prawda* zwei Tage später nicht eben überzeugend schrieb.[27] Beim Lesen der Meldung erinnerte sich ein Druckerlehrling und GPU-Informant, der sich am Vortag unter die Menge gemischt hatte, an Stalins finstere Miene auf dem Lenin-Mausoleum und deutete sie jetzt als düsteres Vorzeichen.[28] Der Verlust traf Stalin hart und trug womöglich zu seiner paranoiden Überzeugung bei, dass sich der Kreis seiner und der Feinde des Regimes immer enger um ihn zog.

Schlimmer denn je setzten er und das Politbüro der leidenden Landbevölkerung zu. Insbesondere in der Ukraine sorgten sie dafür, dass diesen Winter mehr Menschen denn je den Hungertod starben. Schon seit Einführung der Zwangsabgaben für Getreide 1928 und 1929 war es dort zu akuter Unterernährung und stellenweise zu Hungersnöten gekommen. Aber jetzt, wo die Zwangskollektivierung sich so offensichtlich als Fehlschlag erwiesen hatte, weder in- noch ausländische Hilfe zuzulassen, Dörfer und Kollektive, die die Getreideabgabe verweigerten, auf schwarze Listen zu setzen, die Forderungen zu erneuern und auch noch alles andere zu konfiszieren, die Grenzen der Provinz abzuriegeln und zum Einlenken bereite Parteifunktionäre durch Terror gefügig zu machen, wie er das in den nächsten zwei Monaten veranlasste, bedeutete den Holodomor – die Tötung durch Hunger – einer ganzen Nation.[29]

Er hatte befürchtet, die Ukraine zu verlieren; die Bolschewiki hatten immer schon Angst gehabt, die Ukraine zu verlieren. Seit den Bauernaufständen von 1919 und der polnischen Intervention im folgenden Jahr hatte sie das Schreckgespenst separatistischer Intellektueller, feindlicher Bauern und annexionistischer Polen verfolgt. Um die neue Sowjetrepublik mit ihren Schätzen im Schoß der UdSSR zu halten, hatte man ihr ein gewisses Maß an kultureller und sprachlicher Autonomie zugestanden, das man sich jetzt vollends zu unterdrücken entschloss. Man trat damit, so dachte man, demselben Bündnis von Nationalismus, Jacquerie und polnischer Subversion wie damals entgegen; in jedem »Kulaken«, den die Agenten der OGPU deportierten, verhafteten oder sonstwie beseitigten, behaupteten sie einen Weißgardisten zu demaskieren, einen Auslandsagenten, einen Petliuriten – nach dem ukrainischen Nationalistenführer, der 1919 und 1920 mit polnischer Unterstützung gegen die Bolschewiki gekämpft hatte. Für Stalin, der dazu neigte, den Berichten zu glauben, die er dem Willen seiner Agenten nach glauben sollte, entsprang der Widerstand gegen die Getreideabgaben im selben Maße einem nationalen wie einem sozialen Interesse. Als flankierende Maßnahme zur Unterdrückung anhaltenden Widerstands gegen die Getreidesammlungen zur Erntezeit erfolgte ein Angriff auf die ukrainische Kultur, nicht nur in ihrer Heimat selbst, sondern wo immer Ukrainer lebten – in der Russischen Sowjetrepublik, im Kuban-Gebiet, im nördlichen Kaukasus und darüber hinaus. Ihre Geschichte und Sprache, ihre Religion, ihre Identität an sich wurden systematisch verfolgt, eine Kampagne, die sich über Jahre hinziehen sollte, lange nachdem der Widerstand gegen die Kollektivierung dahingeschmolzen und schließlich mit der Hungersnot von 1932/33 ausgestorben war.[30]

Weder der Fünf-Jahres-Plan noch die Kollektivierung hatten als Attacke gegen Nationalitäten begonnen, weder gegen die ukrainische noch gegen sonst eine. Aber genau das waren sie letztendlich geworden. Bis dahin hatte die sowjetische Auffassung von der Union als multinational und multiethnisch zu Tausenden von ethnisch autonomen territorialen Einheiten geführt, großen wie kleineren. In der Absicht, die zaristischen Bemühungen um eine Russifizierung des Reichs in den letzten Jahrzehnten seines Bestehens auf den Kopf zu stellen, hofften die Bolschewiki nicht nur, den Nationalismus mit Freundlichkeit zu neutralisieren, sondern mit dieser Waffe auch Einfluss und Wertschätzung unter den koexistierenden Ethnien der benachbarten Grenzgebiete gewinnen zu können. Die Kollektivierung setzte dieser Art von aufgeklärtem

Eigeninteresse der Sowjets in der Ukraine ein Ende. Dort wie im nördlichen Kaukasus machte man Ende 1932 die »Ukrainisierung« sowohl für den gewalttätigen Widerstand verantwortlich als auch für den Flüchtlingsstrom der Bauern in Richtung polnischer und rumänischer Grenze anstatt in die umgekehrte Richtung ebenso wie für die Auflösung der Parteiautorität und die Intensivierung statt der Zähmung des Nationalismus.[31] In einigen Fällen bedrohte der nationale oder ethnische Partikularismus das sowjetische Projekt mehr, als dass er es förderte; und dies war einer davon.

Wie viele andere folgten da womöglich nach? Im Vergleich zum Bürgerkrieg und der ausländischen Intervention über ein Jahrzehnt zuvor stellten die obskuren Schurken – die Regimegegner zu Hause und diverse ausländische Mächte – 1932 kaum eine wirkliche Gefahr für die Sowjetunion dar. Aber dem Denken des Regimes zufolge war die Bedrohung durchaus real, vor allem an den Grenzen. Mochte sie heute die Gesichter von Ukrainern und Polen im Westen tragen, konnten es morgen ebenso gut die von Balten oder Deutschen sein oder die der Tataren in Zentral- und der Koreaner in Ostasien, wo Japan wenn schon nicht mit der Invasion, so doch mit Subversion drohte. Der sowjetische Nationalismus war, im Gegensatz zum deutschen, weder ethnischer noch rassischer, sondern unendlich vielgestaltiger Art.

Das vorherrschende Verständnis von der nationalen Mission war in Veränderung begriffen, und zwar sowohl in der sterbenden liberalen Demokratie als auch in der sich herausbildenden kommunistischen Diktatur. Sollte die deutsche Variante die Oberhand gewinnen oder die sowjetische, bedrohte womöglich die eine die andere, zu schweigen von all denen dazwischen. Aber im deutschen wie im sowjetischen Fall brachte das Aufkommen eines nationalen Selbstverständnisses den inneren wie den äußeren Kampf zum Abflauen – und zumindest in dieser Hinsicht waren sie nicht allein.

5 New York

8. November 1932

Am Dienstag, einen Tag nach der Feier zum fünfzehnjährigen Jubiläum der Oktoberrevolution auf dem Roten Platz und zwei Tage nach den Wahlen in Deutschland, trat New York – zusammen mit dem Rest der Nation – zum Urnengang an. Gouverneur Roosevelt wählte zu Hause in Hyde Park, bevor er in die Stadt fuhr, um dort im Biltmore Hotel, dem Hauptquartier der Demokraten, auf die Ergebnisse zu warten. Auf den Fluren des Hotels drängten sich Anhänger und Wahlhelfer, während draußen bis spät in die Nacht hinein eine wogende Menge New Yorker wartete. Präsident Hoover hatte sich in sein im Pueblostil gehaltenes Anwesen im kalifornischen Palo Alto zurückgezogen, wo er vier Jahre zuvor mit Freunden seinen Erdrutschsieg gefeiert hatte. Unerbittlich, Staat um Staat, wuchsen die Kolonnen der Wahlergebnisse an der Tafel in seinem Wohnzimmer; in der indirekten Beleuchtung hoben die fetten Kreideziffern sich deutlich von ihrem schwarzen Hintergrund ab. Schließlich zog Hoover sich in sein Büro zurück und setzte eine Gratulationsnote für den künftigen Präsidenten auf.[1]

In New York hatten lange Schlangen vor den Wahllokalen gestanden – einer Schule, einem Floristen, einem Teppichgeschäft oder dem Barbier in Harlem, wo ein Streifenpolizist im Dienst in einem der Sessel saß. An den Laternenpfählen vor diesen improvisierten Wahllokalen hingen an diesem besonderen Tag blaue Schilder, die Wahlkampfreden untersagten und den Leuten verboten, sich länger als nötig dort aufzuhalten. Wenn eine der Wahlmaschinen mit den achtzehn Hebeln – einer für jedes zur Wahl stehende Amt, vom

Sheriff bis zum Präsidenten – den Geist aufgab, kam mit heulenden Sirenen ein Lastwagen und tauschte sie aus. Auslandsreporter bewunderten sowohl die Ordentlichkeit als auch die Vielfalt des amerikanischen Stadtbilds. Wähler und Kandidaten dagegen murrten über Verzögerungen und lange Schlangen. »Eine Schande«, nannte der führende Demokrat aus der Bronx die Situation, für die er den Wahlausschuss verantwortlich machte. »Und, wie man hinzufügen könnte, die Ineffizienz des Präsidenten.«[2]

So musste denn Hoover, der – vier Jahre zuvor von einer Welle der Bewunderung ins Weiße Haus getragen – nicht viel mehr an den Tag gelegt hatte als ein schier unerschöpfliches Talent, die Anfeindungen auf sich zu ziehen, jetzt auch noch für die Schlangen vor den Wahllokalen in der Bronx geradestehen. Sein Name hatte bereits für Barackensiedlungen, Flickenschürzen, von Maultieren gezogene Pkw und andere aus der Verzweiflung geborene Improvisationen herhalten müssen, die einen tiefen Schatten über die letzten Tage seiner Amtszeit geworfen hatten.[3] Nirgendwo sonst auf der Welt hatten die Opfer der Depression sich auf einen derart personifizierten Sündenbock für das Los ihres Landes geeinigt; nirgendwo sonst hatte man die Ikone des Wohlstands von gestern so unwiderruflich und namentlich mit dem Elend von heute verknüpft. Derart entwürdigend in Ungnade gefallen zu sein, machte aus dem Amtsvorteil ein Handicap und gab seinem Herausforderer einen wertvollen Vorteil an die Hand, wenn der diesen nur richtig auszunutzen verstand. Und genau dieses Talent hatte Roosevelt. Er wusste sein sonniges Versprechen mit Hoovers grimmiger Resignation zu kontrastieren, den Reiz des Experiments – egal welcher Art – mit der abgedroschenen Doktrin und der bankrotten Orthodoxie; und er wusste, wie man die »Vergessenen am Fuße der ökonomischen Pyramide« hochhält und wie man den wenigen die Not der vielen zum Vorwurf macht. Er verstand sich auf den klassischen Oppositionswahlkampf gegen den Status quo. Die Demokraten, so sagte er 2500 Gästen bei einem Bankett in Chicago, seien die Partei des »ich werde«, die Republikaner die Partei des »ich hätte ja, aber«. Sein Programm für seine Amtszeit war flexibel, so flexibel gar, dass es unaufhörlich weiter in Entwicklung begriffen war, aber auf den Spott der Republikaner über seine »glitzernden Allgemeinplätze« entgegneten seine Anhänger, dass er wenigstens nicht mehr versprach, als er halten konnte. Womöglich wollten sie die republikanischen Amtsinhaber damit an das vollmundigste ihrer Wahlversprechen von 1928 erinnern: »Ein Huhn in jedem Topf, einen Wagen in jeder Garage«.[4]

Die Auslandspresse fand das herzlich verwirrend. Wo war die Ideologie, wo war die Verwerfungslinie zwischen links und rechts? Beim Parteitag der Demokraten in Chicago im Juni stand ein Korrespondent des *Manchester Guardian* ratlos vor dem grellen Gepränge dieses politischen Volksfests: flügelschlagende Tauben, Marschkapellen in Pelztschakos, Schlagerstars auf dem Tisch des Vorsitzenden – ihm drängte sich der Vergleich mit einer Darstellung der Hölle von Gustave Doré auf. Delegierte marschierten, tippelten, tänzelten in Schlangenlinien durch den Saal. Wie sich denn die amerikanische Politik von der englischen unterscheide, fragte ihn eine Stimme hinter ihm. »Politik?«, antwortete er. »Woher soll ich das wissen? Bis jetzt habe ich alles Mögliche gesehen, nur keine Politik.«[5]

Neun Wochen vor der Wahl hatte ein deutscher Korrespondent verwundert berichtet, dass auf den Straßen New Yorks von Politik nichts zu merken sei, jedenfalls nichts, was eine Chance gehabt hätte gegen die flackernde Neonreklame für Zigaretten und Hollywood. An den Straßenkreuzungen boten kleine Jungs den haltenden Automobilisten kleine rote oder gelbe Blechplaketten nach Art derer an, auf denen zu Beginn des Kampfs gegen die Prohibition »Wir wollen Bier« gestanden hatte; jetzt stand darauf entweder »Für Hoover« oder »Für Roosevelt«. Man »befestigt sie am Wagen neben dem Nummernschild und der Bedarf an politischer Betätigung ist gedeckt«. Einmal, als der Reporter mit einem republikanischen Kongressabgeordneten aufs Land hinausfuhr, hielt ihnen zum Entsetzen des Republikaners an einer Kreuzung einer dieser Jungs eine Plakette für den Demokraten Roosevelt durchs Fenster; der Abgeordnete bot dem verzweifelten Jungen statt der geforderten fünfundzwanzig Cent einen Dollar für eine »Hoover«-Plakette, aber so eine, behauptete der Kleine, habe er nicht. Erst als der Republikaner schließlich zwei Dollar für Hoover bot und der Wagen wieder im Anfahren war, förderte eine schmutzige Hand die gewünschte Plakette zutage. Im Gegensatz zu Deutschland oder Russland, so der Schluss des Reporters, sei Amerika ein apolitisches Land.[6]

Werbung, so fanden französische und deutsche Journalisten, gebe es bis zum Überdruss, nur an Kontroverse fehlte es ihnen. Zwei Wochen vor der Wahl stieß ein deutscher Reporter in New York auf Aktivisten der einen oder anderen Partei, die gestikulierend an Straßenecken Volksreden hielten; mit Megaphonen brachten sie ihre Botschaft unter die Leute. Ihm drängte sich die Frage auf, warum die Kandidaten die eigentlich kritischen Themen mieden – die Bedrohung des amerikanischen Handels in der Mandschurei, die Politik gegenüber der Sowjetunion, die Kriegsschulden ehemaliger Verbündeter, das Haushaltsdefizit, die Opfer, die von allen zu bringen seien. Millionen, so reflektierte ein französischer Journalist noch am selben Tag, sahen Hoover und Roosevelt in den Wochenschauen, hörten die beiden im Radio, lasen ihre Namen auf Transparenten über den Straßen, an Geschäften und Autofenstern, in Knopflöchern und an Revers. Aber wo, so fragte er sich, waren die Debatten im Freien, wie sie in seinem Heimatland gang und gäbe waren, wo Schulhöfe als Austragungsort dafür genutzt wurden? Warum gingen hier die Kandidaten nicht wie in britischen Wahlkreisen von Tür zu Tür? Drei Tage später beklagte er sich, etwas übertrieben, dass es in einer krisengebeutelten Welt voller Brandherde wie in Deutschland und Japan und angesichts von zehn Millionen Hungernden im eigenen Land für die Amerikaner außer der Prohibition kein Thema zu geben scheine. In den Augen dieser reisenden Zaungäste schien die Präsidentschaftswahl der Realität so fern wie der Zuschauer einem sportlichen Wettkampf.[7]

Wie um ihre europäischen Kollegen vom Vorwurf herablassender Arroganz freizusprechen, schlugen amerikanische Journalisten denselben spöttelnden Tonfall an. Es gehe bei der Wahl ums Bier, bemerkte H. L. Mencken spitzbübisch in seiner Kolumne in der *Baltimore Sun.* Roosevelt, so schrieb er, lasse zum Ende seines Wahlfeldzugs Abnutzungserscheinungen erkennen. Die Leute in der Exerzierhalle des Fünften Regiments in Baltimore hätten praktisch geschlafen; erst das Zauberwort »Bier« habe sie auf die Beine gebracht. »Ebendeshalb waren die Leute gekommen«, betonte Mencken, »das und nichts anderes. Bier morgen. Bier heute Nachmittag. Bier jetzt und hier.« Der Parteitag der Republikaner in Chicago Mitte Juni erinnerte John Dos Passos an die Wild-West-Show von Barnum and Bailey; Höhepunkt sei der durch fehlerhafte Beleuchtung verunzierte Auftritt des Großen Ingenieurs aus dem Weißen Haus auf einer Leinwand gewesen, während seine Stimme aus Lautsprechern kam. Für Anne O'Hare McCormick von der *New York Times* blieb »die typisch amerikanische Einstellung zur Politik ... die des Zuschauers bei einem Profispiel, auf das er viel Geld gesetzt, aber in dem er selbst nichts verloren hat«. Sie schrieb noch ganz zu Anfang des Wahlkampfs, aber schon da fiel ihr das stille Publikum auf, die Passivität und die Fassung, mit der Farmer ratlos mit den Achseln zuckten ob des antiquierten Rummels. Ihr fiel die Reserviertheit der Getretenen auf. Dos Passos war diese ebenfalls aufgefallen, vor den Toren der aufwendigen Show in Chicago Ende Juni, zwei Wochen nachdem die überschäumende Masse der republikanischen Delegierten wieder abgereist war. Die Obdachlosen und die Arbeitslosen draußen auf der West Madison Street hatten keine Ahnung von dem Massenkabarett drinnen oder wer das war, der da Präsident bleiben wollte oder werden sollte – nicht dass es sie interessiert hätte. »Selbst wenn sie auf der West Madison Street direkt davorstehen, sind sie fernab davon. Roosevelt oder Hoover? Die Polizisten werden dieselben sein.«[8]

Wie so manchen historischen Augenblick, in dem man später einen Dreh- und Angelpunkt erblickt, erkannte man zu seiner Zeit auch diesen nicht. Die einzige offenbare Wahlmöglichkeit, die sich hier bot, und das sah man nicht nur zu Hause, sondern auch im Ausland so, bezog sich auf die Persönlichkeit der Kandidaten. Von Art und Auftreten her hätten der Präsident und sein Herausforderer verschiedener nicht sein können. Als Hoover seine Nominierung etwa sechs Wochen, nachdem die Partei sie ihm in Chicago angeboten hatte, in Philadelphia formell akzeptierte, tat er das auf die ihm eigene leise, monotone, fast roboterhafte Art, bar jeder Gestik oder Emotion; ihm war vor Publikum so unwohl in seiner Haut wie einem schüchternen Fachmann unter einer wogenden Menge von Laien. Roosevelt dagegen reiste, mit allen Konventionen brechend, persönlich an, um die Nominierung entgegenzunehmen, und nachdem er trotz Sturmböen mit dem Flugzeug von Albany nach Chicago gekommen war, warf er herausfordernd den Kopf zurück und sprach mit volltönender Stimme, die noch in der letzten Reihe klar und deutlich zu hören war. Ein französischer Korrespondent, der sie beide in den letzten Jahren persönlich kennengelernt hatte, sah in Hoover einen ehrlichen, aber reizbaren kleinen Bürokraten, kalt und steif, ohne Charme und Ausstrahlung, womöglich gezeichnet von einer stummen Bitterkeit ob des Ungemachs, welches das Schicksal ihm im Amt beschert hatte; Roosevelt, der ihn in seinem Wohnzimmer in Albany empfangen hatte, schien ihm offen und freundlich, ein jovialer Mann mit Autorität, dem jedoch zuweilen eine gewisse Unschlüssigkeit, eine Zaghaftigkeit, wenn nicht gar Schwäche anzumerken war. Hoover war besser informiert, nahezu ein Sklave seiner Fachkenntnisse, während Roosevelt Herz und Hoffnung ansprach, und das mit all den fotogenen und sonoren Qualitäten, die dem anderen so sehr fehlten.[9]

Die Parteiprogramme waren größtenteils nicht weniger vage und kryptisch als die Haltung der Demokraten zu Handel und Zöllen – »wettbewerbsfähige Tarife für Einkünfte« – oder die der Republikaner gegenüber der Aufhebung des Alkoholverbots – die man lieber auf die Bundesstaaten abwälzte, während man über den »Alkohol als schlimmes Übel« herzog; nicht dass man sie groß gelesen hätte. Wie auch immer, in den Augen der Wähler trugen sie kaum zur Vertiefung des Kontrasts zwischen den beiden bei. Dass Hoover sich weigerte, vor dem Herbst in den Wahlkampf zu ziehen, half ihm auch nicht gerade; und als er sich dann endlich aus dem Weißen Haus bequemte, schob er die Depression auf den Krieg und den Rest der Welt. Sicher, so räumte er ein, amerikanische Exzesse seien für den Crash von 1929 verantwortlich gewesen, ohne dabei auf seine eigenen Eskapaden als Handelsminister während der Jahre des Überschwangs einzugehen; er habe jedoch rasch reagiert, um das Vertrauen der Geschäftswelt wiederherzustellen, die Banken zu retten, die Währung und die Goldreserven vor der Plünderung zu schützen und das Land bis 1931 wieder auf den Weg der Gesundung zu führen. Seither hätten Bankpleiten um sich gegriffen wie eine Seuche, Fabrikschließungen hätten eine verheerende Wirkung gehabt, andere Nationen hätten amerikanische Waren mit Zöllen belegt, amerikanische Kredite nicht bedient, viel zu viel für die Rüstung ausgegeben und überhaupt im Großen und Ganzen seinen weisen Rat ignoriert. Das entziehe sich jedoch seiner Kontrolle. »Die kritischen Angriffe und Gefahren stürmten aus dem Ausland auf uns ein«, sagte er einem Publikum von 125 000 in Des Moines in Iowa, seinem Heimatstaat. »So sahen wir uns in eine Schlacht gegen einfallende Kräfte der Zerstörung aus dem Ausland gestürzt.« Dieses Mal habe er das Schlimmste von amerikanischen Gestaden fernhalten können. Er habe das Land von den Problemen isoliert und die Desaster verhindert, die jedoch sicher nicht aufzuhalten wären, wenn sein Gegner – den er als gefährlichen Radikalen hinstellte – an die Macht kommen sollte. Wie die Demokraten im Kongress, die ihn nominiert hätten, würde dieser krasse Amateur den Einflussbereich des Staats in Bausch und Bogen ausweiten und eine »fahrlässige Missachtung für die Sicherheit der Nation« an den Tag legen. Es sei dies keine Zeit, den Lotsen von Bord zu schicken. So schlecht die Zeiten sein mochten, aber sie könnten »unendlich viel schlechter« sein.[10]

Als Roosevelt die Depression eher als nationalen Notstand darstellte denn als weltweites Unglück und nach Aktivismus statt nach stoischem Gleichmut rief, wies das auf eine tiefere ideologische Polarität. Schon als Gouverneur von New York hatte er öffentliche Mittel für die Unterstützung der Arbeitslosen in einer Höhe abgestellt, von der Hoover in Washington nichts hatte hören wollen. Im Commonwealth Club in San Francisco hatte er einmal ein Glaubensbekenntnis abgelegt, das viel dem früheren Progressivismus seines Rivalen verdankte: der Abschluss der Besiedelung des amerikanischen Westens und die herrschenden Titanen einer neuen Wirtschaftsoligarchie hätten der Chancengleichheit ein Ende gemacht, die wiederherzustellen die Bundesregierung jetzt verpflichtet sei. In der Regel jedoch wollte er der ungeschminkten Realität seines Voluntarismus nicht ins Auge sehen. Arbeitslosigkeit, öffentliche Arbeiten, die Umschuldung landwirtschaftlicher Hypotheken, eine Präsenz des Bundes bei Versorgungsbetrieben und Eisenbahnen, das alles würde Millionen kosten, aber Roosevelt gab sich – wie Hoover – gerne als Fiskalkonservativer, als Streiter für einen ausgeglichenen Haushalt, wenig staatliche Einmischung und solides Geld. Sehr zum Ärger einiger der Akademiker in seinem »Brains Trust«, deren Rezepten er begierig lauschte, hörte er sich zuweilen an wie sein Kontrahent. Auch wenn einige Elemente seines »New Deals für das amerikanische Volk«, den er auf dem Parteitag der Demokraten versprochen hatte, jetzt in seinen Wahlkampfreden überall im Land auftauchten, von so einigen der monetären, fiskalischen und industriellen Experimente, die die erste Inkarnation des New Deals im folgenden Frühjahr definieren sollten, hörte man nichts. Während des Wahlkampfs und auch danach noch fürchtete Rexford Tugwell, einer der wesentlichen Architekten des New Deals, es könnte sich bei Roosevelts Variante davon um »milde Medizin« handeln, »sie hatte Glamour, aber keine Substanz. Sie genügte einfach nicht«. Ein Kollege von ihm, Adolf Berle, sah das anders: Roosevelt, so sagte er später, habe die Kluft zwischen Träumen und Möglichkeiten gekannt und den gemeinsamen Nenner der Meinung im Land zu finden versucht. »Ihr Burschen wollt eine Menge erledigt sehen«, sagte der nominierte Kandidat seinen Beratern eines Tages. »Ist euch nicht klar, dass *nichts* davon erledigt wird, wenn ich nicht gewählt werde?« Wie auch immer, das Resultat war der Ruf nach der Wiederherstellung der Kaufkraft an einem Tag und anderntags der Ruf nach einem ausgeglichenen Haushalt. »Hinsichtlich dessen, was man gegen die Depression unternehmen sollte«, so notierte Tugwell, »war man sich nicht einig.«[11]

Der New Deal – unbehauen, ein Work in Progress, wie er das immer bleiben sollte – bediente während des Wahlkampfs mehr eine politische als eine doktrinelle Notwendigkeit. Roosevelt versuchte, eine Botschaft zu definieren, mit der die Unzufriedenen landauf, landab in all ihrer Vielfalt unter einen Hut zu bekommen wären, Menschen, die weit jenseits der festen Bastionen einer Minderheitspartei verstreut waren, die die letzten sechsunddreißig Jahre über gerade mal acht Jahre das Präsidentenamt besetzt hatte. Der Kandidat versuchte ideologische Clans zu einen – Liberale, Progressive, Populisten, ja sogar Sozialisten, falls sie das schafften, und andere, die sich einem Etikett sträubten –, Menschen, die in bestimmten politischen Dingen instinktiv anderer Meinung waren. Um ihnen den Hof zu machen, musste er sich eben immer wieder entscheiden, entweder jede Konsistenz in den Wind zu schlagen oder vorsichtig zu sein.

In puncto Handel und Zöllen sagte er mal so, mal so und dann wieder so, nur um sich dann einen undurchsichtigen Notbehelf wie den »flexiblen Zolltarif« zu eigen zu machen, zu dem auch sein Gegner stand. Was hätte er auch machen sollen angesichts der Spaltung seiner Partei in Puristen auf beiden Seiten? Waren die Baumwollpflanzer aus dem Süden gegen Schutzzölle, so waren Weizen- und Maisbauern aus dem Mittleren Westen dafür; für die Industrie galt das je nach Produktlinie und Betriebsgröße. Als Kandidat für die Nominierung hatte er die Smoot-Hawley-Zölle attackiert, die Hoover abgenickt hatte; er hatte an ihrer statt eine Art Handelsabkommen auf Gegenseitigkeit vorgeschlagen; als nominierter Kandidat der Demokraten hatte Roosevelt sich, wenn auch schon etwas vager, erneut gegen die Zölle gewandt; im Wahlkampf stand er in Kansas zu ihnen, griff sie jedoch in Kentucky an; er versprach Farmern in Baltimore ebenso Schutz wie Fabrikanten in Boston. Es ging eben nur mit Kompromissen, und so schien er auf der einen Seite künftige bilaterale Arrangements zu versprechen, die den Handel womöglich allmählich wieder einzurenken vermochten, während er das Smoot-Hawley-Zollgesetz theoretisch beibehielt. »So begannen«, wie einer seiner enttäuschten Berater zum Ende des

Jahrzehnts klagte, »sieben Jahre Ausflüchte und Widersprüche in Sachen Zolltarife«.[12]

Über das Thema Geld schwieg er sich lieber aus. Er hätte zu Experiment und Inflation stehen können, namentlich durch die Lösung des Dollars vom Gold, was die Anhänger des Silbers im Westen ebenso gefreut hätte wie verschuldete Farmer im Süden und Mittleren Westen, Populisten und Wiedergängern der Greenback Party. Das hätte jedoch nur die ohnehin misstrauische Großfinanz im Nordosten vor den Kopf gestoßen, den Hütern, wie die anderen meinten, des diabolischen kosmopolitischen Edelmetalls. Es bot sich einfach an, sich – wenigstens fürs Erste – nicht hinter die Farm und gegen die Wall Street zu stellen.[13]

Desgleichen entschied er sich dafür, sich zum Thema Außenpolitik auszuschweigen, wie übrigens auch der amtierende Präsident. Von den Zöllen mal abgesehen, die für Roosevelt ein Wespennest waren, und der Weltwirtschaftskrise, die bei Hoover als faule Ausrede herhalten musste, ignorierten die beiden die Welt. Das Programm der Demokraten hatte nach einer »festen Außenpolitik« und »Frieden mit der ganzen Welt« gerufen, das der Republikaner danach, »in Harmonie mit anderen Völkern, aber ohne Bündnisse oder ausländische Partnerschaften weiterzumachen«. Näher erklären wollte diese gutgemeinten Plattitüden keiner der beiden Kandidaten, aber wenigstens fügten sie ihnen auch keine weiteren hinzu. Hoover sprach in seiner Dankesrede von einem konstruktiven Engagement, schwieg sich dann aber für den Rest des Wahlkampfs zum Thema aus. Roosevelt, der sich öfter und thematisch weitläufiger äußerte als sein Kontrahent, sagte dem Direktor der Foreign Policy Association Mitte Oktober in New York, er habe sich entschlossen, auswärtige Angelegenheiten erst gar nicht anzusprechen. Die Entscheidung war eine strategische, wie einer seiner engsten Berater später enthüllte; den Ausschlag gegeben hätten das minimale Interesse der Amerikaner und die Wahrscheinlichkeit, dass es ihm bei unentschlossenen Wählern eher geschadet als genützt hätte, das Thema anzusprechen. Darüber hinaus hatten ihm seine in jüngster Zeit eher vorsichtigen Ansichten zur Außenpolitik bereits Sympathien im Mittelwesten wie im Westen eingebracht. Warum also sollte er das Risiko eingehen, eine Wählerschaft zu beunruhigen, die gänzlich auf die missliche Lage im eigenen Land fixiert war?[14]

Es war freilich nichts Neues, dass die Außenpolitik bei amerikanischen Präsidentschaftswahlen unter ferner liefen rangierte. So hatten den Wahlkampf des Jahres 1928 das Alkoholverbot und der Katholizismus eines anderen New Yorker Gouverneurs, des demokratischen Kandidaten Al Smith, dominiert; und 1924 war der Wohlstand im eigenen Land den Wählern Grund genug gewesen, »cool mit Coolidge« zu bleiben, einem Präsidenten, der zum Thema auswärtige Angelegenheiten praktisch völlig unbeleckt war. Es herrschte schlicht Schweigen, vor allem was Europa anging; sollte Deutschland doch in amerikanischen Krediten und Investitionen baden, so wollte es die Volksmeinung, der Staat sollte sich da raushalten – die Narretei von 1917 sollte sich auf keinen Fall wiederholen. Nie wieder. Je mehr der amerikanische Eintritt in den europäischen Krieg der Vergangenheit angehörte, desto unbeliebter wurde er. Skepsis gegenüber Deutschlands Schurkerei stellte sich fast im selben Augenblick ein, in dem der Jubel verstummt und Versailles verbucht war. Und bei niemandem zeigte sie sich schneller als bei einigen Veteranen, von denen so mancher als hoffnungsvoller Schriftsteller in den Cafés von Greenwich Village herumsaß. »Wir glaubten, für eine leere Sache gekämpft zu haben«, erinnerte sich der Kritiker und Lyriker Malcolm Cowley, und »dass die Deutschen weder schlechter waren als die Alliierten noch besser.«[15] Europa schien nicht besser dazustehen als zuvor; die Franzosen waren so schwer bewaffnet und hartleibig wie eh und je; und Journalisten und Populärhistoriker warfen rasch alle Hemmungen über Bord, wenn es darum ging, den Edelmut des Entschlusses und die Unschuld der Motive hinter dem Krieg der Alliierten von 1914 in Zweifel zu ziehen. Warum also nicht auch die von Mr. Wilson 1917, fragte die *New Republic* 1926, und zum Ende des Jahrzehnts war dem amerikanischen Kriegseintritt, nunmehr in Verschwörungstheorien um Rüstungsfabrikanten, Banker und britische Propaganda gehüllt, jede inspirative Kraft abhandengekommen, die

die Gesänge des Augenblicks gehabt haben mochte.[16] Das Land fühlte sich genasführt, in seiner Großzügigkeit ausgenutzt. Alles in allem, so behauptete die *Saturday Evening Post* 1931 völlig aus der Luft gegriffen, hätte Europa die Vereinigten Staaten in weniger als fünfzehn Jahren vierzig Milliarden Dollar gekostet »und dabei noch nicht einmal das größte seiner Probleme gelöst, wie es mit sich selbst in Frieden leben« könne. Das Magazin erreichte immerhin sechs Millionen Leser. Im Jahr darauf drängten die Tageszeitungen der Hearst-Presse, die fast ebenso viele Leser hatten, die Regierung, die französischen und britischen Westindischen Inseln zu besetzen und als Teilzahlung für die Kriegsschulden zu betrachten, die ihre kolonialen Herrscher nach wie vor nicht beglichen hatten; die USA sollten auf den klugen Rat ihrer Gründerväter hören und »sich aus europäischen Angelegenheiten heraushalten«.[17]

So blieben denn, wen wollte es überraschen, europäische Angelegenheiten bei amerikanischen Wahlen außen vor. Hinter dem erneuten Schweigen der Kandidaten bei dieser Wahl verbarg sich jedoch noch eine Entwicklung doppelter Art. Hoover und sein Außenminister Henry Stimson hatten sich nach und nach von der Doktrin der Distanz ihrer Vorgänger – gegenüber ehemaligen Alliierten und Feinden sowie den internationalen Organisationen, die man mit in die Welt gesetzt hatte – entfernt und sich der einen oder anderen Art von unverbindlichem Kontakt zugewandt. Roosevelt dagegen hatte sich in die entgegengesetzte Richtung entwickelt, weg von seiner einstigen Begeisterung für den Völkerbund und dem Entwurf einer neuen Weltordnung für die Nachkriegszeit hin zu einer offenen Ablehnung im ersten Fall und erheblichen Bedenken im zweiten. So hatten sich die beiden unbewusst aufeinander zubewegt.

In der Hoffnung, zu einer Opposition gegen die japanische Inbesitznahme der Mandschurei und die Einrichtung des dortigen Marionettenstaats aufzurütteln, gab Außenminister Stimson im Januar – zu Beginn des Wahljahres mit anderen Worten – bekannt, die Vereinigten Staaten würden in keinem Fall eine aus dem Einsatz von Gewalt resultierende De-facto-Situation anerkennen. Die von Hoover bereits zwei Monate zuvor vorgestellte Doktrin verlangte zwar nichts weiter als die moralische Missbilligung des Aggressors, stellte aber ein entschiedenes Abrücken von der Orthodoxie der politischen Isolation von einem Gutteil der Welt und ihren Konflikten dar. Als Stimson im April 1932 zum Besuch der Abrüstungskonferenz nach Genf reiste, war er der erste amerikanische Außenminister, der über die Schwelle des Völkerbunds trat. Er ließ es sich jedoch angelegen sein, seine ausländischen Pendants ein gutes Stück abseits zu empfangen, in einem abgelegenen Anwesen mit Blick auf den See etwa oder im Hôtel des Bergues am gleichnamigen Quai. Was freilich nichts daran änderte, dass der Schritt über die Schwelle ein symbolischer und entsprechend aufregender Augenblick war.

Im August erklärte er bei einer Rede vor dem Council of Foreign Relations, die Verurteilung eines Aggressors sei nicht länger eine Frage der Wahl für die zweiundsechzig Unterzeichner des Briand-Kellogg-Pakts, der jeden Angriffskrieg 1928 für ungesetzlich erklärt hatte; vielmehr seien sie jetzt seiner Ansicht nach verpflichtet, darüber zu Rate zu gehen und dann auf die eine oder andere Weise zu handeln. Er versuchte damit eine Brücke zu schlagen zwischen der Geste des Briand-Kellogg-Pakts, den sein Land ratifiziert hatte, der jedoch keinerlei Bestimmungen hinsichtlich seiner Durchsetzung enthielt, und der Forderung des Völkerbundpakts, den sein Land nicht ratifiziert hatte, aber der sehr wohl entsprechende Bestimmungen enthielt – insbesondere im Artikel 16, der die Verhängung von Sanktionen, ja sogar die Gewaltanwendung vorsah. Stimson prüfte Optionen für Maßnahmen, mit denen sich Japan Einhalt gebieten ließ, darunter auch die Möglichkeit eines Waffenembargos, wagte sich aber offiziell nicht weiter, als auf eine Sanktionierung durch die öffentliche Meinung zu drängen. Das galt auch für Hoover, der den Einsatz amerikanischer Waffen zur Erhaltung des Friedens ausschloss und vor wirtschaftlichen Sanktionen gegen Japan zurückschreckte, da das amerikanische Volk seiner Meinung nach nicht in Stimmung war, für die Mandschurei einen Krieg zu riskieren. Weiter als die von Stimson geforderte moralische Verurteilung konnten die Vereinigten Staaten nicht gehen. Nur hatte zehn Jahre zuvor der Senat dem damaligen Außenminister Charles

Evans Hughes in der Tat verboten, sich in irgendeiner Weise mit Genf einzulassen, und der amerikanische Gesandte in der Schweiz hatte mit dem Generalsekretär des Völkerbunds über dessen Privatadresse kommuniziert. Jetzt vertrat der amerikanische Botschafter in Bern sein Land bei den Genfer Abrüstungsgesprächen, amerikanische Bevollmächtigte saßen in zahllosen Ausschüssen des Bunds, und die Presse hatte sich mittlerweile daran gewöhnt, an ihrem Arbeitsplatz, dem alten Hôtel National, amerikanische Gesichter unter den internationalen Offiziellen zu sehen.[18]

Eine überkommene Isolationspolitik, eine »Chinesische-Mauer-Politik«, hatte Roosevelt den sich herausbildenden Widerstand gegen eine Mitgliedschaft im Völkerbund 1919 während der Konferenz in Versailles genannt. Er drängte darauf, die Relikte des Vorkriegsdenkens über Bord zu werfen; in der neuen Welt und den kommenden Krisen könnten die Vereinigten Staaten sich »einer wichtigen, vielleicht sogar kontrollierenden Rolle nicht entziehen«.[19] Bei der Wahl von 1920 hatte er sich als Kandidat für das Amt des Vizepräsidenten unermüdlich für die Mitgliedschaft im Völkerbund starkgemacht und sich noch nach seiner Niederlage bis in die frühen 1920er-Jahre hinein leidenschaftlich für den Beitritt, für Engagement, Freihandel und eine vernünftige Begleichung der Schulden der alten Verbündeten eingesetzt. Aber als das Jahrzehnt ins Land und das heimische Wohlergehen mit der Bitterkeit über den letzten Krieg und dessen ruinöse Folgen Arm in Arm ging, hörten sich eher Wilsons als die isolationistischen Akzente antiquiert und nach verstaubten Parolen eines törichten Idealisten an.

Als der teilweise gelähmte Roosevelt 1928 nach jahrelangen Therapieversuchen in die demokratische Parteipolitik zurückkehrte, mäßigte er seine Begeisterung. Zwar sprach er noch von einer Führungsrolle Amerikas in der Welt, aber nur mehr von einer Zusammenarbeit mit dem Völkerbund; er sprach davon, dass amerikanische Schutzzölle die Begleichung der europäischen Kriegsschulden behinderten, nicht aber von Freihandel; er sprach von in-, nicht aber von auswärtigen Angelegenheiten.[20] Als Gouverneur von New York stand es ihm die nächsten vier Jahre dann auch nicht zu, sich zu derlei Angelegenheiten zu äußern, aber im neuen Jahr, im Wahljahr, verlangte die Presse Antworten von dem mutmaßlichen Präsidentschaftskandidaten. In New York bedauerte Walter Lippmann seine »doppelzüngigen Plattitüden«; in Los Angeles verglich William Randolph Hearst ihn mit anderen »Wilsoniten und Internationalisten« und forderte alle miteinander auf, nach Wilsons »visionärer Einmischungspolitik in europäische Konflikte und Komplikationen« auf den »integren Weg des Amerikanismus« zurückzukehren. Hearst, der um die Jahrhundertwende noch mit Joseph Pulitzer um die »Vormacht in der Gosse« gebuhlt hatte, wie ein britischer Kritiker meinte, äußerte sich auf NBC über fünfzig zugeschaltete Stationen in einer der kostspieligsten Ausstrahlungen in der Geschichte des Rundfunks; über Kurzwelle ging seine Ansprache in alle Welt. Später verlangte er von Roosevelt einen öffentlichen Widerruf im Gegenzug für seine Unterstützung.[21]

Den der ihm denn auch, Asche auf seinem Haupt, im folgenden Monat lieferte. Am Tag der Eröffnung der Genfer Abrüstungskonferenz sagte Gouverneur Franklin D. Roosevelt einem Publikum in Albany, er sei gegen den Beitritt Amerikas sowohl zum Internationalen Gerichtshof als auch zum Völkerbund, den er als »bloße Versammlung zur politischen Diskussion rein nationalpolitischer Schwierigkeiten Europas« abtat. Und mit diesen, fuhr er fort, wollten die Vereinigten Staaten nichts zu schaffen haben. Außerdem sprach er sich gegen eine Streichung der Kriegsschulden aus, warnte vor der Verwicklung in die Angelegenheiten anderer Länder und forderte, die USA sollten sich »unter strikter Einhaltung von Washingtons Prinzipien« ihre »internationale Freiheit bewahren«. Politik, so erinnerte er die entsetzten Internationalisten und Verfechter des Völkerbunds unter seinen Anhängern, darunter seine Frau Eleanor, sei die Kunst des Möglichen. »Bereut, ihr Sünder«, witzelte Senator William Borah aus Idaho, der 1919 die Bewegung gegen Amerikas Beitritt zum Völkerbund angeführt hatte, »denn das Himmelreich ist nah«.[22]

Roosevelt war es gelungen, der kollektiven Sicherheit eine Absage zu erteilen, ohne sich ausdrücklich zum Isolationismus zu bekennen, und daran sollte sich für den Rest des Wahlkampfs nichts ändern. Womit seine Außenpolitik freilich von der der Regierung, die er aus dem Amt zu drängen versuchte, nicht mehr zu unterscheiden war – von ihrer Ambiguität über ihren Mangel an Stimmigkeit bis hin zu ihrem verworrenen Goodwill. Wie Hoover navigierte er in einer Nebelzone unverbindlichen Engagements. Die USA taten ihre Entrüstung über die japanische Aggression in der Mandschurei kund, schickten ihren Genfer Generalkonsul zu den Versammlungen des Völkerbunds, unternahmen jedoch nichts, um den Aggressor an die Kandare zu nehmen oder gar zu bestrafen; es fehlte ihnen jedoch sowohl an der Macht als auch am Willen, sich diesem Fait accompli zu stellen – japanische Taten sprachen lauter als amerikanische Worte. Die USA drängten, ja nötigten die Europäer zur Abrüstung, taten aber nichts, um deren Sicherheit zu garantieren, während sie selbst die Marineparität mit den Briten verfolgten. Sie mischten sich »überall ein und handelten nirgendwo«. Als Wahlkämpfer tat Roosevelt nichts, um diese Diplomatie wortreicher Passivität in Frage zu stellen. Würde er als Präsident weiterhin »die Mission Johannes des Täufers mit den Methoden eines Pontius Pilatus kombinieren«?[23] Nur beim Thema Lateinamerika durchdrang den Nebel der eine oder andere klare Strahl. Hoover hatte damit begonnen und Roosevelt sich dafür ausgesprochen, willkürliche bewaffnete Einmischungen der USA in die Angelegenheiten der Hemisphäre zu zügeln und sich – die Japaner zogen pointierte Vergleiche zwischen ihrem Tun in der Mandschurei und dem der Amerikaner etwa in Panama – einer konstruktiven Politik der guten Nachbarschaft zu befleißigen. Kurz nach seiner Wahl zog Hoover die Marines aus Nicaragua ab. Was ein Anfang war. Anderswo jedoch konnte die »Nichteinmischung« nur von Nachteil sein. Hinter den Kulissen hatte Stimson die Möglichkeit der Gewaltanwendung gegen Japan zur Diskussion gestellt, genauer gesagt kollektive, nötigenfalls von den Marinen der Beteiligten gestützte Sanktionen. Der Präsident jedoch wollte davon nichts hören, und sein Herausforderer sprach das Thema erst gar nicht an.[24]

Roosevelts Programm war, wie immer seine innersten Überzeugungen aussehen mochten, in erster Linie darauf ausgerichtet, seine Partei zu einigen, die Nominierung zu bekommen und dann die Wahl zu gewinnen. Hearst applaudierte der »echten konservativen Demokratie« des demokratischen Programms;[25] die liberalen Internationalisten schwenkten, wenn auch zögerlich ein; und die isolationistische Masse fernab von New York, die bis dato kaum von dem New Yorker Gouverneur gehört hatte, konnte beruhigt schlafen gehen. Im November konnte Roosevelt fast alle isolationistischen Teile des Landes auf sich vereinigen und verlor gerade mal vier Staaten im republikanischen – allerdings auch »internationalistischen« – Nordosten sowie Pennsylvania und Delaware. Nur die Hälfte der Wählerschaft – 52 Prozent – hatte sich die Mühe gemacht, überhaupt zu den Urnen zu gehen, aber unter diesen hatte eine ebenso klare wie eklektische Mehrheit aus allen Schichten Roosevelt ihre Unterstützung gegeben: Reiche wie Arme, Demokraten, Republikaner, Sozialisten und Unabhängige; und seine Partei hatte aufgrund seiner Zugkraft nicht nur den Kongress, sondern auch dreißig von vierunddreißig Gouverneursposten auf sich verbucht.[26]

Er hatte die Stimmung seiner Landsleute bestens erfasst. Sie hatten dafür gestimmt, dass zu Hause etwas getan wurde, nicht im Ausland – nicht für die Streichung der Schulden, die die Last der Tilgung, jedenfalls ihrer Ansicht nach, von den Schultern undankbarer Europäer auf ihre eigenen übertragen hätte, nicht für die Öffnung ihrer Märkte für ausländische Waren, nicht für erneute kostspielige Einsätze in fremden Ländern, die nur wieder zur Ernüchterung führen würden angesichts all der Vergeudung von Blut und Staatsgeldern. Nicht dass sich das mit den Ansichten aller gedeckt hätte. Wortführende Pazifisten, die von ihrem Auftritt in Genf zurückkamen, und aufgebrachte chinafreundliche Sympathisanten hatten sich für ein Waffenembargo gegen Japan starkgemacht, und der im Frühsommer 1932 ausgebrochene Chaco-Krieg zwischen Paraguay und Bolivien führte zu Forderungen solcher Embargos gegen jede kriegslüsterne Nation. Stimson erkannte zwar in solchen Instrumenten eine mögliche Waffe zur Bestrafung Japans, aber sie kamen über die Ausschüsse im Kongress nicht hinaus. Und einige ihrer glühendsten Verfechter sahen das Embargo, im Gegensatz zu Stimson, nicht etwa als Möglichkeit, sich auswärts zu engagieren, sondern als Möglichkeit, sich von der Welt zurückzuziehen, als Möglichkeit, jeglicher Verwicklung in ferne Konflikte aus dem Weg zu gehen und die alten Schuldigen – industrielle und finanzielle Interessen – bremsen zu können, die das Land 1917 in den Krieg getrieben hatten. Sie sahen das Embargo mit anderen Worten als isolationistische Maßnahme. Und sie ließen auch im nun einsetzenden Interregnum nicht locker und setzten sowohl Hoover als auch Roosevelt zu. Für den Augenblick jedoch konnte der designierte Präsident auf eine noch unausgereifte kollektive Regung nationaler Selbstgenügsamkeit bauen. Hier nun querzuschießen, war ganz und gar nicht in seinem Sinn.[27]

Ausländische Beobachter – Journalisten und einige Diplomaten – wollte es nicht so recht in den Kopf, dass ein auf diese Weise zustande gekommener Volkskonsens für den Präsidenten tatsächlich verbindlich sein sollte. Schließlich schien der Dialog diesem »liberalen … kultivierten, intelligenten, aufgeschlossenen« Mann zur zweiten Natur geworden zu sein; geschmeidiger, offener, politisch weniger verkrampft als Hoover, sahen sie durchaus die Möglichkeit, dass er mit seinen schwer geprüften europäischen Pendants fraternisierte. Gut möglich, dass er die Kriegsschulden, wenn schon nicht strich, so doch reduzierte, meinte der eine oder andere, und dass er die Zölle von Fall zu Fall auf gegenseitiger Basis senkte. Als sei ihnen eine Last von den Schultern gefallen, nahmen japanische Zeitungen zunächst leichtfertig an, er würde Amerika in höherem Maße japanischen Exporten öffnen und ihnen mehr Goodwill entgegenbringen als Stimson. Von einer Position der politischen Stärke im eigenen Land aus wie der seinen könnte der neue Präsident sogar mithelfen, »die Welt zusammenzuschweißen« und so einen weiteren Krieg zu vermeiden. Wie sollten sie wissen, dass einige der »New Dealer« an seiner Seite in wirtschaftlicher Hinsicht Nationalisten waren, denen mehr noch als Hoovers globale Erklärungen für die Wirtschaftskrise das plötzliche Auslandsengagement seines Außenministers ein Dorn im Auge war. Wie sollten sie wissen, dass der Kandidat, der seine Wahl nicht mit unsicheren auswärtigen Angelegenheiten hatte riskieren wollen, sein politisches Kapital oder sein Programm für den Aufschwung auch für sie nicht aufs Spiel setzen würde, wenn er im März kommenden Jahres sein Amt antrat. Sie konnten nur spekulieren. Drei Tage nach der Wahl zeigte eine Karikatur im *Manchester Guardian* ein Porträt Wilsons mit der Akte einer »Kooperationspolitik« in der Hand, darunter saß sein alter Jünger Roosevelt in einem Lehnstuhl, hinter dem sich verstohlen eine Auswahl von führenden Köpfen der Welt zusammengefunden hatte: »Pssst! Was meint ihr, was er wohl denkt?«[28]

6 Paris und London

11. November 1932

Der Jubel für Roosevelt vor dem Biltmore in New York war kaum verklungen, als am Freitag in Paris und London Menschenmassen eine Schweigeminute zum Armistice Day einlegten, dem Gedenktag zum Weltkriegsende, das sich zum vierzehnten Mal jährte. In Berlin ignorierte man den Tag, da er dort nur jedes Jahr aufs Neue alte Wunden aufriss; außerdem boten sich dort geeignetere Augenblicke, um der Toten zu gedenken; immerhin war der Unterzeichner des Waffenstillstands von Compiègne, der Zentrumspolitiker Matthias Erzberger, im August 1921 im Schwarzwald einem Racheanschlag zum Opfer gefallen. Für Moskau hatte der »Waffenstillstands-Tag« keinerlei Bedeutung, da hier der ganze imperialistische Krieg offiziell der Vergessenheit anheimgegeben war. In den Vereinigten Staaten gedachte man dem Ereignis mit lokalen Zeremonien; Indianapolis widmete dem Ersten Weltkrieg ein Ehrengrabmal am World War I Plaza; überall im New Yorker Westchester County hielten Veteranen Ansprachen, und Wilsons Kriegsminister Newton Baker, der seinem Präsidenten die Nachricht von der Unterzeichnung telefonisch mitgeteilt hatte, zollte ihm einen leidenschaftlichen Tribut an seinem Grabmal in der Washington National Cathedral. In Frankreich und Großbritannien jedoch hielten zwei Nationen inne, als wollten sie sich von der Euphorie distanzieren, zu der es dort vierzehn Jahre zuvor auf ebendiesen Straßen und Plätzen gekommen war.[1]

In London hielten Paradesoldaten Ehrenwache am Kenotaph; in Paris umringten Soldaten mit ihren Regimentsstandarten den Arc de Triomphe; in beiden Städten ertönte um elf Uhr vormittags der Donner von Kanonensalven, während die Masse in Schweigen verfiel; auf beiden Seiten des Kanals trug man leuchtende Mohnblüten, legte Kränze nieder, blies den Zapfenstreich. Ansonsten jedoch verzichtete man auf Pomp an diesem schleppenden Tag, der eher ziviler als militärischer Art war. Stundenlang standen die Massen mehrere Reihen tief die Whitehall hinab und verdunkelten den Trafalgar Square; in Paris defilierten bis in den späten Nachmittag Witwen, Waisen und Kriegsversehrte an der Flamme des Unbekannten Soldaten am Arc de Triomphe.[2]

Dennoch blieben wie immer viele zu Hause, und später am Tag störten den Augenblick scheinbarer nationaler Gemeinschaftlichkeit auch noch Schlägereien. Im Quartier Latin marschierten, die Namen von Kriegsgenerälen verhöhnend, fünftausend pazifistische Veteranen und Sozialisten zum Panthéon. »Es lebe der Frieden«, »Weg mit den Waffen!« und »Nie wieder!«, skandierten sie. Mit sich führten sie ein riesiges Transparent mit dem Ausspruch des zum Kriegsbeginn 1914 ermordeten Sozialisten Jean Jaurès: »Nieder mit blindem Hass! Nieder mit dem Bruderkrieg!« Am Panthéon angekommen, schmückten sie sein Grab mit Friedenspalmen. Aus höhergelegenen Fenstern am Platz schwenkten gereizte Anwohner Trikoloren, worauf die Marschierenden unten sich zu Buhrufen und Pfiffen provoziert sahen. Als die Menge sich schließlich zerstreute, kam es zu einem Zusammenstoß mit mehreren hundert Nationalisten von der royalistischen *Action française*, die unter Schlagworten wie »Lang lebe Frankreich!« und »Lang lebe die Armee!« mit Stöcken auf sie losgingen. Im Wald von Vincennes am östlichen Rand von Paris sangen zehntausend Kommunisten die »Internationale« und bewarfen die Polizei, die sie zu zerstreuen versuchte, mit Steinen.[3]

Die Presse erhob derlei Rempeleien zu einem Krieg der Worte, geführt nicht mit Slogans, sondern mit Syllogismen. Hier und da trennte der Sieg die Franzosen so entschieden wie die Deutschen die Niederlage; die Anhänger der Unversöhnlichkeit legten sich mit den versöhnlicher Gestimmten an. Nirgendwo sonst wirkten selbst obskure technische Probleme der Abrüstung so aufreizend, waren sie ein so untrüglicher Hinweis auf die politische Mentalität. Auf dem rechten Flügel bedauerte *L'Écho de Paris* die unziemlichen Ausbrüche von Gewalt nach der Schweigeminute; die pazifistische Begeisterung, die schon 1914 die Verteidigungsbereitschaft der Nation untergraben habe, drohe sie jetzt einmal mehr zu entwaffnen – und das angesichts eines Deutschen Reichs, das aus seiner Niederlage nichts gelernt habe. Auf der linken Seite zitierten die Sozialisten ihr Wahlmanifest vom Frühjahr und forderten die verpflichtende Schlichtung aller internationalen Streitigkeiten vor einem unabhängigen Völkerbund. Die französische Sicherheit, so führte ihr Parteichef Léon Blum ins Feld, hinge ab von einem Erfolg in Genf; eine signifikante Abrüstung vermochte die Deutschen womöglich zu beschwichtigen, ihrer Wiederaufrüstung zuvorzukommen und Hitler den Wind aus den Segeln zu nehmen. Es handelte sich hier durch die Bank um riskante Postulate, die ihrerseits allesamt auf irrigen oder nicht verifizierbaren Annahmen beruhten; aber sie erfreuten sich nun mal der dem Dogma grundsätzlich eignenden Beharrlichkeit, die dem Augenschein gegenüber nicht selten so indifferent ist wie dem Argument.[4]

Die Angelegenheit schien mehr als jede andere politische Familien zu definieren. Ein Gutteil der Linken, darunter die Sozialisten und viele Radikale, nicht jedoch die Kommunisten, schworen auf Abrüstung, Versöhnung, Völkerbund und kollektive Sicherheit; der größte Teil der Rechten setzte dagegen auf militärische Stärke, Wachsamkeit und eine starke und wehrhafte Grenze: das linke Rheinufer. Die eine Seite war friedfertig, die andere kriegslustig. Das war nicht immer so gewesen. 1871, inmitten der Trümmer des Zweiten Kaiserreichs und der Flammen der Pariser Kommune, ermahnte die Linke die Kleinmütigen mit einem radikal-demokratischen Patriotismus, der nicht nur die Gleichheit forderte, sondern auch einen Volkskrieg gegen den preußischen Eindringling. »Gambetta bedeutet Krieg!«, rief die moderate Rechte, um der Landbevölkerung vor dem Abenteurertum eines Léon Gambetta Angst zu machen, dem beliebtesten Führer der Radikalen; gemeinsam mit der Mitte riet sie fürs Erste zum Respekt vor dem traurigen Fait accompli und zu einem konservativen, aber verlässlichen Regime für den Wiederaufbau des Landes. Eine Generation später, zur Jahrhundertwende, migrierten Nationalismus, Militarismus und Germanophobie in ihr neues Zuhause auf der Rechten, während ein neuer Universalismus – mal marxistischer, mal anarchistischer, mal pazifistischer Art – Konvertiten unter den Linken verbuchen konnte. Der Krieg hielt ihre gegenseitige Antipathie im Zaum, womit die Nachkriegszeit wieder Schluss machte: jetzt war die Linke »defätistisch« und die Rechte »chauvinistisch«, und Anfang der 1930er-Jahre nahm man die gegenseitigen Beschimpfungen mit neu entfachter Leidenschaft wieder auf.[5]

Bis dahin waren die wonnigen Erinnerungen an den Sieg längst im zunehmenden Düster internationaler Isolation verschwunden. Frankreich fürchtete Deutschland. Allgemeiner Überzeugung nach war es nur eine Frage der Zeit, bis das Reich wieder zur Bedrohung würde. Wiederholt hatten französische Regierungen die alten Kriegsverbündeten um Sicherheitsgarantien gebeten, bevor sie sich bereit erklären wollten, ihre militärische Sicherheit aufzugeben oder gar den Deutschen zu erlauben, ihre eigene auszubauen. Wiederholt hatten Großbritannien und die Vereinigten Staaten abgelehnt. Die Tinte auf dem Versailler Vertrag war kaum trocken, die Sicherheitsgarantie, die Frankreich sich im Gegenzug dafur ertrotzt hatte, seine Ambitionen hinsichtlich des Rheins aufzugeben, hatten sich für immer in Luft aufgelöst. Wiederholte Zugeständnisse seitens der Franzosen vermochten da wenig – weder hinsichtlich der deutschen Reparationen, die man 1924 in London und dann noch einmal 1929 in Den Haag neu festgelegt und schließlich im Sommer 1932 in Lausanne aufgegeben hatte, noch hinsichtlich der französischen Exklaven und Brückenköpfe am Rhein fünf Jahre zuvor; und dann waren da noch die Abrüstungsmaßnahmen, die Frankreich 1923 und 1924 im Gegenzug für Sicherheitspakte angeboten hatte. Nichts von alledem hatte den Franzosen die so unermüdlich angestrebte Wiederbelebung der Koalition gebracht. Aus dem alten Verbündeten im Osten, der für Frankreich 1914 eine so wichtige Rolle gespielt hatte, war mittlerweile die Sowjetunion geworden, und die Annäherungsversuche von Édouard Herriots Mitte-links-Regierung hatten bis 1932 mit Müh und Not einen Nichtangriffspakt erbracht; dessen Ratifizierung durch die Abgeordnetenkammer stand freilich noch aus. Über ein sinnvolles militärisches Abkommen, egal welcher Art, ließ sich nach wie vor allenfalls spekulieren. Zum Ausgleich dafür versuchte Frankreich Deutschland mit anderen Bündnissen – Polen, Tschechoslowakei und Jugoslawien – zu umschließen – Bündnissen, die jedoch vom Umfang ungewiss und hinsichtlich ihres Werts noch fraglicher waren. Frankreich war isoliert. Vor 1914 hatte das Land dank der Entente mit Russland und Großbritannien zwei Jahrzehnte lang zu einer Sicherheit gefunden, die es sich in den 1870er- und 1880er-Jahren nicht hätte träumen lassen. Jetzt fehlte ein vergleichbarer Trost. Jüngste deutsche Regierungen, die von Brüning, aber vor allem die von Papen, hatten dreistere und schärfere Töne angeschlagen, und dann stemmten sich auch noch die frankophoben Nationalsozialisten gegen die Pforten der Macht. Was sollte Frankreich tun? Abschrecken oder versöhnen?[6]

Besetzen wir doch Mainz, kam die Antwort der rechtsextremen *Action française*, fördern wir die militärische Zusammenarbeit mit Belgien und führen die zweijährige Wehrpflicht und die Monarchie wieder ein. Was allemal besser wäre als der »Wahnsinn« des Außenministers Joseph Paul-Boncour, der mit dem Zug zwischen der Gare de Lyon in Paris und der Gare Cornavin in Genf hin- und herpendelte. »Liquidieren wir den Krieg«, schlug einer der führenden Köpfe der Sozialisten vor, bewaffnen wir den Völkerbund und statten ihn mit der nötigen Macht aus, fuhr er fort, und gleichen damit auch ganz nebenbei den Haushalt aus. Ein Krieg selbst in all seiner Hässlichkeit stand hier nicht einen Augenblick zur Debatte; noch nicht einmal die *Action française* und der Rest der säbelrasselnden Rechten wollten ihn, sondern nichts weiter, als durch Abschreckung den Frieden sichern. Und die Protagonisten vergeudeten wenig Worte auf die komplexen Vorschläge von Fachleuten aus aller Welt, die Offensivwaffen abzuschaffen. Aber es schwärte da noch etwas anderes. Die Kehrtwendungen in der Sache, die rechts und links seit dem französisch-preußischen Krieg vollzogen hatten, und die Wechselseitigkeit ihres Gesinnungswandels ließen darauf schließen, dass ihre Feindschaft einen tieferen Grund hatte, ebenso aber auch, dass sie ihre Haltung gegenüber Krieg und Frieden noch einmal auf den Kopf stellen würden, wenn es nötig sein sollte, wozu es vier, fünf Jahre später denn auch tatsächlich kam.[7]

Dreißig Jahre zuvor, bei der Dreyfus-Affäre, hatte die Frage um Schuld oder Unschuld eines jüdischen Heeresoffiziers eine in der Nation, seiner militärischen und kirchlichen Hierarchie, verankerte traditionelle Ordnung gegen Universalismus und Menschenrechte gestellt, die vielen Linken lieb und teuer und, wie sie hofften, in der Republik verwirklicht waren. Die Affäre wollte jedoch partout nicht vergehen. Die Nachkriegspolitik war erfüllt vom Echo seiner bitteren Polemik, und als Anfang der 1930er-Jahre Frankreichs Dilemma sich zuzuspitzen begann und das Land die bitteren Früchte des Sieges von 1918 zu kosten bekam, war es erneut zu hören. »Wir haben jetzt wirklich alles gesehen in ihrer Politiker-Republik«, schrieb zwei Wochen vor dem Jahrestag des Waffenstillstands der glühende Nationalist Gustave Hervé in seiner Zeitung *La Victoire*. Léon Blum hatte im sozialistischen Blatt *Le Populaire* eine Reihe von Attacken gegen General Maxime Weygand geritten, den Stabschef des Heeres, der die für Genf bestimmten Abrüstungsvorschlage der Regierung blockierte. »Sieht er denn nicht«, so hatte Blum gefragt, »dass er sich damit vor der Weltmeinung diskreditieren muss?« Und Hervé, ein Apostat vom antimilitaristischen Sozialismus der Vorkriegszeit, der während des Krieges den Nationalismus und danach den italienischen Faschismus entdeckt hatte und das Gedankengut beider mit der fanatischen Bußfertigkeit des Konvertiten vertrat, hatte in Reaktion darauf den Albtraum heraufbeschworen, dass man Weygand »den Logen [der Freimaurer] und der Partei der gesellschaftlichen Revolution opfern« würde. *Le Populaire* sah ein »nationalistisches und militaristisches Rudel auf Léon Blum von der Leine gelassen«, als die gesamte Rechtspresse in Hervés Kerbe zu schlagen begann. Blum und Weygand waren indirekt schon zuvor aneinandergeraten – während der Dreyfus-Affäre, als der Jurist und der Offizier mit der Leidenschaft der Überzeugung Partei für – respektive gegen – den zu Unrecht angeklagten Hauptmann ergriffen hatten. Jetzt gerieten sie persönlich aneinander, und zwar einmal mehr über die Frage der Stellung der Armee in der Nation und damit auch im Leben der Bürger selbst.[8]

Folgte man dem Zwist, der sich wie ein roter Faden durch die jüngere Geschichte Frankreichs zog, so führte er einen hier und da zurück ins Jahr 1789, meist aber ins Jahr des Kriegsbeginns 1914. Zwar florierte der Royalismus lediglich in Randgruppen, Zweifel an der Vernunft der nunmehr dritten Republik seit 1792 jedoch verbreiteten sich weit über diese hinaus, und die *Action française* mit ihren Schriftstellern und Intellektuellen, ihrer Hetzpresse und ihrer unablässigen Agitation näherte sich dem Höhepunkt ihrer Wirkung. Der Große Krieg, der die heimischen Kontrahenten während seiner Dauer an einem Strang hatte ziehen lassen, bot Anlass zum Wiederauflodern der Antagonismen, kaum dass er zu Ende war.

Wer trug die Schuld am Krieg? Der französische Historiker Pierre Renouvin, der die überzeugendsten Arbeiten über den Krieg geschrieben hat und sich dabei als Erster auf die offiziellen Archive stützte, erklärte 1931, alle ausländischen Argumente zum Thema der Kriegsschuldfrage würden in Frankreich auf taube Ohren treffen. Für seine Landsleute, so beteuerte er, sei der Fall abgeschlossen; entsprechend sähen sie weder einen Grund, Beweise für ihren Friedenswillen während, noch für die schwere Schuld Deutschlands an der Julikrise von 1914 zu erbringen. Ganz so war dem jedoch auch wieder nicht. Niemand gab Frankreich allein die Schuld am Krieg von 1914, aber viele weigerten sich auch, Deutschland allein dafür verantwortlich zu machen. Eines der klassischen Schulbücher der Zeit jedenfalls, das nach einer Überarbeitung nun auch den Ersten Weltkrieg behandelte, lehnte diese simplifizierende Darstellung ab und stellte 1914, sowohl die deutsche als auch die französische Sicht wiedergebend, als Katastrophe dar, deren Ursache eben nicht im Handeln einer einzigen Nation zu suchen war.[9]

Einen Krieg zu provozieren ist das eine Verbrechen, ihn zuzulassen ein anderes, und unter den Gegnern des Militarismus dachten

Anfang der 1930er-Jahre so einige mit Abscheu an den patriotischen Überschwang der letzten Vorkriegsjahre zurück. Wie Jean Guéhenno, der Herausgeber der Literaturzeitschrift *Europe*, sich 1933 erinnerte, hatte ihre Erziehung den Jungen gerade die rechte Dosis an Gift verabreicht, um sie gegen die Pestilenz zu immunisieren, als sie dann kam. Guéhenno war jüngst vierzig geworden und ließ sich nun über die idiotischen Matrosen- und Soldatenuniformen aus, über die Barette und die Rosetten, die er und andere Jungs in der Bretagne an Feiertagen hatten tragen, die Geburts- und Sterbedaten von Königen, die sie an Werktagen hatten auswendig lernen müssen, die sonderbaren Kirchenlieder, die sie bei der Erstkommunion gesungen hatten – »In des Heiligen Herzens Namen, rettet Rom und Frankreich! Amen!« –, ohne sie so recht, wenn überhaupt, zu verstehen. Dieser makabre Scherz habe sie vorbereitet auf Verdun, und es erfüllte ihn mit einer Entrüstung, die sich nun gegen die selbstgefälligen Herren der Nachkriegszeit richtete, welche sich an die Nation erinnerten, aber Europa vergessen hatten. »Seit zwanzig Jahren herrscht immer dieselbe Nacht«, sinnierte er. Sie lebten weiter, gezeichnet von jenen Tagen wie durch unheilbare Wunden. Eine derartige Pietätlosigkeit entsetzte Louis Madelin, Kenner der französischen Geschichte und Mitglied der Académie française, der die Siege seiner Nation im Krieg besang. Indifferenz der Nation gegenüber, so warnte er 1932 kurz vor dem Waffenstillstandstag, stelle eine größere Gefahr für das Überleben der Nation dar als jedes Projekt, das Paul-Boncour nach Genf tragen könnte, da das Land seine Waffen eher zurückbekäme als seine Seele. Seine Armee habe sich immer wieder erholt, bei Orléans mit Jeanne d'Arc 1429, bei Valmy 1792 und an der Marne 1914 und 1916 bei Verdun. Würde ihr das noch einmal gelingen, wenn die Schulen den Kindern keinen Patriotismus mehr einbläuten? Er wagte das zu bezweifeln.[10]

Für den politischen Philosophen und Pazifisten Émile Chartier, der unter dem Pseudonym Alain so etwas war wie das Gewissen der regierenden zentristischen Radikalen, war der »rasende Zorn der Eliten gegen den Frieden« unersättlich. Freilich räumte selbst er ein, dass sie nicht den Krieg an sich feierten, sondern die Autorität, und dass die Linke darin eine Gefahr für die Demokratie und ihren fundamentalen Grundsatz der Gleichheit sah. Militärisches Denken, so Alain, verbiete das Denken an sich, wenigstens unter den Männern; nur sei eben jedwede Autorität militärischer Art, nicht nur die der Armee, sondern auch die der Kirche und die der wenigen Vermögenden. Es hieß sich fügen oder sterben, aber die, die sich dergestalt unterworfen sahen, konnten – nein, *mussten* – dennoch Widerstand leisten und sei es auch nur in Gedanken: »der Geist darf nie gehorchen«. Schicksal bedeutete Nation für die extreme Rechte, Klasse für die extreme Linke und das Individuum, den Einzelnen, in welcher Gestalt auch immer, für Alain; und das existenzielle Dilemma von Krieg und Frieden brachte all diese irreduziblen Gewissheiten auf einen widersprüchlichen und gelegentlich gewalttätigen Punkt.[11]

»Lügner!«, schleuderten die französischen Nationalisten dem deutschen Delegierten Dr. Joseph Joos von der Zentrumspartei entgegen, als er Ende November 1931 eine Rede im Pariser Trocadéro hielt. »Hitler! Hitler!« Dort tagte, noch zwei Monate vor der weltweiten Abrüstungskonferenz in Genf, unter der Ägide von Édouard Herriot, dem Chef der Radikalen Partei, eine internationale Konferenz von Friedensgruppen. Veteranen, Royalisten und junge faschistische Blauhemden, wenn man sie so nennen will, hatten den Saal gestürmt. »Unsinn!«, schrien sie Herriot entgegen, als er an sie appellierte, »die primitiven Kräfte der Welt« doch mal vernünftig zu sehen. Colonel de La Rocque, der Sprecher der Veteranen, übernahm das Podium und verlas eine Erklärung bezüglich »unserer Gründe dafür, nicht abzurüsten«. Tausend und mehr hatten sich in der Halle zusammengefunden, um Diplomaten und andere aus etwa dreißig Ländern über Abrüstung sprechen zu hören – und angesichts des Aufruhrs und der Raufereien in der Halle gaben die Redner der Abschlussveranstaltung einfach auf. Demonstranten stürmten an ihnen vorbei, zerschlugen die Einrichtung, winkten mit blutigen Taschentüchern. Der amerikanische Delegierte, ein ehemaliger Botschafter in London, kam praktisch nicht mehr zu Wort; und schließlich wetteiferten Buhrufe und Pfiffe aus dem Publikum mit Senator Borahs völlig verrauschter Funkbotschaft aus Washington, die allein schon ihrer Lautstärke wegen kaum zu verstehen war. Das Übrige besorgten Verse aus der »Marseillaise« und das eine oder andere »Vive la France!«. Betroffen meinte ein schwitzender amerikanischer Botschafter im Gehen: »So etwas wie dieses Friedenstreffen habe ich mein Lebtag noch nicht gesehen.«[12]

Nicht zu fassen, dass derlei doch eher abgewogene Erklärungen einen derartigen Tumult provozieren sollten; Herriot, mit der Leidenschaftlichkeit französischer Politik durchaus vertraut, äußerte sich so fassungslos wie indigniert. Angesichts eines »solch maßlosen Zornes, solch fanatischer Ergüsse« drängte sich ihm die Frage auf, was denn aus dem französischen Liberalismus, aus der französischen *politesse* geworden sei. Die Blätter der Rechtspresse freilich jubelten. *L'Écho de Paris* machte sich lustig über die »Internationalisten aller Länder und Klassen« und »die Aufzüge bärtiger Ausländer mit den harten Akzenten Deutschlands und Asiens«. *Le Figaro* feierte den Sieg des gesunden Menschenverstands im Volk, den Sieg »einer nicht auf Ideologie, sondern auf Fakten, auf menschlicher Erfahrung sich gründenden Antwort« über die Phantastereien der Intellektuellen, dieser geistlosen Apostel französischer Wehrlosigkeit.[13] Jahrelang hatten sachlichere Kritiker in Deutschlands Forderungen nach einer Abrüstung jenseits des Rheins nichts weiter gesehen als eine ganz offensichtlich eigennützige Masche, die ohne weitere Garantien unmöglich zu akzeptieren sei, aber das hier war etwas ganz anderes. Die Nationalisten hatten das Thema aufgegriffen und verstiegen sich dabei zu nachgerade stürmischen Böen von Antiintellektualismus, Populismus und Xenophobie.

Ihre Leidenschaft hatte selbst Herriot überrascht. Seine Partei und seine Zeitung erinnerten sofort an den Hass, mit dem sich all die bedacht sahen, die sich seinerzeit auf die Seite des Hauptmanns Alfred Dreyfus gestellt hatten. Diesmal blieb die Hitzigkeit der Rechten, wie auch das Ereignis selbst, in der moderateren französischen Presse unerwähnt – als wäre der Aufruhr des Aufhebens nicht wert, die Kommentare zu toxisch, um sich mit ihnen zu befassen. Als im Abgeordnetenhaus bezüglich des Skandals im Trocadéro zornige Stimmen laut wurden, erklärten sich besonnenere Köpfe vernünftigerweise bereit, die Angelegenheit auf sich beruhen zu lassen und sie nicht weiter zu diskutieren.[14] Doch das Menetekel war nicht zu übersehen. Im Juli 1926, als wieder einmal Panik herrschte ob der Talfahrt des Francs, waren in Paris zwanzigtausend Veteranen auf die Straße gegangen, um gegen ein Abkommen mit Washington zur Rettung ihrer Währung zu protestieren – ein Abkommen, von dem sie befürchteten, es würde ihr Land vollends ruinieren, während es Deutschland von seinen Reparationsverpflichtungen befreien würde. Eine Welle der Xenophobie gegen Touristen aus Ländern mit stärkerer Währung schwappte durch die Metropole. Jetzt hatte eine Zusammenkunft französischer und ausländischer Friedensgruppen einen ähnlichen Sturm von Klagen bezüglich der nationalen Souveränität und der nationalen Identität provoziert. Das Vertrauen in den Franc war zurückgekehrt, aber die Befürchtungen um die nationale Sicherheit hatten zugenommen und würden sich aller Wahrscheinlichkeit nach nicht wieder legen; bei einer Wiederkehr der finanziellen Unsicherheit, und es sah im Augenblick ganz danach aus, wäre es um die Ruhe im Land geschehen. Die Trümmer auf dem Boden des Trocadéro hatten weit größere Zerstörungen in Aussicht gestellt.[15]

Im folgenden März starb in Paris Aristide Briand, der Mann, der wie kein zweiter für Genf gestanden hatte. »Solange ich lebe«, hatte er gesagt, »wird es keinen Krieg geben.« Seine Kritiker von rechts drückten ihr Bedauern aus: über den eigennützigen Nimbus um den Friedensapostel, über all die Zugeständnisse, die Frankreich so wenig und Deutschland so viel gebracht hatten, über seinen Pakt mit dem amerikanischen Außenminister Frank Kellogg zur Ächtung des Krieges. »Das hohlste, sentimentalste, schwammigste diplomatische Instrument, das ein Minister je unterschrieben hat«, nannte es einer von ihnen. Seine Beisetzung jedoch enthüllte das ganze Ausmaß pazifistischer Empfindlichkeiten in Frankreich und darüber hinaus. Vertreter des Völkerbunds und jeder seiner fünfundfünfzig Mitgliedsnationen waren angereist; vier schwarze Wagen, auf denen sich pyramidenhoch die Blumen von Kaisern, Präsidenten und Königen auftürmten, folgten dem Sarg vom Quai d'Orsay zum Arc de Triomphe. Aus den Menschenmassen kam verhaltenes Schluchzen und immer wieder der Ruf »Friede! Es lebe der Frieden!«. Später dann, als die Prozession vorüber war, demonstrierten pazifistische Veteranen auf den Champs-Élysées. Die Kritiker von rechts schwiegen ausnahmsweise.[16]

Das ganze Jahr über zeitigte jeder Anlass zur Bekundung dieser widerstreitenden Glaubensbekenntnisse unweigerlich dieselben heftigen Böen. Wie schon im November im Trocadéro und im März auf den Champs-Élysées lag über jedem Einzelnen von ihnen der Schatten des Krieges. Im Juli 1932 verzichtete Frankreich rechtskräftig auf die deutschen Reparationen. In den Augen der Rechten hatte man in Lausanne die französische Nation beraubt und in Genf entwaffnet; die Linke freute sich auf die europäischen Früchte von Herriots »Sieg«.[17] Im August begann das Blatt der Radikalen *L'Œuvre* auszugsweise mit dem Vorabdruck eines Buches über die Meutereien, die im Frühjahr 1917 Teile der französischen Armee erschüttert hatten. Auf der Grundlage wenigstens teilweiser Einsicht in die Protokolle eines mit der Untersuchung des Zwischenfalls beauftragten geschlossenen parlamentarischen Ausschusses entlarvten die jeweils auf der Titelseite erscheinenden, von Irrtümern und Übertreibungen nur so strotzenden Philippiken gegen ein Oberkommando, das mutwillig »100 000 Männer« hingeschlachtet habe, die Überheblichkeit, die die Meutereien überhaupt erst ausgelöst und dann jede Nachricht darüber unterdrückt hatte.[18] Im Oktober gerieten Blum und Weygand über die Abrüstungsfrage in der Presse aneinander. »Ja, Blum war großartig mit Weygand«, schrieb der künftige Anthropologe Claude Lévi-Strauss seinen Eltern. Er hatte eben seine erste Stellung als Lehrer an einem Gymnasium in Mont-de-Marsan angetreten und verfolgte die Angelegenheit mit großem Interesse. »Man bekommt wirklich den Eindruck, er [Blum] führt Frankreich allein aufgrund seines Talents; oder führt Frankreich vielmehr nicht, außer in seltenen Fällen.«[19] Und im November dann brachte der Waffenstillstandstag die beiden Seiten erneut in den Ring. Der Militärhaushalt stand an, die Forderungen der Deutschen in Genf, die Zahlungen an die Amerikaner, die durch den Verzicht auf die deutschen Reparationen umso kontroverser geworden waren; all das reichte völlig aus, um die Polemiken bis weit ins nächste Jahr hinein zu schüren.

Zivilisten gegen Militärs, Laien gegen Klerus, Revolutionär gegen Reaktionär; all die in die Jahre gekommenen Gespenster spukten auch in der Ära von Rundfunk und Tageszeitungen mit Massenauflagen durch den politischen Wettbewerb, entschieden nach wie vor Wahlen. So war das auch eben wieder gewesen, im Mai 1932, als die Antipathien – vor allem in *la France profonde* – gegen die Empfänglichkeit der Regierung für Grundherren und Kirche sie aus dem Amt fegte und Herriot einmal mehr an die Spitze einer von den Radikalen geführten Mitte-links-Regierung spülte.[20] »Partei der Bürgerlichen, Partei der Provinz«, schrieb ein sympathisierender Beobachter über die Radikalen – Gegner der Kirche, nicht der Religion, wegen deren Voreingenommenheit für die Reichen, und Gegner der Reichen wegen deren Nähe zur Macht. Der Wahlkampf war ruhig verlaufen, die Kundgebungen zivilisiert, die Reden vorhersehbar gewesen. Herriot hatte auf die republikanischen und laikalen Werte der Radikalen gepocht, Premier Tardieu vor den Gefahren des Sozialismus gewarnt – der in seinen Augen nur »ein unvollständiger Bolschewismus« war. Beide hatten einander bezichtigt, die finanzielle Wohlfahrt der Nation aufs Spiel zu setzen, um die es bedenklicher bestellt war denn je, jetzt, wo die Weltwirtschaftskrise auch in den französischen Fabriken angelangt war. Dreitausend Kandidaten hatten in der ersten Runde die Parolen ihrer jeweiligen Führung aufgenommen und dann emsig zu den Endverbrauchern, den Menschen in den Wahlkreisen, hinausgetragen. Über neun Millionen von ihnen hatten ihre Stimme abgegeben, 82 Prozent der Wählerschaft mit anderen Worten, womit sie sich als nicht weniger pflichtbewusst erwiesen hatten als die Deutschen – und in weit höherem Maße als die Amerikaner.[21]

Welche Rolle bei alledem Frankreichs düsteres internationales

Dilemma spielte? Keine große jedenfalls – und nicht, weil es niemanden interessiert hätte, sondern weil all den Rempeleien in der Presse oder auf öffentlichen Plätzen an Sonntagnachmittagen zum Trotz eine überraschende Einigkeit die Zustimmung der politischen Klasse für die einzige Außenpolitik garantierte, die man unter den Umständen für möglich und praktikabel hielt. *Sécurité d'abord* – die nationale Sicherheit, *conditio sine qua non* für jede Vereinbarung zur Aufgabe seiner Waffen, für Abkommen und Allianzen sowie für die Vergabe oder Aufnahme größerer Kredite, stand ganz oben an. Den Frieden zu wahren und das Land vor einer Invasion zu schützen, bedeutete für achtzig Prozent der Abgeordneten in der Kammer Annäherung und Zusammenarbeit mit Deutschland, wenn auch ausschließlich auf der Basis existierender Verträge oder angemessener Sicherheitsgarantien. Es bedeutete auch, dass jeder, der existierende Verträge – den von Versailles oder andere – aufzulösen gedachte, das nur in Genf oder durch bilaterale Übereinkommen tun könnte und nicht durch Drohungen oder große Töne. Hierin war man sich durch die Bank so gut wie einig. André Tardieu, der Briands Politik in der Kammer einmal als »flussabwärts treibende Hundeleiche« verlacht hatte, würdigte bei seiner Beisetzung dessen Bemühungen, »die notwendigen Bedingungen für einen dauerhaften und garantierten Frieden« zu schaffen. Briands Sarg sei kaum unter der Erde gewesen, so bemerkte *Le Temps*, da habe Tardieu als neuer Premier die Außenpolitik seines verstorbenen Rivalen nach Kräften weitergeführt. Regierungen jeglicher Couleur griffen die Politik der anderen auf: Die Linke räumte 1924 das Ruhrgebiet, die Rechte räumte – ihren Nationalisten zum Trotz – 1929 das Rheinland, und Herriots Abrüstungsvorschläge im November 1932 ähnelten in groben Zügen denen Tardieus vom Winter, mit bestenfalls geringfügig besseren Aussichten auf Akzeptanz, sei es in Genf oder Berlin. Der *Briandisme* lebte weiter, personifiziert in der grandiosen Gestalt Philippe Berthelots, Generalsekretär des Außenministeriums, der den Quai d'Orsay regierte, während Premiers und Kabinette kamen und gingen. Selbst wenn die Sozialisten die Wahl gewinnen würden, so räumte *L'Œuvre*, die Stimme der Radikalen,

Ende April rundweg ein, für Frankreichs Außenpolitik würde das kaum eine Rolle spielen.[22]

In dem sicheren Wissen, dass hinter dem *Briandisme* die Notwendigkeit stand, die Nachkriegsregelung mit Rücksicht auf Deutschland abzuändern, ohne dabei Frankreich zu schwächen, konnten die Abgeordneten der Rechten ihn mit ihrer Stimme stützen und ihn gleichzeitig mit ihren Anwürfen kritisieren. Immer wieder hatte Briand sie aufgefordert, ihm die Tür zu weisen; immer wieder hatten sie ihn angefleht, doch zu bleiben. Nichts hatte sich geändert. Die meisten Abgeordneten wussten immer noch herzlich wenig über die auswärtigen Angelegenheiten ihres Landes. Als im Mai die Wahl näher rückte, äußerte ein rechtes Blatt ernste Zweifel daran, dass auch nur zwanzig der sechshundert Abgeordneten in der Kammer sich im Labyrinth von Völkerbundpakt, Kriegsschulden und dergleichen zurechtfinden würden. Noch mehr galt das für die Wähler. Auswärtige Angelegenheiten spalteten sie nun sicher nicht – noch nicht; ihre Wahlentscheidung jedenfalls war nicht mehr und nicht weniger Stellungnahme zur Außenpolitik als die ihrer Pendants jenseits des Atlantiks oder auf der anderen Seite des Rheins. Solange keine Invasion drohte, so dachte der renommierte politische Analytiker André Siegfried, wollten sie nichts weiter, als dass man sie in Ruhe ließ. Mit geopolitischen und finanziellen Realitäten hatten die Beschimpfungen, die derweil hin und her flogen, herzlich wenig zu tun.[23]

Ende 1932 erhellten diese schonungslos die Eitelkeit der französischen Bestrebungen der Nachkriegszeit. Angesichts der im Dezember fälligen Kriegsschuldentranche schaukelten sich auf beiden Seiten des Atlantiks, in französischen wie in amerikanischen Zeitungen und Parlamenten, die gegenseitigen Anwürfe auf. Die Deutschen verweigerten die Rückkehr an den Genfer Konferenztisch, es sei denn, man erkannte ihr apriorisches Recht, sich auf dieselbe Weise zu bewaffnen wie alle anderen, ohne Gegenleistung oder Vorbedingungen an. Der britische Außenminister Sir John Simon schien im Prinzip geneigt, dieses Ultimatum zu akzeptieren. Er halte die Tinte des Versailler Vertrags, wie er sagte, keineswegs für sakrosankt, was die halboffizielle Zeitung *Le Temps* zu einem Lamento über die Schlacht veranlasste, die Frankreich geführt habe, den Vertrag seit seiner Unterzeichnung zu implementieren. Inzwischen hatte das Loch in der französischen Staatskasse bedenkliche Ausmaße angenommen, just in dem Augenblick, in dem in der Kammer das Gerangel um den Haushalt begann.[24] Angesichts des Mankos an Verbündeten, schwindender Goldreserven und obendrein eines bevorstehenden Mangels an Männern im wehrfähigen Alter (aufgrund der Geburtenlücke während der Kriegsjahre drohte ein demographisches Defizit, das Frankreichs strategische Möglichkeiten nicht weniger einschränkte als das finanzielle) begann Frankreich den Gedanken an die Durchsetzung seiner Ansprüche aufzugeben – zusammen mit der Hoffnung, Deutschland an irgendeine Art von neuem und einvernehmlichem internationalen Vertragswerk gebunden zu sehen.

Stattdessen bildete sich, durch die eigene Isolation aufgezwungen, eine Festungsmentalität heraus, die sensibel auf Ängste ansprach. Schon verunzierten die ersten düsteren Tunnel und Bunker der Maginot-Linie die französisch-deutsche Grenze – Befestigungen, die kostbare Mannschaften sparen, Zeit für eine Mobilmachung schaffen, eine Gegenoffensive auf den Flanken, vielleicht in Belgien, ermöglichen sollten; vor allem aber sollten sie dem französischen Volk und dem Rest der Welt versichern, dass das Land keinerlei offensive Absichten hege. Das intellektuelle Fundament war gegossen; beim materiellen fehlte es noch, und gerade darüber flogen heftige gegenseitige Vorwürfe zwischen zivilen und militärischen Stellen hin und her.[25] Nichtsdestoweniger überbrückte die Linie auf nachgerade wundersame Weise die Kluft zwischen der nationalistischen Rechten und der pazifistischen Linken; Erstere beschwichtigte sie mit Waffen, Letztere durch ihren defensiven Charakter. Friedfertig, defensiv, aber jederzeit bereit zu sein, waren Eigenschaften französischer Identität, die kaum dazu angetan waren, die Nation zu spalten. Erst wenn der Aggressor angegriffen, erst wenn Frankreich den ersten Einfall abgedämpft hätte, würde es mit offensiven Operationen zurückschlagen. *Sécurité d'abord* – in dieser Ausprägung, als Netz von Festungsanlagen und Stützpunkten, transzendierte die Formel den Aufeinanderprall der Werte und war damit ein weiterer starker Anreiz zum Ausbau des Festungssystems.

»Frankreich hat alles getan, was es zur Erholung Europas beitragen kann«, sagte Herriot den Journalisten in seinen Räumen am Quai d'Orsay, wo sowohl der Premier als auch, eine Etage über ihm, der Außenminister zu Hause war. »Nun ist es an den anderen, zu handeln.« Herriot, siebenundzwanzig Jahre lang Bürgermeister von Lyon, gebildet, untersetzt, jovial, immer ein Bonmot auf den Lippen, ein Mann, der einem Gast auch schon mal klatschend aufs Knie schlug, verkörperte die aufstrebende Mittelschicht und den *Parti radical*, mit anderen Worten die Pfeiler der Dritten Republik. Mit beinahe demselben Eifer wie Briand hatte Herriot sich um eine neue Ordnung bemüht – war 1924 nach London gereist, um Deutschland die Türen zur Rückkehr in die internationale Gemeinschaft zu öffnen, ebnete den Weg für die Übereinkünfte von Locarno, ließ in Lausanne die Reparationsforderungen fallen, legte in Genf einen neuen Abrüstungsfahrplan vor. Und mehr als irgendeiner hatte er sich um die Briten bemüht. »Frankreich kann nichts mehr tun«, sagte er, räumte aber durchaus ein, dass die französische Sicherheit sich auf eine militärische Überlegenheit gegenüber dem deutschen Nachbarn stütze, die dieser als untragbar empfinde. Es sah ganz so aus, als sei man in eine Sackgasse geraten. Auf Hubert »Red« Knickerbocker von der *New York Evening Post* wirkte Herriot in seinem Büro voller Gobelins und dicker Teppiche wie eine unverkrampfte Vaterfigur. Aber war er in seinem Optimismus und seiner Bonhomie – zusammen mit einem Gutteil des französischen Voluntarismus und so mancher französischen Initiative – nicht längst passé?[26]

In einem Café in den Pariser Markthallen lauschte Knickerbocker stundenlang dem ehemaligen »Chauffeur« Théophile, der neunundfünfzig Jahre alt und weit herumgekommen war in der Welt. Der »Mann von der Straße« konnte schier kein Ende finden: Frankreich würde sich nie und nimmer entwaffnen, noch würde man die Amerikaner bezahlen oder seine verbliebenen Goldreserven an das notleidende Europa verleihen; ebenso wenig, so schien es, wollte man die Invasion von 1914 verzeihen oder gar vergessen, schon gar wo die Reparationen dafür – die Währung der Buße – zu einem Rinnsal versickert seien. Wilsons englisches und Hoovers deutsches Blut zeige sich in ihren Sympathien; mittlerweile habe Deutschland mehr Männer unter Waffen als Frankreich, die meisten von ihnen als paramilitärische Gruppen getarnt, nicht zuletzt auch die Hitlers, der nichts weiter als ein Strohmann für die Hohenzollern sei. Théophile hatte weder Kaiser Wilhelm vergessen noch das Kanonenboot, das dieser 1911 nach Agadir geschickt hatte, noch die zerstörten Städte und Dörfer von 1918 noch die viel zu frühe Räumung des Rheinlands 1930, die Frankreich keinen ruhigen Schlaf gebracht habe. Amerika grollte er, den Briten traute er nicht über den Weg, die Deutschen fürchtete er. Seine Emotionen waren Knickerbockers Ansicht nach der Stoff, aus dem die nationale Politik gemacht war.[27]

Nicht ganz, hatte doch die Notwendigkeit dabei auch noch die Hand im Spiel. Frankreich verfügte längst nicht mehr über die militärischen, finanziellen oder diplomatischen Mittel zur Durchsetzung seines Willens oder zur Verfolgung seiner grandiosen Vision. Der Verdruss und die Ängste eines Théophile wiesen in dieselbe Richtung: auf den Mangel an Entschlossenheit der 1930er-Jahre, jedem Risiko abgeneigt, passiv, besorgt, Frankreichs Blick noch immer auf dem Inselreich jenseits des Ärmelkanals.

*

Großbritannien blieb am Armistice Day die politische Bitterkeit erspart, die in Frankreich zu Zwischenfällen geführt hatte. Hier und da gelang es vereinzelten Kommunisten, die beiden Schweigeminuten zu stören. In Sunderland riefen einige zum Unwillen der Menge: »Nieder mit dem National Government, hoch mit der Arbeiterrepublik!« In Newcastle erklomm ein ambitionierter Redner zu Beginn der Schweigeminute einen Brunnen. Die Polizei sorgte in allen Fällen rasch für Ordnung. In Edinburgh, wo mehrere hundert Angehörige des National Unemployed Workers' Movement zusammenkamen, trennten die Konstabler einen Wortführer und einen seiner Anhänger von der Menge und zwangen sie, die Mützen abzunehmen, als ein Feldgeschütz Salut schoss. Nach dem nächsten Schuss zwei Minuten später setzte man den Weg zur örtlichen Wache fort.[28]

Es handelte sich hier um besonders notleidende Landstriche, wo Bergwerke, Stahlwerke und Werften stillstanden. Politischer Zwist wie auf dem Kontinent oder der Art, die der Mittelschicht während des Generalstreiks sechs Jahre zuvor einen solchen Schrecken eingejagt hatte, störte hierzulande kaum das Tagesgeschäft des Regierens. Auf dem Albion Square in Salford meinte ein Kanonikus gegenüber dem Kaplan des Bürgermeisters kummervoll, dass »die Kriegswolken sich nicht verziehen wollen« und dass die Arbeitslosigkeit »ein schlimmerer Feind« sei als der, »den wir im Krieg bekämpft haben, weil er Körper und Seele tötet«.[29] Niemand empfand hier eine Anspielung an die Tagespolitik, an Abrüstung oder Wirtschaftskrise als berechnende Ausbeutung einer heiligen Erinnerung, als Störung eines Augenblicks nationaler Gemeinsamkeit. Der eine oder andere ausländische Journalist oder Diplomat reagierte verstört auf eine derartige ideologische Ruhe; so behauptete ein deutscher Korrespondent Ende Oktober, wenn auch mit einiger Übertreibung, »der Sieg des Outsiders ›Pullover‹ im Cambridgeshire-Rennen, der den wenigen glücklichen Wettern eine Quote von 100 : 1 brachte«, hätte den Engländern mehr Gesprächsstoff gegeben als der »Hungermarsch der Arbeitslosen und ihre Massendemonstrationen im Hyde-Park« am selben Tag. Was nicht stimmte. Was die Engländer dagegen sehr wohl aufbringe, so berichtete er, das sei die »›Aufbauschung‹ und tendenziöse Berichterstattung der Ausländer«, die aus jeder laut werdenden Unzufriedenheit gleich einen bevorstehenden Umsturz heraushören wollten. Ein Jahr zuvor hatten so einige Leitartikler die Schuld an der Krise, die das Land zur Aufgabe des Goldstandards gezwungen hatte, in irgendwelchen Machenschaften des Auslands gesehen. Gott sei Dank sind wir die los, schrieben einige von ihnen und meinten damit nicht nur die

Spekulanten, die die Reserven erschöpft hatten, sondern auch die ausländische Presse, die einen kleinen Aufruhr unter Seeleuten in Invergordon zu einer »Flottenmeuterei« aufgeblasen hatte. Immerhin hatte das eine Panik bei Investoren zur Folge gehabt. Gleichzeitig begrüßten sie Bürgerstolz und Selbstgenügsamkeit, die die Briten den Gürtel enger schnallen ließen. Was für den *Daily Herald* auf der linken Seite ein »Betrug der Bankiers« oder ein internationaler Schwindel war, stellte sich für die *Financial Times* auf der rechten Seite als unprovozierter Angriff aus dem Ausland dar – im Falle größerer Krisen wandten die politischen Akteure des Inselreichs sich nicht gegeneinander, sondern geschlossen gegen das Ausland. Und nicht nur in größeren. Wenn man dem deutschen Journalisten glauben darf, war die übertriebene Aufmerksamkeit, die er und seine Kollegen von der Auslandspresse dem Menschenauflauf im Hyde Park widmeten, nach Ansicht »mancher englischer Zeitungen und Politiker ... schuld an der plötzlichen Sterlingsenkung« in ebenderselben Woche. Hungermärsche, so erklärte der *Observer*, seien ein ausländischer Import, eine »Masche«, die im Ausland zu falschen Eindrücken führe – schließlich bräuchten die Leute nur zum nächsten Wohlfahrtsamt zu gehen.[30]

Die Finanzkrise vom Sommer 1931 hatte zu einem National Government, einer All-Parteien-Koalition unter dem abtrünnigen Labour-Politiker James Ramsay MacDonald, geführt, die in Wirklichkeit jedoch eine Form von Ein-Parteien-Herrschaft war, die sich im Oktober in Gestalt der überwältigenden Mehrheit fortsetzte, die die Konservativen dem »Doctor's Mandate« zur Rettung der Wirtschaft verdankten, um das sie die Wähler gebeten hatten. Der französische Botschafter beklagte die allgemeine Apathie; er sehe keine Ideen, keine Doktrin, keine Kontroverse – eine ausgesprochen gallische oder kartesische Klage in einem Land von Empiristen, der auch nicht der Hauch von Neid anhaftete. Die neue Regierung langweile Parlament und Volk gleichermaßen, diagnostizierte er im Mai 1932, nachdem sie sechs Monate im Amt gewesen war; gewissenhaft, wie sie die Staatsgeschäfte wahrnehme, meide sie große Ideen wie die Pest; keiner der Minister erläutere eine Doktrin, weil man sich auf keine einigen könne, was das Kabinett so vage wie deprimierend eintönig mache. Im Dezember erklärte er das Gros der Bevölkerung für politisch indifferent. Die Regierung sonne sich längst nicht mehr im Prestige ihrer ersten Tage, als sie noch die Erlösung zu bringen versprach; für den Augenblick jedoch gebe es keine Opposition, die das Unterhaus oder das Land an sich hätte aufrütteln können. Die Leute draußen kümmerten die Probleme der weiten Welt herzlich wenig, so sein ebenso verallgemeinernder wie strenger Schluss, es sei denn, sie sahen – wie im Falle der Kriegsschulden gegenüber Amerika – eine materielle Wirkung auf die eigene Person.[31]

Die Regierung brauchte keine Doktrin. Fast zufällig war sie auf ein Rezept für die wirtschaftliche Gesundung gestoßen – Schutzzölle und billiges Geld –, Maßnahmen, die kaum einer der Abgeordneten unterstützt hätte, als die Haushaltskrise im August 1931 sie in den Schulterschluss trieb. Zu dem Zeitpunkt meinten sie noch, das Land und die Währung mit der orthodoxen Medizin von Deflation und Austerität retten zu können; man hätte sich weder eine Abwertung noch einen freien Wechselkurs oder eine manipulierte Währung vorstellen können; kaum einer war für eine protektionistische Politik gewesen, und einige von den Liberalen predigten nach wie vor einen doktrinären Freihandel. Stattdessen hatten sie binnen eines Monats sich vom Goldstandard abgewandt und das Pfund abgewertet; Schatzkanzler Neville Chamberlain hatte im Frühjahr 1932 Schutzzölle eingeführt und im August in Ottawa für bevorzugte Handelsbeziehungen innerhalb des Empires gesorgt. Für den Rest des Jahrzehnts schwor Großbritannien nahezu hundert Jahren Freihandel ebenso ab wie dem Goldstandard, zog sich in einen Sterlingblock mit besonderen Vorzugskonditionen zurück und erfreute sich eines Diskontsatzes von selten mehr als zwei Prozent. Die Folgen derart pragmatischer Maßnahmen lagen auf der Hand: Arbeitslose mussten nach wie vor mit einem Almosen auskommen, ausländischen Produzenten waren die britischen Märkte versperrt, und im Imperium der Banker in der City herrschte arge Verlegenheit;[32] im Hafen von Liverpool waren die Lagerhallen leer, in Lancashire standen Baumwollspinnereien zum Verkauf, deren Besitzer auf der Straße Zigarettenkippen auflasen; und in Newcastle upon Tyne, wo leise der Rost an den Werften nagte, stürzte so manchem Bergmann die Hütte ein. Indes nutzten diese Maßnahmen so vielen anderen, dass die Regierung die flehentlichen Bitten um einen Kurswechsel getrost ignorieren konnte. Damals wie später diskutierten die Ökonomen ihre Bedeutung für die wirtschaftliche Genesung, die für so einige zyklisch bedingt war; Tatsache ist, dass sich in weiten Teilen des Landes, insbesondere im Süden, eine Erholung einstellte, die sich bald an neuen chromverkleideten Fabriken aus Glas und Beton und Villen im Tudorstil ablesen ließ.[33]

Als er ein Jahrzehnt später auf die Zwischenkriegsjahre zurückblickte, erinnerte sich der Oxforder Historiker E.L. Woodward an ebenjenen intellektuellen Bankrott im politischen Leben Englands, den der französische Botschafter bereits damals diagnostiziert hatte. Männer, die – wie er selbst – 1918 aus dem Krieg heimgekehrt waren, zählten in der Politik danach wenig; alles ging weiter wie zuvor, befand er, unter der Leitung fader Politiker, die wenig zu bieten hatten außer dem Sozialismus auf der einen Seite und dem Konservatismus auf der anderen; und die Personifikation all dessen war für ihn MacDonald, der kränkelnde Führer des National Government, der die Seiten gewechselt hatte, auch wenn er dem nicht durch einen Parteiwechsel Rechnung trug.[34]

Mag sein. Tatsache war, dass 1932 ein Konsens die Oberhand zu gewinnen begann, der als moderater Konservatismus erkennbar war und dessen intellektueller Stammbaum bis zu Edmund Burke zurückreichte, der freilich gegen jedes große doktinäre System, das sein überfülltes Schiff zum Kentern bringen könnte, allergisch war. Unmittelbar auf eine gescheiterte Labour-Regierung folgend, war er dem Sozialismus und allem, was er bedeuten könnte, abhold – schon gar der Bedrohung von Eigentum und Privatsphäre, ja selbst der organisierten Religion. Die Verklärung der angestammten politischen Kultur und ihrer Aversion gegen Universalismen schuf Raum für Kompromisse und Notbehelfe und widerstand den im Rückgang begriffenen sozialen Unruhen. »Kauft britisch«, drängten die Plakate. Und der eine oder andere aus den ersten Hungermärschen hatte darauf gekritzelt: »Womit? Stempelgeld?« Aber die junge All-Parteien-Regierung mit ihren angestaubten Ministern erfreute sich der breiten Unterstützung der Presse, sieht man einmal ab vom linken *Daily Herald*, dem liberalen *Manchester Guardian* und dem Gemurre einiger Konservativer über die erzwungene Zusammenarbeit mit dem Ex-Antichristen – die *Morning Post* bezeichnete MacDonald zunächst als den »nominellen« Premier. Was sich durchaus als scharfsichtig erweisen sollte: Je seltener und unverständlicher MacDonalds Reden wurden, desto deutlicher fanden sowohl die Persönlichkeit der Regierung als auch die Volksstimmung ihren Ausdruck in der beruhigenden Gestalt des Chefs der Konservativen und Lord President of the Council Stanley Baldwin, der bereits in den 1920er-Jahren zweimal Premierminister gewesen war.[35]

Baldwin verdankte seinen Erfolg bei seinen Landsleuten seinem Image des offenen, vertrauenswürdigen, einfachen Mannes, der sein Publikum mit angenehm sanfter Stimme ansprach, ohne rhetorische Effekte, ganz so, als unterhalte er sich gerade von Mann zu Mann, und der selbst obskurste Sachverhalte in volksnahe Worte zu kleiden verstand. »Guter alter Baldwin!«, rief man ihm herzlich entgegen, wenn er morgens die Whitehall hinabging oder im Saint James's Park einen Spaziergang machte. Was nicht einer gewissen Ironie entbehrte, beruhte seine wachsende Autorität im Unterhaus doch weniger auf seiner Deutlichkeit als darauf, dass er die Ambiguität zur Kunstform zu erheben oder seine tiefwurzelnde Unschlüssigkeit als politische Mäßigung zu verkaufen verstand. Seine Kritiker warfen ihm Ziellosigkeit und – schlimmer noch – Passivität vor, eine straußenhafte Tendenz zum Ausweichen, dazu, »sich aus Prinzip einzumischen, nur um dann zu erklären, wie sehr die Politik ihn doch langweile und er sich nach dem Ruhestand sehne«. Derartige Schmähungen, oft erst im Nachhinein und mit eigennütziger Bosheit geäußert, übersahen sein Verlangen nach einem Mittelweg, der so viele seiner Landsleute wie nur möglich zu umfassen vermochte, seinen Pragmatismus und seine tiefe Aversion gegen berauschende und flüchtige Ideologien. Als er 1927 einem walisischen Publikum sagte, »Menschen, die ihr nationales geistiges Erbe zugunsten eines vagen und verwässerten Kosmopolitismus verleugnen, gehen ihres Menschseins verlustig«, dann war es geradeso, als hätte er sich für Burke ausgeben wollen. Ihm ging es nicht nur darum, die regierende Koalition, sondern das ganze Land beisammenzuhalten, und das Mittel dazu, seine spezielle Art von vernünftigem Konsens, fand seinen Ausdruck in den Kompromissen, die er gewohnheitsmäßig für jedes Dilemma zu finden versuchte – seien es Freihandel oder Schutzzölle, Rüstungsausgaben oder Abrüstung, Arbeitslosengeld, Gewerkschaften, die Erhaltung des Empires oder Großbritanniens Beziehungen zur übrigen Welt.[36]

Ein französischer Journalist, der sich 1932 zum ersten Mal in England aufhielt, konnte sich des Eindrucks einer gewissen Indifferenz der Londoner den ebenso sporadischen wie unklaren Meldungen von jenseits des Ärmelkanals gegenüber nicht erwehren. Wenn sie etwas aufzurütteln vermochte, so klagte er wie in einem Echo seines Botschafters, dann seien das die unverständlichen Angaben der Kricketergebnisse. »Deutschland begann sich zu regen, und die *Morning Post* brachte einen exzellenten Leitartikel über die Blumenschau« – aber auch seine Beobachtungen streiften die Karikatur. In der Tat füllten Nachrichten vom Kontinent nicht die Spalten der Tages- und Wochenblätter, und wenn, dann brachten sie ihre Leser sicher nicht aus der Fassung, aber tatsächlich fanden Leitartikel und Stellungnahmen zu internationalen Angelegenheiten ihren Weg nicht weniger oft in die Zeitungen als irgendwo jenseits des Kanals. Allerdings vermochten nur die Themen Krieg und Frieden die leidenschaftlichen Appelle und verschrobenen, wenn nicht gar schimärischen Visionen zu provozieren, an denen es dem Palaver heimischer Kontroversen so mangelte.[37]

»Die Vorkriegsgeneration ist eine Generation von Versagern«, schrieb ein Geistlicher aus Nordwales im Februar 1932 an den Generalsekretär des Völkerbunds, »und wenn sie das abscheuliche Verbrechen des Großen Krieges nicht wegwischen … dann ist es umso besser für uns alle, je früher sie das Feld räumen.« Er war vierunddreißig, hatte im Krieg gedient und meldete sich jetzt zusammen mit anderen Freiwilligen zur »Friedensarmee«, die vorgeschlagen hatte, sich zwischen die japanischen und die chinesischen Truppen in Ostasien zu stellen. Ein anderer schloss sich ihr an aus Buße dafür, sich damals zur »Kriegsarmee« gemeldet zu haben. Hinter all der Agitation für den Frieden schwärte die Wut auf den Krieg, diese böse Präsenz, die jeder Aktivist, vom Prominenten bis hinab zum kleinen Mann, von der Erde zu verbannen trachtete. Es trieb sie die Erinnerung an den August 1914, die auch Viscount Robert Cecil trieb, führender Vertreter der Abrüstungsbewegung und Präsident der 400 000 Mitglieder zählenden League of Nations Union (LNU), der sich dem Ziel verschrieben hatte, die Welt vom Fetisch des Gleichgewichts der Kräfte und der internationalen Anarchie zu befreien; sie trieb die Freiwilligen der Friedensarmee zu ihrer Vision, in einem Niemandsland zwischen den Gräben zu stehen, als sähen sie die Westfront einmal mehr in der mandschurischen Steppe; und sie trieb die Unterzeichner von Massenpetitionen dazu, die Sache des Friedens von der »kalten Weisheit dieser Welt« zu reklamieren. Die Freunde und Feinde der Abrüstung, des Völkerbunds und der kollektiven Sicherheit, Deutschlands oder Frankreichs, argumentierten, als verfolge sie 1914 und die Vorstellung, das alles könne sich jederzeit wiederholen. Die Krise habe sie völlig unvorbereitet überrascht, sagte der Erzbischof von Canterbury seiner Gemeinde in Kent kurz vor dem Armistice Day 1932, aber jetzt kannten sie die Vorzeichen, jetzt sähen sie die Waffen, die Ängste, den Argwohn. Und was er ihnen nun aufbürde, sei »eine große Pflicht … dafür zu beten, dass sich ein weiterer Krieg vermeiden« lasse.[38]

Von der Gesinnung her war man sich einig, in der Meinung jedoch geteilt. Anfang November, als Frankreich und Großbritannien sich darauf vorbereiteten, mit neuen Abrüstungsvorschlägen nach Genf zu gehen, behauptete *The Times* durchaus überzeugend, das nicht zu bezweifelnde Sehnen des ganzen Landes zum Ausdruck zu bringen mit ihrem Appell, ein neues Wettrüsten zu vermeiden, Versailles zu annullieren und Deutschland die Waffenparität zuzugestehen, freilich nicht durch Wiederbewaffnung, sondern durch die Entwaffnung der anderen auf das deutsche Niveau, um – gewaltlos – das territoriale Unrecht wiedergutzumachen, für das der Krieg und die Verträge, die ihn beendeten, gesorgt habe. Das Land, so hatte die Zeitung des Establishments einen Monat früher geschrieben, suche die endgültige Versöhnung zwischen Siegern und Besiegten.[39] Amen. Aber wie sollte diese aussehen? Kein Rezept hatte die Zustimmung der ganzen Nation, und die Polemiken um die vielen, die es gab, legten die Animositäten frei, die der Pazifismus kaschierte. In Frankreich verlief die Verwerfungslinie zwischen denen, die sich mehr Konzessionen Deutschland gegenüber vorstellen konnten, und denen, die lieber weniger davon gesehen hätten. In England sorgte eine Vielzahl solcher Verwerfungslinien für ein regelrechtes Labyrinth von Grundsätzen und Mutmaßungen.

Schon jetzt bestätigten Zeitungsartikel über eine mögliche Revision des Versailler Vertrags die schlimmsten Ängste der Franzosen, von der konservativen Presse überwiegend als rückschrittlich und deutschfeindlich abgetan – »Die Öffentlichkeit dieses Landes«, so schrieb der Herausgeber des *Observer*, »ist fest entschlossen, an ihrem Glauben an die Deutschen festzuhalten.« Andere zogen es vor, für sich selbst zu sprechen. Papen und Schleicher, so der – durchaus korrekte – Schluss des *Manchester Guardian*, wollten die Wiederaufrüstung und nur die Wiederaufrüstung und das Recht nicht etwa auf Waffengleichheit, sondern auf Überlegenheit Deutschlands über seine Nachbarn; und *The Times* räumte ein, dass die militaristische Agitation in Deutschland gegenwärtig den vorherrschenden Glauben an die Reinheit der deutschen Absichten untergrabe. Zehn Jahre lang hatte sich die öffentliche Meinung Englands an die Hoffnung geklammert, der Weg zum Frieden führe über die deutsche Rehabilitation; jetzt begannen sich die ersten Zweifel daran zu rühren.[40]

Und wer sollte sich welcher Waffen entledigen? Darüber konnte man sich nicht einigen. Im November zog die britische Regierung die Abschaffung der Luftwaffe in Betracht – zum schieren Entsetzen der für die einzelnen Teilstreitkräfte zuständigen Minister, einiger Hinterbänkler der Konservativen und so einiger Zeitungen, darunter der konservative *Daily Telegraph*. Gegen Monatsende sprach der Labour-freundliche *Daily Herald*, der zum Teil dem Trade Union Congress gehörte, von einer militaristischen Kabale, jedwede Reduzierung von Flotte oder Luftwaffe zu sabotieren. Als Drahtzieher nannte man Winston Churchill im Unterhaus und die Rüstungsindustrie außerhalb des Parlaments. Der *Daily Express*, konservativ zwar, aber stets zu einer Belehrung der Regierung bereit, besuchte die Pariser Flugzeugmesse und entdeckte dort dreiunddreißig französische und gerade mal fünf britische Militärmaschinen ausgestellt. Die Traumtänzer in Genf, so die Zeitung, sollten sich die Ausstellung auch mal anschauen. Die liberale Presse dagegen wollte mehr, nicht weniger Schiffe versenkt, mehr Flugzeuge am Boden, mehr Geschütze verschrottet sehen; der *News Chronicle* befürwortete zwar die Vorschläge der Regierung, wollte aber, dass man, dem Vorschlag des damals bereits aus der Regierung ausgeschiedenen Liberalen Herbert Samuel entsprechend, auch auf seine Schlachtschiffe verzichtete. Diese Geste könnte womöglich die Rettung der Welt bedeuten, hatte Samuel im Oktober gesagt.[41]

Der Frieden an sich war eine großartige Idee – aber galt das auch für die Abrüstung? Die konservative *Morning Post* wagte dies zu bezweifeln; für sie trug die Schuld an der Krise in Fernost die Schwäche des chinesischen Militärs. Allein sie hätte die Japaner zu ihrem Übergriff und den Westen zur Verteidigung von Chinas hohler Souveränität provoziert. Und überhaupt, wie könne der Westen abrüsten, wo die Sowjetunion dabei sei, sich bis an die Zähne zu bewaffnen? Und während Deutschland heimlich aufrüste?[42] Der Frieden kenne keinen ärgeren Feind als den Pazifisten, erklärte Mussolini im Oktober, und die *Yorkshire Post* berief sich darauf, um ihre Leser zu warnen, dass die Pazifisten Großbritannien in einen allgemeinen Krieg zur Unterstützung Chinas mit hineinziehen würden. Meistens jedoch führten Zweifler, um den Eifer der Pazifisten zu dämpfen, ein altvertrautes Argument des Realismus ins Feld: Kriege führten zu Waffen, nicht umgekehrt, und solange politische Feindschaften eine Nation gegen die andere stellten, würde jede auf ihren Waffen bestehen. Bevor seine Ostgrenzen nicht wiederhergestellt seien, so die Ansicht sowohl des *Observer* als auch des liberalen *News Chronicle*, würde Deutschland weiter aufrüsten, ob nun im Verborgenen oder für alle zu sehen. Dieses Axiom, das einige der Delegierten und technischen Fachleute in Genf durchaus teilten, erforderte die Beseitigung der Ursachen, bevor man sich der Instrumente entledigte – ein realistisches Argument, das Cecil als unrealistisch verwarf.[43] Andere lehnten Konferenzen grundsätzlich ab. Für Lord Beaverbrooks *Daily Express*, das Massenblatt, für das jegliches Engagement in Europa einen Landesverrat darstellte, führten Verhandlungen immer nur zu weiteren Verhandlungen.[44] Die *Morning Post* meinte mahnend, dass die Genfer Vogel-Strauß-Politik gegenüber politischen Realitäten womöglich eher zur Wiederbewaffnung der Welt als zu ihrer Abrüstung führen würde. Als besonders beunruhigend empfand man die französische Vorliebe für verbindliche Entscheidungen des Völkerbunds, würde eine solche doch die Briten womöglich gegen ihren Willen zu Sanktionen zwingen oder – schlimmer noch – dazu, sich im Falle eines Verstoßes gegen einen Abrüstungsvertrag gegen den Sünder zu stellen. Hatte nicht die Entente cordiale mit Frankreich, die Edward Grey 1904 unter Dach und Fach gebracht hatte, das Land 1914 überhaupt erst in den Krieg auf dem Kontinent hineingezogen? David Lloyd George, einer der vernehmbarsten Freunde Deutschlands im Inselreich, war dieser Ansicht und sollte das auch im kommenden Jahr im ersten Band seiner Kriegserinnerungen äußern.[45]

Im November schien sich die Situation in Genf – einmal mehr – zuzuspitzen, was in Großbritannien Politik wie Presse zu klaren Ansagen zwang. Cecil und Churchill legten daraufhin so scharfsichtig wie überzeugend ihre kollidierenden Credos zu Krieg und Frieden dar. So frappant sich ihre Herkünfte ähnelten, ihre Anschauungen hätten unterschiedlicher nicht sein können. Beide entstammten sie großen und einflussreichen Familien, beide wurden sie in die regierende Klasse hineingeboren, beide waren so starke wie sture Einzelgänger; damit unterschieden sie sich von typischen Sprösslingen ihrer Art hinsichtlich ihres Wegs an die Macht. Lord Cecil of Chelwood, der »Geier auf der Jagd nach Schmetterlingen«, dessen Raubvogelprofil und sanftes Wesen in Genf praktisch zum Inventar gehörten, hatte der Regierung den Rücken gekehrt, um sein Leben der Abrüstung und der kollektiven Sicherheit zu widmen. Man sagte ihm nach, er habe einen Fuß im Mittelalter, den anderen im Völkerbund. Churchill, der Abkömmling der Herzöge von Marlborough, »ausgesprochen brillant und amüsant, aber nicht konstruktiv«, war mittlerweile ebenfalls aus den Regierungsgeschäften ausgeschieden; er hatte vorübergehend mit dem Gedanken an eine Oppositionspartei gespielt und klüngelte mit nicht weniger sturen Pressezaren. Für das National Government jedoch war er kaum gefährlicher als ein erloschener Vulkan. Er reiste, schrieb viel, diskutierte und sprach, da er nach wie vor der konservative Abgeordnete für seinen angestammten Wahlkreis Epping war, im Unterhaus.[46]

Am Tag nach dem Jubiläum des Waffenstillstands hielt Cecil eine Rede in Manchesters überfüllter Free Trade Hall, organisiert hatte die Veranstaltung die LNU. Befürchtungen des frischgebackenen Oberbürgermeisters zufolge, der ihn dem Publikum vorstellte, war die Welt einem Krieg näher als zu irgendeinem Zeitpunkt seit dem letzten, aber Cecil schlug einen nüchternen Ton an. Er, der 1919 bei der Ausarbeitung des Völkerbundpakts mitgewirkt hatte, sah den Bund als ersten Schritt weg vom Chaos der Vorkriegszeit hin zur Organisation eines Friedens, nicht mehr und nicht weniger. Die Frage, ob es die Rüstung war, die zu Kriegen führe oder nicht, lasse ihn kalt; sie zu begrenzen, beschleunige die Zusammenarbeit und hemme den Konflikt; und was Deutschland anging, sollte es im Prinzip seine Waffengleichheit haben, wenn auch nicht, um nach Belieben aufrüsten zu können, wie seine vernehmbarsten Militaristen zeitweise drohten. An diesem Tag wie auch später zeigte Cecil ein Gespür für die Grenzen des Machbaren, das noch nicht einmal seine glühendsten Anhänger hätte begeistern können, das aber sehr wohl dazu angetan war, selbst den Panikmachern unter seinen Kritikern den Wind aus den Segeln zu nehmen. »Kriege«, so pflegte er zu sagen, »wird es geben, bis Nationen keine mehr zu führen beschließen.« Durch Abrüstung ließe sich jedoch das gegenseitige Vertrauen stärken, wenn sie der Gefahr eines Überraschungsangriffs, vor allem aus der Luft, ein Ende machen könnte – womit einmal mehr 1914 seinen Schatten auf die Technik von 1932 warf.[47]

»Was mich an ihnen vor allem beeindruckt«, so sagte Churchill über die Mitglieder des Völkerbunds, »sind ihre Langmut und ihre unerschöpfliche Leichtgläubigkeit.« Er äußerte das elf Tage nach Cecils Auftritt in Manchester, am dreiundzwanzigsten, im Unterhaus im Rahmen der Debatte über die Rede des Königs vor beiden Häusern des Parlaments. Indien, die Kriegsschulden gegenüber Amerika, die Weltwirtschaftskonferenz – alles wurde einer Überprüfung unterzogen, und er sprach fast anderthalb Stunden, verwandte dabei aber mehr Zeit auf die Gefahren der Abrüstung und die »traurige Szenerie« in Genf als auf alle anderen Themen zusammengenommen. Zur militärischen Gleichstellung Deutschlands meinte er: Als gehe es den »Horden kräftiger junger Teutonen, die da auf Deutschlands Straßen marschieren, das Leuchten des Verlangens, für das Vaterland leiden zu dürfen, in den Augen«, nur um die Gleichheit. Sie wollten mehr. Jede Konzession den Deutschen gegenüber habe zu nichts weiter geführt als zu weiteren Forderungen, und jetzt die militärische Balance mit Gleichheitsplänen über den Haufen zu werfen, sei ausgesprochener Wahnsinn angesichts des bevorstehenden Zusammenbruchs des parlamentarischen Systems in Deutschland und der Tatsache, dass das Reich über doppelt so viele Männer im wehrfähigen Alter verfüge wie Frankreich – von der tödlichen Mixtur aus territorialen Forderungen und latenter Macht ganz zu schweigen. Nicht weniger wahnsinnig sei jeder Plan, der Großbritannien dazu verpflichten würde, gegen seinen Willen zu handeln; mit derlei Narreteien, so Churchill, untergrüben die Genfer Konferenzen nur die Sicherheit Großbritanniens. Ein bewaffneter, durch Frankreich geschützter Frieden auf dem Kontinent sei ihm lieber als ein Krieg zwischen gleich starken Feinden, der jederzeit ausbrechen könne, solange der Danziger Korridor, Siebenbürgen und dergleichen Probleme die Atmosphäre vergifteten. Sie gelte es, unter Achtung der Grenzen verängstigter kleinerer Nationen, als Erstes zu lösen, anstatt das britische Volk mit frommen Hoffnungen auf einen ewigen Frieden zu täuschen. »Wann immer einer dieser Pläne aufs Tapet kommt«, fuhr er fort, »klatschen die guten Leute vom Völkerbund vor Freude in die Hände … Der Prozess ist allem Anschein nach so endlos wie der erbärmliche Applaus.«[48]

Wo aber stand die Regierung? Am Zehnten des Monats hatte auch Stanley Baldwin im Unterhaus eine Rede gehalten. »Der Bomber wird immer durchkommen«, hatte er gesagt und damit die Ängste von Millionen zum Ausdruck gebracht. Was seiner Überzeugung nach seine Art und seine Stärke war: »Mein ärgster Feind könnte von mir nicht behaupten, ich würde das englische Volk nicht verstehen.« Aber ob es besser wäre, den Himmel über dem englischen Volk mittels Rüstungsabkommen zu befrieden oder mit eigenen Bombern zurückzuschlagen – darüber schwieg er. Die Aussicht, es könnte aus der Luft Tod und Verderben regnen, schien einen Krieg unvorstellbar zu machen, und Arthur Ponsonby, Chef der Labour-Fraktion im Oberhaus und prominenter Verfechter der Abrüstungspolitik, bedankte sich bei Baldwin schriftlich für seine Rede. Bis ins nächste Jahr hinein sollte Baldwin für eine Genfer Konvention gegen Fliegerbomben plädieren. Aber da, wie er einräumte, ein Verbot sich im Falle eines Krieges nicht aufrechterhalten ließe und Städte wehrlos wären, würde ein Bombenangriff einen Gegenangriff mit Bomben provozieren und »noch schneller noch mehr Frauen und Kinder töten als der Feind«. Baldwins finstere Worte blieben ohne Schlussfolgerung, klagte Churchill, und einige Zeitungen schlossen sich seiner Meinung an. Wenn Verbote nutzlos seien in dem Augenblick, in dem es tatsächlich zum Krieg komme, warum sich überhaupt erst die Mühe machen? Es schien ein verzweifelter Rat. Leserbriefe verstanden die Ansprache teils als eine Billigung, teils als eine Zurückweisung der Abrüstung. Sicher sein konnte niemand.[49]

Angesichts all des Seitenwinds tat die Regierung sich schwer, einen Kurs zu finden. Die Abrüstung, das ehrgeizigste Projekt des Völkerbunds, war beliebt, sicher, aber das galt auch für die Landessicherheit. Unbehaglich, wie der Regierung bei alledem war, stand sie zu beidem und ging den schmalen Grat zwischen Regieren und Vorschub leistendem Entgegenkommen. Ihre Vorgängerin hatte sich nicht anders verhalten. Im Januar, drei Wochen vor Beginn der Abrüstungskonferenz, war das Kabinett in einer düsteren Sitzung die Alternativen durchgegangen: für andere inakzeptable Kürzungen, für das Kabinett selbst inakzeptable Kürzungen oder öffentliche Schuldzuweisungen für das Scheitern der Genfer Verhandlungen.[50] Am Problem selbst hatte sich nichts geändert. Aber der Augenblick war ein anderer: Die Deutschen hatten die Abrüstungskonferenz verlassen, und das Kabinett konnte sich darauf einigen, wie man sie wieder an den Verhandlungstisch bringen sollte. MacDonald und Außenminister Simon fürchteten den völligen Zusammenbruch der Bemühungen in Genf und eine schlechte Presse im eigenen Land; die Chefs der Teilstreitkräfte fürchteten leichtfertige Abrüstungsvorschläge. Und viele fürchteten neue Verpflichtungen egal welcher Art.[51] In Locarno hatte Großbritannien sich 1925 zusammen mit Italien bereit erklärt, die französisch-deutsch-belgischen Grenzen gegen Aggressionen zu garantieren, hatte sich aber auch vorbehalten, Richter über jedwede Verpflichtung und damit Herr über sein Schicksal zu bleiben. Hinter all dem Gerede über Waffen, Frieden, Abkommen und Vorsichtsmaßnahmen stand die unausgesprochene Frage, wie weit man noch gehen sollte.

Hier hatten auch die Dominions ein Wörtchen mitzureden; sie machten nicht weniger Druck auf die britische Regierung als die Parteien zu Hause und einige sogar noch mehr – mehr als die Old-Labour-Puristen, die sechsundvierzig Überlebenden des Wahlmassakers von 1931 mit anderen Worten, die bei ihrer Parteikonferenz im Oktober ihre »bedingungslose Ablehnung der Wiederbewaffnung jedweder Nation unter jedweden Umständen« erklärt hatten.[52] Weder historische Ressentiments noch Erinnerungen wie die der Iren gegenüber ihren englischen Nachbarn belasteten die Loyalität Kanadas, Australiens, Neuseelands oder Südafrikas, wo der Burenkrieg bereits einige Zeit zurücklag; auch verfassungstechnisch stand einem Vertrag nichts im Weg, nicht seit dem Statut von

Westminster, das im Dezember 1931 die gesetzgeberische Unabhängigkeit der Dominions bestätigt hatte. Und Großbritannien, insbesondere das konservative Großbritannien, war hinsichtlich seines politischen und strategischen Zusammenhalts auf sein Empire angewiesen – es konnte weder sich alleine verteidigen noch seine Position in der Welt.

Jetzt jedoch drohte der Zugang zu den britischen Märkten sowie der Schutz ihrer eigenen die Dominions und das Mutterland auseinanderzubringen, sofern sich die Briten nicht entschließen könnten, die Empfindlichkeiten ihrer europäischen Handelspartner hintanzustellen und den Dominions eine Vorzugsbehandlung zuteil werden zu lassen. Aus ebendiesem Grund waren Chamberlain und Baldwin im Sommer nach Ottawa gereist. So hatte man, gleichsam auf dem Altar des Freihandels, dafür nicht nur den Rest an Goodwill geopfert, den man nach der Aufgabe des Goldstandards im Vorjahr auf dem Kontinent noch genoss, sondern auch drei Minister der Liberalen und einen abtrünnigen Labour-Lord, die alle Ende September den Hut nahmen, mitsamt einigen Staatssekretären. Der Zusammenhalt des Empires erforderte darüber hinaus, dass Großbritanniens Beziehungen zu den Vereinigten Staaten nicht irreparabel beschädigt wurden, auf dass nicht eine der Dominions – insbesondere Kanada – sich gezwungen sähe, eine Seite zu wählen. Umgekehrt bedeutete dies, dass Großbritannien nichts Unwiderrufliches an den Kontinent binden durfte, damit die Sicherheit des Empires nicht Schaden nahm. Beaverbrook, der Pressezar, selbst Kanadier, nahm deshalb in seinen Blättern die europäischen Verträge aufs Korn. Aus demselben Grund machte das Gerede, Fliegerbomben oder die Luftwaffe überhaupt zu verbieten, um die festgefahrenen Genfer Verhandlungen wieder in Bewegung zu bringen, nicht nur den Chefs der Teilstreitkräfte im Mutterland, sondern auch einigen ihrer Pendants in den Dominions Sorgen. Besonnenheit, wenn schon nicht Ängstlichkeit, empfahl sich, wenn es um Versprechungen gegenüber dem Kontinent ging; dort hatte Großbritannien, wenigstens seit Locarno, das Gleichgewicht der Kräfte wiederherzustellen versucht, das es ihm ersparen würde, sich für die eine oder andere Seite entscheiden zu müssen und, wenn auch noch so stillschweigend, Forderungen an unabhängige Dominions zu stellen. Indien wiederum stand auf einem anderen Blatt; die nationalistische Bewegung dort gewann ungeachtet von Großbritanniens europäischem Dilemma an Fahrt. Freilich könnten neue Verpflichtungen auf dem Kontinent, und dienten sie auch nur der Gewährleistung eines etwaigen Waffenstillstandsabkommens, eine Mutmaßung rasch zu einer Bedrohung werden lassen, und das nicht nur auf dem Subkontinent, sondern auch in den Dominions. Würden die noch einmal für Großbritannien in einen europäischen Krieg ziehen? Vor dem Hintergrund des Umstands, dass der Indische Nationalkongress bei einer dritten Round-Table-Konferenz zwischen Großbritannien und Indien im November in London die Teilnahme verweigerte, hätten derlei existenzielle Exkurse die Position der Briten wohl schwerlich gestärkt. All das lastete auf den Überlegungen der britischen Regierung angesichts der zunehmenden Unruhe auf der anderen Seite des Ärmelkanals.[53]

Vor allem galt es, keinen Schaden anzurichten. Die Koalition, die ein »Doctor's Mandate« forderte, wollte kein Risiko eingehen. Sie würde nichts tun, was den Konsens – etwas ganz Neues im eigenen Land – oder den Zusammenhalt unter den Dominions untergraben könnte, der seit dem Krieg so ungewiss war. Abenteurertum, europäisches wie ostasiatisches, konnte das eine wie das andere gefährden. Der Regierung lag an Frieden und Entwaffnung durch Worte und Gesten; sie würde einen Schritt auf Deutschland zu tun, einen auf Frankreich und einen auf Genf. Dazu bräuchte sie einen Außenminister, der das einzufädeln verstünde, der die rechte Formel und die Balance zwischen populär und besonnen fand. In dem Rechtsanwalt Sir John Simon fand sie einen Pragmatiker und einen geschickten Taktiker, ein unentwegter Liberaler zwar, der jedoch nicht so engstirnig auf die Doktrin bestehen würde, dass er in Sachen Schutz aus der Reihe tanzte und eigene Wege ging. Simon war ein Realist, dessen Denken als Anwalt einen merkwürdigen Kontrast zu MacDonalds zunehmend mystischen Träumereien bot. Als es während des Generalstreiks von 1926 auch im Parlament zu Tumulten kam, erhob er sich und demonstrierte unwiderlegbar die Unrechtmäßigkeit des Streiks. Zwischen 1927 und 1930 saß er der Indian Statutory Commission vor, der Verfassungskommission, die den ganzen Subkontinent bereiste; er schlug repräsentative Provinzregierungen vor, lehnte aber den von den Indern geforderten Dominion-Status nach wie vor ab, was zur Folge hatte, dass die Reise der nach ihm benannten Kommission von schwarzen Fahnen, feindseligen Massen, Boykotten, Salzmärschen, zivilem Ungehorsam und Round-Table-Konferenzen begleitet war. Nichtsdestoweniger war es ein erster Schritt. Simon war ein vernünftiger Mann. Jetzt wandte er sich der Situation in Europa zu. Im Unterhaus unterstrich er am Vorabend des Armistice Day Deutschlands Rechte: sich zu bewaffnen wie andere auch, wenn auch nicht gleich von heute auf morgen; allgemeine Waffengleichheit, aber ebenfalls nicht über Nacht; das Recht auf Großbritanniens Wort von Locarno, nicht jedoch auf einen neuen Vertrag. Zumindest also ging er nicht mit leeren Händen nach Genf.[54]

Baldwin, der als Premier einsprang, wann immer MacDonald aus Krankheitsgründen verhindert war, hatte Genf einmal besucht: 1921, für einen Tag, und auch das nur während eines Urlaubs im nahe gelegenen Aix-les-Bains. Dabei sollte es auch bleiben; er setzte weder in den Völkerbund selbst noch in seine Enthusiasten großes Vertrauen. »Es gibt so vieles, was mir an der Propaganda der Union missfällt«, schrieb er privat an Austen Chamberlain bezüglich einer Einladung, vor der League of Nations Union zu sprechen, »und ich hätte zwischen der Skylla, sie zu verfluchen, und der Charybdis von Gefühlsduselei und Kokolores zu navigieren.« Er hätte provinzieller nicht sein können; aber er war weder fremden- noch europafeindlich noch ein gelangweilter Amateur in auswärtigen Angelegenheiten, wie seine Kritiker ihm vorwarfen. Das Empire um jeden Preis zu bewahren, auch um den von Zollkonzessionen gegenüber den Dominions und einer größeren Eigenständigkeit für die indische Nationalbewegung; nicht Europa aus dem Weg zu gehen, was unmöglich war, wie er erkannte – »Unsere Inselgeschichte ist erzählt«, räumte er ein –, sondern nicht endenden Verpflichtungen dort; jetzt zu entwaffnen, wenn möglich, und später wieder aufrüsten, falls nötig – all das war eine Diplomatie der goldenen Mitte, bequem in ihrer Ambiguität und alles andere als kühn. Aber unterschied sie sich so sehr von dem Denken in dem Land, das er effektiv führte? Oder von dem der Koalition, die er so fähig leitete? »Ich glaube, dass es gut läuft im Parlament«, sagte er Anfang 1932 einem Freund. »Unsere Jungs werden alles diskutieren, was direkt auf die Situation in unserem Land wirkt, sind aber ungeduldig, was alles andere anbelangt.«[55]

Außerdem lag seine Popularität anderswo, draußen auf dem Land, »bei der mittleren Masse, die für Baldwin gestimmt hat, weil er Baldwin war«, weil er für die soziale Befriedung eintrat und 1925 eine Rede über die Beziehungen zwischen Arbeitgebern und Gewerkschaften mit einem Satz aus der anglikanischen Liturgie geschlossen hatte: »Gib Frieden, Herr, in unseren Tagen.« Im selben Jahr sagte er über seine enge Bindung zu dem britischen Volk zum schwedischen Botschafter, mit dem er befreundet war: »Ich drücke auf irgendeine unerklärliche Weise aus, was das englische Volk denkt. Aus welchem Grund auch immer«, fügte er mit einer für ihn charakteristischen Mischung aus Selbstvertrauen und Bescheidenheit hinzu, »gefällt mir das und gibt mir Kraft.« Und als er 1937 aus dem Amt ausschied, genoss er mehr Respekt als sonst ein Staatsmann in seinem Land.[56]

*

Bei all ihren politischen und intellektuellen Unterschieden ähnelten sich Herriot und Baldwin durchaus – sie waren beide eine ebenso solide wie umgängliche, untersetzte, pfeiferauchende Personifikation erdverbundener Vernunft, auch wenn keiner von ihnen einer Bauernfamilie entstammte; beide waren sie überzeugende Redner und eifrige Leser der Klassiker, und auch wenn sie niemanden mitzureißen vermochten, sie waren gute Gefährten. Im Amt lastete die Vergangenheit auf ihnen. Ohne es tatsächlich auszusprechen, sehnten sich beide nach der Rückkehr – Baldwin zu einem »langen

Sommernachmittag von Industrie und Empire«, Herriot zu einem System, in dem sein Land, gemeinsam im Verband mit anderen Großmächten, gegen die ungebärdigste in ihrer Mitte stand und, ungestört von den hartnäckigen Gerüchten um eine Invasion, seine republikanische Mission verfolgen konnte. Keiner von beiden stellte sich eine schöne neue Welt vor. Was unter diesen Umständen auch völlig unmöglich war.

7 Warschau und Budapest

November 1932

Im Herzen Warschaus, auf dem ehemaligen Sächsischen Platz (Plac Saski), stand die Reiterstatue des polnischen Fürsten Józef Poniatowski, der die Stadt 1794 während des Kościuszko-Aufstands, des letzten vergeblichen Aufbäumens gegen die endgültige Teilung und damit das Verschwinden Polens von der Karte Europas, gegen die Russen verteidigt hatte. Er hatte dann auf der Seite Napoleons in Russland gekämpft und war schließlich als französischer Marschall 1813 bei der Völkerschlacht von Leipzig gefallen. Am 11. November 1932 zogen die Soldaten eine Schleife um das Denkmal und dann unter den Augen von De-facto-Staatschef Marschall Józef Piłsudski am Grab des Unbekannten Soldaten vorbei. Der Anlass stellte ihn einmal mehr in eine Linie mit Poniatowski, Kościuszko und der aufständischen Tradition. Er hatte sie im Untergrund selbst gelebt, im Kampf gegen die russische Herrschaft vor 1914, bei Kriegsbeginn dann mit den Polnischen Legionen und schließlich mit der Forderung der Unabhängigkeit bei Kriegsende 1918; Krönung seiner Bemühungen war die Wiedergeburt des polnischen Staats: *Polonia Restituta*.[1]

Am Sächsischen Platz freilich feierte man mitnichten den Waffenstillstand an der Westfront zur elften Stunde am elften Tag des elften Monats. Genau genommen hatten die Feierlichkeiten schon am Abend des Vortags begonnen, als endlose Prozessionen von Getreuen sich vor dem Warschauer Belvedere eingefunden hatten, wo Piłsudski lebte und von dessen Portikus aus er sie begrüßte, ganz der alte Wolf aus den Wäldern des europäischen Ostens mit seinem feldgrauen Umhang und dem mittlerweile ergrauten Haar. Dagegen erinnerten der buschige, die Mundwinkel umrahmende Vorkriegsschnurrbart und sein feuriger Blick eher an den Arverner-Fürsten Vercingetorix oder einen seefahrenden nordischen Plünderer. Die Deutschen hatten ihn, nachdem er sich geweigert hatte, ihnen seine Legionen zu leihen, 1917 festgenommen und unter anderem in Magdeburg interniert. Derweil hatten sie, über ihren eigenen Teil hinaus, den gesamten russischen Teil Polens besetzt und eine Pseudounabhängigkeit – eine geduldete Souveränität – vorgeschlagen, die für ihn nicht in Frage kam. Nachdem er am 10. November 1918 ins Chaos eines Landes voll städtischer Unruhen zurückgekehrt war, sorgte er für ein gewisses Maß an politischer Kontrolle, mit dem sich immerhin das Schreckgespenst der Anarchie bannen ließ; er entwaffnete die deutsche Garnison und stellte seine Landsleute wie den Rest der Welt vor vollendete Tatsachen. Die Westalliierten waren der Unabhängigkeit Polens durchaus gewogen, hatten aber nicht so früh damit gerechnet und schon gar nicht so plötzlich. Wie auch immer, 1932 hatte sich längst ein Kult um Piłsudski gebildet; vier Jahre zuvor hatte man den Sächsischen Platz nach ihm umbenannt. Die Paraden, Ansprachen, Gottesdienste, der Gesang, die Embleme, die gekrönten weißen Adler des polnischen Wappens am zehnten und elften November feierten nicht nur die Wiedergeburt der Nation als souveräne Republik, sondern auch Józef Piłsudski als der Ersteren Retter und der Zweiten Demiurg.[2]

Das verbitterte seine Gegner wie seine Rivalen. Bei jeder Wiederkehr des Jahrestags, der noch kein Nationalfeiertag war, erinnerten einige der prominentesten von ihnen das Land an ihre eigene Rolle im Jahr 1918, eine Rolle, die, so einer ihrer zahlreichen Vorwürfe, die Anhänger des Piłsudski-Kults schlicht nicht wahrhaben wollten. Die Westalliierten schmiedeten anhand neuer Europakarten Pläne für die Zukunft des Kontinents, und das Polnische Nationalkomitee in Paris sowie der gefeierte Pianist Ignacy Paderewski in Washington hatten sich geduldig einen Stuhl am Verhandlungstisch und damit Polen einen Platz in der Siegerkoalition gesichert; sie hatten für den dreizehnten von Wilsons vierzehn Punkten und damit für die Wiedergeburt eines unabhängigen Polens gesorgt. Wie sollten sie jetzt schweigend bei der Verklärung eines eben aus der komfortablen Festungshaft entlassenen Generals, der sich selbst ausgebildet hatte, und seiner längst aufgelösten Legionen zusehen? Schon gar, wo die Entwaffnung der deutschen Garnison in Warschau bereits vor Piłsudskis Rückkehr Patrioten in Angriff genommen hatten, die Piłsudski oft noch nicht einmal zur Kenntnis nahm? Vor allem jedoch, so betonten sie in ihrer Presse, sei es ihren eigenen Bemühungen zu verdanken gewesen, dass der Waffenstillstand im Westen auch Polen zugutekam. Im Januar hatte eines ihrer führenden Mitglieder, General Władysław Sikorski, in der französischen *Revue des Deux Mondes* einen scharf formulierten antideutschen Artikel veröffentlicht und darin kurz und bündig die Ereignisse von 1918 auf den Punkt gebracht: »Mit der Ankunft von M. Paderewski am 27. Dezember 1918 in Posen«, so schrieb er, »begann der Aufstand, der Großpolen befreien sollte.« Piłsudski erwähnte er mit keinem Wort.[3]

Was den Anhängern des Marschalls sofort Grund zum Einhaken gab: »Was in Polen passiert, spielt für sie keine Rolle«, warfen sie ihren Kritikern hinsichtlich der Ereignisse vom 11. November 1918 vor, »weil in ihren Augen nur die Ereignisse im Westen zählen.« Zwei Tage nach der Gedenkfeier 1932 verteidigte die halbamtliche *Gazeta Polska* den Jahrestag. Er ehre, so führten Piłsudskis Anhänger aus, die Vertreibung der letzten Besatzer, der Deutschen, und zwar mit dem Schwert; seine Feinde entehrten, in westlichen Hauptstädten schreibend, mit ihrer Tinte, ihrem Geplapper und ihrer Arglist den Tag als Manipulation eines ausländischen Siegs.[4]

Beide Seiten hatten so recht wie unrecht; die Wiedergeburt vom November 1918 bedurfte sowohl eines Siegs der Entente als auch der Initiativen im eigenen Land, so brüchig diese auch immer waren. Andere Jahrestage boten sich als potenzielle Nationalfeiertage an, darunter etwa der dritte Mai zu Ehren der freiheitlichen Verfassung von 1791, ein weiterer vergeblicher Versuch, das alte Königreich auf eine gesündere Basis zu stellen, bevor seine Nachbarn es völlig verschlangen, sowie der siebte November, der Tag des Aufstands der Sozialisten 1918 in Lublin, die Piłsudski zwar als einen der ihren sahen, deren sektiererische Begeisterung dem Marschall damals jedoch nur noch peinlich war. Naheliegend gewesen wäre auch der polnische Tag des Soldaten im August, der dem Gegenangriff von 1920 gedachte, als polnische Kräfte unter Piłsudskis Kommando die Sowjets vor den Toren Warschaus in die Flucht geschlagen und damit deren Vertreibung eingeleitet hatten. Aber bei allem Konsens über seine Bedeutung konnte man sich nicht auf Piłsudskis Urheberschaft des Sieges einigen, die man in den Augen seiner Kritiker maßlos übertrieb. Letztendlich spielte sich der 11. November als halboffizieller Feiertag ein und wurde 1937 schließlich zum offiziellen – zwei Jahre nach Piłsudskis Tod und zwei Jahre vor dem erneuten Verschwinden des polnischen Staats. Der Kalender bot fast so viele Kandidaten für den Tag, wie es in Polen politische Familien gab, aber das Datum selbst spielte im Grunde gar keine Rolle. Hinter der Polemik um den Jahrestag steckte vielmehr eine weit tiefergehende Frage um die Identität Polens selbst.[5]

Sie begann mit der Vergangenheit. Einen Teil der 1920er-Jahre über war der Sächsische Platz das Zuhause eines gewaltigen Trümmerhaufens gewesen, der Überreste der Alexander-Newski-Kathedrale mitsamt ihrer Kuppel und dem hochaufragenden Glockenturm. Die Russen hatten sie kurz vor dem Krieg eingeweiht. Mit ihren Gold- und Emaillearbeiten, prächtigen Mosaiken und gewaltigen Fresken hatte die orthodoxe *sobor* eine Mischung aus Byzanz und Moderne ins Herz der Hauptstadt des katholischen Landes gebracht. Die Polen hatten sie nicht nur abgerissen, sondern auch sonst überall in der Stadt Wände und Pforten von jeder moskowitischen Spur gesäubert. In ganz Polen hatte der kulturelle Konflikt der öffentlichen Architektur seine Geschichte aufgedrückt. Allenthalben trugen Fassaden und Straßen die Spuren der Feindschaft zwischen dem Fremden und dem Einheimischen, zwischen russischen Kuppeln und polnischen Spitztürmen oder einer jungen und fernen Vergangenheit überhaupt: von rivalisierenden Ansprüchen auf Territorien, das Land und seine Toten hinterlassene Narben.

Wir waren vor euch hier, lautete die Begründung für derlei Ansprüche, und geltend gemacht hatte man sie durch Neubauten, Umbenennung oder Abriss.[6]

In Kattowitz (Katowice), der Hauptstadt Oberschlesiens im polnischen Südwesten, verkörperten Bahnhof, Häuserfassaden und perfekte Straßenbeläge die Anwesenheit der Deutschen seit 1740, als Friedrich der Große die damals österreichische Provinz beansprucht hatte. Jenseits des Stadtzentrums jedoch, im Kohlerevier, waren die Einwohner wie auch ihre Ortsnamen polnisch. 1921, nach der Besetzung der Region durch polnische Aufständische, hatten sie sich in einer komplizierten Volksabstimmung dafür entschieden, das auch gesetzlich festzulegen, womit die Bürgerschaft von Kattowitz sich als wohlhabende Minderheit in ihrer Mitte hielt. Die Polen lasen die *Polonia*, die Deutschen die *Kattowitzer Zeitung*, pangermanisch ausgerichtet und oft zensiert. Von germanischen Stämmen schon vor dem sechsten Jahrhundert und dann von Slawen bevölkert, im zehnten Jahrhundert den polnischen Königen untertan, dann von Tschechen, Österreichern und schließlich den Preußen umkämpft, war Schlesien nach Versailles einer der großen Verluste des Deutschen Reichs; die Deutschen hatten es zu einem kleinen Ruhrgebiet mit einer Million Einwohnern entwickelt, hatten dort Kohle, Zink- und Eisenerz geschürft, Stahlhütten und ein dichtes Schienennetz aufgebaut. Weder die Tschechen noch die Österreicher hatten in der Region die polnische Kultur auszumerzen versucht, die Preußen in den 175 Jahren ihrer Präsenz sehr wohl. Und jetzt standen sich an der gerade mal einen Steinwurf entfernten Grenze die Erinnerung an die Germanisierung und der Ehrgeiz der Polonisierung gegenüber.[7]

Auf alledem lag lastend diese Provinz, die Plebiszite und ein Schiedsspruch des Völkerbunds Deutschland gelassen hatten. Die Schlesier vor Ort führten den Kampf für ihre »vom polnischen Staat abgetrennten Landsleute«, indem sie sich zu einem rechtslastigen Nationalismus bekannten oder, etwas stiller, ihr eigenes kulturelles Erbe pflegten. In Beuthen (Bytom), wo einige Gebäude vorne hinaus nach Deutschland führten und hinten hinaus nach Polen, eröffnete man Anfang November 1932 ein Museum, in dem Mobilisierungsdokumente, Gebrauchsgegenstände, Kunst und Geschichtliches zu sehen waren, die die deutsche Identität der geteilten Provinz vermittelten. Das Oberschlesische Museum verwehrte der fernen polnischen Vergangenheit keineswegs die Präsenz, bestand aber auf den dringlicheren Ruf der lebenden Gegenwart. In Kattowitz gleich auf der anderen Seite der Grenze hatten die Polen ihr eigenes Schlesisches Museum eröffnet, um das Gegenteil zu demonstrieren und, den unbescheidenen Ängsten der liberalen deutschen Presse zufolge, »die Weltmeinung zugunsten des polnischen Vorrückens über seine westlichen Grenzen hinaus zu beeinflussen«.[8]

Im nordwestlich davon gelegenen Posen zeugten deutsche Straßen und deutsche Architektur von der späten Dominanz einer deutschen Oberschicht und vom Schattendasein einer irredentistischen polnischen Aristokratie. Kaiser Wilhelm II. hatte ein monumentales neoromanisches Schloss nebst monumentalem »Bergfried« und einem Thronsaal hinterlassen, dessen Doppelthron auf zwei Elefanten ruhte. Das Rathaus aus dem 16. Jahrhundert, das mit seinen Türmen und Loggien im Stil der italienischen Renaissance errichtet wurde, war den Preußen nach den Teilungen im späten 18. Jahrhundert zugefallen. Um 1900 hatten sie die Fassade und die Fresken, welche mittelalterliche polnische Könige zeigten, schwärzen lassen. Angesichts weiterer subversiver Bedrohungen hatten sie den Polen verboten, Gebäude zu besitzen oder selbst zu bauen, Theaterstücke aufzuführen oder den Katechismus in ihrer eigenen Sprache zu lehren; die Beamten der polnischen Regierung schickten sie ins Rheinland auf der anderen Seite des Reichs. Mittlerweile war die gesamte Bevölkerung der Stadt polnisch und so vehement antideutsch wie nirgendwo sonst im Land, wenn nicht gar in ganz Europa.[9]

Im Norden von Posen, in Pommern, lag die schmale polnische Woiwodschaft Pommerellen, die Deutschland auf der einen Seite von der nunmehr verwaisten deutschen Provinz Ostpreußen auf der anderen trennte. Hier hatte die Stimmung der Bewohner sich nicht durch ein Plebiszit ausgedrückt, was Wilsons Wunsch reflektierte, Polen seinen Zugang zum Meer – seinen »Korridor« – zu gewähren und das Unrecht der Teilungen in Ordnung zu bringen. Der größte Teil der Deutschen war fast über Nacht verschwunden. Ein Migrantenheer von etwa einer halben Million Beamter, Arbeiter und Angehöriger der Mittelschicht, durch Enteignungen und andere Anreize angeschwollen, hatte die Ostmarken des alten Reichs verlassen. An ihrer Stelle war es zu einem gar noch größeren Zustrom von Polen aus den Gruben von Westfalen und den von Unruhen gezeichneten Gebieten im Osten gekommen. Bromberg wurde zu Bydgoszcz, Thorn zu Toruń, und die ethnische Topographie des Landes, das Slawen und Deutsche seit tausend Jahren zum Schlachtfeld gemacht hatten, änderte sich einmal mehr.

Im Norden von Pommerellen, an der Mündung der Weichsel, lag die Freie Stadt Danzig, die ganz und gar deutsch war. Die hellen Fassaden der Kaufmannshäuser und die gotischen Säle erinnerten an die glückliche Zeit all der Hansestädte rund um Nordsee und Baltikum, mochten sie holländisch, flämisch oder skandinavisch sein, aber seine 250000 Einwohner sprachen Deutsch und ließen keine Gelegenheit zur Klarstellung ihrer Affinitäten aus. Als die Rote Armee im Sommer 1920 Warschau und die Weichsel erreicht hatte, kreuzten die Hafenarbeiter lieber die Arme vor der Brust, als Waffen und Munition für die belagerten Polen auszuladen. Die Polizei zog die Uniform der deutschen Schupos an; als die Stadt während des Krieges besetzt war, wählten die Senatoren den Chef der deutschen Polizei in Warschau zu ihrem Präsidenten, eine Art Staatsoberhaupt und Außenminister in Personalunion. Die Danziger schlossen Polen von der Staatsbürgerschaft aus und taten jedwede Ineffizienz oder Schlamperei, ein zweitklassiges Restaurant oder eine kränkelnde Firma als »polnische Wirtschaft« ab. Die Polen beteuerten, dass slawische Vasallen polnischer Herzöge im 10. Jahrhundert den Hafen gebaut und ihn zum ersten Mal im 14. Jahrhundert an plündernde Deutschordensritter verloren hatten. Im 15. Jahrhundert hatten sie ihn wiederbekommen, um ihn dann, zusammen mit Pommerellen und noch viel mehr bei der zweiten Teilung im 18. Jahrhundert an die Preußen zu verlieren. Jetzt waren die Danziger aufgebracht ob der Abtrennung vom Deutschen Reich und des bizarren, geradezu mittelalterlichen Status, den Versailles und Völkerbund ihrer Stadt in diesem Zeitalter des Nationalstaats verliehen hatten: frei, weder den Deutschen noch der polnischen Republik untertan, aber in der polnischen Zollunion und somit an Polens Wirtschaft gebunden. Die Lösung befriedigte niemanden.[10]

Wie um die Lage zu dramatisieren, trat ein Rivale auf den Plan: fast in Sichtweite des architektonischen Zaubers der alten Hafenstadt tauchten die Silos, Aufzüge und Kräne eines künstlichen Hafens auf. Im Hintergrund die bewaldeten Hügel, vor den Nordwinden durch die Halbinsel Hel geschützt, die – zwanzig Kilometer von Danzig entfernt – die Danziger Bucht von der Ostsee trennt, war Gdynia (Gdingen) 1932 der bevorzugte Hafen des Baltikums. Einst ein Fischerdorf mit zweihundert, jetzt ein Handels- und Geschäftsknotenpunkt mit 45 000 Einwohnern, drohte es Danzig kommerziell in die Vergessenheit abzudrängen, wenn nicht gar völlig zu isolieren – sehr zur Zufriedenheit seiner polnischen Bauherren, die 1920 nicht vergessen hatten. Im Falle einer weiteren Notlage wollten sie sich nicht noch mal auf das Entgegenkommen der Danziger verlassen müssen, weder für ihre Versorgung noch für den Schutz ihrer im Aufbau begriffenen Marine. Das Nationalempfinden schloss aus, was die wirtschaftliche Logik diktierte: einen gemeinsamen alteingeführten Hafen, der über allen und jedem offenstehende Land- und Seerouten zu erreichen war. Der Güterumschlag in Danzig stagnierte, während er in Gdynia zunahm, was dem ethnischen Problem ein kommerzielles hinzufügte. Und dann war da noch das polnische Munitionsdepot auf der Westerplatte, einer kleinen Halbinsel am Hafenkanal der Weichselmündung, das den Danzigern ein Dorn im Auge war und für den Hochkommissar des Völkerbunds eine Sorge mehr.[11]

Im Osten, von Vilnius (Wilna) oder polnisch Wilno bis Lwów (Lemberg, Lwiw), vergiftete die Vergangenheit die Gegenwart nicht weniger als von Kattowitz bis Danzig. Um Vilnius / Wilno, im Nordosten, ähnelte das Land einem Kriegsgebiet – was nicht weiter überraschen muss, schließlich wähnte sich die litauische Regierung in der provisorischen Hauptstadt Kaunas, ganz im Gegensatz zu der deutschen in Berlin, die 1920er-Jahre über im Krieg mit ihrem Warschauer Pendant, und noch im folgenden Jahrzehnt waren die diplomatischen und konsularischen Beziehungen zwischen den beiden Ländern nicht wiederhergestellt. Sie beanspruchte Vilnius, das die Polen 1920 besetzt und annektiert hatten, wieder als Hauptstadt und verwahrte sich nachdrücklich sowohl gegen die polnischen Erinnerungen an die ferne, blühende Union der beiden Völker unter den Jagiellonen als auch gegen die Polonisierung ihres Vilnius, ungeachtet der vorwiegend polnischen und jüdischen – oder anderweitig nichtlitauischen – Bevölkerung der Stadt, ungeachtet der linguistischen Belege in Form von Ladenschildern und Grabsteinen. Hatten nicht die Polen dort die Jungfrau als *Regina Poloniae* angerufen? Die litauische Grenze zwanzig Kilometer weiter war hermetisch abgeriegelt. Die Bahnlinie zwischen Vilnius/Wilno und Kaunas war gesperrt, und das Reisen zwischen den beiden Ländern – nicht dass eines der beiden ein Visum für das andere ausgestellt hätte – bedurfte eines geradezu absurd aufwendigen Umwegs über Deutschland oder Lettland. Weit im Südosten davon zeigte Lwów noch immer die Spuren der Kämpfe von 1919, als die Polen der Stadt, jedenfalls ihrer Ansicht nach, dafür gekämpft hatten, dass sie polnisch bleibt, während Ukrainern oder Ruthenen um ihre Unabhängigkeit zu tun war. Die Auswirkungen der Kampfhandlungen waren allenthalben zu sehen; die Pockennarben an den Fassaden der Häuser erinnerten an die Schießereien in jenem chaotischen Jahr. Einst hatten polnische Könige die ganze Ukraine beherrscht. Jetzt war sie im Osten sowjetisch, ein Gutteil von Galizien jedoch war an Polen gefallen, und damit seine drei Millionen ukrainische Einwohner, eine weitere Minderheit im wiedergeborenen Polen – eine unruhige Minderheit, aufgehetzt von Separatisten, die hier und da Polizeifunktionäre ermordeten, Gebäude niederbrannten, Steuer- und Postämter überfielen.[12]

Es gab in Polen so viele Minderheiten – Deutsche, Ukrainer, Weißrussen, Juden, um nur einige zu nennen –, dass sich nur zwei Drittel der Bevölkerung als polnisch betrachteten.[13] Alle hatten sie ihre eigenen Zeitungen, ihre lokalen Verbände, ihre Abgeordneten im polnischen Parlament und ein gewisses Maß an lokaler Autonomie. Aber sie bedrohten die Einheit einer um Überleben und Anerkennung ringenden Nation. Die drei Millionen Juden stellten, ihrer Heterogenität und ungleichmäßigen Konzentration wegen, keine Bedrohung dar, obwohl in den 1930er-Jahren ihre Beziehungen zu antisemitischen Nachbarn in vielen notleidenden Städten sich rapide verschlechterten. Andere dagegen, von nationalistischen Schirmherrn im Ausland aufgestachelt oder ausgenutzt, bedrohten nicht nur den Zusammenhalt, sondern das Überleben des Staats. Die Sowjets und die Tschechen ermutigten die Ukrainer; die größte existenzielle Gefahr jedoch stellten, obwohl sie nicht die größte Minderheit waren, dank des potenten Gebräus von Erinnerung und Politik im benachbarten Reich, die Deutschen dar. Für sich genommen agitierte der Deutsche Volksbund lediglich für die lokale Wirtschaft, vor allem in der Gegend von Kattowitz.[14] Im Verein mit dem größeren Deutschland jedoch setzte er eine ganz neue und bedrohlichere Miene auf. Nicht nur versprachen deutsche Zeitungen und Politiker, ihre Landsleute nicht zu vergessen, die im wohlhabendsten Teil des Landes, dem Teil, den sie 130 Jahre lang beherrscht hatten, unter der polnischen Knute zu leiden hätten. Vielerorts, vor allem am rechten Flügel, verfluchte man den vermaledeiten polnischen Staat an sich.

1931 erklärte General Hans von Seeckt, Reichstagsabgeordneter der DVP, in Wort und Schrift, dass die Existenz Polens – dieser »künstlichen Staatskonstruktion« – für Deutschland so wenig »erträglich« sei wie für die Sowjetunion. Polen hege, so seine feste Überzeugung, »Eroberungsabsichten gegen deutsches Gebiet«, wozu eine »ausgesprochene Deutschfeindlichkeit« komme. Jede Verständigung zwischen Deutschen und Polen, und sei es auch nur in Form eines wirtschaftlichen Friedensschlusses, sei deshalb unmöglich. Und Seeckt war kein gewöhnlicher Abgeordneter. Er war nach dem Krieg bis 1926 Chef der Heeresleitung der Reichswehr gewesen und hatte in dieser Funktion, immer deren Einsatz gegen die unmittelbaren Nachbarn vor Augen, den Kern der künftigen deutschen Militärmaschinerie aufgebaut. Seeckt erfreute sich einer

Anhängerschaft. Sein schmales polenfeindliches Pamphlet *Wege deutscher Außenpolitik* von 1931 fand großen Anklang; er sprach damit jedoch nur eine gängige Meinung aus, die schon Bernhard Fürst von Bülow in seinen Memoiren erwähnt. Der ehemalige deutsche Reichskanzler erinnert sich an seine wiederholte Warnung gegenüber dem Kaiser, laut der er »die Wiederherstellung eines selbständigen Polen als den größten Fehler betrachten würde, den die preußische, die deutsche Politik überhaupt, begehen könnte«. Streng geht er dabei mit seinem Nachfolger Bethmann Hollweg ins Gericht: »Wie mit dem unsinnigen Ultimatum an Serbien«, schreibt er in Anspielung auf das von Deutschland angeregte Ultimatum Österreichs im Juli 1914, »so bleibt auch mit dem zweitgrößten Fehler unserer Geschichte, der Wiedererrichtung von Polen, der Name Theobald von Bethmann Hollweg für immer verknüpft«. Bei der deutschen Rechten war man ohnehin dieser Ansicht. Alfred Hugenberg, der Zeitungsmagnat, Gründer und Chef der Deutschnationalen Volkspartei, hatte vor und während des Krieges große Mühe auf die »Colonisation« der östlichen Grenzgebiete verwendet und betrachtete die Polen ganz unverhohlen als mindere Rasse und unfähig, das von ihnen besetzte Land zu regieren. Freilich teilte derlei Ansichten nicht jeder oder fand Gefallen an solch toxischer Offenheit; so sind hier zahlreiche Leute aus Handel und Gewerbe ebenso auszunehmen wie die beiden wichtigsten politischen Gruppierungen der Weimarer Republik, die Sozialdemokraten und die katholische Zentrumspartei. Die Nationalsozialisten freilich waren begeistert. Ihre Blätter beanspruchten nicht nur Oberschlesien und den Korridor, sondern auch die überwiegend polnische Provinz Posen. Im Frühjahr 1932 marschierten die Braunhemden der in Deutschland vorübergehend verbotenen SA aus Leibeskräften singend in Danzig auf. Seeckt, Bülow und Hugenberg waren in die Jahre gekommene Zeitgenossen, Gestalten, die noch im Kaiserreich erwachsen geworden waren; die Nazis waren dagegen jung und hatten den Wind im Rücken.[15]

Nirgendwo in Deutschland war der Glaube an die aggressiven Absichten Polens ausgeprägter als in Ostpreußen, das jetzt von

Westpreußen durch den Polnischen Korridor getrennt war. Das Reich hatte die Provinz durch Infusion von Menschen und Kapital am Leben erhalten, aber da sie zur Hälfte an das protektionistische Polen grenzte, hatte ihr Geschäftsleben erheblichen Schaden genommen. Im grandiosen Königsberger Hafen herrschte Friedhofsruhe, die Festung war entwaffnet, die Werften verwaist. Eine veraltete Gesellschaftsordnung, die sich auf ebenso rückständige wie ineffiziente Gutshöfe gründete, zeigte der Welt noch immer das Gesicht des Junkers, nicht zuletzt das schnauzbärtige Antlitz des ergrauten alten Generalfeldmarschalls Hindenburg, des Präsidenten der Republik. Womöglich bedurften solch semifeudale Relikte der polnischen Bedrohung zur Rechtfertigung ihrer Vorrangstellung, schienen doch die Grenzen, die dem Handel verschlossen waren, der Invasion durchaus offen zu stehen. Nicht dass es zu einer solchen gekommen wäre, aber das spielte keine Rolle.[16]

Vom Frühjahr 1932 an schürten Zeitungen und Parteien in der Provinz unter zunehmendem Gezeter die Angst vor der Invasion. Die *Königsberger Allgemeine Zeitung* etwa widmete den Themen Verteidigung und Heimat eine regelmäßige Seite, auf der sie ihre Leser über die Gefahren direkt vor ihrer Türe unterrichtete; in Städten und Dörfern organisierten die Behörden Übungen für Gasangriffe, bei denen die Einwohner in Luftschutzanlagen Zuflucht suchten, während man über ihren Köpfen Flugzeuge kreisen ließ; die Presse warnte vor unmittelbar bevorstehenden Angriffen sowohl in Königsberg als auch in Danzig. Anfang Mai tauchten auf den Reklamewänden der ganzen Provinz Plakate mit einem großen »Achtung!« darauf auf. Sie warben für eine eben erschienene mahnende Schilderung einer polnischen Invasion in all ihren schurkischen Einzelheiten. Zu einer solchen kam es zwar nicht, aber der Autor der literarischen Phantasie, ein gewisser Leutnant Hans Martin von der Reichswehr, auch unter dem Pseudonym »Nitram« bekannt, behauptete, im Besitz »unwiderlegbarer Dokumente« zu sein, und sein Buch, das zunächst in Fortsetzung in ostpreußischen Blättern vorabgedruckt wurde, hatte sich im Handumdrehen sechstausendmal verkauft. Gerüchten zufolge mischten sich polnische Soldaten in Zivil unter die Bevölkerung der Grenzdörfer. Verängstigte Leser hoben ihre Spargroschen ab und schickten Wertsachen zur sicheren Aufbewahrung ins Reich. Schließlich entfernte die Polizei die Reklameplakate wieder, wenn auch wohlgemerkt ohne Dementi behördlicherseits. Die Nazis, die für einen Gutteil der Propaganda und der Hysterie verantwortlich waren, rieben sich die Hände. Sie schnitten 1932 in Ostpreußen bei einer Wahl nach der anderen gut ab, vor allem unter Wählern nahe der polnischen Grenze, die am empfänglichsten für die Panik waren, zu schweigen von der nicht klein zu kriegenden Zeitungsente, die Weimarer Republik würde keinen Finger krumm machen, um die Menschen in dem Teil der Provinz zu retten, in dem die russische Armee im August 1914 untergegangen war. Ohne große Rücksicht auf geographische Realitäten, aber umso mehr mit einem Auge auf die kulturelle Rache hatte Hindenburg, der deutsche Befehlshaber, den Sieg über die Slawen nach Tannenberg benannt, einem benachbarten historischen Schlachtfeld, auf dem die Deutschordensritter fünf Jahrhunderte zuvor der polnisch-litauischen Union unterlegen waren.[17]

Etwas einleuchtender als die Polen selbst, aber ebenso erfolglos, qualifizierten Liberale, Vertreter des Zentrums und Sozialdemokraten zu Hause im Reich derlei geschürte Ängste ab. Der polnische Generalstab habe eine Bahnlinie entlang der ostpreußischen Grenze bauen und für den Fall der Fälle Pläne für eine Invasion erarbeiten lassen? Es würde ja wohl eher überraschen, hätte er das nicht getan. Darüber hinaus habe Polen gerade in einem Augenblick, in dem es die Anerkennung seiner Grenzen brauche, doch nichts zu gewinnen, wenn es die Nachkriegsregelung verletzte und den Völkerbund vor den Kopf stieße. Dass polnische Einwanderer Ostpreußen kolonisierten? Die Statistiken zeigten das Gegenteil: Die Deutschen waren unter der Ägide der Ostpreußischen Landgesellschaft in Berlin eingewandert und die Polen verschwunden – von den etwa zwei Millionen Polen in der Provinz waren gerade mal noch zehntausend übrig geblieben, zu denen vielleicht noch einige tausend Saisonarbeiter kamen. Polen plane eine Handelsunion mit der Provinz? Um das zu bewerkstelligen, fehlten Polen schlicht die

Mittel.[18] Die sozialdemokratische Parteizeitung *Vorwärts* verurteilte die Kampagne, Deutsche und Polen gegeneinander aufzuhetzen; *Germania*, das Blatt des Zentrums, warnte die deutsche Presse vor tendenziösen Berichten aus dem Osten; die liberale *Vossische Zeitung* bedauerte Hitlers »Panik-Propaganda« in den ostpreußischen Grenzgebieten. Im Herbst 1932 war das Kriegsfieber des Frühjahrs etwas abgeklungen, was jedoch nichts daran änderte, dass der Großteil der deutschen Bevölkerung sich weigerte, die Ostgrenzen zu akzeptieren, und dass so gut wie jeder Pole, vom Mann auf der Straße bis hinauf in die Regierung, Angst hatte vor der Entschlossenheit der Deutschen, die Grenzen zu revidieren. »Ein Abgrund von Abneigung, Furcht und Mißtrauen«, so schreibt der Warschauer Korrespondent der *Vossischen Zeitung* im Oktober, »scheint heute die beiden Nachbarländer voneinander zu trennen« – und der Mann war, nach Ansicht des französischen Chargé d'affaires, einer der wenigen deutschen Journalisten, die objektiv über Polen schrieben.[19]

Das deutsche Gerede von einer drohenden polnischen Invasion spiegelte das der Sowjets.[20] In den Augen der Polen stellten beide Szenarien die Gefahr auf den Kopf; beide weckten sie Erinnerungen an vergangene Teilungen, an die erzwungene Germanisierung ebenso wie an die erzwungene Russifizierung ein Jahrhundert später. Immerhin einten die polnischen Ängste das Land. Am Sächsischen, nunmehr Piłsudski-Platz (Plac Marszałka Józefa Piłsudskiego) waren im Sommer 1932, einige Monate vor den Feierlichkeiten im November, 25 000 Menschen zusammengekommen, um gegen den deutschen Nationalismus, die Verletzung polnischer Rechte in Danzig und die endlosen Provokationen zu protestieren; etwa zweihundert politische und religiöse Organisationen und Berufsverbände hatten dazu aufgerufen. Der Warschauer Stadtrat verurteilte in einer Resolution jeden Versuch, den Versailler Vertrag zu revidieren. In Posen hatten sich tags zuvor 15 000 Angehörige der Polnischen Schützenstaffeln aus allen Teilen des Landes zusammengefunden, um für die Unantastbarkeit der Grenzen zu demonstrieren. Einige Hitzköpfe schossen über das Ziel hinaus – im Juli rief der ehemalige polnische Konsul in Königsberg zur Befreiung Ostpreußens auf – und gossen damit Wasser auf die Mühlen der deutschen Nationalisten. Die meisten Polen ignorierten sie. Einig war man sich in der Zurückweisung jedweder Abänderung bestehender Grenzen auf Kosten des Landes, vor allem derer des Korridors. Auch nur ein Stückchen Land abzutreten hieße, das Land der Fragmentierung anheimzugeben und damit, früher oder später, seinem Verschwinden von der politischen Karte. Man sei bereit, den Deutschen im Korridor Transit-, Zoll- und andere Rechte zuzugestehen, so das Fazit des amerikanischen Generalstabschefs Douglas MacArthur nach einem Besuch im Oktober, aber nicht den Korridor selbst; die Polen würden lieber sterben, als diesen herzugeben, sagte er.[21]

Hier endete die Einigkeit freilich auch schon wieder. Bedurfte das Überleben der Nation eines multiethnischen Ethos oder der Assimilation, einer Neigung hin zu Deutschland oder zur Sowjetunion, einer westlichen Ausrichtung oder einer östlichen? Dies waren existenzielle Fragen, und sie durchdrangen den Krieg der Worte um die Wahl eines Nationalfeiertags und Piłsudskis Platz darin. Als die National-Demokraten darauf bestanden, dass die Bemühungen Roman Dmowskis, ihres Führers, und des Polnischen Nationalkomitees in Paris und Versailles 1918 eine größere Rolle gespielt hatten als Piłsudskis Rückkehr aus der Magdeburger Festungshaft, beharkten sie nicht nur eine historische Spitzfindigkeit. Aus ihrer Hochburg in der Provinz Posen sowie aus Westpolen entsprang ein unüberwindbarer Hass auf Deutschland sowie die Vision eines ethnisch homogenen katholischen Polens. Das machte Polens Osten reif für die Kolonisation und die Juden zu einer nicht assimilierbaren Minderheit. Piłsudski, ein Kind der litauischen Grenzgebiete, Standartenträger der Erinnerung an ein gemeinsames Königreich, teilte mit seinen Anhängern ein tiefes Misstrauen gegenüber russischen oder sowjetischen Plänen und einer multinationalen, womöglich gar föderalistischen Vision des wiedergeborenen Staats. Seine große Vision von 1919 und 1920 – eine Bruderschaft mehr oder weniger von Polen abhängiger neuer, souveräner, die Sowjetunion umschließender Staaten Litauen, Weißrussland und Ukraine – scheiterte und endete um ein Haar mit einem nationalen Desaster. Seine Legionen aus der Kriegszeit jedoch lieferten ihm irgendwie das Modell für den Nachkriegsstaat: überstaatlich, egalitär und unkorrumpierbar; und verglichen mit Dmowskis organischer und rechtslastiger Vision versprach die seine, auch wenn sie das Versprechen nicht halten konnte, eine eher säkulare, ethnisch vereinigte Regierungsform, eher ein Gemeinwesen als eine Republik.

Selbstredend sahen die National-Demokraten mit ihrer Deutschfeindlichkeit die Westmächte, insbesondere Frankreich, als Garanten polnischer Sicherheit, als gesundes Gegengewicht zu Deutschland, und waren entsprechend für eine Erneuerung der langen Tradition franko-polnischer Bündnisse. Piłsudski und seine Anhänger machten sich zwar Sorgen um die Deutschen, konzentrierten sich jedoch auf die Bedrohung durch die Sowjetunion; sie galt es, mit welchen diplomatischen oder militärischen Mitteln auch immer, einzudämmen. In der Allianz mit Frankreich sahen sie nichts Heiliges, so nützlich sie Polen auch war. Im Augenblick plante weder Deutschland noch die Sowjetunion eine Invasion, da keiner von beiden dazu in der Lage gewesen wäre; was jedoch nichts daran änderte, dass die Hypothese an sich das entscheidende hemmende Dilemma für die polnische Politik blieb. Im Herbst 1932 jedoch zeichnete sich hier ein Wendepunkt ab.[22]

Piłsudski hatte die Macht, die er nicht der Verfassung, sondern seinem Putsch im Mai 1926 verdankte. Wie auch immer, er übte sie aus der Ferne aus. Er war Patriot, eine romantische Gestalt, ein Menschenführer; aber er war kein Demokrat. »Ihr seid ein Parlament von Gaunern«, hatte er den Abgeordneten des Sejm vom Podium aus gesagt und seine Verachtung für sie und ihre Parteien erst gar nicht zu verbergen versucht. Im Gegensatz zu Mussolini, den er nicht weniger verachtete, hatte er keine Doktrin; niemand, am wenigsten er selbst hätte einen »Piłsudskismus« definieren können. Seine Anhänger, die den Begriff »Diktatur« nicht mochten, hatten sich zu einem amorphen unparteiischen Block zusammengeschlossen, der Sanacja, die sich jedoch nicht kraft der moralischen

Erneuerung hielt, die man der Nation versprochen hatte, sondern allein durch ihn und sein Prestige. Seine legalen Opponenten, von der sozialistischen Linken bis hin zu der National-Demokratie, der *Endecja*, erhoben zwar so oft wie laut die Stimme, hatten aber zu seinen Lebzeiten effektiv keine Macht. Piłsudski regierte im Schatten, durch schieres Mysterium; er enthüllte niemandem seine Pläne, ging kaum aus dem Haus, ließ selbst seinen engsten Kreis nicht weniger im Unklaren als die breite Öffentlichkeit. Er war eine okkulte, unberechenbare Kraft, die durch Mittelsmänner agierte. Und mit der Außenpolitik hielt er es ebenso.[23]

Seine politische Persona hatte sich in Untergrund und Krieg herausgebildet; er hatte sich in der Kunst von Taktik und Schlichen, Schlägen und Gegenschlägen geübt. Er war ein Opportunist. Und Polen war von Feinden umgeben. Die Allianz mit Frankreich von 1921, eine Hinterlassenschaft seiner Vorgänger, war für ihn ein Werkzeug von wechselndem Nutzen. In Locarno verpflichtete er die Franzosen 1925 mittels eines separaten bilateralen Vertrags, Polen im Falle eines deutschen Angriffs zu Hilfe zu kommen, aber das ins allgemeine Gefüge des Völkerbunds gefasste Arrangement war eher bedingter Art. Was Piłsudski ebenso wenig gefiel wie der multilaterale Locarno-Pakt selbst, der nichts enthielt, was Polens Grenzen garantiert hätte. Stresemann, einer seiner Architekten, hatte diese nie akzeptiert. Jede französische Konzession an Deutschland, jedes britische Nicken, wann immer von einer Revision der Grenzen die Rede war, jedes Gerücht über eine deutsche Wiederbewaffnung, das in Genf kursierte, warf Fragen über den letztlichen Wert kollektiver Sicherheit und der Westmächte für Polen auf. Piłsudski hatte 1932 längst Zweifel am Stehvermögen des ganz im Völkerbund ruhenden französischen Systems und an der Sicherheit, die es seinem Land bot – nicht gleich so starke Zweifel, dass er das System über Bord geworfen hätte, aber stark genug, um sich anderweitig umzusehen.[24]

Das ganze Jahr hindurch fand er Mittel und Wege, Frankreich daran zu erinnern, Polens Loyalität nicht als gegeben zu sehen. Im selben Maße wie von der Realpolitik war seine Staatsdiplomatie jetzt vom Nationalstolz beseelt – ebenjenem Nationalstolz, der ihn als Legionär während der ersten Kriegsjahre lieber Französisch als Deutsch hatte sprechen lassen, um seinen österreichischen Kommandanten seine Unabhängigkeit zu demonstrieren. Im Juni 1932 protestierten die Danziger Behörden, als ein polnischer Zerstörer in den Hafen der Freien Stadt einlief, vorgeblich, um ein kleines britisches Geschwader zu begrüßen, aber letztlich um der Ankunft eines deutschen Kreuzers zuvorzukommen. Die irritierten Franzosen erinnerten ihre polnischen Verbündeten daran, dass derlei Demonstrationen allenfalls Wasser auf die Mühlen revisionistischer Propaganda und durchaus eine Gefahr für die bitter benötigte französische Finanzhilfe seien. Noch im selben Jahr zog Frankreich seine Militärmission aus Polen ab, die es dort praktisch seit Ende des Krieges aufrechterhalten und die 1920 eine so wesentliche Rolle bei der Entscheidung des Polnisch-Sowjetischen Krieges gespielt hatte. Piłsudski und seine Militärberater hatten um ihre Auflösung gebeten, da man sie mittlerweile für überflüssig, wenn nicht gar für gönnerhaft hielt. An ihrer Stelle kam ein neuer französischer Militärattaché, ein Oberst kurz vor seiner Beförderung zum General, den Piłsudski im Oktober ausgesprochen herzlich empfing. Er sprach jedoch – mit der Offenheit, die er sich für Militärs vorbehielt und bloßen Zivilisten in der Regel versagte – von wachsenden Zweifeln an der Beständigkeit der Franzosen. »Ja, ja, passt nur auf uns auf!«, rief er aus. »Frankreich wird uns fallen lassen, Frankreich wird uns verraten! Genau das denken sie, und ich war es Ihnen schuldig, Ihnen das zu sagen.«[25]

Das theoretische Kriegsspiel, das der französische Generalstab sich im Herbst 1932 ausgedacht hatte, würde ihn auch nicht beruhigt haben, hätte er davon gewusst. Das Szenario ging davon aus, dass die Deutschen Polen angriffen und die Italiener Frankreich und dass die Polen drei oder vier Monate alleine durchhalten würden, während die Franzosen in den Alpen und im Mittelmeerraum beschäftigt waren. Inzwischen würden die Deutschen sich im Westen hinter dem demilitarisierten Rheinland ruhig verhalten und den Briten und Belgiern versichern, die Grenzen von Locarno zu respektieren. Kurzum, die französisch-polnische Allianz würde den stärkeren der beiden Partner schützen und den schwächeren im Stich lassen.[26]

Wie um seine Bedenken zu unterstreichen, ersetzte Piłsudski eine Woche später seinen Außenminister August Zaleski, der unermüdlich auf die diplomatische Annäherung und Harmonie zwischen Frankreich und Polen hingearbeitet hatte. Sechs Jahre lang war er ein vertrautes Gesicht in Genf gewesen, die Stimme der französischen Allianz und des Völkerbunds; er hatte Briand verehrt, der im März gestorben war. Jetzt, Anfang November, hatte er sich erfolgreich um Polens Wiederwahl als nicht ständiges Mitglied in den Rat des Völkerbunds bemüht, nur um dann festzustellen, dass die Skeptiker in der polnischen Presse darin nur einengende Verpflichtungen sahen und dass sein Staatssekretär Oberst Józef Beck ihn als Chef des Außenministeriums in der Wierzbowa-Straße ablösen sollte.[27]

Beck, der autoritärer und energischer war als der maßvolle Zaleski und außerdem ein engerer Vertrauter und Protegé des Marschalls, hatte das Außenministerium nach und nach mit seinen eigenen Leuten besetzt, während sein Vorgesetzter in Genf und Paris unterwegs war. Sein Amtsantritt bedeutete eher die Möglichkeit als die Gewissheit eines Neubeginns in der polnischen Außenpolitik. Im Gegensatz zu Zaleski war er kein Frankophiler, ein Zug, den die deutsche Rechtspresse auf der Stelle begrüßte; im Gegensatz zu Piłsudski bewunderte Beck Mussolini und dessen Regime, eine Schwäche, die – neben seiner vielsprechenden Kühle gegenüber den Franzosen – der italienischen Presse durchaus nicht entging; und im Gegensatz zu Dmowski und den National-Demokraten konnte er sich, unter den richtigen Bedingungen, eine begrenzte Verständigung mit den Deutschen vorstellen. Zaleskis Abgang hatte – analog zum Auszug Grandis aus dem Palazzo Chigi im Juli – die Leinen seines Landes im Hafen des Völkerbunds gelöst und dafür gesorgt, dass seine Außenpolitik sich von diesem Augenblick an nach den den Launen eines einzelnen und eigensinnigen Führers richten würde.[28]

Am Ende des Monats hatte die polnische Regierung ohne Pauken und Trompeten einen Nichtangriffspakt mit der Sowjetunion ratifiziert. Unterzeichnet hatte man ihn bereits im vorigen Sommer. Er stellte für die Welt weder eine große Überraschung dar noch eigentlich eine Bedrohung für Frankreich oder die französische Allianz – die beiden verhandelten im Schneckentempo ihren eigenen parallelen Pakt mit den Sowjets, und die Außenministerien in Warschau und Paris hatten sich während des gesamten Prozesses über ihre jeweiligen Fortschritte informiert. Was die Sowjetunion anbelangte, so verfolgte sie ihre eigenen einschlägigen Verträge mit ihren westlichen Nachbarn, und auf den polnischen gab Stalin nicht viel. Aber der Augenblick war wichtiger als das Kleingedruckte. Er war ein Signal. Piłsudskis Opportunismus erlaubte ihm nicht nur, sich mit dem Erzfeind im Osten auszusöhnen, er veranlasste ihn, den Wert und vielleicht auch den Preis der polnischen Allianz mit dem Westen höher anzusetzen, wann immer sich die Gelegenheit bot. 1932 war dem so: Wo die Japaner in Fernost bedenklich nahe kamen, war den Sowjets eher nach Ruhe an ihren westlichen Grenzen als nach den üblichen schwärenden Antagonismen dort. Ebendiese Chance nutzte Piłsudski auch gleich, um den Deutschen zu imponieren, wenn nicht gar, um sie zu bändigen. Und überhaupt: Trauen konnte Polen keinem seiner Nachbarn, weder denen im Osten noch denen im Westen. Aber anstatt sich hinsichtlich seines Schutzes vor ihnen allein auf das französische Bündnis zu verlassen – warum sie nicht gegeneinander ausspielen, wenn sich die Gelegenheit bot, ein Gleichgewicht zu schaffen zwischen ihnen, so feindlich gesinnt sie einander waren, indem man ihnen zu gleichen Teilen Anreize bot, vielleicht auch drohte, und dabei gleichzeitig einen Modus Vivendi mit Deutschland in Betracht zog, solange dieser Polens Grenzen intakt ließ? Das Deutsche Reich würde sich politisch wieder beruhigen müssen, und niemand konnte sagen, wann oder wie das passieren sollte. Aber Beck kamen durchaus auch derlei flexible Optionen gelegen, und mit seinen achtunddreißig Jahren würde er den ohnehin kränkelnden Piłsudski auf jeden Fall überleben.[29]

Angesichts einer Landwirtschaft ohne Exportmärkte, einer großen, aber so gut wie überholten Armee und einer ethnisch wie politisch brüchigen Eintracht hielt Beck nicht gerade das beste Blatt. Mit Ausnahme Rumäniens, mit dem Polen jedoch nur achtzig Kilometer Grenze gemeinsam hatte, sah das Land sich von Feinden umringt. Falls es zum Krieg kommen sollte, riskierte Deutschland den Verlust Ostpreußens, die Sowjetunion vielleicht einige Teile der Ukraine, Polen dagegen seine Existenz. »Es gibt in Europa kein zweites Land mit einer so prekären Zukunft wie Polen«, konstatierte der *Manchester Guardian* Mitte November. Das liberale Blatt hatte mehr Probleme mit Polens Halsstarrigkeit in der Grenzfrage als mit Piłsudskis illiberalem Regime, wusste aber sehr wohl, was auf dem Spiel stand. »Niemand könnte sagen, dass es Deutschland in zehn Jahren nicht mehr geben wird. Aber wer wollte – mit einiger Gewissheit – behaupten, dass es Polen in zehn Jahren noch gibt?«[30]

*

In ganz Osteuropa sahen Nationen sich in den Klauen der Existenzangst; Polen war nur die bevölkerungsreichste davon. Nach 1918 aus den Trümmern mehrerer Reiche erstanden, klagten sie zum einen über den Verlust der alten Glorie, zum anderen über das böse Erwachen, die Landsleute, die sie verloren hatten oder all die neuen Ausländer in ihrer Mitte. Ungarn wähnte sich bereits tot; Jugoslawien und die Tschechoslowakei dagegen waren gerade geboren; Großrumänien, dank der Freigebigkeit der Sieger in Versailles fett geworden, beäugte scheel seine neuen Minderheiten und argwöhnisch die Nachbarn ringsum. Alle hatten sich eine autarke nationale Wirtschaft aufgebaut, von Zollmauern umschlossen, die den früher durch das Imperium begünstigten Handel erstickten; die Länder entlang der Donau, einst ein Mosaik aus Wirtschafts- und Handelseinheiten und Ethnien im Rahmen der Doppelmonarchie, boten jetzt lebendiges Anschauungsmaterial für einen Nationalismus ökonomischer wie politischer Art. Den politischen waren wirtschaftliche Grenzen gefolgt, und der schützende Geist nationaler

Selbstbestimmung hatte – im Verein mit seinem Blutsverwandten, der nationalen Sicherheit – nicht nur ethnische Gruppen zugunsten anderer ignoriert, er hatte auch dazu beigetragen, die Wirtschaft halb Europas zu ruinieren. Wen wollte es da überraschen, dass fast alle betroffenen Völker der autoritären Versuchung unterliegen sollten, der Vorstellung mit anderen Worten, dass ihnen Ordnung bringen könnte, was ihnen die Unordnung der Nachkriegszeit versagt hatte?[31]

Vier monumentale weiße Statuen schmückten jetzt den Platz vor der Börse in Budapest – vier behelmte magyarische Krieger aus der Zeit Stephans des Heiligen, Ungarns ersten Königs vor fast tausend Jahren. Jeder von ihnen hielt einen sterbenden jungen Helden, und jeder stand auf einem Podest, auf dem eine Himmelsrichtung eingraviert war – der Norden für die südliche Slowakei, die jetzt Teil der Tschechoslowakei war; der Süden für das Banat, das jetzt ein Teil Jugoslawiens war; der Osten für das nun rumänische Siebenbürgen; und der Westen für den nunmehr zu Österreich gehörenden Teil des Burgenlandes. All diese Gebiete hatte Ungarn verloren, zusammen mit ihren nicht ungarischen Ethnien und etwa drei Millionen Magyaren, die nun als Minderheiten jenseits der Grenzen lebten. Über Jahrhunderte hinweg hatten die Magyaren, ein Kriegervolk der Steppen, im historischen Ungarn, innerhalb natürlicher, mehr oder weniger durch Flüsse und Berge bestimmter Grenzen, über die fremden Slawen, Deutschen oder die romanischen Rumänen geherrscht. Jetzt, im verbliebenen Rumpf des Königreichs waren auch diese Grenzen verschwunden. Seit dem Friedensvertrag von Trianon 1920 hatte – an einer gusseisernen Stange, die auf einem verwundeten Adler ruhte – eine auf Halbmast gesetzte Fahne über dem Platz gehangen. Überhaupt waren alle offiziellen Flaggen auf Halbmast gesetzt, und an Straßenbahnen und Postämtern erinnerte das patriotische Credo die Getreuen an Gott, Gerechtigkeit und die Wiederauferstehung des alten Ungarn.[32]

»Wir haben nicht nur ein Elsass, sondern gleich vier«, sagte ein ungarischer Journalist seinem französischen Kollegen. »Das verstehen Sie doch, oder?« Der Franzose verstand.[33] Die Statue der Personifikation von Straßburg auf dem Place de la Concorde in Paris war zu besonderen Anlässen mit schwarzem Trauerkrepp umhüllt gewesen, bis Frankreich 1918 Elsass-Lothringen zurückbekam. Hier jedoch endete die Parallele. Auf die verlorenen Gebiete zu verzichten, war für die Ungarn gleichbedeutend mit dem Verzicht auf ihre historische Identität. Was denn auch dazu führte, dass sie ihre Weigerung trotziger und provokativer kundtaten, als die Franzosen das je getan hatten: »*Nem, nem, soha!*« – »Nein, nein, niemals!«

Was nichts anderes bedeutete als eine Revision der Grenzen. General MacArthur kam nach seinem Besuch im Herbst 1932 zu dem Schluss, dass Europas Nachkriegskarte nirgendwo so unbeliebt war wie in Ungarn.[34] Im Gegensatz zu Polen, im Gegensatz zu seinen Nachbarn, die Gebiete auf seine Kosten bekommen hatten, wollte Ungarn nichts mehr als die Auflösung der ungerechten Nachkriegsverträge. Anspielungen auf eine Neubearbeitung der Rüstungs- oder Reparationsklauseln als Vorspiel zu territorialen Revisionen mochten Polen und andere beunruhigen, in Ungarn lösten sie Begeisterung aus; selbst die Kriegsschulden, derentwegen Großbritannien und Frankreich sich mit den Vereinigten Staaten stritten und die weder mit Versailles noch mit Trianon zu tun hatten, erfüllten die Ungarn mit Hoffnung – wenn diese Klauseln sich verbessern oder annullieren ließen, warum nicht auch jede andere unselige Ausgeburt des Großen Krieges? Der französische Botschafter schlug verzweifelt die Hände über dem Kopf zusammen. Der Ungar, so schrieb er seinem Minister, halte sich für den unglücklichsten und schönsten Menschen zugleich und reduziere jedes Ereignis auf der Welt, nah und fern, auf die ewige »ungarische Frage«.[35]

Am 11. November, während Briten und Franzosen den Waffenstillstandstag und die Polen ihre Unabhängigkeit feierten, liefen 120 Rumänen in einem Staffellauf zum Grab des Unbekannten Soldaten in Bukarest, wo sie mit ihren Fackeln die Flamme wieder entfachten. Am Neujahrstag des Jahres hatte König Carol den Orden Ferdinand I. an alle verliehen, die während des letzten Krieges an der Einigung der Provinzen des Landes mitgewirkt hatten. Ein rumänischer Politiker, der bereit war, einen Teil Siebenbürgens an Ungarn zurückzugeben, durfte mit demselben Empfang, derselben kurzen Karriere rechnen wie sein ungarisches Pendant, das ihn nicht zurückfordern wollte. Als der Faschist und Nazi-Sympathisant Alexandru Cuza ein Jahr zuvor in der Kammer die »Revision« rein theoretisch verteidigte, fiel die gesamte rumänische Presse über ihn her.[36] Es kam einer Blasphemie gleich. Bei den Ungarn auf der anderen Seite der Grenze kamen derlei Demonstrationen gar nicht gut an. Den 11. November mochte man dort zwar nicht feiern, was aber nicht hieß, dass er unbemerkt verstrichen wäre.

Es war der Sache nicht eben dienlich, dass die Tschechoslowaken, Jugoslawen und Rumänen, die Ungarn umgaben, ihre neugewonnenen Dimensionen – mit Unterstützung Frankreichs, geradezu der Inbegriff des Status quo – durch die Kleine Entente vor Revisionsforderungen zu schützen versuchten. Auch die zweite schmerzliche Nachkriegserinnerung, die vier Monate einer ungarischen Sowjetrepublik 1919, waren alles andere als angetan, dem Land ein Gefühl der inneren Sicherheit zu vermitteln, und in ganz Osteuropa rief keine politische Führung dringlicher nach einem *Cordon sanitaire* um die Sowjetunion als die Ungarn. Sie waren auf der Suche nach einem Verbündeten, und da die Briten nicht zur Verfügung standen, Frankreich auf der falschen Seite, Deutschland im Chaos und ein Bündnis mit der Sowjetunion undenkbar war, fiel ihr suchender Blick auf Rom.

An der Spitze der ungarischen Regierung stand damals Admiral Miklós Horthy, der Regent im alten Kaiserpalast zu Gödöllő (Getterle). Während des Krieges hatte er als Flügeladjutant Kaiser Franz Josephs gedient und schließlich als Vizeadmiral und Oberbefehlshaber der in der Adria liegenden österreichisch-ungarischen Kriegsmarine. 1919 und im folgenden Bürgerkrieg hatte er bei der Vertreibung der Bolschewiki und bei der Organisation eines Weißen Terrors mit Hand angelegt und mitgeholfen, Versuche einer Wiederherstellung habsburgischer Macht zu konterkarieren und eine De-facto-Diktatur zu installieren. Jetzt war er ein Regent ohne Monarch und ein Admiral ohne Flotte in einem Land ohne Küste. Während andere darauf warteten, dass Ungarn wie Phönix aus der

Asche stieg, warnte er vor dem Kommunismus und wartete auf einen Erben, der die Krone des heiligen Stephan beanspruchte.[37]

Es kam jedoch keiner. Horthy hatte zwölf Jahre gewartet. Im August bot der achtzigjährige Dichter Jenő Rákosi die ungarische Königskrone im Namen einer »Ungarischen Liga zur Revision der Verträge« dem britischen Pressezaren Lord Rothermere an. Die legitimistische Habsburger Presse war entrüstet. Rothermere war zunächst versucht anzunehmen, überlegte es sich dann jedoch anders.[38] Die Ministerpräsidenten unter Horthy legten derweil für gewöhnlich eine moderate Zurückhaltung an den Tag. Unter ihnen befanden sich Staatsmänner von Rang, weltliche Herren, aber von durchaus hehrer Gesinnung, von denen einige noch dem alten Reich gedient hatten und die sich jetzt mit der Leitung der Geschäfte eines verarmten, von unerbittlichen Feinden überwachten Relikts betraut sahen. Den größten Teil der 1920er-Jahre hindurch verfolgte István Bethlen revisionistische Ziele durch pragmatische Mittel wie den Beitritt seines Landes zum Völkerbund auf der einen Seite und die Unterzeichnung eines Freundschaftsvertrags mit dem faschistischen Italien auf der anderen. Als Konservativer hatte er die im Entstehen begriffenen faschistischen Bewegungen zu Hause unterdrückt, während er gleichzeitig Agrarreformen förderte – solange sie der landbesitzenden Schicht nicht zum Schaden gereichten, der er, wie so viele andere aus der regierenden Elite auch, entstammte. Sein Nachfolger Graf Gyula Károlyi war ein Mann der Regierung, nicht aber der Massen, ein Akademiker, der seiner eigenen Behauptung nach sein Arbeitszimmer seit sechzig Jahren nicht mehr verlassen hatte. Kein Freund demagogischer Versprechen, hatte er in erster Linie mit der finanziellen Anarchie im Land aufräumen wollen, und so schied er denn im Oktober angesichts der zunehmenden sozialen und politischen Unzufriedenheit wieder aus dem Amt aus. Auf dem Kamm dieser Welle ritt ein Brandstifter ins Amt, der das Land bis zu seinem Tod vier Jahre später dominieren sollte.[39]

Gyula Gömbös war nicht nur ein antisemitischer Rassist, er war auch ein fanatischer Antikommunist und vehementer Gegner einer Habsburger Restauration; er gehörte zu den abtrünnigen Offizieren, deren Stunde 1918 in ganz Mittel- und Osteuropa gekommen war, als die Niederlage gekrönte Häupter zu Fall brachte und konterrevolutionäre Banden die Roten terrorisierten. Er gründete die Organisation »Erwachendes Ungarn«, deren Ruf »Wacht auf!« – Jahre vor München oder Berlin – durch die Straßen Budapests hallte, und drängte sich bald darauf in das Parlament und in die Schaltzentralen der Macht. Als Minister legte Gömbös zwar seine aufständischen Ambitionen ab, nicht aber seinen Ehrgeiz an sich, noch seine Bemühungen um die Wiedergründung eines Magyarenstaats sui generis. Dabei verband er einen beredten Hang zum Einparteienstaat mit dem Versprechen, eine nationale Beleidigung zu rächen. Am 8. Oktober, eine Woche nachdem Horthy ihn mit der Regierungsbildung beauftragt hatte, hielt er vom Balkon des Parlaments aus eine flammende Rede, in der er dreimal fragte »Was wollt ihr?« und darauf dreimal »Die Wiederauferstehung Ungarns« zu hören bekam, bevor er sich schließlich mit dem Volk verbrüderte: »Möge Gott euren und meinen Willen segnen.«[40]

Binnen drei Tagen hatte er mehr öffentliche Kundgebungen inszeniert als Károlyi in einem Jahr. Gömbös schmückte sein Büro mit Porträts von Napoleon und Mussolini, was selbst dem kurzsichtigsten Besucher sagte, dass vor dem Mann von gestern und dem von heute der Mann von morgen stand. Da er hinsichtlich der stagnierenden Wirtschaft im Land auch nicht mehr tun konnte als seine Vorgänger und er seine disruptive Begeisterung für den Rassismus nicht ausleben konnte, ergriff er, wie so viele handlungsunfähige Demagogen, die Gelegenheit dort, wo sie sich bot – im Ausland.[41]

Begeistert hatte er 1922 Mussolinis Aufstieg verfolgt, und nachdem er zehn Jahre später selbst Ministerpräsident geworden war, drückte er ihm in einem Telegramm seine Verehrung aus. Sein Kabinett teilte diese, und binnen weniger Tage setzte eine Art Pilgerstrom von Budapest nach Rom ein. Als Erstes traf dort eine offizielle Delegation mit einem Album voll Unterschriften ungarischer Bewunderer des Duce ein; bei ihrer Rückkehr sangen Studenten unter den Fenstern der italienischen Botschaft die »Giovinezza«, die Hymne der italienischen Faschisten. Zu klein, um allein zu handeln, brauchte Ungarn einen Seelenverwandten; und Mussolini ließ sich, ungeachtet aller Zweifel ob des neuen ungarischen Ministerpräsidenten – er hegte diese auch Hitler gegenüber – die Chance auf eine indirekte Drohung gegenüber Jugoslawien, dem Erzfeind auf der anderen Seite der Adria, nicht entgehen.[42]

»Wir müssen handeln«, sagte Gömbös dem ungarischen Oberhaus, »und uns auf der internationalen Bühne zeigen.« Er und einige Gleichgesinnte waren zu dem Schluss gekommen, dass der Augenblick günstig und die europäische Ordnung in Auflösung begriffen sei; und als sie sahen, dass Deutschland auf Augenhöhe mit seinen ehemaligen Feinden sprach und ihnen gegenüber im Sommer in Lausanne sogar einen De-facto-Verzicht auf die verhassten Reparationen durchsetzte, um dann im Herbst auf eine Waffengleichheit mit ihnen zu drängen, geißelten sie den Kleinmut ihrer Vorgänger und beschlossen, die verlorene Zeit mit welchen Mitteln auch immer aufzuholen.[43]

Ob die Nachkriegsabkommen sie nun – wie im Fall Polens – begünstigt oder – wie im Falle Ungarns – benachteiligt hatten, die Nachfolgestaaten belauerten einander nicht weniger, als die größeren Mächte auf eine Gelegenheit warteten, über sie herzufallen. So boten etwa ethnische Ressentiments praktisch eine Garantie für fortwährende Spannungen zwischen den Nachbarn; die Enteigneten forderten Entschädigung von den Nutznießern, denen wiederum – schwach, wie sie bei aller Größe waren – die grenzübergreifende Sogwirkung auf ihre ungebärdigen Minderheiten zu schaffen machte. Man bezichtigte einander des Verrats. Bulgarien hatte als eine der Mittelmächte Land an einen Nachbarn abtreten müssen, der sich zu seinem Glück während des Krieges auf die Seite der Entente geschlagen hatte, und dabei im Nordosten, in der Dobrudscha am Schwarzen Meer, etwa achtzig Dörfer an Rumänien verloren, das nun walachische Siedler aus Mazedonien und anderen Ländern südlich der Donau zu importieren begann. Vertraute irredentistische Forderungen aus Sofia, mit Rückendeckung einer indignierten Presse, Kundgebungen, ja, selbst durch gelegentliche vigilantische Übergriffe provozierten in Bukarest nicht weniger vertraute

Gegennarrative. Die Dobrudscha habe immer schon den Rumänen gehört, sie und nicht die Bulgaren hätten sie gegen die Osmanen gehalten – derlei Wortgefechte tobten in ganz Osteuropa. Es gab auch keine Lösung für sie, so resistent ihre Protagonisten sowohl gegen die Vernunft als auch die Beweislage waren, ging es hier doch vorrangig um das Erlangen von Spitzenämtern oder um deren Wahrung.[44]

Wie sollte eine unlenksame multiethnische Novität wie das auf dem prekären Zusammenhalt der Südslawen ruhende Königreich Jugoslawien nicht die gehässige Aufmerksamkeit seiner Nachbarn auf sich ziehen? An seiner Nordostgrenze beklagten sich wiederholt die Rumänen über die einst ungarische, jetzt jugoslawische Wojwodina, in der zu allem Überfluss eine rumänische Minderheit verblieben war. Die Regierung in Belgrad, so die Rumänen, konfisziere ihren Landbesitz, verfolge ihre Kirchen, knechte ihre Schulen; sie hätten es unter den Ungarn besser gehabt.[45] An seiner Südostgrenze vergiftete Gezänk derselben Art die Beziehungen mit den unseligen Bulgaren, die im Krieg bei der Besetzung Serbiens mit Hand angelegt hatten und die jetzt – vor allem in Mazedonien – als ehemalige Untertanen betrachtet, auf der einen Seite unter griechische, auf der anderen unter jugoslawische Herrschaft gefallen waren.[46] An der Südwestgrenze blickten albanische Stämme in der Provinz Kosovo hinüber zu ihren Landsleuten im Land des Adlers im Süden und zu ihren muslimischen Glaubensbrüdern im neuen Jugoslawien, in Montenegro und Bosnien, im Norden. Wie andere nicht slawische Minderheiten, darunter Ungarn, Deutsche und Türken, hatten sie fast von Anfang an ihre Probleme mit dem jugoslawischen Zentralismus.[47]

Auch im Nordosten gefährdeten komplex verquickte religiöse und ethnische Animositäten vom ersten Augenblick an das Experiment. Auf die Frage nach ihrer Religionszugehörigkeit bekam man von bosnischen Bauern eher »serbisch« als »orthodox«, eher »türkisch« als »muslimisch« oder eher »kroatisch« als »katholisch« zu hören. König Alexander hatte 1929 Verfassung und parlamentarische Demokratie außer Kraft gesetzt und von der alten serbischen

Hauptstadt Belgrad aus effektiv eine Diktatur installiert, die er zwei Jahre später durch eine papierne Verfassung sanktionierte, die vor allem in den Augen kroatischer und dalmatischer Unzufriedener nichts anderes als legalisierte Unterdrückung war. Föderalisten, für die der jugoslawische Traum einer Assimilation unwiederbringlich der Vergangenheit angehörte, schlugen aus alledem Kapital. Auf der anderen Seite beschworen jugoslawische Nationalisten die nationale Einheit, um die Diktatur zu erhalten und »vom Ausland bezahlte Verräter« an den Pranger zu stellen. Im April 1932 überlegte eine neue Regierung Wege aus der Diktatur zurück zum Liberalismus, aber angesichts einer Verfassung, die in Wahlen ausschließlich Regierungskandidaten zuließ und obendrein die geheime Abstimmung verbot, konnte das Unterfangen von vornherein nur eine Totgeburt sein. Drei Monate später war die Regierung am Ende. »Jugoslawien, erwache!«, das Motiv der Kampagne von *Vreme*, einer der großen Belgrader Zeitungen, beschwor in diesem Frühjahr und Sommer das Überleben der Nation, um vor all den zentrifugalen Gefahren der politischen wie der ethnischen Fragmentierung zu warnen.[48] In diese verworrene Situation stolperten – in Schaftstiefeln – die italienischen Faschisten.

Wenigstens hatten all die anderen Kabbeleien nicht das Interesse Dritter geweckt. Die Italiener nutzten, ohne eigene Landsleute im Spiel zu haben, die Spannungen auf der anderen Seite der Adria nach wie vor weidlich aus. In ihren Enklaven Fiume und Zara hatten sie der Ustascha und anderen kroatischen Separatisten Unterschlupf gewährt und sie von dort aus mit Waffen versorgt; das Königreich Albanien verwandelten sie nach und nach in eine wirtschaftliche Kolonie, was ein Protektorat zu verheißen schien und eine Invasion des kleinen Königreichs in den Bergen in Aussicht stellte, was wiederum, wie aller Welt klar war, für Jugoslawien ein Casus Belli wäre. Nun mischten sich die Ungarn ein. Im Oktober feierte deren Presse – wie die der Italiener – die Überfälle selbsternannter Guerillas und lokaler Banditen auf Polizeiwachen in der Lika als nationalen Aufstand der Kroaten. Niemand, der in Budapest oder Mailand diese Berichte las, wäre auf den Gedanken gekommen, dass der überwiegende Teil der Kroaten Belgrad gegenüber loyal gesinnt, wenn nicht gar treu ergeben blieb. Die jugoslawische Einheit, wollte man diesen Blättern Glauben schenken, hing an einem seidenen Faden, war mit anderen Worten einerseits ein frommer Wunsch, andererseits ein einziger ethnischer Bruderzwist, und das über seine Grenzen hinaus – es war das Dauerproblem des Balkans seit 1914 und davor.[49]

Mittlerweile hatte es sich zu einem osteuropäischen Problem ganz allgemein ausgeweitet, und das umso mehr, als ihre innenpolitischen Probleme eine Großmacht dazu veranlassten, die Trommel für ihre eigenen besorgten Minderheiten zu rühren, die sich zu einem Leben in der Fremde gezwungen sahen. Weimar-Deutschland trat auf den Plan, um zu zeigen, dass die Demokratie – nicht weniger nationalistisch als die Autokratie – sich die Mäßigung irredentistischen Überschwangs schlecht leisten konnte, selbst wenn gemäßigte Staatsleute dazu neigten.

Umgekehrt zeigte die Tschechoslowakei auf der anderen Seite der Grenze, dass keine Demokratie der Welt sich die Duldung von Separatisten in ihrer Mitte leisten konnte. Die multiethnische Demokratie, wie all die anderen Nachfolgestaaten 1918 entstanden, hatte der autoritären Flut in Mitteleuropa standgehalten, und seit dem Herbst 1930 hatten Parteien und Presse dort mitansehen müssen, wie die Nationalsozialisten in Deutschland und die rechtslastige österreichische Heimwehr das barocke Prag zur letzten verbleibenden Bastion der Demokratie östlich des Rheins zu machen drohten. Mehr noch als die auflaufende See der Diktatur selbst fürchteten die Tschechoslowaken den Sirenengesang, der über die Fluten hinweg an die Ohren ihrer zahlreichen Bevölkerungsminderheiten drang. Im Falle einer internationalen Krise könnten die Unruhestifter in Berlin, Wien und Budapest ihre drei Millionen ethnischen Deutschen und 800 000 Magyaren nutzbringend einsetzen; und so begannen 1932 finstere Wolken am europäischen Horizont aufzuziehen.[50]

Mehr noch als die Polen spürten die Tschechoslowaken den zentrifugalen Sog deutscher Ressentiments in ihrer Mitte. Ende September verhängte ein Gericht in Brünn (Brno) wegen Hochverrats Haftstrafen von bis zu drei Jahren über sieben Sudetendeutsche. Ihr Verband Volkssport, eine – wenn auch nicht dem Namen nach – nationalsozialistische paramilitärische Organisation, die sich der Unterstützung der tschechoslowakischen DNSAP (Deutsche Nationalsozialistische Arbeiterpartei) erfreute, hatte in ganz Böhmen agitiert, zuweilen auch bewaffnet. Der knapp zwei Monate dauernde Prozess gegen die Angeklagten wurde begleitet von Störversuchen, von ihren Anhängern im Gerichtssal ebenso wie von der pangermanischen Presse außerhalb; außerdem verlangte die Verteidigung, Außenminister Edvard Beneš, Adolf Hitler, Heinrich Brüning und andere zu hören. Das Gericht, in dessen Augen der Verband Volkssport eine der SA ähnliche illegale Armee darstellte, entzog seinen Offizieren neben der Freiheit auch die bürgerlichen Ehrenrechte. Die deutsche Presse in der Tschechoslowakei war entrüstet über das Urteil, und selbst die liberalen Blätter im Reich bezeichneten die Anklage als »naiv« und »absurd«. Eines von ihnen behauptete sogar, die Vertreter tschechischer Zentralisierung hätten zu allen ihnen zu Gebote stehenden Mitteln – selbst Hochverrat – gegriffen, um das Imperium zu vernichten, das sie noch fünfzehn Jahre zuvor beheimatet hatte. Die Zeitung bezweifelte, dass die Prager Regierung die Empfindlichkeiten ihrer deutschen Minderheit je respektieren würde.[51]

Die Regierung in Prag hatte freilich auch noch auf andere Empfindlichkeiten zu achten. Viele ihrer Slowaken hatten den Bund mit den Tschechen größtenteils nur akzeptiert, weil ihnen die Ungarn noch verhasster waren; die Friedensverträge hatten sie einer neuen Staatsmacht unterstellt, und jetzt, wo sie ihre ungarischen Herrscher los waren, rief ihre nationalistische Partei nach der Autonomie von ihren gegenwärtigen tschechischen Herren, der Regierung der frischgebackenen Republik. Hierin glichen ihre Forderungen denen der irredentistischen Ungarn von der Christlich-Sozialistischen Landespartei. Im benachbarten Karpatenrussland (oder Karpatenukraine), der östlichsten und ärmsten Provinz des Landes, betrachteten zahlreiche Ruthenen ihre Heimat als großrussisch oder ukrainisch. Sie schrieben, sofern sie schreiben konnten, Russisch, sprachen jedoch Ukrainisch und trugen bei lokalen Festlichkeiten die Tracht der Ukraine, deren Agenten darüber hinaus mit Geld in der Tasche im Land unterwegs waren.[52]

Die größte Bedrohung für den Zusammenhalt der Republik jedoch waren die drei Millionen Bewohner des Sudetenlands, die vor allem an der deutschen und österreichischen Grenze lebten. Als ethnische Deutsche, die früher Untertanen der k. u. k. Monarchie gewesen und jetzt Bürger der neuen, aus Teilen Österreich-Ungarns geformten Republik waren, hätten sie es ursprünglich vorgezogen, an ihre Vergangenheit anschließend dem österreichischen Rumpfstaat zugeordnet zu werden, bevor die Schmeicheleien deutscher Politiker, vor allem von der extremen Rechten, ihnen eine zuverlässigere Alternative boten. Die Nazis in ihrer Mitte gelobten, sie mit dem Vaterland zu vereinen. Die Regierung in Prag gelobte, das auf keinen Fall zuzulassen. Locarno hatte ihre Grenzen ebenso wenig garantiert wie die der Polen.

Die meisten der tschechischen Deutschen wählten die Mehrheitsparteien – Sozialdemokraten, Agrarier oder die Christlichsozialen –, und bis jüngst hatten die Nationalsozialisten dem tschechoslowakischen Innenminister keinen Anlass zur Sorge gegeben. Im Frühjahr 1932 jedoch, etwa achtzehn Monate nachdem man sie aus der Ferne im Ausland zur Kenntnis genommen hatte, begann man sich der Gefahr im eigenen Land bewusst zu werden. Etwa 25 000 meist junge Männer, so stellten die Ermittler fest, hatten sich der paramilitärischen Bewegung angeschlossen, trafen sich mit ihren deutschen Pendants auf der anderen Seite der Grenze und führten die Schlagworte über ein »Drittes Reich« im Mund. Sie stellten sich nicht nur die Autonomie für Böhmen vor, sondern darüber hinaus ein Verschmelzen des Sudetenlands mit dem Deutschen Reich und hatten bereits lokale Aufstände zur Beschleunigung dieser Pläne ins Auge gefasst. Rektoren deutscher Universitäten in Böhmen setzten sich für verhaftete Studenten ein, besuchten sie sogar im Gefängnis; bei Kommunalwahlen in der Karlsbader Region nahmen ihre Kandidaten den anderen Parteien Stimmen ab. Der deutsche Irredentismus gewann an Boden. Im Herbst 1932, nach den Schließungen, den Verhaftungen und dem Volkssport-Prozess in Brünn, hatte die Regierung nicht etwa, wie die *Frankfurter Zeitung* schrieb, zur Beschwichtigung der tschechischen Nationalisten gehandelt, sondern um ihre Autorität gegen diese unverfrorene Aufwiegelung zu verteidigen. Noch sollte Prag und nicht Berlin Herr im eigenen Hause sein.[53]

Tomáš Masaryk, der tschechische Landesvater, verbrachte im Sommer gerne hin und wieder einige Tage auf Schloss Topol'čianky in der Westslowakei und besuchte dort die Dörfer in den Bergen, in denen vor allem Slowaken und Ungarn, hier und da aber auch Deutsche ansässig waren; er sprach deren Sprachen und unterhielt sich mit ihnen, meist eher vom moralischen als vom politischen Standpunkt aus, über die Segnungen der Freiheit und die Pflichten der Demokratie.[54]

Er hatte die deutsche Bedrohung bereits befürchtet, lange bevor er sich der Sache einer unabhängigen Tschechoslowakei verschrieb. Im Oktober 1916 hatte der Philosoph und Journalist im Londoner Exil den ersten Artikel der ersten Ausgabe von *New Europe* geschrieben, einem der nationalen Selbstbestimmung gewidmeten Wochenblatt. In diesem hatte er vor dem Pangermanismus gewarnt, der mit der Absorption von Österreich-Ungarn beginnen, aber mit der Eroberung des Balkans und der Türkei enden würde: eine politische und geschäftliche Einheit, ein deutsches Reich vom Baltikum bis zum Persischen Golf. Im September 1932 war er zweiundachtzig Jahre alt und der Architekt der Unabhängigkeit von 1918 und eines Mitteleuropas, das – mit fünf von zehn neuen Staaten auf dem Kontinent – aus ebendem Reich hervorgegangen war, bei dessen Zerstückelung er selbst mitgewirkt hatte. Und er machte sich noch immer Sorgen um dieselbe Bedrohung. »Die Straße nach Bagdad«, so sagte er einem französischen Journalisten auf Schloss Lány in der Nähe von Prag, wo er den größten Teil des Sommers verbrachte, »verläuft noch immer durch Mitteleuropa.« So hartnäckig war seine Furcht vor einem österreichisch-deutschen Kondominium entlang der Donau, einem neuen Reich in Gestalt des Handels, dass er jedwedes kollektive Arrangement ablehnte, das ein solches zulassen oder gar dazu ermutigen könnte – selbst eine Zollunion unter den nunmehr vom Brudermord gezeichneten Volkswirtschaften. Er ziehe bilaterale Arrangements vor, sagte er einem amerikanischen Journalisten in jenem Herbst. Jetzt, im Herbst seines Lebens und gegen Ende seiner zweiten Amtszeit als Präsident, stand der Albtraum seiner Ansicht nach kurz bevor: ein Anschluss, eine Zollunion zwischen Österreich und Deutschland, die mit Sicherheit das Vorspiel zu einer politischen Union war, die sein Land auf drei Seiten – und damit auch die sudetische Minderheit – zu umschließen drohte. Glücklicherweise hatten die Franzosen im Jahr zuvor ein solches Projekt blockiert; es bestand vorerst nur mehr auf dem Papier, aber für wie lang?[55]

*

So reagierten denn Tschechoslowaken, Polen, Rumänen und Jugoslawen verständlicherweise gereizt auf das Wort »Revision«; sie hatten es schon von den üblichen Verdächtigen auf der anderen Seite der Grenze gehört. Jüngst jedoch signalisierten die Architekten des Nachkriegsfriedens eine Aufgeschlossenheit für Gedanken, die für diese Volksgruppen zutiefst beunruhigend waren.

Im Herbst 1931 hatte William Borah, der isolationistische Senator von Idaho und potenzielle Präsidentschaftskandidat, der damals dem Ausschuss des Senats für Auswärtige Angelegenheiten vorsaß, zu einer umfassenden Revision der Nachkriegsabkommen aufgerufen. Er wollte eine Wiederherstellung Ungarns, die Abschaffung des Polnischen Korridors und weiß Gott sonst noch was, ohne zu erklären, wie solche Änderungen auf friedliche Weise zu bewerkstelligen wären; und so gerne er Europa zeigte, wo es langging, prahlte er, noch nie dort gewesen zu sein. Jubel und Klagen folgten auf dem Fuß. Per Post und Kabel kamen Dankesschreiben aus dem revisionistischen Lager Ungarns, Österreichs und Deutschlands; Proteste hagelte es von Polen, Tschechen und Rumänen. Über Nacht, so berichtete der Warschauer Korrespondent der *New York Times*, sei

Borah zum meistgehassten Mann in Polen geworden. Vor dem Parlament in Bukarest begrüßte der Außenminister die Proteste seiner rumänischen Landsleute in den USA und wies warnend darauf hin, dass die revisionistische Kampagne unweigerlich zu einem Krieg führen würde – zu schweigen von »der Vernichtung der zivilisierten Menschheit«.[56]

Borahs Ansicht nach könnte Europa sich erst entwaffnen, wenn alle territorialen Missstände geregelt wären.[57] Ein Jahr später, als die Abrüstungskonferenz in Genf abwechselnd Hoffnungen weckte und wieder zunichtemachte, hatte die territoriale Revision im Osten Europas eine ganz neue politische Dringlichkeit angenommen, vor allem in Großbritannien. Selbst Churchill, die Kassandra, die nicht aufgehört hatte, vor dem Wiedererstarken der Deutschen zu warnen, setzte sich im Unterhaus für eine Revision ein. »Damit wir das richtig verstehen«, hatte der *Observer* zuvor noch geschrieben, »die wesentliche Schwierigkeit wie auch die Gefahr ist hier nicht die simple französisch-deutsche, sondern die komplizierte polnische Frage.« Der Frieden in Europa hänge ab von »den hastig und in der Torheit der Eroberung gezogenen Grenzen«. *The Times* versicherte ihren Lesern eines soliden Konsenses in der britischen Öffentlichkeit für eine friedliche territoriale Revision. In den 1920er-Jahren hatte sich *Le Temps*, die in Paris in etwa dieselbe Stimme des Establishments war wie *The Times* in London, sich in einer regelmäßigen Rubrik mit dem Motto »Friedensregelung« immer wieder mit den Folgen der Nachkriegsregelung befasst. Jetzt, Ende 1932, beschäftigte sich das Blatt fast täglich mit dem »Problem der Kriegsschulden« oder »der Rechtegleichheit in Sachen Rüstung«. Am 2. Januar fügte man eine neue Überschrift hinzu: »Die Projekte für eine territoriale Revision«. Aufseiten der neuen oder wieder zum Leben erweckten Nachfolgestaaten bestätigte die Tendenz wie auch die Leichtgläubigkeit bei den ehemaligen Siegern die schlimmsten Befürchtungen. Eine Belgrader Zeitung verglich deren Naivität mit dem unbedarften Optimismus des Maître Pangloss aus Voltaires *Candide* und seiner nicht kleinzukriegenden Zuversicht – »Wir leben in der besten aller möglichen Welten« –, selbst noch auf dem

Weg zum Tod durch den Strang. Reparationen und Waffengleichheit hatten nur den Weg für die territoriale Offensive geebnet, die sich jetzt entfaltete, für den letzten Frontalangriff, der Verstümmelung der betroffenen Staaten bedeutete, wenn nicht gar ihren Tod.[58]

Besonders beunruhigend war dabei die Rolle des Völkerbunds selbst. Irredentistisch oder sich hinter Paragraphen und der Unantastbarkeit der Verträge verschanzend, musterte der Nationalismus der Schwachen den Bund nun mit Argwohn. Für die Revisionisten hatte er immer für die Aufrechterhaltung einer Ordnung gesorgt, die sie zu stürzen gedachten. Aber selbst die anderen, die Unentwegten des Status quo, fragten sich nun, ob die Völkerbundsatzung denn wirklich einen großen Schutz bot. Im Artikel 19 war eine »Nachprüfung der unanwendbar gewordenen Verträge und solcher internationalen Verhältnisse ... deren Aufrechterhaltung den Weltfrieden gefährden könnte« durchaus vorgesehen. Das eröffnete den Revisionisten einen gewundenen, aber friedlichen Weg, den die anderen zwar blockieren konnten, aber nur solange Frankreich und Großbritannien nicht umfielen. Und was, wenn die Zuflucht zu höherer Gewalt den Völkerbund und seine Protokolle einfach links liegen ließ? Das ganze Jahr über hatten die Streiter für neue Grenzen in Europa zugesehen, wie die jungen japanischen Heißsporne in die mandschurische Steppe vordrangen und die Admirale Marineinfanterie und -flieger losschickten, um in Schanghai Fabriken und Wohnviertel zu bombardieren. Mehr als alle anderen, von den Chinesen einmal abgesehen, drängten sie den Völkerbund zum Handeln, nur um zusehen zu müssen, wie die Großmächte ihn zurückhielten. Der tschechoslowakische Außenminister Edvard Beneš, der nicht nur zusammen mit seinem Mentor Masaryk sein Land, sondern auch den Völkerbund mitgegründet hatte, dessen beliebteste Gestalt er war, machte sich so seine Gedanken. Er hatte einmal territoriale Opfer befürwortet, um die nationale Versöhnung und ein neues Europa herbeizuführen, sich es dann jedoch anders überlegt. Er hatte Forderungen der Ungarn zugunsten ihrer Landsleute in der Slowakei abgelehnt und die von seinem französischen Kollegen Aristide Briand vorgeschlagene Europäische Union als utopisch verworfen. Jetzt, nach dem Einfall der Japaner in China, waren ihm Zweifel am Völkerbund selbst gekommen. »Simonds«, sagte er 1932 einem amerikanischen Journalisten, »danach können wir uns nur noch an den Trümmern festhalten und hoffen, noch mal von vorne anfangen und wieder aufbauen zu können.«[59]

Und wie viel wussten die ehemaligen alliierten Westmächte eigentlich über die Völker östlich der Elbe oder interessierten sich überhaupt für sie? »Die Staaten, die bei der Ausarbeitung der Friedensabkommen mithalfen«, schrieb der *Manchester Guardian* warnend im Oktober mit Bezug auf Jugoslawien, »können unmöglich gleichgültig bleiben angesichts eines glimmenden Pulvermagazins vor ihrer Nase.« Alle, so beklagte sich der Autor, konzentrierten sich auf Genf und die Mandschurei anstatt auf den Balkan – oder auf Mitteleuropa: noch immer sei bei einigen konservativen Hinterbänklern in Westminster von »Tschechoslowenien« die Rede, und das in den 1930er-Jahren! Womöglich sahen sie in den Zwistigkeiten um Bevölkerungsminderheiten und Grenzen nichts weiter als Stammeskabbeleien in den Grenzmarken, zu denen man besser Distanz hielt, auf dass nicht höhere Prioritäten darunter litten oder gar die Ruhe im eigenen Land. Geringschätzung bei dem einen oder anderen, durch Ignoranz verstärkt, gefährdete jede konstruktive Diplomatie. »Die Polen sind ein hoffnungsloses Volk«, hatte Lloyd George in Versailles ausgerufen, »sie ähneln den Iren … sie haben sich mit jedem ihrer Nachbarn gestritten … und man wird sie schlagen.« Außerdem war er davon überzeugt, dass der Polnische Korridor ein neues Elsass-Lothringen im Osten schaffen würde und dass man die Deutschen nicht zwingen sollte, unter polnischer Herrschaft zu leben. Noch bevor die Tinte auf dem Nachkriegsabkommen trocken war, hatte er mit orakelhafter Überzeugung die beiden fixen Ideen ausgesprochen, die die nächsten zwanzig Jahre die heimische Meinung ebenso durcheinanderbringen sollten wie die britische Außenpolitik – dass Deutschland sowohl die Gerechtigkeit als auch die Zivilisation auf seiner Seite habe.[60]

Ende 1932 befürchtete man in erster Linie, Frankreich könne Großbritannien irgendwie dazu verleiten, Polen im Kriegsfalle beizuspringen. Der Danziger Korridor schien schlicht absurd. Und es spielte dabei überhaupt keine Rolle, dass die Teilung Irlands sich nicht weniger merkwürdig ausnahm und einige derselben Notwendigkeiten bediente.[61] Die öffentliche Meinung, so schrieb das Massenblatt *Daily Express* wiederholt, würde nie und nimmer britische Soldaten oder Seeleute als »Janitscharen« im Dienste der Polen sehen wollen. Niemals, so insistierte zur selben Zeit der *Observer*, würden Großbritannien, seine Dominions oder die Vereinigten Staaten zu den Waffen greifen, um »Osteuropas Versailler Grenzen« zu verteidigen. Würde das der dritte große Sieger von 1918? In Versailles war die französische Delegation mit den Briten ihrer Gleichgültigkeit hinsichtlich der polnischen Frage wegen aneinandergeraten. »Das ist ernst zu nehmen«, hatte Marschall Ferdinand Foch sie gemahnt. »Wenn Polen fällt, werden Deutschland und Russland sich zusammentun. Dann sehen Sie sich in einer noch schlechteren Position als 1914.« In ihrer Sorge um eine deutsche Expansion insistierten die Franzosen damals wie später auf die kritische Bedeutung von Souveränität und Sicherheit der Nachfolgestaaten für den ganzen Kontinent, eine Überzeugung, die Lloyd George bestritt und die Woodrow Wilson, bei allem Mitgefühl für die Polen, nicht verstand – von seinen Nachfolgern ganz zu schweigen. Aber gegen Ende 1932 machte sich in Frankreich die Ernüchterung breit. Die Presse vom rechten Flügel hatte Probleme mit der Ernennung Becks, der für die Franzosen so ganz und gar nichts übrigzuhaben schien; der polnisch-russische Nichtangriffspakt war für sie ein häretischer Akt der Untreue; außerdem fürchtete sie, die Polen könnten sich jeden Augenblick Deutschland zuwenden. »Oberst Beck«, so klagte das konservative Blatt *Les Débats*, als dieser Zaleski als Außenminister folgte, »scheint öfter nach Berlin oder Moskau zu schauen als nach Paris.« Die linke Presse hatte ohnehin nie viel übriggehabt für Piłsudskis Regime. Und dann baute Frankreich inzwischen entlang seiner Ostgrenze die Maginot-Linie, ein Projekt von zweifelhafter strategischer Relevanz für die französische Verpflichtung gegenüber Polen. Dort druckte die Oppositionspresse die französischen Angriffe nach, was

Beck dem französischen Botschafter gegenüber ansprach. Piłsudski selbst verdächtigte die pazifistische französische Linke, Polen um der Beschwichtigung Deutschlands willen opfern zu wollen, und die nationalistische französische Rechte der Unterstützung seiner rechten Opponenten unter den National-Demokraten. Das Bündnis hielt. Aber die Zahl der Skeptiker nahm zu.[62]

Die britische Öffentlichkeit, so hatte *The Times* ihren Lesern versichert, sei für eine territoriale Revision. Dieselbe Öffentlichkeit freilich, so beeilte man sich hinzuzufügen, fühle sich »nicht im selben Maße direkt betroffen wie die öffentliche Meinung einiger anderer Länder« – kurz gesagt, der Polnische Korridor oder die Grenzen Jugoslawiens seien nicht ihr Problem. Was durchaus stimmte, solange man keinen Blick auf die Karte warf. Hatte man vergessen, dass der Große Krieg achtzehn Sommer zuvor in ebendiesem Teil der Welt ausgebrochen war – in einem kleineren Land als Polen, aber mit nicht weniger ethnischen und existenziellen Sorgen? Oder hatte man sich, falls man sich doch erinnerte, einfach entschlossen, dem Problem den Rücken zu kehren in der Überzeugung, Geschichte würde sich nicht wiederholen? Weder hatten die Friedensstifter von Versailles ethnische und wirtschaftliche Realitäten mit nationaler Selbstbestimmung zu versöhnen vermocht, noch hatten sie den Völkerbund mit der Macht ausgestattet, den Frieden auch tatsächlich zu garantieren. Noch herrschten Nationen. Sollten die da drüben sich doch gegenseitig aufreiben in ihrem atavistischen Gezänk, wenn sie unbedingt wollten, so dachten die wohlwollenden Zuschauer auf der anderen Seite des Kanals, wir wenden uns wieder dem Handel mit einem starken und zufriedenen Deutschland zu. Wie so viele andere in den Dominions und den Vereinigten Staaten, die sich glücklich in ihrer maritimen Sicherheit wiegten, entzog es sich ihrem Verständnis, dass für Millionen kontinentaler Deutscher, Slawen, Ungarn, Rumänen und Griechen Ethnizität noch immer gleichbedeutend mit Schicksal war und dass jede Macht, die skrupellos genug sein sollte, Öl in die Flammen ihrer Leidenschaft und eingebildeten Missstände zu gießen, damit womöglich alle anderen in einen weiteren Krieg um die Vorherrschaft über den Kontinent zog. Die führenden Häupter konnten sich der öffentlichen Meinung nur beugen, obwohl die meisten von ihnen sehr wohl wussten, dass den Blick jetzt nach innen zu richten, derlei Unglück geradezu herausfordern musste. Sie beschlossen dennoch, sich zu treffen.[63]

8 Türen öffnen sich – einen Spaltbreit

Anfang Dezember 1932 trafen sich Vertreter Frankreichs, Großbritanniens, Italiens, Deutschlands und der USA im Beau-Rivage, einer Nobelherberge mit Blick auf den Genfer See, um Gespräche parallel zur vor sich hin dümpelnden Abrüstungskonferenz zu führen. Monatelang hatte der britische Premier MacDonald ihnen gut zugeredet, um sie zu diesem Versuch zu bewegen, wieder Bewegung in die lahmende Konferenz zu bringen. Dazu empfing er sie nun in vergoldeten Sesseln um einen mit Intarsien geschmückten ovalen Tisch unter einem gemalten blauen Himmel voll Blumen und Vögeln in einem der kleineren Salons des Hotels. In dieser überladenen Kulisse aus den 1880er-Jahren einigte man sich am Elften darauf, den Deutschen das Recht auf Rüstungsgleichheit zuzugestehen, wenn auch nicht ohne Bedingungen, um die Sicherheit aller zu garantieren. Priorität schien dabei die Beschwichtigung in erster Linie Deutschlands und dann Frankeichs zu haben, und MacDonald, dem von Anfang an mehr daran gelegen war, Franzosen und Deutsche in den Salon zu bekommen, als diesen an ihrer Teilnahme, gab sich zufrieden, um nicht zu sagen selbstgefällig: »Wir haben Großes geleistet«, sagte er einem der britischen Delegierten an der Konferenz beim Verlassen des Salons.[1]

Nicht dass die gemeinsame Erklärung etwas gelöst hätte. Sicher, sie brachte die Deutschen zurück an den Verhandlungstisch, den sie im Juli erbost verlassen hatten, als man ihnen nicht a priori Rüstungsgleichheit zugestehen wollte. Nur versteiften sie sich jetzt darauf, dass die Erklärung ihnen die Revision ihrer Grenzen zu Polen erlaube, während Briten und Franzosen vom Gegenteil überzeugt waren. Niemand wusste so recht, was »Rüstungsgleichheit« genau bedeutete. Im November hatte der britische Außenminister Sir John Simon erklärt, eine solche sei mit der Auflage verbunden, dass Deutschland die Zusage nicht umsetze oder wenigstens nicht sofort. Wie MacDonald seine Tischgenossen nun bei einem Mittagessen zur Feier des Erfolgs freudestrahlend erinnerte, habe man das Versprechen der Deutschen, sich nicht mit Waffengewalt durchsetzen zu wollen. Derlei Vorbehalte schienen den deutschen Kritikern nicht weniger absurd als den französischen. Die französische Regierung sah die Fünf-Mächte-Erklärung als Endpunkt, als endgültigen theoretischen Kompromiss; die deutsche Regierung betrachtete sie als Befreiung von den militärischen Bestimmungen des Versailler Vertrags – und damit implizit als weiteren Sieg in ihren Bemühungen, diesen zu torpedieren. Was die Presse anging, so war sie in Paris größtenteils perplex, in London und New York überwiegend erleichtert, in Berlin mehr oder weniger zufrieden, wobei freilich die nationalistische deutsche Rechte bei ihrer unversöhnlichen Feindseligkeit blieb. Wo die Deutschen jetzt wieder mit am Verhandlungstisch im neuen Anbau des Völkerbunds saßen, was würde als Nächstes passieren? Der Gedanke an die Abrüstung jedenfalls lag den einen so fern wie den anderen.[2]

In seiner Anfangszeit hatten einige der größeren seiner Gründer den Völkerbund und seine Projekte offen verhöhnt. »Sie ... Sie glauben an den?«, hatte Clemenceau einem Abgeordneten der Kammer entgegnet, der es gewagt hatte, die neue Organisation auch nur zu erwähnen. George Lord Curzon, der britische Außenminister der Zeit, hatte ihn als »einen guten Witz« bezeichnet; Philippe Berthelot, Generalsekretär im französischen Außenministerium und ein Protegé Briands, sprach von einem »Schwindel«.[3] Mittlerweile waren derlei Urteile kaum noch zu hören, und der eine oder andere hatte seine Meinung sogar geändert. Sowohl die Briten als auch die Franzosen bekannten sich nun zum Völkerbund; er hatte eine Aura von Respektabilität angenommen, nachdem sie – wie andere auch – einen Nutzen in ihm erkannt hatten, der freilich unausgesprochen blieb. Für die Briten bestand dieser in der Wahrung der Stabilität auf dem Kontinent, die so wichtig für die Ruhe im Empire war und die ihnen kontinentale Verpflichtungen ersparte; für die Franzosen und ihre Verbündeten im Osten bestand er in der Wahrung der Nachkriegsordnung, solange es irgendwie ging; den Deutschen und all den anderen Revisionisten bot er ein Ziel, das es so schnell wie möglich zu zerschlagen galt; den anderen bot er Zugang zur Weltbühne, auf der man – und das galt für alle – den Friedensapostel gab. Alle sprachen sich jetzt für die Abrüstung im Namen des Weltfriedens aus und feilschten darum im Namen der nationalen Sicherheit, was den Accessoire-Status des Völkerbunds demonstrierte, den größere wie kleinere Mächte ausnutzten, wann immer sich das einrichten ließ, und den sie umgingen, wann immer das nicht möglich war. Und wie groß war die Wahrscheinlichkeit, dass neunundfünfzig Nationen sich an ein allgemeines Rüstungsabkommen binden würden, bei dem es für jede von ihnen ums Überleben ging? Die Konferenz von 1932 lieferte darauf eine Antwort, bevor sie wieder zu Ende war.[4]

Nie zuvor, so schrieb Bertrand Russell etwas später, sei »die Ratio des Menschen überzeugter gegen den Krieg« gewesen. Aber der Ausbreitung seiner Werkzeuge vermochten sie keine Grenzen zu setzen, sosehr sie es auch versuchten. Seit dem Herbst 1925, als der Völkerbundsrat sie einzurichten begann, hatten die vorbereitenden Kommissionen ihre liebe Mühe gehabt, sich noch vor Beginn der eigentlichen Konferenz auf einen Konventionsentwurf zu einigen. Unbesungene Sachverständige hatten viel Scharfsinn und Geduld auf die obskuren Unterschiede zwischen Offensiv- und Defensivwaffen, auf qualitative und quantitative Abrüstung, langfristiges und kurzfristiges militärisches Potenzial, auf zivile und militärische Luftfahrt und weiß Gott sonst noch was verwandt. Allein 1927 hatten sie in 253 Sitzungen 3 760 000 Blatt Papier produziert. Die Franzosen hatten ein System ersonnen, mit dem sich das Kriegspotenzial einer Nation als numerische Größe errechnen ließ, ein Produkt aller nur erdenklicher Faktoren wie Bevölkerungszahl, Industrie oder Meereszugang; anhand dieser Größe hofften sie die Bewaffnung zu rationieren. »Diskutieren Sie nie allgemeine Prinzipien mit einem Franzosen«, hatte Lord Cecil die britische Delegation angewiesen, aber unter dem Eindruck französischer Überzeugungskraft füllten sie denn doch alle den Fragebogen aus, den zu verteilen die Franzosen den Rat überredet hatten. Die Niederländer beanspruchten mehr Kriegsmaterial auf der Grundlage ihrer besonderen klimatischen und Bodenverhältnisse – ein Ansinnen, das im Nu als »Nebel-und-Sumpf-Memorandum« bekannt war. Den Rumänen zufolge waren dagegen Mut und Militärgeist – oder der Mangel daran – in die Rechnung einzubeziehen. Monate vergingen und wurden zu Jahren. Unter den Delegierten waren ausgesprochen fähige Köpfe, gegenwärtige oder ehemalige Außenminister, gerade aus kleineren Ländern, deren Interesse an Genf besonders groß war – der Tschechoslowake Edvard Beneš zum Beispiel, der fast schon zu intelligent war, um Vertrauen zu erwecken; der Grieche Nikolaos Politis, Jurist und Professor an der Sorbonne, wenn er nicht als Minister in Athen war; und dann der stürmische Rumäne Nicolae Titulescu, ein agiler Debattierer und formidabler Wortschmied. Sie erarbeiteten nachgerade Wunderwerke an Versöhnungs- und Kompromissfähigkeit, fanden aber nie den rechten Mittelweg, der zu für alle akzeptablen Quoten geführt hätte.

Völlig überfordert angesichts der vielgestaltigen Interessen schuf man letztlich keinen Entwurf, sondern eher einen Fragebogen, in den man die Delegierten ihre Zahlen einzutragen bat; so versessen wie man darauf gewesen war, wenigstens den Anschein eines Konsenses zu erarbeiten, wollte man sich sein Scheitern nicht eingestehen. »Technische Argumente«, so sagte der spanische Delegierte, »sind nur politische Argumente in Uniform.« Wie die anderen auch war er nicht als Herold mit großer Fanfare, sondern als Gesandter mit präzisen politischen Anweisungen nach Genf gekommen. Letztere liefen dem Kompromiss allerdings zuwider, wurzelten sie doch in teils eingebildeten, teils realen Bedrohungen des nationalen Territoriums oder der nationalen Identität, die so viele Teilnehmer im Griff zu haben schienen. Die Delegierten kamen aus Hauptstädten und Grenzregionen, in denen es nur so gärte von kollektiven Mentalitäten dieser Art, die allesamt meilenweit entfernt von der Bertrand Russell so lieb und teuren menschlichen Ratio waren.[5]

»Es versteht sich von selbst«, sagte ein britischer Delegierter zu einem seiner französischen Kollegen, »dass wir unsere Flotte ausschließlich im Dienste des Rechts einsetzen werden.« Die jüngste Geschichte hatte dem maritimen Empire ein Gefühl der Sicherheit vor Aggressionen suggeriert, von dem eine kontinentale Landmacht wie Frankreich nur träumen konnte, was das Empire dazu inspirierte, a priori eine Reduktion des Kriegsmaterials auf dem Festland sowie eine Revision des Versailler Vertrags zugunsten Deutschlands zu befürworten, während es die Franzosen dazu veranlasste, sich mangels Sicherheitsgarantien gegen beides zu stellen. Aber warum, so fragte sich der französische Delegierte, sollte sich nicht auch das französische Heer im Dienste des Rechts einsetzen lassen? Durchaus erpicht darauf, große Panzer zu verbieten und kleinere zu behalten, meinte Simon unter dem Eindruck der Genfer Begriffsverwirrung, er erkenne einen Elefanten, wenn er einen sehe. Aber, so fragte der spanische Delegierte, erkennen Sie auch einen Wal, wenn Sie einen sehen? Der Spanier saß einer Kommission von acht kleineren Ländern vor, die einer der britischen Delegierten später als »einziges Ärgernis« bezeichnete.[6] Multipliziert mit neunundfünfzig Mitgliedern verzögerten derlei Dünkel die Verhandlungen und bremsten sie auf das Tempo des langsamsten Teilnehmers herab, ja, brachten sie zuweilen gar zum Stillstand.

»Und deshalb beansprucht Deutschland die Gleichberechtigung«, sagte Wilhelm Groener, damals Reichswehrminister, am Schluss eines Tonfilminterviews für die englischsprechenden Länder. »Equal rights«, übersetzte der Dolmetscher neben ihm, den Blick direkt in die Kamera gerichtet. Das war im Januar 1932, kurz vor der offiziellen Eröffnung der Genfer Konferenz. Später, in einem Vorführraum in der Berliner Friedrichstraße, sah und hörte er sich zum ersten Mal in seinem Leben im Film. »Paß auf, jetzt bekommst Du sicher Angebote aus Hollywood für den nächsten Gangsterfilm«, kommentierte ein boshafter Freund des Dolmetschers, den dieser voller Stolz zur Vorführung mitgenommen hatte. Was wenig wahrscheinlich war, aber in den nächsten zwei Jahren waren »›equal rights‹ und ›égalité des droits‹ unter den am häufigsten auftretenden Worten« seines englischen und französischen Vokabelschatzes für das, was Groener als »Gleichberechtigung« in den Raum geworfen hatte.[7]

Es war die eindeutigste und – für einige – die unliebsamste Forderung irgendeiner der in Genf tagenden Nationen, da sie Buchstabe und Geist von Versailles auf eine Art und Weise zuwiderlief, die für die Weltöffentlichkeit nur schwer zu verstehen war. Der Teil V des Versailler Vertrags hatte das deutsche Berufsheer auf eine Stärke von 100 000 Mann beschränkt und dem Land jegliche Angriffswaffen abgesprochen, so etwa Panzer, schwere mobile Artillerie, Unterseeboote und Flugzeuge. Diese drakonischen Maßnahmen, so hieß es in der Präambel zu diesem Teil des Vertrags, dienten dazu, »den Anfang einer allgemeinen Beschränkung der Rüstungen aller Nationen zu ermöglichen«. Artikel 8 der Völkerbundsatzung verlangte mehr oder weniger dasselbe: die Beschränkung auf ein Mindestmaß, das »mit der nationalen Sicherheit« vereinbar sei. Und die Alliierten hatten auf deutsche Proteste mit dem Versprechen reagiert, dass eine allgemeine Abrüstung eine der ersten Pflichten des Völkerbunds sei. Das war 1919. Nun schrieb man das Jahr 1932, und Großbritanniens Landstreitkräfte waren nur mehr ein Schatten ihres einstigen Selbst, die Frankreichs waren um ein Viertel und um die Hälfte ihrer ausgebildeten Mannschaften verkleinert. Aber die Sieger hatten noch immer nicht auf die den Deutschen auf dem Papier vorgeschriebenen Zahlen abgerüstet, die Erfüllung des mutmaßlichen Versprechens stand nach wie vor aus; die Deutschen verlangten eine neue Konvention, laut der Teil V zu streichen und ihre Bewaffnung nicht in höherem Maße einzuschränken sei als die der anderen. Was könnte gerechter sein?[8]

Sowohl in den Vereinigten Staaten als auch in Großbritannien und seinen Dominions war man sich größtenteils einig: Es entwaffnen sich entweder alle, oder man befreit die Deutschen von ihrem diskriminierenden Joch. »Ich halte diese Forderung Deutschlands«, so sagte der britische Außenminister Sir John Simon dem Kabinett im September 1932, »für ganz und gar vernünftig und durchaus unwiderstehlich.« Alle revisionistischen Staaten, allen voran die Italiener, brachten ihre Unterstützung des deutschen Anspruchs auf Gleichberechtigung zum Ausdruck und begannen darüber hinaus, aggressiver und zuweilen geradezu drohend, ihre eigenen Probleme mit dem Völkerbund vorzubringen, in dem sie den Büttel ihrer Unterdrücker sahen. Nachdem Grandi Ende Juli sich aus Genf verabschiedet hatte, übernahm General Italo Balbo, Flieger und womöglich Thronfolger Mussolinis, seinen Platz als Chefdelegierter bei der Abrüstungskonferenz, nur um im Sitzungssaal des Rats umgehend einen Streit vom Zaun zu brechen: Er bezeichnete den Bund als »eine Gesellschaft mit beschränkter Haftung unter der Kontrolle Englands, Frankreichs und der Vereinigten Staaten« und drohte gar mit dem Verlassen der Konferenz. Tags darauf sagte Mussolini den durch und durch konservativen Lesern der *Morning Post*, dass die Ära der Konferenzen sich dem Ende zuneige – und das im selben Augenblick, in dem Deutschland bekanntgab, nicht ohne Gleichberechtigung an den Konferenztisch zurückzukehren.[9]

Frankreich wähnte hinter der abstrakten Forderung finstere handfeste Absichten. Gleichberechtigung in der Theorie bedeutete in der Praxis Wiederaufrüstung – in diesem Falle eines reichen Landes mit dreißig Millionen mehr Menschen und dem Zwei- oder Dreifachen seines eigenen industriellen Potenzials. Ohne angemessene Sicherheitsgarantien laufe die Maßnahme heute auf reine »Bauernfängerei« hinaus, wie *Le Temps* schrieb, und morgen auf eine Wiederholung von 1870 oder 1914, wie die nationalistische Rechte warnte. Da Briten und Amerikaner, ihre einzigen schlagkräftigen Garanten, sich weder mit dem Gedanken anfreunden konnten noch um eine solche Rolle rissen, fiel es den Franzosen – genauer gesagt, einer rechten Regierung im Februar und einer linken im November – zu, in Genf den Vorschlag völkerbundeigener Streitkräfte nebst konzentrischen neuen Sicherheitsabkommen zu unterbreiten. Die »Angelsachsen« waren, ungeachtet der Konzessionen, die es an die Deutschen machte, alles andere als begeistert von diesem Arrangement. Frankreichs Verbündete im Osten zweifelten keinen Augenblick daran, dass die von Deutschland geforderte Gleichberechtigung – ein Vorwand für eine Wiederaufrüstung – sie früher oder später jeder Möglichkeit berauben würde, sich gegen eine territoriale Revision zu wehren. Sie blickten dem Geschehen quasi von der Brustwehr einer Zitadelle aus entgegen, deren innere Bastion die territoriale Frage und deren Außenwerke Reparationen und Rüstungen waren; und jetzt sahen sie sich im Visier eines zunehmend dreisten Angreifers. Im Juli hatte er in Lausanne die Reparationen genommen und in Genf mit der Belagerung der Rüstungen begonnen. Wie lange konnte es dauern, bis er eine Bresche in die Bastion zu schießen begann? Abstrakte Gespräche über Waffengleichheit musste die Protegés in Warschau, Prag und Belgrad nicht weniger beunruhigen als ihre Beschützer in Paris. Mussolinis aggressives Eintreten für eine solche in seinen Reden im Oktober in Mailand und Turin alarmierten den polnischen Botschafter beim Vatikan, wie er seinem französischen Kollegen anvertraute, in noch höherem Maße als jedwedes Gerede von einer Revision an sich; gleichzeitig äußerte er sein Bedauern über die Unfähigkeit der Betroffenen – insbesondere Polens und der Tschechoslowakei –, gemeinsam gegen die Bedrohung anzugehen.[10]

Selbst wenn sie hochtechnisch wurden, kam man bei den langen Sachverständigenberatungen immer wieder zurück auf die Befürchtungen einzelner Staaten bezüglich Status und Sicherheit. Seine Notizen in der Linken, die Rechte am Revers, wiederholte Johann Heinrich Graf von Bernstorff, ein Relikt des kaiserlichen Hofs und der Vorkriegsdiplomatie, der sein Land bis Dezember 1931 in Genf vertrat, höflich, es sei nun an den anderen abzurüsten und Deutschland könne den Status quo nicht länger akzeptieren. Bei all der feinen Art und seinem Glauben an Völkerbund und Abrüstung war er in diesem Punkt nicht weniger unnachgiebig als irgendein hetzender Nationalist; dasselbe galt für seinen Nachfolger Rudolf Nadolny, nur dass der weder in puncto Intellekt noch Manieren so gemäßigt war wie der Graf. Ihnen gegenüber stand

Joseph Paul-Boncour, für einen Gutteil dieser Zeitspanne Chef der französischen Delegation, der sich mit seiner weißen Mähne, dem unverkennbaren Profil und der kleinen Statur wie eine um einen Kopf kürzere Ausgabe von Robespierre ausnahm. Er rezitierte – in seiner bekannten schmeichelnden Stimme und nicht weniger unermüdlich als seine deutschen Pendants – in der einen oder anderen Variation den Jahre zuvor von ihm ersonnenen Slogan »Schlichtung, Abrüstung, Sicherheit«. Und Frankreichs Verbündete in der Kleinen Entente – Tschechoslowakei, Jugoslawien und Rumänien – beteten ihn ergeben nach.[11]

Vor allem die führenden Köpfe der Briten und Amerikaner brachten die populäre Meinung gegenüber den Genfer Bemühungen zum Ausdruck, der zufolge die über die Maßen destruktiven Werkzeuge moderner Kriegsführung an sich schon den Frieden gefährdeten und ihre Beseitigung – oder wenigstens Reduzierung – die beste Garantie für politische Sicherheit und wirtschaftliche Erholung bot. Und daran glaubten sie auch, allen voran MacDonald, der Pazifist, der gegen den Eintritt der Briten in den Ersten Weltkrieg gewesen war, sowie Hoover, der Quäker, der Wunder für die Unterstützung Belgiens gewirkt hatte, und Simon, der Liberale, der 1916 der Einführung der Allgemeinen Wehrpflicht wegen zurückgetreten war und der dem Kabinett im September gesagt hatte, ein Scheitern in Genf gefährde »womöglich den Frieden an sich«.[12]

Ihr Anliegen war sowohl politischer als auch prinzipieller Art; es orientierte sich an einer bestimmten Meinung zu Hause wie im Ausland. Im Gegensatz zu den Sachverständigen spürten sie als Politiker den heißen Atem der Laien, der internationalen Öffentlichkeit mit anderen Worten, im Nacken. In Paris mit einem weiteren Entwurf für einen Abrüstungsplan für die Konferenz befasst, sagte Paul-Boncour im Oktober, »die internationale Meinung« würde Frankreich verantwortlich machen, sollte das große Projekt des Völkerbunds scheitern. Im selben Monat stellte MacDonald dem Kabinett in London die Frage, ob man – um Schuldzuweisungen zuvorzukommen – nicht das Angebot machen sollte, aufzugeben, was immer auch alle anderen aufgeben würden, was freilich unter

Umständen auf eine Abrüstung auf deutsches Niveau hinauslaufen würde. Simon wies dasselbe Publikum mahnend darauf hin, dass in den Augen der Abrüster Deutschland über jeden Tadel erhaben sei; wenn die Deutschen sich jetzt wieder bewaffneten, würde es heißen: »Wie kann Sie Deutschlands Haltung überraschen, wo man ihm jede vernünftige Behandlung versagt?« Auf der anderen Seite des Atlantiks hatten die Friedensaktivisten, die seit Februar das Weiße Haus belagerten, das Herz des amtierenden Präsidenten gerührt. Im März präsentierte das *Ladies' Home Journal*, das Monatsmagazin der Curtis Publishing Company mit drei Millionen Abonnentinnen und noch mehr Leserinnen, ein Fünf-Punkte-Friedensprogramm, das die Abschaffung von Schlachtschiffen, U-Booten, Flugzeugträgern und Militärflugzeugen vorschlug und darüber hinaus, dass die Unterzeichner des Briand-Kellogg-Pakts einen Wirtschaftsboykott gegen jede Nation zu verhängen hätten, die dagegen verstieß. Der Leitartikel des Magazins sah der Abschaffung des Krieges an sich entgegen und berief sich dabei auf den Rückhalt von »29 Millionen Müttern«. In einem Wahljahr zog Hoover es vor, am Vorabend der Parteitage von Republikanern und Demokraten auf ihren Appell mit einem Aufruf an alle Nationen zu reagieren, sich auf eine »Polizei«-Truppe und erheblich reduzierte Armeen zu verlassen; darüber hinaus wollte er zahlreiche Waffen zu Lande und zu Luft – wie Panzer und Bomber – abgeschafft und die Kriegsmarinen erheblich reduziert sehen.[13]

Wie viele andere Pläne stieß auch dieser in Genf zunächst auf lautstarke Zustimmung, vor allem bei den kleineren Mächten, sowie auf stille Bestürzung bei den größeren; so hätte er, unter anderem, den Franzosen und ihren Verbündeten massive Reduzierungen ihrer Landarmeen auferlegt und mit der Abschaffung des U-Boots kleineren Kriegsmarinen die beste Waffe gegen die Überwasserflotten der Amerikaner und Briten genommen; darüber hinaus hätte er die Schlachtschiffverhältnisse eingefroren, die den Japanern so schwer im Magen lagen; aber er war nun mal die Antwort auf den Eifer all derer, die der Überzeugung waren, dass das Problem unter dem Strich auf die simple Frage hinauslief, ob »man die neu erworbene Macht des Menschen über die Natur in den Dienst des Krieges stellen« sollte.[14]

Unter dem Strich war das Problem, wie die Sachverständigen in den Vorbereitungskommissionen längst erkannt hatten, weder ein militärisches noch ein technisches, sondern ein politisches; nur zögerten die Persönlichkeiten des öffentlichen Lebens, das offen einzugestehen. Nationen bewaffneten sich, weil sie einander misstrauten und nicht umgekehrt, und wenn sie ihre Waffen unter viel Mühe ablegten, ohne zunächst ihre Animositäten zu mildern, war alles umsonst. Das akzeptierten, wenn auch eher im Stillen, allmählich auch die Personen des öffentlichen Lebens, vor allem – und besonders vielversprechend – in den USA.

Was immer er öffentlich predigte, Hoover wusste sehr wohl, dass seine republikanischen Vorgänger die Einschränkungen des Washingtoner Flottenabkommens von 1922 erst akzeptiert hatten, nachdem handfeste diplomatische Arrangements wie etwa ein Neun-Mächte-Vertrag, der die Integrität Chinas garantierte, für ein Sicherheitsgerüst gesorgt hatten. Wo die Japaner dieses jetzt beiseitezufegen drohten, erinnerten Hoover und Stimson sie und die Welt daran, dass die selbstverleugnenden Beschränkungen im Bereich der Kriegsmarine von nicht weniger selbstverleugnenden diplomatischen Beschränkungen abhängig waren. In Europa jedoch, wo die Vereinigten Staaten ihre Gleichgültigkeit gegenüber den Wechselfällen der Macht und dem Schachbrett der Alten Welt bekundeten, forderten sie offiziell und lautstark, als eine Art Deus ex Machina, die Abrüstung um der Abrüstung willen. Hoovers Plan vom 22. Juni hätte da deutlicher nicht sein können. Der amerikanische Delegierte Hugh Gibson insistierte nach wie vor, die beste Sicherheitsgarantie bestehe in der Beseitigung der Angst vor einem Angriffskrieg, was wiederum am besten durch die Beseitigung der Offensivwaffen zu bewerkstelligen wäre, die einen solchen ermöglichten, Panzer etwa, mobile Artillerie oder auch Giftgase. Behutsam und weit weniger öffentlich gaben amerikanische Diplomaten unter Führung Stimsons sich 1932 in Genf damit zufrieden, auf politische Nebenabreden hinzuwirken. Ihnen ging es um die

Rettung der Konferenz. Sie wussten, bevor man irgendein Abkommen unterzeichnen oder darauf vertrauen konnte, dass der andere auch tatsächlich abrüstete, mussten sie für Entspannung sorgen: zwischen Frankreich und Deutschland, Frankreich und Italien, zwischen Japan und den Amerikanern selbst. So kam Stimson im April nach Genf, um sich mit MacDonald und Brüning zu treffen. In einer Rede im August versprach er, die Vereinigten Staaten würden sich im Falle einer drohenden Aggression mit anderen beraten, das erfordere der unbeständige Charakter der Neutralität, der seines eigenen Landes nicht ausgenommen. Im Dezember schickte er Norman Davis mit vier anderen in Simons Wohnzimmer im Genfer Beau-Rivage. Mit Hoovers widerwilliger Zustimmung hatte er die gewohnten Predigten zugunsten eher unüblicher Verhandlungen aufgegeben. Nachgerade verstohlen hatte er die französischen Vorschläge für neue Verträge verworfen, um die isolationistische Öffentlichkeit zu Hause nicht mit dem Schreckgespenst einer amerikanischen Mitgliedschaft im Völkerbund zu verschrecken. Was jedoch nichts daran änderte, dass er verbotenes Terrain betreten hatte – ein Terrain, dem Hoover und sein frisch gewählter Nachfolger mit äußerst gemischten Gefühlen gegenüberstanden.[15]

Ergebnis all dessen war zur Jahreswende eine Konferenz, bei der über Tage die gute Absicht und unter Tage das Eigeninteresse obenan stand. Großbritannien versuchte sowohl einer deutschen Wiederaufrüstung und damit einem neuen Wettrüsten entgegenzuwirken, als auch neuen Verpflichtungen zu entgehen. Frankreich war daran gelegen, die deutsche Wiederaufrüstung wenn schon nicht zu verhindern, so doch zu bremsen und andere in seine Sicherheitsbestrebungen mit einzubeziehen. Alles war relativ; die Italiener und die Deutschen versuchten Frankreich zu schwächen, die Japaner die Amerikaner und die Sowjets überhaupt jeden; die Amerikaner sahen in massiven Rüstungsausgaben eine der Ursachen der Wirtschaftskrise und nebenbei auch des Zahlungsverzugs ihrer europäischen Schuldner. Aber die leidenschaftlichen Abrüstungsappelle kamen von allen Seiten. Niemand hatte sich gründlicher auf die Konferenz vorbereitet als die Franzosen, und einer ihrer ranghöchsten Beamten hatte André Tardieu kurz vor seiner Abreise nach Genf an deren »demagogische und theatralische Realität« erinnert.[16] Zu der Tardieu nach seiner Ankunft geschickt mit der Unterbreitung von Vorschlägen, die von vornherein keine Chance hatten, beitrug. Aber wie verhielt sich das nun mit der Erklärung vom 11. Dezember? Anfang 1933, ein Jahr nach ihrer Eröffnung, begann die Konferenz sich nach Umsetzungsmöglichkeiten der neu zugestandenen »Gleichberechtigung« umzusehen, worauf einmal mehr das Primat der Politik zum Zuge kam, das bald die Form der Weigerung annehmen sollte. Die Deutschen verweigerten die demütigenden Inspektionen, die die Franzosen verlangten; die Briten weigerten sich, ihre Militärflugzeuge abzuschaffen, die unerlässlich für die Kontrolle ihres riesigen Empires waren; die Japaner wollten sich nicht länger mit einer Marine zweiter Klasse zufriedengeben, die Italiener nicht mit Flottenabkommen, die ihnen die Parität mit den Franzosen verweigerten. Aber wie Stimson sich später erinnerte, wäre ein Franzose, der Italien die Parität zugestanden hätte, in der Öffentlichkeit erledigt gewesen. Und gar nicht so selten verfolgten gerade die hochtrabendsten Verfechter der Abrüstung in Genf die ehrgeizigste Rüstungspolitik zu Hause, wo die Politik – die Eroberung des Volksgefühls – dazu neigte, die Sicherheit obenan zu stellen.[17]

Tardieu beeilte sich, dem französischen Volk zu versichern, dass der von ihm in Genf vorgelegte Plan die Landesverteidigung wohl schwerlich anderen anvertrauen würde. Im Falle eines Angriffs, so sagte er am Tag nach seiner Ansprache vor den Delegierten der Konferenz im französischen Radio, würde Frankreich sich mit allen ihm zu Gebote stehenden Mitteln verteidigen – »was auch den Willen des Volkes reflektiert«. Sir John Simon, dem britischen Außenminister, der ihm die moralischen, wenn schon nicht die rechtlichen Überlegungen hinter der Forderung der Deutschen erklärte, andere – Frankreich – hätten auf ihr Niveau abzurüsten, erwiderte Tardieu, die französische Öffentlichkeit würde niemals ein System akzeptieren, dass Deutschland stärkte und Frankreich schwächte.[18]

Im August, gerade mal sechs Wochen nachdem er die Welt zur

Abrüstung aufgerufen hatte, bestand Hoover in seiner Rede zur Annahme der republikanischen Nominierung in Philadelphias Constitution Hall auf ein Heer und eine Marine, die jeden Angreifer am Betreten amerikanischen Bodens zu hindern imstande wären. Das war mit anderen Worten genau die Extravaganz, die er bei den Franzosen bedauert hatte. In diesem Sommer beleuchteten Artilleriegranaten, Suchscheinwerfer und Leuchtspurmunition den Himmel über Camp Dix in New Jersey; ihren Höhepunkt fanden die Gefechtsübungen im September mit U-Boot-Manövern vor Sandy Hook. Der Gedanke dahinter war, sich der Flotten, Flugzeuge und Mannschaften eines imaginären Feinds zu erwehren. Die Landarmee der USA war eher winzig, die Kriegsflotte dafür umso größer. Man hatte nicht vor, noch einmal ein Expeditionskorps nach Europa zu schicken, wollte aber sehr wohl die eigenen Gewässer und die maritime Kommunikation rund um den Globus gesichert sehen, falls nötig auch in einer Entscheidungsschlacht gegen einen Herausforderer auf dem Meer, egal wie fern und furchterregend dieser sein sollte – eine Rolle, die Japan Großbritannien mittlerweile auf Dauer abgejagt hatte. Der War Plan Orange sah genau diese Art von Begegnung mit der Kaiserlichen Marine irgendwo im Westpazifik vor. In der Praxis freilich hielten weder Hoover noch seine Vorgänger die Kriegsmarine auf dem Niveau von Briten und Japanern, was ihnen die Flottenabkommen von Washington 1922 und London 1930 durchaus erlaubt hätten; was nicht zuletzt daran lag, dass ein sparsamer Kongress ihnen die Mittel nicht bewilligen wollte. Eine expansive neue Regierung entledigte sich dieser Hemmnisse. Fast unmittelbar nach seinem Einzug ins Weiße Haus im März 1933 verlangte Roosevelt von einem neuen Kongress die Mittel zur Wiederaufnahme eines nachhaltigen Flottenplans, ungeachtet des Umstands, dass er in Genf die Abrüstungsappelle seines Vorgängers erneuerte.[19]

Im September 1932, während vor der Küste New Jerseys U-Boote patrouillierten, fiel ein »rotes« Kavallerie-Korps vom Osten her ein und besetzte das deutsche Schlesien bis zur Oder und Pommern bis zur Linie Labes–Friedeberg. Glücklicherweise stand eine »blaue«

Armee bereit, den »Oder-Warthe-Bogen« in einer gedachten »Schlacht um Berlin« zu halten. Reichspräsident Hindenburg reiste nach Fürstenberg, um von dort aus im Auto das Manövergelände zu besichtigen. »Seine Standarte, weithin sichtbar« zog größere Menschenmengen an, »und wenn sie ihren Standort wechselte, zog die große Schar der Manöverbummler in Autos, auf Fahrrädern und zu Fuß hinterher«. Es bedurfte keiner großen Phantasie, um sich die Provenienz der Invasoren vorzustellen, dafür umso mehr, was die Fähigkeiten der Verteidiger anbelangte. Was sich da vor den Augen des Publikums abspielte, war eher ein kunterbuntes Durcheinander von »Rot« und »Blau«, und kein Mensch konnte mit Gewissheit sagen, »wo denn nun eigentlich die Frontlinie verlief«. Ob nun die blauen Verteidiger dem roten Angreifer, dem es gelungen war, »auf Pontons und schwimmend ein Kavallerie-Korps auf das linke Oderufer zu werfen«, standzuhalten vermochten, hätte bei all dem Chaos auch dann noch niemand sagen können, als alle wieder nach Hause gegangen waren. Eine ohnehin bereits gewonnene Erkenntnis freilich hatte das Manöver bestätigt, dass nämlich »Deutschland die wichtigsten Verteidigungswaffen fehl(t)en« und sein Heer nicht modern genug sei. Es sei ebendiese Erkenntnis, die hinter dem »einmütig von der ganzen Nation« getragenen Kampf Deutschlands um die Abrüstung der anderen stehe.[20]

Diese eher unschuldigen Ausführungen zur »Gleichberechtigung« hielten freilich weder die militärische noch die politische Führung Deutschlands zu diesem Zeitpunkt noch für wahrscheinlich oder gar wünschenswert. Hinter einer Fassade von Verwundbarkeit und Not, die man für die Augen leichtgläubiger ausländischer Beobachter errichtet hatte und die sich darüber hinaus auch zur Umgehung der Reparationszahlungen einsetzen ließ, rüstete man bereits seit Jahren wieder auf. Lange schon hatte man so einige der militärischen Einschränkungen von Versailles unterlaufen, indem man seinen Generalstab hinter einer bürokratisch unschuldigen Behörde mit dem Namen »Truppenamt« verbarg, indem man Flugzeuge und Panzer in der Sowjetunion baute und testete, indem man im Geheimen kleinere Waffen hortete und indem man in Volkssportschulen, paramilitärischen und Veteranenverbänden ein Heer ansatzweise ausgebildeter Reservisten heranzog. Im Sommer 1932 zählte der Wehrverband Stahlhelm eine halbe Million Mitglieder, nicht viel weniger die nationalsozialistische SA. Nicht dass derlei Tricks Deutschland in die Lage versetzt hätten, im nächsten Augenblick schon einen Krieg zu führen. Aber von einer Behörde koordiniert, die sich jeder parlamentarischen Kontrolle entzog, zeitigten diese geheimen Bemühungen detaillierte Pläne für die Bereitstellung eines 21-Divisionen-Heeres mit Panzerbrigaden und zweihundert Flugzeugen, und das bereits in den nächsten Jahren. Warum eigentlich und wie lange noch, so fragte die Heeresleitung der Reichswehr, müsste man im Geheimen operieren? Zu Recht sahen sie in ihren Übertretungen ein mehr oder weniger offenes Geheimnis – die Franzosen drohten ans Licht zu bringen, was die Briten lieber ignorierten, und im September meinten sich die frustrierten Offiziere im Pariser Kriegsministerium nur mehr an einen Rest von Überlegenheit hinsichtlich Artillerie und schweren Panzern klammern zu können. Warum, so fragten die deutschen Offiziere, könnte ihre Delegation bei der Genfer Konferenz nicht bei Material und Truppenstärke auf Parität mit den anderen bestehen? War sie es nicht, die zählte, nicht die theoretische Befriedigung irgendeiner Gleichberechtigung? Und warum, so fragten die französischen Offiziere ihrerseits ihre Regierung, könne sie nicht enthüllen, wovor die Welt die Augen verschloss, und die Deutschen als die Heuchler bloßstellen, die sie in Wirklichkeit waren?[21]

Die Diplomaten hatten ihre Bedenken. Die unmittelbare Forderung der numerischen Parität, so wandte man auf deutscher Seite ein, könnte eher auf Wiederaufrüstungs- als auf Abrüstungsabsichten deuten. Reichskanzler Brüning pflichtete dem schließlich bei. Er wollte in Genf nicht zu aggressiv auftreten, solange in Lausanne noch nicht über die Zukunft der Reparationen entschieden war. Und dem deutschen Wähler schien zu Konferenzbeginn nichts billiger zu sein. Einige Monate lang hatten sich deutsche Parteien, Frauengruppen, ja selbst kirchliche Verbände dafür starkgemacht, die Nazis, um zu drohen, die Kirchenvertreter um der allgemeinen

Abrüstung willen; Broschüren, Presse- und Zeitungsartikel wiederholten, was in Reden gesagt worden war; und Groener wandte sich per Tonfilm an die Welt. Die französischen Diplomaten verbargen das belastende Dossier über die deutsche Wiederaufrüstung vor dem grellen Licht öffentlicher Aufmerksamkeit. Sie führten es mit sich, sahen seinen Wert als Druckmittel, hielten seine Veröffentlichung aber für gefährlich; es wäre wohl besser, auf die deutschen Delegierten leisen Druck auszuüben, als die Gefahr des Vorwurfs der Provokation und damit womöglich die Konferenz an sich zu riskieren. Die Diplomaten behielten die Oberhand über die Offiziere und reisten mit der festen Absicht nach Genf, vernünftig miteinander zu reden. Es war alles eine Frage der Taktik.[22]

Während man in Genf konferierte, nahm bei den Offizieren der Reichswehr unterdessen die nächsten Wochen und Monate die Ungeduld kritische Ausmaße an. Mit Papen und den »Baronen« im Amt und General Schleicher im Reichswehrministerium wurde ihr Einfluss unaufhaltsam größer, während der der Diplomaten zusehends abnahm. Und Schleicher hatte ein Auge auf die im Aufstieg begriffenen Nationalsozialisten geworfen, denen der bloße Gedanke an Abrüstung ein Gräuel war. Entsprechend waren sie eine unerschöpfliche Quelle an Männern für die Reservistentruppen, die er und andere um den Kern einer hochprofessionellen Armee herum aufzustellen gedachten, die ihrerseits bereits in Sicht war. Schleicher trug sich mit der Absicht, die Bewegung sowohl zu vereinnahmen als auch ihrer Radikalität zu berauben. Im Sommer des Jahres stellte er sich in provokativen Rundfunkansprachen und Presseinterviews nachdrücklich hinter die deutsche Forderung nach einer Wiederaufrüstung; er brachte das Außenministerium dazu, Rüstungsquoten zu verlangen, die Deutschland die »Parität mit Frankreich oder wenigstens Parität mit Polen + der Tschechoslowakei« geben würden; und dann drohte er, die Konferenz zu verlassen, wozu Papen sich denn auch Ende Juli bereit erklärte. »Auf jeden Fall, ja, auf jeden Fall«, verkündete Schleicher im September bei Manövern in Ostpreußen, würde Deutschland wieder aufrüsten, um sich zu schützen. »Wir können uns nicht länger als Macht zweiter Klasse behandeln lassen.« Gleichzeitig rief er alle Bewohner Ostpreußens auf, sich für den Grenzschutz ausbilden zu lassen, eine paramilitärische Grenztruppe ebender Art, wie die Regierung sie bis dahin formell nie anerkannt hatte.[23] All das lief auf eine Aufkündigung von Teil V des Versailler Vertrags hinaus, wenn man Deutschlands Forderungen nicht auf der Stelle stattgeben würde. Entsprechend steif fiel die Reaktion seitens der sonst so entgegenkommenden Briten aus. Freilich beeilte MacDonald sich, die Risse durch hektische diplomatische Bemühungen wieder zu kitten, die schließlich im Dezember in der Fünf-Mächte-Erklärung gipfelten, auf die er so stolz war. Die deutsche Delegation kehrte nach Genf zurück – alte Gesichter mit neuen Forderungen nach neuen Niveaus neuer Waffen.

Zu diesem Zeitpunkt hatte in Deutschland der Wille, Versailles zu ignorieren, eine eigene Dynamik entwickelt. Er bezog seine Kraft aus dem starken Drang, Vergeltung für die jüngste Geschichte zu üben. Einige aus der Mitte, die meisten Rechten und alle von der extremen Rechten wollten nicht nur Versailles ungeschehen machen, sondern auch die Niederlage, die dem Vertrag vorausgegangen war – nicht die von 1919, sondern die von 1918. Sie wollten das Reich von 1914 wiederhergestellt sehen, in derselben Position, mit demselben Prestige. Der Führer der Nationalsozialisten wollte mehr, viel mehr, aber nur einige wenige verstanden dies, und er war nicht Kanzler – noch nicht.

Nichts von alledem, was in Genf gesagt wurde, stieß auf das Maß an Skepsis, das man den Aussagen der Sowjets entgegenbrachte. Sie waren gekommen, auch wenn sie nicht dem Völkerbund – der imperialistischen Bruderschaft – angehörten; Sieger, so hatte Lenin gesagt, sind immer Pazifisten. Gleich zu Beginn der Konferenz im Februar trat der sowjetische Außenminister Maxim Litwinow mit fünfundzwanzig Offiziellen im Gefolge auf und schlug eine augenblickliche allgemeine Abrüstung vor. Alles lachte. Er lachte mit. Jahrelang war er bei den Meetings der vorbereitenden Abrüstungskommission aufgetaucht, um den Völkerbund der Heuchelei zu bezichtigen oder seine Hohepriester mit einem schalkhaften Funkeln in den Augen in Verlegenheit zu bringen, meist mit derbem Klamauk. Ende der 1920er-Jahre verweigerten viele Hotels am Ort ihm und seinem Gefolge aus Parias die Unterkunft; außer den Türken und den Deutschen hatten sie keine Freunde, allenthalben sahen sie sich kontrolliert, selbst in den Gebäuden des Völkerbunds folgte man ihnen auf Schritt und Tritt. Austen Chamberlain, der britische Außenminister, war Litwinow 1927 in Genf begegnet und hatte darauf einem Journalisten anvertraut: »Meinen Sie, es war mir angenehm, einem Vertreter der Männer die Hand zu geben, die den Vetter meines Souveräns getötet haben?« Im folgenden Jahr hatte Litwinow das erste Mal die totale Abrüstung vorgeschlagen und damit für Aufregung gesorgt. Jetzt erntete er damit nur Heiterkeit.[24]

Sein Publikum konnte nicht wissen, dass die sowjetischen Verteidigungsausgaben bei weitem die offiziellen Angaben des Volkskommissariats für Militärische und Marineangelegenheiten gegenüber Völkerbund und Konferenz überstiegen – 1931 um die Hälfte, 1932 um das Dreifache.[25] Dieser massive Anstieg bei den sowjetischen Militärausgaben war an den offiziellen Zahlen nicht abzulesen, für ausländische Besucher von Fabriken, Theatern oder des Roten Platzes aber sehr wohl zu sehen.[26] Der Krieg stand nicht im intellektuellen Widerspruch zum Marxismus-Leninismus, der ihn auf einem Kontinuum mit dem Frieden sah, und zwischen Kapitalismus und Kommunismus wäre er früher oder später ohnehin unvermeidlich. In ihrer kurzen Geschichte hatte die Sowjetunion mehrere Kriege geführt – einen, den sie nicht angefangen hatte, 1920 gegen Polen, und einen, den sie angefangen hatte, 1921 gegen Georgien. Durch beide sollten gewonnene Gebiete absorbiert und bolschewisiert werden; ein dritter diente 1929 dazu, die Ostchinesische Eisenbahn quer durch die nördliche Mandschurei von den Truppen Chiang Kaisheks zurückzuerobern.[27] Jetzt, wo sie sich verwundbar und von einer überstürzten Industrialisierung, politischen Säuberungen und Hungersnöten ausgezehrt sah, überschlug sie sich förmlich, einem weiteren Krieg aus dem Weg zu gehen – auch wenn sie ihre Wirtschaft mit nachgerade obsessiver Entschlossenheit militarisierte.

Das japanische Vorgehen in der Mandschurei seit September 1931 hatte dem Kreml zwar Sorgen bereitet, aber letztlich nur die Umschichtung der Investitionsprioritäten beschleunigt, auf die sich das Politbüro bereits im Sommer 1929 geeinigt hatte. So hatte man den ersten Fünf-Jahres-Plan auf die Instrumente und die Infrastruktur des modernen Krieges hin umstrukturiert – auf das Menschenmaterial und die Waffen, mit denen man ihn führte, sowie auf die Industrien, die ihm zuarbeiteten: die chemische wie die Metallindustrie und die Herstellung von Maschinen aller Art. Um nicht nur die Schlagkraft für den Ernstfall sicherzustellen, sondern darüber hinaus auch die Kapazitäten, die nötig waren, diese über die Monate und Jahre danach aufrechtzuerhalten, hatte man, die zivile Industrie nicht ausgenommen, eine Wirtschaft ins Auge gefasst, die stets am Rande des Kriegszustands arbeitete oder im Handumdrehen in eine solche umzuwandeln war. Ironischerweise blickten die Sowjets dabei neidvoll auf die USA. Sie hatten den Großen Krieg studiert und sich, um ihren gewaltigen Appetit zu stillen, Gedanken über Erfolg und Scheitern nationaler Ökonomien gemacht, allen voran ihrer eigenen. Auch das definierte den Stalinismus, und die japanische Aggression gleich jenseits der Grenze war nur ein weiteres Argument zur Rechtfertigung der Fünf-Jahres-Pläne, der Autorität, mit der man die Rote Armee ausstattete, und der Hysterie, die einen allenthalben, zu Hause wie im Ausland, den Feind sehen ließ. Immerhin half der alarmierende Zwischenfall in der Mandschurei, so unwillkommen er war, dabei, den internationalen Kontext auf eine Linie mit dem heimischen zu bringen, insofern er ein homogenes Bedrohungsumfeld schuf.[28]

Die Produktionsziele für Panzer und Flugzeuge verdoppelten, ja verdreifachten sich fast über Nacht. Ende 1932, Anfang 1933, als der zweite Fünf-Jahres-Plan in Kraft trat, verfügte das Land über 10000 Panzer aller Art statt der 73 von 1927; man hatte fünfmal so viele Flugzeuge, doppelt so viele schwere Maschinengewehre, 150 Divisionen statt 100. Kurzum, die Sowjetunion verfügte über eine Kampfkraft, die die der Franzosen, Deutschen oder Briten überstieg. Und auch im Denken übertraf sie sie – in ihren Experimenten mit mechanisierten Einheiten und taktischer Luftunterstützung, die durchaus zu den Erfindungen des Großen Krieges gehörten, aber noch keine allgemeine Annahme gefunden hatten. Hier regte sich unter Begriffen wie »tiefe Schlacht« oder »tiefe Operationen« eine Doktrin kombinierter Waffen fast zehn Jahre, bevor der Begriff »Blitzkrieg« in Gebrauch kam.[29]

Einer der wesentlichen Urheber der Doktrin, General Michail Tuchatschewski, stellvertretender Kommissar für Militärische und Marineangelegenheiten, war im September beim deutschen Herbstmanöver an der Oder als Beobachter zugegen. Nicht dass er sonderlich beeindruckt gewesen wäre. Trotzdem machten die Planer sich in diesem Herbst und den folgenden Winter über Sorgen um das Potenzial – das Mindestpotenzial – ihrer wahrscheinlichsten Feinde. Tuchatschewski besuchte außerdem die Krupp-Werke, Rheinmetall, Junkers und andere Fabriken im Ruhrgebiet, nach außen hin größtenteils friedfertige Unternehmen; und diesmal war er voll des Lobs über die Tüchtigkeit seiner Gastgeber. Seiner und des *Rewwojensowjet* – des Revolutionären Militärrats – Vorstellungen nach sollte der nächste Fünf-Jahres-Plan nicht nur mit den besten Armeen der kapitalistischen Welt wetteifern, sondern auch mit den militärtechnisch produktivsten kapitalistischen Ökonomien. Nicht nur wollten sie im Falle einer Mobilisierung den Himmel mit 32 000 Militärmaschinen überziehen, sie wollten bis spätestens 1937 überhaupt mehr Flugzeuge aller Art als irgendjemand sonst in Europa bauen, wobei sie an die 60 000 dachten, die die Vereinigten Staaten pro Jahr bauten. Darüber hinaus sollten bei der Mobilisierung nicht nur 40 000 Panzer bereitstehen, es sollten jährlich noch weit mehr aus den Fertigungshallen des Stalingrader Traktorenwerks rollen; sie wollten die Grenze zwischen militärischer und ziviler Welt, zwischen Kriegs- und Friedenswirtschaft praktisch ausgelöscht sehen. Und die Gosplan, das für die Wirtschaftsplanung verantwortliche Komitee, kam diesen Vorstellungen innerhalb gewisser Grenzen nach; selbst wenn die neuen Quantensprünge erst fünf Jahre später, also 1936, in den Arsenalen auftauchten, die dazu nötigen Kapazitäten bildeten sich bereits damals heraus.[30]

Die weltweite Abrüstung spielte bei ihren Projektionen kaum eine Rolle, und große Gedanken machten die Sowjets sich auch nicht um sie. Die russische Presse zerriss die Genfer Verhandlungen in der Luft. Im Oktober nannte *Sarja wostoka* den französischen Plan einen Trick zur Erlangung der Hegemonie in Europa und zur Bildung einer antisowjetischen Koalition unter der Ägide des Völkerbunds. Wie die *Iswestija* im Januar wiederholte, sei jede der imperialistischen Mächte in Genf allein auf die Abrüstung aller anderen aus. Die *Prawda* begrüßte im Februar Litwinows erneuten Vorschlag für eine allgemeine Abrüstung und erinnerte ihre Leser im selben Atemzug an den Erfolg des ersten Fünf-Jahres-Plans – der die Verteidigung des sozialistischen Vaterlands gegen seine Feinde gesichert habe. »Die Herren sollen nur weiter heulen!«, schleuderten sie den Kapitalisten und Sozialfaschisten entgegen.[31] Im Plenum des Zentralkomitees der Partei im Januar zeigte Kliment Woroschilow, Volkskommissar für Verteidigung, unter Zuhilfenahme von Diagrammen auf, dass die Sowjetunion andere bei der militärischen Produktion überholt habe. »Geben Sie das Litwinow«, unterbrach ihn Sergo Ordschonikidse, der Kommissar für Schwerindustrie, »ist genau das Richtige für Genf.« Worauf allgemeines Gelächter ausbrach.[32]

Der Marxismus-Leninismus hatte wenig Sinn für den Pazifismus, schloss aber die Ausbeutung seiner Popularität im Ausland nicht von vornherein aus.[33] Unter dem Eindruck des Imperativs, Krieg in jedem Fall zu vermeiden, begann die sowjetische Diplomatie den Völkerbund und seine westlichen Mitglieder und die Möglichkeiten, die sie boten, in einem anderen Licht zu sehen. Und warum sollte man seine guten Absichten nicht auch gleich der kommunistischen Bewegung weltweit einschärfen, von den eigenen Bürgern ganz zu schweigen? Die anderen hielten das doch nicht viel anders.

So war Litwinow denn im Februar 1932 nach Genf gereist und hatte die sofortige Abrüstung vorgeschlagen. Salvador de Madariaga, dem spanischen Delegierten, drängte sich der Gedanke an den russischen Bären auf, und er erzählte die entsprechende Fabel: Sie hatten sich zum Abrüsten entschlossen. Der Stier schlug vor, dem Adler die Flügel zu stutzen, der Adler dem Löwen die Klauen, der Löwe dem Elefanten die Stoßzähne, der Elefant dem Stier die Hörner; der Bär jedoch schlug vor, dass sie alle ihre Waffen abschafften und sich dann brüderlich umarmten. Worauf ein weiteres Mal alles in Lachen ausbrach.[34]

*

Zwei Tage nach der Genfer Waffenerklärung, am Abend des 13. Dezembers, versammelte sich eine Menschenmenge vor dem Palais Bourbon in Paris, wo die französische Nationalversammlung zusammengekommen war, um über den Vorschlag ihres Regierungschefs Herriot zu debattieren, die nächste Tranche ihrer Kriegsschulden gegenüber den USA zu bezahlen. Diese war am Fünfzehnten fällig. Einige der Abendzeitungen verkündeten, dass die Regierung das nicht überleben würde. »Es kommt immer ein Haufen Leute zum Gaffen, wenn eine Regierung fällt«, sagte ein Polizist einem Reporter. »Das ist, als würde man zusehen, wie Löwen ihre Bändiger fressen.« Und wie nach Drehbuch stürzte denn auch Herriots Regierung in den frühen Morgenstunden. Sogar Abgeordnete, die seiner Argumentation folgten, stimmten gegen ihn, weil alles andere bei der nächsten Wahl einem Selbstmord gleichgekommen wäre. Das Thema hatte die Nation in Harnisch gebracht. Im Juli hatte Frankreich in Lausanne auf Reparationen verzichtet und damit effektiv den Deutschen die Staatsschulden erlassen. Zwei Tage zuvor hatte man Deutschland in Genf, wenigstens im Prinzip, auch in der Frage der Wiederaufrüstung nachgegeben. Jetzt ging es um die Schulden gegenüber den Amerikanern, denen es egal war, dass der Fluss der Reparationen an ihren Kriegsverbündeten versiegt war. Frankreich war isoliert. Würde man als Nächstes den Deutschen gegenüber auch in der Frage der Grenzen nachgeben müssen? Den Österreichern hinsichtlich einer Zollunion? Den Italienern hinsichtlich der Größe ihrer Flotte? Aber zunächst einmal brauchte das Land eine neue Regierung, die dritte in diesem Jahr. Im Jahr darauf sollten es wieder drei sein, und selbst danach sollten weder die Löwen noch das Publikum satt sein.[35]

»Ich werde nicht derjenige sein«, sagte Herriot der Kammer, »der sich weigert, die Unterschrift Frankreichs zu ehren.« Zwei Stunden lang stand er da, sein beträchtliches Gewicht gegen das Pult gelehnt, und redete unter Aufbietung seiner ganzen Überzeugungskunst – mal leise, als spreche er ganz im Vertrauen, mal feierlich, dann wieder mit lyrischer Blumigkeit – auf den Halbkreis der Abgeordneten vor ihm ein. Ja, Frankreich habe zu seinem Wort gestanden. Ja, das Mellon-Bérenger-Abkommen von 1926 über Frankreichs Zahlungen, der Young-Plan von 1929 zur Neufestlegung der deutschen Reparationen und Hoovers Aufschub im Juli 1931 – sie alle hatten, wenigstens implizit, die Kriegsschulden der Alliierten und die deutschen Reparationen gekoppelt, insofern nun die Zahlung Ersterer vom Erhalt Zweiterer abhängig war. Und ja, Frankreich hatte in Lausanne Opfer gebracht – in der Annahme, dass neue Arrangements bezüglich der interalliierten Kriegsschulden folgen würden. Die jedoch ausgeblieben seien. Und ja, er kenne die Gefühle jedes Einzelnen in der Kammer – nie würden sie das Blut vergessen, das die Amerikaner im letzten Kriegsjahr in ihrer Erde zurückgelassen hatten, aber gegenüber 1,5 Millionen gefallenen Franzosen handle es sich dabei gerade mal um eine »tragische Episode, die sich kaum auf den Lauf ihrer Geschichte« auswirken würde. Und jetzt seien die Amerikaner noch nicht einmal bereit, ihnen einen weiteren Aufschub zu gewähren. Und warum auch? Warum sollten sie über das verlorene Blut hinaus auch noch von ihrem Staatsschatz geben? Aber wie sähe die Alternative zur Begleichung der Schulden aus? Bedingungslos zu bezahlen, käme nicht in Frage. Die Bezahlung grundsätzlich zu verweigern, wie das die Belgier gerade getan hatten, hieße, die Beziehungen zu den Vereinigten Staaten auf Jahre hinaus zu belasten und die Briten im Stich zu lassen. Das Beste wäre, sich – unter Vorbehalt – zu fügen, wie das die Briten gerade getan hatten, und sich von 480 Millionen Francs zu trennen, dabei jedoch auf eine dauerhafte Revision für die Zukunft zu bestehen. Was die Tranche im Dezember implizit zur letzten überhaupt machen würde.[36]

Er vergaß dabei nicht, dass US-Außenminister Stimson die britische Zahlung entgegengenommen hatte, ohne die daran geknüpften Vorbehalte zu akzeptieren; er vergaß dabei auch nicht, dass unerfüllte einschlägige Erwartungen von Lausanne Frankreich in die Situation gebracht hatten, in der es sich sah; und er vergaß dabei ebenso wenig, dass der amerikanische Kongress 1926 die Klausel nicht hatte akzeptieren wollen, welche die Franzosen gerne im Mellon-Bérenger-Abkommen gesehen hätten – ihre Zahlungen wenigstens zum Teil vom Erhalt ihrer eigenen Reparationen von der Nation abhängig zu machen, die ihr Land in vier Jahren Krieg verwüstet hatte. Die Flut der Gefühle war zu gewaltig, die Sache schon verloren, noch bevor Herriot vor die Kammer trat. Zwei Tage zuvor, als er sich die Ressentiments der Abgeordneten zu eigen gemacht und die amerikanische Regierung scharf dafür getadelt hatte, sich in die deutschen Reparationszahlungen einzumischen, die sie schließlich nichts angingen, und das auch noch ohne in der Frage der französischen Schulden nachzugeben, hatte er seine Zuhörer daran erinnert, dass er gegen die Mellon-Bérenger-Vereinbarungen gewesen sei; sie hatten frenetisch applaudiert. Als er nun dennoch für diese eine letzte Zahlung plädierte, saßen sie schweigend da. Es war vier Uhr morgens geworden, als er noch ein letztes Mal an sie appellierte. Sein Vorschlag, von dem das Vertrauen in die Regierung abhing, ging mit 402 zu 187 Stimmen unter. Nur Herriots Radikale und einige kleinere Gruppen hatten ihn unterstützt, und als die Abgeordneten den Saal verließen, riefen die loyalen unter ihnen den Bänken gegenüber ein »Nieder mit Marin-Blum!« – ein parteiischer Vorwurf, der den Führer der Nationalisten mit dem der Sozialisten verband. Von seiner olympischen Warte aus bezeichnete *Le Temps* die Abstimmung als Plebiszit, in dem »der offenkundige Wille des Landes« sich ausgedrückt habe; und selbst die radikale Presse bedauerte das Scheiden ihres Führers mehr als die Ablehnung seines Antrags selbst.[37]

Während der Debatten skandierten vor Palais und Kriegsministerium rechte Demonstranten: »Nicht einen Cent! Nicht einen Cent!«, und: »Nieder mit den Schulden!« Wäre er noch mal zwanzig, so hatte Herriot der Kammer versichert, er stünde selbst da draußen auf der Straße. Abgesehen von einer Handvoll Sachverständiger wusste praktisch niemand etwas anzufangen mit den Zahlen an sich oder den Argumenten für und gegen die Begleichung von Reparationen und Kriegsschulden, und selbst sachkundige Journalisten forderten Gerechtigkeit für die Schuldner jenseits des Rheins und Mitgefühl von den Gläubigern auf der anderen Seite des Atlantiks. Nur wenige hörten den nüchternen Appell an das nationale Eigeninteresse in Herriots Ehrerbietung an Frankreichs Wort. »Meine Herren«, bat er sie, »wollen Sie, in einem Augenblick, in dem die Diktatur sich ausbreitet, wegen 480 Millionen Francs die Einigkeit der Freiheit gegen die Diktatur zerbrechen?« Man müsse bezahlen, so sagte er noch einmal, um die Verteidigung Europas zu organisieren. Herriot ging es um die Sicherheit Frankreichs, die er nach wie vor am besten durch eine Partnerschaft mit Großbritannien und den Vereinigten Staaten gewährleistet sah. Es nützte alles nichts. Die Volksseele hatte sich gegen die Vereinigten Staaten gewandt. Die Franzosen nahmen es ihnen übel, die Verlängerung des Hoover-Moratoriums zu verweigern – ein nicht weniger folgenschwerer Augenblick der Nachkriegsgeschichte, so das merkwürdige Urteil von *Le Temps*, wie der Marsch der Sowjets auf Warschau 1920, insofern er die gemeinschaftliche Regelung gefährde. Was die Zeitung freilich nicht reflektierte, war die Weigerung der Pariser Öffentlichkeit, zu retten, was von der Kriegsallianz mit den Vereinigten Staaten noch übrig war. Einige blickten auf Monsieur Roosevelt in der Hoffnung, dass er ihr wieder Leben einhauchte. Aber noch nicht einmal ihr Geist stellte sich wieder ein.[38]

Nur noch das eine Mal: Das wenn auch widerwillige Einlenken der Briten passte wie die lautstarke Weigerung der Franzosen fast jedem ins Konzept. Im November und Dezember des Jahres zog das Gros der zahlreichen Leitartikler und Kolumnisten, die sich auf das Thema stürzten, die vernünftige Analyse den Furien des Nationalstolzes vor. Dass Washington am 15. Dezember zwanzig Millionen Pfund Sterling erwarten sollte, so wiederholten die Zeitungen, sei wider jede ökonomische Vernunft und diene niemandem, am allerwenigsten den Vereinigten Staaten selbst. Die Rückzahlung würde dem Handel schaden, indem sie die Fähigkeit der Briten zum Import amerikanischer Güter beschnitt; sie würde die ohnehin bereits nutzlosen amerikanischen Goldreserven aufstocken, jedweden Nutzen des Hoover-Moratoriums zunichtemachen und die so wichtige Regelung von Lausanne gefährden – schließlich würden damit zwangsläufig wieder die Reparationen zur Sprache kommen.[39] Volkswirtschaftler wie Leitartikler wurden nicht müde, darauf hinzuweisen, dass der Transfer riesiger Geldsummen ohne Gegenwerte an Gütern oder Dienstleistungen sowohl Schuldnern wie Gläubigern schaden würde, insofern er zur weiteren Lähmung von Handel und Finanzwelt führen müsse, und dass die Schulden allein durch mehr Exporte in oder weniger Importe aus den Vereinigten Staaten zu begleichen seien.[40] Angesichts der amerikanischen Halsstarrigkeit freilich könne Großbritannien den Betrag ebenso wenig schuldig bleiben, wie es zu den alten Verpflichtungen von 1923 zurückkehren könne. Wir werden bezahlen, erklärte der *Daily Telegraph* am 9. Dezember, aber danach nur noch auf einer neuen Basis. Die meisten anderen meinten dasselbe, was fünf Tage später dann auch für den damaligen Schatzkanzler Neville Chamberlain galt. Jetzt nicht zu bezahlen, so sagte er dem Parlament am Nachmittag des Vierzehnten, so wie die französische Nationalversammlung das am selben Morgen beschlossen hatte, »wäre in der ganzen Welt zu hören gewesen« und hätte »dem moralischen Empfinden unseres Volkes einen Schock versetzt«. Auf keinen Fall, so fuhr er fort, »können wir in diesen Tagen unsere internationalen Beziehungen abschütteln«. Man würde bezahlen, aber man würde eine Revision sowohl verlangen als auch erwarten. Das Unterhaus jubelte.[41]

Nur einige aus dem harten Kern der grundsätzlich jedem internationalen Engagement abholden »Little Englanders« hielten aus. Die Regierung habe Englands Schuldnern – auch Deutschland – ihre Schulden erlassen, sich den amerikanischen Gläubigern jedoch gefügt, befand der *Daily Express*, und das wie üblich auf Kosten des leidgeprüften Steuerzahlers. Abgesehen davon: Was sei das für eine Ehrlichkeit, die Zahlung jetzt zuzusagen und für den Juni mit der Zahlungseinstellung zu drohen? Im Gegensatz zur *Times* begrüßte der *Evening Standard* den »Realismus« der französischen Deputiertenkammer. Hier und da erinnerte man an den gemeinsamen Kampf gegen einen Feind, der nicht zuletzt auch die Vereinigten Staaten bedroht hätte, und warf dem ehemaligen Verbündeten vor, auf einen Kredit zu bestehen, aber die Sache vergessen zu haben. Für gewöhnlich jedoch unterschieden sich Großbritanniens Zeitungen und Politiker durch eine gewisse Resignation von ihren französischen Pendants, als bänden Ehre und Zweckmäßigkeit sie an die aus einem schlechten Geschäft erwachsenen Verpflichtungen. Wir werden unser Wort halten, schlug der *News Chronicle* vor, bis unser Gläubiger versteht, dass er sich damit nur ins eigene Fleisch schneidet.[42]

Weder die angelsächsische Ausgewogenheit noch die gallische Eigenliebe, noch irgendein anderes fadenscheiniges Klischee über den Nationalcharakter bestimmte die Reaktion der Briten und Franzosen auf die amerikanischen Zahlungsbescheide; sie wurmte schlicht die ungleiche Behandlung, die ihnen die jüngste Geschichte hatte zuteilwerden lassen. Die Franzosen hatten zu viel verloren für große Gesten. Seit dem Krieg, der sie fast doppelt so viele Männer gekostet hatte wie Großbritannien, zwölfmal so viele wie die Vereinigten Staaten, von den unendlich größeren Verheerungen ganz zu schweigen, hatten sie einfach zu viele Konzessionen gemacht, vor allem in diesem Jahr, und im Gegenzug dafür zu wenig erhalten, um sich ihrem unversehrten Gläubiger noch einmal zu beugen. Und was die Briten anbelangte, so schienen sie sicherer denn je aus dem Krieg hervorgegangen, ihre heimischen Inseln uneinnehmbar, die fernen Grenzen des Empires und die langen maritimen Kommunikationslinien nicht länger durch Deutschland oder Russland bedroht. Wen wollte es da überraschen, dass Ende 1932 nur eine britische Regierung den Vorschlag einer gütlichen Einigung mit Washington überleben konnte?

Washington war zu diesem Zeitpunkt handlungsunfähig. Wie Zeitungen zu beiden Seiten des Ärmelkanals klagten und die Außenministerien ohnehin wussten, konnte dort nichts passieren, bevor Hoover seinen Posten nicht geräumt und Roosevelt das Amt übernommen hatte – mit anderen Worten nicht vor dem 4. März

1933. Nicht dass während der jüngsten Wahl viel hätte passieren können – jener »alle vier Jahre sich wiederholenden Raserei«, wie der *Manchester Guardian* sie nannte, während der sich jede vernünftige Diskussion zur Sache verbot, wollte man nicht Gefahr laufen, dass der skrupellose Wahlkampf die allgemeine Verständnislosigkeit noch vertiefte. Das Gentleman's Agreement zwischen Hoover und Roosevelt, jede Diskussion jeder Angelegenheit von Weltbedeutung außer die Zölle auszuklammern, ersparte dem Land, wie Walter Lippmann Anfang des folgenden Jahres bemerkte, »eine grobe Verdrehung der Tatsachen und die Zementierung ruinöser Verpflichtungen durch die Zwänge parteipolitischen Stimmenfangs«. Was die Kriegsschulden anbelangte, so wagten weder der Republikaner noch der Demokrat, weder die Parteiprogramme noch die Nominierten eine erneute Beratung oder gar eine Annullierung vorzuschlagen.[43]

Freilich hielt das Schweigen der Kandidaten zum Thema Kriegsschulden andere weder vor noch nach der Wahl von der Debatte darüber ab. Allenthalben hieß es »Zum Teufel mit Europa!« oder »Kauft Amerikanisch!«; eine Karikatur zeigte einen ebenso satten wie feinen Franzosen im Restaurant, der sich weigert, einem zum Ober degradierten Uncle Sam die Zeche zu zahlen; in einer anderen versucht der Chef der Bank von England einen unterwürfigen Hoover mit Schmeicheleien zur Annullierung der Schulden zu bewegen. Es herrschte auf der anderen Seite des Atlantiks mit einem Wort dieselbe Erbitterung, die die Europäer über »Uncle Shylock« herziehen ließ.[44] Und schlimmer noch, den Äußerungen der Uninformierten nach zu urteilen, war der Krieg ein Schwindel gewesen, dem ein großzügiges Volk zum Opfer gefallen war. Flottenweise habe man den undankbaren Verschwendern das Gold hinübergefahren. In der Hitze der Attacken gegen Eliten, Internationalismus und Finanzoligarchien war von den Schulden selbst fast nichts mehr zu hören. In der Regenbogenpresse führten die Hearst-Blätter, die sich geradezu inbrünstig für Roosevelt starkmachten, den Angriff an. Als man »Amerikas Gold zusammen mit dem Stolz amerikanischer Männlichkeit nach Übersee geschickt« habe, hätten die Europäer so feierlich wie verlogen die Rückzahlung zugesagt. Jetzt steckten die Banker mit ihnen die Köpfe zusammen, um dem amerikanischen Steuerzahler die Schulden aufzuhalsen und die Tilgung ihrer eigenen europäischen Kredite zu beschleunigen. Dasselbe Ziel vor Augen, machten ihrer Ansicht nach die Internationalisten, denen die europäischen Probleme schon immer mehr am Herzen gelegen hätten als die im eigenen Land, gemeinsame Sache mit ausländischen Diplomaten; angeführt würden sie dabei von Hoover, der »die Welt zu retten« trachtete und den die Europäer am liebsten wiedergewählt sähen. Er, so ließen diese Blätter durchblicken, sei unamerikanisch – »Lincoln war für sie altmodisch!« – und seine Regierung eine Regierung des Big Business. Als Frankreich seinen Verpflichtungen schließlich nicht nachkam, beschwor dieselbe Presse den »Amerikanismus« und forderte, sich von allen Verwicklungen im Ausland loszusagen – auch vom Völkerbund, der Abrüstungskonferenz, den Politikern der Alten Welt und dem von Frankreich dominierten Internationalen Gerichtshof, dem amerikanische Internationalisten beizutreten wünschten – diesem »Pharisäer-Tempel«, in dem sie nichts weiter als eine »Falle mit magerem Köder, eine von Vogelstellern ausgelegte Schlinge« sahen. Die populistische Rhetorik, die sich für gewöhnlich progressiv gab in ihrer Aversion gegen die Wirtschaftseliten und rückschrittlich in ihrer kaum verhüllten Fremdenfeindlichkeit, verkrallte sich wie ein Raubtier in die Kriegsschulden.[45]

Wie konnte so der Kongress, der das letzte Wort in alledem hatte, dem Wähler gegenüber den Verzicht auf zwölf Millionen Dollar rechtfertigen – gegenüber verschuldeten und enteigneten Farmern, den Erbfeinden der Banker sozusagen, den nach Nothilfe lechzenden Arbeitslosen und dem gebeutelten Steuerzahler, der entsetzt war ob der riesigen Budgets von Bund und Kommunen? Die Schuldner sollten ruhig zahlen. Im Juli 1932 stimmte nicht einer der vierhundert geforderten Kongressabgeordneten dafür, die Kriegsschulden zu revidieren, geschweige denn zu annullieren. Und der Wahlkampf kam eben erst in Schwung; er war noch in vollem Gange, da schoben fünf der kleineren Schuldner die Zahlung auf: Griechenland,

Polen, Estland, Litauen und Deutschland, wo ebenfalls einige amerikanische Forderungen und Besatzungskosten zu begleichen waren. Nach dem 8. November ragte bedrohlich das Fälligkeitsdatum für die Löwenanteile an den Kriegsschulden auf, und vor dem Hintergrund der jüngsten Zahlungsaufschübe peitschte die mangelnde Zahlungsmoral von Briten und Franzosen den Unwillen des amerikanischen Volks in Höhen, wie man sie seit 1926 nicht mehr erlebt hatte. Die Weigerung der Franzosen war der letzte Tropfen in diesem brodelnden Fass.[46]

»Ich habe nicht einen Einzigen gefunden, egal welchen Standes, der Frankreich auch nur einen einzigen Franc hätte nachlassen wollen«, berichtete Lord Waldorf Astor Januar 1933 nach seiner Rückkehr aus den Vereinigten Staaten im Londoner Chatham House. Im selben Monat beklagte sich der französische Botschafter in Washington über eine ausufernde, seiner Ansicht nach von völligem Unverständnis befeuerte Frankophobie. Großbritannien hatte im Dezember bezahlt. »Ihr Land stand nie höher im Kurs der amerikanischen Öffentlichkeit als heute«, kabelte der Entertainer Will Rogers, allseits verehrte Ikone schlichter Volksweisheit, an Lady Astor. »Das waren die billigsten 100 Millionen, die Sie je ausgegeben haben. Bleiben Sie weiter Engländer und hören Sie auf, den Franzosen nachzueifern, und Sie werden sich ganz oben sehen, wo Sie hingehören.« Roosevelt, der sich Rogers' Unterstützung erfreute, brachte im April Herriot gegenüber in etwa dasselbe zum Ausdruck. Der eben vereidigte Präsident hatte den ehemaligen Regierungschef im Weißen Haus zu Gast, als er sich in einer Konzertpause zu ihm hinüberbeugte. Indem es die Zahlung von gerade mal vierhundert Millionen Francs verweigert habe, so sagte er Herriot, habe Frankreich sich etwas verscherzt, was nicht mit Milliarden Dollar zu kaufen sei, nämlich die Wertschätzung des amerikanischen Volks.[47]

Die Meinung war freilich nicht ganz so einhellig, wie Lord Astor und sein Freund Franklin Roosevelt das nahelegten. 1932 hatten einige Volkswirtschaftler und selbsternannte Internationalisten beider Parteien bereits für eine Lockerung der geschlossenen Front von 1926 gesorgt. Als damals Newton Baker, der wichtigste Streiter für den Völkerbund bei den Demokraten, im Interesse der internationalen Ordnung eine Revision der Kriegsschulden vorgeschlagen hatte, stieß er damit selbst in seiner eigenen Partei auf wenig Sympathie, aber dafür auf umso heftigere Kritik. Nicht besser erging es zweiundvierzig Professoren von der Columbia University mit ebendiesem Vorschlag im selben Jahr. Jetzt, 1932, gab es einige Konvertiten für die Sache. Kirchengruppen schlugen vor, eine Revision an die Reduzierung der Waffenmengen zu binden, industrielle Interessen wollten sie mit Handelskonzessionen gekoppelt sehen; Al Smith, der ehemalige Gouverneur von New York und 1928 Präsidentschaftskandidat der Demokraten gegen Hoover, schlug ein zwanzigjähriges Moratorium mit Nachlässen beim Kauf amerikanischer Exporte vor.[48]

Sie argumentierten dabei eher mit Vernunftgründen als aus dem Bauch. Und sie warteten mit Fakten auf: Während des Krieges hatte kaum Gold das Land verlassen, sondern Waren; die amerikanische Regierung hatte bei heimischen Farmern und Industrien Güter gekauft und sie den insolventen, kriegsgebeutelten Verbündeten gegen – mit der US-Notenbank ausgehandelte – Kredite nach Europa geschickt. Am Ende des Krieges saßen diese keineswegs, wie in vielen Karikaturen angedeutet, auf einem Haufen amerikanischen Goldes, sondern auf Bergen von Eigenwechseln. Und diese könnten sie nur zurückzahlen, wenn sie einen Überschuss an Gold oder Devisen erwirtschafteten, was wiederum nur möglich war, wenn sie mehr Güter und Dienstleistungen auf dem amerikanischen Markt absetzten, als sie dort kauften; eine andere Möglichkeit wäre, sie auf dieselbe Art und Weise zu begleichen, wie sie sie bekommen hatten, das heißt in Form von Gütern und Dienstleistungen. Hiervon freilich schlossen sie die hohen Schutzzölle aus.[49] Dieselben Hearst-Blätter, die nach Rückzahlungen riefen, jammerten nun, die amerikanischen Zollschranken, mit die höchsten der Welt, seien nicht hoch genug.[50] Solange amerikanische Banken Kredite vergaben, die die Europäer – auch die Deutschen – zur Begleichung eines Teils ihrer Staatsschulden untereinander und gegenüber den USA verwenden konnten, waren solche Wahrheiten für den Laien schlicht nicht zu sehen. Als jedoch die Quelle versiegte und das transatlantische Karussell 1931 zum Stillstand kam, beugte sich selbst die amerikanische Regierung dem Unvermeidlichen, was zu Hoovers Schulden-Moratorium führte. Das sorgte in einem unter der Depression ächzenden Land natürlich bei so einigen für Ärger, der sich über den Ablauf des Moratoriums Ende 1932 hinaus hielt. In den Augen des Journalisten und Buchautors Frank Simonds jedoch – laut Premierminister Tardieu »der über Europa bestinformierte Amerikaner« – war der Weltkrieg keine Investition, sondern eine einzige Katastrophe gewesen: »die Kriegsschulden sind so tot wie die Soldaten, die in dem großen Ringen gefallen sind«.[51]

Solche Ansichten genossen lediglich in begrenzten akademischen oder Finanzkreisen Respekt, insbesondere im Nordosten der USA; überall sonst erregten sie nur tiefstes Misstrauen. Das erlaubte der Konfrontation zwischen internationalistischen Eliten und der populistischen oder nationalistischen Masse, die andernorts – in Japan, Deutschland, ja sogar in der Sowjetunion – längst wahrnehmbar war, sich nun auch in amerikanischem Gewand zu zeigen. Einige Jahre später gehörte, sehr zur Missbilligung des Historikers Charles Beard und denen, die er zitierte, die Streichung der Kriegsschulden zu den Glaubensartikeln der Anhänger des Freihandels, zu denen »fast jeder Absolvent praktisch jeder Universität an der Ostküste gehörte, der sich flüchtig mit Auslandsbeziehungen oder Volkswirtschaft befasst hatte«, und schloss »nur die künftig von ihnen Gelackten aus, das Gros der amerikanischen Bürger, die ihnen nicht glauben wollten«. Er übertrieb; zu Roosevelts Umgebung gehörten solche Absolventen ebenso wie deren Lehrer, von denen einige den Schuldenerlass nebst seiner internationalistischen Aura verfluchten. Aber, wie Außenseiter das so an sich haben, machten die Anhänger des Schuldenerlasses immerhin Vorschläge, während die Diener der Mehrheit nur anordneten. Nach der Wahl war der Kongress noch immer dagegen, während Hoover und Roosevelt dazu nach wie vor schwiegen.[52]

»Hallo, Ogden«, begrüßte Roosevelt munter Finanzminister Mills, seinen alten Jahrgangskameraden aus Harvard und jetzigen

Nachbarn im Hudson Valley. Die Wahl war zwei Wochen her, und er traf eben im Red Room des Weißen Hauses ein, wo Hoover mit ihm und Mills über die Kriegsschulden sprechen wollte. Gut möglich, dass man jetzt endlich etwas sagte, wenn nicht gar unternahm. Zwischen dem Amtsinhaber und seinem designierten Nachfolger erstreckte sich ein roter Teppich mit dem großen Siegel der USA. Hoover erwies sich als ausgesprochen kenntnisreich; sein Gast hörte zu, unterbrach ihn hier und da und sah seinen Berater an, den er mitgebracht hatte, Raymond Moley, Juraprofessor an der Columbia University und einer der führenden Köpfe des während der Kampagne geborenen Brains Trusts. Alle rauchten nervös.[53]

Auf den ersten Blick schien die beiden gar nicht so viel zu trennen – ein allgemeiner Schuldenerlass kam nicht in Frage, man musste sich von Land zu Land einigen, auf keinen Fall insgesamt, Kriegsschulden und Reparationen blieben voneinander getrennt; und der Kongress, so insistierte Hoover, hätte in der Angelegenheit das letzte Wort. Dann schlug er vor, mit Roosevelt die Auslandskriegsschulden-Kommission von 1922 wieder einzurichten, die die Verhandlungen über die Zahlungen wiederaufnehmen und über den Regierungswechsel hinweg weiterführen könnte. Hier jedoch spreizte sich Roosevelt auf Moleys leidenschaftlichen Einwand hin. Die Gespräche sollten Land für Land fortgesetzt werden, soweit stimmte man überein, aber dazu reichten die üblichen diplomatischen Kanäle vollauf aus. Einen Monat später, zwei Tage nach der französischen Zahlungseinstellung, und dann noch einmal im Januar, schlugen Hoover und Mills weitreichendere Möglichkeiten zur Einbeziehung des designierten Präsidenten in die unmittelbaren Anstrengungen bezüglich einer Regelung der Kriegsschulden vor. Wieder lehnte er ab. Was nicht sehr kooperativ von ihm war, wie Hoover der Presse gegenüber durchblicken ließ, und seine Rolle darauf reduzierte, sich mit einer Situation erst dann zu befassen, wenn sie sich ergab. Roosevelt drückte sein Erstaunen darüber aus und fand es »schade«, dass der Präsident Zuflucht zu solchen Erklärungen nehmen sollte. Obwohl sie sich im Prinzip einig waren, schienen die beiden hinsichtlich der Methodik von geradezu eisiger Uneinigkeit.[54]

»Zum Glück«, so sagte Cordell Hull, der demokratische Senator aus Tennessee, über den Austausch der beiden, »ist Präsident Hoover von seinem Vorhaben abgerückt, die Schulden zu überdenken. Er hätte auch das von Anfang an tun können.«[55] Nur wie, wo hier die öffentliche Meinung einen Riegel vorschob? Jetzt, wo er – verbittert, aber von der Verantwortung befreit – nur noch ein Erbe zu retten, aber kein Amt mehr zu verlieren hatte, konnte er mehr riskieren, falls sein Nachfolger mitzog. Roosevelt wartete ab; hinter nach außen hin harmlos wirkenden Kommissionen verbargen sich Verpflichtungen, bei denen kein Ende abzusehen war; hier drohte das Verfahren, ihn auf eine Politik festzulegen, die die Politik eines anderen war, und das noch vor Amtsantritt. Die Berater, die er jetzt um sich hatte, waren sich in jeder nur denkbaren Staatsangelegenheit uneins, auch in der Kriegsschuldenfrage, und Roosevelt gab der beunruhigenden Neigung nach, mit jedem einer Meinung zu sein. Allerdings konnte kaum einer an seiner Überzeugung zweifeln, dass die Erholung – wie die Krise – zu Hause begann. Weder er noch sie sahen, was Hoover 1931 bereits verstanden hatte: dass die wirtschaftliche Misere des Landes eine Nebenwirkung einer aus den Fugen geratenen Welt – einschließlich ihrer Waffen und ihrer Schulden – war. Wie auch immer, eine kontroverse auswärtige Ablenkung könnte unmöglich die heimische Reflation kompromittieren, die sie jetzt ins Auge gefasst hatten.[56] Britische und französische Erwartungen flauten ab.

Die Schuldenraten belasteten 1932 und 1933 den britischen Staatshaushalt mit vier bis fünf Prozent, den französischen gerade mal mit zwei. Chamberlain selbst hatte im Dezember im Unterhaus von einer Summe gesprochen, »von der sie nicht wahrheitsgemäß sagen konnten, dass sie nicht in der Lage wären, sie zu bezahlen«. Die 1932 einsetzenden Zahlungseinstellungen jenseits des Atlantiks machten noch nicht einmal zwei Prozent des amerikanischen Bundeshaushalts aus, vier und fünf Prozent in den folgenden Jahren.[57] Die Finanzminister mochten stöhnen, aber Volkswirtschaften spüren derlei Belastungen kaum; sie betrugen 0,1 Prozent und 0,3 Prozent des amerikanischen Bruttoinlandsprodukts, und annähernd denselben Anteil bei Franzosen und Briten.[58] Was unendlich schwerer wog, war das Übergepäck in Form der politischen Last.

Am Ersten Weihnachtsfeiertag verglich der Finanzier Henry Morgenthau, einer von Roosevelts Beratern, die Situation mit der von 1913. Europa, so sagte er einem der Hearst-Blätter, hätte aufgerüstet und sei am Brodeln, und Präsident Wilson hätte sich entschlossen, seine Energien auf die heimischen Probleme zu konzentrieren. Seiner Ansicht nach gab es gute Gründe, ähnliche Prioritäten von Roosevelt zu erwarten, der sich einer weit akuteren heimischen Krise gegenübersah. Die meisten Probleme der Europäer seien hausgemacht – »Euer Völkerbund«, so wollte er ihnen sagen, »war nicht in der Lage, den Frieden zu bewahren.« Die Vereinigten Staaten hätten nicht die Absicht, so fügte er unverblümt hinzu, sich deren Vorschläge bezüglich der Schulden anzuhören. Von London und Paris aus gesehen war das kein gutes Omen.[59]

*

Einmal mehr hatte die Leidenschaft – mittels der Politik – über die Vernunft gesiegt. Schulden waren Waffen nicht unähnlich. Selbstverleugnende nationale Gesten, mit denen man längerfristigen, womöglich sogar dauerhaften Nutzen wie Frieden und Prosperität erkaufen wollte, bewirkten im Zeitalter der Massenteilnahme an Staatsangelegenheiten nur das Gegenteil. Die Kosten waren zu unmittelbar, die Erträge zu ungewiss, als dass Volkstribunen sich dafür starkmachen konnten. So mancher Ansicht nach hatte die Zahlungseinstellung der Franzosen und vier kleinerer Länder dem amerikanischen Altruismus für immer ein Ende gesetzt. Das Land, so erklärten sie zu Recht, habe die Schulden wiederholt prolongiert und so durch Inflation und Zinssätze indirekt reduziert. Es sei jetzt an der Zeit, nach innen zu blicken, sagten sie weniger überzeugend, »höchste Zeit, daran zu denken, uns an den Grenzen abzuschotten gegen den internationalen ökonomischen Flächenbrand«.[60]

Die Staatsmänner jedoch wahrten weiterhin wacker den Schein.

Deutschland sieht die Welt: Ein »internationales Ärzte-Konsilium« – von links nach rechts: US-Präsident Herbert Hoover, der britische Premier Ramsay MacDonald, der französische Ministerpräsident Pierre Laval, die Außenminister Aristide Briand (Frankreich), Arthur Henderson (Großbritannien), Henry L. Stimson (USA) – schaut selbstgefällig auf ein siechendes Deutschland: »Nach gründlicher Untersuchung sind wir endlich zu dem Resultat gekommen: Ihr Zustand ist so ernst, daß Sie sich nur selber helfen können!«

Aus: *Simplicissimus* Jg. 36, Nr. 21, 24. August 1931.
Abbildung mit freundlicher Genehmigung der Herzogin Anna Amalia Bibliothek, Weimar

Stuttgart, 16. Oktober 1932 **Preis 60 Pfennig** 37. Jahrgang Nr. 29

SIMPLICISSIMUS

Herausgabe: München BEGRÜNDET VON ALBERT LANGEN UND TH. TH. HEINE Postversand: Stuttgart

Die Welt-Frage (Wilhelm Schulz)

„Ist das nun eine neue Morgenröte oder eine neue Feuersbrunst?"

Die »Welt-Frage«, die sich die Deutschen stellen: »Ist das nun eine neue Morgenröte oder eine neue Feuersbrunst?«

Aus: *Simplicissimus* Jg. 37, Nr. 29, 16. Oktober 1932
Abbildung mit freundlicher Genehmigung
der Herzogin Anna Amalia Bibliothek, Weimar

CIEL DE PRINTEMPS (Dessin d'Abel FAIVRE.)

Frankreich sieht die Welt: Unter einem »Frühlingshimmel« sucht Marianne, die Personifikation der französischen Republik, Schutz vor einem Hakenkreuz, vor Hitler, Rache (Deutschlands für 1918), Kriegsschulden (gegenüber den USA), Vertragsrevision (Versailles), Mussolinis Vorschlag einer Vier-Mächte-Direktion und Abrüstung (der eigenen).

Aus: *Candide*, 30. März 1933
Abbildung mit freundlicher Genehmigung
der Bibliothèque nationale de France

Italien sieht die Welt: »Gestern, heute, für immer!« Einen Stiefel auf der Schlange der »französischen Verleumdungen«, den anderen auf der antifaschistischen ausländischen Presse, vorbei an einem schreienden jugoslawischen Esel, antifaschistischen Gangstern, Schwarzsehern und Gerüchteverbreitern und einem protektionistischen Uncle Sam schreitet ein faschistisches Schwarzhemd dem »italienischen Ziel« zu und verkündet: »Ich pfeif drauf!«

Aus: *Il 420* Jg. 16, Nr. 814, 13. Juli 1930
Abbildung mit freundlicher Genehmigung der Università degli Studi di Milano, Centro Apice (Archivi della Parola, dell'Immagine e della Comunicazione Editoriale), Fondo Pietro Marengo

М. Храпковский

НАШИ РЕЗЕРВЫ НА ЗАПАДЕ... *(см. рис. внизу)*

БОЛЬШЕВИКУ КЛИМУ

ЕВРОПА славит своих генералов —
Своих знаменитых мясников,
Умеющих бросить для капитала
Людское мясо на лес штыков.

✶

Европа славит кровавых Фошей,
Крича во весь свой продажный рот,—
За то, что они «разбили бошей»
Ценой миллионов калек и сирот.

✶

Такая слава — это отрава,
Убийцам — приманкой служит она...
Но есть и другая, почетная слава,
Потому что есть и другая война.

✶

Военное дело — нелегкое дело,
Но это дело — трудней вдвойне
Тому, кто воюет с эпохой целой,
Тому, кто войну об'явил войне.

✶

Климентий Ефремович Ворошилов,
Творец и хранитель советских побед!
Недаром страна спешит и спешила
Послать вам широкий, как море, привет.

✶

Нет задачи почетней и шире,
Нет выше нагрузки для большевика, —
Хранить единственную в мире
Страну рабочего и батрака.

✶

Мы ему скажем: «Всегда готовы,
Хотя войны мы и не хотим».
Мы ему скажем: «По первому зову
Встанем все мы, товарищ Клим!

✶

Пускай, прикрывшись мирной завесой,
Враги готовят поход на нас,
То, что добыл луганский слесарь, —
Нарком Ворошилов врагу не отдаст.

«КРОКОДИЛ».

ИСТОРИЯ С ГЕОГРАФИЕЙ

БОЛЬШАЯ советская энциклопедия дошла еще только до буквы «Г».

А между тем у широких читательских масс уже на 14-м году революции возникает много вопросов, начинающихся на самые разнообразные буквы, включая «Я» и даже мягкий знак.

Сегодня мы остановимся на одном только слове:

СОЮЗ ССР.

Занимает он одну шестую часть земного шара и омывается целыми *океанами* ненависти и злобы со стороны окружающего его капиталистического мира.

В эти *океаны* впадают мутные реки клеветы и небылиц, которые питаются неиссякающими круглый год подозрительными ручьями, вытекающими из социал-фашистских подворотен всего мира.

Хотя самые высокие *горы* находятся пока еще за пределами Советского союза, но у нас есть *вершина*, с которой открывается с поразительной отчетливостью картина всего капиталистического мира с его неизбежными противоречиями.

Это — *вершина* марксистско-ленинской теории, которая хотя и не расположена на каком-либо определенном градусе широты и долготы, но зато является *высочайшей* в мире.

Растительность СССР отличается однообразием. И на далеком Севере и на знойном Юге высятся огромные *леса* социалистической стройки, придающей всему ландшафту ярко выраженный *социалистический* характер.

Необходимо отметить, что леса эти растут в СССР неизмеримо быстрее, чем в любой другой части земного шара, под влиянием особо благоприятной атмосферы (социалистическое соревнование и ударничество).

Рельеф СССР — это поверхность, еще сильно пересеченная ухабами темноты и глубокими рытвинами невежества, в которых затаился классовый враг.

Но весь материк представляет собой несокрушимый рабоче-крестьянский *массив*, над которым развевается знамя партии Ленина.

Полезные ископаемые в СССР, будь то уголь, железо или марганец, отличаются интересным свойством.

Чем больше их добывается, тем, наоборот, у них глубже в землю уходят «будущие ископаемые» буржуазного мира: капитализм, оппортунизм и фашизм.

Это все насчет географии СССР... А теперь несколько слов об истории.

Хотя буржуазия уверена, что История подкуплена Коминтерном, но на самом деле эта великая старуха совершенно честно и бескорыстно работает на нас.

Таков уже закон: она всегда на стороне молодого, полного сил и энергии класса, который идет на смену другому— уже глядящему в могилу.

Капитализм еще не хочет сдаваться и готовится к последнему и решительному бою.

Не сидим сложа руки и мы.

История Красной армии, насчитывающей тринадцать лет существования, пожалуй, самая увлекательная и убедительная история в мире.

Эта *История* делает непобедимой *Географию* Советского союза!

Она дает нам непоколебимую уверенность в том, что вслед за первым томом Социалистической географии последуют скоро и остальные тома, которые охватят уже шесть шестых земного шара.

И первая страница в этой Новой социалистической географии мира будет посвящена Красной армии, под прикрытием стальных штыков которой разрабатывался ее первый решающий том.

И. Амский.

... И ИХ РЕЗЕРВЫ У НАС.

Die Sowjetunion sieht die Welt. *Oben*: »Unsere Reserven im Westen …« (in deutscher Sprache): Arbeiter der »Rot Front« mit der Parole »Es lebe USSR«. *Unten:* »… und ihre Reserven bei uns«: »Opportunisten, Saboteure, Kulaken, gewesene Leute [Überbleibsel aus der Zarenzeit]«, die im Schatten der sowjetischen Industrialisierung ihre Ränke schmieden.

Aus: *Krokodil* Nr. 5, Februar 1931
Abbildung mit freundlicher Genehmigung
von XXth Century Crocodile Ltd., Moskau

Die Vereinigten Staaten sehen die Welt: Ein mit heimischen Angelegenheiten und der US-Wirtschaft beschäftigter Uncle Sam sieht sich zur Abwehr von aus Europa heranschwirrenden Plagegeistern veranlasst.

Aus: *New York American*, 5. Juli 1933
Abbildung mit freundlicher Genehmigung
der General Research Division der New York Public Library

Kriegsschulden: Wie der amerikanische Gläubiger seinen britischen Schuldner sieht – und ausländische Einmischung in die US-Wahlen. Montagu Norman, Gouverneur der Bank of England, der bisweilen inkognito oder unter einem Alias in die Vereinigten Staaten reiste, unterstützt finanziell Hoovers Wiederwahlkampagne gegen Versprechen einer Schuldenstreichung: »Hier abbiegen, Herbie, alter Junge«, dirigiert er den von Hoover gesteuerten republikanischen Wagen in Richtung Moratoriumsverlängerung.

Aus: *New York American*, 13. September 1932
Abbildung mit freundlicher Genehmigung
der General Research Division der New York Public Library

◀ Kriegsschulden: Wie der britische Schuldner seinen amerikanischen Gläubiger sieht. Beide hängen gemeinsam über dem Abgrund an den Klippen der Weltkrise.

Aus: *Punch* Nr. 4801, Dezember 1932
Abbildung mit freundlicher Genehmigung des
Punch Historical Archive/Gale, A Cengage Company

Kriegsschulden: Wie Frankreich seinen amerikanischen Gläubiger sieht.

Aus: *Candide* Jg. 9, Nr. 457, 15. Dezember 1932
Abbildung mit freundlicher Genehmigung
der Bibliothèque nationale de France

Die deutsche Frage: eine sowjetische Sicht der Novemberwahlen 1932. Die sowjetische Doktrin dämonisierte weiterhin die deutschen Sozialdemokraten, während sie das Bild eines bevorstehenden kommunistischen Sieges malte. »Bei den Wahlen in Deutschland«, erklart der Text unten links, »bekamen die Kommunisten sechs Millionen Stimmen.« Unterhalb der Abbildung (»ein Gespenst geht um in Europa«) meint ein bestürzter »Sozialfaschist« zu einem anderen: »Das ist das erste Mal, dass ich höre, dass dieses Gespenst so viele Stimmen hat.«

Aus: *Krokodil* Nr. 33, November 1932
Abbildung mit freundlicher Genehmigung
von XXth Century Crocodile Ltd., Moskau

◀ Kriegsschulden: Wie Amerika seinen französischen Schuldner sieht: »Aber M'sieur! Sie werden doch nicht so dekadent werden, mich zum Zahlen aufzufordern!«

Aus: *New York American*, 17. September 1932
Abbildung mit freundlicher Genehmigung der
General Research Division der New York Public Library

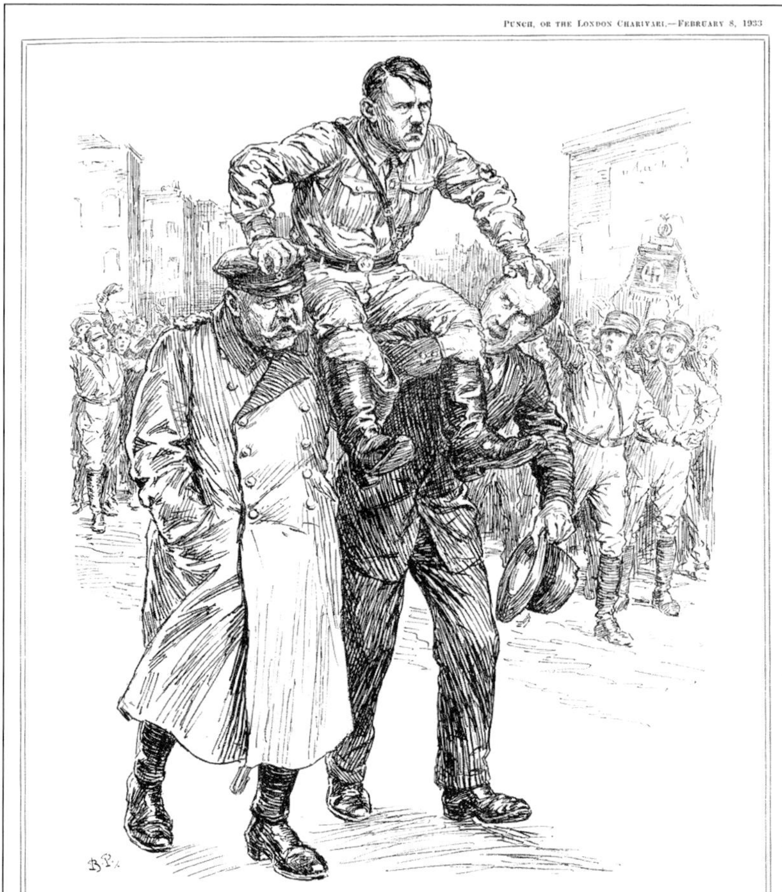

THE TEMPORARY TRIANGLE.

VON HINDENBURG AND VON PAPEN (*together*)—

"FOR HE'S A JOLLY GOOD FELLOW,
FOR HE'S A JOLLY GOOD FELLOW,
FOR HE'S A JOLLY GOOD FE-EL-LOW,
(*Aside:* "Confound him!")
AND SO SAY BOTH OF US!"

Die deutsche Frage: eine britische Sicht von Hitlers Antritt der Kanzlerschaft am 30. Januar 1933 als »vorübergehende Dreiecksbeziehung«. Reichspräsident Hindenburg und Vizekanzler von Papen schultern eine neue Last.

Aus: *Punch* Nr. 4810, 8. Februar 1933
Abbildung mit freundlicher Genehmigung
des Punch Historical Archive/Gale, A Cengage Company

Die deutsche Frage: eine französische Sicht. Zwei Tage nach Hitlers Ernennung erscheint der Reichskanzler als Marionette der konservativen Rechten und seines Vorgängers von Papen, der ihm erklärt: »Ja, mein lieber Nachfolger, genau so ist es, Kanzler zu sein.«

Aus: *Le Petit Journal*, 1. Februar 1933
Abbildung mit freundlicher Genehmigung
der Bibliothèque nationale de France

Internationale Kooperation: eine britische Sicht. Im »Café des Friedens« in Rom empfängt Mussolini seine Gäste Daladier und MacDonald, doch ein junger Emporkömmling stört das Gespräch der »drei Anti-Musketiere« über Frieden und Abrüstung .

Aus: *Punch* Nr. 4816, 22. März 1933
Abbildung mit freundlicher Genehmigung des
Punch Historical Archive/Gale, A Cengage Company

Internationale Kooperation: eine französische Sicht. Die Überlebenden des Schiffbruchs des Völkerbunds *(Société des Nations)*, Hitler, MacDonald und Mussolini (und verdeckt Daladier), steuern auf ihrem mit einem Pulverfass beladenen Floß entgegengesetzte Ziele an: »Nur zu, Jungs! Alle zusammen!« Eine bittere Sicht der von Mussolini flottgemachten »Vier-Mächte-Direktion«.

Aus: *Le Canard enchaîné*, 24. Mai 1933
Abbildung mit freundlicher Genehmigung
der Bibliothèque nationale de France/*Le Canard enchaîné* (Paris)

Internationale Kooperation: eine amerikanische Sicht der Weltwirtschaftskonferenz. Am 3. Juli 1933 lässt Roosevelt mit seiner Erklärung die »Bombe« platzen, die die Pläne für eine Währungsstabilisierung und Zollverträge vom Tisch fegt und die Hoffnungen auf der Londoner Konferenz zunichtemacht – und für die USA »den neuen Unabhängigkeitstag« markiert.

Aus: *New York Evening Post*, 6. Juli 1933
Abbildung mit freundlicher Genehmigung der
General Research Division der New York Public Library

НА МИРОВОЙ ЭКОНОМИЧЕСКОЙ КОНФЕРЕНЦИИ

Рисунок и тема Л. Бродаты

ИМПЕРИАЛИСТЫ: — Какой солидный заказ дает СССР! Так бы и РАЗОРВАЛИ ЕГО на части.

„МОЕ" И „НАШЕ"

Сменив просторным словом—наше
Словечко мелкое—мое,—
Сплошной ковер колхозных пашен
Меняет в корне бытие.

И вот порою с запозданьем
Единоличный кус жуя,
Спешит запыхавшись сознанье
За перестройкой бытия.

Колхоз, бригада... В каждом слове
Былой уклад трещит по швам,
И мудрость дедовских пословиц
Распалась, как трухлявый хлам.

Все те, чьи „хаты были с краю",
Чье „дело было — сторона",—
Теперь хотят узнать и знают,
Чем дышит нынче вся страна.

„Своя рубашка — ближе к телу",
Но на весенней посевной
Она линяла и потела
Совсем не для себя одной.

„В своей сермяжке"—стало тяжко!
„Своим домком"—не проживешь,—
И на пиджак сменить сермяжку
Спешит в колхозе молодежь.

Среди бригады комсомолок
Погудка старая — глупа:
„Короток ум, а волос — долог",—
Так говорят лишь про попа.

И в прозодежде на комбайне
Веселых внучек увидав,
Замшелый дед, как в жаркой бане,
Потеет, мысли растеряв.

Впустую ворох поговорок
Перебирает голова,—
Смешны в колхозных разговорах
Былой премудрости слова.

Не смогут ни язык ни губы
Сказать владельцам трудодней:
„К обеду — бей жену, как шубу, —
А к ужину — еще сильней!"

И не „от печки — до порога",
Как по-старинке было, — нет!
Сегодня женская дорога
Ведет в правленье и совет.

И так — во всем. В амбар свезенный
Колхозный хлеб — не мой, не твой;
К нему нейдет словцо „казенный" —
Он — всенародный, трудовой.

Его колхоз блюдет сурово,
И вор колхозный — общий враг.
Не скажешь, что „казна — корова,
А кто не доит,— тот дурак".

Куда ни глянешь, — пахнет новью,
Нет прежней межевой ругни,
И вся страна следит с любовью,
Как колосятся трудодни.

Раздвинув „мир крестьянский" тесный,
Весь мир в колхоз ворвался вдруг
Огромный, сложный, интересный,
Открытый для ума и рук.

Сплошной ковер колхозных пашен
Меняет мысли и житье,
Сменив просторным словом — НАШЕ
Словечко узкое — мое.

ВАС. ЛЕБЕДЕВ-КУМАЧ.

Оформление Л. Бродаты. Журнал набран и отпечатан во 2-й тип. изд. ЦК ВКП (б) „Правда". Фотомеханик — П. Мягков. Репродукция под руководством Г. Жмурикина и В. Крылова. Монтаж А. Федосеева. Зав. печат. отд. — А. Давыдов.

Internationale Kooperation: eine sowjetische Sicht der Weltwirtschaftskonferenz. In London wendet sich der sowjetische Außenminister Litwinow an die sitzenden Vertreter der kapitalistischen Mächte. Vor ihm zwei Schriftstücke (»Der Fünf-Jahres-Plan ist erfüllt« und »Eine milliardenschwere Bestellung«), vor ihnen Dossiers mit der Aufschrift »Krise«. Die Bildunterschrift lautet: »DIE IMPERIALISTEN: Was für eine große Bestellung aus der UdSSR! Vielleicht können wir sie aufteilen.«

Aus: *Krokodil* Nr. 19, Juni 1933
Abbildung mit freundlicher Genehmigung von
XXth Century Crocodile Ltd., Moskau

EN MANDCHOURIE
L'ange de la paix. — Venez donc pour la conférence du désarmement !...
Le Japon. — Un moment !... Quelques petits préparatifs encore à terminer !...

Eine französische Sicht von Japan: »Kommen Sie doch zur Abrüstungskonferenz«, lädt der Friedensengel ein. »Einen Moment! … Ich muss noch ein paar kleine Vorbereitungen treffen! …«

Aus: *Le Petit Journal*, 9. Dezember 1932
Abbildung mit freundlicher Genehmigung
der Bibliothèque nationale de France

Eine Weltwirtschaftskonferenz zeichnete sich ab; im Juli in Lausanne beschlossen, war sie noch im Planungsstadium. Man wollte sich unter der Ägide des Völkerbunds in London treffen, konnte sich aber nicht auf einen Termin einigen, ganz zu schweigen von einer Tagesordnung. Aber wo noch nicht einmal bilaterale Absprachen über Einzelthemen – wie etwa die Kriegsschulden – in Aussicht standen, wie hoch war die Wahrscheinlichkeit von multilateralen Abkommen zu allen Themen auf einen Schlag?

Die fünfte Anlage zum Abkommen von Lausanne, wo man im Juli 1932 das Ende der deutschen Reparationszahlungen beschlossen hatte, forderte eine Weltwirtschafts- und Finanzkonferenz, die sich aller anderen »wirtschaftlichen und finanziellen Schwierigkeiten« annehmen sollte, »die für die gegenwärtige Weltkrise verantwortlich und sie zu verlängern geeignet sind«. Insbesondere Chamberlain hatte auf eine solche bestanden. Warum, so der Gedanke dahinter, sollte man sie auf die Geldpolitik beschränken, wie einige das gerne gesehen hätten, wenn das sie bestimmende Vertrauen von der Beseitigung nicht nur der Reparationen, sondern auch der Schulden, Zölle, Quoten und aller anderen Hindernisse für den freien Fluss von Gütern und Dienstleistungen abhängig war? Praktisch auf der Stelle nahm Washington Kriegsschulden und Zölle vom Tisch, ein Entschluss, der in London und Paris heftige Proteste auslöste. »Wenn der zunehmende Protektionismus eine der grundlegenden Ursachen der Krise ist«, so klagte das Herriot nahestehende Blatt der Radikalen *La Volonté*, »dann ist die Weigerung, über Zölle zu sprechen, so monströs wie kindisch.« Und dabei hatte nicht einmal der vorbereitende Ausschuss getagt.[61]

Als dessen zweiundzwanzig Sachverständige Anfang November zusammenkamen, war die Tagesordnung der Konferenz noch immer ein Rätsel. Ganz nach dem Lausanner Vorbild wollten die Schuldner auf alliierter Seite, noch vor Beginn der Konferenz, ihre Kriegsschulden ein für alle Mal gestrichen sehen. Länder, die noch dem Goldstandard folgten, forderten von Großbritannien und anderen Ländern, die ihn im Kielwasser der Briten aufgegeben hatten, die Rückkehr zu diesem, damit wieder ein gewisses Maß an Gleichheit beim Handel herrschte. Länder außerhalb der bevorzugten Handelszonen wie etwa das britische Empire oder – seit Ottawa – sein Sterlingblock und die Beneluxländer wollten ihren Zugang dazu erleichtert sehen. Im Januar machte der vorbereitende Ausschuss diese und andere Desiderata zur Basis für die Agenda einer Konferenz, die man versuchsweise auf April legte. Als jedoch die Hauptteilnehmer sich angesichts der an sie gestellten Forderungen querlegten, sah man sie wieder in Frage gestellt. Und überhaupt, wo Washington in der Sache der Kriegsschulden vor Roosevelts Amtsantritt ohnehin nichts zu unternehmen gedachte, wie sollte man sich da im April treffen, egal ob in London oder anderswo?[62]

In seiner Agenda hatte sich das Komitee, wenn auch nicht ausdrücklich, so doch implizit dem wirtschaftlichen Liberalismus verschrieben. Es hatte die weltweite Erholung synonym zur Wiederherstellung von Freihandel, Goldstandard, stabilen, vor staatlicher Manipulation geschützten Währungen und dem ungehinderten Kapitalverkehr gesehen, die Staatsschulden und Devisenbewirtschaftung unmöglich machten. Bloß als es nun darum ging, sie zu übernehmen, erwiesen sich die Missionare aus der Heimat dieses Glaubens – Großbritannien und die Vereinigten Staaten – mit einem Mal als besonders heterodox und widerständig. Wie auch sollten die Landsleute von Adam Smith und Richard Cobden jetzt ihre frei fluktuierende Papierwährung und ihre neuen imperialen Handelsräume aufgeben? Die Landsleute von Woodrow Wilson, dessen dritter seiner vierzehn Punkte die »Beseitigung aller wirtschaftlichen Schranken, soweit möglich« forderte, konnten schlecht ihre hohen Zollschranken aufheben, ebenso wenig wie ihr designierter Präsident versprechen konnte, dass sein Land den Goldstandard beibehielt. Hinter diesem scheinbaren Glaubensabfall stand das unverrückbare Primat des Vorrangs nationaler Interessen. Großbritannien, das seit dem 19. Jahrhundert den überwiegenden Teil seiner Nahrungsmittel und Rohstoffe importiert hatte, war ebenso abhängig vom Export seiner Fertigungsgüter wie von deren Verschiffung und anderen Dienstleistungen, um Erstere zu bezahlen; in dem Augenblick, in dem Auslandsmärkte die Tür zuschlugen, galt es neue zu finden und diese zu schützen. Die Vereinigten Staaten, die einst als »die größte Freihandelszone der Welt« galten, importierten einen eher geringen Teil ihrer Primärgüter und waren in entsprechend geringerem Maße abhängig von der Erschließung und Erhaltung von Auslandsmärkten; aber sie waren auf den Schutz ihrer Märkte bedacht. Jedes auf seine Weise entsagten damit die beiden Länder jetzt im Ausland dem Wirtschaftsliberalismus, den sie zu Hause predigten. Wie andere auch hatten sie ein und dasselbe Problem: Sicher, es galt, das weltweite Karussell von Gütern, Kapital und Dienstleistungen aufrechtzuerhalten, aber wie sollte man das bewerkstelligen, ohne dabei die Patienten zu töten – sich selbst?[63]

Wie die Ökonomen des Völkerbunds Anfang 1933 selbst einräumten, schlugen sie und ihre Kollegen von der Bank für Internationalen Zahlungsausgleich, der Internationalen Handelskammer und anderen internationalen Einrichtungen weder revolutionäre Maßnahmen noch Wunderkuren, sondern lediglich transnationale Strategien vor. In der Öffentlichkeit jedoch machte sich die Ungeduld breit ob derlei Experten und ihren Rezepten; die öffentliche Meinung rief nach Resultaten. Was für die einzelnen Regierungen umso mehr Grund war, der Versuchung der Autarkie nachzugeben, sei es in Form von Währungs- oder Handelsrestriktionen, sei es in Form einer erzwungenen Industrialisierung hinter Schutzwällen in Entwicklungsländern. Das Vorbereitungskomitee unterschätzte die Gefahren keineswegs. Nationale Autarkie, so mahnte es, »würde das gesamte internationale Finanzsystem bis auf die Grundlagen erschüttern, der Lebensstandard würde sinken und die Gesellschaftssysteme, wie wir sie kennen, würden wohl kaum überleben«.[64]

Es war klar, dass die »ökonomische Abrüstung«, wie das Komitee es nannte, sich kaum einfacher gestalten würde als die Abrüstung selbst – und das aus demselben Grund: Mangels Vertrauen war es einfach zu gefährlich, den ersten Schritt zu tun, und niemand war mächtig oder entschlossen genug, den anderen eine Lösung aufzuzwingen. Im Juni hatten die Botschafter Frankreichs und Amerikas in London einander ihre düsteren Prognosen über die Weltwirtschaftskonferenz anvertraut, die Premier MacDonald eben vorgeschlagen hatte. Niemals, so sagte der Franzose, sei die internationale Zusammenarbeit so schlecht gewesen. Regierungen würden lokale und Teillösungen vorschlagen, aber keine hätte sich an ein Allheilmittel für alle gewagt. »Das«, antwortete ihm sein amerikanischer Kollege, der ehemalige US-Finanzminister Andrew Mellon, »liegt daran, dass es kein Allheilmittel gibt.«[65] Der Völkerbund bot einen Ausweg: Regierungen konnten sich an ihn wenden, ihn unter Berufung auf seine Ideale den Löwenanteil der Arbeit erledigen lassen und dafür sorgen, dass er zu hundert Prozent die Schuld übernahm.

9 Japan schließt eine Tür

Am Morgen des 6. Dezembers 1932 verließen die Minister der fünf Mächte nach ihren Beratungen über die deutsche Waffengleichheit den Salon im Genfer Hotel Beau-Rivage und machten sich auf den Weg zu dem eigens für die Konferenz gebauten gläsernen Annex. In dessen großzügigen lichten Räumen hatte sich das Plenum zu einer Sondersitzung zusammengefunden; Thema der Debatte war der Konflikt in Fernost. Die Europäer saßen dabei zusammen mit den anderen Mitgliedern; die Amerikaner saßen in der Loge für Nichtmitglieder, gleich neben dem sowjetischen Beobachter. Gemeinsam hörte man schweigend zu, als die Vertreter mehrerer kleinerer Mächte ihre Stellungnahmen zu dem im Herbst des Jahres veröffentlichten Lytton-Report vortrugen. Tags darauf kehrten sie ins Beau-Rivage zurück, um ihre eigenen Meinungen über das Fazit der Untersuchungskommission darzutun.

Unter der Führung des tschechoslowakischen Außenministers Beneš hatten die kleineren Mächte am Sechsten den Völkerbund dringlich gebeten, die Erkenntnisse des Lytton-Reports anzuerkennen und Japan dafür zu verurteilen, mit militärischer Gewalt mehrere Provinzen vom Hoheitsgebiet eines anderen Völkerbundmitglieds abgetrennt zu haben. Am folgenden Tag jedoch verlor niemand, weder die Außenminister Joseph Paul-Boncour, Sir John Simon und Konstantin von Neurath noch Pompeo Aloisi, der Leiter der italienischen Delegation in Genf, auch nur ein Wort über Japans Verstöße gegen Völkerbundpakt und Neun-Mächte-Abkommen, über die Legitimität des neuen Staats Mandschukuo oder die japanische

Behauptung, in Selbstverteidigung gehandelt zu haben – kurzum: kein Wort über die Legalität all dessen, was in der Mandschurei seit dem von der Kwantung-Armee inszenierten Eisenbahnzwischenfall bei Mukden im September 1931 passiert war. Sie akzeptierten den Lytton-Bericht weder, noch lehnten sie ihn ab. Sie zogen sich vielmehr mit dem Vorschlag aus der Affäre, die Angelegenheit dem Komitee der Neunzehn zu übertragen, das bereits im Frühjahr bei der Beendigung der Kämpfe in Schanghai mit Hand angelegt hatte. Seien wir doch praktisch, betonten Simon und die anderen immer wieder, und halten uns nicht mit Vergangenem auf. »Vorausgesetzt, wir finden eine praktikable Lösung«, so meinte der spanische Delegierte in einer Parodie dieser Aufforderung, »sagen wir doch einfach, Schwamm über den Rest.«[1]

Für die Großmächte nicht mehr als eine Peinlichkeit, war die Vergangenheit für die kleineren Mächte von wesentlicher Bedeutung; sie war der Schlüssel zur Behauptung der Autorität und der Prinzipien des Völkerbunds. Zwei Wochen zuvor hatten sie schweigend dem Streit von Japanern und Chinesen über den Bericht der Kommission und seiner Version der jüngsten Geschichte gelauscht. Der Völkerbundsrat hatte, seine vierzehn Mitglieder um das blau gedeckte Hufeisen des großen Tisches versammelt, beide Parteien im Kristallsaal des alten Hôtel National angehört. Matsuoka Yosuke aus Japan hatte den ganzen Vormittag über gesprochen; Dr. Wellington Koo aus China den ganzen Nachmittag. Nie zuvor hatte sich dort jemand so ausführlich und lange geäußert; glücklicherweise wurde keiner der beiden laut bei der Verlesung ihrer je 25 000 Wörter umfassenden Erklärungen. Lord Lytton saß, den Blick hin und wieder auf dem dunstverhangenen Lorbeerbaum vor der Fensterwand, mit den vier anderen Angehörigen seiner Kommission in der zweiten Reihe und hörte zu, wie die beiden die jüngste, zuweilen auch die ferne Vergangenheit heraufbeschworen, der Japaner zur Verurteilung des Berichts, der Chinese, um ihm sein Lob auszusprechen. Er hatte das alles schon einmal gehört: Schuld sei allein Chinas chronische Unfähigkeit, sich selbst zu regieren und die Ausländer und deren Eigentum in ihrem Land vor Betrügern und Banditen zu schützen; Japans Verwüstung des Kontinents, deren jüngste Etappe im 16. Jahrhundert begonnen hätte, müsse endlich ein Ende finden. Mandschukuo, der neue Staat, müsse bleiben; Mandschukuo, der neue Staat, müsse wieder verschwinden. Die kleineren Mächte fürchteten die Legitimation der Aggression, die größeren einen Anruf von Prinzip und Völkerbundpakt, der womöglich eines Handelns bedurfte, das nur sie veranlassen konnten – Sanktionen mit anderen Worten, wenn nicht Schlimmeres.[2]

Bereits im September 1931 hatte die Regierung in Nanking den japanischen Einfall in der Mandschurei unter Berufung auf Artikel 11 des Pakts vor den Rat gebracht. Dieser Artikel erlaubte es dem Gremium, eine Lösung zu finden, dem alle betroffenen Parteien zustimmen konnten. Die Chinesen erklärten sich bereit, sich einem Schiedsspruch zu fügen, die Japaner hingegen nicht. Anstatt ihre Truppen bis an die Bahnlinie zurückzuziehen, schickten sie sie bis hinauf in die nördliche Mongolei, und Ende November gab der Rat seine Schlichtungsversuche auf. Die Ernennung einer Untersuchungskommission ohne Schlichtungsbefugnisse half den Japanern, das Gesicht zu wahren – sie schlugen sie sogar selbst vor, nachdem sie sich zunächst dagegen gesträubt hatten. Als die Kommission sich Anfang 1932 auf den Weg machte, sahen die kleineren Mächte mit Entsetzen eine weitere lange Verzögerung auf sich zukommen, von ihrem Ausschluss aus dem Verfahren ganz zu schweigen. Zu den fünf Mitgliedern der Kommission gehörten Lord Lytton, zwei weitere Diplomaten – ein Italiener und ein deutscher – sowie zwei Generäle, ein amerikanischer und ein weiterer Brite. Es handelte sich hier um die ständigen Mitglieder des Rats, die »Großmächte«, nur dass die Japaner sich durch einen Amerikaner ersetzt sahen. Weder sie noch ihre Regierungen zu Hause zeigten besonderen Eifer für ein Vorgehen gegen die Japaner – so etwa die Berufung auf die Artikel 15 und 16, die förmlichere, im Falle eines Falles auch nachdrücklichere Maßnahmen zur Benennung und Bestrafung eines Aggressors vorsahen als der Artikel 11, der größtenteils eher vor dem Ausbruch eines bewaffneten Konflikts von Nutzen war. Niemand hätte ihnen eine ungebührliche Voreingenommen heit gegen die Japaner unterstellen können – zum Beispiel, dass das deutsche Mitglied Dr. Heinrich Schnee, vor dem Krieg Gouverneur von Deutsch-Ostafrika, irgendwelche Animositäten gegen den kolonialen Aspekt von Japans Projekt hätte haben sollen. Als die Kommission im September per See- und Landweg die Heimreise antrat, nachdem sie während eines vierzehntägigen Aufenthalts in Peking endlich ihren Bericht aufgesetzt hatte, sinnierte Schnee nach seiner Rückreise mit der Transsibirischen Eisenbahn einem Reporter gegenüber: Ja doch, es wäre nett, wenn es zwischen »den beiden wichtigsten Nationen der gelben Rasse« zu einer Art Einigung kommen könnte; dazu müssten jedoch 400 Millionen Chinesen »die Möglichkeit zur politischen und wirtschaftlichen Revolution gehen«, eine Entwicklung, der drei Dinge hemmend entgegenstünden: »die Bindung des Chinesen an die Familie, die das Gefühl der großen nationalen Zusammengehörigkeit nicht aufkommen läßt, dann die Banditen und drittens die Kommunisten«. Derlei Ansichten schienen sie, so möglicherweise die Befürchtung der Chinesen, vom Völkerbundpakt auszuschließen und die Japaner, wie das hier und da passiert war, zu Abendländern ehrenhalber zu erhöhen.[3]

Aber Schnee und seine Kommissionskollegen waren noch nicht einmal in Fernost eingetroffen, da fielen bereits Bomben – buchstäblich auf Schanghai und im übertragenen Sinne in Genf. Japanische Truppen hatten die Mandschurei überrannt und in ihren verlassenen Steppen den Marionettenstaat Mandschukuo gegründet. Das Inselreich hatte damit einen Gutteil des Ansehens im Ausland zunichtegemacht, das es sich die vergangenen sechzig Jahre über erworben hatte. Anstatt den Konflikt einzugrenzen, hatten die Japaner ihn ausgeweitet, und das weit über die Zone um die Eisenbahnlinie, ja weit über Asien hinaus. Die Sowjets begannen Truppen an der mandschurischen Grenze zusammenzuziehen, was die Japaner dazu veranlasste, die Kämpfe in Schanghai irgendwie einzustellen und abzuziehen. Der ursprüngliche Plan der Kwantung-Armee vom Januar, Außenministerium und Marine zu einer Eskalation der Ereignisse in Schanghai zu manipulieren, um von ihrem unmittelbar bevorstehenden Vorrücken auf Harbin im Norden und den Rest der Mandschurei abzulenken, war fehlgeschlagen. Es hatte lediglich zu mehr unliebsamer Aufmerksamkeit geführt. Inzwischen hatte die chinesische Diplomatie sich geschickt wenn schon nicht die tätige Mithilfe, so doch die Sympathien der Westmächte gesichert. Erst am Vortag hatte die Kuomintang im Rahmen ihrer »revolutionären Diplomatie« gegen die Präsenz der ungebetenen Gäste in ihren Siedlungen, Ausländervierteln und sonstigen Enklaven vom Leder gezogen, diesen demütigenden Rest des Neokolonialismus, und gegen die ungleichen Verträge, die das Land zwangsweise geöffnet hatten. Jetzt berief sie sich auf den Völkerbundpakt, den Vertrag von Washington und das Neun-Mächte-Abkommen, um die Westmächte auf ihr Nein zu der japanischen Aggression zu verpflichten. Der chinesische Nationalismus verlagerte seinen Fokus vom Westen in den Osten, und im Rahmen dieser Entwicklung begannen die Konturen einer wie auch immer gearteten antijapanischen Koalition vage Gestalt anzunehmen.[4]

Der Lytton-Bericht, vom Völkerbund im Oktober veröffentlicht, beeindruckte die Welt durch seine Objektivität. Nur die Japaner und der Schattenstaat Mandschukuo stießen sich daran. Selbst die Sowjetunion sprach ihm, wenn auch widerwillig, ihre Anerkennung aus. Der Bericht gab beiden Seiten die Schuld am Konflikt; er nahm den chinesischen Boykott ebenso zur Kenntnis wie die überhandnehmende Gesetzlosigkeit, wies jedoch die japanische Berufung auf Selbstverteidigung ebenso zurück wie die Legitimität von Mandschukuo oder die Behauptung, diese gründe sich auf eine Mehrheitsmeinung. Er kam ganz entschieden zu dem Schluss, Japan habe gegen seine internationalen Verpflichtungen verstoßen, und forderte eine Wiederherstellung der chinesischen Souveränität über eine autonome mandschurische Regierung, die – unter Einbeziehung japanischer Berater – Japans ebenso beträchtliche wie legitime wirtschaftliche Interessen wahrte. Mandschukuo sollte wieder verschwinden, die Japaner nicht. Ohne das ausdrücklich zu sagen, schaffte der Bericht die Marionette ab, ohne die Puppenspieler des Landes zu verweisen.[5] Es war dies nicht die Nebelkerze für den japanischen Imperialismus, die manche befürchtet hatten, sondern die Bestandsaufnahme unparteiischer internationaler Staatsbediensteter – so exemplarisch, dass sie denn auch bald in den Archiven des Völkerbunds in Genf zu verstauben begann.

Hinter der Ungeduld, mit der die kleineren Mächte im Dezember den Befund des Berichts akzeptiert und entsprechende Maßnahmen eingeleitet sehen wollten, schwärte ihr Misstrauen gegen ihre mächtigeren Kollegen im Rat wie in der Vollversammlung. Beneš, der Tschechoslowake, verdächtigte die Westmächte, einem informellen Bündnis innerhalb des Völkerbunds Vorschub zu leisten. Darüber hinaus hatte er sie in Verdacht, es insgeheim mit Japan, dem imperialen Neuling, zu halten, der in China mit Hilfe militärischer Gewalt ihre eigene Geschichte ökonomischer Eindringung neuinszenierte. Unbewusst akzeptierte er damit Matsuokas aufschlussreichstes, von dem japanischen Delegierten *ad nauseam* wiederholtes Argument, die Westmächte hätten ein ganzes Jahrhundert lang ihren Respekt für die chinesische Souveränität dadurch gezeigt, dass sie Kanonenboote und Marineinfanterie geschickt hätten, wann immer ihnen danach gewesen sei. Wieso also könne Japan seine weit wichtigeren Interessen nicht auf dieselbe Art schützen? In China herrsche ein viel zu großes Chaos, um vom Völkerbund als normales souveränes Mitglied behandelt zu werden. Aber in den dreißig Jahren seit dem High Noon des westlichen Imperialismus in China hatte die Welt sich verändert. Was das unterstellte Chaos angehe, so fragte der spanische Delegierte, was waren denn Japans bewaffnete Ausfälle auf dem Festland, wenn nicht bewaffnete Meutereien bis hin zu politischen Morden und Putschversuchen gegen die eigene zivile Regierung im eigenen Land?[6] Er, Beneš und ihre Freunde wollten den Bericht jetzt vor die Vollversammlung gebracht sehen; diese solle als internationales Gremium handeln und nicht als Vorzimmer für einen Club aus den ständigen Mitgliedern des Rats.

Sie sollten warten müssen. Im Dezember gab der Rat den Bericht an das Komitee der Neunzehn weiter, bevor er im Februar wieder zurück zur Vollversammlung fand. Der Bund hatte die Weltmeinung mobilisiert, seine Untersuchung durchgeführt und den Austritt Japans verhindert. Im Prinzip hatte er den Frieden bewahrt, da Japan nach wie vor Handels- und diplomatische Beziehungen mit allen Beteiligten pflegte. Hätte er nur Lyttons Lösung angeboten, bevor der Staub der Explosion bei Mukden sich gelegt hatte, und die Interessen Japans in der Gegend anerkannt und gesichert, vielleicht mit den im Artikel 16 vorgesehenen Zwangsmaßnahmen gedroht, die Regierung in Tokio hätte sich womöglich für stark genug gehalten, sie zu akzeptieren. Jetzt, nach fünfzehn Monaten, in denen die Kampfhandlungen unterbrochen und Einigungsversuche fehlgeschlagen waren, konnte sie das nicht mehr.[7] Sie hatte zudem nur die Ächtung, nicht aber wirtschaftliche Sanktionen zu fürchten – nicht ein einziges Mal hatten die Westmächte, jedenfalls die, die sie hätten durchsetzen können, einen drohenden Ton angeschlagen. Und die öffentliche Meinung Japans, vom Patriotismus beflügelt, von Armee und Marine verhetzt, würde sich nicht der Schmach und den Anschuldigungen eines ausländischen Urteils beugen. Welcher Minister wollte sich einbilden, lange zu überleben, wenn er das tat?

*

Die Veröffentlichung des Lytton-Berichts am 2. Oktober in Japan sorgte für allgemeine Entrüstung. Die vor Fehlern strotzende Übersetzung erschien als *Bericht der Völkerbundkommission zur Untersuchung Chinas* und minimierte das Verständnis der Kommission für die japanischen Klagen. Jede Zurückhaltung über Bord werfend, behaupteten Generalstab und Admiralität die Annektierung diplomatischer durch militärische Überlegungen und ließen sich mit leidenschaftlicher Hingabe über den Befund der Kommission aus. Der Ranghöchste von ihnen, Heeresminister General Araki Sadao verhöhnte den Bericht als »bloße Reisebeschreibung«, und eine wertlose obendrein; der Marineminister pflichtete dieser Meinung bei, das Kriegsministerium warf dem Völkerbund Schuldzuweisungen vor, die Heeresleitung stellte seine Fakten in Frage. Die Zivilisten schlossen sich an. Der gedämpfte Dissens im Kabinett nach dem Mukden-Zwischenfall wich jetzt einer einhelligen Entrüstung in Kabinett und Außenministerium, ja selbst bei der Handelskammer. »Der Bericht enthält viel Unfaires über Japan«, sagte ein Sprecher des Außenministeriums, »aber nichts Unfaires über China.« Vor allem bestritten sie die Feststellung des Berichts, Mandschukuo wäre niemals ohne Japans gewaltsamen Auftritt entstanden; sie entbehre jeglicher Grundlage, man sei lediglich als galanter Ritter einem Volk in Not zu Hilfe geeilt. Beide großen Parteien ließen den Bericht nicht gelten. Der ehemalige Justizminister Dr. Suzuki Kisaburo, Chef der Seiyukai, versicherte dieser beim Jahresparteitag in Wakayama, der Bericht sei von vorne bis hinten falsch; seine Zuhörer verabschiedeten eine Resolution, die die Regierung aufforderte, sich von jetzt an auf eine ausschließlich auf Asien ausgerichtete Politik zu verpflichten.[8]

In der Presse hielt sich die eine oder andere Nuance, bis schließlich angesichts der Ereignisse die komplexe Wahrheit vollends in einer Flut von Volksregung unterging. Der Bericht sei nicht völlig falsch, räumte *Yomiuri* im November ein, auch wenn Befangenheit und seine Vorurteile ihn von vornherein problematisch machten. Einige der Genfer Delegierten, so berichtete *Jiji*, zeigten vielversprechende Ansätze eines Verständnisses für die japanische Position, was dem stolzen Blatt jedoch gleichgültig war: »In diesem Land«, so erklärte es, »sind wir alle von unserem Recht überzeugt, und Kommentare aus dem Ausland, seien sie uns nun gewogen oder nicht, werden daran nichts ändern.« In solchen Augenblicken warfen sich selbst die ausgewogensten Blätter über ihre Rolle als Berichterstatter hinaus auch zu Repräsentanten der Öffentlichkeit auf, und selbst wenn den Lytton-Bericht keine Demonstrationen empfangen hätten und keines der Blätter die kollektive Neugier hinsichtlich des geheimnisvollen Dokuments tatsächlich hätte ausloten wollen, es gab keinen Redakteur, dessen Darstellung nach das Missfallen über den Bericht nicht so einhellig wie unverfälscht war.[9]

All der Stolz schloss Bedenken ob so viel militärischer Hitzköpfigkeit freilich nicht aus. Nachdem das patriotische Fieber vom September 1931 abgeklungen und die umkämpften Gebiete in Schanghai und der Mandschurei stabilisiert waren, begann, und das nicht nur in der Presse, die eine oder andere seit September 1931 unterdrückte Stimme für die Mäßigung der militärischen Begeisterung zu plädieren. Inmitten des im Oktober wütenden Volkszorns warf die *Japan Times and Mail*, ohne einen der militärischen Führer beim Namen zu nennen, den »Japanern« vor, eine neue versöhnliche und idealistische Mentalität im Westen zu ignorieren. *Jiji* ging gar noch weiter und veröffentlichte Gerüchte, denen zufolge die Führungsriege der Minseito Heeresminister Araki nur zu gerne losgeworden wäre, da er die Beziehungen mit dem Westen vergifte und das Land in den Bankrott zu manövrieren drohe. »Welches Ministerium hat denn Japans Staatsfinanzen Inflation und Ungewissheit beschert?«, fragte *Asahi* einige Tage später eher rhetorisch. »Überlegen Sie doch mal.« Und auch hier fiel Arakis Name. Gar noch weiter ging der für seine unverblümte Art bekannte Baron Hayashi Gonsuke, damals Vorsteher des Kaiserlichen Haushalts, als er dem Lytton-Bericht Freunden gegenüber seine Anerkennung aussprach, vor allem dem Kapitel, das Mandschukuo als Kunstgriff der japanischen Armee entlarvte. Bei der Eröffnung des neuen Reichstags Ende Dezember erhob sich ein Mitglied der Seiyukai – der Herausgeber der *Japan Times and Mail* – und bezichtigte die Militärführung, das Außenministerium übernommen und die Außenpolitik in ihren Dienst gestellt zu haben – was, wie er meinte, »eine Schande für Japans konstitutionelle Regierungsform« sei. Die Erklärung sorgte in Tokio wie in Genf für einige Aufregung; vor allem Matsuoka stieß sich an der Unterstellung, die Armee habe die Diplomatie – mit anderen Worten ihn selbst – an den Rand gedrängt. Einige Monate zuvor noch so gut wie undenkbar, stand hinter solchen Ausbrüchen eine ganz andere Art von Patriotismus, eine, die militärisches Abenteurertum ebenso fürchtete wie die Herrschaft des Militärs und nach wie vor einem im Verblassen begriffenen Stern folgte – dem des Internationalismus und der abendländischen Kultur. Anfang des Jahres verwies *Hochi Shimbun* auf die Torheit des Gedankens, dass Japan sich mit der Welt anlegen sollte; das Blatt, das wie *Asahi* für sein Misstrauen gegenüber dem Oberkommando bekannt war, rief die Regierung dazu auf, sich wieder um normale Beziehungen zu den Westmächten zu bemühen.[10]

Die aufziehenden Gewitterwolken in Genf sollten solche Stimmen bald wieder zum Schweigen bringen. Wie im September 1921 – nach Mukden – und im Februar 1932 – nach Schanghai – verblasste angesichts der drohenden internationalen Ächtung der Wille, den Hurrapatriotismus der Stunde zu überwinden. Während der Winterwochen, in denen das Komitee der Neunzehn vergeblich auf eine Versöhnung hinzuwirken versuchte und in Japan selbst das Gespenst der Isolation umging, kam einmal mehr der Trotz zu seinem Recht, und aus Angst um das öffentliche Gesicht gab sich Japans Öffentlichkeit japanischer denn je.

Und mindestens ebenso asiatisch – zum einen, um dem vom Westen dominierten Völkerbund seine Begriffsstutzigkeit vorzuhalten, zum anderen, um – wenigstens implizit – die regionale und kontinentale Rolle als der Welt jüngste Großmacht zu übernehmen. Dem Abgeordneten der Seiyukai, der im Dezember mit seiner Rede im Reichstag für so viel Aufregung gesorgt hatte, war nur daran gelegen, die Rolle der Armee in der Mandschurei anzuprangern, nicht etwa die des Kaiserreichs an sich. Adachi Kenzo, ein ehemaliger Innenminister, der durch seinen Austritt aus der Minseito den Niedergang der Partei beschleunigt und das Misstrauen gegenüber den Parteien an sich noch vertieft hatte, gründete im selben Monat mit der Kokumin Domei – dem Nationalen Bund – eine neue. Ihre dreiunddreißig Abgeordneten im Reichstag, größtenteils wie Adachi selbst Renegaten der Minseito, verschrieben sich neben der sozialen Gerechtigkeit und der staatlichen Kontrolle wirtschaftlicher Interessen auch dem Geist des japanischen Imperiums und der Beseitigung jedweder Hindernisse für dessen Expansion – mit anderen Worten einer Monroe-Doktrin für Asien. Die Aufmerksamkeit auf Asien zu richten erlaubte es, der Aufmerksamkeit des Westens zu widerstehen. Der Völkerbundpakt lasse sich auf die Komplexitäten Ostasiens nicht anwenden, sagte Graf Uchida, der Außenminister, im Januar vor dem Reichstag. Falls dem so wäre, fügte er hinzu, sollte die Klausel, die gewisse regionale Auslegungen einräumte – und die die Monroe-Doktrin als Beispiel anführte –, auf Mandschukuo Anwendung finden. Seine Worte konnten nur bedeuten, dass Japan sich jedem widersetzen würde, der am Status des neuen Staats zu rütteln versuchte – des Staats, den anzuerkennen der Lytton-Bericht sich weigerte.[11]

Zwei Tage später, bei der Gründungssitzung des »Bunds Asiatischer Völker« in Tokio, zeigte sich, wie günstig der Zeitpunkt für einen Panasiatismus war, so verschwommen er auch sein mochte. Sein Präsident, ein Professor von der Kaiserlichen Universität Tokio, begann mit der Erklärung, dass allein die Unfähigkeit des Völkerbunds, den Zwist in Ostasien beizulegen, ja seine Inkompetenz überhaupt den alternativen Bund nötig gemacht hätten, den zu gründen man im Begriff war. Er verschwieg dabei freilich den offenkundigen Umstand, dass die Ursache in beiden Fällen in Japans widersprüchlichen Ambitionen zu sehen war. Seit dem Japanisch-Chinesischen Krieg von 1894 hatte die japanische Führung anderen Mächten das Recht auf eine Vermittlerrolle in ihren Beziehungen zu China abzusprechen versucht; bereits 1919 hatten diese in Genf bei der Gründung wie beim Unterhalt einer Organisation zur Lösung zwischenstaatlicher Zwistigkeiten geholfen. Auch auf den eher zweifelhaften Reiz des neuen Bunds für die intendierten Nutznießer auf dem asiatischen Festland ging er nicht ein. Nur eines der bei der Tokioter Sitzung anwesenden Mitglieder stammte von dort – ein Mr. Pao, der mit den freundlichen Grüßen Mandschukuos gekommen war. Und dann herrschte noch Verwirrung über den Umfang des »Asiens«, von dem hier die Rede war; klar schien, dass dazu China und Siam gehörten, aber hinsichtlich der anderen Kandidaten konnte man sich nicht so recht einigen.[12] Was das Publikum anging, in dem sich neben hochrangigen Diplomaten und Militärs auch ein künftiger Premier – Fürst Konoe Fumimaro – befand, konnten sich allenfalls die beklagen, die den Begriff Panasiatismus zu wörtlich nahmen; so vage dessen Konturen auch waren, er bediente präzise Notwendigkeiten: den Ausschluss lästiger Fremder und die Verwurzelung der japanischen Politik in einer regionalen Mission. Falls diese Doktrin Ambitionen legitimierte, die gegen das auch von Japan ratifizierte Neun-Mächte-Abkommen von 1922 verstießen, das über seine Souveränität hinaus auch eine »Offene Tür« nach China garantierte, dann sei es so. Das Abkommen enthielt ohnehin keine Durchsetzungsmechanismen. »Sehen Sie«, hatte der Geschäftsführer der America-Japan Society, der selbst eher liberalen Kreisen nahestand, dem amerikanischen Militärattaché fünf Tage nach dem Erscheinen des Lytton-Berichts anvertraut, »die Mandschurei ist für Japan so wichtig, dass wir dabei nur ungern an Abkommen denken.«[13]

In Genf hatte die Vollversammlung das Komitee der Neunzehn Anfang Dezember gebeten, so rasch als möglich eine Empfehlung zur Schlichtung des Disputs zu erarbeiten. Binnen einer Woche schlug das Komitee Verhandlungen zwischen den beiden Parteien vor, bei denen noch zwei weitere Nationen zugegen sein sollten, die beide selbst keine Völkerbundmitglieder waren, denen das Komitee jedoch eine kritische Bedeutung beimaß: die Vereinigten Staaten und die Sowjetunion. Außerdem schlug es vor, sich hinsichtlich der Fakten prinzipiell auf den Lytton-Bericht zu verlassen. Dann vertagte man sich auf Mitte Januar; bis dahin sollten die beiden Parteien mit sich zu Rate gehen. Die eine, Japan, reagierte darauf am Neujahrstag mit dem Angriff auf Shanhaiguan, den Übergang, wo die Chinesische Mauer auf das Meer trifft. Der Pass schützte den Zugang zur chinesischen Provinz Rehe und lag an einer historischen Invasionsroute vom Norden her, kaum dreihundert Kilometer entfernt von der Kaiserstadt Peking.[14]

Der Ärger hatte sich zusammengebraut, seit der frisch ausgerufene Staat Mandschukuo im März 1932 die Provinz Rehe für sich beansprucht hatte. Um einen Sammelraum für subversive Überfälle auf ihren neuen Protegé nördlich der Mauer auszuputzen und eine Pufferzone zwischen ihm und dem eigentlichen China einzurichten, beschlossen die Japaner, die Mauer zu überqueren und die Provinz zu überrennen – was noch geringeren Respekt für die internationale Meinung zeigte als die Inszenierung des Mukden-Zwischenfalls im September 1931. Diesmal gaben sie Granaten und Gewehrfeuer aus Shanhaiguan als fadenscheinige Begründung für den Überfall an. Und diesmal wartete der Bund auf eine Reaktion auf seine Vorschläge.[15]

Der Kollisionskurs, den die Japaner damit steuerten, traf die Internationalisten unter den Beobachtern zum zweiten Mal bis ins Mark. Die Polizei löste hier und da Friedensdemonstrationen auf, aber auch in der Zivilgesellschaft, etwa in der japanischen Völkerbund-Vereinigung, mahnten immer noch einige Aktivisten zaghaft zur Mäßigung. Im Staatsrat des Kaisers beobachteten der ehrenwerte Fürst Saionji und der ehemalige Außenminister Graf Makino Nobuaki mit Sorge und Bedauern das Dahinscheiden der westlich orientierten Shidehara-Diplomatie, die Japan erst jüngst aus der Randständigkeit in den Schoß der Großmächte geführt hatte. Der junge Kaiser reagierte gereizt auf die Gehorsamsverweigerung seiner Generäle und Admirale. In Genf arbeitete Sugimura Yotaro, ein beigeordneter Generalsekretär und glühender Verfechter von Völkerbund und kollektiver Sicherheit, zusammen mit dem Generalsekretär Eric Drummond an einem Weg aus dem Patt.[16]

Sie bemühten sich vergeblich. Die internationale Ächtung, mit deren Androhung Verfasser wie Freunde des Völkerbundpakts ein störrisches Mitglied wieder zur Vernunft zu bringen hofften, war nach hinten losgegangen – der Versuch, der japanischen Öffentlichkeit einen Schrecken einzujagen, hatte sie nur erkühnt. In der Presse und bei den Parteien, in beiden Häusern des Reichstags herrschte eine seltene Einstimmigkeit; alle waren sich der Gerechtigkeit der japanischen Sache sicher, Meinungsverschiedenheiten gab es nur hinsichtlich der einzuschlagenden Taktik. Der Bund hatte falschgelegen mit seiner Annahme, japanische Meinungsmacher würden um des Segens der Weltöffentlichkeit willen seiner Lesart eines Pakts folgen, den gebrochen zu haben man vehement bestritt; freilich hatten auch diese sich geirrt in der Annahme, dass die anderen Angehörigen des Bunds ihren Gründungsvertrag vergessen würden, nur um Japan nicht gehen zu sehen.[17]

Premierminister Saitos Regierung konnte es sich schlecht leisten, gegen den Strom zu schwimmen; sie hatte sich ohnehin schon länger gehalten, als selbst Optimisten erwartet hätten, genau gesagt acht Monate – seit Fürst Saionji sie im Gefolge der Attentate im Mai hastig zusammengeschustert hatte. Der fallende Yen und die daraus resultierende Wiederbelebung des Exports hatten dazu beigetragen, insofern sie die Handelsbilanz wieder ins Gleichgewicht brachten und für Arbeit sorgten. Aber auch die Anerkennung Mandschukuos durch die Regierung hatte das Ihre getan. Sowohl Araki als auch Uchida hatten es so gewollt, und der alternde Saito verfügte weder über die Charakterstärke noch über die politische Macht, sich ihnen und den uniformierten Kriegern, die man hinter ihnen vermuten durfte, entgegenzustellen. Finanzminister Takahashi hegte Bedenken hinsichtlich der Kosten der Abenteuer auf dem Kontinent, aber für den Augenblick hatte er den Haushalt ausgeglichen und sich bei den Industriekapitänen so beliebt gemacht wie die anderen bei Generalstab und Admiralität. Die Parteien sahen tatenlos zu. Es war dies nicht der Zeitpunkt, der allgemeinen Volksregung die Stirn zu bieten und für Misstöne zu sorgen; dafür war der insistierende Trommelschlag des Patriotismus zu laut.[18]

Dabei sah Japan sich militärisch weder durch eine Großmacht noch durch irgendeine der kleineren Mächte bedroht. Der Ruf zu den Waffen war also durchaus merkwürdig, aber noch merkwürdiger war die Reaktion darauf. Während des Russisch-Japanischen Krieges von 1904–1905, als eine Großmacht das Reich zu Land und zu See bedrohte, war der Widerstand zu Hause um einiges heftiger ausgefallen.[19] Japan schloss sich damit der Sowjetunion und dem faschistischen Italien an, die beide seit Jahren moralisch wie materiell gegen imaginäre oder unbewaffnete Feinde mobilmachten; Deutschland sollte bald folgen und sie alle in puncto Einsatzbereitschaft überholen. Jetzt schlug allenthalben die Stunde der eigenen Nation; eine empfängliche Öffentlichkeit wartete in einem freundlichen Klima auf den, der beides am geschicktesten auszubeuten verstand. Es hatte dies nichts mit Sicherheit, sondern ausschließlich mit nationalen Phantasien zu tun, jenen schlummernden Kräften, die der eine oder andere versessene Beförderer interner Veränderungen jetzt zu wecken verstand.

*

Aufmerksamen ausländischen Beobachtern war der japanische Angriff auf Shanhaiguan, das am 3. Januar fiel, auch eine Reaktion auf eine Ankündigung des sowjetischen Auslandskommissars Maxim Litwinow und von D. W. W. Yen, Chinas Chefdelegiertem bei der Abrüstungskonferenz. Ihrer beider Länder, so hatten sie am 12. Dezember erklärt, seien dabei, die diplomatischen Beziehungen zueinander wiederaufzunehmen. Die Ankündigung verriet die Anstrengungen der Chinesen um Unterstützung sowohl innerhalb als auch außerhalb des Völkerbunds und machte damit fürs Erste Gerüchten um einen bevorstehenden Pakt zwischen Sowjets und Japanern ein Ende. Alles in allem verstärkte sie die Isolation des Inselreichs, da sich eine Großmacht nach der anderen gegen das jüngste Mitglied in ihrem Club zu wenden schien. Litwinows Anspielung auf die chinesische Souveränität über die Mandschurei kam in Tokio gar nicht gut an; ein Sprecher des Außenministeriums bezeichnete die Nachricht als »höchst unwillkommen«. Das Bündnis zwischen chinesischem Chaos und sowjetischem Kommunismus, so sagte er, sei »eine Gefahr nicht nur für den Frieden in Ostasien, sondern für den Frieden der ganzen Welt«.[20]

Die beiden Nationen hatten 1927 die gegenseitigen Beziehungen abgebrochen, als die nationalistische Kuomintang in Nanking ihr Experiment in Sachen Zusammenarbeit mit dem Kommunismus für beendet erklärt, die sowjetischen Offiziellen ausgewiesen und zahlreiche sowjetische Einrichtungen geschlossen hatte. Ende 1929 versuchten die chinesischen Truppen in der Mandschurei, die Nanking gegenüber loyal waren, sich der Transmandschurischen Eisenbahn zu bemächtigen, welche die Sowjets von ihren zaristischen Vorgängern geerbt hatten und die sie zur Hälfte nach wie vor kontrollierten. Fernöstliche Einheiten der Roten Armee griffen ein und gewannen eher nebenbei einen diskreten Krieg, über den der Rest der Welt und selbst das sowjetische Volk im Dunkeln blieb. Die Kommandeure der Kwantung-Armee, die die südliche Trasse der Transmandschurischen Eisenbahn sicherten, sahen zu, wie die Chinesen in die Flucht geschlagen wurden; sie waren damals schon fest entschlossen, die Kuomintang aus der Mandschurei auszuschließen, idealerweise durch eine präventive Besetzung. Es wäre für sie nur logisch gewesen, auch die restlichen Sowjets loswerden zu wollen. Nach dem Mukden-Zwischenfall im September 1931 hatten sie, wie die chinesischen Nationalisten vor ihnen, ein Auge auf die lange, strategisch wichtige sowjetische Trasse geworfen. Sie zog sich vom Südosten Sibiriens aus quer über die nördliche Mandschurei, von Tschita an der Transsibirischen Eisenbahn bis hinüber nach Wladiwostok, dem russischen Seehafen am Japanischen Meer. Die Sowjets brauchten sie, um ihre Kommunikationswege durch ihre schwer zu erreichenden Gebiete in Fernost zu sichern. Aber auch die Kwantung-Armee brauchte sie, nachdem sie sich die Eroberung einer Provinz von der doppelten Größe des französischen Hexagons in den Kopf gesetzt hatte. Ihre eigene südmandschurische Linie verlief nur von Dairen (Dalian) nach Harbin, wo sie sich mit der anderen kreuzte, wodurch sich ein logistisch günstiges T ergab, auf dem sich Truppen gegen die mandschurischen und chinesischen Rebellen bewegen ließen. Man begann damit, dass man das südliche Ende der Linie einnahm. Im Februar 1932 kamen Kolonnen japanischer Infanterie aus den gefrorenen Ebenen und besetzten Harbin, eine Stadt, die fast ebenso russisch war wie chinesisch; außerdem hatte die Transmandschurische Eisenbahn dort ihren Hauptsitz. Würde der Casus Belli gegen die Chinesen von 1929 die Sowjets 1932 genauso wirkungsvoll zum Krieg gegen die Japaner motivieren?[21]

Allein vom geopolitischen Standpunkt aus betrachtet, wäre eine Wiederaufnahme des Konflikts um die Mandschurei, der 1905 mit einer desaströsen russischen Niederlage geendet hatte, durchaus denkbar, womöglich sogar unvermeidlich gewesen. Die Provinz hatte im Lauf der Zeit weder etwas von ihrer wirtschaftlichen noch von ihrer strategischen Attraktivität für die rivalisierenden Mächte eingebüßt, und die jüngste Geschichte war kaum dazu angetan, ihre Ängste voreinander zu beschwichtigen. Die Sowjets bedrängten die Mandschurei, die Bastion, die Zugang sowohl zu China als auch zum Japanischen Meer gewährte. In der Äußeren Mongolei im Westen hatten sie ein bolschewikisches Regime eingerichtet; im Norden und Osten bemannten sie eine Grenze von über dreitausend Kilometern Länge, die – Amur und Ussuri folgend – in Wladiwostok endete, mit anderen Worten in Spuckweite des Japanischen Reichs in Korea; ihre Beziehungen zu den chinesischen Kommunisten im Süden hatten sie nie gekappt; diese führten jetzt von ihrer Hochburg in der Provinz Jiangxi aus den Kampf gegen die Japaner. Und in der Mandschurei hatten sie ihre Eisenbahn und ihre Agenten. Die japanischen Invasoren waren ihrerseits gelegentlich an den sowjetischen Grenzmarken aufgetaucht. Ende 1932 überquerten ihre Truppen bei der Verfolgung eines chinesisch-mandschurischen Generals und seines bunt zusammengewürfelten Haufens von einer Armee das Chingan-Gebirge im äußersten Nordwesten der Provinz und besetzten die innermongolische Stadt Manjur (Manzhouli), gleich jenseits der Grenze sowohl zur Mandschurei als auch zur Sowjetunion. Gegen Ende des Jahres richteten sie sich dort ein und saßen damit ihren ehemaligen Feinden zum ersten Mal seit dem Krieg von 1904–1905 wieder gegenüber. Als die Japaner Anfang 1933 in die Provinz Rehe einmarschierten, schienen sie eine Bedrohung für die Äußere Mongolei darzustellen, wo die Möglichkeit bestand, dass ihr Eindringen in Handel und Markt, politische Intrigen und ethnische Hetze die Abhängigkeit von der Sowjetunion untergrub. Hier und da waren Gerüchte über einen bevorstehenden Krieg zu hören. Im Sommer breiteten sie sich um Dairen herum aus – Krieg, so hieß es, stünde unmittelbar bevor, spätestens im Winter würden die Russen einen anfangen. *Nippon*, eine japanischen Militärkreisen nahestehende Zeitung, stellte sich einen japanisch-mandschurisch geführten Krieg um Ostsibirien vor, über das, wie sie ihre Leser erinnerte, einst größtenteils die Qing-Dynastie geherrscht hatte. Die *Prawda* sah eine erneute Provokation.[22] So ganz wegzudenken war damit eine zweite Runde des früheren Krieges nicht.

Beide Regierungen jedoch zerrissen sich schier, die gegenseitige Provokation zu vermeiden und jeden durch hitzköpfige Offiziere oder übereifrige Beamte vor Ort angerichteten Schaden einzudämmen. So wie jede nach außen hin die Abrüstung predigte, während sie sich entschlossen bewaffnete, so ließ sie keine Gelegenheit aus, ihr Volk auf die Übergriffe der anderen hinzuweisen, während sie hinter den Kulissen auf eine Versöhnung hinarbeitete – als wollte man die Angst vor dem Krieg aufrechterhalten, ohne das Risiko eines solchen einzugehen.

Seit dem Mukden-Zwischenfall hatte die sowjetische Regierung, wie Arnold Toynbee es in London ausdrückte, »unerschütterliche Beherrschtheit und unergründliche Zurückhaltung« gezeigt.[23] Zur großen Überraschung von Amerikanern und Europäern reagierte sie zunächst passiv und dann friedfertig auf das Wüten der Kwantung-Armee nach Mukden. So verabschiedete das Politbüro im September bezüglich des Zwischenfalls ostentativ keine Resolution. Erst am Jahresende äußerte sich Wjatscheslaw Molotow, der Vorsitzende des Rats der Volkskommissare – und im Prinzip der Regierungschef – in einer Rede vor dem Zentralen Exekutivkomitee, und es ging ihm lediglich darum, jedwede territorialen Ambitionen der Sowjetunion über ihre Grenzen hinaus zu dementieren und den Weg für den Nichtangriffspakt zu ebnen, den er noch im selben Monat seinem japanischen Gegenüber vorschlug. Immer wieder warnten den Kreml 1932 sowohl sein Tokioter Botschafter als auch andere, weniger offizielle Quellen vor den annexionistischen Absichten eifriger Militärs bezüglich Ostsibirien, Sachalin und Kamtschatka. Die Sowjets schickten Verstärkung in die Region und protestierten gegen jeden Vormarsch der Japaner, widerstanden jedoch hartnäckig allen Bemühungen der Chinesen, sie in den Konflikt hineinzuziehen und den angestrebten Nichtangriffspakt mit Japan zum Scheitern zu bringen. Mit Stalins Segen verbot man den Batterien der Roten Armee in Fernost auf japanische Flugzeuge zu schießen, die sich entlang des Amur in sowjetischen Luftraum verirrten, und schickte die chinesischen Gesandten, die mit der Bitte um Waffen und Unterstützung über die Grenze kamen, wieder nach Hause.[24] Im Herbst erklärte man sich bereit, im fernöstlichen Blagoweschtschensk einen Konsul aus Mandschukuo zu akzeptieren, und schickte dafür sechs von den eigenen Leuten in den neuen Staat am anderen Ufer des Amur.[25] Derlei Artigkeiten erkannten de facto den japanischen Marionettenstaat an, den der Lytton-Bericht de jure verwarf. Der Kreml wollte den Frieden um jeden Preis bewahren, wofür er auch mal die andere Wange hinhielt – ein Verhalten, das eines Heiligen würdig gewesen wäre und das viele, auch Toynbee, vor ein Rätsel stellte.[26]

Militärische Unterlegenheit im Verein mit Unruhen im eigenen Land hatte die Sowjets vorübergehend zu Pazifisten gemacht. Ihre Wirtschaft im Chaos, die militärische Infrastruktur noch immer unzureichend für einen größeren Krieg mit einer der anderen Großmächte, mochten sie ihre Grenzen schützen und im Notfall auch verteidigen, aber zu einer ehrgeizigeren Politik, hinter die man irgendeine Art von glaubwürdiger Drohung hätte stellen können, reichte es nicht. Mit dem Vorschlag eines Nichtangriffspakts erklärten sie ihre friedlichen Absichten und fühlten der anderen Seite auf den Zahn. Mit ähnlichen Vorschlägen hatte die sowjetische Diplomatie 1932 das ganze Jahr über auch ihre europäischen Nachbarn bedacht. Womöglich ließ sich damit ja die ganz große Verschwörung, ein Offensivbündnis Japans mit irgendeiner aus einer beliebigen Zahl antisowjetischer Mächte auf der anderen Seite der Welt, vereiteln. Eine derartige Sanftmut im Angesicht fortgesetzter Provokationen freilich war nichts Geringeres als eine Demütigung für die Rote Armee. So ließ denn eine hemdsärmeligere Reaktion auch nicht lange auf sich warten, und die Nichtangriffspakte erwiesen sich als nichts weiter als eine Tarnkappe für den frenetischen Aufbau militärischer Macht. Allein 1932 stellte der revolutionäre Kriegsrat in Ostasien eine Pazifikflotte auf, begann mit dem Bau von Flugzeugfabriken in Sibirien und schickte ein Panzerbataillon nebst Luftunterstützung auf die Halbinsel Kamtschatka, in Reichweite der japanischen Inseln mit anderen Worten.[27]

Zu Hause schärfte die sowjetische Presse – abwechselnd warnend oder beruhigend – ihrer gefesselten Leserschaft das Risiko eines Krieges ein, ohne je zu behaupten, es stünde ein solcher bevor. Sowohl *Prawda* als auch *Iswestija* schlugen Alarm bezüglich des japanischen Militarismus an den sowjetischen Grenzen im Fernen Osten. Man berichtete über die antisowjetischen Verleumdungen in Japan wie in der Mandschurei, die Sabotageakte gedungener Emigranten aus der Weißen Bewegung entlang der Transmandschurischen Eisenbahn, die kaum verhohlenen Ambitionen der Tokioter Kriegstreiber und der Generäle, die sich im Zugzwang sahen, den Konflikt über die Mandschurei hinaus nach Norden hin auszuweiten. Aber fast ebenso oft wogen sie derart alarmierende Meldungen mit Berichten über japanische Diplomaten auf, die auf die Entspannung zwischen den Nationen hinzuarbeiten schienen, und über eine japanische Öffentlichkeit, die sich für die sowjetischen Friedensangebote durchaus erwärmen könnte, würde sie nur von ihnen erfahren. Illustre Volkskommissare beharkten ihre Parteikader mit Kümmernissen. So bedauerte Verteidigungskommissar Kliment Woroschilow Anfang 1933 in einer Rede vor Wehrgruppen der Sowchosen, dass die Japaner eher auf ihre kriegslüsternen Imperialisten als auf ihre weiseren Staatsmänner hörten. Gegenüber dem Land allgemein behaupteten er und seine Kollegen, auf der einen Seite voll Hoffnung zu sein, sich aber auf der anderen auch für eventuelle Gefahren rüsten zu wollen – in weiser Voraussicht, aber durchaus auch zur Rechtfertigung ihrer selbst.[28]

Bei der Eröffnungssitzung des Zentralen Exekutivkomitees der Partei im Januar 1933 betonte Molotow in einer der dort üblichen endlosen, einschläfernden Reden die »kluge und vernünftige« Politik der Sowjetunion gegenüber Japan. Allerdings beschwor er die Gefahr eines Krieges als eigentlichen Grund dafür, dass der Fünf-Jahres-Plan keine Besserung, sondern nichts als Entbehrungen gebracht hatte; der Ausländer, so führte er wortreich aus, sei verantwortlich für die in der Sowjetunion herrschende Not. Und Stalin gab bei einer Ansprache vor demselben Gremium die Schuld am Misserfolg des eben zu Ende gegangenen Fünf-Jahres-Plans spezifisch den Problemen im Fernen Osten. Seit 1931 hatte er sich auf die Kriegstreiberei des Auslands berufen, um erst die Dringlichkeit des Plans zu rechtfertigen, dann seine forcierte Umsetzung und nun seine Unzulänglichkeiten. In etwa dasselbe sagten Sergo Ordschonikidse, der Volkskommissar für die Schwerindustrie, und Sergei Kirow, Parteisekretär in Leningrad: »Zu Beginn des letzten Jahres des Fünf-Jahres-Plans«, erklärte er vor demselben Plenum in Moskau und meinte damit 1932, »sind über unserer Sowjetunion drohende Gewitterwolken aufgezogen, vor allem im Osten.« Was alles seine Richtigkeit hatte, aber auch hochgradig eigennützig war. So hatten etwa die Getreidelieferungen an die hastig zusammengezogenen Truppen im Osten den Hunger im Westen zwar verschlimmert, aber keineswegs verursacht. Das hatten die Redner besorgt. Die Beschwörung der Bedrohung durch das Ausland diente dem politischen Zweck, das Volk an die Politik seiner Führungsriege zu binden.[29]

Es war nicht die erste Kriegspanik, die das Sowjetvolk erlebte; die jüngste hatte Ende Winter 1932 ihren Höhepunkt gefunden, als Japan Truppen in Manjur, direkt an der sowjetischen Grenze, zusammenzog, was zu widersprüchlichen Reaktionen geführt hatte. Sibirienreisende berichteten von einer gewissen Panik: »Wohin man auch sieht, es begegnet einem Angst, man erwartet die Katastrophe … den Kollaps des [Fünf-Jahres-]Plans … den Verlust des östlichen Sibiriens.« Im Sommer berichtete die Geheimpolizei sowohl von Panik als auch von Skepsis. So einige glaubten, der Krieg wäre bereits irgendwo ausgebrochen, andere hielten ihn für eine Erfindung der Obrigkeit. Und es war nicht etwa so, dass die neuen die alten Befürchtungen verdrängt hätten. Immerhin brachten Schulbücher den Kindern noch 1932 bei, der Papst würde sich mit den katholischen Nationen, vor allem Frankreich und Polen, zu einem Angriff gegen sie verschwören. »Im Fernen Osten steigt Rauch auf«, sagte man in Tula, achttausend Kilometer vom angeblichen Brandherd entfernt, »und um die polnisch-rumänische Grenze steht es auch nicht gut.« Die Angst vor den Japanern, so episodisch sie auch sein mochte, nährte die Annahme, das sowjetische Volk hätte früher oder später an der einen oder anderen Grenze einen Verteidigungskrieg zu führen. Und die Obrigkeit tat nichts, um diese Einbildung auszuräumen.[30]

Die Japaner nahmen die diplomatischen Avancen der Sowjets weder an, noch wiesen sie sie ab. Ein Nichtangriffspakt komme Japan ungelegen, erklärte die Regierung Inukai Anfang 1932. Er würde den Briand-Kellogg-Pakt schwächen, der den Krieg ohnehin geächtet hätte, führte sein Nachfolger Saito im Juni aus. Nicht jetzt, antwortete Außenminister Uchida, als die Sowjets ihr Angebot im September wiederholten. Ausschließen wollte er einen Nichtangriffspakt jedoch nicht.[31] Und so kühl sie auch auf das Angebot eines Pakts reagierten, scheuten sich die Japaner nicht vor den kleinen Schritten, die einem solchen Pakt im diplomatischen Tanz vorausgehen – Übereinkünfte bezüglich der Fischfanggebiete vor Kamtschatka, der Nutzung der Transmandschurischen Eisenbahn oder des Zugangs zu sowjetischem Öl.[32] Ein Krieg der Worte schwelte zwischen Kriegs- und Außenministerium, aber diesmal behielten die Diplomaten die Oberhand. Während die Militärs, etwa Heeresminister Araki, von Konfrontation sprachen, womöglich nur um ihre eigene Bedeutung hochzuspielen, sprachen die anderen von Versöhnung. Noch im März 1931, also noch vor Mukden, hatte der japanische Militärattaché in Moskau behauptet, der Krieg mit der Sowjetunion ließe sich nicht vermeiden und dass der Augenblick dazu günstig sei. Die Regierung in Tokio wiegelte derlei Begeisterung ab. Im April 1932 hielt Araki in Osaka eine kriegslustige Rede. Sowjetische Unruhestifter und deren militärische Vorbereitungen würden Japan nicht von seiner Mission in der Mandschurei abschrecken; japanische Diplomaten im Ausland wie in Tokio selbst sprachen im Monat darauf von einer Entspannung mit der Sowjetunion.[33] Bis zum Herbst hatte die Vorstellung, die vielen Offizieren ein Gräuel war, Freunde in der Mainstreampresse gefunden.[34] Für jeden, der klar genug sah, um die Zeichen zu erkennen, scheuten die Sowjets den Konflikt; es war dies nicht der Zeitpunkt, einen solchen zu erfinden und zuzulassen, dass der berauschende Imperialismus der Offiziere in der Mongolei oder Sibirien Amok lief.

Warum aber dann kein Abkommen unterzeichnen? Was für die Offiziere aus militärischen Gründen nicht akzeptabel war, das konnten die beunruhigten Zivilisten aus politischen Gründen nicht akzeptieren. Lange hatten sie die subversiven Gefahren des Kommunismus übertrieben und dafür zu Hause die Belohnung in Gestalt von periodischen publicityträchtigen Verhaftungen ausländischer Marxisten geerntet. Es war besser, den Antichrist nicht zu offen in die Arme zu schließen. In jüngerer Zeit, spätestens seit dem Mukden-Zwischenfall, hatten japanische Diplomaten sich alle Mühe gegeben, diese Glanzleistung zu wiederholen und ihr Land als das einzige Bollwerk gegen die Bedrohung auf dem asiatischen Festland darzustellen, sei es in sowjetischem, sei es in chinesischem Gewand. Die Behauptung war zweifelhaft – die Regierung in Nanking befand sich im Krieg mit den chinesischen Kommunisten und hatte im Gegensatz zu den Japanern noch nicht einmal einen Botschafter in Moskau, und die japanische Aggression in China, weit davon entfernt, die Kommunisten auszumerzen, ermutigte sie letztlich nur. Und selbst wenn Stalin und seine Bolschewiki die Kommunistische Internationale schlecht offen desavouieren konnten, sie hatten schon vor langer Zeit aufgehört, die Wurzeln sowjetischer Politik in deren erklärter Mission einer Weltrevolution zu sehen. Einen Pakt zu unterzeichnen, hätte das Argument freilich noch zweifelhafter erscheinen lassen, wie japanische Diplomaten das westlichen Journalisten gegenüber und auch in Genf immer wieder betonten. 1932 legte Matsuoka auf seinem Weg dorthin einen Zwischenstopp in Moskau ein. Der wesentliche Grund für die Militäraktion in der Mandschurei, so gab er danach dem *Manchester Guardian* zu Protokoll, bestehe darin, der sowjetischen Infiltration standzuhalten, und das habe er seinen sowjetischen Gastgebern auch deutlich gesagt. Einen Pakt, so ließ er durchblicken, schließe er nicht aus, wenn das Verhalten der Sowjets einen solchen rechtfertige – als sei ihm daran gelegen, die Wachsamkeit der Japaner in den Dienst des Westens zu stellen.[35]

Als die Sowjetunion im selben Monat die diplomatischen Beziehungen zu China wiederaufnahm, signalisierte das ihre Zuversicht, dass für die Japaner, so unzufrieden sie auch sein mochten, ein Krieg mit ihr als Möglichkeit nicht in Frage kam. Die nächsten beiden Monate über, während die Japaner und ihre Stellvertreter die Provinz Rehe eroberten, war von einem Pakt, so flüchtig davon die Rede gewesen sein mochte, nichts mehr zu hören.[36] Dennoch setzten Japan und die Sowjetunion ihr täppisches Werben fort, bemühten sich auf der einen Seite umeinander, während sie einander auf der anderen diffamierten. Die Spannungen an der Grenze zwischen der Sowjetunion, der Mongolei und Mandschukuo sollten sechs Jahre später erst zu Scharmützeln und dann zu einem kurzen Krieg führen, den die Rote Armee aufgrund ihrer Stärke und taktischen Überlegenheit, mit oder ohne Hilfe des von ihr ausgebildeten und ausgerüsteten mongolischen Heeres, problemlos gewann. Im Augenblick jedoch war keiner der beiden Seiten an einem Pakt gelegen.

Die Ankündigung von Litwinow und Yen im Dezember signalisierte ebenfalls, dass die Sowjets auch künftig nicht die Absicht hatten, die Zukunft Chinas dem japanischen Expansionismus anheimzugeben. Vor dem Parteiplenum im folgenden Monat sprach Stalin, wie immer das Fernziel im Auge, von vergangenen, künftigen und historischen Notwendigkeiten. Unmissverständlich brachte er eine marxistisch-leninistische Aversion gegen die vorschnelle Aktion zum Ausdruck; man sollte erst handeln, wenn aufgrund der militärischen und wirtschaftlichen Organisation des Landes ein Erfolg garantiert sei. Hier und da ließ er vielleicht auch seine Ambitionen durchblicken, sich in Ostasien wiederzuholen, was die Sowjets und ihre zaristischen Vorgänger dort verloren hatten. Im September 1945, selbst nach dem langen Vernichtungskrieg gegen Deutschland und dem ebenso kurzen wie ungleichen Konflikt mit einem am Boden liegenden Japan ließ er das sowjetische Volk nicht vergessen, dass zwischen ihm und den Japanern noch eine ganz spezielle Rechnung offen war.[37]

*

»Wie Sie sehr wohl wissen«, schrieb Hoover Ende Februar 1933, zehn Tage vor seinem Auszug aus dem Weißen Haus, seinem Außenminister Stimson, »war ich immer schon unumstößlich gegen die Verhängung von Sanktionen jedweder Art außer der der öffentlichen Meinung.« Er sprach von Japan und dessen Konfrontation mit dem Völkerbund, die sich damals in Genf zuspitzte. Die Verhängung militärischer oder wirtschaftlicher Sanktionen, so fürchtete er, würde »beim gegenwärtigen Gemütszustand der Japaner die Ausbreitung des Großbrands provozieren, der bereits entfacht ist, und möglicherweise gar die Vereinigten Staaten mit hineinziehen«.[38]

Die Politik der Nichtanerkennung war vom ersten Augenblick an, seit Stimson Japanern und Chinesen die schließlich nach ihm benannte Doktrin im Januar 1932 mitgeteilt hatte, von Ambiguitäten getrübt. So wurde in ihr etwa durch Gewalt zustande gekommenen Staaten oder erzwungenen territorialen Veränderungen die Anerkennung verweigert, sie sagte aber weder damals noch später etwas darüber, wie diese womöglich wieder rückgängig zu machen wären. Stimson schien die Vereinigten Staaten vorsichtig auf eine Linie mit der Politik des Völkerbunds gegen Aggressionen bringen zu wollen, als er einen Gesandten in eine Sitzung des Rats zum Mandschurei-Problem schickte und schließlich selbst nach Genf kam; er hatte sogar eine »Konsultation« mit den Ratsmitgliedern und den Unterzeichnern des Briand-Kellogg-Pakts ins Auge gefasst. Hier jedoch zog Hoover die Grenze. Die Vereinigten Staaten sollten dem Rat in beratender Funktion zur Seite stehen, sagte er seinem Land bei der Annahme der republikanischen Nominierung im August, aber auf keinen Fall Gewalt anwenden, um den Frieden zu wahren. Er sah die Nichtanerkennung als Alternative zur Gewalt. Stimson war da nie so direkt.[39]

Die US-Regierung konnte eine so erhebliche Verschiebung des Mächtegleichgewichts in Ostasien nicht einfach so hinnehmen, dazu hatte sie einen zu großen Anteil am chinesischen Markt und außerdem noch ein Territorium in den Philippinen zu verteidigen – zu schweigen davon, dass sie ihrer Bevölkerung zu gern den von ihr mitverfassten Briand-Kellogg-Pakt mit der darin fixierten Ächtung des Krieges unter die Nase hielt. Die Anwendung von Gewalt war jedoch ebenfalls unmöglich. Nachdem die USA 1922 in Washington auf das Recht zum Ausbau ihrer Basis in Manila verzichtet hatten, verfügten sie flottentechnisch kaum über die Mittel, die nötig gewesen wären, sich mit der japanischen Marine in deren heimischen Gewässern anzulegen. Die Japaner würden die Philippinen überrennen, lange bevor Verstärkung von der anderen Seite des Pazifiks her die Gestade des Archipels erreichen könnte. Und wie effektiv wären wohl wirtschaftliche Sanktionen, wenn andere nicht mitzogen und eine Blockade nicht durchsetzbar war? Die Stimson-Doktrin bot einen Weg zur Entschärfung des Dilemmas, löste es aber nicht. Sowohl die Demokraten als auch die Republikaner unterstützten sie. Kritiker jedoch zogen eine Parallele zu Woodrow Wilsons Moralpredigten von 1914 und 1917 und fürchteten dasselbe Ergebnis: das Abrutschen in einen ebenso ungewollten wie unnötigen Krieg. Während der Londoner Flottenkonferenz von 1930 hatte der Kongress Stimson an den Pranger gestellt, und Hoover hatte sich sofort von ihm distanziert, als er von einem Konsultativpakt zur Verhinderung einer Aggression im Mittelmeerraum gesprochen hatte. Stimson erinnerte so manchen an Wilsons unbehaglichen Mix aus Neutralität und Säbelgerassel zu einer Zeit, in der die öffentliche Meinung überwältigend für Erstere war und Zweiteres verurteilte. So populär sie auch sein mochte, verlor die Stimson-Doktrin sofort ihren Glanz, wenn ihr Namensgeber oder jemand anderes an ihre Umsetzung dachte.[40]

Was Stimson in die peinliche Situation brachte, anderen eine Politik aufdrängen zu sollen, die er selbst nicht durchzusetzen vermochte. Trotzdem versuchte er es, und das mit vorhersehbaren Resultaten. Er schickte Kopien der Note, mit der er die Nichtanerkennung ankündigte, an alle Unterzeichner des Neun-Mächte-Abkommens von 1922; dieses hatte über die Souveränität und territoriale Integrität Chinas hinaus dem ausländischen Handel eine »offene Tür« garantiert. Es war dies eine stillschweigende Aufforderung an andere, einen ähnlichen Schritt zu tun und über die schmerzlich zaghaften Versuche des Völkerbunds bis dahin hinauszugehen. Die wichtigste Rolle fiel dabei Großbritannien zu. Es verfügte über die imperiale Reichweite und mit der Royal Navy über die nötige Schlagkraft, Druck auf die Japaner auszuüben; und im Gegensatz zu den Vereinigten Staaten hatte es einen Sitz als ständiges Mitglied im Völkerbundsrat in Genf und konnte dort seinen Einfluss geltend machen. Aber London lehnte ab.[41]

»Bemerkenswert wegen seiner Unstimmigkeiten und absoluten

Nutzlosigkeit«, nannte ein hochrangiger Vertreter des Außenministeriums Stimsons Ansatz. Der Außenminister, so fand er, sei »schon lange mit seiner Weisheit am Ende« gewesen. Der britische Botschafter in Washington dachte genauso:

> Die Verweigerung der Anerkennung kostet nichts, und für eine scheinheilige Regierung mag es sich wohl wie eine praktische Art von Chloroform ausnehmen, mit der sich das entrüstete Geschrei unintelligenter Idealisten ersticken lässt. Als Form internationalen Drucks ist so etwas selbstverständlich völlig nutzlos, aber in europäischen Fragen scheinen die Vereinigten Staaten sich ohnehin in bewusstem Stolz zur Nutzlosigkeit entschlossen zu haben.

Sir John Simon, der Außenminister, hielt nicht viel von Stimsons »tollpatschiger Ankündigung«, wie der parlamentarische Staatssekretär sie später nannte; er hielt es für »unnötig«, sich hinter sie zu stellen. Später versuchte Stimson seiner Doktrin etwas Biss zu geben, indem er nahelegte, dass die Washingtoner Abkommen von 1922 aus einem Guss seien; entsprechend habe Japan mit seinem Verstoß gegen das Neun-Mächte-Abkommen auch die damit verbundenen Flottenabkommen von 1922 und 1930 verletzt. Es war ein Wink mit dem Zaunpfahl, dass es ein neues Wettrüsten im Pazifik geben würde, mit der Aufhebung der Obergrenzen im Schiffbau und des Verbots der Befestigung Guams und der Philippinen. Einmal mehr wandte er sich an das britische Außenministerium um Unterstützung, und einmal mehr blieb diese aus. Woran sich auch künftig nichts ändern sollte.[42]

Hinter Whitehalls eisiger Interesselosigkeit verbarg sich so manche hitzige Debatte hinter verschlossenen Türen. Besonders beunruhigt zeigte sich der britische Botschafter in Tokio, dem jedes Entgegenkommen China oder dem Völkerbund gegenüber einem Selbstmord gleichkam. Ein zu allem entschlossener Gegner wie Japan, teilte er seinem Auswärtigen Amt mit, könne den britischen Interessen in Ostasien erheblichen Schaden zufügen, »wenn wir es uns mit ihm verderben«. Er riet, jede Drohung zu vermeiden und sich nicht in einen Krieg hineinziehen zu lassen. »Wenn die Vereinigten Staaten dafür zu haben sind, so ist das ihre Angelegenheit.« Die Offiziellen zu Hause sahen das anders. Die britische Politik gehorchte anderen Imperativen als dem der guten Beziehungen zu Japan; so hatte sie sich zum Beispiel um ihren Status im Völkerbund zu sorgen. Man hielt die Ansichten des Botschafters für maßlos und ihn selbst für einen Unruhestifter im diplomatischen Corps.[43]

Der Austausch reflektierte die Gespaltenheit der Briten. Für die konservative, möglicherweise vom Nachhall des Imperialismus geprägte Meinung waren die sukzessiven Zugeständnisse sowohl an Chinas »ausländerfeindliche« Bestrebungen als auch an Indiens Unabhängigkeitsbewegung ein Affront. »Was Japan in Schanghai gemacht hat, fand wenig Rückhalt in diesem Land«, räumte *The Times* im September ein, »seine Position in der Mandschurei jedoch ist eine ganz andere ... Die Japaner führen zu ihrer Verteidigung gerne ins Feld, dass es ihnen in der Mandschurei um nichts anderes gegangen sei als um die Art von Zivilisationsarbeit, wie Großbritannien sie in Ägypten geleistet hat.« Wiederholt predigte das Blatt – als inoffizielle Stimme des Außenministeriums – neben Besonnenheit und Mäßigung in salomonischer Weisheit, doch »langsam zu tun«. Immerhin hätten die Japaner auf eine erhebliche Provokation reagiert. Sie dafür zu rügen, könne zu nichts Gutem führen; weder eine Blockade noch ein finanzieller Boykott würde der Mandschurei etwas bringen. Der Völkerbund, so erinnerte das Blatt seine Leser Anfang 1933, könne und solle sich auf seine Rolle als Ratgeber beschränken. Die Admiralität äußerte sich etwas nachdrücklicher. Sie missbilligte jedes Wort von Sanktionen, Boykotten oder Embargos in der Überzeugung, derlei Maßnahmen führten zu einem Krieg unter den denkbar schlechtesten Bedingungen gegen einen furchterregenden Feind. Da die amerikanische Marine nicht zur Verfügung stand, hätte die britische alleine eine Blockade gegen eine Insel durchzusetzen, die praktisch immun gegen Angriffe war, und das in ständiger Reichweite von Geiseln, die zu nehmen für Japans mächtige Streitkräfte ein Leichtes wäre: britische in Hongkong und

Singapur, amerikanische in den Philippinen, niederländische in Indonesien, französische in Indochina – was heute an die Serie von Debakeln zehn Jahre später gemahnt. Die Aussicht hatte während der Schanghai-Krise Admiral Sir Sydney Fremantle in Chatham House dazu veranlasst, unter verhaltenem Atem mit Meuterei zu drohen. Soldaten und Seeleute, so sagte er, opferten in Erfüllung ihrer Pflicht ihr Leben, aber zu erwarten, dass sie »das zur Förderung eines internationalen Ziels« tun, »mit dem sie einverstanden sein mögen oder nicht, steht auf einem ganz anderen Blatt«. Womöglich hatte ihm der Ruhestand die Zunge gelöst.[44]

Leichter fiel da die Empörung über Japan schon einigen Liberalen und Linken, in deren Augen der Völkerbundpakt einen epochalen Bruch mit der Anarchie der Vorkriegszeit darstellte. Für sie war die Mandschurei das Versuchsgelände einer neuen Ordnung, die Schluss machen sollte mit dem ungezügelten Treiben souveräner Nationalstaaten der alten Welt. Nach Ansicht des *Manchester Guardian* war der Lytton-Bericht umzusetzen, da die Autorität des Völkerbundpakts, war sie erst einmal in Ostasien missachtet, auch überall sonst Schaden nehmen würde. Näher äußerte sich das liberale Blatt dazu freilich nicht, schon gar nicht zur Durchsetzung dieser Autorität. Das galt auch für die Post, die sich auf dem Schreibtisch von Generalsekretär Drummond in Genf zu stapeln begann, als mitten im Winter fünfzigtausend japanische und mandschukische Soldaten über Rehe hinweg vorrückten. Die Post kam vom National Peace Council, von der Quaker Religious Society of Friends, von lokalen Zweigen der League of Nations Union, vom Christlichen Verein Junger Frauen, von der Church of Scotland sowie prominenten Akademikern und anderen, für die das internationale Gesetz zum Glaubensbekenntnis geworden war. Einige schlugen ein internationales Waffenembargo vor. Eines der Probleme mit einem Embargo war freilich, dass auch die Chinesen keine Waffen mehr bekämen, während die Japaner nichts daran hindern würde, nach Belieben weiterzuproduzieren. Damit wäre nicht etwa der Weg zum Frieden gepflastert, sondern ein Massaker vorprogrammiert. Und ein selektives Embargo würde der amerikanische Kongress seinem Präsidenten nicht zugestehen. Trotzdem gaben einige der Unterzeichner ihrer Erleichterung darüber Ausdruck, dass ihre Regierung sich der Sache annahm.[45]

Ganz ihrer Tradition von Konsens und Risikovermeidung gemäß, suchte die britische Regierung nach einer Möglichkeit, ihre hehre Gesinnung mit dem sicheren Weg zu vermählen, und fand diese schließlich in einer Politik passiver Verurteilung. Um Stimsons Nichtanerkennungspolitik zu unterstützen, ohne selbst handeln zu müssen, schlug sie im März 1932 den Mitgliedern des Völkerbunds vor, sich kollektiv hinter die Doktrin zu stellen. Am Tag nachdem die Vollversammlung den Vorschlag angenommen hatte, gab der Staat Mandschukuo seine Geburt bekannt. Aber Großbritannien hatte eine Geste gezeigt, vor allem den kleineren Mächten des Bunds gegenüber. Zum Jahresende, die Vollversammlung bereitete sich auf die Umsetzung des Lytton-Berichts vor, war die Botschaft klargeworden. Sehr zum Entsetzen der kleineren Mitglieder aus aller Welt, von denen einige um ihre Sicherheit fürchteten, wollten die Briten zwar durch den Bund sprechen, aber nicht handeln.

Und Frankreich würde das sicher auch nicht tun. Es hatte weder in China noch in der Mandschurei lebenswichtige Interessen zu schützen, konnte aber seiner Kolonien in Indochina wegen sehr wohl von Japans Goodwill profitieren. Die rechte Presse Frankreichs zeigte sich weitaus offener hinsichtlich ihrer Sympathien für Japan als die britische und übte ihre ganz spezielle Art von Druck auf die jeweilige geplagte Regierung aus. Wie immer war hier die Innenpolitik der Motor des Dialogs; indem sie die japanische Armee als Garantin von Frieden und Ordnung gegen das chinesische Chaos und die Ausbreitung des Bolschewismus hochhielt, führte die Rechte ihren Wortkrieg gegen den radikalen Pazifismus, die Bewunderung des Völkerbunds und den Kniefall vor den deutschen Forderungen fort. Mit ihren Armeen, so glaubte der *Figaro*, waren Frankreich und Japan die einzigen Garanten des Friedens in der Welt. Mit dem Ausschluss Japans, so klagte die Zeitung, öffne der Lytton-Bericht der Ausbreitung des Kommunismus Tür und Tor. Als im Dezember die Versammlung zusammentrat und das Komitee der Neunzehn eine Empfehlung zur Vorgehensweise auszusprechen bat, schrieb das Blatt enthusiastisch: »Japan bewahrt den Frieden, indem es für den Krieg rüstet.« China sei keine normale Nation, Nanking keine normale Regierung. Sie habe die Welt hinters Licht geführt, schloss die Zeitung im neuen Jahr – den Völkerbund, die Liberalen, die Sozialisten, George Lansbury in Großbritannien, Léon Blum in Frankreich.[46] Die französische Regierung konnte es sich leisten, die Rechte vor den Kopf zu stoßen, indem sie dem Völkerbund zu Hilfe kam, während das radikale Zentrum und die Linke in einem Augenblick finanzieller Not nicht mit den Säbeln rasseln konnten. Und während Deutschland zum Thema Wiederbewaffnung in Genf nicht lockerließ, konnten sie weder die Autorität des Völkerbunds anzweifeln noch ihre osteuropäischen Protegés im Stich lassen, die sich offen hinter den Bund stellten und damit gegen die erste Großmacht, die ihm trotzte. So folgte die Regierung in Paris dem britischen Vorbild, indem sie redete und nichts tat. Sich dem »allgemeinen Willen des Bundes anzuschließen«, aber »keinerlei Initiative zu ergreifen, die uns die Aufmerksamkeit der Japaner eintragen könnte« – das wurde ab Januar zur nicht eben inspirierenden Maxime französischer Politik; und Sir John Simon selbst, so beeilten sich die Verfasser des Memorandums zu versichern, würde es wahrscheinlich auch nicht anders halten.[47]

Hoover legte, als er das Amt verließ, für Stimson die Politik fest, die die *Times* als »langsames Vorgehen« lobte und die Simon, wenn auch nicht ausdrücklich, in Westminster und Genf verfolgte. Er wolle, so schrieb der scheidende Präsident, jedes vorschnelle Handeln vermeiden, Zeit für Lösungen gewinnen und der Welt klarmachen, dass die Vereinigten Staaten niemals Zwangsmaßnahmen unterstützen würden, jedenfalls nicht über den Druck der öffentlichen Meinung hinaus, und diese würde, so glaubte er, letztendlich triumphieren. Seine Erklärung alleine, so meinte er, würde bereits genügen: »Das würde, so glaube ich, erheblich zum Abbau der gegenwärtigen Spannungen beitragen.«[48]

Würde sein Nachfolger, Franklin Roosevelt, das genauso sehen? Im Januar, mitten im Interregnum, besuchte Hoover ihn für fünf Stunden in seinem Geburtsort Hyde Park. Er hätte sich eines wunderbaren Lunchs erfreut, sagte er den Journalisten wenig entgegenkommend. Es dauerte keine Woche, und die engsten Berater des designierten Präsidenten befürchteten das Schlimmste. Sowohl Rexford Tugwell als auch Raymond Moley, beide Gründungsmitglieder des während der Wahlkampagne gebildeten Brains Trust, fürchteten, er könnte vor dem »Internationalismus« seines Gastes kapituliert und Land und New Deal ohne ihr Wissen auf alle möglichen Abenteuer in Ostasien festgelegt haben. Besonders alarmierend schienen ihnen Stimsons Andeutungen, dass er mit dem Amtsantritt der neuen Regierung keinerlei Änderungen an seiner Nichtanerkennungspolitik erwarte, und dass Roosevelt das Land tags darauf auf die Einhaltung der Unantastbarkeit internationaler Verträge einschwor. Derlei Plattitüden schienen zumindest Moley schier verzweifeln zu lassen, und Tugwell war es kaum weniger bange. Die beiden sahen schon die amerikanische Neutralität in den Wind geschlagen und die USA und Großbritannien in einem sich abzeichnenden Ostasienkrieg mit Japan – was freilich übertrieben war. Darüber hinaus unterstellten sie Hoover ähnliche Perspektiven. Aber sie waren nun mal Wirtschaftsnationalisten und als solche überzeugt, dass New Deal und Aufschwung zu Hause begannen und dass Roosevelt, als er Hoover im Dezember hinsichtlich der Kriegsschulden hatte abblitzen lassen, ebenfalls dieser Ansicht war. Durch die Weigerung, die Kriegsschulden zu streichen, so erinnerte Moley sich später, habe man zu verstehen gegeben, nie wieder einen europäischen Krieg unterstützen zu wollen. Aber jetzt? Um mit ihm zu sprechen, besuchten sie Roosevelt am 18. Januar in seinem Haus in Manhattans 65th Street.[49]

Indem man Japans wirtschaftlichem Imperialismus gegenüber ein Auge zudrückte, so versuchte Tugwell, der Volkswirtschaftler, ihrem Gastgeber klarzumachen, könnte man den Militaristen den Wind aus den Segeln nehmen. Die Stimson-Doktrin spielte diesen seiner Ansicht nach in die Hände; mit einer Geste an die Liberalen sei Amerika besser gedient. Aber damit kam er nicht an. »Ich hatte immer schon eine tiefe Sympathie für die Chinesen«, begann

Roosevelt seine Antwort. »Wie konnten Sie von mir erwarten, hinsichtlich Japan mit Stimson nicht einer Meinung zu sein?«[50]

Viele Jahre später, er hatte inzwischen einige seiner damaligen Ansichten über die Ursprünge des Konflikts zwischen den Vereinigten Staaten und Japan revidiert, war Tugwell zu der Ansicht gelangt, dass Roosevelt die Welt bereits als zwischen friedlicher Freiheit und aggressiver Diktatur polarisiert gesehen und erkannt hatte, dass die eine der anderen eines Tages würde unterliegen müssen. Nur zitierte Tugwell – weder vor noch nach Roosevelts Amtseinführung – auch nur ein Wort des Belegs für eine derartige Gewissheit, weil es eine solche Aussage nicht gab. Dass der designierte Präsident sich auf die Unantastbarkeit bestehender Verträge berief, war für sich genommen weder als Beleg für eine so manichäische Weltsicht noch für die Vision eines Armageddon zu betrachten; weder damals noch im Jahr darauf ließ er auch nur durchblicken, dass es seiner Meinung nach früher oder später zur Konfrontation mit Japan kommen musste. Wie auch immer, Stimson hatte, mit einiger Erleichterung, Roosevelts Aussage als Zusage an die Kontinuität amerikanischer Ostasienpolitik verstanden, was sie denn auch war; der neue Präsident hielt sich an die Stimson-Doktrin, behielt aber die Politik Hoovers bei.[51]

Alles andere hätte womöglich seinen New Deal politisch gefährdet. Wie seine französischen und ganz besonders auch seine britischen Kollegen zielte sein Handeln auf die Versöhnung zweier drängender Regungen in seinem Land, die – jede für sich – einfach zu stark waren, um sie zu ignorieren: Japan die Schuld zu geben und auf keinen Fall eine Lanze für den Völkerbund zu brechen. In New York nahm allein die republikanische *Herald Tribune* den Lytton-Bericht wohlwollend auf, während der konservativ-demokratische *New York American*, ein Hearst-Blatt, den Bund verabscheute, den Bericht ins Lächerliche zog und vor einem einschlägigen amerikanischen Engagement warnte: »Warum können wir uns nicht auf UNSERE Angelegenheiten konzentrieren?« Die Vereinigten Staaten seien kein Mitglied des Bunds und bräuchten sich so auch nicht daran zu stoßen, wenn Japan wie im Dezember in der

Karikatur zum Leitartikel im *New York American* Genf eine Nase drehte.[52] Aber man konnte wenigstens in die weltweite Entrüstung miteinstimmen und verurteilen, was sich nicht verbieten ließ.

*

Im Dezember hatte die Vollversammlung des Bundes das Komitee der Neunzehn unter Berufung auf Artikel 15, Absatz 4 der Völkerbundsatzung aufgefordert, einen Bericht nebst Empfehlungen vorzulegen, falls die in Absatz 3 geforderten Bemühungen um eine Schlichtung keinen Erfolg haben sollten. Der denn auch tatsächlich mangels Verhandlungsgrundlagen ausblieb. Mitte Februar bestand die japanische Delegation ganz offen auf die Anerkennung Mandschukuos als die einzige Grundlage für einen Frieden in Ostasien. Tags darauf sprach das Komitee in seinem Bericht der Vollversammlung die Empfehlung aus, den Lytton-Bericht anzunehmen, die chinesische Souveränität über die Mandschurei anzuerkennen und unter anderem den Rückzug der japanischen Kräfte in die Zone entlang der südmandschurischen Eisenbahntrasse zu fordern. Am Einundzwanzigsten kam die Versammlung zur Beratung über die Empfehlung zusammen; zwei Tage später verlangte die japanische Regierung stattdessen den Abzug der chinesischen Kräfte aus der mandschukischen Provinz Rehe und zog dreißigtausend Mann zusammen, um ihrer Forderung Nachdruck zu verleihen.[53]

Würde Japan aus dem Völkerbund austreten, falls die Versammlung abschlägig entscheiden und sich dem Bericht des Komitees anschließen würde? Im Kabinett war die Meinung dazu geteilt. Araki, der Heeresminister, und Außenminister Uchida waren für den Rückzug; Premierminister Saito und Finanzminister Takahashi zögerten. Selbst die japanische Delegation in Genf war gespalten. Matsuoka Yosuke, der Chefdelegierte, der sich – bei allem Gepolter – sechs Monate lang abgeschunden hatte, um genau diese Art von Ergebnis zu vermeiden, hatte das Gefühl, keine andere Wahl zu haben. Die anderen waren sich da nicht so sicher.[54] Die japanische Presse, die das Menetekel in Genf zu lesen verstand, debattierte die Frage. Die großen Tageszeitungen bezogen gegeneinander Stellung. Da der Bund keine Durchsetzungsgewalt hatte, so argumentierte *Jiji* am Neunzehnten, könne Japan gar nicht anders, als ihn zu verlassen. Seine Resolutionen seien nicht das »Urteil einer überstaatlichen Organisation« schob *Asahi* noch am selben Tag nach – Japan sollte den Bund nur verlassen, wenn dieser Sanktionen nach Artikel 16 durchzusetzen versuchte. Und dafür gebe es keine Anzeichen. Warum sollte man sich weiteren Demütigungen aussetzen, fragte *Nichi Nichi*, wenn Japans Verbleib im Bund auf Konfrontationskurs mit dem Artikel 16 der Satzung ging. Wenn Japan die Isolation fürchte, so insistierte das Blatt, hätte es Mandschukuo niemals anerkennen dürfen. Je früher Japan austrat, desto besser, meinte *Chugai Shogyo*, man solle sich nicht gegen die Mächte stellen, sondern »sich in einer Suche nach Frieden in Ostasien – schlicht ausgedrückt – wieder Asien zuwenden … und Asien für die Asiaten einen«. Die unmittelbar bevorstehende Anklage in Genf weckte die alten politischen Fehden zwischen Internationalisten, Pragmatikern und Nationalisten. Und so einige bedauerten derlei Kabbeleien, wo der Augenblick doch nach Einigkeit rief.[55]

Einmal mehr überreichte ein Gespür für die Krise den Nationalisten ihren Sieg auf dem Tablett, und eine unsichere Regierung schwenkte auf ihre Linie ein. Die Armee scheute weder Kosten noch Mühe, die Öffentlichkeit zu organisieren und den Patriotismus zu politisieren. Am Achtzehnten und Neunzehnten kam es zu Kundgebungen von Reservisten und Veteranen; sie verlangten Japans Austritt aus dem Bund. Am Zweiundzwanzigsten kamen dreißigtausend von ihnen am Tokioter Yasukuni-Schrein zusammen. Eine der Gruppen führte ein Spruchband mit sich, dessen blutrote Schriftzeichen den Austritt forderten. Um den Ernst der Situation klarzumachen, schickten sie Kopien ihrer Forderung an Fürst Saionji, den *Genrō* selbst. Das Kabinett hatte bis dahin ohnehin schon in diese Richtung entschieden. Es hatte die Unterstützung des Staatsrats für den Austritt aus dem Völkerbund für den Fall, dass die Versammlung eine entsprechende Resolution beschließen würde, zuvor gesucht und bekommen. Entsprechende Anweisung ging an die Delegation in Genf. Die öffentliche Meinung habe sie dazu gezwungen, sagte der Außenminister einem ausländischen Diplomaten wie zur Entschuldigung; aber er, Araki und einige andere Minister aus dem Kabinett hatten dem Land die Entscheidung bereits in den Medien mitgeteilt. Womit die Einmütigkeit, so der amerikanische Militärattaché, im Handumdrehen wiederhergestellt war.[56]

Am Morgen des Vierundzwanzigsten versammelten die Delegierten des Völkerbunds sich unter den Augen des Publikums in den Galerien im großen Saal. Sie hörten die ebenso eloquenten wie vertrauten Anträge der chinesischen und japanischen Delegierten. Dr. Yen akzeptierte die Empfehlung des Komitees, den Bericht des Komitees zu akzeptieren, falls Japan dies ebenfalls tat. Matsuoka lehnte entschlossen, wenn auch weniger kampflustig als früher ab.

Der amerikanische Gesandte aus Bern, der der Versammlung auf der Bank der Nichtmitglieder beiwohnte, wollte schier verzweifeln. Zum ersten Mal kamen Hugh Wilson Zweifel an der Weisheit von Stimsons Doktrin der Nichtanerkennung, an Verurteilung ohne Abhilfe, am Krieg als einziger Sanktion im internationalen Recht und daran, dass man Japan ausschloss und damit in eine Gemeinschaft der Verdammten zwang. Er fürchtete dabei mehr um die Diplomatie des Landes, das er vertrat, als um die Integrität der internationalen Bruderschaft, deren Versammlung er hier beiwohnte.[57] Seit Monaten schon hatten Journalisten jeder Couleur und Begabung die Debatte um die Mandschurei zum Anlass genommen, das vorzeitige Ende des Völkerbunds zu erklären. Wer an die kollektive Sicherheit glaubte, gab die Schuld den Regierungen; die Ungläubigen fühlten sich bestätigt. Schule gemacht hatte das im September nach Einreichung des Lytton-Berichts und Japans Anerkennung von Mandschukuo. Bedrückt hatte die *Sunday Times* den Austritt Japans in Aussicht gestellt, gefolgt von Deutschland, Ungarn und Italien, eine Befürchtung, die auch die *New York Herald Tribune* teilte, ganz im Gegensatz zum isolationistischen *New York American*, der alles andere als bestürzt war. Er hatte die Organisation längst als irrelevant abgetan. Dass man sich gleich in zwei Punkten –

bei der Abrüstung und in der Frage um die Mandschurei – festgefahren hatte, warf einen Schatten über Genf und trug zu den Zweifeln am Völkerbund bei. Wie, so hatte General Araki bei Erscheinen des Lytton-Berichts gefragt, konnte der Bund im Disput Japans und Chinas über die Mandschurei zu schlichten hoffen, wo er nicht einmal den deutsch-französischen Streit um die Bewaffnung lösen konnte? Wie, so fragten sich französische Zeitungen, als der Bericht schließlich im Februar vor die Versammlung kam, konnte der Bund in der Abrüstungsfrage vorankommen, wenn er hinsichtlich der Mandschurei nichts auszurichten vermochte? Die Bemühungen des Völkerbunds um den Frieden in Ostasien hätten ihn in den Augen der Weltöffentlichkeit nur diskreditiert, zitierte *L'Humanité* beifällig aus Molotows endloser Rede. Aber andererseits habe die Sowjetunion, so fügte der Volkskommissar hinzu, ohnehin nie große Hoffnungen in ihn gesetzt.[58]

Hatte auch nur einer von ihnen in Betracht gezogen, dass es ihre eigenen heimischen Widersprüche waren, die den Völkerbund zu einem internationalen Theater des Absurden gemacht hatten? Keine andere ostasiatische Macht war dem Völkerbund mit solchem Eifer beigetreten wie Japan, jetzt setzte es sich schamloser als sonst eine über ihn hinweg; keine andere westliche Macht hatte den Bund so konsequent gemieden wie die Vereinigten Staaten, die im Augenblick als einzige an der Aufrechterhaltung seiner Mission interessiert schienen; Großbritannien und Frankreich, die beiden europäischen Mächte, die sich seine Ziele besonders wortreich zu eigen gemacht hatten, arbeiteten jetzt insgeheim an der Sabotage seiner Mittel. Ermöglicht oder öfter gar erzwungen worden waren diese offiziellen Haltungen durch die Unwägbarkeiten heimischer Überzeugungen, seien sie pazifistischer, chauvinistischer, nativistischer oder einfach nur patriotischer Art; begründet wurden sie stets mit der einen oder anderen Variation über das Thema »nationales Interesse«, wie man es feierlich nennt. So verhielt es sich mit der Abrüstung; so verhielt es sich mit der Weltwirtschaft. Hätten Kritiker wie Verteidiger des Völkerbunds dem jüngsten Patt auf den Grund zu gehen versucht, dann wären sie vielleicht dahintergekommen, dass, um Wurzeln zu fassen, jede neue internationale Ordnung zu Hause beginnen müsste, im eigenen Land.

Mit einem verhaltenen »Nein« stimmte Matsuoka gegen den Antrag, den Bericht des Komitees anzunehmen. Niemand sonst schloss sich ihm an, und zweiundvierzig stimmten dafür. Er kehrte noch einmal kurz auf das Podium zurück, um mit Bedauern und Enttäuschung bekanntzugeben, dass Japan bei der Lösung des ostasiatischen Disputs nicht länger mit dem Bund zusammenarbeiten könne. Er bedankte sich bei den anderen Mitgliedern und ging dann, etwa dreißig Angehörige seiner Delegation im Gefolge, an den schweigenden Delegierten vorbei, den Mittelgang hinauf, verließ den Saal und zog lautlos die Tür hinter sich zu.[59]

10 Das Reich in den Augen des Auslands

Berlin ist am Abend des 30. Januars 1933 in »Faschingsstimmung«. Passanten auf den Bürgersteigen sehen staunend nationale Verbände – SA, SS und uniformierter Stahlhelm – durch die Straßen ziehen. Viele tragen Fackeln. Vor dem Haupteingang und in der Halle des Kaiserhofs am Wilhelmplatz, dem Hauptquartier der Nationalsozialisten, stehen SS-Leute Spalier; auf den Gängen patrouillieren SS und SA. Am Hauptportal salutieren vor dem endlosen braunen Defilee »irgendwelche Prominenten« mit dem Hitlergruß. Doch die Männer auf den Stufen sind nur die »zweite Garnitur, Hitler selbst war in der Reichskanzlei«.[1]

Er war auf dieselbe Weise dorthin gelangt wie seine unmittelbaren Vorgänger – auf das Machtwort eines greisen, in keiner Weise dazu verpflichteten Präsidenten hin, der Opfer wochenlanger Intrigen und Vetternwirtschaft geworden war. Mit der Wahl vom 6. November war Papen weiter denn je von einer parlamentarischen Mehrheit entfernt – zu mehr als 4,5 Millionen von 35 Millionen Stimmen hatte es nicht gereicht. Nach der Wahl kreuzte sich sein Weg hin und wieder frühmorgens im Tiergarten mit dem eines Attachés von der französischen Botschaft. Papen ritt dort nach wie vor morgens aus, wirkte ausgesprochen englisch in seiner beigen Reithose, der grauen Weste und den weißen Handschuhen, und als er eines Abends in der rumänischen Botschaft dinierte, schien er so unbekümmert und weltmännisch wie eh und je. Aber seine Tage waren gezählt. Er hatte nicht nur die Wähler, sondern mit dem Reichswehrminister auch das Militär verloren. General von

Schleicher empfand den Kanzler, zu dessen Ernennung er mit beigetragen hatte, als illoyal und mittlerweile nutzlos, insofern er nicht imstande war, die Nazis in die eine oder andere autoritäre Koalition zu schwatzen, die sich aus dem Schatten der Kulissen heraus dirigieren ließ. Widerstrebend gab Hindenburg der Kündigung seines Favoriten nach und ernannte Anfang Dezember an seiner statt von Schleicher.

»Ich bin ein fanatischer Diener des Staats«, hatte der General dem französischen Botschafter gesagt, als wollte er sich diesem damit als guter Preuße empfehlen.[2] Den Deutschen jedoch präsentierte er sich eher unglaubwürdig als Mann des Friedens, als Architekt der Entspannung mit der Linken, als »sozial denkender General«, weder Sozialist noch Kapitalist, dem Konzepte wie Markt oder Planwirtschaft gleichgültig waren. In einer Rundfunkansprache am 15. Dezember schlug er Arbeitsprogramme und Hilfe für die Arbeitslosen, die Vergabe bankrotter Güter in Ostpreußen an die Landlosen und einen Stopp der Lohnkürzungen vor. Derlei Häresien – »Agrarbolschewismus« war einer der Beinamen, mit denen man seine Worte empfing –, erschreckten Konservative, ohne dass sie ihm die Sympathien der Sozialdemokraten eingebracht hätten, und seine politische Basis, ohnehin schon schmaler als die Papens, obwohl er die Reichswehr hinter sich hatte, dünnte weiter aus.[3] Auf der Stelle begann man rund um ihn, von Papen orchestriert, Intrigen zu schmieden. Papen, der nicht nur den falschen Freund, der eben erst für seine eigene Demission verantwortlich gewesen war, wieder aus dem Amt entfernt sehen wollte, hatte nach wie vor Hindenburgs Ohr und einen offiziellen Wohnsitz in der Wilhelmstraße, ganz in der Nähe von dem des Präsidenten; und seine diskreten Runden schlossen rasch auch seinen heftigsten Kritiker Adolf Hitler mit ein.

Die Wahl vom 6. November 1932 hatte dem schönen Schein vom unvermeidlichen Erfolg der Nazis den Wind aus den Segeln genommen, und die regionalen Wahlen in Sachsen und Thüringen hatten nichts dazu beigetragen, ihn wieder aufzupolieren. Im Gegenteil, man prophezeite ihnen ihren Niedergang, ja ihr Verschwinden.

»Die nationalsozialistische Gefahr ist vorbei«, sagte von Schleicher, und so mancher in der Presse – der liberalen, der konservativen, ja selbst der linken – schloss sich seiner Meinung an. Das eben zu Ende gehende Jahr markierte damit Aufstieg und Fall zugleich; sie hatte ihren Gipfel erreicht, der Abstieg hatte begonnen. »Wir sind aber, glaube ich, über den Berg. Der Gipfel des Wahnsinns scheint überschritten«, schrieb Thomas Mann am 22. Dezember seinem Schriftstellerkollegen Hermann Hesse. Und die NSDAP schien nicht nur bei den Wählern erledigt, sondern auch finanziell bankrott zu sein. Die Parteikasse jedenfalls war leer. Auf dem Kurfürstendamm, Unter den Linden und an anderen Lebensadern der Hauptstadt hielten SA-Leute in abgetragenen, verwaschenen Uniformen den Passanten hakenkreuzgeschmückte Sammelbüchsen entgegen – wie Bettler nach dem Gottesdienst vor der Kirche, wenn auch insistierender und zorniger.[4]

Allerdings war die NSDAP nach wie vor die größte Partei im Land, und die mittlerweile vertraute Weigerung ihres Führers, einer Regierung anzugehören, der er nicht auch vorstand, obwohl eine ohne ihn von vornherein eine Sackgasse schien, stand jeder Lösung der Krise im Weg. Was freilich viele Nazis freute, schließlich sahen sie sich als Erlöser von ebender Lähmung, dem Chaos und der Gewalt, zu deren Ausbreitung sie selbst so tatkräftig beigetragen hatten. Schleicher erfreute sich der Loyalität der Reichswehr, Papen der Hindenburgs und seines Umfelds, Hitler der von zwölf Millionen Wählern und ungezählten Sympathisanten. Ein byzantinischer Drei-Mächte-Streit entbrannte, als der ehemalige und der gegenwärtige Kanzler den hoffnungsvollen Anwärter zu hofieren begannen – unter den Augen des alten Präsidenten, der den Ersten schätzte, den Zweiten tolerierte und den Dritten verachtete; Hindenburg war dabei Akteur und Spielball zugleich. Zwischen Ende November und Mitte Januar fragte Schleicher bei Hitler an, ob er bereit wäre, unter ihm zu regieren; Papen fragte, ob er sich vorstellen könnte, eine Art Duumvirat mit ihm einzugehen; Hindenburg fragte an, ob er einer Regierung vorstehen würde, vorausgesetzt, er fände eine Mehrheit im Parlament. Hitler wies alle drei ab. Schleicher versuchte, das Schisma in der NSDAP nutzend, der Partei die Leute abzuwerben, die ob des sturen »Alles-oder-nichts« ihres Führers bestürzt waren. In der Hoffnung, die Nationalsozialisten zu schwächen und sein Kabinett durch einen abtrünnigen Reichsorganisationsleiter nebst Gefolge zu verstärken, winkte er Gregor Strasser mit einer Vizekanzlerschaft und einem Ministerportefeuille. Da Strasser durchaus versucht war, drohte eine Spaltung die Sorgen der Nazis noch zu verschlimmern, bis Hitler schließlich dem gärenden Putsch – und Strassers politischer Karriere – ein Ende machte, indem er ihn seine Ämter niederzulegen, seine Organisationen aufzulösen und seine Anhänger zum Widerruf zwang. »Ich ... warte«, sagte Hitler seinen Gauleitern Anfang Dezember, »bis man mir das Kanzleramt anbietet. Dieser Tag kommt, er ist wahrscheinlich näher, als wir glauben.«[5]

Er kam denn auch, sieben Wochen später, und zwar größtenteils durch Papens Zutun – so erpicht war der ehemalige Kanzler darauf, sein Amt zurückzubekommen, so zuversichtlich, dass er und andere Konservative aus dem Kabinett und Hindenburgs Umgebung den randständigen Mietling kontrollieren könnten, hätten sie ihn erst einmal engagiert. Aber zunächst müsste man ihn irgendwie in eine konservative Koalitionsregierung locken. Hitler sah in ihm einen Draht zu Hindenburg, einen Speichellecker, der ihm dabei helfen könnte, die Antipathie des »Alten« gegen ihn und seine Partei zu überwinden. Im Januar begannen die beiden miteinander zu reden, bei Treffs in Köln und Berlin, wobei sie einander gegenseitig für ihre Ambitionen einzuspannen versuchten. Die Regierung, die sie schließlich ausheckten – deren Chef Hitler werden sollte, solange Papen Vizekanzler wurde und das Kabinett größtenteils mit Konservativen und Nationalisten seines Schlages besetzen konnte –, hatte gute Aussichten, ihren feindseligen Pas de deux in die Länge zu ziehen. Für Hindenburg freilich war das die vereinte Rechte seiner Träume, eine »Regierung der nationalen Konzentration«, selbst wenn »der böhmische Gefreite« sie führen sollte, und schließlich, am Dreiundzwanzigsten, gab er Papen, der Hitlers Erwartungen gekonnt erfüllte, seine Einwilligung. Man feilschte eine

Woche und bildete ein Kabinett. Nur zwei Nazis – Frick als Innenminister und Göring als Minister ohne Geschäftsbereich und Innenminister von Preußen – begleiteten Hitler an die Macht. Einige andere Konservative waren gehobener Stimmung und hielten mit ihrem Optimismus darüber, ihren Nazi-Kanzler gebändigt zu haben, nicht hinterm Berg. »Wir rahmen also Hitler ein«, versicherte der Parteichef der DNVP Alfred Hugenberg Zweiflern, nachdem Papen ihn mit einem Superministerium aus Wirtschafts- und Landwirtschaftsministerium an Bord gelockt hatte. »Ich habe das Vertrauen Hindenburgs«, sagte Papen, was stimmte. »In zwei Monaten haben wir Hitler in die Ecke gedrückt, daß er quietscht«, fügte er hinzu – womit er sich täuschen sollte.[6]

Sechs Monate zuvor, als die Nazis noch ganz oben gewesen waren, hätte Hindenburgs Ernennung einer solchen Regierung niemanden überrascht. Jetzt, wo sie Stimmen verloren und sich in den eigenen Reihen Schismatiker zu regen begannen, überraschte das denn doch. Zehn Tage vor seinem Einzug in die Reichskanzlei hatte Hitler im Berliner Sportpalast zehntausend höhere Funktionäre der NSDAP beschworen, sich weder durch Rückschläge entmutigen noch vom »Geist des Defaitismus« anstecken zu lassen, sondern durchzuhalten – ganz so als stehe ihnen ein langer Kampf bevor. Innerhalb und außerhalb der Partei begannen Gerüchte über einen bevorstehenden Putsch des Militärs zu kursieren und schließlich Behauptungen, denen zufolge die Generäle Schleicher und Kurt von Hammerstein-Equord – Chef der Reichswehr – die Kontrolle an sich reißen und den Reichstag auflösen, womöglich sogar Hindenburg absetzen würden. Sie entbehrten zwar jeder Grundlage, aber Papen nutzte sie, um auch noch den letzten Zögernden Angst zu machen und sie auf die neue Regierung einzuschwören. Embleme der Hohenzollern tauchten auf, was den Eindruck einer Restauration erwecken sollte, womöglich um eine Militärdiktatur zu kaschieren, vielleicht auch nicht. Am 15. Januar beging man unter Anwesenheit von Honoratioren wie Hindenburg und Schleicher den Jahrestag der Reichsgründung 1871; einmal mehr wehte die kaiserliche Flagge über den Amtsgebäuden einschließlich des Preußischen Landtags. Ausländische Beobachter waren es nie müde geworden, eine solche Lösung der Weimarer Probleme entweder vorzuschlagen oder zu prophezeien. Stattdessen hatten Intrigen zu einem weiteren Präsidialkabinett geführt, als hätte man die Welt an das anhaltende Primat der Palastrevolten in den Annalen der politischen Geschichte erinnern wollen. Nach Schleichers Sturz hörte der französische Botschafter ihn bei einem Mittagessen sagen, dass er siebzig Tage Kanzler gewesen und in dieser Zeit siebzigmal verraten worden sei. Er hatte selbst in niemandem großes Vertrauen zu erwecken vermocht, aber der Botschafter vermutete, er habe sich ohnehin nur vorübergehend in der Reichskanzlei aufhalten dürfen, damit Hindenburg nach seinem Scheitern wieder Papen einsetzen konnte. Jetzt stand an beider Stelle Hitler am Fenster der Reichskanzlei und blickte hinaus auf den Fackelzug auf der Wilhelmstraße.[7]

Unter all diesen Turbulenzen floss ein Strom gemeinsamen Sentiments. All die wesentlichen Protagonisten – Hindenburg, Schleicher, Papen, Hitler und Mitglieder des neuen Kabinetts – wollten Deutschland auf die eine oder andere Weise seines Parlaments und seiner Parteien entledigen und es wieder als Militärnation und Großmacht sehen. Eines bedurfte des anderen, was den anhaltenden, von der Obersten Heeresleitung während des Krieges gesäten existenziellen Mythos reflektierte, dem zufolge die unbewaffneten Feinde zu Hause – mal als Sozialdemokraten, mal als Juden, mal als Internationalisten identifiziert – eine nicht weniger tödliche Bedrohung für das Land darstellten als ihre bewaffneten Pendants an der Front. Schleicher hatte gehofft, den neuen Reichstag aufzulösen und effektiv auf unbestimmte Zeit zu suspendieren, anstatt ihn danach binnen sechzig Tagen einer Neuwahl zu unterziehen, wie Papen das im Herbst getan hatte und wie es Artikel 25 der Weimarer Verfassung vorschrieb. Hindenburg sah keinen Grund, ihm in etwas nachzugeben, was er Papen, der sich mit derselben Hoffnung getragen hatte, verweigert hatte. Hindenburg hatte, wie schon Brüning, die Weimarer Republik auf legalem Wege, so zum Beispiel durch die Ausweitung der präsidialen Notstandsbefugnisse, in einen halbautoritären Staat verwandeln wollen. In der ersten Kabinettssitzung am Einunddreißigsten hörte man so einige autoritäre Alternativen zur repräsentativen Demokratie. Hindenburg, dem nach einem ebenso sauberen wie sofortigen Bruch mit der maroden Republik war, wollte außerdem die sozialdemokratische Regierung in Preußen mundtot machen, die Papen im Sommer aufgelöst hatte, die jedoch immer noch zusammenkam; Schwerin von Krosigk, Finanzminister und Überbleibsel der letzten Regierungen, schlug vor, die Ausschüsse im Reichstag abzuschaffen, die seiner Ansicht nach die Feinde einer guten Regierung waren; Otto Meissner, Staatssekretär und Leiter von Hindenburgs Büro, schlug die Auflösung des Preußischen Landtags vor. Der neue Kanzler freilich hatte bereits auf Neuwahlen bestanden, und das nicht etwa, um die Demokratie zu retten, sondern um ihr ein Ende zu machen – es sollten dies, so sagte er dem Kabinett, die letzten Wahlen für den letzten Reichstag sein. Papen sagte dasselbe; aber Hitler genügte das nicht.[8]

Er hatte die Innenministerien sowohl des Reichs als auch Preußens beansprucht, wo drei Fünftel aller Deutschen lebten, offenbar in erster Linie, um die Polizei und damit den nächsten Wahlkampf zu kontrollieren, den er um jeden Preis gewinnen wollte. »[Jetzt] den Wahlkampf vorbereiten«, notierte Goebbels am 31. Januar in seinem Tagebuch. »Den letzten. Den wir mit Links gewinnen.« Die anderen wussten das, und Hugenberg hatte sich von Hitler in die Hand versprechen lassen, nach der Wahl an der Zusammensetzung des Kabinetts nichts zu ändern. Dachten sie dabei an den thüringischen Präzedenzfall von 1930? Dort hatte Wilhelm Frick, der mittlerweile das Innenministerium leitete, ebendiesen strategischen Posten dazu benutzt, so viele Ebenen von Regierung und Gesellschaft zu unterwandern, wie er nur konnte. Diesmal konnte die Unterwanderung nicht auf einen gefügigen Reichstag warten. Das bestehende Recht, so klagte Göring am ersten Februar, reiche zur Unterdrückung des kommunistischen »Terrorismus« nicht aus. Im selben Monat – oben mit Notverordnungen, unten mit Gewalt – wurde damit begonnen, die Presse zu unterdrücken, Versammlungen zu stören und die Führer der Linken zu verhaften. Der

Naziterror hatte angefangen. Hitlers konservative Partner mochten das Spektakel tolerieren, ihm sogar applaudieren, solange die Rechte dabei intakt blieb; sie selbst waren dabei weniger sicher, als sie dachten. Am Einunddreißigsten, binnen weniger Stunden nach ihrem Treffen, hatte Goebbels privat Hugenberg, Papen und den Chef des Stahlhelms Franz Seldte als »Schönheitsfehler« bezeichnet. »Müssen ausradiert werden«, notierte er.[9]

Hitler beabsichtigte die Einrichtung einer trostlos einförmigen Diktatur als Etappenziel auf dem Weg zum Rassenkrieg. Am Abend des dritten Februars nahmen zwischen zwanzig und dreißig führende Militärs an General Hammersteins Esstisch Platz, um den neuen Kanzler über beides sprechen zu hören. Konstantin von Neurath, der Außenminister, kam dazu. Der deutschen Rasse drohe das Aussterben, sagte Hitler ihnen, es sei denn, sie reinigte und stählte sich für die Eroberung neuen Lebensraums im Osten. Die Ursachen des inneren Zerfalls auszumerzen – »Erst muss der Marxismus ausgerottet werden« – und die Streitkräfte wieder aufzubauen, würde sieben bis acht Jahre dauern. Erst dann könne das Heer in der Lage sein, den Lebensraum für das deutsche Volk zu erweitern, aller Wahrscheinlichkeit nach im Osten; die Menschen dort seien, da man »nur Boden germanisieren« könne, nicht etwa die Bevölkerung, rücksichtslos auszuweisen. In der Zwischenzeit versprach er neben der Wiederaufrüstung die Souveränität des Militärs in ihrer eigenen Domäne, solange es die politischen Aufgaben der inneren Säuberung und der Gleichschaltung den neuen nationalsozialistischen Autoritäten überließ. Kurzum, er bat die versammelten Gäste, sich eine Arbeitsteilung vorzustellen, die ihren Höhepunkt in der Vertreibung oder Auslöschung von Millionen Menschen in Polen, dem Baltikum und der Sowjetunion finden sollte.

Er sprach zunächst gesetzt, dann jedoch in zunehmender Ekstase, wild gestikulierend, über den Tisch gebeugt. Er sagte nichts, was er nicht bereits zuvor deklamiert oder in *Mein Kampf* geschrieben hatte, nur dass sich für den Politiker, der sich unter dem Deckmantel der Legalität auf dem Weg nach oben befand, jedes Wort von Aggression und Kolonisierung von selbst verbot. Jetzt, vier Tage nach seiner Ernennung zum Kanzler, vor einem so gewichtigen Publikum, ließ er die Maske fallen. Und so unbeleckt er von Geschichte, Demographie und Wirtschaft auch sein mochte und so wirr seine Argumentation, alles, was seine verzückten Zuhörer interessierte, war, dass er ihnen Unabhängigkeit und Waffen versprach. Er halte es jedoch für sinnlos, sagte er ihnen, in Genf für Gleichberechtigung einzutreten und das Heer zu vergrößern, solange dieses wie das Land selbst vom Marxismus infiziert sei – ein Hinweis darauf, dass »Gleichschaltung« wichtiger als »Gleichberechtigung« und Genf zu vernachlässigen war. Einige nahmen seine Visionen vom Rassenkrieg skeptisch auf, nahmen sie vielleicht gar nicht ernst; aber nicht einer protestierte.[10]

Tatsache ist, dass außer den Anwesenden niemand davon erfuhr. Die Presse berichtete knapp, dass Hitler vor Befehlshabern von Heer und Marine gesprochen habe, brachte aber nichts über den Wortlaut außer der Plattitüde, er habe dabei seinen Glauben an »die entscheidende Bedeutung der Wehrgesinnung des Volkes und der Arbeit der Wehrmacht zum Ausdruck gebracht«.[11] Was absolut nichts besagte. Die Leser konnten unmöglich wissen, dass Hitler eben den ersten Schritt zur Vereinnahmung der Streitkräfte getan hatte. Er hatte sich ihre stillschweigende Komplizenschaft beim kommenden Terror und ihre aktive Teilnahme an künftigen Projekten erkauft. Andere kritische Gruppen und Kreise folgten; auch sie sahen sich mit der einen Hand gefüttert, mit der anderen an die Kandare genommen. Hitler hatte einige Freunde in der Geschäftswelt, aber nicht so viele wie Papen; ein Kölner Bankier hatte die ersten Treffen zwischen den beiden bei sich zu Hause arrangiert, die nächsten ein Champagner-Importeur namens Joachim von Ribbentrop in seinem Domizil im noblen Berliner Vorort Dahlem. Hitler konnte jetzt der ganzen Wirtschaft die Ausrottung des Kommunismus und die Zähmung der Gewerkschaften versprechen. So sollte das auch den Kirchen und, mit Ausnahme der Sozialdemokraten, den politischen Parteien, Berufsständen und vielen anderen ergehen. Dasselbe galt für ganze Bevölkerungsgruppen, denen man Arbeit, Ordnung oder Frieden versprach; sie konnten sich aussuchen, was ihnen passte, und alles andere ignorieren – in dem Fall, dass doch mal das eine oder andere Verbrechen an die Oberfläche der Propagandaflut drang. Eine massive Wiederaufrüstung versprach Arbeit, Terror versprach Ordnung, und die ebenso berechnende wie anhaltende Vortäuschung friedfertiger Absichten linderte Ängste und verbarg die verborgene Logik eines endlosen Krieges.

Und so sollte man denn auch mit ausländischen Mächten verfahren, deren Journalisten und Diplomaten zwar berichten mochten, was sie sahen, deren Regierungen jedoch sahen, was sie glauben wollten, vor allem wenn sie Wählern verantwortlich waren.

*

»Nie zuvor«, so schrieb Philippe Barrès, Berliner Korrespondent eines französischen Massenblatts, nach Bekanntgabe der Zusammensetzung von Hitlers Kabinett, »dürfte die bloße Aufzählung von Namen so viele Fragen aufgeworfen haben.« Einige sprachen von einem historischen Augenblick, konnten aber ebenso wenig wie die Diplomaten erklären, wie die Geschichte so jäh ihren Lauf hatte ändern können. In aller Welt machte die Ernennung des »kleinen österreichischen Anstreichers« Schlagzeilen, aber niemand konnte erklären, wieso oder ob das überhaupt eine Rolle spielen sollte.[12]

Hier und da, vor allem in Ländern, die ihrer gemeinsamen Grenzen mit Deutschland wegen Pangermanismus und radikalen Revisionismus besonders zu fürchten hatten, wich die Analyse der Nervosität. In Frankreich, wo dem deutschen Nationalismus niemand mit Neutralität gegenüberstehen konnte, witterten die Blätter der Rechten wie der Linken auf der Stelle Gefahr: das Ende von Weimar, vielleicht eine Militärdiktatur, die Wiederherstellung der Monarchie, diplomatische Krisen, Säbelgerassel. Nicht selten lagen die Kommentare hart an der Grenze zur Diagnose, als hätte man es mit einem gefährlichen Wahnsinnigen zu tun. Barrès, der an jenem Abend in der Wilhelmstraße die Fackeln gesehen und das Horst-Wessel-Lied gehört hatte, schloss seinen Bericht mit einem Gedanken an seinen Sohn, der zu Hause in ihrem Dorf in Lothringen schlief. Vier Wochen später sprach *Le Temps* nervös davon, dass Deutschland in einen unüberschaubaren Bürgerkrieg zu fallen drohe, zwischen den Nazis, der Linken und den konservativen Nationalisten, zwischen Berlin und den katholischen Regionen im Süden – mit anderen Worten in einen Krieg jeder gegen jeden. Niemand fand dies unglaubwürdig. Mitte Februar sorgte ein kompromissloses Interview Hitlers mit dem Londoner *Sunday Express* über das gesamte politische Spektrum der französischen Presse hinweg für Unwillen, Sarkasmus und Hohn.[13]

Der wird uns doch wohl keinen Ärger machen? Das war die Sorge in ganz Mitteleuropa, nicht selten in Oppositionsorganen oder subversiven Blättern, die die Gelegenheit nutzten, um ihre Regierung unter Druck zu setzen. In Warschau fürchtete die oppositionelle *Gazeta Warszawska*, das Blatt der ebenso antisemitischen wie germanophoben National-Demokraten, eine Welle heimkehrender polnischer Juden, die in Deutschland gelebt und gearbeitet hatten. Diese galt es zu stoppen, noch bevor sie einsetzte. In einem anderen Oppositionsblatt, dem *Kurjer Warszawski*, sprach General Władysław Sikorski, ein ehemaliger Ministerpräsident – und Gegner Piłsudskis – die unmittelbare Gefahr an, die er sah, falls Hitler an der Macht bleiben sollte; er hatte keinen Zweifel daran, dass der erste Schlag Polen gelten würde, vermutlich in Form eines Überfalls auf Pommern oder Schlesien. In Prag warnten sowohl die Beneš freundlich gesinnte *Lidové Noviny* als auch die Beneš-feindliche *Narodni Listy* vor einer neuen Gefahr über den Revisionismus und die Aufrüstung Ungarns hinaus; beide riefen sie nach einer starken Armee. Und auch die sozialdemokratische *Arbeiter-Zeitung* in Wien fürchtete das Säbelgerassel des neuen Kabinetts in Berlin, das ihrer Ansicht nach aus »Deutschlands notorischsten Reaktionären« bestand. Sie sah jedoch eher einen Klassenkampf, einen sozialen Großbrand in ganz Mitteleuropa kommen als einen Krieg zwischen den Nationen. Das Blatt war der Gegenpol zu den österreichischen Nazis, die – wie ihre tschechischen Pendants – die neue Berliner Regierung begrüßten, da sie ihnen Autonomie und Assimilation zu verheißen schien.[14]

Einige Blätter sahen eine Diktatur herannahen und schlugen entsprechend Alarm. In Frankreich hatten die Zeitungen der breiten Mitte, die linken wie die rechten, sofort begriffen, dass Hitler alleine zu regieren gedachte und dass die Heraufkunft der Nazis das Ende der bürgerlichen Freiheiten in Deutschland verhieß. Rassistische Hetze, Übergriffe gegen Juden und Kommunisten – so sah die paneuropäische Autorin und Aktivistin Louise Weiss binnen weniger Tage nach Hitlers Amtsantritt die Zukunft in dem von ihr herausgegebenen Wochenblatt *L'Europe nouvelle*. Die Kommentare über die ganze breite Mitte hinweg waren eher von moralischer Entrüstung geprägt als von existenzieller Angst; die gemäßigte Rechte sprach von der Verteidigung liberaler Werte, während die nicht kommunistische Linke eine neue Front im Kampf gegen den Faschismus sah. Nie, so befand *L'Œuvre*, das Blatt der Radikalen, eine Woche nach Hitlers erster Nacht im Amt, sei es in Europa zu einem derartigen Anschlag auf die parlamentarische Ordnung gekommen, auf die Demokratie, auf den Frieden. Auf den Frieden? Der Autor führte den Gedanken nicht näher aus.[15]

Häufig, und das nicht nur in Europa, zuckten Korrespondenten und ihre Chefredakteure einfach die Achseln und schlugen in ihren Kolumnen einen gelangweilten Ton an, versehen mit einem Schuss Déjà-vu. Sie waren zu dem Schluss gekommen, dass sich nichts verändert hatte, eine Überzeugung, an der sie die nächsten Wochen über festhielten.

Nazismus hieß Germanismus. Die Gefahr blieb dieselbe. Die deutschfeindliche nationale Rechte Frankreichs fochten die Ereignisse auf der anderen Seite des Rheins nicht an. Sie sah den preußischen Adler im Hakenkreuz der Nazis, die Pickelhaube in den Mützen der SA, das Wagnerische im Arischen. »Das neue Deutschland« war dem Chef der Royalisten Charles Maurras zufolge »das Deutschland von gestern, heute und morgen«. Hinter dem Treiben des neuen Kanzlers verbarg sich die alte Ordnung: militaristisch, autoritär, aggressiv. Papen war ihr Geschöpf, Hitler ihre Marionette. Über das ganze politische Spektrum hinweg gab es den einen oder anderen, der die Nazis zunächst als Modeerscheinung abtat.

»Keine Sorge«, beruhigte das Blatt der moderaten Rechten *L'Avenir* ihre Leser. »Deutschland ist heute, was es gestern war ... Wir brauchen keine Angst zu haben. Bewachen wir unsere Grenzen und arbeiten an unserer Stärke.« Selbst Blum, der Sozialist, sah hinter dem neuen Kabinett das Wirken von Adel und Industrie. Die Doktrinäre waren jedoch so überzeugt, es hier mit nichts weiter als mit dem Nationalcharakter zu tun zu haben, dass noch nicht einmal der einsetzende Naziterror sie aufrüttelte. Ein Kolumnist vom rechten Flügel wollte hinter Hitlers Machtübernahme eine »deutsch-autoritäre Bewegung« sehen; einen Monat später sah der royalistische Historiker und Kolumnist Jacques Bainville im Naziregime noch immer nichts weiter als eine autoritäre Regierung der Rechten.[16]

Was immer die Nationalsozialisten planen mochten, aufgrund der Gegebenheiten könnten sie nicht, wie sie wollten. So jedenfalls lautete eine der gängigsten Einschätzungen der aktuellen Gefahr. Die Sorge war allenthalben dieselbe: Wird Hitler uns Ärger machen? Und nicht selten versicherten die Zeitungen in Warschau, Prag und Wien ihren Lesern, das würde er nicht, weil er nicht könne; die Fesseln der Umstände seien stark genug, um keine Angst vor impulsiven Abenteuern haben zu müssen. In diesen Tagen, so beruhigte der regierungsfreundliche *Kurjer Polski* seine Leser in Warschau, hätten Berlins Politiker nichts zu gewinnen, aber alles zu verlieren, und Hitlers Gerede von einer Revision der Ostgrenzen sei schließlich »nichts Neues«. Die jüdische Zeitung *Nasz Przeglad* jedenfalls sah keine großen Umwälzungen voraus. »Hindenburg hat Hitler die Hände gebunden«, sagte die halboffizielle *Prager Presse* ihren Lesern, »als er von Papen und von Blomberg in das neue Kabinett berief. Infolgedessen wird es Hitler nicht möglich sein, das Programm der Nationalsozialistischen Partei umzusetzen.« Einige Blätter deutscher Minderheiten schlossen sich dieser Meinung an. Für die Wiener *Neue Freie Presse* konnte Hitlers Mitwirkung an einer rechten Koalitionsregierung nur bedeuten, dass er es aufgegeben hatte, Deutschland den Nationalsozialismus aufzwingen zu wollen. Auch die konservative *Reichspost* nahm das an. »Man muss davon ausgehen«, verkündete sie, »dass die Nationalsozialisten die

Einhaltung der Verfassung garantiert haben.« Nur selten sprachen diese Leitartikler in ihren Überlegungen vom »Anschluss« – von der Absorption durch das Reich. Was merkwürdig war, schließlich bedrohte der erste Punkt des 25-Punkte-Programms der NSDAP Österreich offensichtlicher und unmittelbarer als Polen oder die Tschechoslowakei: »Wir fordern den Zusammenschluß aller Deutschen auf Grund des Selbstbestimmungsrechtes der Völker zu einem Groß-Deutschland.«[17]

In Großbritannien und den Vereinigten Staaten, etwas weiter weg von der unmittelbaren Bedrohung durch die Nationalsozialisten, hatte diese Sorge noch Zeit. An ihrer statt reagierte man, wie vielerorts in Europa, mit distanziertem Gleichmut, dem aber rasch und nachhaltiger die moralische Entrüstung folgte. Sie krönte einen Monat verwirrter Spekulationen mit einem gewissen Konsens darüber, dass die »Story« zu wichtig sei, um sie zu ignorieren, aber eben doch wieder nicht wichtig genug, um große Diskussionen auszulösen. Da gab es wichtigere Themen, um parteiisch in Harnisch zu geraten. Die britischen Zeitungsmacher widmeten weit mehr Raum dem bevorstehenden Showdown zwischen Japan und dem Völkerbund über die Mandschurei-Frage als »diesem jüngsten Scherz der deutschen Politik«, für den der *Economist* die Sache zuerst hielt. Sie glichen hierin ihren amerikanischen, nicht jedoch ihren französischen Kollegen, die für jeden Absatz über Tokio oder Genf ganze Spalten Text über Berlin oder Stuttgart einreichten. Und gerade in dem Monat erreichte die heimische Krise in den USA einen neuen Tiefpunkt. Roosevelts Amtseinführung stand kurz bevor, das Bankensystem kurz vor dem Kollaps, und die neue Regierung hatte keine Ahnung, wie es zu retten wäre.[18] Wie viel Platz sollte die Presse unter diesen Umständen einer weiteren politischen Krise in Deutschland einräumen?

Abgesehen davon konnte man sich nicht darauf einigen, ob oder inwiefern diese eine Rolle spielte. Der liberale *Economist* gestand, »verwirrt und besorgt« zu sein. Immerhin reagierten, wenn auch nur geringfügig, die Aktienmärkte in London und New York. Die *New York Times* war der Ansicht, dass Papen und Hugenberg Hitler im Griff hatten; und das war sie auch noch zum Monatsende, als sie Hitlers Anhänger mit einem Haufen Oberprimaner verglich, die eine Party von Primanern zu sabotieren versuchten – die Möglichkeit eines Staatsstreichs wie den Mussolinis in Italien schloss man aus.[19] Die einen begrüßten Hitlers Ernennung, andere bedauerten sie. Parteizugehörigkeit spielte dabei kaum eine Rolle. Von den konservativen Blättern Großbritanniens hielten es einige mit Hitler, andere nicht. Lord Beaverbrooks *Daily Express*, die isolationistische, antikommunistische Gazette für die »Little Englanders«, die bald alle Auflagenrekorde brechen sollte, feierte Hitler als »faschistischen Helden«, der ein »Komplott des Militärs zerschlug« und sich gegen eine »Welle roten Terrors« unter Moskaus Kommando stellte. Für die *Times* hatte Hitler nun eine Chance zu beweisen, dass er »mehr als ein Redner und Agitator« war, schließlich waren seine Qualitäten als Staatsmann noch eine große Unbekannte, auch wenn gewiss niemand daran zweifelte, dass es ihm ernst war. Der *Daily Telegraph* jedoch, ein in der Wolle gefärbtes Tory-Blatt, sah im neuen Kanzler auf der Stelle das Destillat der schlimmsten reaktionären und hysterischen Züge der politischen Kultur Deutschlands. Der *News Chronicle*, das Blatt der Liberalen, hielt die neue Regierung für »gut und notwendig«; ihrer Ansicht nach hatte sie die einzige Formel, der man eine Chance gab; der ebenfalls liberale *Manchester Guardian* dagegen misstraute ihr sofort. Andere Blätter begrüßten und bedauerten die Nachricht in ein und derselben Ausgabe, manchmal sogar in ein und demselben Satz. Die *Chicago Tribune* sprach von amerikanischen Sympathien für die jugendliche Revolte der Nazis gegen den nationalen Zerfall, konnte aber ihre Probleme mit deren antisemitischer und faschistischer Seite nicht verhehlen.[20] Ende des Monats wollte die *Tribune* immer noch die Saat von etwas Großem in Hitlers Wiederbelebung des deutschen Nationalstolzes sehen. Auf beiden Seiten des Atlantiks begegneten den Lesern Verachtung und Wertschätzung, Resignation und Hoffnung.

Langsam, aber sicher jedoch zerstreuten Zensur, Säuberungen und Verhaftungen, die Gewalt gegen Juden und Oppositionelle bis hin zum Mord auch die letzten Reste von Verwirrung und Naivität; was sich hier offenbarte, war keine Regierung, es war ein Regime. In New York bedauerte *The Nation*, nachdem sie einen Monat lang bezweifelt hatte, dass Hitler je unkontrolliert regieren könnte, den Tod der deutschen Demokratie; *Time* berichtete, Hitler habe in zwei Wochen mehr von seinen Feinden mundtot gemacht als Mussolini in zwei Jahren. Der *Manchester Guardian*, der bereits am 31. Januar die Sorge geäußert hatte, Hitler könnte die Juden aus Deutschland vertreiben, begann, wie manche anderen britischen Blätter, nach ersten Anzeichen für politischen Terror zu suchen oder gar für eine Diktatur und enthüllte seinen Lesern die nächsten Tage über gnadenlos, was immer er an solchen fand. Andere hielten sich zurück. Mitte des Monats begann *The Times* von einem »faschistischen Regime« und einem »hitleristischen Staat« zu sprechen, überlegte aber immer noch, ob aus dem Kanzler nicht vielleicht doch noch ein Staatsmann würde.[21] Erst am Sechsundzwanzigsten akzeptierte die *Sunday Times*, dass in Deutschland »ein ausgewachsenes faschistisches Experiment« im Gange war. Mit der Zeit jedoch gaben es auch die letzten Blätter auf, an etwas zweifeln zu wollen, woran nicht mehr zu zweifeln war. Selbst der *Daily Express* knickte ein. Ab Februar ließ er die Story fallen und nahm sie nur noch einmal auf, um die Lobeshymne eines kriecherischen Berliner Korrespondenten auf Hitler zu bringen. Aber zum Ende des Monats konnte auch der *Express* nicht umhin, die Heraufkunft »einer Ära unverwässerten Faschismus« einzuräumen. Er drückte weder Erleichterung noch Bedauern darüber aus. Auf der einen wie auf der anderen Seite des Atlantiks begann sich ein minimaler Konsens herauszubilden, der die eigenen Werte hochhielt, ohne sich zu entsprechendem Handeln verpflichtet zu fühlen.[22]

Wo immer die Presse keine eigene Meinung und Journalisten und ihre Herausgeber keine Ansichten, sondern nur Anweisungen hatten, ersparten sie ihren Lesern die kopfschüttelnde Ratlosigkeit ihrer Kollegen in freieren Gesellschaften. In Italien wie in der Sowjetunion vergoss man keine Träne über die Beseitigung der bürgerlichen Freiheiten in Deutschland. Faschisten und Kommunisten schwelgten, in ihrem jeweils eigenen Jargon, im Niedergang der liberalen kapitalistischen Ordnung; sie sahen zu, wie Schleicher aus der Berliner Reichskanzlei aus- und Hitler dort einzog; sie sahen zu, wie Paul-Boncour – in einer weiteren Runde von Frankreichs politischem Stühlerücken – nach nur sechs Wochen als Premier gehen musste und der Radikale Édouard Daladier übernahm. Die beiden Krisen, so erklärte die *Iswestija*, seien im Grunde ein und dieselbe, insofern »die wirtschaftliche Krise zu einer politischen« geworden sei. Es würde nicht lange dauern und der Kampf der Kapitalisten um die Macht würde zum Klassenkampf werden. »Wir sprechen hier von der Krise einer Regierungsform«, schrieb *Piccolo* in Triest und warf damit – wie die *Iswestija* – die beiden Republiken in einen Topf.[23]

Hinsichtlich Hitler freilich gingen ihre Meinungen auseinander. Die Italiener begrüßten sein Erscheinen als deutsche Renaissance und Bestätigung ihres eigenen Regimes, ihres Faschismus, als Erneuerung des Geistes, in dem Italiener nur ihren eigenen erkennen und feiern konnten. Italien, so hieß es Mitte Februar im *Giornale di Sicilia*, sei zur Hoffnung für die Menschheit geworden. Die Sowjets hatten nichts zu feiern. Seit Jahren hatte deren Presse ihren Lesern versichert, Deutschland würde als erste Nation den sowjetischen Weg gehen; seit November sah man die Kommunisten dort im Erstarken begriffen und die Nationalsozialisten am Ende; die proletarische Revolution würde den Weg aus der Sackgasse weisen. Dreiundzwanzig Tage nachdem Stalin vor dem Zentralkomitee den Erfolg des ersten Fünf-Jahres-Plans gepriesen und die Presse die nationalsozialistische Gefahr als nicht vorhanden abgetan hatte, kam Hitler an die Macht und die deutschen Kommunisten begannen zu verschwinden. Ein betretenes Schweigen legte sich über die amtlichen Organe, durch das nur hin und wieder eine Erklärung drang, laut der das Erscheinen der Nazis nur einmal mehr den Klassenkampf betone – mit Hitler und Mussolini enthüllte der moderne Kapitalismus den Massen sein wahres Gesicht.[24]

Die Weitschweifigkeit der Italiener war so irreführend wie das Schweigen der Sowjets. Die kühle Analyse und Einschätzung fanden sowohl in Rom als auch in Moskau woanders statt, nämlich hinter den verschlossenen Türen der Macht. Die Mächtigen dort waren sich uneiniger als die Einhelligkeit ihrer Journalisten vermuten ließ, aber das konnten die Leser nicht wissen. In beiden Ländern diente die Presse dazu, den Regierten mitzuteilen, was sie nach Ansicht der Regierenden wissen sollten – im Gegensatz zu andernorts, wo sie die eine Seite über die andere aufklärte. Immerhin offenbarte sich in der Mühe, die Faschisten wie Kommunisten in ihren Einparteienstaaten auf die öffentliche Meinungsbildung verwandten, der Respekt, den man dieser Meinung beimaß. Jeder auf seine Weise hatten auch sie ihre Politik mit der Stimmung im Land in Einklang zu bringen; wollten sie ihre Macht behalten, hatte die eine Stütze der anderen zu sein. In Deutschland dagegen entwickelten die Ereignisse sich zu überstürzt, als dass sie noch zu absorbieren gewesen wären; und von außen gesehen ging das schon gar nicht mehr.

*

Merkwürdigerweise, bedenkt man ihre privilegierte Warte, verrieten einige der bestinformierten Diplomaten dieselbe Ratlosigkeit. Ängstlich, blasiert, verwirrt oder empört, berichteten die ausländischen Gesandten ihren Regierungen genauso wortreich und doch nicht weniger zurückhaltend als die Auslandskorrespondenten den Lesern ihrer Zeitungen.

Am 8. Februar, beim alljährlichen Diner für das diplomatische Korps in Berlin, saß der französische Botschafter André François-Poncet dem neuen Kanzler gegenüber. Wie viele andere fand er Hitler aus nächster Nähe herzlich gewöhnlich, etwas komisch gar – als würde er jeden Augenblick aufstehen und ein sentimentales Lied zum Besten geben; aber seine Augen leuchteten, schienen flüchtig aufzulachen, verfinsterten sich plötzlich wieder, als wittere er eine List oder eine Gefahr. Es mangelte ihm an Selbstsicherheit; all die Wichtigtuer, die Fatzken, das diplomatische Brimborium um ihn herum wirkten offensichtlich verwirrend auf ihn. Er mutete den Botschafter an wie ein »Dorf-Mussolini«. Nach dem

Essen sagte Hitler ihm, er sei zu beschäftigt mit der Wahl im März, die er eben angesetzt hatte, um sich groß Gedanken über etwas anderes zu machen, äußerte aber die Hoffnung auf ein gegen den Bolschewismus vereintes Europa und gute Beziehungen zu Frankreich. Dazu, so fügte er hinzu, müsse Frankreich freilich akzeptieren, dass in Deutschland eine neue Ära beginne, die einen radikalen Bruch mit der Vergangenheit darstelle. Als er davon sprach, die Novemberverbrecher von 1918 auszurotten, loderten seine Augen vor fanatischem Hass. Er wirkte plötzlich wild und verstört und schien die Leute aus dem Außenministerium nervös zu machen. Sie fragten den Botschafter, was er von Hitler halte. *Wie finden Sie ihn?* Außerdem beeilten sie sich, den ausländischen Diplomaten zu versichern, der neue Kanzler sei feinsinniger und kultivierter, als es den Anschein haben mochte.[25]

Statt Feinsinn und Kultur hatte der Botschafter in Hitler bis dahin nur die großen kruden Gewissheiten des Autodidakten und Halbgebildeten zu sehen vermocht – neben den intuitiven Gaben des Demagogen und einer von Ehrgefühl und gegebenen Versprechen unbelasteten Gerissenheit. Ihm war bereits der Gedanke gekommen, dass Papen und die anderen Konservativen, die so zuversichtlich waren, ihren neuen Kanzler manipulieren zu können, möglicherweise stattdessen bald selbst seine Opfer wären. Drei Abende zuvor hatte Papen bei einem Dinner in der britischen Botschaft so oft und so ehrerbietig Hitlers hohle Äußerungen heruntergebetet, dass François-Poncet nicht lange raten musste, wer von den beiden den anderen dominierte.[26] Seinem britischen Kollegen Sir Horace Rumbold ging es nicht viel anders. Vielleicht könnte Papen Hitler auf seinen Platz verweisen, dafür sorgen, dass er endlich aufhörte, Mussolini nacheifern zu wollen, schrieb er seinem Außenminister; vor seinen Wagen gespannt, wie er behauptete, hätte er die Nationalsozialisten jedenfalls nicht.[27] Die scharfsinnigen Diplomaten sahen klarer hinsichtlich des kommenden Machtkampfs als die selbstgefälligen Partner der Nazis.

Allerdings handelte es sich in diesen ersten Tagen bei beiden um kaum mehr als die Art von Spekulationen, die sie auch bei jeder anderen neuen Koalitionsregierung angestellt hätten. Alarm jedenfalls schlugen sie nicht; noch konnten sie keinen Bruch mit der Vergangenheit feststellen, und hinsichtlich der Zukunft standen sie vor einem Rätsel. Nicht zum ersten Mal erinnerte die politische Szene den britischen Botschafter an »Alice im Wunderland«. Er wusste um die Unrechtmäßigkeit der Notverordnungen der ersten Februarwoche, die die Regierung ermächtigten, Zeitungen und Versammlungen zu verbieten und Unruhestifter einzusperren, war aber noch eine Woche später davon überzeugt, der Machtkampf und die Wahl könnten sich im Rahmen der Verfassung abspielen.[28]

Sein amerikanisches Pendant Frederic Sackett teilte seine Meinung. Seiner Ansicht nach hofften die Nazis »wenigstens vier Jahre lang durch quasidiktatorische Methoden zu regieren«, indem sie bei der Wahl am 5. März eine klare Mehrheit bekamen. Aber das erinnere nur an die Ambitionen Papens und Schleichers vor ihnen. Sackett vermochte die beginnende Diktatur noch nicht zu sehen, die Absicht, die ganze liberale Ordnung hinwegzufegen. Sicher, sie hatten den Rundfunk mit Beschlag belegt, das Manifest des Kanzlers auf Wachsplatten aufgenommen und wiederholt im ganzen Land gesendet; sie hatten die Oppositionsblätter verboten, das Wahlrecht geändert. Aber das hätten sie nur getan, um ihre Koalitionspartner beim derzeitigen Wahlkampf um Stimmen zu bringen. »Wenn die Nazis nicht zu unfairen Methoden greifen, um ihre politischen Gegner von den Urnen fernzuhalten«, konnten sie seiner Ansicht nach nur gewinnen, wenn sie am Tag der Wahl die Unpolitischen mobilisierten.[29] François-Poncet glaubte immer noch, Hitler könnte bei einer Rückkehr der Hohenzollern mit Hand anlegen und als Vorbote einer monarchistischen Restauration in die Geschichte eingehen.[30] Einige sowjetische Diplomaten nahmen an, dass Hitler sich ohnehin nicht lange halten, dass die Arbeiterbewegung ihn an die Kandare nehmen oder gar stürzen würde.[31]

Binnen weniger Wochen – und noch vor der Wahl am 5. März – ahnten einige Diplomaten mehr als eine bloße politische Simplifizierung, einen passiven Reichstag oder einen Übergang zu einer konstitutionellen Monarchie. Rumbold begann nun doch Alarm zu schlagen. Wenn die Wählerschaft nicht wieder zu Sinnen käme, so schrieb er nach Hause, oder Reichspräsident Hindenburg auf einen Rest von Respekt für die Verfassung bestand, würde die Regierung das Fundament sowohl der bürgerlichen Freiheiten als auch der parlamentarischen Regierungsform unterminieren. »Wenn dieses deutsche Volk uns in dieser Stunde verläßt«, hatte er Hitler am 10. Februar der Menge im Sportpalast versprechen hören, »so möge uns der Himmel verzeihen: Wir werden den Weg gehen, der nötig ist, daß Deutschland nicht verkommt!« Was war das, wenn nicht ein Versprechen, auf jeden Fall an der Macht festzuhalten, wie immer das Stimmvolk sich entscheiden mochte?[32] In Stuttgart sah der amerikanische Konsul Rotten aus jeweils vier, fünf uniformierten und bewaffneten Nazis durch die Straßen ziehen, als gehöre die Stadt ihnen, vor allem an Sonn- und Feiertagen; sie erinnerten ihn an die sonntäglichen Schlägereien während seiner Postierung in Rom und den Aufstieg der Faschisten ein Jahrzehnt zuvor. Er verfolgte, wie Häuser durchsucht, Freiheiten unterdrückt, das kleine württembergische Parlament unterwandert, Beamte entlassen und Bürger terrorisiert wurden, nur um das Land vor der bolschewistischen Gefahr zu retten; und er erinnerte sich.[33] François-Poncet zögerte noch. Sicher, die Nazis imitierten sklavisch die Faschisten, und auch Mussolini war zunächst vielen als ein Witz erschienen. Aber, so überlegte er, der »deutsche Faschismus richtet sich an ein Volk, das den Italienern in nichts gleicht. Er wird auf größeren Widerstand stoßen als der römische Faschismus.«[34] Kein Mensch wusste, was zu erwarten war.

*

Am Abend des 27. Februars, der französische Botschafter in Berlin hatte zu einem Abendessen geladen, übergab ein Mitarbeiter ihm eine Notiz. Von einem Fenster der Botschaft aus sah er die prächtige gläserne Kuppel des Reichstags glühen. Er kehrte wieder an den Tisch zurück, um seiner Abendgesellschaft die Nachricht von dem Feuer mitzuteilen. Worauf einer seiner Gäste, der Finanzminister Schwerin von Krosigk, in den Augen vieler Diplomaten und Regierungen ein konservativer Garant für Vernunft und Kontinuität, nicht an sich halten konnte. »Gott sei Dank!«, rief er freudig aus.[35]

Cui bono? Wem nutzte es? Ausländische Diplomaten und Journalisten wie auch skeptische Deutsche zweifelten auf der Stelle an offiziellen Schuldzuweisungen, laut denen es sich um ein Komplott der Kommunisten gehandelt haben sollte – ein an Guy Fawkes gemahnender Versuch, die Regierung zu stürzen.[36] Letztere beutete den opportunen Brand aus, nicht Erstere. Als der nationalsozialistische Innenminister Frick dem Kabinett tags darauf die Suspendierung der Bürgerrechte und die Übernahme der direkten Macht in den deutschen Ländern vorschlug, pflichteten ihm seine Kollegen bei, auch wenn sie – wie Krosigk – selbst nicht von der NSDAP waren. Es folgte eine großangelegte Verhaftungswelle, von der vor allem Kommunisten betroffen waren, aber auch andere. »Marxistisch« war im Sprachgebrauch der Nationalsozialisten ein so umfassender wie elastischer Begriff, der unter anderem »bolschewistisch«, »sozialistisch«, »kommunistisch«, »jüdisch«, ja sogar »asiatisch« umfasste – letzteres Adjektiv benutzte Görings neuer Berliner Polizeipräsident vier Tage vor dem Reichstagsbrand: »Ich werde keine Gewächse asiatischen Ursprungs dulden, die Unruhe unter der Berliner Bevölkerung stiften«, sagte er seinen Untergebenen. »Ich nehme dies zur Gelegenheit, diese Mörder, diese politischen Gangster zu warnen.«[37]

Der Reichstag hatte in der Nacht von Montag auf Dienstag gebrannt; am Sonntag darauf ging Deutschland wieder wählen, und das mit größerer Beteiligung denn je – fast neunzig Prozent der Wahlberechtigten gaben ihre Stimmzettel ab. In der Wahlkabine konnten sie darauf die gewünschte Partei ankreuzen; die Wahl, nicht unbedingt frei, aber auch nicht unbedingt Schwindel, hatte durchaus Bedeutung. Die NSDAP hatte zwei Millionen Stimmen zugelegt seit ihrem Rekordergebnis im Juli 1932 und vier Millionen seit ihrem enttäuschenden Abschneiden im November, und zusammen mit den Stimmen ihrer Koalitionspartner, Hugenbergs Nationalisten, bildeten sie nun die absolute Mehrheit im Reichstag.

Seit dem Frühjahr 1930 hatte das keine Regierung mehr von sich sagen können. Goebbels und Göring waren außer sich vor Freude. Auch Hugenberg applaudierte Hitlers Triumph. Und dennoch, bei all den politischen Gegnern, die sie mundtot gemacht hatten, trotz des Monopols über so viele Instrumente mentaler wie physischer Überredung hatten die Nazis einmal mehr die absolute Mehrheit verfehlt. Ihr Wählerpotenzial war ausgereizt.[38]

Letztendlich jedoch spielte das keine Rolle. Bei den ersten Wahlen der Weimarer Republik 1919 hatten zwei Drittel der Wähler ihre Stimme Parteien gegeben, die der Republik gegenüber aufgeschlossen waren; zusammen bildeten diese die Weimarer Koalition. Jetzt, in ihren letzten Wahlen, hatten zwei Drittel die Feinde der Republik – Nationalsozialisten, Nationalisten und Kommunisten – gewählt. Um nicht das Kaiserreich verurteilen zu müssen, das mit seiner verantwortungslosen Risikopolitik eine katastrophale Niederlage heraufbeschworen hatte, sondern seine republikanische Nachfolgerin, die die Stabilität wiederherzustellen, die zu retten versucht hatte, was zu retten war – und obendrein hatte man ihr auch noch die Schuld an einer Wirtschaftskrise in die Schuhe geschoben, die so eindeutig weltweiter Art war –, hatte hier eine an Gefasel grenzende Doktrin triumphiert. Kaum ein Drittel hatte für die republikanischen Parteien gestimmt, das Zentrum nicht ausgenommen, deren Unterstützung nun noch fraglicher als ohnehin schon war. Und die Kommunisten, die sich bei aller Republikfeindlichkeit gegen jeden Vorschlag der Nazis gestellt hätten, waren jetzt verboten und damit aus dem Reichstag verbannt. Antiparlamentarische Regungen, egal unter welchem Namen, und alles, was dazugehört, hatte den Nazis in die Hände gespielt, die sie jetzt, wie die rechte Presse sehr wohl erkannte, zur Demontage der Demokratie mit mehr oder weniger demokratischen Mitteln einsetzten.[39]

Etwa zwei Wochen später, am ersten Tag des Frühlings, kamen die Abgeordneten des neuen Reichstags in der Garnisonkirche zur Komödie von Potsdam zusammen. Alles – Datum, Örtlichkeit, Zeremonie – verkündete in protziger Pracht zugleich Kontinuität und Erneuerung. Am 21. März 1871 war nach dem Sieg über Frankreich in Potsdam der erste Reichstag des neuen Deutschen Reichs zusammengetreten. Der Thron in der alten Kirche war zwar leer, aber das wilhelminische Deutschland war in der Person des ehemaligen Kronprinzen Wilhelm vertreten, der in der alten kaiserlichen Loge saß, in seiner Uniform der Totenkopfhusaren mitsamt der hohen Pelzmütze. Die Soldatenkönige in ihren Särgen in der Gruft der Kirche vertraten das friderizianische Preußen. Aber auch das Dritte Reich war vertreten, in Person der Braunhemden und von Hitler selbst. In einem schlichten Anzug saß er im Altarraum neben dem ordengeschmückten Hindenburg, beide unter dem Hakenkreuz der Nazis und dem Schwarz-Weiß-Rot der Monarchie. Das neue Deutschland gelobte das Versprechen des alten einzulösen. Vor der Zeremonie waren die beiden gemeinsam in die Gruft hinabgestiegen, um Friedrich dem Großen ihre Reverenz zu erweisen. Was nicht weniger unsinnig war. Ein österreichischer Demagoge sollte unter der Ägide des alten Preußens regieren? Seine lärmigen Braunhemden sollten gekommen sein, um in seinen Trümmern zu meditieren? Er hatte nicht die geringste Absicht, die Hohenzollern wieder einzusetzen, weder sie noch sonst jemanden. Die hohle Geste erfüllte jedoch ihren Zweck – die Konservativen lange genug einzulullen, bis die Macht der Nazis gefestigt genug war, um nicht nur Weimar zu erledigen, sondern auch die Umsetzung ihrer Phantasien anzugehen.[40]

Zwei Tage später kamen die seit dem Brand drei Wochen zuvor obdachlosen Abgeordneten in der Kroll-Oper am Königsplatz zusammen, gleich gegenüber dem rußgeschwärzten Reichstag. Diesmal trafen sie sich, um auf Hitlers Geheiß ihre ehrenvollsten Funktionen aufzugeben und das Kabinett zu ermächtigen, sie zu ignorieren und – unter Umgehung des Präsidenten – per Erlass zu regieren. Die Abgeordneten der katholischen Zentrumspartei kapitulierten, nachdem man ihnen den Schutz der Kirche zugesagt hatte. Die Kommunisten waren aus dem Weg geräumt, im Gefängnis, versteckten sich oder waren ins Exil gegangen. Nur die Sozialdemokraten stimmten gegen das Gesetz. Angeblich sollte es nur vier Jahre gelten, aber zusammen mit dem Erlass, der am Tag nach dem Reichstagsbrand die bürgerlichen Freiheiten aufgehoben hatte, gab es Hitler die rechtliche Grundlage für eine dauerhafte Diktatur an die Hand. Noch flankierten die wilhelminischen Farben das Hakenkreuz, aber nicht mehr lange; und an diesem Tag stand der Kanzler in Braunhemd und Schaftstiefeln vor ihnen.

Damals begann das Hakenkreuz sich bereits über die politischen Bastionen hinaus in den öffentlichen Raum auszubreiten; man zog es in Schulen auf, druckte es auf Zahnpastatuben und auf Kinderspielzeug, alles um die Uninteressierten ebenso wie die ob der Entwicklung Benommenen auf Schritt und Tritt daran zu erinnern, dass da eine Revolution im Gange war. Für den Dresdner Romanistikprofessor Victor Klemperer war über Nacht zusammen mit der Rechtmäßigkeit auch alles verschwunden, was eben noch so vertraut gewesen war. Fieberhaft versuchte er einen historischen Bezugspunkt für den plötzlichen Zusammenbruch zu finden. War es der November 1918? Der Terror der Französischen Revolution? Die Pogrome im europäischen Mittelalter oder im zaristischen Russland? Er fand Ablenkung im Kino. Harry Graf Kessler, der rastlose Mäzen und nimmermüde Kritiker der Nationalsozialisten reiste ab nach Paris. Freunde in der französischen Botschaft in Berlin rieten ihm, besser nicht zurückzukehren. Woran er sich hielt.[41]

*

All das war kaum zu übersehen, und so unterschiedlich Diplomaten die März-Ereignisse auch schilderten, sie interpretierten sie alle gleich. Während die Zeremonie in Potsdam für den französischen Botschafter eine finstere Farce war, fand der britische Botschafter sie »schlicht, würdig und bedeutsam«. Doch beide verstanden sie als letzten Nagel in den Sarg der Weimarer Republik. Sowohl der amerikanische als auch der britische Botschafter begannen jetzt in ihren Berichten von einer auf administrative Säuberungen von Juden und politisch Unerwünschten und deren Vertreibung aus jeder Art von öffentlichen Ämtern oder Berufen gestützten »Revolution« zu sprechen, von Gleichschaltung und ihrem ebenso elastischen wie ominösen Verwandten, der Arisierung. Nicht dass es dazu besonderer Einsicht bedurft hätte, nicht mehr jedenfalls als im Falle des Gleichschaltungsgesetzes vom 31. März, das einen Gutteil der Autonomie der Länder beseitigte, deren Parlamente nivellierte und deren Behörden zunehmend mit Nationalsozialisten besetzte, um in einem letzten Schritt die Reichsverwaltung zu zentralisieren. Verständlicherweise zögerten die Diplomaten, eine Summe aus den schwindelerregenden Veränderungen zu ziehen und ihren Regierungen ein Bild von der Zukunft zu skizzieren. Der französische Botschafter François-Poncet, ein in Geschichte und Literatur seiner Gastgeber versierter Germanist, sah die administrativen Reformen in einem auf 1871 zurückgehenden Spannungsfeld zwischen Reich und Ländern. Und Horace Rumbold, der britische Botschafter, weigerte sich, auf seiner Ambivalenz gegenüber Hitler beharrend, ein für alle Mal die illusorische Hoffnung aufzugeben, der neue Kanzler könnte die Exzesse moderieren oder seine extremeren Anhänger und Kollegen, insbesondere Hermann Göring in Preußen, an die Kandare nehmen.[42]

In der Presse bestimmte der Ort, zuweilen auch die Partei die Art und Weise, wie Herausgeber mit den Berichten ihrer Korrespondenten über das Ableben von Weimar verfuhren. Niemand zweifelte an der Tatsache an sich, aber das war es auch schon mit der Gemeinsamkeit. Die Italiener schwelgten weiter im Sieg des Faschismus jenseits der Alpen. Die Tschechoslowakei widmete Mitte März in ihren Blättern Deutschland mehr Platz als dem übrigen Ausland; immer wieder sah man hier im überraschenden Stehvermögen der Linken bei den Wahlen am 5. März ein Zeichen dafür, dass Hitler vielleicht doch die Ziele nicht erreichen würde, »an die er sein Herz gehängt« habe. Die sowjetische Presse, sowohl die der Partei als auch die der Regierung, protestierte jetzt gegen die Verfolgung der Kommunisten, dagegen, sie nach dem Reichstagsbrand zu Sündenböcken zu machen, und gegen Hitlers Reden – die *Prawda* nannte ihn einen »Narren auf dem Thron«. Für den *Giornale d'Italia* in Rom symbolisierte Friedrichs Grab in Potsdam ein starkes Deutschland und einen autoritären Staat, für *Le Temps* in Paris das hegemonische Trachten, das 1914 der Welt die Katastrophe gebracht hatte. Im Übrigen hatte mittlerweile selbst die nationalistische Rechte Frankreichs akzeptiert, dass Hitler dabei war, ein Regime zu errichten, das – welcher Art auch immer es sein mochte – irgendwie *sui generis* und aller Wahrscheinlichkeit nach von Dauer war. Hier endete die Einhelligkeit.[43]

In der zweiten Märzhälfte gewann im Ausland ein wirtschaftlicher Boykott gegen das Deutsche Reich an Fahrt, was dazu führte, dass die Nationalsozialisten am 1. April, wenn auch zunächst vorübergehend, einen Boykott gegen jüdische Geschäfte und Firmen verhängten. Trotz strenger Zensur berichteten anonyme Korrespondenten, deren Meldungen von Reisenden und ersten Flüchtlingen bestätigt wurden, von antisemitischen Ausschreitungen, geschlossenen Geschäften und Hausdurchsuchungen. »Es vergeht kaum ein Tag«, schrieb die halboffizielle *Gazeta Polska* Ende März, »ohne Übergriffe von SA-Leuten und Angriffen auf Privathäuser von Juden«, und Nachrichtenagenturen begannen derlei Zwischenfälle aus ganz Deutschland zu melden.[44] In Frankreich und noch weitaus häufiger in Großbritannien und Amerika informierten die Zeitungen ihre Leser über die Verbrechen und verurteilten die Täter, wenn auch auf unterschiedliche Weise. Der 1. April, so schrieb *Le Temps* einen Tag zuvor, markiere den Beginn der Verfolgung imaginärer Feinde und damit einen Rückfall ins Zeitalter der Religionskriege; das Blatt mokierte sich über jedwedes Trachten nach ethnischer oder rassischer Homogenität in einer modernen Nation, schon gar der Nation Kants. In einem Anflug nationaler Selbstgefälligkeit begrüßte das Blatt das längst fällige Erwachen der Angelsachsen gegenüber »dem aggressiven Germanismus«, vor dem die Franzosen immer schon gewarnt hatten; und seine Leser erinnerte man daran, dass sie wenigstens ihre eigenen Konflikte und Irrtümer überwunden hätten – eine versteckte Anspielung auf die Dreyfus-Affäre eine Generation zuvor. *The Times* bedauerte die Gewalt, bestand aber weiterhin auf ihrer Annahme, Hitler könnte dieser selbst nach dem 1. April noch mit einem Aufruf zur Disziplin ein Ende machen; sein Wunsch, seine ungebärdigen Anhänger im Zaum zu halten, sei schließlich »unverkennbar«. Etwas aggressiver als die Kollegen in Paris und London, berichtete die *New York Times* nicht nur ausführlich über die Verbrechen der Täter, sondern auch über die Passivität der Zeugen, die – fast wie *The Times* – dazu neigten, die Gewalt dem Übereifer Einzelner zuzuschreiben. Das Blatt meldete fast täglich, was in Deutschland vorging.[45] Drei Leitmedien, doch die Berichterstattung über das krasse Spektakel erschöpfte sich keineswegs in der herablassenden Art von *Le Temps* noch in der Gutgläubigkeit der *Times* noch in der Gewissenhaftigkeit der *New York Times*.

Einige, wie etwa die *Sunday Times*, berichteten überhaupt erst gegen Monatsende darüber, als das Problem zu dringlich wurde, der öffentliche Aufschrei zu laut, als dass das Blatt ihn weiter hätte ignorieren können. Dann konnte es vorkommen, dass die Berichterstattung über neue Fälle von Verfolgung weitere Ängste auslöste. In Frankreich zum Beispiel fürchtete *Le Figaro* eine weitere Invasion von der anderen Seite des Rheins her, diesmal eine von einer halben Million deutsch-jüdischer Flüchtlinge – und nicht etwa weil sie Juden, sondern weil sie Deutsche waren.[46] »Judäa erklärt Deutschland den Krieg«, verkündete der *Daily Express* in einer hetzenden Schlagzeile eine Woche vor dem antisemitischen deutschen Erlass vom 1. April. Er hatte die Story den ganzen Monat über ignoriert und berichtete jetzt, auf »Berichte über deutsche Judenhetze« hin hätte »ganz Israel überall auf der Welt Deutschland den wirtschaftlichen und finanziellen Krieg erklärt«. Wie der *Figaro* war auch der *Daily Express* ein Blatt der nationalistischen Rechten. Darüber hinaus war er isolationistisch und stand Neuankömmlingen auf der Insel ebenso feindselig gegenüber wie ungewollten Lasten im Ausland. Was auch für die *Chicago Tribune* galt, aber deren Schlagzeile über den Judenboykott – »Hitlers Nazis erklären Weltjudentum den Krieg« – hätte sich von seiner Aussage her wohl kaum mehr von der des *Daily Express* unterscheiden können.[47] Selbst das Abscheuliche ließ sich auf mannigfaltige Weise interpretieren – eine Vorahnung auf die kommende Wüstenei.

Die Entwicklung in Deutschland sorgte implizit für eine verwirrende Situation. Bis jetzt hatten die Streiter für Annäherung, Vertragsrevision und die wirtschaftliche Rehabilitierung Deutschlands sich auf Moral und internationale Gerechtigkeit berufen. Angesichts der Geschichten aus dem Reich musste man diesen Ansatz jetzt etwas zurückschneiden, sollte er nicht eingehen. Die amerikanische Presse hatte über Terror und Einschüchterung ausgiebig berichtet, zuweilen durchaus auf Kosten des deutschen Rufs im Ausland, aber ohne je die Wiedereingliederung Deutschlands in die Weltgemeinschaft in Frage zu stellen.[48] *The Times*, die sich für die deutschen Forderungen einsetzte wie eh und je, hatte erklärt, »die Grausamkeiten Deutscher gegenüber Deutschen« seien »in der Hauptsache eine Angelegenheit Deutschlands selbst«.[49] Aber das galt natürlich nur für den Bereich des internationalen Rechts. Von diesem abgesehen wies die Aufregung weit und breit darauf hin, dass sie für viele zum Problem geworden waren. Wenn also die Sache der Versöhnung, unbeschadet der Grausamkeit, nicht an Beliebtheit einbüßen sollte, dann würden die treibenden Kräfte sich womöglich eher auf die Zweckdienlichkeit als auf die Gerechtigkeit berufen und sich eher ihrer Anpassungsfähigkeit rühmen müssen als ihrer Konsistenz. Mit der Zeit würden sie, schon um ihre eigene Nation zu schützen, zumindest sich selbst eingestehen müssen, dass sie die ganze Zeit über derselben inneren Direktive gehorcht hatten wie die leidenschaftlichsten Antirevisionisten, die eisernsten Verfechter des Status quo.

Glaubte tatsächlich jemand, dass die »Grausamkeiten« nicht irgendwann über den Rand Deutschlands hinaustreten würden? Dass ein Regime mit einem so kriegerischen Gebaren in seinem Inneren nach außen hin friedlich bleiben würde? Zu Hause Dr. Jekyll, auswärts Mr. Hyde? Dem neuen deutschen Regime jedoch war daran gelegen, dass seine Nachbarn das glaubten. Seit dem 1. Februar hatte Hitler vor aller Welt nicht nur als Apostel der Gerechtigkeit, sondern auch des Friedens posiert. Er hatte sich an dem Abend per Rundfunk ans deutsche Volk gewandt; mit sich überschlagender Stimme, der typische Agitator auf Stimmenfang, hatte er versprochen, den Kommunismus auszumerzen und binnen vier Jahren dem Elend und der Arbeitslosigkeit ein Ende zu machen. Wie andere vor ihm hatte er die nur allzu billige Rückgabe deutscher Gebiete und die Abrüstung der anderen Mächte auf deutsches Niveau gefordert – es sei dies der einzige Weg zu dem Frieden, hatte er lauthals verkündet, den er so leidenschaftlich herbeisehne. Amerikanische Rundfunkstationen und europäische Nachrichtenagenturen hatten seine Rede übernommen, seine erste im Rundfunk, seine erste als Kanzler. Er hatte seine öffentliche Meinung seither nicht geändert.[50]

Gelegentlich freilich schlug er den einen oder anderen Misston bezüglich Polen an – so forderte er im Februar im *Sunday Express* den Polnischen Korridor, und zwar in Gänze, was sein Außenministerium sofort dementierte, aber er versprach der Bevölkerung Ostpreußens am Abend vor der Wahl »bis zum Letzten dafür zu kämpfen«. In der Regel jedoch war er, wann immer die Welt zuhörte, um eine beruhigende Wirkung bemüht. Als er am 23. März die Abgeordneten des Reichstags aufforderte, ihm ihre Befugnisse zu übertragen, und die Verräter mit aller Härte auszurotten versprach, lobte er eine erneute britische Abrüstungsanstrengung in Genf. Die Maskerade verschaffte ihm etwas Zeit. Es war dies nicht der Augenblick, eine Konfrontation mit den Westmächten zu riskieren, die Franzosen oder die Polen zu provozieren oder den Goodwill der Briten zu gefährden, nicht wenn Deutschland militärisch schwächer war als sie und die Diktatur noch nicht fest im Sattel saß. Wenn ausländische Regierungen ihren Dementis hinsichtlich der Verfolgungen im Reich nicht glaubten, dann konnten sie sie vielleicht ja wenigstens von seiner Außenpolitik trennen. Selbst die liberale *Vossische Zeitung*, lange eine vehemente Kritikerin der Nationalsozialisten und nach wie vor – wenigstens noch für ein weiteres Jahr – im Geschäft, akzeptierte das. Ja, so räumte sie ein, der Regierungswechsel könnte bei den europäischen Nachbarn Besorgnisse hervorgerufen haben. Aber die Diplomatie erfreue sich ihrer eigenen Welt und gehorche ihren eigenen Gesetzen, die von Interessen und hartnäckigen historischen Realitäten bestimmt seien; die gewagtesten innenpolitischen Eskapaden europäischer Staaten ließen ihre Außenpolitik unberührt. Zar oder Volkskommissar, Demokrat oder Faschist, Ziel sei immer nur die eigene nationale

Außenpolitik. Hatte nicht Herriot selbst, so fragte die Zeitung, ebendies durch seine Annäherungsversuche an die Italiener und die Sowjets anerkannt?[51]

Das ganze deutsche Außenministerium, von Neurath bis hinab zum letzten Gesandten, versuchte, diese Botschaft an den Mann zu bringen. Lange bevor jemand im Ausland Zeit gehabt hatte, Hitlers Ernennung zu kommentieren, und lange bevor der neue Kanzler im Rundfunk zur Nation und zur Welt sprach, wies der Staatssekretär im Außenministerium Bernhard Wilhelm von Bülow seine Auslandsvertretungen an, die Wogen zu glätten. Sie sollten, so telegraphierte er ihnen am Tag vor Hitlers Ernennung, ihren Gastgebern versichern, das neue Kabinett würde sich an die Verfassung und an die demokratischen Regeln halten; Freiherr von Neurath im Auswärtigen Amt, Graf von Krosigk im Finanzministerium und General von Blomberg im Reichswehrministerium seien personifizierte Garantien für Kontinuität; und sie sollten sie erinnern, dass die deutschen Regierungen ihre auswärtigen von ihren inneren Angelegenheiten trennten.[52] So bekamen die Regierungen der Welt, im Osten wie im Westen, die erste der vielen Versicherungen, die in den kommenden Jahren folgen sollten. Am Tag nach Eingang des Telegramms übermittelte der deutsche Botschafter in Moskau dessen Inhalt dem besorgten Stellvertretenden Volkskommissar für Auswärtige Angelegenheiten Nikolai Krestinski. Die innenpolitischen Veränderungen, so versicherte sein Londoner Kollege zur gleichen Zeit dem britischen Außenminister, hätten keinerlei Auswirkungen auf Deutschlands Außenpolitik. Dasselbe bekam zwei Tage später in Washington der Staatssekretär im dortigen Außenministerium aus dem Munde des deutschen Botschafters zu hören; selbst kein Nationalsozialist, attestierte er den neuen Machthabern, »einschließlich Hitler selbst, eine geradezu pazifistische Mentalität«. Wieder zwei Tage später tat Neurath in Berlin sein Bestes, die Sorgen der Franzosen zu zerstreuen. Dem französischen Botschafter sei ja wohl nicht entgangen, sagte er diesem, wie maßvoll Hitlers Erklärungen zu Deutschlands auswärtigen Angelegenheiten ausgefallen seien.[53]

Was durchaus zutraf. Hitler und seine Minister gaben sich jetzt als nichts weiter als traditionelle Revisionisten, die – beseelt vom Gedanken universeller Fairness – öffentlich die Botschaft verkündeten, die die Diplomaten des Reichs ihren ausländischen Pendants hinter verschlossenen Türen überbrachten. Falls es tatsächlich zum Bruch gekommen sei, dann nicht mit ihren Amtsvorgängern, sondern mit ihrer eigenen Wahlkampfrhetorik. Niemand zweifelte daran, dass das neue Deutschland den Krieg ebenso fürchtete wie die internationale Ächtung. Die Nationalsozialisten, so schrieb der amerikanische Botschafter nach Hause, würden eher die chauvinistischeren unter ihren Anhängern enttäuschen, als unbesonnene Versprechen wie die Isolierung Frankreichs oder den Austritt aus dem Völkerbund einlösen oder sonstwie eine empfindliche internationale Ordnung umstoßen zu wollen. Aber was war mit morgen? Weder Diplomaten noch Journalisten neigten dazu, alles zu glauben, was sie von offizieller Seite zu hören bekamen, selbst wenn es Staatsdienern selbst für gewöhnlich so ging, wofür Bülow das beste Beispiel war. Manchmal beunruhigte sie das Spektakel mehr, als Worte sie wieder zu beruhigen vermochten.[54]

Als er am Freitag, dem 4. Februar in Neuraths Büro saß, zweifelte der französische Botschafter François-Poncet nicht einen Augenblick an den guten Absichten des Außenministers. Woran er zweifelte, das war der Schneid seines Gegenübers, seine Fähigkeit, der Naziführung Paroli zu bieten, zu schweigen von den aggressiven Regungen im Volk, die sie trugen. In den folgenden Wochen spürte François-Poncet sowohl Tendenz wie Gefahr. Ende März sah er sich noch immer außerstande, die deutsche Außenpolitik zu definieren, so unausgegoren schien die Doktrin, die da am Werk war, so uninformiert ihr Führer. Er machte sich jedoch so seine Gedanken über den Nazismus selbst. Er hatte *Mein Kampf* gelesen. Ihm waren die Anspielungen an Geist und Gemeinschaft von 1914 in Zeitungen und Äußerungen der Nationalsozialisten ebenso wenig entgangen wie die Frankophobie in den Liedern der Sturmabteilung und die Beschwörung der Befreiungskriege gegen Napoleon im vergangenen Jahrhundert; und es schmerzte ihn, all das von offizieller Seite geduldet zu sehen. Anfang März besetzten teils bewaffnete

SA-Einheiten, in Verletzung des Versailler Vertrags, einige leerstehende Kasernen der Reichswehr in Kehl am Rhein, was den Franzosen auf der anderen Seite Anlass zur Sorge gab. Die SA-Rowdies zogen tags darauf wieder ab, aber die offiziellen Entschuldigungen kamen zu langsam und klangen hohl; selbst Neurath, so schien es François-Poncet, war der Demagogie rundum erlegen und wagte nicht, der Presse gegenüber allzu großen Kummer über die Geschehnisse zum Ausdruck zu bringen.

Mag sein, dass das neue Reich noch keine der in *Mein Kampf* umrissenen außenpolitischen Grundsätze umgesetzt hatte: die Schwächung Frankreichs, das Bündnis mit England und Italien und die Schaffung neuen Lebensraums im Osten. Aber François-Poncet waren Gerüchte über Hitlers Entschlossenheit zu Ohren gekommen, die deutsche Diplomatie zu nazifizieren. Anfang April übernahm Alfred Rosenberg, Chefideologe der Nationalsozialisten und Chefredakteur des *Völkischen Beobachters*, ein Mann, der sich von Neurath unterschied wie der Tag von der Nacht, das soeben neugeschaffene Außenpolitische Amt der NSDAP. Er brachte dabei ein spezielles Interesse am Donaubecken und an Osteuropa zum Ausdruck. Zwei Wochen später sagte er der Hearst-Presse, das Letzte, was Deutschland wolle, seien Probleme mit Großbritannien oder den Vereinigten Staaten. »Unsere Aufmerksamkeit heute gilt Osteuropa. Dort liegen Deutschlands künftige Märkte.« Die Aussicht auf eine parallele Macht oder Schlimmeres – Infiltration und Übernahme – durfte alles andere als erfreulich für die Berufsdiplomaten in der Wilhelmstraße gewesen sein. Als François-Poncet sich mit Bülow traf, fand er ihn entsprechend melancholisch und desillusioniert. Der Staatssekretär riet dem Franzosen zu einem Treffen mit Hitler – dieser würde bald die alleinige Kraft hinter Deutschlands Außenpolitik sein. Seinem Rat folgend, traf François-Poncet sich einige Tage später mit dem Kanzler, den er wie schon im Februar eher komisch als zum Fürchten fand; aber er war höflich und umsichtig, erging sich in Phrasen, nicht bereit, sich festzulegen, als sei er sich seiner nicht ganz sicher. Das Dilemma um die deutsche Gefahr vertiefte sich.[55]

Die meisten Diplomaten stellten sich diesem Problem früher oder später; lösen freilich konnten sie es nicht. Wie sein französischer Kollege begann auch der britische Botschafter an den Erklärungen der Deutschen zu zweifeln, ihre Innenpolitik habe mit ihren auswärtigen Angelegenheiten nichts zu tun. Sir Horace Rumbold brauchte etwas länger; er schwieg sich über die Entwicklung in Deutschland größtenteils aus, bis er Ende April endlich *Mein Kampf* las. Das Buch war bis dahin noch nicht einmal in Auszügen auf Englisch herausgekommen, und das deutsche Original erschien Rumbold stilistisch so schwülstig wie von seinem Inhalt her phantastisch. Aber er nahm es ernst. In einem langen Memorandum schrieb er dem britischen Foreign Office, dass die Nationalsozialisten bereits mit ihrer Kampagne gegen die Juden begonnen hätten, und wenn sie von Frieden redeten, was er ihnen Anfang des Monats noch abgekauft hatte, dann nur, um ihre Gegner während ihrer Wiederaufrüstung einzulullen. Er hatte Hitlers hegemonische Ambitionen durchschaut und mehr oder weniger auch die Verbindung zwischen seinen innen- und außenpolitischen Zielen. Er blieb jedoch ambivalent, wollte die Hoffnung noch nicht völlig aufgeben, mit einem Führer verhandeln zu können, den er nach wie vor als weniger radikal erachtete als seine Anhänger.[56] Seine amerikanischen Kollegen, allesamt Berufsdiplomaten, die ihrer Regierung von Anfang an minutiös über die innenpolitischen Energien der Nationalsozialisten berichtet hatten, spekulierten selten über deren außenpolitische Ambitionen, falls sie ihnen überhaupt welche unterstellten. Charles Hathaway, der Münchner Konsul, hatte das bereits 1931 getan, als er Hitlers Buch immerhin so ernst genommen hatte, dass er es in einem langen Bericht sezierte. Drei Monate nach der Machtübernahme der Nationalsozialisten, im Mai 1933, wiederholte er, dass das Trachten nach der »Einheit einer Sippe im Krieg« und der »leidenschaftliche gewaltige deutsche Nationalismus« von Hitlers Buch der Schlüssel zum Verständnis des Nazismus seien und dass die aktuelle »Neuorganisation« Deutschlands von der Logik her durchaus zu einem Krieg führen könnte. In seinem fünfundvierzigseitigen Bericht jedoch konzentrierte er sich auf die Handlungsweise der neuen Regierung im eigenen Land; von irgendwelchen Bedrohungen Deutschlands für seine Nachbarn oder andere schrieb er nichts.[57] Sein Kollege in Berlin, Generalkonsul George Messersmith wies warnend darauf hin, dass die Nationalsozialisten auf Krieg aus seien; und er hörte nicht auf, vor ihnen zu warnen, nicht damals, nicht Jahre später als Ministerialdirektor im Außenministerium. Kaum einer von Hathaways oder Messersmiths Kollegen schloss sich den beiden an. Die Nationalsozialisten bemühten sich, der Isolation zu entgehen, sagte ein ranghoher Diplomat im Februar. Sie seien viel zu sehr mit innenpolitischen Angelegenheiten beschäftigt, um eine klar umrissene Außenpolitik zu verfolgen, erklärte ein anderer amerikanischer Diplomat, der US-Delegierte bei der Abrüstungskonferenz, nach einem Treffen mit Hitler im April; auf eine Prognose, was die Zukunft bringen könnte, ließ er sich nicht ein.[58]

Die Marxisten konnten auswärtige von innenpolitischen Machtkämpfen trennen, schließlich kennen Klassenkonflikte Landesgrenzen ebenso wenig wie der Kapitalismus selbst, aber die sowjetischen Diplomaten hatten prosaischere und weniger doktrinäre Gründe dafür, in den einen Hinweise auf die anderen zu suchen. Hitler griff als Kanzler den Bolschewismus ganz offen an, gab den Kommunisten die Schuld am Reichstagsbrand und verbannte sie aus dem öffentlichen Leben. Trotzdem empfing er Mitte März den sowjetischen Botschafter, eine Ehre, die bis dahin nur seinem italienischen Kollegen zuteilgeworden war. Naziagenten trieben Kommunisten zusammen und durchsuchten die Büros sowjetischer Handelsdelegationen, und dennoch versicherte Neurath Außenminister Litwinow, dass sich an den Beziehungen zwischen ihren Ländern nichts ändern würde. Was also sollten die sowjetischen Diplomaten in Berlin denken? Sie und ihre Vorgesetzten in Moskau, Stalin nicht ausgenommen, hatten die nationalsozialistische Gefahr nun schon so lange bagatellisiert. Jetzt begann sie ihre Zuversicht zu verlassen und einer Ambivalenz, um nicht zu sagen einer Verwirrung, zu weichen, die sich in den offiziellen – sprich den einzigen – Meldungen in der Presse offenbarte. Ende März erinnerte der Journalist und ehemalige Trotzkist Karl Radek, ein anerkannter Kenner auswärtiger Angelegenheiten, im Regierungsblatt *Iswestija* die Leser an den deutschen Imperialismus und den drakonischen Friedensvertrag von Brest-Litowsk, den man der »jungen Sowjetrepublik« 1918 aufgenötigt hatte; darüber hinaus erinnerte er sie an Hitlers Ambitionen im Osten, wie er sie in *Mein Kampf* zum Ausdruck gebracht hatte. Fünf Tage später druckte die *Iswestija*, wie um die Apologie des nationalistischen deutschen Blatts gutzuheißen, auszugsweise einen Artikel der *Täglichen Rundschau* ab, in dem man eine Grenze zog zwischen dem innenpolitischen Kampf gegen Kommunisten und Hitlers staatsmännischem Streben nach guten Beziehungen mit der Sowjetunion. Es blieb dabei unklar, welche Lesart des Nazismus – die essenzialistische oder die realistische – den Beifall von *Iswestija* und dem Volkskommissariat für Auswärtige Angelegenheiten fand.[59]

Womöglich in der Absicht, für Klarheit zu sorgen, hatte die sowjetische Führung im Herbst 1932 eine kritische Übersetzung von *Mein Kampf* für den internen Gebrauch in Auftrag gegeben. Übernommen hatte diese Aufgabe, womöglich in der Hoffnung, sich zu rehabilitieren, Grigori Sinowjew, ein bolschewistischer Purist aus Lenins innerem Kreis, der damals aber seiner Komplizenschaft im Rjutin-Komplott gegen Stalin wegen auf dem Weg nach Sibirien war. Als er im Frühjahr 1933 fertig war, bezeichnete er *Mein Kampf* als die »Bibel des deutschen Faschismus«. Er stellte die zentrale Rolle von Rasse und jüdisch-bolschewistischer Gefahr in Hitlers Denken heraus; seine Machtübernahme, darauf wies er nachdrücklich hin, stelle eine existenzielle Bedrohung für die Sowjetunion dar. Seine Analyse war eine ernüchternde Lektüre für das Politbüro; Hinweise darauf, dass sie diesem aus seiner Ratlosigkeit geholfen hätte, finden sich nicht. So sorgte man denn dafür, dass die Übersetzung nicht in die Presse und damit auch nicht an die Öffentlichkeit kam.[60]

Wenn sogar die sowjetische Presse akzeptieren konnte, dass eine Art Realpolitik die ideologischen Furien hinter der Innenpolitik der Nationalsozialisten zu ignorieren vermochte, warum nicht auch

Blätter im Westen? Sie stellten dieselbe Frage wie die Diplomaten, kamen diesen damit sogar manchmal zuvor. Die Italiener begrüßten ein weiteres faschistisches Regime als eine weitere Friedenstaube – würde es eine revisionistische Politik betreiben, es würde, wie der *Corriere della Sera* es ausdrückte, für ein »solides, ordentliches, ruhiges Deutschland« im Herzen Europas sorgen, seiner »Würde und Arbeit gewiss« und für den Frieden des Kontinents unerlässlich. In freieren Ländern hüteten Journalisten und Redakteure sich davor, ein Tyrannenregime mit der Sache des Friedens zu identifizieren. Aber auch sie trennten die Verbrechen innerhalb der deutschen Grenzen von Deutschlands Gebaren in Genf oder wo immer sonst Hitlers Wort nicht galt. Derlei innenpolitische Methoden bräuchten anderen Regierungen keine Sorgen zu bereiten, schloss *The Times* Ende März: »Noch deutet nichts darauf hin, dass der neue Kanzler sich mit dem Gedanken an eine unmäßige Außenpolitik trägt.« Ähnliches vermeldete auf der anderen Seite des Atlantiks die *New York Times* aus Berlin, und das obwohl sie fast täglich über antisemitische und andere Gräuel berichtete.[61]

Andere zogen die Stirn kraus und zögerten. »Bringt er Frieden oder Krieg?«, fragte der *Manchester Guardian*, bestürzt über die ominöse Art und Weise, mit der Hitler an die Macht gekommen war und diese jetzt – wenn auch vorerst nur zu Hause – zelebrierte. Opfer ähnlicher Zweifel wurden ausländische Journalisten, die Nazismus und »Preußentum« verwechselten, immerhin war »Preußentum« gleich Militarismus und Militarismus war nicht vom Sommer 1914 zu trennen. In seinem Buch *Deutschland stellt die Uhr zurück* (*Germany Puts the Clock Back*) diagnostizierte Edgar Ansel Mowrer von der *Chicago Daily News* im Februar 1933 Aufstieg und Triumph der Nationalsozialisten als eben eine solche Regression. Als eine Wiederbelebung des Geistes der Hohenzollern ohne die Rückkehr der Dynastie selbst, so schrieb er, fülle sie eine Leere bei einer »Nation natürlicher Extremisten«. Mowrer, als Auslandskorrespondent Präsident der Foreign Press Association in Berlin, brachte die Nationalsozialisten gegen sich auf und sah sich noch im selben Jahr ausgewiesen; allerdings hatte er selbst tatkräftig zur

Genealogie des Nazismus beigetragen, einer florierenden Branche, die die Ursprünge des Dritten Reichs in den Tiefen der germanischen Seele oder im Dunst der deutschen Vergangenheit sah. Ein Jahr später zog Wickham Steed, ein ehemaliger Chefredakteur der Londoner *Times*, über den Rassismus hinaus eine direkte Linie von Hitler zu Hegel, dem geistigen Vater des »absoluten Staats«; dass Hitler Hegel nie gelesen hatte, spielte dabei keine Rolle. Andere sollten folgen, auch Historiker. 1933 jedoch gab es eine dringendere Erinnerung, nämlich die an 1914 – dieselbe Erinnerung, die dazu führte, dass die Redakteure von *Le Temps* beim Gedanken an die Zeremonie im alten preußischen Schrein in Potsdam ein Schauder überlief.[62]

Einige wenige hatten schon in diesen ersten Monaten im Nazismus von *Mein Kampf* – und nicht etwa in den ursprünglichen fünfundzwanzig Punkten des Parteiprogramms, welche die Gutgläubigen zitierten und die Hitler ignorierte – eine Gefahr für ihr nationales Überleben erkannt. In Litauen hatte eine sozialistische Zeitung das Buch versehentlich als Pamphlet der NSDAP gelesen, von mehreren Autoren verfasst, aber unter Hitlers Namen erschienen; sie zitierte es, um die Bedrohung für das Baltikum allgemein und Litauens eigene Existenz im Besonderen zu enthüllen. Das Traktat an sich war schon gefährlich genug. In Paris erinnerte ein Korrespondent von *L'Europe Nouvelle*, den Fackelzug durch das Brandenburger Tor noch frisch im Gedächtnis, seine Leser daran, dass die Nationalsozialisten sich nie von *Mein Kampf* distanziert hätten und dass von jetzt an ihre Forderung nach Waffengleichheit nur mehr internationale Anarchie und das Recht des Stärkeren bedeuten könne. Einige wenige wiesen darüber hinaus warnend darauf hin, dass Hitler aus einem Guss und die nationalsozialistische Gewalt souverän und unteilbar sei – von ihm Respekt für die Ordnung und den Frieden Europas zu verlangen, hieße »auf einem stachelstrotzenden Kaktus Olivenzweige zu erwarten«. Alles in allem zog jedoch das außenpolitische Projekt im Herzen des Nazismus nie dasselbe Maß an Aufmerksamkeit auf sich wie das innenpolitische.[63]

Im litauischen Kaunas wie in Paris hatten die wenigen recht; aber selbst sie – und mit ihnen die Diplomaten – hatten nicht verstanden, dass es sich hier nicht um einen Nationalismus üblicher Prägung handelte. Er sprach dessen Sprache oder jedenfalls einen emanzipatorischen und irredentistischen Dialekt davon; es war die Rede vom Joch des Auslands – dem von Versailles und der Kommunistischen Internationale – und vom Los der deutschen Brüder jenseits der Grenzen. Außerdem hatte er den Appetit seiner nationalistischen Vorfahren aus dem 19. Jahrhundert auf innere wie äußere Feinde geerbt. Das Konzept des »Lebensraums« freilich machte da nicht halt. Niemand hätte sagen können, wo er aufhörte, und niemand würde es je erfahren, weil es so etwas wie eine Rassendiplomatie, die darauf eine Antwort hätte liefern können, nicht gab. Es war ein Nationalismus, der seine Grenzen gesprengt hatte, nur dass er für konventionelle Diplomaten zunächst noch die Maske des konventionellen Revisionismus trug.

In ihrem Bemühen um Verständnis suchten sie den Horizont eher nach dem Bekannten ab als nach dem Unbekannten. Botschafter Rumbold schloss sein langes Kabel, in dem er das Foreign Office auf die »phantastischen Vorschläge« in *Mein Kampf* aufmerksam machen wollte, mit einem Zitat Papens, der einige Wochen zuvor in Breslau erklärt hatte, der Nazismus sei in erster Linie eine Revolte gegen den Versailler Vertrag. »Dieses eine Mal«, so kommentierte Rumbold die Aussage, »sagte der Vizekanzler die ungeschminkte Wahrheit.« Er schrieb Hitler das Verdienst zu, die Schmach von Versailles – wenigstens symbolisch – getilgt zu haben, »wenn auch nur um den Preis, Europa einen erneuten Ausbruch von Nationalismus aufzubürden«. Kurzum, Hitler war den Diplomaten nur allzu vertraut, so unwillkommen er auch war. Der amerikanische Konsul in Stuttgart, dessen beunruhigendes Déjà-vu-Erlebnis im Februar auf seine Zeit in Rom ein Jahrzehnt zuvor zurückging, attestierte den ihn umgebenden Nationalsozialisten im April eine nicht allzu weit zurückführende Abstammungslinie. Wenn sie mit Ausländern zu tun hätten, so sagte er, fielen sie zurück in »den zynischen Militarismus ihrer Vorfahren aus der Vor Weimar-Zeit« – womit die

Hohenzollern gemeint waren. Für die Sowjets war ein endloser Rassenkrieg unvorstellbar, obwohl sogar Stalin Anfang 1934 vor den Plänen der Nationalsozialisten warnte, die Slawen dominieren zu wollen. Aber weder der Marxismus-Leninismus noch ihre eigene Lesart der europäischen Politik zog so etwas in Betracht. Unbeschadet Sinowjews Studie – wenn sie sie überhaupt gelesen hatten – vermochten die Sowjets die Hinweise auf die auswärtigen Ambitionen der Nationalsozialisten hinsichtlich der Wahl ihrer innenpolitischen Feinde nicht besser zu entschlüsseln als andere auch. Ihnen entging das Kontinuum.[64]

Aber das entging auch praktisch allen Deutschen. Die Nazis schmeichelten so vielem von dem, woran sie glaubten, dass sie den latenten Gefahren gegenüber blind waren. Die friedliche Revision des Versailler Vertrags, Gleichberechtigung und deutsche Ehre, die Erlösung der europäischen Zivilisation vom Kommunismus – noch einige Jahre sollten sie sich von diesen selbstgerechten Seichtigkeiten täuschen lassen. Rückblickend brüstete sich Goebbels 1940 sogar mit dieser Täuschung.[65] Stillschweigend überging er die vielen, die bequemerweise geneigt waren, ihnen auch so zu glauben. Ebenso wie er die kurzsichtigen und engstirnigen unter den auswärtigen Reaktionen ignorierte. Selbst die skeptischeren Journalisten und Diplomaten legten, wenn sie ihm und seinen Kumpanen zuhörten, die Situation ihrem eigenen jeweiligen nationalen und ideologischen Idiom entsprechend aus und sprachen von Hohenzollern, 1914, 1919, Klassenkampf, Nationalcharakter und allem, was ihnen sonst noch vertraut klang. Wenn sie ihren Landsleuten über ihre Befunde berichteten, sorgten sie für Verwirrung, Unwillen und manchmal auch Bitterkeit untereinander. In Frankreich verschwand bald jede Hoffnung auf einen Konsens hinsichtlich des Umgangs mit diesem jüngsten Anfall germanischen Wahnsinns in der nächsten ideologischen Fehde. Die Rechte, die die Trommeln nationaler Erlösung schlug und in der Heraufkunft Hitlers die bittere Frucht des *Briandisme* und dessen bedauernswerten Illusionen sah, begann sich bald zu fragen, ob das Reich nicht womöglich, zu Hause wie im Ausland, einen Puffer gegen den sowjetischen Kommunismus bilden könnte. Teile der Linken, der Sache der Abrüstung und des Friedens verbunden, begannen sich Sorgen zu machen über die Verwundbarkeit der Nation. Schon jetzt hörte die Rechte sich weniger kriegerisch an, die Linke dafür umso mehr. Hier war eine Inversion in Gang geraten, die sich im Lauf des Jahrzehnts beschleunigen sollte; zu wirtschaftlicher Stagnation und sozialen Unruhen kam so noch die ideologische Konfusion. Dasselbe Crossover war im benachbarten Belgien im Gange, wo die Presse vom rechten Flügel, die jahrelang den Nazismus als Gefahr für Frieden und Sicherheit dargestellt hatte, sich seiner plötzlich als Bollwerk gegen den Bolschewismus erwärmte; die Blätter der Linken, denen man einst Pazifismus und Germanophilie vorgeworfen hatte, warnten jetzt vor neuen Rissen im Versailler System. Das werdende Dritte Reich hatte das politische Leben innerhalb seiner eigenen Grenzen gewaltsam vereinfacht, im Ausland hatte es dieses nachhaltig kompliziert. Und auch das half Hitler.[66]

11 Komplizen wider Willen

»Unter keinen Umständen wird dieses Haus für König und Vaterland kämpfen« – so der Titel des am 9. Februar 1933 im Debattierclub Oxford Union zur Diskussion stehenden Antrags, den die Studenten schließlich mit 275 zu 153 Stimmen annahmen. Die Union hatte MacDonalds Regierung unterstützt, als diese im August 1931 die Geschäfte aufnahm, sich dann jedoch im Gegensatz zum Rest des Landes nach links bewegt und einen Gutteil sowohl des Konservatismus als auch der Oberflächlichkeit ihrer Vorgänger abgelegt. Immerhin hatte man hier schon über so gewichtige Themen wie »Ist es besser, ein Schurke denn ein Narr zu sein?« diskutiert. Niemand hatte groß über die Grenzen der Universität hinausgeblickt – bis jetzt.[1]

Andersdenkende stürmten das Büro der Union und rissen die Seiten aus der Kladde, auf denen die Abstimmung festgehalten war. In Cambridge schlugen aufgebrachte Studenten den Boykott der alljährlichen Ruderregatta zwischen den beiden Universitäten vor. Er habe sich nur an der Kriegsaversion der Regierung orientiert, erklärte einer der Sieger der Debatte lahm, als sei er nicht williger, für seine Meinung zu kämpfen als für den König.[2]

»›Unbritische‹ Oxforder Studenten. Kommunistischer Antrag bewegt die Stadt«, hieß es im *Daily Express*, dem zufolge die guten Leute in Oxford bestürzt und der Bürgermeister, die Bibel in der Hand, in Tränen ausgebrochen sei. Eine populistische Ader, die Patriotismus mit sozialen Ressentiments mischte, durchzog fast die ganze Woche über die Berichterstattung des Blatts. Eine eher herablassende *Times* bedauerte die Geschmacklosigkeit eines derartigen Vorfalls so kurz nach dem Krieg. Wenigstens reflektiere »die Kinderstunde« einer »kleinen Clique von Wirrköpfen« nicht die Meinung des übrigen Landes. Kommunistische Kabale oder studentische Albernheit, das Votum brachte die öffentliche Meinung auf und erweckte bei einigen Beobachtern im Ausland Hoffnungen oder Ängste, Großbritanniens Führungsnachwuchs würde für gar nichts mehr kämpfen wollen.[3]

Diese Leute hätten da einen schlechten Witz ohne Bezug zur Realität missverstanden, erinnerte sich ein Dozent der Universität Oxford einige Jahre später. Die meisten der Teilnehmer an der Debatte hätten eher den Krieg als den Patriotismus verurteilt, und wer immer für den schlecht formulierten Antrag gestimmt habe, der habe damit wahrscheinlich eher die Präferenz für einen Kampf für die kollektive Sicherheit – oder den Völkerbund oder eine rationale internationale Ordnung – zum Ausdruck gebracht als für die Symbole, die für die Hekatomben des letzten Krieges verantwortlich gewesen seien. *The Times* hätte auch darauf hinweisen können, dass die fraglichen »Wirrköpfe« nicht für alle Studenten gesprochen hatten und dass die Zahl der Meldungen beim Offiziersausbildungskorps der Universität plötzlich zunahm.[4]

Mehr noch als das Votum der Studenten enthüllte die Reaktion darauf die zugleich patriotische und unkriegerische Stimmung im Land. Die erzürnten Patrioten, die im Votum der Union eine Beleidigung für die Erinnerung derer sahen, die für König und Vaterland *gestorben* waren, sprachen nicht etwa von neuen Bedrohungen aus dem Ausland oder davon, der Gewalt mit Gewalt zu begegnen. Von Hitler war in ihrer Kritik nicht die Rede; sowohl die *Times* als auch der *Daily Express* beeilten sich, damals wie später, Mittel und Wege zu seiner Beschwichtigung zu finden. Auch die *Sunday Times* fand die Abstimmung der Studenten geschmacklos. Eine Woche zuvor jedoch, sechs Tage nachdem Hitler Kanzler geworden war, hatte sie noch jedwede neue Verpflichtung in Europa abgelehnt, das französische Insistieren auf Sicherheit bedauert und noch einmal ihr Credo beteuert: »Abrüstung ist das Richtige.« Später erteilte sie den Studenten ihre Absolution, da sie ihr eher gegen den Krieg als gegen den Patriotismus zu sein schienen – der die martialische Begeisterung nicht länger erforderlich mache, ja ihn sogar hier und da meide. »Beschwichtigung« hatte damals einen Unterton von aufgeklärtem Eigeninteresse und war der Inbegriff für nationale Vernunft und noch nicht für die feige Kapitulation – wenigstens nicht für die nächsten sechs Jahre.[5]

Weder in Großbritannien noch sonst wo entwickelte sich in diesen ersten Monaten seiner Existenz eine Massenbewegung ausländischer Sympathie oder Unterstützung für das Dritte Reich, mit Ausnahme einiger Volksdeutscher in Österreich oder in der Tschechoslowakei. Wo immer Zeitungen frei berichten konnten und Wochenschauen ihre Enthüllungen über das Treiben des neuen Regimes zeigen durften, kam es zu Bekundungen von Trotz, Furcht oder Abscheu. Nirgendwo jedoch war so etwas wie ein breites Engagement für eine Intervention oder gar einen Präventivkrieg in Aussicht. Einige Stimmen, in der Regel von rechts, warnten vor einer neuen deutschen Bedrohung und vor den Gefahren der Abrüstung. Der Boykott gegen deutsche Waren und Firmen verlor sich allmählich wieder, eine feindselige Beschwichtigungspolitik setzte ein.

Im Ausland spielte das Ideengut der Nationalsozialisten, soweit es überhaupt bekannt war, kaum eine Rolle. Die Öffentlichkeit wusste herzlich wenig über sie. Eine drastisch gekürzte englische Übersetzung von *Mein Kampf* erschien erst im Herbst in London und Boston, aber nach einem Schwung von Rezensionen und kurzzeitig guten Verkaufszahlen, ließ das Interesse der Briten wieder nach, während es in den USA vollends erlosch. Die Franzosen hatten da eher einen Sinn für die Gefahr, immerhin sahen sich in dem Buch nur die Juden in noch höherem Maße geschmäht als sie; entsprechend tiefer ging bei ihnen die Angst. In Frankreich erschien zunächst, ebenfalls im Herbst, ein schmales Bändchen mit Auszügen aus *Mein Kampf* nach dem Prinzip »Hitler in eigenen Worten«, dem im Frühjahr eine vollständige Übersetzung folgte – die allerdings prompt wieder eingezogen wurde, da sie nicht autorisiert war. Französische Leser mussten jedoch nicht auf das Interview warten, das Hitler im November *Le Matin* gab – »Krieg würde nichts lösen«, sagte er seinem Gast –, um etwas über ihn zu erfahren. Sie waren bereits 1932 von einem gut informierten Autor gewarnt worden, dass sie es mit einer neuartigen Massenbewegung zu tun hätten, deren Prophet alles andere als die Marionette der alten preußischen Militärkaste sei. Aber auch ihm waren die unheilvollen Projekte im Osten entgangen, die *Mein Kampf* prophezeite, Absichten, die jetzt von pazifistischer Heuchelei verdeckt waren. Sinowjews russische Übersetzung wurde wahrscheinlich erst Ende 1933 den Leuten in Stalins Kreis zugänglich, oder zumindest denen, die sie lesen durften; die sowjetische Öffentlichkeit erfuhr erst 1945 von Hitlers Buch, nachdem sein Autor im Führerbunker seinem Leben ein Ende gesetzt hatte. Noch in den dreißiger Jahren begannen Übersetzungen in der ganzen Welt zu erscheinen, die bis 1941 eine Million Leser gefunden hatten – während von der in zahlreichen Auflagen erschienenen deutschen Ausgabe zehn Millionen Exemplare vertrieben wurden. Wie viele davon ungelesen blieben, blieb dem Autor glücklicherweise verborgen; aber das spielte keine Rolle, da bereits in den ersten Monaten der Nazi-Ära Meldungen mehr zählten als Wissen und Angst mehr als Neugier. Wie auch immer, die Öffentlichkeit erfuhr genügend über *Mein Kampf*, um sich ein Bild von der radikalen Bedeutung des Nazismus zu machen, aber für die lesende Öffentlichkeit galt dasselbe wie für Diplomaten und Journalisten: Wie viel sollte man darauf geben?[6]

Überall in Ost- und Mitteleuropa verbreitete sich die Angst vor Invasion oder Unterwanderung. In Polen mochten Parteien und ihre Zeitungen unterschiedlicher Meinung über die unmittelbare Bedrohung sein, aber hinsichtlich der Grenzen herrschte Einhelligkeit – sie waren heilig und um jeden Preis zu verteidigen. Hatten die Teilungen nicht mit dem Polnischen Korridor begonnen? In Polen bedeutete »Revision«, unter der man fast überall sonst in Europa die Linderung anstößiger Vertragsklauseln verstand, nichts Geringeres als die Auslöschung der Nation. Bevor der belgische Autor und Journalist Georges Simenon 1933 das Wort auch nur aussprechen konnte, wussten seine Gastgeber bereits, was da kam. »Niemals! Nicht den Korridor, nicht Wilno, nicht die Ukraine … Wir haben hundertfünfzig Jahre gewartet!« Eine solche Häresie, die bloße Andeutung eines territorialen Verzichts würde den Schuldigen in diesem Land der langen Erinnerungen für immer erledigen; und würde eine Regierung, die Piłsudskis nicht ausgenommen, in diesem Punkt Druck aus dem Ausland nachgeben, wäre das für sie das Aus. Was die jüdischen Proteste in Synagogen und vor deutschen Konsulaten anbelangte, gingen die Ansichten auseinander, Regierungsanhänger und Antisemiten auf der Rechten kritisierten sie.[7] Aber hinsichtlich der Kampagne der deutschen Revisionisten war die sonst so geteilte polnische Meinung eins.

In der Tschechoslowakei wuchsen die Ängste vor den Auswirkungen des neuen Regimes auf die Deutschen im Sudetenland, wo ein Nationalsozialist im März bei Lokalwahlen sowohl über die linken als auch die moderaten Kandidaten gesiegt hatte – darunter ein Sozialdemokrat aus der Regierungskoalition. Die Jugoslawen teilten die Ängste der Polen vor einem deutschen Angriff unter neuer Flagge. Die Hälfte von ihnen hatte unter österreichisch-ungarischer Herrschaft gelebt, mit Wien und Budapest als Mittler des mächtigen Einflusses des deutschen Verbündeten; während des Krieges hatte er ihnen bei der Eroberung und Besetzung Serbiens geholfen. Die anderen hatten nach Erreichung der Unabhängigkeit von den Türken entlang des Wegs gelegen, den der »Drang nach Osten« von Berlin über Wien nach Bagdad nahm. »Nach den Juden«, sagte ein Professor von der Universität Belgrad dem französischen Botschafter, »sind die Slawen dran« – ein Gefühl, das in Prag und Warschau so einige teilten. Die Jugoslawen, die weder auf die Latinisierung noch auf die Germanisierung sonderlich erpicht waren, hatten sich obendrein ein Jahrzehnt lang mit den Einschüchterungsversuchen der Italiener herumschlagen müssen; entsprechend fürchteten sie mehr als alles andere eine Absprache zwischen dem älteren und dem neuen faschistischen Regime. Einige in dem besorgten multiethnischen Königreich hatten gehofft, Deutschland könnte Italien abschrecken, sich für Regionalismus und Dezentralisierung starkmachen und schwächere Nachbarn in Mitteleuropa in Ruhe lassen. Zusammen mit Weimar starben auch diese Träume.[8]

Der deutsche Botschafter in Großbritannien konstatierte im Mai eine Meinungsumkehr. In seinen üblichen Kreisen, selbst den unbedeutenderen, erinnerte ihn die kummervolle Feindseligkeit der Briten jetzt an die eines enttäuschten Liebhabers; vor Hitlers Machtübernahme waren sie Deutschland gegenüber noch so empfänglich gewesen. Premierminister MacDonald hatte ihm das mehr oder weniger schon einen Monat zuvor gesagt. Zu dem Umschwung war es seiner Ansicht nach in der ersten Maihälfte gekommen; jedenfalls war er ihm bei seiner Rückkehr von einer diplomatischen Mission in Rom aufgefallen.[9] »Ich glaube nicht, dass der Hitlerismus unser Volk profranzösisch gemacht hat«, schrieb Baldwins Vertrauter Thomas Jones im April einem kanadischen Freund, »aber er hat es doch innehalten und an der Weisheit seines Vertrauens zu Deutschland zweifeln lassen, das seit dem Krieg stetig gewachsen ist.«[10]

In Großbritannien wie in den Vereinigten Staaten mobilisierten, weit mehr noch als der Revisionismus, die antisemitischen Ausschreitungen die öffentliche Stimmung; dass das Urteil der Leitartikler fast einhellig hart ausfiel, trug dazu bei. Am 27. März taten in amerikanischen Großstädten, durch die tägliche Berichterstattung aufgebracht, eine Million Menschen ihr Mitgefühl für die deutschen Juden kund. Antisemiten waren keine zu sehen. Allerdings blieben viele Juden zu Hause aus Angst, derlei lärmige Demonstrationen und Boykotte könnten Repressalien gegen ihre jüdischen Brüder und Schwestern in Deutschland nach sich ziehen. Vor einem überfüllten Madison Square Garden in New York drängten sich 35 000 Menschen auf den Freitreppen der Wohnblöcke rundum; einige waren sogar auf die Dächer geklettert. Nicht seit dem Wahltag im November waren die Straßen vor dem einige Blocks entfernt gelegenen Biltmore so voll gewesen, damals, um zu feiern, jetzt, um zu protestieren. Aber konnte ein souveräner Staat sich in die Angelegenheiten eines anderen einmischen?[11]

Ende Februar marschierten einige hundert uniformierte SA-Leute von ihrer Seite des Flusses aus auf die Rheinbrücke zwischen

Weil auf der deutschen und Hüningen (Huningue) auf der französischen Seite, schwenkten Hakenkreuzflaggen und sangen »Deutschland über alles«. Ein französischer Bäcker auf der anderen Seite machte sich daran, eine Gegendemonstration zu organisieren, aber die Behörden rieten ihm ab. Überall in Elsass-Lothringen kam es zu Zwischenfällen. Im Département Moselle, das Deutschland 1871 annektiert und 1918 zurückgegeben hatte, sprachen die Leute noch Deutsch und reagierten zornig auf den Chor der annexionistischen Forderungen, der von der anderen Seite der Grenze in Form von Zeitungsartikeln und Radiosendungen herüberdrang.[12] In Pariser Kinos zischte man höhnisch, wann immer etwas vom Reich auf der Leinwand zu sehen oder zu hören war. Im berühmten Omnia-Pathé am Boulevard Montmartre bat der Direktor die Zuschauer, ihre Feindseligkeiten zu zügeln, als die Wochenschau den Pomp von Potsdam zeigte: Aufmärsche im Stechschritt, die Reichsadler der Reichswehr, Hindenburg mit seinem Marschallstab, Hitler auf einer Rednerbühne, Fanfaren und Salutschüsse der Artillerie.[13] Zu Hause zeigten die Franzosen im selben Maß die Unsicherheit ihrer Verbündeten im Osten wie den Unwillen ihrer Verbündeten im Westen. Sie fürchteten die Invasion und verurteilten die Verfolgung. Anfang April, als die Deutschen die antisemitische Kampagne im Land intensivierten, begannen Juden an der Gare du Nord einzutreffen, in kleinen Gruppen zwischen fünfzig und hundert, manche, um bei Freunden oder Verwandten zu bleiben, andere auf der Durchreise unter anderem nach Palästina. In Synagogen kamen Demonstranten zusammen; die Liga für Menschenrechte und die Internationale Liga gegen den Antisemitismus organisierten Meetings; Ladeninhaber verweigerten die Annahme deutscher Waren.[14] Die Gleichsetzung von deutscher Politik mit Deutschtum, die während des Krieges in der französischen Gesellschaft ihre Blütezeit gehabt hatte, lebte wieder auf.

Das neue Deutschland erfreute sich in keiner Weise der Begeisterung, die das neue Russland hervorrief; es sorgte nicht rund um die Welt für die Aufregung, die das andere gewalttätige Experiment in Sachen neuer Ordnung und Einparteienstaat entfacht hatte und die sich einfach nicht wieder legen wollte. Vertrautheit führte zu erhöhter Wahrnehmung. Fast überall in Europa und Nordamerika enthüllten die Zeitungen die deutsche und verschleierten die sowjetische Realität; während sie Erstere mit solider Berichterstattung ausleuchteten, umhüllten sie Zweitere mit dem Dunst von Mythos, Verwirrung und Spekulation.

Die Auslandskorrespondenten, die scharenweise in die Sowjetunion geströmt waren, um über den ersten Fünf-Jahres-Plan zu berichten, schreckten im Winter 1932–1933 davor zurück, die Gerüchte über Hungersnöte, Deportationen und wahllose Hinrichtungen weiterzugeben, und das obwohl sie untereinander kaum ein anderes Thema hatten. Im Dezember riet John Maynard Keynes Reisenden in die Sowjetunion, ihre Zweifel zum Schweigen zu bringen. »Das ist der richtige Geist für einen Besuch Russlands, wenn es einem gefallen soll.« Woran die Korrespondenten sich denn auch hielten. Das Regime entstaubte eine alte Regel aus dem Bürgerkrieg, um sie von notleidenden Gegenden fernzuhalten, und brachte sie stattdessen komfortabel in Moskau unter. Da sie die Gerüchte so nicht aus erster Hand verifizieren konnten und sie ihren Gastgebern ohnehin oft wohlgesinnt und entsprechend erpicht darauf waren, bleiben zu können, verzichteten sie geflissentlich auf jedwede Sensationshascherei. Die *New York Times*, die sich so gewissenhaft der Berichterstattung über die Verbrechen der Nationalsozialisten widmete, ignorierte die sowjetische Variante und vermittelte ihren Lesern stattdessen den Eindruck, die Sowjetunion habe es mit einer Reihe ernster, aber kompetent gemanagter Schwierigkeiten zu tun. »Im Vergleich zu anderen Ländern«, berichtete ihr Korrespondent Walter Duranty Mitte November, »hat die Sowjetunion den Vorteil des totalen inneren Friedens.« In *L'Europe nouvelle*, die ein so waches Auge auf das neue Deutschland hatte, spielte Louis Fischer zwar auf die Massendeportationen an, beließ es aber bei einem sachten Klaps auf die Hand. »Die Bolschewiki«, so sein Schluss, »müssen lernen, sich in Geduld zu üben.«[15]

Erst im März 1933 enthüllten Malcolm Muggeridge und Gareth Jones im *Manchester Guardian* die Gräuel in der Ukraine und im nördlichen Kaukasus. Muggeridge, der sich und seinesgleichen ein Jahr später in seinem Roman *Winter in Moskau* in einem satirischen Licht zeichnen sollte, hatte damals bereits seinem Glauben an die klassenlose Gesellschaft von morgen abgeschworen, mit dem er im Herbst in die Sowjetunion gereist war. Dasselbe galt für Eugene Lyons, der sich im selben Monat nach fast vier Jahren im Einsatz für Associated Press im Rahmen einer Lesetour durch die Vereinigten Staaten »endlich die Wahrheit über Russland« zu enthüllen entschloss. Aber weder Walter Duranty noch Louis Fischer von *The Nation* noch andere Sympathisanten oder Mitläufer des Regimes wollten die Wahrheit oder auch nur die Möglichkeit einer von Menschen verursachten Hungersnot akzeptieren. Eine solche Fixierung auf die Zukunft versperrte nicht nur ihren Lesern das rechte Verständnis der Gegenwart, sondern auch ihnen selbst. In Paris fühlte der gefeierte, aber mit öffentlichen Äußerungen eher zurückhaltende Autor André Gide sich genötigt, sein Schweigen zu brechen: Während der Hitlerismus einen verabscheuungswürdigen Rückfall in die Vergangenheit darstelle, so erklärte er eines Abends im März im überfüllten Saal einer Freimaurerloge, rechtfertige sich der sowjetische Terror über das »grenzenlose Versprechen der Zukunft«.[16]

Hätten sie es nur gewusst. Aber wenn es um die Sowjetunion ging, waren die Meinungen seit jeher vorgefasst gewesen, ungeachtet der jeweils verfügbaren Informationen. Die bolschewistische Revolution hatte viele in Hochstimmung versetzt, hatte vielen Angst gemacht, und im Lauf der letzten fünfzehn Jahre hatte sich das Verhältnis zwischen Konversion und Ernüchterung kaum geändert. Hätten die fernen Bewunderer verstanden, dass das Sowjetregime Millionen mehr seiner Bürger tötete, inhaftierte oder deportierte als sein nationalsozialistisches Pendant, vielleicht hätte sich das Maß der Entrüstung über die beiden umgekehrt. Doch der religiöse Glaube imitierte den wissenschaftlichen, indem er den Beweis vom Thron stieß und ihn durch das Dogma ersetzte. In seiner Jugend, den 1920er- und 1930er-Jahren, konnte der Sowjetkommunismus weltweit auf dem Fundament revolutionärer Traditionen bauen und so im Ausland in einem Maße Seelen erobern, wie das dem Nazismus nie möglich gewesen wäre. Welchen Reiz konnte der biologische Rassismus der Deutschen schon für ausländische Beobachter haben – selbst für die unter ihnen, die nicht unmittelbar davon bedroht waren?

Die große Frage, die den Pazifismus im Lauf des Jahrzehnts in die Bedeutungslosigkeit abdrängen sollte – wie viel Frieden man den Feinden des Friedens zugestehen sollte –, hatte sich noch nicht gestellt. Nirgendwo in der Öffentlichkeit zeitigte die Abneigung gegen das Regime und seine Methoden groß Forderungen, ihm durch die eine oder andere Art von höherer Gewalt ein Ende zu machen. In Großbritannien forderte man hier und da, ihm nicht länger entgegenzukommen. Lord Grey, der Außenminister, der Großbritannien 1914 in den Krieg geführt hatte und sich eher selten äußerte, warnte seine liberalen Parteigenossen vor der Gefahr, die Deutschland darstellen würde, wäre es erst einmal wieder so gut bewaffnet wie damals. »Es hat sich augenscheinlich in ganz Deutschland das Gefühl verstärkt«, sagte er in einer Rede vor dem Liberal Council, »dass Macht vor Recht gehe und alle Mittel legitim seien.« Man müsse aufhören, Konzessionen ohne Gegenleistung zu gewähren; die Ära von Stresemann und Brüning sei vorbei.[17] »Wer mit Friedrich dem Großen isst, der muss mit einem langen Löffel essen«, erinnerte E. L. Woodward vom Oxforder All Souls College seine Assistenzprofessoren. Nicht weniger entsetzt über das grausige Spektakel eines wiedererstarkten Preußentums als Grey, ging er noch einen Schritt weiter und fragte, wenn auch nur rein rhetorisch, in der *Times*, ob es denn für die friedfertigen Demokratien wie Frankreich und Großbritannien ratsam sei, »die gegenwärtige Überlegenheit ihrer Streitkräfte aufzugeben«.[18] Noch einen Schritt weiter ging Winston Churchill, als er seine Befriedigung darüber zum Ausdruck brachte, dass Deutschland nicht über schwere Artillerie verfüge. »Der Polnische Korridor wird von Polen bewohnt«, rief der ehemalige Außenminister und Architekt von Locarno Austen Chamberlain aus. »Wollen Sie es riskieren, je wieder einen Polen unter die Knechtschaft einer solchen Regierung zu stellen?« Vizekanzler

Papen legte im *Evening Standard* Protest gegen derlei Äußerungen ein. Sie zeugten, so klagte er, von einem mangelnden Verständnis der kommunistischen Gefahr.[19] Aber weder Grey noch Woodward oder Churchill sprachen für die Regierung oder die Mehrheitsmeinung im Volk. Die Abrüstung hatte nichts von ihrem Glanz verloren, die Wiederaufrüstung nichts von ihrem Schimpf; 1933 große Militärprogramme vorzuschlagen, passte politisch einfach nicht in die Zeit. *The Times* zum Beispiel hielt die Implikationen von Greys Bemerkungen, dass der Friede auf der militärischen Unterlegenheit Deutschlands beruhe, für gegenstandslos. Die Regierung, die für die Mehrheit sprach, bettete ihre Politik noch immer in eine völkerbundfreundliche Sprache, ein Idiom, das selbst bei den Linken von Labour ankam. Und Lord Cecil als Kopf der League of Nations Union, die immerhin um die 400 000 Mitglieder hatte, trat nach wie vor für Abrüstung und Waffengleichheit ein. Was nicht mit Gleichgültigkeit gegenüber dem neuen Regime gleichzusetzen war.[20]

Ebenso wenig wie in Großbritannien gaben sich in Frankreich die Pazifisten oder die Verfechter der Abrüstung so einfach geschlagen. So zornig die Rechte die Linke für das Wiedererstarken der Deutschen verantwortlich machte, von einer starken Hand, die dem Spuk ein Ende bereitete, war auch hier so gut wie nie die Rede. Anfang März schlug *Le Figaro*, um den Provokationen der Nazis am Rhein ein Ende zu machen, die abermalige Besetzung des von den Franzosen 1930 geräumten Mainz vor. Die Kollegen bei *L'Ordre*, ebenfalls ein Blatt der Rechten, prangerten die »non-résistance« mehr oder weniger direkt an und bezeichneten die Pazifisten, da sie Deutschland anstacheln würden, als Kriegstreiber.[21] Der Gedanke, aggressiv zur Tat zu schreiten, behagte jedoch niemandem. Die Radikalen in der Mitte konnten dabei nicht weniger naiv sein als die sozialistische Linke. In *La République*, dem Blatt, das dem damaligen Premier Daladier am nächsten stand, sah der Politologe und Kommentator Bertrand de Jouvenel den Lauf der Dinge folgendermaßen voraus: Hitler würde zuerst seine Macht über Regierung und Militär festigen, dann das Rheinland remilitarisieren und sich schließlich dem Osten zuwenden. Umso größer die Notwendigkeit, so sein merkwürdiger Schluss, zu einer Übereinkunft zu kommen. Deutschland rüste wieder auf, warnte der Chef der französischen Sozialisten Léon Blum im März. Er hatte die nationalsozialistische Gefahr nie verharmlost. Trotzdem sah er damals die Lösung nur in einer allgemeinen Wiederaufrüstung. Viele Jahre später, nachdem er als Premierminister die Wiederaufrüstung in die Wege geleitet hatte, nach dem Krieg, nach der Besatzungszeit und allem, was dazugehörte, bedauerte er diese Aversion – seine und die der Sozialisten in aller Welt – gegen die Gewaltanwendung 1933. Als »blökende Pazifisten« verhöhnt, so erinnerte er sich, hätten sie zu einem französisch-britischen Präventivkrieg gegen das deutsche Regime aufrufen sollen. Das hätte den weit schlimmeren von 1939 verhindert.[22] Aber es fehlte der Wille, und das nicht nur bei der Linken; und darüber hinaus de jure auch die Rechtfertigung eines solchen.[23]

In Polen hatte Piłsudski das im Vertrauen als Hypothese in den Raum gestellt, aber die Presse, die zwar über Revisionismus und Antisemitismus des neuen deutschen Regimes berichtete, hatte diese Option nie erwähnt, vielmehr sich dann, kaum dass sie davon Wind bekommen hatte, dagegen ausgesprochen. Der eine oder andere ging davon aus, dass ein so vehement antikommunistisches Regime der letzte Sargnagel in den deutsch-sowjetischen Vertrag von Rapallo von 1922 sein würde, und freute sich auf das Ende eines polnischen Albtraums.[24] Eine amerikanische Beteiligung an einer Intervention, egal welcher Art, stand außer Frage.

Was die Deutschen selbst anging, so vermochten sie, was immer sie von ihrem neuen Regime halten mochten, dessen Opferrolle auf der Weltbühne ebenso wenig zu verurteilen wie zuvor die der Weimarer Republik. Die Nazis hatten das Regime, das den Siegermächten Konzession um Konzession abgerungen hatte, praktisch ausgeweidet; aber sosehr sie seinen Kleinmut verurteilt hatten, so bemühten sie sich, es ihm in Besonnenheit nachzutun. Aber sie waren nun mal als Partei der nationalen Erlösung an die Macht gekommen; unmöglich, sich jetzt plötzlich entgegenkommend und konziliant zu geben. 1929 und 1930, als der Young-Plan im Gegenzug für die vorzeitige Räumung des Rheinlands und den Abzug des alliierten Aufsichtskomitees aus Berlin die Laufzeit der Reparationszahlungen bis 1988 verlängert hatte, wusste jeder, dass das Ende des Affronts gegen die Souveränität von solcher Bedeutung war, dass es die Neufestlegung von Reparationen, die man ohnehin nie zu zahlen gedachte, in den Schatten stellte.[25] Dennoch hatten die Nationalsozialisten von Kapitulation gesprochen. Wie dann auch im Sommer 1932, als die Alliierten vollends auf die Reparationen verzichteten, und gleich noch einmal im Dezember, als sie dem Reich das Recht auf Waffengleichheit gewährten. Diese Art von Demagogie verlor nichts von ihrer Wirkung. Sie half dem Regime, im eigenen Land das Gefühl für die erlittene Ungerechtigkeit wachzuhalten, so friedfertig es sich im Ausland auch geben mochte. Versailles wurmte die chronisch indignierte deutsche Bevölkerung nach wie vor. Selbst als er sich am 23. März, die Ehre der Sozialdemokraten hochhaltend, in der Kroll-Oper gegen die Selbstopferung des Reichstags aussprach, begrüßte SPD-Chef Otto Wels Hitlers Forderung nach deutscher Gleichberechtigung und erinnerte an seine eigene Zurückweisung der »Kriegsschuldlüge« 1919 vor einem internationalen Publikum in Bern.[26] Zwei Tage zuvor hatte Hitler zur Eröffnung des Reichstags in der Potsdamer Garnisonkirche den »Wahnsinn der Reparationen« angeprangert, als wäre seit 1919 nichts passiert. Beider Meinung hierzu grenzte fast an Einhelligkeit, obwohl Wels kurz darauf ins Prager Exil ging und später dann nach Paris.

Wie konnte ein im Ausland so unbeliebtes Regime solchen Erfolg haben? Wie konnte man von ihm das Erforderliche bekommen und sich des Unerwünschten erwehren? Wie sollte man sich einen Weg durch dieses Dornendickicht schlagen? Dergestalt waren die Fragen, die sich den anderen Regierungen stellten, als sie sich die Berichte ihrer Diplomaten, die Ansichten ihrer Presse und politischen Klassen durch den Kopf gehen ließen und nicht zuletzt die Gefühle der eigenen Nation.

*

Eine Option, die sich in Ländern anbot, in denen die Bevölkerung sich aufgrund eines staatlichen Medienmonopols besonders einfach im Dunkeln halten ließ, war eine Kollaboration, die über die widerwillige Duldung hinausging.

Die dunkelgrünen sowjetischen Eisenbahnwaggons, die im Herbst 1932 das Gold von Moskau nach Berlin transportierten, sahen aus wie alle anderen auch, waren aber zum Schutz des riesigen Safes und seiner Metallkassetten innen mit Stahlplatten gepanzert, die für den oberflächlichen Betrachter nicht zu sehen waren. Manchmal enthielten die Kassetten nicht nur Goldbarren und Münzen, sondern auch zweitausend Kilogramm des »weißen Goldes« Platin. Sie konnten aber auch Schmuck oder Kunstgegenstände aus dem Zarenschatz enthalten, was immer noch davon übrig war und den Kredit deckte, den die Sowjetunion so dringend brauchte, um seine Importe und seine ungestüme Industrialisierung zu finanzieren. In Moskau bestiegen bewaffnete Zivilisten die Züge; am Grenzbahnhof Indra stiegen Angehörige der lettischen Geheimpolizei zu. In Riga berichtete die lettische Presse über die Züge, die durchkamen, aber immer erst nachdem ihre kostbare Lieferung auf deutsche Züge mit europäischer Spurweite umgeladen war und das Land in Richtung der Tresore und unterirdischen Stahlkammern von Banken und anderen Kreditgebern in Berlin oder weiter westlich gelegenen Bestimmungsorten verlassen hatte.[27]

Inzwischen besuchte im deutschen Teil Schlesiens General Tuchatschewski die Herbstmanöver an der Oder, die auch Hindenburg besuchte. Außerdem waren ausländische Militärattachés angereist; nicht dass sie viel zu sehen bekamen, aber sie unternahmen lange Spaziergänge und speisten gut. Doch die Anwesenheit des stellvertretenden Volkskommissars für Militärische und Marineangelegenheiten an der Spitze einer Delegation eines Dutzends Offiziere, darunter zwei Korpsgeneräle des Heeres, war ein Wink an die Regierung Papen. Sie ließ das Interesse der Sowjets an einer Erneuerung der Militärkonventionen mit Deutschland erkennen, es galt die Möglichkeit gemeinsamen Handelns im Falle eines weiteren europäischen Krieges offenzuhalten.[28]

Hier traf eine chronische deutsche Angst vor der Umzingelung, die so alt war wie das wilhelminische Reich, vielleicht sogar wie das Königreich Preußen, auf eine jüngere sowjetische Angst vor einem Bund feindlicher kapitalistischer, vor allem europäischer Mächte. Um die Angst der einen zu zerstreuen und zu verhindern, dass die Befürchtungen der anderen sich bewahrheiteten, hatte sich eine natürliche Komplizenschaft zwischen den beiden Ländern entwickelt, die 1922 in Rapallo entstanden und noch immer quicklebendig war, als Hitler im Januar 1933 im Kanzleramt einzog.

In Rapallo hatte man diplomatische, wirtschaftliche und geheime militärische Beziehungen geschmiedet. Man hatte einander anerkannt, eine Geste, die für Parias kostbarer war als für andere; man hatte den Austausch sowjetischer Rohstoffe gegen fertige deutsche Produkte sowie Herstellung und Test deutscher Militärgüter und die Ausbildung von Fliegern vereinbart, und das alles fernab der wachsamen Hüter des Versailler Vertrags. Damit war die Sowjetunion auch Deutschlands größter Exportmarkt geworden; Fabriken produzierten dort Flugzeuge und Giftgas, und Militärschulen bildeten Panzeroffiziere und Piloten aus.[29]

Ursprünglich war ihre Partnerschaft auch als Gegengewicht zur französischen Überlegenheit gedacht; eine nachhaltigere Raison d'Être freilich bot sich mit Polen als gemeinsamem Feind. General Hans von Seeckt, Vater der Reichswehr und einer der einflussreichsten Strategen Deutschlands, sah das auch noch so nach Hitlers Machtübernahme. In seiner Anfang 1933 veröffentlichten Broschüre *Deutschland zwischen Ost und West* bezeichnete er eine konziliante Politik gegenüber der Sowjetunion als Eckpfeiler deutscher Politik und begründete sie mit dem unversöhnlichen Aufeinanderprall deutscher und französischer Interessen sowie der Existenz Polens an sich. »Wollen wir noch einmal zwischen zwei Feinde genommen werden?«, so seine rhetorische Frage. Einzig mit Russland gemeinsame Sache zu machen, könnte es Deutschland ermöglichen, sich dem Erzfeind im Westen zu stellen. »Haltet mir nur den Rücken frei!«, lautete seine Aufforderung an die deutsche Politik in Anspielung an Graf Schlieffens Wort vom starken rechten Flügel.[30]

Die *Tägliche Rundschau* zitierte im Februar ausgiebig daraus. Schleicher, der Reichswehr und der Rechten nahestehend, drückte in der Zeitung die weitgehende Eingenommenheit dieser Kreise von der deutsch-sowjetischen Feindseligkeit gegenüber Polen aus.[31] Im September brachten die Zeitungen dieser Kreise Fotos von Hindenburg beim Händedruck mit sowjetischen Offizieren an der Oder.[32] In dieser Hinsicht war Hitler atypisch, aber kaum jemand nahm seine territorialen Ambitionen im Osten in ihrem ganzen Ausmaß so ernst wie seinen Antibolschewismus.

Was die Sowjets anging, so half der Import von Maschinen, Kapital und Knowhow aus Deutschland sowohl bei der Erfüllung des Fünf-Jahres-Plans als auch bei Aufbau ihrer militärischen Infrastruktur. Außerdem hielt er ihr, jedenfalls eigener Ansicht nach, die Feinde vom Leib. Was immer Deutschland Frankreich oder den anderen Westmächten näher zu bringen schien, so etwa Locarno 1925 oder 1929 Den Haag, als der Young-Plan die Reparationskrise entschärfte, oder Brünings Besuch in Paris 1931, es bereitete den Sowjets Sorgen, da derartiges Fraternisieren nur gegen sie gerichtet sein konnte. Der deutsche Nationalismus als sicherstes Mittel zur Zersetzung der europäischen Einheit konnte den Sowjets also womöglich durchaus dienlich sein, was denn auch für die Regierung Grund genug war, dem Aufstieg der Nationalsozialisten mit Gleichmut entgegenzusehen. Sie fürchteten die französische Hegemonie oder eine westliche Koalition mehr als den Faschismus – schon gar wenn sie, wie sie vermuten mussten, stillschweigend Japan in seinem Treiben im Fernen Osten bestärkte.[33]

Nach Hitlers Machtübernahme freilich konnten sie, selbst wenn sie gewollt hätten, nicht länger über die antikommunistischen Ausbrüche und den Militarismus der neuen deutschen Regierung hinwegsehen. Schleichers gen Westen gerichtete Variante hatte sie nicht über Gebühr zu beunruhigen brauchen; Hitler dagegen betrat mit der seinen Neuland, was ihnen angesichts der japanischen Bedrohung in Ostasien zu denken gab. Andererseits sah man durchaus die Möglichkeit, dass der augenblickliche Modus Vivendi, zu kostbar, um ihn über Bord zu werfen, das Gepolter des Führers überstand. Seeckt hatte die militärische Zusammenarbeit zwischen Deutschland und der Sowjetunion aus der Taufe gehoben, während er 1923 die kommunistischen Aufstände energisch unterdrückte. Und Blomberg, seit seiner Zeit als Chef des Truppenamts – des verkappten Generalstabs der Reichswehr – Ende der 1920er-Jahre einer der aktivsten Baumeister der Partnerschaft, war jetzt Reichswehrminister. In der Moskauer Botschaft war ein neuer deutscher Militärattaché eingezogen, ein Russlandkenner, der Tuchatschewski im September 1932 durch das Herbstmanöver begleitet hatte.[34] Aber auf jedes Zeichen der Wertschätzung kam eines der Feindseligkeit, nicht zuletzt Hitlers Geschichten über das Elend, das der Marxismus über das sowjetische Volk gebracht habe. Ende Februar, als Göring jüngst aus der Sowjetunion in Deutschland eingetroffene Kommunisten für den so opportunen Reichstagsbrand verantwortlich gemacht hatte, einigten sich deutsche und sowjetische Unterhändler über die Refinanzierung der Schulden für deutsche Importe und Erleichterungen hinsichtlich des akuten sowjetischen Devisenproblems. Da sie sich nicht sicher war, wie sie derart launisches bis widersprüchliches Verhalten interpretieren sollte, zögerte die sowjetische Führung – eine Haltung, die sich in Form ambivalenter Pressemeldungen auf das Volk übertrug. Die rechte Hand der deutschen Regierung wisse nicht, was die linke tue, klagte *Iswestija* im März. Manchmal berichtete die Sowjetpresse über deutsche Affronts, manchmal schwieg sie sich taktvoll darüber aus.[35]

Die Sowjets brauchten Frieden, so weit waren die Volkskommissare sich einig. Allein schon die Japaner, die es im Osten mit allen Mitteln zu beschwichtigen galt, sorgten für einen starken Anreiz, sich mit dem Westen gutzustellen. Angesichts von Hunger, Knappheit, Aufständen und einer forcierten Entwicklung der Wirtschaft konnte man sich im Augenblick keinen Krieg leisten, weder im Osten noch im Westen. Aber dem sowjetischen Gruppendenken zufolge bereiteten für andere unvorstellbare Härten das Land auf den Kampf vor, komme er nun morgen oder übermorgen. Militärische Schwäche war für die Bolschewiki die Folge wirtschaftlicher Rückständigkeit; damit hatte Stalin 1931 den ersten Fünf-Jahres-Plan gerechtfertigt, der seit 1928 lief, und jetzt, im Januar 1933, tat er dies abermals vor dem Zentralkomitee der KP. Wo der Plan nun erfüllt war, und das in nur vier statt fünf Jahren, berief er sich mehr als auf jede andere auf die militärische Notwendigkeit zur Rechtfertigung seiner Härten wie seiner Hast. Niemand war in die Sowjetunion eingefallen, niemand hatte interveniert; er hatte falschen Alarm geschlagen. Aber die gut ausgerüsteten Imperialisten hätten zu jeder Zeit versucht sein können, sagte er, und »in diesem Fall ... hätten wir einen blutigen und ungleichen Krieg gehabt, da wir in einem solchen Krieg dem Feind fast unbewaffnet gegenübergestanden hätten«. Der Plan, so behauptete er nicht ganz ehrlich, habe die Sowjetunion militärisch unabhängig gemacht. Er habe das Fundament gelegt, auf dem der nächste Plan würde aufbauen können, aber für den Augenblick habe er das Land in einen noch chaotischeren Zustand gebracht, habe es noch verwundbarer gemacht als vier Jahre zuvor. So gelte es jetzt in erster Linie, seine zahlreichen Gegner zu beschwichtigen.[36]

Die Frage war nur, wie? Hierin konnten die Kommissariate sich nicht einigen. 1932 tat die Sowjetdiplomatie bereits erste Schritte aus ihrer ideologischen Isolation und bemühte sich um Bündnisse, Entspannung, ja sogar Freundschaften auf der Weltbühne. Für Außenminister Litwinow nahm sich eine deutsche Hegemonie langfristig bedrohlicher aus als eine französische. Anstatt also auf ein Fortbestehen Rapallos zu hoffen oder darauf, die europäischen Mächte gegeneinander ausspielen zu können, machte er sich daran, ein Netz zu spinnen, mit dem sich Deutschland eindämmen, der Frieden erhalten und die Sowjetunion sichern ließ. Als Hitler das Kanzleramt übernahm, hatte die Sowjetunion bereits Nichtangriffspakte mit fünf seiner westlichen Nachbarn, direkte wie indirekte, unterzeichnet oder ratifiziert, darunter Polen und Frankreich. 1933 bemühte er sich um drei weitere sowie um diplomatische Beziehungen mit den Vereinigten Staaten und ein weiter gefasstes Abkommen zur Definition von Aggression mit einem Dutzend Staaten, zu dem Deutschland nicht gehörte. Mit Litwinow schien sich die Sowjetunion in dem Maße für den Gedanken der kollektiven Sicherheit erwärmt zu haben, in dem Japan und Deutschland diese und den Völkerbund mit Waffen und Worten herausforderten; sie schien den Revisionismus abgelegt und sich in den Status quo gefügt zu haben. Die Mächte, die eine Revision von Versailles anstrebten, so erklärte im Mai Karl Radek, ein Spezialist der Partei für auswärtige Angelegenheiten, in der *Prawda*, seien selbst zur Kriegsursache geworden. Das schmeckte in Moskau weder den hartnäckigen Befürwortern einer Zusammenarbeit mit den Deutschen, in deren Augen das Polen-Problem ohne eine solche nicht zu lösen war, noch denen, die die Vereinigten Staaten und die europäischen Westmächte verdächtigten, einen Krieg zwischen den Sowjets und den Japanern orchestrieren zu wollen, noch den bolschewistischen Fundamentalisten, denen Pakte oder Bündnisse mit einem kapitalistischen Lager gegen ein anderes grundsätzlich ein Dorn im Auge waren.[37]

Die diplomatischen Fallstricke ihrer heimischen Xenophobie wie ihrer auswärtigen – und heimischen – Angst vor Spionen offenbarten sich im März. In diesem Monat durchsuchten Beamte der OGPU die Anlagen der Metropolitan-Vickers Electrical Company vor den Toren Moskaus und verhafteten vier britische Ingenieure und vier sowjetische Beschäftigte. Die Razzia und weit mehr noch der folgende Schauprozess wegen Sabotage und Spionage untergruben Litwinows Londoner Bemühungen und brachten die Meinung in Großbritannien, ja überhaupt im Westen, in weit höherem Maße gegen die Sowjets auf, als die dürftige Berichterstattung der westlichen Presse über menschengemachte Hungersnöte es je vermocht hätte. In einem engstirnig isolationistischen Ton nahm die Militärzeitung *Krasnaja Swesda* ihre Attacken gegen die britische Außenpolitik wieder auf. Die sowjetischen Behörden wandelten die zwei bzw. drei Jahre Haft für die unseligen britischen Angestellten von Metropolitan-Vickers jedoch rasch in mildere Strafen um, was die sowjetische Politik für einige Jahre im Glanz von Litwinows aufsteigendem Stern erstrahlen ließ.[38]

Die Weltrevolution konnte warten – jedenfalls nach Stalins Doktrin vom »Sozialismus in einem Land«, aber deren Implikationen für die Außenpolitik waren nie so ganz klar gewesen. Jetzt begann

Litwinow sie zu erklären. Niemals, so erklärte er in Genf, würde eine Konterrevolution im Ausland zu einer bewaffneten sowjetischen Intervention führen, was einem Verrat am offiziellen Dogma gleichkam, das die Rote Armee seit jeher als Instrument der Weltrevolution gesehen hatte. Es schmeckte den Fundamentalisten nicht, Theokratien gestehen sich Fehler nur ungern ein. Aber für den Augenblick mussten sie sich fügen. Die UdSSR, so erklärte die *Iswestija*, sei sich wohl bewusst, dass »die Menschen aller Länder ihren eigenen Weg in die Emanzipation finden« würden. Unter dem Druck der Umstände machte man Friedensangebote, insbesondere Polen und Frankreich. Im Mai ehrte die *Iswestija* die sowjetisch-polnische Annäherung mit einem Artikel auf der Titelseite. Nie waren die Beziehungen zwischen den beiden Ländern besser gewesen, darin waren die polnische Gesandtschaft und das sowjetische Volkskommissariat für Auswärtige Angelegenheiten sich einig. Und den Puristen von der Kommunistischen Internationale, die seit langem schon ihre Tempel der Revision von Versailles und der Subversion des polnischen Regimes geöffnet hatten, war nichts anderes übriggeblieben, als mitzuspielen. Russischen und deutschen Kommunisten war es zur Gewohnheit geworden, sich mit »Auf nach Warschau!« zu verabschieden. Und jetzt?[39]

Viele deutsche Befürworter der alten sowjetischen Entente zeigten sich angesichts derlei Entwicklungen zutiefst beunruhigt. Unter dem Eindruck der aufs Neue erwachten Angst vor der »Einkreisung« machten sie sich Sorgen, die antibolschewistischen Ausfälle des neuen Regimes könnten die Sowjets den Erbfeinden Deutschlands in die Arme treiben. Die Zeitungen der Rechten und der Mitte, die einzigen, die noch erschienen, schlugen Alarm. Zweimal, erst unter Katharina der Großen und dann 1914, so erinnerte die konservative alte preußische *Kreuzzeitung* ihre Leser, habe Frankreich sich mit den Russen gegen Preußen bzw. Deutschland verschworen; dazu dürfe es nicht noch einmal kommen. Die katholisch-konservative *Germania* wies warnend darauf hin, Deutschland sei heute isolierter denn je. Die liberale *Vossische Zeitung* sah im französisch-sowjetischen Pakt den Höhepunkt der französischen Suche nach einem

Verbündeten im Osten seit Richelieu. In der Wilhelmstraße brüteten die Diplomaten über den Trümmern, die angesichts der neuen Freundschaft zwischen den Sowjets und den Machern von Versailles von einem Dutzend Jahren harter Arbeit noch übrig geblieben waren. »In nur wenigen Monaten«, so sagte einer von ihnen dem französischen Botschafter, »hat Deutschland 100 % des Einflusses verloren, den es in der Welt wiedergewonnen hatte.« Offiziere um Schleicher brachten die Sorge zum Ausdruck, ein französisch-sowjetisches Militärbündnis könnte ihr eigenes ersetzen. Nach einer antibolschewistischen Wahlkampftirade in Königsberg sah Hitler sich von Industriellen und Bankern daran erinnert, dass Bestellungen der Russen ein Drittel der deutschen Exporte ausmachten und Hunderttausenden Arbeit gaben. Hier stellten sich handfeste Interessen gegen die Ideologie.[40]

So kam es denn zum Kompromiss. Binnen Jahresfrist hatte Hitler, was er wollte, und die militärische Zusammenarbeit mit der Sowjetunion war zu Ende. In diesem Herbst besuchte ein Dutzend deutscher Offiziere ein letztes Mal Moskau; deutsche Fabriken schlossen, Fachkräfte kehrten zurück ins Reich. Aber das alles spielte jetzt keine so große Rolle mehr – Deutschland stellte sich offen gegen Versailles, es scheute nicht mehr davor zurück, Panzer und Material zu Hause zu bauen. Und auch die Sowjetunion produzierte jetzt am Fließband Kriegswaffen; sie benötigte die deutsche Hilfe nicht mehr.[41] Die Schwarzseher, die die Wiederkehr des nationalen Albtraums einer französisch-sowjetischen Allianz prophezeiten, vergaßen bei alledem, dass nur geopolitische Erwägungen, nicht aber Regime von Dauer sind. Außerdem würde die antikommunistische französische Rechte niemals zulassen, dass die Tändelei mit den Sowjets das alte Ausmaß der militärischen Entente mit ihrem zaristischen Vorgänger annehmen würde. Sie vergaßen mit anderen Worten, dass 1933 eben nicht 1914 war. Und ob nun in Form einer Leihgabe technischer Spezialisten oder nicht, der Gedanke von Rapallo lebte weiter. Im Mai einigten die Außenministerien Deutschlands und der Sowjetunion sich auf die Ratifizierung der Protokolle von 1929 und 1931 sowie auf die Verlängerung des Vertrags von 1922. Die Berliner Zeitungen applaudierten, und nicht nur die nationalsozialistischen. Der *Völkische Beobachter* nannte die Einigung einen Schritt hin zum Frieden; die *Kreuzzeitung* nannte sie im Namen des Stahlhelms eine willkommene Warnung sowohl an das deutschfeindliche Polen als auch an die unnachgiebigen Mächte Frankreich und Großbritannien; die *Vossische Zeitung* sprach etwas nüchterner von einem Akt, der möglicherweise für etwas Entspannung sorgte. Die Moskauer Nachrichtenagentur TASS veröffentlichte das Kommuniqué und kam zu dem Schluss, dass Hitler damit Rapallo neues Leben eingehaucht habe.[42]

Hitler beruhigte die Sowjets wie alle anderen auch. Als er – auf Verlangen von Industrie und Bankern – Ende April den sowjetischen Botschafter empfing, strahlte er übers ganze Gesicht. Er tat die Razzia im Büro einer sowjetisch-deutschen Ölfirma in Hamburg ein paar Tage zuvor als Ausnahmefall ab, als Zusammentreffen unglücklicher Umstände, und versicherte, die guten Beziehungen zu den Sowjets hätten bei ihm eine hohe Priorität. *Der Angriff*, ein Sprachrohr von Goebbels' Propagandaministerium, sagte in etwa dasselbe. Der Kanzler und die Minister förderten Geschäft und Handel, um die Diplomatie zu retten und ihr weiteren Schaden durch ihren inbrünstigen Antibolschewismus zu ersparen.[43]

Aufseiten der Sowjetunion war der Kompromiss ebenfalls eine Frage der Staatsräson und stabiler Beziehungen mit dem Ausland an sich. Litwinows Öffnung gegenüber den ehemaligen Feinden hatte nie eines glatten Bruchs mit Deutschland bedurft, und noch im selben Jahr sagte er dem Zentralen Exekutivkomitee der Partei, die Sowjetunion würde niemals aggressive Schritte gegenüber Deutschland auch nur in Erwägung ziehen. Stalin hatte die Avancen seines Kommissars für Auswärtige Angelegenheiten ehemaligen Gegnern gegenüber nie so verstanden, dass sie weniger förmliche Beziehungen mit dem einzigen Nachkriegsfreund ausschließen würden, und so verfolgte inmitten des ohrenbetäubenden Krieges der Worte, fernab von Abkommen und Publicity, eine ruhige Diplomatie ihre Ziele. Dasselbe galt für die weit unmittelbarere Bedrohung durch Japan. Im Sommer mahnte der sowjetische Botschafter zur

Vorsicht. Er riet dazu, die Annäherung an Polen und Frankreich zu betreiben, ohne Deutschland fallenzulassen, und sei es nur für die Augen seiner Gegner. Man machte mit anderen Worten Realpolitik, und im folgenden Februar, auf dem XVII. Parteitag – dem »Parteitag der Sieger« über Kulaken und andere Elemente –, sollte Stalin bekanntgeben, dass »wir uns nicht nach Deutschland hin orientieren, so wie wir uns nicht nach Polen oder Frankreich hin orientieren«. In dem riesigen Stahlwerk, das man bei Magnitogorsk baute, stellte ein amerikanischer Ingenieur fest, dass der sowjetische Arbeiter keinerlei spezielle Antipathien gegenüber den Nazis hegte – ebenso wenig wie die Presse und, wie er hätte hinzufügen können, Stalin selbst. Sie waren Akteure in einer feindseligen Landschaft, die bereits seit den 1920er-Jahren in ihr Bewusstsein eingeprägt war.[44]

Beide Mächte hielten sich ihre Optionen offen. Sie hatten weder die Diplomatie noch Bündnissysteme auf den Kopf gestellt. Beide hüteten sie sich vor Krise und Konfrontation, weder miteinander noch mit Dritten. Was sie jedoch nicht von Absprachen mit anderen abhielt, solange sie sich etwas davon versprachen. Im April 1933 bat der deutsche Botschafter in Moskau seine Regierung dringend, die Beziehung zur Sowjetunion, »mit der wir früher oder später eine gemeinsame Grenze haben werden«, nicht weiter zu vernachlässigen – etwas, was Seeckt und seine Jünger schon seit Rapallo gesagt hatten. Zwei Jahre später prostete der Vorsitzende der Oblast Kiew bei einem offiziellen Empfang deutschen Diplomaten zu. »Und gemeinsam«, rief er in seinem Trinkspruch, »werden wir wieder Warschau bombardieren!« Nach Ansicht des deutschen Konsuls galten seine Worte Berlin. Weitere vier Jahr später, im Sommer 1939, verbargen sich einmal mehr hinter Gesprächen mit merkantilem Hintergrund alles andere als merkantile Absichten. Der Hitler-Stalin-Pakt in jenem August kam als Schock für die Welt. Was eigentlich nicht hätte sein müssen.[45]

Anfang der 1930er-Jahre erwartete keine der beiden Mächte, dass dieser Modus Vivendi für die Ewigkeit sein würde. Ihre kalkulierten Artigkeiten konnten ihren anhaltenden Argwohn gegenüber

Besuchern aus der äußeren Finsternis nicht verschleiern, wurzelte er doch in einem Glaubenssystem, das innere wie auswärtige Feindschaften zu Existenzbedingungen und politischen Axiomen erhob. Ihre Realpolitik diente so einigem alles andere als Realem, nicht zuletzt der Unvermeidlichkeit eines Krieges gegen Rassen- oder Klassendämonen. Unter Ausnutzung seiner Vaterlandsliebe wie auch seiner Unkenntnis einer weiteren Welt versuchten sie ihr Volk mit solchen überzeichneten Zukunftsbildern zu indoktrinieren. Ein Nebeneffekt davon war die Zunahme der Anarchie in den internationalen Beziehungen, schließlich gedachte man, das Gleichgewicht früher oder später zu kippen, nach dem man zu leben vorgab.

*

Schwächeren Mächten, die entschlossen waren, dem neuen Deutschland die Stirn zu bieten, nutzten die Option, es durch diplomatische Mittel in Grenzen zu halten oder es zu hintergehen.

Die Italiener boten ein Spiegelbild der Sowjets: Sie feierten das nationalsozialistische Regime mit Worten, hielten es sich aber mit Taten vom Leib. Moskau wie Rom kehrten die Heuchelei des anderen um. Mussolini hatte Hitlers Ehrerbietung für ihn nie erwidert. So wie er an den Aussichten des Kandidaten gezweifelt hatte, misstraute er jetzt den Absichten des Kanzlers. Unbeeindruckt von dessen Gerede über ein natürliches Bündnis in *Mein Kampf*, »diesem gewaltigen Ziegel, den ich nie habe lesen können«, wies Mussolini wiederholt Hitlers Bitten um eine Audienz ab. Ebenso wenig erlag er im Folgenden dessen Beschwörungen ungestörter Einflusssphären – Italien im Mittelmeerraum, Deutschland in Osteuropa – oder seines Langmuts hinsichtlich der ethnischen Deutschen im früher österreichischen Südtirol, das in Versailles an Italien gegangen war. Selbst während die italienische Presse dem Erstarken des Dritten Reichs applaudierte, hüteten sich der große Skeptiker im Palazzo Venezia und andere Faschisten um ihn herum, auf die erneuten Annäherungsversuche des neuen Kanzlers zu reagieren.[46]

Mussolini, der Begründer des Faschismus und Hitlers Schutzgeist, zweifelte am Urteilsvermögen seines Jüngers. Er hielt seinen antisemitischen Feldzug für unklug, was er ihn auch wissen ließ – zusammen mit einer Warnung vor der Reaktion »des Weltjudentums«. Das wiederum wurmte Hitler, der dem italienischen Botschafter gegenüber klagte, sein Duce verstehe die weltweite Bedrohung des Judäo-Bolschewismus nicht, vermutlich weil es so wenig Juden in Italien gebe. Außerdem sah Mussolini in der deutschen Wiederaufrüstung – erst ein Weimarer Projekt, jetzt eine Obsession der Nationalsozialisten – ein zweischneidiges Schwert. Es konnte das Ende der französischen Vorherrschaft bedeuten, konnte aber auch eine Bedrohung für Italien sein. Ein Jahr zuvor, im März 1932, hatte er dem Faschistischen Großrat erklärt, es würde für ein Gegengewicht zur Macht der Franzosen und Briten sorgen, wenn nur alles schnell genug gehe. Allerdings dürfte Italien nicht allzu lange hinterherhinken. Es würde genauso schnell aufrüsten müssen, »damit wir Deutschland in die Augen schauen können«.[47]

Vor allem aber machte er sich Sorgen um Österreich. Das Konzept des Anschlusses, der es dem Reich erlauben würde, den germanischen Rest des multiethnischen alten Reichs zu schlucken, hatte die faschistischen Diplomaten schon immer beunruhigt, und sei es auch nur aus Sorge um den germanischen Titanen direkt vor der Tür. Es war dies eine Versailler Bestimmung, gegen die sie nicht protestierten, eine revisionistische Forderung, in die sie nicht miteinstimmten. Der Anschluss war auch der erste der fünfundzwanzig Punkte des Parteiprogramms der NSDAP. Mit Hitlers Machtübernahme verstärkte sich der italienische Widerstand. Fulvio Suvich, Staatssekretär im Außenministerium und seit Grandis Abgang in diesem Sommer de facto dessen Kopf, fürchtete jedes Zugeständnis, das dem Undenkbaren die Tür öffnen könnte. Er kam selbst aus Triest und war damit ein ehemaliger Untertan der k.u.k. Monarchie; er kannte die komplexeren Aspekte Mitteleuropas besser als irgendeiner seiner Kollegen und wusste, welche Möglichkeiten der Anschluss den Deutschen an die Hand geben würde, sich dort einzumischen. Jetzt hatte Mussolini für einen weiteren, dringenderen Grund gesorgt, die Deutschen von Österreich fernzuhalten. Er plante im Geheimen bereits den Einmarsch in Äthiopien, ein Unterfangen, das keine Ablenkungen duldete, schon gar nicht zu Hause, in seinem Rücken. »Unsere Operationen in Äthiopien«, sagte Mussolini Suvich Anfang Januar, »können nur erfolgreich sein, wenn wir in Europa völlig frei von Komplikationen sind.« Die faschistische Expansion verlangte für den Augenblick, der nationalsozialistischen Einhalt zu gebieten, auch wenn die beiden Regime einander mit Lob überhäuften.[48]

Der sicherste Weg, Österreich vor den Nazis zu schützen, bestand darin, es zum Protegé zu erklären. Diese Gelegenheit hatte sich im Mai 1932 ergeben, als in Österreich ein Nationalist vom rechten Flügel, ein Gegner der Kommunisten wie der Nazis und des Anschlusses – eine reizvolle Mischung für einen italienischen Faschisten – Kanzler wurde. Engelbert Dollfuß entwickelte sich, mit Mussolinis aktiver Unterstützung, zum Gesicht des Austrofaschismus; die beiden trafen sich, nachdem er sein Amt übernommen hatte. Ein Jahr später, drauf und dran, die Nationalsozialisten zu verbieten, nachdem er bereits die Kommunisten verboten, das Parlament nach Hause geschickt und quasidiktatorische Befugnisse übernommen hatte, trafen sie sich ein weiteres Mal. Mussolini versprach ihm Waffen, Geld, Schutz vor Deutschland und Loyalität. Aber weder die pangermanischen österreichischen Nazis noch ihre Gönner in Berlin gaben sich so einfach geschlagen; so standen Österreich nach einer Welle von Bombenanschlägen im Sommer Jahre fruchtbarer Unterwanderung bevor. Fürs Erste jedoch würde Hitler die Finger von dem korporatistischen deutsch-christlichen Staat Österreich lassen müssen.[49]

Im Süden und Südosten von Österreich, auf dem Balkan und im Donaubecken, kollidierten italienische und deutsche Interessen weniger frontal; parallel freilich verliefen sie auch wieder nicht. Mussolini trug sich nach wie vor mit dem Gedanken, Jugoslawien zu unterwandern, die Kleine Entente, wenn schon nicht aufzulösen, so doch wenigstens zu lockern und den Einfluss Italiens die ganze Donau entlang auszuweiten. Was bis zu einem gewissen Punkt auch den deutschen Interessen entsprach, nämlich Frankreich auf jede nur mögliche Art und Weise zu schwächen, besonders effektiv durch Abtrennen oder Ersticken seiner Verbündeten in Prag, Belgrad und Bukarest, und sich sowohl eine reiche Rohstoffquelle als auch einen Markt für seine Exportgüter zu sichern. Darüber hinaus jedoch konnte es zur Konkurrenz kommen. Als der deutsche Botschafter in Rom auf ein Wirtschaftsabkommen zwischen den beiden Mächten zur gegenseitigen Unterstützung im Donaubereich drängte, äußerten seine Vorgesetzten im Außenministerium in der Wilhelmstraße Bedenken. Was kann Italien für uns in Osteuropa tun, fragten sie ihren Botschafter, und was können wir für Italien im Mittelmeerraum tun? Die österreichische Frage machte die Kooperation auf dem Balkan unmöglich. Und Italien hatte durch sein unbeholfenes Großmachtgehabe die Entschlossenheit der Kleinen Entente zum Widerstand nur gestärkt. Es sei besser, die wirtschaftliche Zusammenarbeit privaten Interessen zu überlassen, riet der Chef des Ministeriums seinem Botschafter.[50]

Die deutsche Balkanpolitik war in Bewegung. Deutschland, so sagte der Außenminister seinem römischen Botschafter, habe keinerlei politische Ambitionen in der Region. Alfred Rosenberg, eben zum Chef des Außenpolitischen Amts der NSDAP ernannt, ließ einen entgeisterten rumänischen Botschafter in Berlin das Gegenteil wissen. Im Falle eines Krieges, so sagte er ihm im Beisein eines Beraters, müsste das Reich wissen, auf wenn es zählen könnte; schließlich sei man auf die Versorgung mit rumänischem Öl und Nahrungsmitteln angewiesen und habe im letzten Krieg seine Lektion gelernt. Er skizzierte um Deutschland einen Kreis wirtschaftlicher Abhängigkeiten im Osten, der Rumänien einschloss; freilich würde es für eine Entente mit dem Reich alle politischen Bindungen zu anderen lösen müssen – vermutlich Frankreich und den beiden Verbündeten in der Kleinen Entente. Als Erstes komme die Politik, und die wirtschaftlichen Bindungen, die Deutschland zum Handelspartner im Frieden und zu einer Zitadelle im Krieg machten, würden folgen. Rosenberg, ein Blut-und-Boden-Deutscher aus dem Baltikum, sprach die Sprache eines anderen Deutschen von außerhalb des Reichs, dem Hitler von *Mein Kampf*. Durch seine Worte schien drohend das Schreckgespenst einer – neben Japan und Italien – dritten rastlosen und expansionistischen Macht. Würde Italien ihr erlauben, ihre Schwingen über dem Donaubecken auszubreiten? Die Antwort sollte drei Jahre auf sich warten lassen. Dann nämlich bot Mussolinis Äthiopien-Abenteuer, von dem die Reichsführung jetzt noch nichts ahnte, Hitler die unbezahlbare Gelegenheit, das stiefelförmige Hindernis für seine mitteleuropäischen Ambitionen zu beseitigen.[51]

In der Zwischenzeit jedoch tat Mussolini weiterhin sein Möglichstes, das neue Deutschland in Schranken zu halten. So zog er einen Dreierpakt mit Österreich und dem nun geistesverwandten Ungarn seines Bewunderers Gömbös in Betracht, ein Experiment, das fehlschlug, als der unausgesprochene Austausch zu Gemunkel und schließlich gar zu Kriegsgerüchten führte.

Seit dem Sommer 1932 hatte Mussolini die paramilitärische österreichische Heimwehr, ein Mitglied der Dollfuß-Koalition, mit Waffenlieferungen unterstützt; weitere gingen über die knapp fünfzig Kilometer südlich von Wien gelegene Hirtenberger Patronenfabrik nach Ungarn. In Absprache mit Dollfuß war es ihm gelungen, sowohl die österreichische Neutralität zu verletzen als auch gegen die Nachkriegsverträge von Saint-Germain und Trianon zu verstoßen, die den Waffenhandel zwischen den ehemaligen Mittelmächten regelten. So kam es denn auch zu einem absehbaren internationalen Skandal, als die sozialdemokratische *Arbeiter-Zeitung* berichtete, auf dem Gelände der Hirtenberger Fabrik seien vierzig Eisenbahnwaggons mit Gewehren und Maschinengewehren aus Italien zur Weiterfahrt nach Ungarn eingetroffen. Auf Druck der Kleinen Entente sollten Briten und Franzosen die Angelegenheit vor den Völkerbundsrat bringen, aber da London und Paris nicht erpicht darauf waren, die Beziehungen zu Rom zu vergiften, forderten sie Wien in einer gemeinsamen Note diskret, aber unmissverständlich zur Rückgabe oder Zerstörung der Waffen auf. Was prompt der *Giornale d'Italia* in Rom durchstach und damit den Wunsch seiner Regierung, einen internationalen Zwischenfall zu provozieren, verriet. Das wiederum sorgte in Österreich für Ärger und Häme bei den dortigen Nationalsozialisten, die die Affäre als Beweis dafür nahmen, dass nur der Anschluss Österreich vor so arroganten Feinden wie denen jenseits des Rheins und des Ärmelkanals retten konnte. Die *New York Times* erinnerte an den Sommer 1914, als Großbritannien und Frankreich dem Deutschen Reich im Gefolge eines anderen diplomatischen Zwischenfalls in Europa gegenüberstanden – mit dem Unterschied, dass sich Italien diesmal mit seinem nördlichen Nachbarn zusammengetan hatte. Ungarn bereite sich auf einen Krieg mit seinen Nachbarn vor, mutmaßten in Frankreich die rechten wie die linken Blätter. *L'Ami du Peuple* konnte sich vorstellen, dass die ungarische Armee bei ihrem Frühjahrsmanöver an der jugoslawischen Grenze für eine kroatische Revolte auf der anderen Seite sorgen könnte, um in Jugoslawien und auch gleich noch in Österreich und der Tschechoslowakei einzufallen – ein Unterfangen, bei dem Ungarns deutsche und italienische Freunde »nicht untätig zusehen« würden. Die Franzosen drohten mit der Sperrung von Krediten, wie sie das schon 1931 getan hatten, als Kanzler Brüning etwas unbesonnen eine österreichisch-deutsche Zollunion vorgeschlagen hatte. Aber in ihrem Eifer, sowohl Dollfuß als auch Mussolini zu beschwichtigen, deren Partnerschaft, so unangenehm sie ihnen sein mochte, immerhin den Anschluss verhindern könnte, beeilten Briten und Franzosen sich, die Wogen zu glätten. Man habe keineswegs ein Ultimatum stellen wollen, versicherten sie. Dollfuß erklärte sich bereit, die Waffen zurückzuschicken, und sah davon ab, ihnen die herausfordernde Note zu übersenden, die Mussolini gern gesehen hätte. Der Wirbel um die Hirtenberger Waffenaffäre legte sich wieder.[52] Das österreichisch-italienisch-ungarische Projekt überlebte, und Mussolini benötigte eine weniger aufregende Methode, Deutschland gleichzeitig in Schranken zu halten und versöhnlich zu stimmen.[53]

So wärmte er im März die Idee eines Vier-Mächte-Pakts wieder auf, die er den Italienern bereits im Oktober vom Balkon in Turin aus unterbreitet hatte. Gekommen sei ihm die Idee, so behauptete er, im vorigen Sommer, als die Abrüstungskonferenz sich mangels Fortschritten vertagt hatte. Er stelle sich einen Rat vor, bestehend aus Italien, Deutschland, Frankreich und Großbritannien, der die bestehenden Friedensverträge einer Revision unterziehen und das Prinzip der deutschen Waffengleichheit in die Praxis umsetzen sollte.[54] So lasse sich womöglich Deutschland beschwichtigen, Großbritanniens Interesse wecken und Italien ins rechte Licht stellen. Im deutschen Außenministerium drückte Bülow vorsichtig Zustimmung aus, und sei es auch nur, weil ein solcher Pakt weniger Entscheidungsträger bedeutete, zu schweigen von einer diplomatischen Bühne, die nicht so öffentlich war wie der Völkerbund. Binnen Monatsfrist hatte Hitler die Idee in einer ersten einlullenden Tour d'Horizon, einer beruhigenden Rede, die auch Außenminister Neurath hätte halten können – immerhin stammte sie von ihm und seinen Mitarbeitern –, im Prinzip akzeptiert.[55]

Allerdings hätte der Pakt auch zur Isolation Frankreichs führen können, in dessen Richtung Mussolini jetzt sinnierende Blicke warf. Hinsichtlich der Unabhängigkeit Österreichs war man sich bereits einig, und die stillschweigende Duldung von Franzosen und Briten würde ein wesentliches Hindernis für sein Abenteuer in Äthiopien aus dem Weg räumen, wenn es so weit war. Als die Franzosen im Verlauf der Verhandlungen im Frühjahr Einwände erhoben, kam ihm eine andere Idee – die Aussicht auf ein Tauwetter in den Beziehungen mit den Franzosen. Womöglich hatten sie ja doch ihre Verwendung. Im Juli 1931 und dann noch einmal 1932 hatte Premier Pierre Laval ihn und Dino Grandi auf die möglichen Vorteile einer Entente hingewiesen: »Äthiopien, zum Beispiel.« Jetzt war das Äthiopien-Problem für die Italiener dringlicher geworden, so wie für die Franzosen die Bedrohung durch die Deutschen. Hinter dem Handeln Mussolinis stand keineswegs eine besondere Affinität für Nazideutschland; ihm war vielmehr jede Kombination recht, die es ihm erlauben würde, zu Hause mit der Glorifizierung der Nation im Ausland zu renommieren. Und noch bedurfte das nationale Prestige – der Großmachtstatus war eine in Italien seit dem 19. Jahrhundert verwurzelte und jetzt vom Faschismus mit Beschlag belegte Ambition – keines speziellen diplomatischen Rezepts, so dass Hitlers Giftbecher sich durchaus ablehnen ließ.[56]

Auch die Polen verlangte nach Großmachtstatus, meinten ihn sogar bereits erreicht zu haben und bewahren zu können, wenn sich die Unterordnung oder gar Unterwerfung unter seine beiden Nachbarn vermeiden ließ. Die neue Herzlichkeit im Verhältnis zum östlichen Nachbarn, wie sie einer von Litwinows Nichtangriffspakten dokumentierte, legte die Vermutung nahe, dass man jetzt dem lauten revisionistischen Nachbarn im Westen die Stirn bieten könnte. Und einen Augenblick lang sah es – zum Entsetzen halb Europas – fast so aus, als wolle man es darauf ankommen lassen, bis sich herausstellte, dass man dem neuen Regime in Berlin keineswegs drohen, sondern sich mit ihm anfreunden wollte. Die Freundschaft seiner beiden Nachbarn war für die Polen durchaus erträglich, solange diese zu schwach waren, sie ihnen aufzudrängen; und sich aus freien Stücken dafür zu entscheiden, sandte zudem eine unmissverständliche Botschaft hinsichtlich ihres Status – ihrer Unabhängigkeit – nach Genf und Paris. Womöglich verringerten die Öffnung der Sowjetunion den Westmächten gegenüber und ihre Rückkehr in die internationale Gemeinschaft den Wert, den Polen für sie hatte. Welche Folgen hätte nun ein französisch-sowjetischer Pakt für Polen, Frankreichs unentbehrliches östliches Gegengewicht zum Reich, jetzt, wo ein gewichtigerer Kandidat zur Verfügung zu stehen schien? Polen hatte keinen Ersatz für das Bündnis mit Frankreich, könnte aber, anstatt sich auf die abschreckende Wirkung Frankreichs zu verlassen, womöglich größeren Nutzen aus der Beschwichtigung der Nachbarn rechts und links ziehen.[57]

Aus Genf kamen in diesem Winter höchst unwillkommene Rauchzeichen für ein Großmachtkondominium unter Ausschluss Polens. Seit der Fünf-Mächte-Erklärung vom Dezember und den Abrüstungsvorschlägen in ihrem Gefolge fürchteten Piłsudski und sein neuer Außenminister Oberst Beck, die Westmächte könnten den Deutschen schwere Waffen zugestehen, ohne Rücksprache mit dem wahrscheinlichsten Ziel zu nehmen. In ihren Augen war Deutschland schon unbewaffnet dabei, die Abrüstungsverhandlungen in ein trojanisches Pferd für eine Grenzrevision zu verwandeln.

Die Regierungs- wie die Oppositionspresse war begeistert. »Niemals wird Polen zum Spielzeug in den Händen anderer werden«, sagte Beck Mitte Februar dem Auswärtigen Ausschuss des Parlaments, und der deutsche Botschafter fragte seinen französischen Kollegen, nur halb im Scherz, ob Beck sich da nicht über die Allianz mit Frankreich beschwere.[58]

Im März bestätigte Mussolinis Vorschlag eines Vier-Mächte-Pakts den Argwohn der Polen. Piłsudski beorderte den eben erst ernannten polnischen Botschafter aus Rom zurück, und Beck sagte eine Reise nach Paris ab. Und wieder war die Presse begeistert. Alles, was Polen nach dem Pakt bleiben würde, hieß es in der *Gazeta Polska*, sei ein Notsitz beim Völkerbund. Er würde eher aus dem Völkerbund austreten, äußerte Beck gegenüber dem französischen Botschafter, eher die Isolation riskieren, als zuzulassen, dass ein Vier-Mächte-Direktorat unter der Ägide des Bundes sich in die inneren Angelegenheiten seines Landes einmischte. Außerdem, so fügte er hinzu, höre Hitler sich in letzter Zeit bemerkenswert moderat an. »Es wäre besser, das jetzt [mit ihm] zu besprechen, als nach zwei oder drei Jahren der Konsolidierung seines Regimes.«[59]

Im April fuhr Piłsudski mit einigen seiner Minister nach Wilno, um die Gefahren einer Vertragsrevision in Mussolinis Plan durchzusprechen und ganz nebenbei den Jahrestag der polnischen Annexion der umstrittenen Stadt zu feiern. Völlig überraschend waren im ganzen Land Anweisungen ergangen, eine große Militärparade abzuhalten, und so hatte man in aller Eile etwa 40 000 Uniformierte nebst Panzern und Artillerie in die Stadt geschafft. Polen, so sagte Beck einem überraschten französischen Botschafter, sei keineswegs ein von den Großmächten geschaffenes Gebilde. »Es habe sich Wilno genommen, es habe 1920 seine eigenen Grenzen gezogen.«[60]

Und Anfang Mai empfing Hitler den polnischen Botschafter in Berlin. Becks Bemerkung dem französischen Botschafter gegenüber war also nicht einfach so dahin gesagt gewesen. So hatte sich merkwürdigerweise inmitten von Bitterkeit und Säbelgerassel eine Entspannung eingestellt. Man warf sich über die Grenze hinweg die üblichen gegenseitigen Beschuldigungen an den Kopf, auf der einen

Seite des Korridors wurde ein provokatives deutsches Denkmal enthüllt, auf der anderen verschwanden die Minderheitszeitungen von den Marktplätzen der Städte; die Welt merkte erst auf, als auf der Westerplatte, der Halbinsel im Danziger Hafen, eine Kompanie polnischer Soldaten von Bord eines Frachters ging. Das Abkommen von 1921 hatte zwar zum Schutz der dortigen Munitionslager eine kleine polnische Garnison vorgesehen, aber mit den Neuankömmlingen war diese plötzlich doppelt so stark. Wie bereits im Juni zuvor, als unter ähnlichen Umständen der Zerstörer *Wicher* vor Danzig aufgekreuzt war, warfen die Polen, offensichtlich aus Ärger über Maßnahmen des Danziger Senats, den Schiffsverkehr zur Halbinsel einzuschränken, einmal mehr impulsiv alle Diplomatie über Bord.[61] Wie damals brachte der Völkerbund die Dinge so gut es ging wieder ins Lot, worauf die Polen zurückruderten; aber wie damals alarmierte ihr Gewaltstreich Deutsche, Franzosen und Briten, ganz so, wie es beabsichtigt war. Im April sahen die Deutschen zu, wie Synagogen, Politiker und Zeitungen die Kampagne im Reich gegen Juden allgemein und polnische Juden im Besonderen verurteilten. Demonstranten gingen auf die Straße und warfen Fenster der deutschen Botschaft in Warschau ein. Piłsudski hätte derlei Ausbrüchen leicht ein Ende machen können, zog es aber vor, nichts zu tun. Der neue deutsche Botschafter legte persönlich Protest ein, erst am Sechsten beim Premier und eine Woche später beim Außenminister. Er beklagte die deutschenfeindliche Hysterie überall im Land, die »von nie dagewesener Art« sei – deutsche Zeitungen würden unterdrückt, Theater angegriffen, Hitler *in effigie* verbrannt. Er bezichtigte Obrigkeit und Presse der Komplizenschaft bei der Ausbreitung und sah eine »geplante Aktion«, hinter der er die polnische Regierung selbst vermutete.[62]

Allen Feindseligkeiten zum Trotz sandte Beck freundliche Signale nach Berlin. Noch während die Gemüter sich Anfang März über die Westerplatte-Aktion erhitzten, beeilte er sich, Hitler das Überfliegen des Korridors nach Ostpreußen zu gestatten. Als der deutsche Botschafter im April protestierte, meinte Beck ihm gegenüber zweimal, ob da nicht interessierte Parteien, in Genf und andernorts, die deutsch-polnischen Beziehungen zu vergiften versuchten; und jedes Mal fragte er seinen Gast, ob die Deutschen nicht ein ähnliches Treiben bemerkt hätten. Der deutsche Botschafter meinte darin Annäherungsversuche zu erkennen und erinnerte seine Vorgesetzten, Beck habe andere wissen lassen, dass er keine Zwischenträger brauche, um mit den Deutschen zu besprechen, was er für nötig halte. Beck habe sogar eingeräumt, dass kein Vertrag unabänderlich sei – solange es nicht um die polnischen Grenzen gehe. Eine Woche später ersuchte der polnische Botschafter um eine Aussprache mit Hitler. Ganz im Sinne der klassischen Diplomatie mischten Beck und Piłsudski Drohungen mit Anreizen.[63]

Und nicht zu vergessen Bluff und Aufrichtigkeit. Im April machten in den Warschauer Botschaften Gerüchte über einen polnischen Präventivkrieg gegen Deutschland die Runde. Nicht zum ersten Mal, versteht sich, aber nicht nur nahm das Gerede diesmal ein ganz neues Ausmaß an, es breitete sich auch auf die Nachbarländer aus. Nach Überzeugung des tschechoslowakischen Präsidenten Masaryk stand ein Krieg unmittelbar bevor. In Berlin mahnte Außenminister Neurath, der die Gerüchte im Kabinett zur Sprache brachte, zur Ruhe, eine Anweisung, die der zunehmend irrelevante Vizekanzler Papen ignorierte, als er tags darauf in der Presse das Gerede von einem Krieg als Verbrechen gegen Deutschland anprangerte. Auch in den Gesandtschaften brodelten die Gerüchte, wenn auch eher mündlich als schriftlich, weshalb man sich ihrer später eher erinnerte, als dass man auf Aufzeichnungen hätte zurückgreifen können. Als man sich nach 1945 an die Analyse der Katastrophen von 1939 und 1940 machte, waren sie selektiv in Vergessenheit geraten. »Es ist bekannt«, schrieb der britische Botschafter im April aus Berlin, »dass in Frankreich verantwortungsbewusste Leute von einem Präventivkrieg sprechen … Es besteht kein Zweifel daran, dass im Augenblick Frankreich Polen zurückhält.« Nach dem Krieg wollten sich weder Premier Édouard Daladier noch Außenminister Joseph Paul-Boncour oder General Maxime Weygand, Chef des Generalstabs, an derlei Gerede erinnern. Allerdings erinnerten sich genügend andere. Was steckte dahinter?[64]

Falls Piłsudski tatsächlich einen Präventivschlag gegen Deutschland hätte führen wollen, dann war dies der richtige Augenblick. Noch war das Reich militärisch unterlegen, hatte aber die Zeit auf seiner Seite und würde Polen rasch überholen, falls man ihm den einschlägigen Verstoß gegen den Versailler Vertrag zugestand. Angesichts der Fünf-Mächte-Erklärung vom Dezember, dem mutwilligen Treiben in Genf und Mussolinis Vier-Mächte-Pakt schien die deutsche Wiederaufrüstung nicht nur nicht aufzuhalten, sie musste sich – legal oder illegal – zwangsläufig beschleunigen unter einer Regierung, die alle ihre Vorgänger an nationalistischen Schmähungen übertraf. Sollten die Polen warten, bis das Reich sich mit der neu gefundenen Macht gegen sie wandte, oder sollten sie gleich handeln? Die Sowjets würden sich nicht einmischen wollen, versuchten sie doch gerade, ihre Beziehung zu Polen und anderen zu normalisieren; und auch ihr nationalistischer Eifer war gebremst. Der sowjetische Botschafter in Warschau hatte es selbst gesagt. »Polen«, so versicherte er seinem französischen Kollegen, »braucht sich wegen uns keine Sorgen zu machen«, eine Zusicherung der Neutralität, die auch dem deutschen Kollegen zu Ohren gekommen war.[65]

Die Sache war nur die, dass nirgendwo militärische Vorbereitungen zu erkennen waren, sei es in Form von verräterischen Truppenbewegungen, sei es in Aufrufen zur Alarmbereitschaft. Anfang April konstatierte der französische Militärattaché, dass der polnische Generalstab lieber jetzt Krieg führen würde als später, aber keinerlei Anstalten dazu erkennen ließ. Und auch einen Monat später noch konnte er keinen Hinweis auf einen Offensivkrieg ausmachen. Die militärischen Bewegungen, von denen er erfuhr, ließen nichts Ungewöhnliches erkennen, berichtete der deutsche Botschafter nach Hause, und es finde sich kein Militärattaché, der ihm etwas anderes gesagt hätte. Die gesamte polnische Presse, auch die der Regierung selbst, schauderte ob des Gedankens, als Ende April in deutschen Blättern Papens gedankenlose Äußerungen zu lesen waren. Das wäre doch die reine Torheit, erklärten sie, würde es doch den Völkerbund, die Franzosen und den Rest der Welt gegen

Polen aufbringen. Und – nicht dass sie das geschrieben hätten – die Wirtschaft, zu schweigen von der Armee, war damals womöglich nicht im geeigneten Zustand für ein solches Abenteuer – die Einnahme Ostpreußens oder Oberschlesiens. Und wenn, was dann? Wollte man sich an das Unmögliche machen – die Gebiete gegen den Willen von sechzig oder siebzig Millionen Deutscher polonisieren? Der deutsche Botschafter zweifelte an den Gerüchten. »Dabei die Wahrheit von Bluff zu unterscheiden«, so sein Schluss, »ist schwierig.«[66]

Einen Krieg zu führen, ohne sich auf einen vorzubereiten, und dabei dafür zu sorgen, dass alle, einschließlich der intendierten Opfer, davon erfuhren und eine zum Teil gefügige Presse sich dagegen aussprach – die Kriegsgerüchte waren lediglich Politik mit anderen Mitteln. Von Piłsudski ausgehend, angeregt von der Angst vor der deutschen Wiederaufrüstung, waren die Gerüchte vermutlich eine harte Prüfung für Haltung und Mut der Westmächte, insbesondere im Falle Frankreichs, das vertraglich zum Beistand verpflichtet war – allerdings nur wenn Polen Opfer eines »unprovozierten Angriffs« wurde. Die Gerüchte annoncierten Unabhängigkeit. Und sie nahmen zu, nicht nur während die antideutschen Boykotte und Demonstrationen sich ausbreiteten, sondern auch, als der polnische Botschafter in Berlin Mitte April um ein Treffen mit Hitler bat. Für den Führer war die Unterredung womöglich nicht weniger unliebsam als die mit dem sowjetischen Botschafter, aber sie gab ihm die Chance, die Wogen zu glätten. Er pflichtete den Polen bei. Er wolle jetzt keinen Krieg. Womit die Gerüchte vom Tisch waren.

Bei einem Treffen am 2. Mai tauschten Botschafter Alfred Wysocki und Reichskanzler Hitler Klagen und Herzlichkeiten aus. Jeder schrieb das feindselige Klima in seinem Land den Provokationen des anderen zu. Nur dass Hitler inzwischen die Maske der Mäßigung trug. Er versicherte seinem Gast, dass er als Nationalist den Nationalismus der Polen ebenso verstehe wie respektiere – was nicht stimmte – und dass er sich die Assimilation eines anderen Volks in sein eigenes nicht vorstellen könne – was durchaus der Wahrheit entsprach, wie unter anderem seine Vorliebe für drakonische Methoden zur Germanisierung des Korridors 1939 demonstrieren sollte. Als Mann des Friedens, so versicherte er, sei ihm nicht nach einer gewaltsamen Enteignung der Polen auf der anderen Seite der Grenze, sondern nach einer friedlichen Lösung – was wiederum stimmte, allerdings nur für den Augenblick. Widerstrebend beugte er sich dem Vorschlag des polnischen Botschafters, ein gemeinsames Kommuniqué herauszugeben. Beide versprachen, sich an bestehende Verträge zu halten und sich kühl und sachlich um die Lösung gemeinsamer Probleme zu kümmern. Ein einziger Absatz voll abgedroschener Phrasen und guter Absichten, war die gemeinsame Erklärung ein Ausbund diplomatischer Politesse, aber es sollte daraus acht Monate später ein formaler Nichtangriffspakt werden. Als erster, den das Dritte Reich unterschreiben sollte, sorgte er sowohl für die Realität der Entspannung als auch für die Illusion eines dauerhaften Friedens zwischen Deutschland und Polen.[67]

Und wenn das neue Regime seine Macht gefestigt und das Land wiederbewaffnet hätte? Wenn Hitler seine Maske ablegte und wieder auf den Korridor und Danzig zu sprechen kam? Was dann? Verträge mögen heilig sein, hatte Mussolini gesagt, aber sie seien nicht ewig. Eine langfristigere Sicht Piłsudskis und seiner Minister, wollten sie sich nicht allein auf Frankreich verlassen, hätte womöglich der Bemühungen um glaubwürdige militärische Beziehungen mit dem tschechoslowakischen Nachbarn sowie Rumänien und Jugoslawien, den anderen beiden Mitgliedern der Kleinen Entente, bedurft, die ebenfalls alle Verbündete Frankreichs waren. Sie zogen die Möglichkeit durchaus in Betracht. Zudem streckte die Kleine Entente Fühler in Richtung Polen aus in ihrem Bemühen, sowohl stärker als auch größer zu wirken angesichts eines Hitlers, eines Mussolinis und zunehmender Zweifel am Völkerbund. Im April diskutierten die Generalstäbe Polens und der Tschechoslowakei Möglichkeiten. Aber letztlich waren die Spannungen mit den Nachbarn im Süden zu groß, nationale Vorstellungen – älter als Nationalstaaten – zu tief verwurzelt und die polnischen Sorgen hinsichtlich Macht und Status in der Region zu zahlreich, um sich mit der

Kleinen Entente zusammenzutun.[68] Die Unabhängigkeit, ein nationales Ziel, wurde zum Mittel für die Regierung. Daraus ergaben sich Optionen und individuelle Abkommen, die so lange hielten, wie sie eben hielten.

*

Eine weitere Option bestand darin, sich einen Beschützer zu suchen, falls denn einer zu haben war. Die Kleine Entente erwog, die Sowjetunion mit einzubeziehen. Besonders die Jugoslawen hatten starke Bindungen zu den Russen. Die Serben erinnerten sich an ihre orthodoxen slawischen Brüder im Osten, die für sie 1914 in den Krieg gezogen waren und deren Monarchie sie noch immer nachtrauerten. Im April weihte die jugoslawische Königsfamilie in einem der schönsten Gebäude Belgrads ein Russlandhaus ein, das dem Gedenken an den »Märtyrerzaren Nikolaus II.« gewidmet war. Kirchenvertreter, Offiziere und ausländische Würdenträger kamen, und als die Königin den Saal betrat, stimmte die Kapelle »Gott schütze den Zaren« an. Nur war Russland jetzt kommunistisch – etwa 25 000 Emigranten, viele davon zaristische Offiziere, lebten in Jugoslawien – und von entsprechend fragwürdigem Nutzen, sollten am nächsten Tag Invasoren aus dem neuen Deutschland einfallen. Und dann stießen historische Gründe ein anderes Mitglied der Kleinen Entente eher ab. Die Sowjetunion weigerte sich, den Rumänen die Hoheit über Bessarabien zuzugestehen, den an die Westgrenze der Ukraine anschließenden Streifen Moldawiens. Der Streit bot nicht nur ein unüberwindliches Hindernis für einen Pakt von der Art, wie die Sowjets ihn mit ihren anderen osteuropäischen Nachbarn geschlossen hatten, sondern auch für eine Rolle – wie immer diese aussehen sollte – in der Kleinen Entente.[69]

Der deutschfreundliche rumänische König Carol II. von Hohenzollern-Sigmaringen, nicht weniger uniformvernarrt als sein Verwandter Kaiser Wilhelm, nur dass ihm dessen Armee fehlte, erwog damals nervös die Umarmungen des Dritten Reichs. Wie ihren polnischen Pendants waren allen politisch bewussten Rumänen die Grenzen ihres Landes so heilig wie die territorialen Zugewinne nach dem Krieg unantastbar. Darin war Carol sich mit ihnen einig. Worüber er und seine Minister sich nicht immer einig waren, das war die Frage, wer die größte Bedrohung darstellte: die Ungarn, die Sowjets oder die Deutschen? Die ersten beiden wollten Land; Letztere wollten ökonomischen Einfluss, der sich womöglich eines Tages zur Veränderung der Karte des Donaubeckens einsetzen ließ. Sollten sie sich, wie der renommierte Außenminister Titulescu – ein Stern am Genfer Firmament – es gerne gesehen hätte, wie die Polen für die Sowjets erwärmen? Wie Piłsudski war auch Carol skeptisch, wenn es darum ging, ausschließlich auf ein so offensichtlich schwächelndes Frankreich zu bauen. Aber er war zu launisch, zu unfähig und, mit seinen diktatorischen Aspirationen und der Kamarilla um seine verhasste Lebensgefährtin Magda Lupescu, zu unbeliebt, um seine Launen durchzusetzen. Madame Lupescu, »die Jüdin«, ihres Haars wegen auch die »Rote Königin«, war nicht weniger extravagant als ihr königlicher Liebhaber und nachgerade ein Magnet für soziale und nationale Ressentiments. Eines Abends schossen zwei frisch degradierte Offiziere auf die Fenster ihres Salons, in dem ihr innerer Kreis zu Gast war. Und die Franzosen, mit denen die Rumänen eine fast ebenso lange Freundschaft verband wie die Serben mit den Russen, waren im Land nach wie vor wohlgelitten, zu schweigen von ihrer Autorität als wesentliche Gläubiger eines Landes der prekären Finanzen und offenen Hände. Es konnte Rumänien noch ein Weilchen länger in seinem Orbit behalten und Carols irritierende Fauxpas ignorieren. Einmal pries er einen ganzen Lunch hindurch dem französischen Botschafter gegenüber die deutschen Tugenden der Siebenbürger Sachsen. »Was kann ein Staat mit einem Parlament wie dem unseren schon erreichen?«, fragte er denselben Botschafter bei einer anderen Gelegenheit. Für den Augenblick befand sich Rumänien in einer prekären Schwebe zwischen mehreren Machtzentren im eigenen Land – dem König und seiner Umgebung, der Regierung und den Parlamentsparteien – und nicht weniger im Ausland. Hinter den Kulissen erstarkte die fünf Jahre zuvor ins Leben gerufene faschistische Eiserne Garde, die es eher mit dem nationalsozialistischen als dem wilhelminischen Reich hatte, an dem Carol so viel lag. Für den Augenblick konnte die rumänische Regierung dem neuen Deutschland nur seinen Willen lassen und sich in den kommenden Jahren der vergeblichen Hoffnung hingeben, den Abstieg in die wirtschaftliche Abhängigkeit und die Verwandlung Großrumäniens in einen deutschen Satelliten Einhalt gebieten zu können.[70]

Und Ungarn, nicht weniger erpicht darauf, sein territoriales Patrimonium zurückzugewinnen, als Rumänien erpicht auf die Erhaltung des seinen war, blickte noch immer gen Rom. Seit er im Oktober an die Macht gekommen war, hatte Gömbös trotz vollmundiger Versprechen von territorialer Revision und nationaler Erlösung nicht viel zuwege gebracht, außer vielleicht seine Pilgerfahrt zum Duce nach Rom. Zu den »100 Punkten« seines ursprünglichen Programms, die in Wirklichkeit nur vierundneunzig waren, fügte er jetzt noch einen hinzu: »Geduld!« Aber die Verdrossenheit im Land stieg, die Kandidaten der Regierungspartei verloren bei den Kommunalwahlen, und Gömbös selbst sah sich in der Provinz von Buhrufen empfangen. Ein Gefangener seiner Versprechen, könnte ihm die Hilfe einer anderen antikommunistischen und revisionistischen Regierung durchaus recht gekommen sein, auch wenn die Nationalsozialisten Versailles im Visier hatten und er den Vertrag von Trianon. Aber die Aussicht des österreichischen Anschlusses bedrohte Ungarn nicht weniger direkt als Italien, wenn nicht gar mehr. Nichts hätte den Fortschritt der Deutschen auf ihrem Weg die Donau hinab noch aufhalten können. Im Frühjahr war er bereits im Gange. In der deutschen Botschaft in Budapest tauchten deutsche Agenten auf und verlangten, ohne sich irgendwie zu erklären, deren gute Dienste; Propagandisten bereisten das Land. In ihrer *Stimme der Nation* bezeichneten die ungarischen Anhänger Hitlers, die Welle revisionistischer Regungen nutzend, die Franzosen als »die Gangster Europas, als unerbittliche Feinde des Hakenkreuzes, der Freundschaft mit Mördern fähig«. In der Kammer erging sich ein ethnischer Deutscher aus dem ungarischen Burgenland in einer ähnlichen Tirade. Einmal mehr trug man sich in Berlin mit der Hoffnung auf ein Wirtschaftsimperium im Donaubecken. Ein Beamter des Außenpolitischen Amts der NSDAP verglich das kommende Dominion mit anderen großen Autarkien »wie das Britische Empire, Frankreich und seine Kolonien, Nordamerika«. Nahrungsmittel und Rohstoffe sollten nach Deutschland gehen, fertige Waren aus Deutschland kommen, und das in einer geschützten Zone, die sich von Holland und Skandinavien bis zur Donau erstreckte, ein Walhall der Selbstgenügsamkeit im Frieden, aber vor allem im Krieg.[71]

Etwas vorsichtiger gingen Gömbös und sein Außenminister und enger Freund Kálmán Kánya mit dem Reich um. Kánya war ein germanophiler magyarischer Nationalist mit einer tiefsitzenden Abneigung gegen Slawen und Franzosen, der sich vor dem Krieg am Ballhausplatz in Wien im diplomatischen Dienst hochgedient hatte. Angesichts seiner ausgeprägten Antipathie gegen die Habsburger war es kein Wunder, dass er sich gegen jedes Gerede von einer Restauration, das in Wien geäußert werden mochte, verwehrte und den Absichten der Österreicher in der Region misstraute. Obendrein ein leidenschaftlicher Revisionist, war es ihm ein Leichtes, das ohnehin gebotene besonnene Schweigen über die Gefahren eines Anschlusses unter nationalsozialistischen Vorzeichen zu bewahren. Er wollte nicht im Geruch eines Verteidigers Österreichs stehen. Sosehr er und Gömbös den Anschluss fürchteten, das Reich wollten sie sich auf keinen Fall zum Feind machen. Entsprechend beschränkten sie ihre Beziehung zu Dollfuß und Österreich auf das Nötigste, und im Juni reiste Gömbös auf Hitlers Einladung hin nach Berlin. Auf seiner Rückreise über Wien ignorierte er Dollfuß. Sein Chef, so vertraute Kánya dem deutschen Botschafter an, sei von Hitlers Charme nicht weniger beeindruckt als von der Dynamik des Nationalsozialismus als Massenbewegung, wie er sie in dem Berliner Stadion erlebt habe, sowie dem Band zwischen Volk und Regime. Es sollte nicht das letzte Mal gewesen sein, dass Hitler eine Massenveranstaltung inszenierte, um einen ausländischen Regierungschef zu beeindrucken. Das Regime würde sich halten, sagte Gömbös dem ungarischen Parlament, und dem deutschen Botschafter winkte er mit der

Aussicht auf wirtschaftliche, militärische und politische Bande. Er sehe, so fügte er hinzu, Österreich mit deutschen Augen.[72]

So weit seine Aussagen gegenüber dem deutschen Botschafter; sein eigener Botschafter in Rom freilich versicherte den ob des spontanen Berlinbesuchs ihres ungarischen Protegés verstimmten Italienern, Gömbös und Hitler hätten sich nur getroffen, um sich kennenzulernen, die Fühler auszustrecken, dass es bei dem Treffen jedoch vorrangig um die Erörterung wirtschaftlicher Fragen gegangen sei. Gömbös und seine Regierung brauchten die italienische Entente, und sei es nur um den gemeinsamen Feind Jugoslawien zurechtzustutzen, wenn nicht gar vollends zu demontieren. Beiden war die Kleine Entente ein Dorn im Auge, Ungarn aus territorialen, Italien aus Statusgründen. In seiner Rede vor der ungarischen Kammer betonte Gömbös, die Freundschaft mit den Italienern bleibe der Eckpfeiler der ungarischen Politik. Da Deutsche und Italiener weder Freunde noch Feinde waren, konnte er sich mit den einen an den Tisch setzen, ohne die anderen vor den Kopf zu stoßen, solange die österreichische Frage sie nicht zu einer Entscheidung zwang. Indem er freilich die einen zu beschwichtigen und sich mit den anderen anzufreunden versuchte, schlug auch er den Weg zum Satellitenstatus ein, auf dem seine rumänischen Nachbarn bereits unterwegs waren.[73]

Im Mai trafen sich im westrumänischen Timişoara (Temeswar) Vertreter deutscher Minderheiten aus der Tschechoslowakei, Ungarn und Rumänien. Außerdem dabei waren Vertreter der deutschen NSDAP. Sie drängten die Rumäniendeutschen aus dem Banat und aus Siebenbürgen, sich jeder Revision ihrer Grenzen zu widersetzen, während die Sudetendeutschen sich für eine solche aussprechen und die Deutschösterreicher aus dem bei Ungarn verbliebenen Teil des Burgenlandes ihre »unhaltbare Situation« innerhalb Ungarns anprangern sollten. Die Nazis spielten bereits seit einiger Zeit mit nationalen Ängsten. So wollten sie Rumänien versichern, dass deutsche Ambitionen keine Gefahr für es darstellten; die Tschechoslowakei dagegen sollte ihnen nachgeben; und Ungarn galt es mit dem Schreckgespenst des deutschen Drangs zu ängstigen.

Nach dem Prinzip *divide et impera* zogen sie den jeweiligen Umständen entsprechend mal am einen, mal am anderen Faden, wobei »volksdeutsch« mal Anreiz, mal Drohung war. »Der Hitlerismus«, so sagte der rumänische Botschafter in Budapest seinem französischen Kollegen, »ist wie eine Pulverlunte. Fällt erst einmal Österreich – und es deutet alles darauf hin, dass es fallen wird –, werden die Tschechoslowaken ebenso wenig widerstehen können wie die Ungarn … es wird keine Kleine Entente mehr geben, sondern nur mehr eine deutsche Hegemonie in Mittel- und Osteuropa.« Bei dieser Gelegenheit bat er Frankreich dringend, etwas zu unternehmen – mit oder ohne Italien.[74]

Frankreich jedoch verließen allmählich die Kräfte; es verlor sowohl den Willen als auch die Fähigkeit, ohne die Angelsachsen zu handeln. Nur hatten Briten und Amerikaner das Interesse an der Region verloren, deren Probleme sie ebenso unterschätzten wie ihre Relevanz für sie selbst; sie hatten vergessen, dass 1914 hier ein großer Krieg ausgebrochen war, bis sie sich sechs Jahre später durch die Sogwirkung eines zweiten wieder daran erinnert sahen.

*

Am 2. Februar, ein Jahr nach Beginn der Abrüstungskonferenz, kehrte Deutschland nach Genf zurück, um die allgemeinen Gespräche wieder aufzunehmen, die es im Juli verlassen hatte. Tags darauf sagte Hitler den Befehlshabern des Reichsheeres und der Reichsmarine in einer vertraulichen Ansprache, der Erfolg in Genf sei bedeutungslos, solange das Volk nicht militarisiert und auf einen Krieg vorbereitet sei. Das Paradox, an einer Abrüstungskonferenz teilzunehmen, während man insgeheim auf jede nur erdenkliche Weise aufrüstete, hatte lange vor Hitlers Machtübernahme begonnen. Aber jetzt, wo das Rheinland geräumt, die Reparationslast vom Tisch, theoretisch das Recht auf Waffengleichheit gewährt und keine Berichtigung der Ostgrenzen ohne Krieg möglich war, wurde die materielle statt der lediglich verbalen Aufrüstung zur zentralen Forderung des deutschen Revisionismus. Genf wurde 1933 zum gemeinsamen Versuchsgelände, auf dem die militärischen Ambitionen des neuen Regimes die Grenzen der Status-quo-Mächte austesteten.[75]

Das deutsche Ziel war die volle Rüstungsfreiheit; die Mittel zu seiner Erreichung waren Verstellung, Verhandlung und – immer wieder – Behinderung. Auch wenn sie sich hier und da über Timing und Taktik kabbelten, Diplomaten und Militärs waren sich insofern einig, als es darum ging, den militärischen Status einer Großmacht wiederzuerlangen, ohne in Genf in den Geruch von Friedensbrechern oder Saboteuren zu kommen; zu diesem Zweck galt es, jegliche ungleiche Restriktion zurückzuweisen und dabei die deutschen Absichten den prüfenden Blicken der Weltöffentlichkeit zu entziehen. Langfristig verbanden Hitler und sein Reichswehrminister General Werner von Blomberg mit Genf keine Erwartungen. Sie interessierte weder die kollektive Sicherheit noch die Abrüstung an sich. In den Augen des Generals garantierten allein militärische Mittel die nationale Sicherheit, und dem verschwommenen Darwinismus von Hitlers Evangelium zufolge machte schon das Lebensraum-Ziel die Bewaffnung zum unaufhörlichen, selbsterhaltenden Prozess. Im Reichswehrministerium hatten Blombergs Vorgänger Groener und Schleicher akzeptiert, dass die Westgrenzen im Gegensatz zu den Ostgrenzen nur durch einen Vertrag – Locarno – und nicht eine Armee zu sichern seien. Das war vorbei. Dennoch teilten Hitler und Blomberg, mittlerweile ein eingespieltes Team, Staatssekretär Bülows Sorge, eine allzu energische Aufrüstung könnte Präventivschläge provozieren und damit zu einem Krieg führen, den Deutschland nicht gewinnen konnte.[76] Bereits im vorigen Februar, kurz nach Eröffnung der Konferenz, hatte Blomberg aus heiterem Himmel Oberstleutnant Louis Koeltz von der französischen Delegation in sein Quartier im Hôtel Métropole eingeladen. Der Militärhistoriker Koeltz, der auch als Militärattaché der französischen Botschaft in Berlin tätig war, kannte Blombergs Milieu. »Unter Soldaten lässt sich alles arrangieren«, begann sein Gastgeber liebenswürdig in bestem Französisch. »Unter uns Männern des Militärs gibt es keine Animositäten, keinen Hass gegen Frankreich.

Es ist wichtig, dass unsere beiden Länder zu einer Einigung gelangen.«[77] Jetzt, als Kriegsherren zu Hause und Friedensstifter in Genf, sorgten er und Hitler nicht nur bei ihren Gegnern, sondern selbst bei ihren eigenen Delegierten für Verwirrung.

Sollten sie, wie Bülow im Außenministerium glaubte, die Entwicklung in die Länge ziehen, indem sie die anderen dazu brachten, geschlossen langsam abzurüsten? Oder sollten sie den Franzosen Paroli bieten, die erst im Herbst und dann noch mal Ende Winter und Anfang Frühjahr vorgeschlagen hatten, dass man allen, auch Deutschland, nur leicht bewaffnete nationale Milizen mit Zeitsoldaten zugestehen sollte, während Frankreich darüber hinaus auch seine Kolonialtruppen behalten durfte? Oder den Briten, die im März einen neuen Plan vorgeschlagen hatten, der den Deutschen dieselbe Anzahl von Mannschaften zugestand wie den Franzosen, ihnen aber Offensivwaffen verwehrte? Die Franzosen, zu schweigen von den Polen, wurden von Tag zu Tag dringlicher in ihrer Forderung, die zwei Millionen Mann starke SA, die bis Mitte April die anderen paramilitärischen Kräfte einschließlich des Stahlhelm absorbiert hatte, sowie auch die weit kleinere SS als Militär zu zählen. Hitlers Reaktion, sofern sie überhaupt bekannt wurde, erstaunte die Delegierten zuweilen durch ihre Besonnenheit.[78]

Die deutschen Delegierten waren in Genf nicht sonderlich beliebt, dabei waren die meisten selbst keine Nationalsozialisten und lauschten gedrückter Stimmung im Radio den Meldungen aus der Heimat. Die Schweizer Zeitungen äußerten sich alles andere als schmeichelhaft über das Regime, und die Genfer begrüßten die Delegierten mit Pfiffen und warfen Steine hinter ihren Autos her. Noch angespannter wurde die Situation, als Reinhard Heydrich, Chef des SD, mit zwei Begleitern anreiste, der eine vom Stahlhelm, der andere von der SA. Sie sollten einem Komitee die rein zivile Funktion ihrer Organisationen erklären. Nachdem er die Dienste eines jüdischen Dolmetschers verweigert hatte, beteuerte Heydrich mit Hilfe eines Ersatzmannes, die SS sei lediglich ein Ordnungsdienst, der Redner vor kommunistischen Übergriffen zu schützen habe, die SA diene rein sportlichen Zwecken und der Stahlhelm sei bloß ein Zusammenschluss von Veteranen. Ein hämisches Lächeln begleitete so gut wie jede seiner Äußerungen. Später holte er die schwarz-rot-goldene Flagge Weimars über dem Quartier der deutschen Delegation im Carlton ein und zog eine Hakenkreuzflagge auf, die er wohl mitgebracht hatte. Einige Stunden war das die Sensation in Genf, bis der Chef der deutschen Delegation, Botschafter Nadolny, Heydrich den Kopf wusch und ihn die Flagge wieder einholen ließ. Heydrich reiste wutschäumend ab. Die Genfer Delegation, so hörte ihn der eingesprungene Dolmetscher sagen, habe anscheinend nie von der nationalsozialistischen Revolution gehört: »jüdische Dolmetscher, schwarz-rot-goldene Flaggen, reaktionäre Diplomaten« – da müssten die »Nationalsozialisten einmal gründlich aufräumen«.[79]

Den ehemaligen Siegermächten machte das neue deutsche Regime die Abrüstungsfrage nicht einfacher. Wie zuvor wünschten Briten, Amerikaner und Franzosen ihre Nationen – und einander – von ihrer Entschlossenheit zu überzeugen, die Instrumente wie auch die Risiken eines weiteren Krieges reduzieren zu wollen, ohne sich dabei der Gefahr auszusetzen, einen solchen zu verlieren. Jetzt jedoch hatten sie es mit einem Regime zu tun, das ihre Nationen nicht mochten, was, wenn schon nicht für die Franzosen, so doch neu für Briten und Amerikaner war. Das zunehmende Misstrauen hatte den widrigen Effekt, sie nicht nur den Deutschen, sondern auch einander zu entfremden.

Die moralische Verurteilung war leichter formuliert als umgesetzt. Selbst wenn man sie teilte, ließ sich nicht immer danach handeln. Im März war die Entrüstung in der britischen Öffentlichkeit über das Reich Premierminister MacDonald immerhin nahe genug gegangen, um beim deutschen Botschafter zu protestieren, aber Ende April, als der Nazismus längst sein wahres Gesicht gezeigt hatte, waren er und seine Minister einer Änderung ihrer Politik ihm gegenüber nicht einen Schritt näher gekommen. Als Botschafter Rumbolds ausführliches Kabel über *Mein Kampf* im Foreign Office eintraf, machten sich die Verantwortlichen dort ihre Gedanken darüber und Außenminister Simon ließ es im Kabinett zirkulieren.

Rumbold hatte vor der Hohlheit von Hitlers Friedenszusagen ebenso gewarnt wie vor den Gefahren, die sein maßloses Buch verhieß.[80] Robert Vansittart, Staatssekretär im Foreign Office, teilte Rumbolds ablehnende Haltung gegenüber Berlin; dasselbe traf für den britischen Chefdelegierten bei der Abrüstungskonferenz General Arthur Temperley zu. Für einen Großteil des Kabinetts jedoch galt das nicht. Aber war denn Rumbold selbst so überzeugt? Immerhin wollte er ein Entgegenkommen in Genf nicht ausschließen, ein Ziel, dem jetzt auch die Minister, insbesondere Simon, größere Dringlichkeit beimaßen.[81] Frankreichs jüngster Premier Édouard Daladier war, obwohl er als Hardliner galt, durchaus zur Lockerung der unnachgiebigen Haltung seines Landes hinsichtlich Revision und Grenzen bereit; er verriet dabei die kolossale Verwirrung der radikalen wie der sozialistischen Linken, die sich in der Zwickmühle zwischen Pazifismus und Entrüstung gefangen sah.[82] Und Präsident Roosevelt schwieg sich aus zum deutschen Antisemitismus, der so viele seiner Landsleute in New York und andernorts auf die Straße trieb. Er wollte die Abrüstungskonferenz am Leben erhalten; er wollte jeden Verdacht im Keim ersticken, sein New Deal könnte von Minderheiten manipuliert sein; er wollte um jeden Preis vermeiden, sich neue Feinde zu machen, sei es innerhalb oder außerhalb der Regierung – wie sein vorsichtiger Außenminister Cordell Hull wollte er nicht weiter gehen, als über inoffizielle Kanäle seiner Sorge Ausdruck zu verleihen. Obwohl selbst kein Antisemit, machte er dennoch keinerlei Anstalten, gegen Antisemiten vorzugehen; sogar der öffentlichen Missbilligung enthielt er sich, eine Haltung, in der er sich, in ihrer Angst vor der Gegenreaktion auf einschlägige Versuche seinerseits, selbst von einigen Juden unterstützt sah.[83]

Zudem waren Abrüstung und kollektive Sicherheit, was immer Letztere im Falle eines Falles bedeuten mochte, bei den Demokratien durchaus noch beliebt. Nach wie vor verfolgten die drei Regierungen die beiden Konzepte, predigten sie zuweilen sogar. Die moralische Abscheu gegen das neue Regime in Berlin lieferte ihnen nicht nur eine Möglichkeit, die Art von Abrüstung oder Sicherheitsabkommen zu umgehen, die sie aus anderen Gründen nicht unterschreiben konnten, sondern auch der Schuldzuweisung für das Entgleisen des Genfer Zugs.

Hitler setzte derweil in Genf seine Versöhnungspolitik fort, nicht um zu einer Übereinkunft zu gelangen, sondern um eine solche hinauszuzögern und die Verhandlungen in die Länge zu ziehen, was ihm Gelegenheit zur Aufrüstung in jeder nur denkbaren Hinsicht gab. Ziel war die Wiederbewaffnung, die Diplomatie diente nur als Täuschungsmanöver. Noch hielt er jedoch seine Delegierten zurück, wenn über die üblichen Zankäpfel ein Bruch mit Franzosen, Briten oder Amerikanern drohte. Sie standen im Mittelpunkt, und sei es auch nur aufgrund der unterschwelligen Drohung, der Konferenz wie im Sommer zuvor den Rücken zu kehren. Und was sollte dann aus ihr werden? Die anderen überschlugen sich schier in ihrem Eifer, Friedenswillen zu demonstrieren, was eine ebenso komische wie rabenschwarze Posse zur Folge hatte, insofern damit die Initiative von den Abrüstungswilligen auf die Abrüstungsunwilligen überging.

Bei der Eröffnung der Konferenz im Februar 1932 und dann noch einmal im November hatten die Franzosen ihr mit großem Tusch den Stempel ihrer Pläne aufdrücken wollen. Zu ihren komplizierten Innovationen gehörte eine internationale Truppe unter Aufsicht des Völkerbunds sowie einheitliche kurzdienende Heere für alle, die von Sicherheitspakten abhängig und, was die Deutschen anbelangte, eine Zeitlang Inspektionen und Überprüfungen unterworfen sein sollten. Die erste Bedingung schreckte die Briten und Amerikaner auf, während sie die Italiener nicht interessierte; die zweite war ein Affront gegenüber den Deutschen. Nur die französischen Verbündeten in Osteuropa stellten sich hinter den Plan, wobei der Wille der Polen freilich von Tag zu Tag schwand. Jetzt, Mitte März 1933, kam MacDonald wieder nach Genf, um einen britischen Vorschlag zu präsentieren.

Bei diesem kamen zum französischen Plan einheitliche Wehrpflichtigenheere für ganz Europa mit einer konkreten Begrenzung von Ist-Stärken und Material. Das wiederum fanden praktisch alle untragbar, nur sprach es kaum einer aus. Die Deutschen schienen verwirrt, verzichteten aber auf eine Weigerung. Wogegen sie sich jedoch sträubten, war, dass man ihnen für weitere fünf Jahre keine Militärflugzeuge, Unterseeboote und schwere mobile Artillerie zugestehen wollte; außerdem war der Plan kaum der Schritt in Richtung der Revision, die sie im Gegenzug erwarteten. Aber immerhin könnte er als Diskussionsgrundlage dienen.[84] Die Franzosen bedauerten die Wiederaufrüstung, die der Vorschlag den Deutschen zugestand, die völlige Freiheit, die er ihnen in fünf Jahren geben würde, sowie die erheblichen Kürzungen hinsichtlich Stärke und Material bei ihrem eigenen Heer; ganz zu schweigen davon, dass nirgendwo von ausgleichenden Sicherheitsgarantien die Rede war.[85] Aber ebenso wenig wie die Deutschen wollten sie sich in der Rolle der Quertreiber sehen. In Prag, Bukarest und Belgrad schloss die Kleine Entente sich den französischen Einwänden gegen den britischen Vorschlag an, desgleichen Belgien, ein weiterer kleiner Nachbar des Reichs. Er verlange viel von Frankreich, wenig von Großbritannien und mache zu viele Konzessionen an die Deutschen, klagte die tschechische Presse.[86] Die Amerikaner stießen sich daran, dass der Plan den Deutschen in fünf Jahren die unbegrenzte Freiheit zur Wiederaufrüstung einräumte. Man sollte Frankreich, so sagte ihr Chefdelegierter Norman Davis seinem französischen Kollegen, aufgrund seiner geringeren Bevölkerungszahl auf Dauer eine materielle Überlegenheit zugestehen.[87] Die Ungarn schienen erfreut, dass man ihnen eine Armee von 80 000 Mann Stärke zugestehen würde, wäre das doch das offizielle Siegel der Billigung einer Streitkraft, die – in Verletzung der Friedensverträge – längst aufgebaut war. Was ihnen nicht gefiel, das war das Verbot der Militärfliegerei.[88] Die Japaner, denen man die geforderte Flottengleichheit versagte, verwarfen den Plan als Einzige kategorisch; die Italiener, die sich für die darin vorgesehene Reduzierung der französischen Stärke und die Flottengleichheit mit Frankreich erwärmten, nahmen ihn als Einzige an. Mussolini war sein Vier-Mächte-Pakt wichtiger. Im April versuchte Pompeo Aloisi vom italienischen Außenministerium ihm die Bedeutung einer Einigung in Genf klarzumachen.

»Na, dann finden Sie eine Lösung«, lautete die Antwort des Duce. Die Gespräche gingen weiter.[89]

»Meiner Ansicht nach könnte noch nicht einmal ein Erzengel in Genf viel ausrichten«, schrieb Stanley Baldwin an Lord Cecil, die Stimme der Abrüstung in Großbritannien, einige Tage bevor MacDonald seinen Plan vorlegte. »Die Franzosen sind in Panik, die Deutschen wollen nicht nach Genf, und meine unglücklichen Kollegen stehen einer unmöglichen Situation gegenüber. Die Amerikaner sind so vertieft in ihre eigenen Probleme, dass sie in internationalen Angelegenheiten völlig unbrauchbar sind.«[90] Gegen Ende April überraschten die Deutschen die Konferenz ebenso wie sich selbst, als ihr Chefdelegierter – zumindest abstrakt – den britischen Vorschlag einer Konsultation zwischen den Großmächten zur Identifizierung etwaiger Aggressoren sowie die französische Bedingung einer internationalen Inspektion akzeptierte. Was die Franzosen und allem Anschein nach auch den Amerikaner Davis freute, dessen »verschwommene Bilder« und »eingeborene Undurchsichtigkeit« der britische Delegierte freilich monieren zu müssen meinte – zu schweigen von seinem Wunsch, die unbeschränkte Waffenfreiheit, vermutlich um den Franzosen zu gefallen, um zehn anstatt fünf Jahre hinauszuschieben.[91] Das Problem blieb dasselbe: Für die Deutschen bedeutete Waffengleichheit im Prinzip Waffengleichheit in der Praxis. Für andere waren daran Bedingungen geknüpft. So sah man sich einmal mehr an einem toten Punkt. Aber für die meisten führenden Köpfe der Amerikaner, Franzosen und Briten, angefangen mit Roosevelt, Daladier und MacDonald, hatte die Abrüstung immer noch einen Sinn, war sie eine Formel für Wirtschaftlichkeit wie für Applaus.[92] Gab es denn überhaupt keinen Ausweg aus diesem Labyrinth?

Nur wenn die Deutschen von ihrem Bestreben Abstand nahmen, sich ihren Großmachtstatus mit militärischen Mitteln zurückzuholen, wenn Briten und Amerikaner ihre Aversion gegen kontinentale Verpflichtungen und die Pflege ihrer globalen Seemacht und die Franzosen ihre Sicherheitsfixiertheit aufgaben. Derlei nationale Obsessionen in Genf mit einer einvernehmlichen Abrüstung – mit anderen Worten Gefühl und Verstand – in Einklang zu bringen, zeigte ein Verhalten, das allen verdreht oder launisch vorkommen musste außer den Betroffenen selbst.

Keiner verfolgte in Genf den Abrüstungsgedanken eifriger als der amerikanische Delegierte Norman Davis. Nur vermochte zuweilen niemand so recht zu sagen, für wen er sprach, noch ob seine Regierung überhaupt einen Standpunkt mitzuteilen hatte.[93] Ebendieses Problem hatte sich bereits ein Jahr früher eingestellt, als Delegierte die Verbundenheit ihrer amerikanischen Kollegen mit dem von deren eigenen Präsidenten Hoover vorgeschlagenen Plan bezweifelten. General MacArthur, Generalstabschef der Army, hatte seinem französischen Gegenüber General Weygand gesagt, der Präsident hätte ihn diesbezüglich nicht zu Rate gezogen, andernfalls hätte er sich dagegen ausgesprochen. Vom Kongress, vom Außenministerium, von Präsident Roosevelt selbst kamen Erklärungen, Davis' augenscheinliches Versprechen, im Falle einer Bedrohung des Friedens mit anderen Nationen sich zu beratschlagen, impliziere lediglich eine moralische Verpflichtung und keineswegs einen Verzicht auf Handlungsfreiheit. Als Roosevelt Mitte Mai den vierundfünfzig Nationen der Konferenz seine Friedensbotschaft übermittelte, rief er alle zu einer Erneuerung ihres Engagements für den Frieden auf – und warum schafften sie nicht alle Angriffswaffen ab und verbürgten sich feierlich, keine bewaffneten Kräfte über ihre Grenzen zu schicken? Er wollte dem siechen Prozess neues Leben einhauchen. Er selbst freilich ging keine festen Verpflichtungen ein. Einige Tage später überraschte Davis Genf ein weiteres Mal, als er gelobte, sein Land würde nicht gegen Aktionen einschreiten, die andere gegen einen einvernehmlich als solchen identifizierten Störer des internationalen Friedens unternehmen könnten. Was freilich die Neutralität seines Landes zu untergraben schien, so dass es einmal mehr Dementis hagelte. Entsetzte New-Deal-Vertreter um den Präsidenten hatten Davis – »den Liebling der Internationalisten beider Parteien«, wie ihn einer von ihnen nannte – schon lange in Verdacht, dass er Roosevelt mit ausländischen Abenteuern davon abhielt, sich um den Aufschwung im eigenen Land zu kümmern oder – schlimmer noch – das ganze Land im Ausland ins Verderben zu führen. Raymond Moley, der Berater des Präsidenten auf so gut wie allen Gebieten, verglich Davis später mit Colonel House, dem Vertrauten, der seiner Ansicht nach Präsident Wilson in den Großen Krieg gelockt hatte. Im Kongress forderte der eine oder andere Davis' Rückberufung. Der Senat meinte das Schreckgespenst einer Verstrickung dadurch bannen zu können, dass er vom Präsidenten ein Waffen- und Munitionsembargo gegen alle in internationale Streitigkeiten verwickelte Nationen verlangte, nicht nur – wie es bestehende Maßnahmen gestatteten – allein gegen den Aggressor und nach seinem eigenen Ermessen. Die Neutralität hatte zurückgeschlagen. Der Präsident, der grünes Licht für Davis' Genfer Erklärung gegeben hatte, ließ ihn jetzt praktisch damit allein. Inzwischen betrieb er mit Nachdruck den Ausbau der Flotte. Niemand im Außenministerium, so klagte Moley, hätte sagen können, worum es dem Präsidenten eigentlich ging.[94]

Nicht weniger schwer tat man sich mit der Logik hinter den Drehungen und Wendungen von Franzosen und Briten, die jedoch ähnliche Motive hatten. Wie Roosevelt wollten weder Daladier noch MacDonald die Konferenz scheitern sehen. Ebenso wenig wie sie zu Hause aufrüsten wollten, aber andererseits hatte keiner von beiden Lust auf politischen Selbstmord: Die Franzosen, mit ihrem überseeischen Kolonialreich, konnten den Italienern unmöglich Flottengleichheit zugestehen, wie das die Briten verlangten, während die Briten, mit ihrem Empire, nicht auf das Luftbombardement »in entlegenen Regionen« verzichten konnten, wie das die Franzosen von ihnen verlangten. So setzten die Kabbeleien zwischen beiden sich fort. Das größte Hindernis vor ihnen war freilich das Reich, das jeder Konvention im Weg stand: Es lehnte jedwede Grenzen für Truppenstärke und Bewaffnung sowie Methoden zu deren Durchsetzung ab. Und keiner von beiden wollte Deutschland für seine Halsstarrigkeit belohnen, nicht jetzt. Beide sahen sich hin- und hergerissen von den Forderungen der Öffentlichkeit nach Frieden, Sicherheit und Moral.

*

Am 10. Mai, die Konferenz in Genf ging ihren schleppenden Gang, trugen in zweiundzwanzig deutschen Universitätsstädten bei Fackelschein Studenten »undeutsche Bücher« zusammen, um sie auf öffentlichen Plätzen zu verbrennen. Auch in Berlin maß der Scheiterhaufen abendländischer Gelehrsamkeit mehrere Kubikmeter. Eine Menschenmenge sah schweigend zu. Am selben Tag zogen in New York unter dem Jubel gewaltiger Menschenmengen aus Protest gegen die nationalsozialistische Verfolgung 100 000 Juden und christliche Unterstützer vom Madison Square Garden zur Battery an der Südspitze Manhattans. Einige Stunden zuvor hatte sich im britischen Unterhaus Außenminister John Simon zornigen Fragen über sein Treffen mit Alfred Rosenberg gestellt. Der Chef des eben geschaffenen Außenpolitischen Amts der NSDAP hatte in einem Anfall von Größenwahn verlangt, Deutschland solle Muster der schweren Waffen herstellen dürfen, um deren Abschaffung man bei der Abrüstungskonferenz rang. Die Argumente jeder Seite stießen bei der anderen auf taube Ohren. In zwei Monaten, so mahnte Simon, hätten die Verfolgungen der Nationalsozialisten die Deutschen mehr Sympathien bei den Briten gekostet, als sie in zehn Jahren aufgebaut hätten. Das Reich rette Europa vor dem Bolschewismus, ereiferte sich Rosenberg; wenn man Kommunisten in Konzentrationslager stecke, dann nur um der Bewahrung der Freiheit willen. Er verwies auf britische Praktiken in Irland und Indien. Ob der Außenminister, so wollte ein Oppositioneller im Unterhaus wissen, Rosenberg erklärt hätte, dass er zu Frankreich stehen würde, um eine deutsche Wiederaufrüstung zu verhindern? Die Antwort darauf blieb aus.[95]

Es war nicht das Klima für weitere Konzessionen an das eine Land, das die Konferenz hätte retten können. In Berlin zeigte ein Kino am Kurfürstendamm *Blutendes Deutschland*, einen Film der nationalsozialistischen Tobis Tonbild-Syndikat AG. Ein bewaffneter SS-Mann bewachte den Eingang; im Saal spielte eine SA-Kapelle in braunen Hemden vor stehendem Publikum neben Militärmärschen das »Horst-Wessel-Lied«. Der Film zeigte den Sieg der Deutschen bei Sedan 1870, die Grundsteinlegung des Reichs, die Revolution von 1918, französische Panzer und nordafrikanische Soldaten im Ruhrgebiet 1923. Das Publikum war bewegt. Am 20. April, Hitlers vierundvierzigstem Geburtstag, den man feierte wie den Hindenburgs ein Jahr zuvor und den des Kaisers davor, hatte – in zweiundzwanzig Theatern – ein Stück über den »Märtyrer« Albert Schlageter, der im Ruhrgebiet Opfer französischer Kugeln geworden war, Premiere. Hitler ehrte man als den unbekannten Soldaten, den Bannerträger deutscher Ehre. Den ganzen Tag über feierte man ihn und die nationalistische Bewegung im Radio. Es waren dies militante Motive. Nach Ansicht des französischen Kriegsministeriums betrug allein die Zahl der Mitglieder von SA und Stahlhelm 700000 kampfbereite Männer, eine ausgebildete Reserve, die alles überstieg, worauf sie selbst zählen konnten; dazu kamen noch die 100000 ausgebildeten Berufssoldaten der Reichswehr, die Speerspitze der kommenden Massenarmee. Britischen Schätzungen zufolge beliefen sich die Reserven der Deutschen auf über eine Million Mann.[96]

Die Haltung der Deutschen versteifte sich. Während Simon sich den Fragen im Unterhaus stellte, erneuerte der deutsche Delegierte in Genf Rosenbergs Forderungen. Der nationalsozialistische *Völkische Beobachter* bezichtigte Frankreich und Polen, die Weltöffentlichkeit in Genf bewusst in die Irre zu führen. Deutschland sei davon ausgegangen, dass die anderen Mächte abrüsten würden, wiederholte Außenminister Neurath am nächsten Tag in der *Leipziger Illustrierten*. Das hätten sie aber nicht; sie hätten die Verhandlungen in böser Absicht geführt. Das Argument war so unaufrichtig wie unfassbar für jeden, der die Aufmärsche der paramilitärischen Organisationen des neuen Deutschlands gesehen hatte, und neu war es nicht. Neu war die Behauptung des Außenministers, ein Scheitern der Genfer Verhandlungen würde sein Land von den Versailler Fesseln befreien, was wiederum bedeutete, dass man nach Belieben aufrüsten könnte. Einmal mehr glättete Hitler mit einer versöhnlichen Rede vor dem Reichstag die Wogen. Deutschland verlange

Gleichberechtigung, beteuerte er, würde aber um einer Revision des Versailler Vertrags willen nicht zur Gewalt greifen. Er sagte das nicht zum ersten Mal. Auch sein Delegierter in Genf schien zurückzurudern. Die Verhandlungen kamen dennoch nicht voran. Den ganzen Monat über bemühte Konferenzpräsident Arthur Henderson sich, sie wieder in Bewegung zu bringen.[97]

Wie der Völkerbund hatte sich die Nützlichkeit der Konferenz für das Reich so gut wie erschöpft. Schon Ende April äußerte sich Bülow dem französischen Botschafter gegenüber mit völlig untypischer Erbitterung über die Bedeutung, die die Franzosen Genf beimaßen. Er sehe dort keine Perspektiven. Außerdem behandle Frankreich Deutschland wie eine Macht zweiten Rangs. Der Botschafter hielt es für gut möglich, dass Bülow dem allgegenwärtigen Geist des Nazismus verfallen war. In Paris erschreckte der deutsche Botschafter den französischen Außenminister mit dem völlig ernst gemeinten Vorschlag, den Völkerbund seiner Verantwortung für die Probleme Europas zu entbinden; es wäre besser, Mussolinis Vier-Mächte-Gruppe damit zu betrauen. Ende Mai traf Hitler sich mit dem rumänischen Botschafter, dem gegenüber er auf engere politische Beziehungen drängte und gegen Frankreich, den Verbündeten seines Gastes, vom Leder zog. Außerdem sagte er ihm, würde sich die Konferenz in Genf ohne ein befriedigendes Ergebnis vertagen, so würde Deutschland sie verlassen und den Bund gleich mit und nicht die Absicht haben, noch einmal dorthin zurückzukehren. Im Juni vertagte sich die Konferenz. Im Oktober, nach der Sommerpause, kehrte ihr Deutschland für immer den Rücken.[98]

Sich bemühen, nichts unterschreiben, nichts unternehmen – die Westmächte hatten ihren Landsleuten gegeben, was ihnen aller Logik nach zustand. Nicht alle waren zufrieden. Am 10. Mai, als Simon sich den Fragen des Unterhauses stellte und man in New York demonstrierte, wetterte in Genf der britische Delegierte Brigadier Temperley gegen die deutsche Wiederaufrüstung und die Unverschämtheit des Reichs. »Sollen wir weitermachen«, fragte er, »als wäre nichts passiert?« Welchen Sinn habe eine Konferenz, wenn Deutschland mit seinen Kriegsplänen fortfahre, mit den Polen als erstem Ziel und den Franzosen als letztem? Jetzt abzurüsten wäre Wahnsinn. Frankreich, die Vereinigten Staaten und Großbritannien sollten Deutschland gemeinsam ermahnen, die Wiederbewaffnung einzustellen und sich an den Versailler Vertrag zu halten. Die Amerikaner, das wusste er, würden sich der implizierten Drohung, Gewalt anzuwenden, niemals anschließen, aber auf der anderen Seite sei Deutschland noch nicht so weit, es mit der französischen Armee und der britischen Flotte aufzunehmen. Hitler bluffe, und sie sollten es drauf ankommen lassen. Die Alternative, so schloss er, bestehe darin, fünf Jahre tatenlos zuzusehen, wie man auf einen Krieg zutrieb. Vansittart, Staatssekretär im Foreign Office, pflichtete ihm Wort für Wort bei.[99]

Ansonsten stand er damit jedoch allein. Man solle Deutschland weder belohnen noch bestrafen – die unausgesprochene, aber für jeden vernünftigen Menschen verständliche Botschaft der Oxford-Union-Debatte entwickelte sich zur Politik. Vansittart übermittelte Temperleys Memorandum dem Kabinett, aber es fand keine Interessenten. Baldwin und die meisten seiner Kollegen verbanden wirtschaftlichen Aufschwung mit Abrüstung. Bei einer Nachwahl in Fulham East unterlag im Oktober ein konservativer Verfechter der Wiederaufrüstung deutlich einem militanten Streiter für die Abrüstung. Seine Wahl beweise, so erklärte der siegreiche Labour-Abgeordnete, »dass dieses Land mehr als alles andere den Frieden wünscht«. Der liberale *News Chronicle* pflichtete dem bei, und Labours *Daily Herald* schrieb: »Selten hat eine Nachwahl eine so unmissverständliche Sprache gesprochen, selten war ein Ergebnis so klar.« Im folgenden Juli kürzte das Kabinett die vom zuständigen Ausschuss veranschlagten Verteidigungsausgaben. Es sollte ein paar Jahre dauern, bis man – zur Begleitung der eigenen Beschwichtigungspolitik, wie man sie optimistisch bezeichnete – ernsthaft aufzurüsten begann. Im Januar kürzte die Regierung Daladier in Paris den Verteidigungsetat um 200 Millionen Francs und hielt fünftau send Offizierspatente zurück; im Mai beschloss man, die nächsten drei Jahre die Zahl der Einberufungsbescheide zu reduzieren. Generalstabschef Maxime Weygand protestierte so wortreich wie vergeblich. Die Sozialisten, von denen Daladier abhängig war, wollten weitere Kürzungen. Er blieb hart, aber so viel Sparsamkeit zeitigte eine Armee praktisch ohne Offensivfähigkeiten sowie eine Diplomatie ohne die nötigen Mittel. Die Verbündeten Frankreichs im Osten jedenfalls hatten allen Grund zur Sorge. Was die Vereinigten Staaten anbelangte, so schlug Roosevelt die Verkleinerung der mit 140 000 Mann ohnehin schon winzigen Army vor. Es war dies eine Geste ohne jede Bedeutung für Genf, die freilich Generalstabschef Douglas MacArthur nicht weniger heftig protestieren ließ als seinen Kollegen Weygand in Paris. Er verachtete den Isolationismus nicht weniger als den Pazifismus. Aber, wie Vansittart so schön sagte, die Amerikaner »neigten dazu, lieber wieder zu Hause zu bleiben«.[100]

Weit davon entfernt, die anderen zum Zusammenrücken zu veranlassen, hatten Auftauchen und Treiben der Nationalsozialisten einen Keil zwischen sie getrieben. Mussolinis Vier-Mächte-Plan hatte sich als Fehlgeburt erwiesen; so wie die Deutschen ihn begrüßt hätten, weil er ihnen nützte, lehnten die Osteuropäer ihn aus ebendiesem Grund ab, während die Franzosen ihn bis zur Unkenntlichkeit ergänzt sehen wollten. Sein Vorhaben, den Völkerbund zu marginalisieren, scheiterte an denselben nationalen Capricen, die bereits zu dessen Lähmung geführt hatten. Jeder versuchte, eine eigene Lösung zu finden, sei es in Form bilateraler taktischer Abkommen oder der Vermeidung von Abkommen überhaupt; man spielte auf der Klaviatur nationaler Narrative von Bestimmung oder erlittenem Unrecht oder gab sich vor dem Hintergrund befestigter Grenzen, ozeanischer Burggräben und moralischer Überlegenheit der trügerischen Illusion von Ruhe und Frieden hin. Im Bereich der internationalen Beziehungen obsiegte Provinzialismus über Weltbürgertum. Das wiederum öffnete einander befeuernden Gelüsten – zur Expansion bei den einen, bei den anderen zum Rückzug – den Weg.

Japans militärische Führung blickte nach Westen, Mussolini nach Süden, Hitler nach Osten. Die von Hugh Wilson, dem amerikanischen Gesandten in Bern, nach Matsuokas Rede vor der Völkerbundversammlung Ende Februar befürchtete Gemeinschaft der Verdammten, hatte noch nicht Gestalt angenommen.[101] Aber man begegnete den deutschen Ambitionen mit demselben Mix aus Ächtung und Tatenlosigkeit und würde das mit Mussolinis womöglich genauso halten, sollte er seinen Plänen entsprechend in Äthiopien einfallen. Im April waren, kurz nach MacDonald und Simon, Göring und Papen nach Rom gereist. Nicht zufrieden damit, sich über sein Amt als Chef des angeblich zivilen Luftfahrtministeriums hinaus auch noch mit Papens Titel eines preußischen Ministerpräsidenten geschmückt zu haben, stahl Göring ihm bei dieser Reise auch noch die Schau. Ein grober, protziger Eindringling, stolzierte er in einer selbstentworfenen neuen Uniform durch die Ewige Stadt, und Papen war bei seiner Rückkehr nach Berlin entsprechend erschöpft und gekränkt.[102] Der Nationalsozialismus, so ließ Göring in Rom durchblicken, würde nicht wieder verschwinden, und verneigte sich vor seiner italienischen Inspiration. Mussolini, so gar nicht erpicht darauf, diese Vaterschaft anzuerkennen, hielt sich die beiden vom Leib. Für den Augenblick. Aber es bestand durchaus noch die Möglichkeit, dass Wilsons Vorahnung sich bewahrheitete und die Parias doch noch zueinanderfanden, auch wenn der Begriff »Gemeinschaft« ihre Beziehung nicht wirklich traf. Und was war, wenn sich noch andere Länder, so unwissentlich auch immer, diesem dem Untergang geweihten Kreis anschlossen – etwa ein friedliebendes und passives Land wie sein eigenes, die USA?

12 Washington schließt eine weitere Tür

Als Präsident Roosevelt bei seiner Antrittsrede am 4. März den Amerikanern versicherte, sie hätten nichts zu fürchten außer die Furcht selbst, war das ein Aufruf zur Zuversicht. Hoover hatte Ähnliches vor ihm gesagt; jeder Präsident nach ihm sollte Ähnliches kundtun, wann immer die Wirtschaft Anlass zum Verzagen gab. Da Roosevelt jedoch die nächsten hundert Tage über die Rolle des Staats neu definierte, ihm durch die Einführung des Wohlfahrtsstaats die Sorge für die Wohlfahrt seiner Bürger in einem Maß übertrug, das weit hinausging über das Recht auf Leben und Eigentum, füllte er seine Worte mit Bedeutung – dieses Mal, so implizierten seine Worte, gebe es allen Grund, guter Dinge zu sein.

Dem Aufschwung zu Hause, darauf wies Roosevelt in seiner Ansprache ausdrücklich hin, würden keinerlei internationale wirtschaftliche Verpflichtungen im Wege stehen. Der heimische Notstand, so beteuerte er, erlaube es nicht, auf die Erholung des internationalen Handels zu warten. Derlei Prioritäten schienen durchaus vernünftig, war doch der New Deal als entschieden nationale Angelegenheit auf ein Land zugeschnitten, dessen Außenhandel gerade mal zehn Prozent seines Bruttoinlandsprodukts ausmachte. Aber Roosevelt, der Politiker, sprach damit auch die Sprache von Millionen, die entweder kein Interesse an der weltweiten Krise hatten oder in deren Augen diese für heimische Probleme verantwortlich war. Wozu er sich nicht äußerte, das war die Möglichkeit, dass der New Deal, selbst wenn die Welt für ihn keine Rolle spielte, womöglich sehr wohl eine Rolle für die Welt spielte – dass er womöglich die

Beziehungen der Nation mit anderen beeinträchtigte, sollten diese in Reaktion daraufhin ebenfalls nur noch nach innen schauen.

Während besagter hundert Tage, in denen eine Flut improvisierter Gesetze und Behörden für binnenwirtschaftliche Maßnahmen sorgten, versetzte der Präsident darüber hinaus all jenen Europäern den einen oder anderen Schock, die sich eine neue Harmonie in ihren Beziehungen mit den USA erhofft hatten. Er löste den Dollar vom Gold und gestattete ihm so das freie Schwanken an den internationalen Devisenmärkten, was effektiv einer Abwertung gegenüber den meisten anderen Währungen gleichkam; er weigerte sich, ausländischen Schuldnern entgegenzukommen, ließ die Prohibitivzölle größtenteils unangetastet und nahm, nachdem er andere zu Abrüstung und Sparsamkeit aufgefordert hatte, einen Plan für den massiven Ausbau der Flotte in Angriff. All das passierte, während sich die Nationen der Welt, seine eigene nicht ausgeschlossen, auf die Weltwirtschaftskonferenz vorbereiteten, die nach jahrelangen Vorarbeiten am 12. Juni im Londoner Geologischen Museum beginnen sollte.

Nicht weniger experimentell als der New Deal, folgten diese Maßnahmen weder einer artikulierten Strategie noch einer Doktrin, waren vielmehr ausschließlich von einem zwar vagen, aber dafür umso resoluteren wirtschaftlichen Nationalismus bestimmt. Ohne den durch die Depression noch verschärften Wettbewerbsgeist hätte man sie für zweckfreie Launen halten können. Eher selten teilte Roosevelt den instinktiven Argwohn, den so viele im Kongress und bei der Presse gegenüber dem Alten Kontinent hegten, insbesondere gegenüber den ehemaligen Verbündeten von der Westfront; er hätte weder vom Temperament her noch aus Vernunftgründen etwas gegen bessere Beziehungen zu den europäischen Mächten gehabt. Aber womöglich zeigte sich sein eigentliches Ich eher in der »Politik der guten Nachbarschaft« gegenüber den Ländern seiner eigenen Hemisphäre. Diese Politik beinhaltete eine Absage an bewaffnete Eingriffe in den Republiken Lateinamerikas und schien sich zu einer Monroe-Doktrin zu bekennen, die diese Länder vor europäischer Einmischung ebenso schützte wie vor einer allzu plumpen amerikanischen Hand. 1920 hatte er als Kandidat für das Amt des Vizepräsidenten für zupackendere Methoden wie etwa Wilsons geschwärmt, der bei allem Idealismus Marines nach Haiti und in die Dominikanische Republik geschickt und Veracruz von der Marine hatte beschießen lassen. Die Republikaner hatten Roosevelt damals den Vorwurf des Imperialismus gemacht, vor allem als er sich damit brüstete, Haitis Verfassung geschrieben zu haben.[1] Aber er hatte sich geändert und eine bereits unter Hoover und Stimson begonnene Entwicklung fortgeführt. Nicht annähernd so konsequent oder konstruktiv war sein Ansatz, was die sich zuspitzenden Krisen in Europa und Ostasien anbelangte, die im Gegensatz zu denen Lateinamerikas eine Bedrohung für den Weltfrieden darstellten.

*

Als sie ihr Amt übernahmen, hatten weder der Präsident noch seine Berater aus dem Brains Trust eine klare Vorstellung, was hinsichtlich Dollar und Goldbasis zu unternehmen war. Keiner von ihnen wusste viel über Geldtheorie; Rexford Tugwell, der einzige Volkswirtschaftler in der Runde, war Landwirtschaftsexperte. Aus den meisten Äußerungen des Präsidentschaftskandidaten zu Themen wie Haushaltsausgleich und gesunde Währung hätte ein aufmerksamer Beobachter womöglich auf seine Präferenz für den Goldstandard schließen wollen, der nach Ansicht fast aller Volkswirtschaftler eine Garantie für das eine wie für das andere war. Gegen Ende des Wahlkampfs sprach Hoover die Warnung aus, sein Gegner würde die Währung vom Goldstandard abkoppeln und so den Amerikanern wieder die nicht goldgedeckten »Greenbacks« und damit die monetären Albträume der Bürgerkriegszeit bescheren. Weder damals noch später konnte er von Roosevelts einschlägigen Absichten gewusst haben, kannte der Kandidat der Demokraten sie doch selbst nicht. Roosevelt reagierte darauf nur mit einem Versprechen für die Unterstützung von »gesundem Geld«.[2]

Sehr wohl bewusst war er sich jedoch des steigenden Interesses am Konzept der kontrollierten Inflation als Weg nach vorne – mit anderen Worten der Abwertung des Dollars durch die Aufgabe seiner Goldbindung. Billigeres, von einem festen Gegenwert in Gold gelöstes und nicht länger voll konvertierbares Geld führte womöglich zur Anhebung der niedrigen Warenpreise, unter denen vor allem die Farmer litten, sowie der Reduzierung ihrer Schuldenlast – der Hypotheken, die so viele die Farm gekostet hatten. Und indem es den Preis amerikanischer Exporte auf den Auslandsmärkten senkte, stimulierte es womöglich obendrein die darniederliegende Fertigungsindustrie. Die Aufforderung war nicht neu. Seit den »Greenbacks« der Bürgerkriegszeit hatte der Gedanke einer weder durch schnöde Edelmetalle gedeckten noch von den Finanziers der Wall Street oder der City of London kontrollierten Währung Millionen zugesagt, deren täglich Brot vom jeweiligen Wert des Geldes abhängig war, das zu prägen und regulieren verfassungsgemäß allein den von ihnen gewählten Kongressabgeordneten oblag. Vor allem hatte der Gedanke die notleidenden, verschuldeten Farmer im Süden und Westen angesprochen und alle, die von ihnen abhängig waren, alle, die sich von einer gewissen Inflation die Erlösung von ihren Schulden erhofften oder wenigstens eine Linderung ihrer Not. Als die Wirtschafts- und Bankenkrise sich während des Interregnums 1932–1933 verschlimmerte, stellte sich der politische Reiz einer – selbst um den Preis der internationalen Stabilität – staatlich gemanagten Währung wieder ein – vor allem dort, wo es zählte, in einem neuen Kongress, bei den neuen Demokraten, von denen viele aus dem Farm Belt oder dem Cotton Belt stammten. Im März und April diskutierte man in Senat und Oval Office Vorlagen und Novellierungen zur gesteuerten Inflationierung der Währung oder verfügbarer Kredite, wobei man hauptsächlich an eine Reduzierung des Goldgehalts der Dollarmünzen dachte, manchmal auch an die Monetisierung von Silber. Der neue Präsident wusste nur zu gut, dass er seine Anwesenheit im Weißen Haus ebenden Regionen verdankte, in denen man jetzt besonders laut nach monetären Entlastungen rief.[3]

Eher geringen Reiz hatte der Gedanke des Experiments mit dem Wert der Währung für die orthodoxen Hüter gesunden Gelds.

Für viele war der Gedanke, den Dollar vom Gold zu lösen, nichts anderes als Häresie. Im Wahlkampf schien Roosevelt sich mit ihnen zu identifizieren; jetzt begannen, zumindest in seiner engeren Umgebung, die Orthodoxen ihr Primat zu verlieren. Sein Berater Raymond Moley schmähte sie als Anbeter der Zwillingsgottheit Goldstandard und Freihandel, die obendrein zum Teil auch noch für internationalistische Narreteien wie einen Schuldenerlass seien. Rexford Tugwell zum Beispiel war ein leidenschaftlicher Befürworter des ökonomischen Voluntarismus – der Art von wirtschaftlicher Planung, die unter Akademikern ihre theoretischen Pioniere gefunden hatte und jetzt erste Konvertiten unter politischen Entscheidungsträgern zu finden begann. Wie immer Tugwells – eigener Aussage nach unzureichende – währungspolitische Ansichten ausgesehen haben mochten, er glaubte an ein nationales Handeln zur Koordination von Produktion und Konsumtion, von Preisen und Löhnen sowie von Angebot und Nachfrage. Monetäre Experimente und nationale Planung schienen nicht nur füreinander, sondern auch für einen New Deal wie geschaffen, der die Ursache der Depression nicht im Ausland, sondern zu Hause, nicht zwischen den Nationen, sondern in diesen selbst verortete, in der sich weitenden Kluft zwischen Profiten und Löhnen und den damit verknüpften strukturellen Ungleichheiten – weshalb nationale Maßnahmen nicht länger an die früheren Zwänge der Weltwirtschaft gebunden seien.[4]

Im April legte Senator Elmer Thomas aus Oklahoma eine Novellierung für ein Gesetz zur Entlastung der Landwirtschaft vor, die dem Präsidenten – neben anderen Maßnahmen zur Erhöhung des Kreditvolumens – die Ausgabe von »Greenbacks« sowie die Reduzierung des Goldgehalts der Dollarmünzen um bis zu fünfzig Prozent erlauben würde. Ob er hier dem Druck oder eher seiner Neigung zum Experiment nachgab – »Vor allem, probieren Sie was aus«, hatte er während seiner Kampagne um die Nominierung der Demokraten gesagt –, Roosevelt handelte noch vor der Verabschiedung von Thomas' Novellierung und stattete ihn darüber hinaus mit neuen Ermessungsvollmachten aus. Bei einer Pressekonferenz am 19. April gab er die Lösung des Dollars vom Gold bekannt. In dem erfolgreichen Bemühen um eine Rekapitalisierung der Banken hatte seine Regierung bereits zuvor Einleger zum Verkauf ihrer Goldbestände gezwungen und Zahlungen in Gold suspendiert; jetzt machte sie das Embargo fest und hob den Goldstandard auf. Der Dollar war damit nicht länger mit 23,22 Gran Feingold festgelegt und nun auf den Weltbörsen sich selbst überlassen.[5]

Im Weißen Haus war es am Abend zuvor zu turbulenten Szenen gekommen, als Roosevelt seine Entscheidung einigen seiner Minister und Stabsangehörigen bekanntgab. »Also, wenn das nicht das Ende der westlichen Zivilisation ist«, hatte der Budgetdirektor Lew Douglas kommentiert.[6] Für viele stand der Dollar in seiner Integrität für alles, wofür das Pfund Sterling im vorigen Jahrhundert gestanden hatte. Es handelte sich hier nicht um irgendein regionales Zahlungsmittel. Seit dem Ende des Großen Krieges hatte man weltweit auf seine Stabilität gesetzt; im Gegensatz zu den europäischen Akteuren hatten die Vereinigten Staaten nie aufgehört, ihre monetären Versprechen in Gold einzulösen. Viele suchten ihre Zuflucht im Dollar, da er für Investoren ein sichererer Hafen als so manch unsolide ausländische Währung war. Gelegentlich war dieses Vertrauen in dessen Stabilität zurückgegangen, wie etwa im Oktober 1931 und im Mai 1932, als die Halter des Dollars sich in besorgniserregenden Mengen davon getrennt hatten, aber seine Regierung hatte sie, wie Hoover seine Wähler unermüdlich erinnerte, jedes Mal sofort mit Hilfe der immensen Goldreserven des Landes gestützt. Nach dem 20. April begann der Dollar gegenüber allen anderen Währungen frei zu flottieren, ob diese nun an Gold gebunden waren oder nicht.

Damit hatte der Druck von innen gesiegt. Im September 1931 hatte der ausländische Run auf das Pfund die Briten zur Absage an den Goldstandard gezwungen, was zu seiner Abwertung gegenüber anderen Währungen geführt hatte. Hinter Roosevelts Aktion vom 19. April stand keine unmittelbare Bedrohung dieser Art; Roosevelt hatte keineswegs wie der britische Premier MacDonald über ausländische Manipulationen geklagt. Großbritannien hatte aufgehört, seine Bilanzen in Gold auszugleichen, weil seine Reserven dazu nicht mehr ausreichten, aber selbst dann erst nach einem erbitterten Kampf; im Fall der USA war das nicht nötig. Mit etwa der Hälfte der weltweiten Goldreserven in den Tresoren hielt man spielend jedem ausländischen Anspruch auf diese stand. Aber konnte man auch den Angriffen der eigenen Bürger standhalten? Zwei Jahre schon hatten diese ihre Dollars abgehoben, weil sie den Banken nicht trauten; als Roosevelt ins Amt kam, hoben sie Gold ab, weil sie dem Dollar nicht mehr trauten. Die Notfallmaßnahmen hatten den Fluss aufgehalten und umgedreht und die Banken gestützt; gegen den chronischen Zorn auf die Währung hatten sie nicht geholfen. Die Abkehr vom Goldstandard sei eine Frage der freien Entscheidung gewesen und nicht der Notwendigkeit, befand eine britische Zeitung sicher nicht ganz neidlos, aber irrigerweise: denn die Maßnahme war sehr wohl notwendig gewesen, wenn schon nicht im Ausland, so doch zu Hause, wo sie durch den Verfall der Agrarpreise, Zwangsvollstreckungen gegen Farmer und sporadische Ausbrüche von Gewalt im Herzland unabdingbar geworden war.[7]

Die Auswirkungen breiteten sich jedoch schlagartig über die amerikanischen Gestade hinaus aus. So beunruhigte die Nachricht zwei illustre Gäste, die auf Einladung Roosevelts zu informellen Gesprächen über die Welt und ihre darbende Wirtschaft auf dem Weg ins Weiße Haus waren. Premierminister MacDonald und der ehemalige französische Premierminister Édouard Herriot befanden sich noch mitten auf dem Meer, als sie am Morgen des Zwanzigsten die Meldung im Rundfunk hörten. Das Fait accompli verwirrte beide Delegationen, die eine an Bord der *Berengaria*, die andere auf der *Île-de-France*. Einige schlugen vor, gleich nach der Ankunft in New York wieder umzukehren. Wie Herriot noch an Bord einem Reporter gegenüber erklärte, sei man damit wieder ganz am Anfang – »am Nullpunkt des Theorems«. Er konnte damit nur gemeint haben, dass die Währungsinstabilität, zu der die Vereinigten Staaten jetzt erheblich beigetragen hatten, der Kern der Differenzen zwischen ihnen waren – wie sollten sie Probleme wie Kriegsschulden und Zölle lösen, wenn die einen ihre Währung am Gold festmachten und andere nicht? Wenn, so die Anspielung dahinter, nicht ans Gold gebundene Nationen ihre Währung um eines Handelsvorteils willen manipulierten, was anderen, noch ans Gold gebundenen Nationen nicht möglich war. Das Außenministerium versicherte der Welt, den Vereinigten Staaten gehe es ausschließlich um eine Teuerung im eigenen Land, was durchaus der Wahrheit entsprach; als dagegen MacDonald und Herriot, der eine bei seiner Ankunft, der andere von Bord seines Dampfers aus, diplomatisch erklärten, an den wesentlichen Fragen habe sich nichts geändert, stimmte das nicht.[8]

In Paris wie in der City of London hatte man seit der Lösung des Pfund Sterlings vom Gold keine solche Sensation mehr erlebt; der Dollar fiel.[9] Vor dem Hintergrund der Spekulationen darüber, ob die amerikanische Strategie auch in anderen Verhandlungen durchschlagen würde, befürchteten dort – wie in anderen Hauptstädten – ausländische Gläubiger der USA, es könnte ihnen mit der Suspendierung der Goldzahlungen wie den amerikanischen Obligationären ergehen und sie bekämen ihre Zinsen – oder Kredite – nicht länger in Gold. Verängstigte Amerikaner malten sich unterdessen Vergeltungsschläge der Europäer aus, so etwa Maßnahmen des für die Reserven an Gold und Fremdwährungen zuständigen British Exchange Equalization Account zur Abwertung des Pfunds, was einen Währungskrieg mit dem Dollar auslösen würde.[10] Noch während MacDonald vor dem offenen Kamin im Weißen Haus mit Roosevelt sprach oder vor dem National Press Club die Notwendigkeit der Zusammenarbeit betonte, kamen die ersten Vorwürfe über den Atlantik; und eines Nachmittags kollidierte in einem an sich banalen Unfall Herriots Wagen auf dem Rückweg von Mount Vernon mit einem Bus voll Touristen.[11]

»Schwankungen des Papierdollars«, so warnte *The Times*, »sorgen für eine weitere erhebliche Quelle der Instabilität in einer ohnehin bereits instabilen Welt.« Wie andere Londoner Tages- und Wochenzeitungen fürchtete die *Times* eine Spirale kompetitiver Abwertungen. Mit diesem Schritt, so meinte der *Economist* besorgt, erleichtere Roosevelt den Vereinigten Staaten, »noch mehr Unordnung in den Welthandel zu bringen«, anstatt die Hindernisse für den freien Fluss von Gütern und Kapital zu beseitigen, die in den Augen des dem klassischen Freihandel ergebenen Wochenblatts die Arbeit mit dem internationalen Goldstandard unmöglich gemacht hatten. Es waren dies Plattitüden, Ideale, die die Amerikaner mit ihnen teilten. Ein noch höheres Maß an monetärer Instabilität, so pflichtete *Le Temps* von Paris aus den Briten bei, führe nie und nimmer zu einer Verbesserung der wirtschaftlichen Situation.[12]

Den europäischen Goldblockländern, vor allem Frankreich, ging diese Kritik nicht weit genug. Im Handumdrehen beseelte eine Art Stammesmotiv selbst die fadesten Überlegungen. Was auch immer die Vereinigten Staaten dazu veranlasst haben mochte, für den Absturz des Dollars zu sorgen, schrieb ein französischer Kommentator von rechts, mit der Verbesserung der Welt jedenfalls habe es wenig zu tun. Er schrieb, als fühle er sich angegriffen, als ein Bürger eines noch an Gold gebundenen Landes, das jetzt zusehen durfte, wie andere ihre Francs eben dafür hinblätterten, während den französischen Haltern von Dollar und Pfund diese Möglichkeit nicht mehr gegeben war. Frankreich würde seine Goldreserven verlieren. Andere Länder auf dem Kontinent, wie etwa Deutschland, hatten sich durch Kapitalverkehrskontrollen – im Wesentlichen Embargos – geschützt und blieben dem Goldstandard in der Theorie, aber eben nicht in der Praxis treu. Für andere, einschließlich Frankreich, galt das nicht. »Heiliger Egoismus!«, lobte eines der Blätter Roosevelt ironisch dafür, nur an sein Land zu denken, während es Herriot und seine Partei dafür kritisierte, ihr Land am laufenden Band zu verraten – diesmal durch die bloße Reise nach Washington.

Die Inflation, ein Problem der Wirtschaft, wurde zum Sinnbild der Politik. So sei das eben mit den Amerikanern, schrieb *Le Temps*, gemäßigt konservativ und inoffiziell das Organ des Außenministeriums: periodisch überkomme die amerikanische Masse eine Schwäche für die Inflation und eine Gleichgültigkeit gegenüber ihrer eigenen Währung, was ihre Politiker zum Nachgeben zwinge und den Rest der Welt zittern lasse. Es sei einfach undenkbar, meinte etwas weiter rechts *Le Figaro*, dass ein »so patriotischer, so scharfsinniger, so organisierter« Mann wie Roosevelt sich auf derart kriminelle, den Bolschewiken würdige Machenschaften einlassen sollte. Die Linke wusste nicht so recht. Blum begrüßte in *Le Populaire* die Totenglocke der deflationistischen Orthodoxie, die Roosevelt selbst gepredigt hatte. Für die Inflation wollte er freilich nicht eintreten, es sei denn, man koppelte die Löhne an die Preise, um die Kaufkraft der Arbeiter zu erhalten.[13] Frankreich wurde mit einem Mal zu einem Ausbund monetären Stolzes. »Unser Franc hat von den Schwankungen anderer Währungen nichts zu befürchten«, sagte Premier Daladier anlässlich eines Banketts in seinem Wahlkreis in Orange; Herriot war soeben in Washington eingetroffen.[14] Die ganze Welt, so behauptete er, wünsche sich ein solches Maß an Stabilität. Hinter der zuversichtlichen Pose freilich regten sich bange Erinnerungen an die jüngste Vergangenheit. Zwischen 1918 und 1926 hatte der Franc, nicht zuletzt durch eine Abwertung, vier Fünftel seines Wertes verloren. Folge davon waren Verarmung oder Ruin von Rentnern, Veteranen und all denen gewesen, die mit einem niedrigen Einkommen auskommen mussten oder auf die Erträge von Staatsanleihen angewiesen waren. Ihrer Ansicht nach war eine Goldwährung das Bollwerk gegen den Albtraum der Inflation. Genau diese Leute sprach Daladier auf der Festlichkeit an. »Uns ist der Schmerz der Geldkrisen noch zu gut in Erinnerung, um weitere zu akzeptieren«, sagte er ihnen. So hatte ihn das Volksempfinden in die Roosevelt entgegengesetzte Richtung gedrängt.

Durch die sich verändernden Reaktionen der Presse bildete sich eine neue Bruchlinie heraus – zwischen Großbritannien und den Vereinigten Staaten, die die Welt vom Goldstandard wegführten, und dem kontinentalen Block der Goldwährungsländer, allen voran Frankreich, wo man zur Rückkehr zur Goldbasis aufrief. In ihrer Begeisterung über diesen Kontrast stellten die Kommentatoren in nachgerade verwegener Verallgemeinerung das Abenteurertum der Angelsachsen mit ihrer Sucht, die eigene Nation mit Krediten und abgewerteten Währungen zu verführen, der soliden Vernunft einer

Alten Welt gegenüber, die aufgrund bitterer Erfahrung von Inflation nichts hören wollte.[15]

Die Zügel der Konsistenz hatte diese Diskussion von Anfang an nicht gekannt. Sieben Jahre zuvor, während der Franc-Krise und vor dessen Wiederanbindung an den Goldstandard, hatte André Tardieu, künftiger Premierminister und guter Kenner der Vereinigten Staaten, sich über die Amerikaner und ihren damaligen Handelsminister Herbert Hoover beklagt. Unaufhörlich, so sagte er, predigten sie anderen das Evangelium ihrer ökonomischen und monetären Ordnung oder priesen die Unantastbarkeit des Goldstandards. Aber fand sich im Frühjahr 1933 denn überhaupt irgendwo so etwas wie Konsistenz? Etwa unter den Briten, die sich darüber ärgerten, dass die Amerikaner – ihrem Beispiel folgend – sich von einer monetären Disziplin verabschiedeten, zu der sie selbst nicht zurückkehren wollten? Oder unter den Amerikanern und ihrem Präsidenten, der am selben Tag, an dem er sein Land vom Goldstandard abkoppelte, Reportern gegenüber versicherte, er wolle die Welt zu diesem zurückkehren sehen?[16] Für die Weltwirtschaftskonferenz jedenfalls verhieß diese Inkonsistenz nichts Gutes.

Allen Bemühungen zum Trotz war es dem Völkerbund nie gelungen, in seinen Sitzungen das Thema Wirtschaft von politischen und nationalen Leidenschaften zu isolieren. Letztere drohten den Bund vielmehr, zusammen mit der Abrüstungskonferenz, zum Scheitern zu bringen. Die Weltwirtschaftskonferenz sei Genfs würdige Schwester, schrieb der nationalistische französische Historiker Jacques Bainville, insofern sie für die wirtschaftliche Abrüstung sorgen würde, ohne die politischen Triebfedern von Handelskriegen zu identifizieren. Premierminister MacDonald jedoch, die treibende Kraft hinter der Londoner Konferenz, befürchtete eine Wiederholung der Ergebnislosigkeit von Genf. Die deutsche Presse war geprägt von Pessimismus bis Feindseligkeit: Wie sollte eine solche Versammlung die wirtschaftlichen Differenzen lösen, ohne dass man zuerst in Genf die politischen klärte? Ohne dass man Deutschland die Gleichberechtigung zusprach und das neue Regime und seine Revolution akzeptierte? Außerdem, so schrieben die Zeitungen, seien die Leute der Konferenzen müde und nur noch an ihrer eigenen Verteidigung interessiert und bezweifelten die Plattitüden über eine Weltwirtschaft. Die skeptische polnische Presse, egal von welcher Seite, befürchtete, dass auf Frankreich Druck ausgeübt werden könnte, ihr Land in London – und andernorts – im Stich zu lassen, und darüber hinaus den Ruin der Wirtschaft im gesamten Donaubecken. All das hob die Konferenz weit hinaus über nüchterne Gespräche über Börsen, Kontingentierungen und Kapitalverkehrskontrollen.[17]

*

Anfang des Jahres war die für die Agenda der Wirtschaftskonferenz zuständige Fachkommission des Völkerbunds zu dem Schluss gekommen, dass sämtliche Missstände der Weltwirtschaft – Handelsbarrieren, Währungsinstabilität, unbeglichene Kriegsschulden und das Ende der Auslandskredite – in London gleichzeitig angegangen werden sollten. Da sie sich jedoch nicht voneinander trennen ließen, präsentierte sich das Spektakel mehrerer tückisch miteinander verketteter Teufelskreise. Der Handel konnte sich unmöglich erholen, bevor nicht der Geldverkehr stabilisiert und diesbezügliche Kontrollen aufgehoben waren, was man freilich nicht riskieren konnte, bevor der Handel sich nicht wieder erholt hatte. Ein freierer Fluss von Kapital zwischen den Ländern setzte einen freieren Fluss von Gütern voraus und umgekehrt. Wechselkurse wirkten auf die Schuldentilgung, die wiederum auf die Wechselkurse wirkte. In der Praxis konnten die Londoner Konferenzteilnehmer günstigstenfalls auf diskrete Kompromisse in jeder dieser Fragen hoffen, auf ein Fundament für eine allmähliche Lösung im Lauf der Jahre. Aber da jeder Kompromiss untrennbar mit dem anderen verbunden war, würde ein Scheitern in einer Frage womöglich auch ein Scheitern in allen anderen Fragen nach sich ziehen.

Wie nun definierte sich ein Erfolg? Mitteleuropäische und lateinamerikanische Länder, die zum Schutz ihrer Wirtschaft auf Zollschranken bauten, waren nicht sonderlich angetan von multilateralen Verfügungen, diese abzubauen. Die neue deutsche Regierung war fest entschlossen, ihre Devisen in den Dienst strategischer Importe zu stellen, durch Verrechnungsabkommen und andere ungleiche Vereinbarungen eine bevorzugte Wirtschaftszone in Südosteuropa zu schaffen und die privaten Schulden des Reichs gegenüber dem Westen zurückzuweisen; Ziel war die Finanzierung ihres Leuchtturmprojekts: der Wiederaufrüstung. Die deutsche Autarkie passte so wenig an diesen Konferenztisch wie die aller anderen, obwohl ihre Verfechter, ob in NSDAP, Reichsbank oder den Ministerien, die Schuld an ihr allzu gern beim Protektionismus der anderen sahen. Wie sollte das Land seine amerikanischen Schulden zurückzahlen, fragte die Reichsbank, wenn ihm die amerikanischen Märkte verschlossen waren? Aber sie hatte ohnehin nicht die Absicht, sie je zu begleichen; und die Rückkehr einer liberalen Weltwirtschaftsordnung hätte die Zahlungseinstellung nur verkompliziert.[18]

In den Vereinigten Staaten, wo die Kriegsschulden für Ressentiments gesorgt hatten, brauchte Roosevelt den Kongress erst gar nicht lange zu fragen, um die Angelegenheit in London zur Sprache zu bringen. MacDonald, der die größte der dreizehn Staatsschulden repräsentierte, erklärte sich bereit, diese dort vom Tisch zu nehmen. Wie die anderen zwölf Schuldnernationen – und Roosevelt selbst – hoffte er, die Angelegenheit noch vor Konferenzbeginn am 12. Juni regeln zu können – drei Tage vor Fälligkeit der nächsten Tranche. Würde nun, so wie Frankreich und andere im Dezember, auch Großbritannien nicht bezahlen? Die Positionen der beiden lagen weit auseinander, und eine Übereinkunft mit Großbritannien war ohne die anderen nicht möglich. Neun andere Missionen waren der britischen und der französischen nach Washington gefolgt, größtenteils in der Hoffnung, das Problem der Kriegsschulden lösen zu können; sie reisten nicht weniger enttäuscht wieder ab. Die Konferenz begann ohne Antworten. »Je weniger über die Kriegsschulden gesagt wird«, so der Schluss der *Times* im Mai, »desto besser.«[19]

Auch hinsichtlich der Handelsbeschränkungen ließ Roosevelt

den Kongress außen vor. Die Fachkommission hatte ein vorübergehendes Einfrieren der Zölle vorgeschlagen, zumindest für die Dauer der Konferenz, worauf die Amerikaner sich denn auch eingelassen hatten. Andere jedoch hatten das nicht, so unter anderem die Franzosen; sie forderten, dass wer immer sich durch die Abwertung seiner Währung einen Exportvorteil verschafft hatte – mit anderen Worten Briten und Amerikaner –, für deren Stabilisierung zu sorgen habe und andernfalls mit Ausgleichszöllen seitens derer, die nicht abgewertet hatten, rechnen müsse. Man würde ja sonst, so die Franzosen, in Treibsand manövrieren. Dabei hatte ein Einfrieren der Zölle durchaus Hand und Fuß. Der Freihandel war weltweit verschwunden. In den ersten Monaten des Jahres waren Zölle und Quoten wie schon das ganze Vorjahr über ins Kraut geschossen, und der Gedanke, die Nationen, die sich in London trafen, um dem ein Ende zu bereiten, könnten dort stattdessen für weitere Zölle und Kontingierungen sorgen, war einfach absurd. Im Mai, nach wochenlangen Verhandlungen, einigten sich acht von ihnen auf ein partielles Einfrieren und forderten die anderen auf, sich ihnen anzuschließen. Was denn auch fast alle taten. Der Augenblick weckte Hoffnungen, markierte er doch einen Schritt, der selten geworden war in einer von der Wirtschaftskrise gebeutelten Welt. Das Verdienst daran gebührte den unbesungenen Organisatoren des Volkerbunds, die seine Mitglieder mit Engelsgeduld dazu überredet hatten. Das Stoppen der Handelsbeschränkungen freilich trug wenig dazu bei, sie zu beseitigen oder gar gegen die Ursachen des Übels anzugehen. Großbritannien zum Beispiel hielt sich nach wie vor an Ottawa, räumte mit anderen Worten auf den eigenen Märkten heimischen Herstellern den Vorrang ein; dann folgten die aus dem Empire, alle anderen hatten das Nachsehen. Folgerichtig erklärte es sich nur zögernd und mit Verspätung zu einem Zollstopp bereit. Im Fall der Deutschen verhielt sich das nicht anders; darüber hinaus hoben ihre zahlreichen Vorbehalte den Sinn der Geste so gut wie auf. Eine der Bestimmungen erlaubte es den Mitgliedern, nach Juli wieder aussteigen zu können, was denn auch binnen Jahresfrist zwanzig von ihnen tun sollten.[20]

Auch die Währungen, die sich – einmal vom Goldstandard gelöst – wie kaum sonst etwas als protektionistische Instrumente eigneten, gerieten zum Zankapfel. Unter Führung Frankreichs, das sich von ihm verabschiedet hatte, um sofort wieder zu ihm zurückzukehren, forderten fünfzehn noch ans Gold gebundene Länder die sofortige Rückkehr der fünfundzwanzig Abtrünnigen zum Goldstandard, ohne sich die Bedingungen für ihre Flucht näher anzusehen. Was Großbritannien auf keinen Fall wollte. Wie Schatzkanzler Neville Chamberlain im Februar Geschäftsleuten bei einem Lunch in Birmingham sagte, würde man das erst in Erwägung ziehen, wenn die Kriegsschulden liquidiert wären und die heimischen Großhandelspreise wieder angezogen hätten – mit anderen Worten, wenn die Voraussetzungen dafür gegeben seien. »Wir können nicht zum Goldstandard zurückkehren«, erklärte er unter den Beifallsrufen seines Publikums, »bevor wir nicht sicher sein können, dass der Goldstandard auch funktioniert.« Überraschender noch, rief Roosevelt weiterhin zu einer Rückkehr zum Gold als fixem Maß für den Umrechnungswert auf, nachdem er sich – noch während die Vertreter Europas in Washington bei ihm vorsprachen – davon verabschiedet hatte. Entsprechendes hatte er am siebten Mai dem amerikanischen Volk im Rundfunk gesagt und dann noch einmal schriftlich am sechzehnten den vierundfünfzig Nationen bei der Abrüstungskonferenz in Genf mitgeteilt. Dann verstummte er über Nacht. Die Länder des europäischen Goldblocks, die sich vom Goldstandard nicht lösen konnten, ohne die Kontrolle über Währungen zu verlieren, und erpicht darauf waren, dass die anderen zum internationalen Goldstandard zurückkehrten, hörten nichts mehr vom US-Präsidenten. Drei Tage vor Beginn der Konferenz wiederholte Daladier im französischen Parlament seinen Aufruf an alle, die sich vom Goldstandard losgesagt hatten, sich wieder an ihn zu binden, und 406 von 591 Abgeordneten sicherten ihm ihre Unterstützung zu.[21]

Hinter dem plötzlichen Schweigen aus Washington steckte ein Sinneswandel. Das Wagnis vom 19. April schien sich ausgezahlt zu haben. Seit seiner Abkoppelung vom Goldstandard hatte der Dollar etwa 40 Prozent seines Werts verloren, aber die heimischen

Preise hatten angezogen und die Zinsen waren gesunken, was über den konkreten Preisvorteil für Exporteure hinaus den Farmern Erleichterung und allen Amerikanern bessere Kreditkonditionen verhieß. Damals wie später stritten die Volkswirtschaftler sich über die restaurierende Wirkung von Roosevelts Entscheidung ebenso wie über die Frage von Ursache und Wirkung, zumal die Entwicklung sich später im Jahr umkehrte und das Preisniveau wieder zu sinken begann. Im Mai und Juni jedoch, kurz vor Beginn der Weltwirtschaftskonferenz, war diese Ernüchterung für Roosevelt und seine Berater noch fern. »Ich sah«, erinnerte Moley sich, »wie aufregend all das Lob für ihn war.« Es war mit anderen Worten nicht der rechte Zeitpunkt, das Elixier zu wechseln und zur Stabilisierung der amerikanischen Währung zurückzukehren.

Am 31. Mai schiffte der Leiter der amerikanischen Delegation, Außenminister Cordell Hull, sich an Bord der *President Roosevelt* nach London ein. Vom Wirtschaftsliberalismus so überzeugt wie nur irgendeiner in der neuen Regierung, war er sich der im Wandel begriffenen Prioritäten dort nicht bewusst. Mit Freuden, so gab er Reportern vor seiner Abreise zu Protokoll, sehe er der dringlichen Aufgabe entgegen, die Zölle zu senken und die Währungen zu stabilisieren.[22]

Hull hatte gerade mal einer Sitzung über wirtschaftliche Belange im Weißen Haus beigewohnt, und das während des Interregnums. Durch und durch ein Internationalist Wilson'scher Prägung, hatte er im Wahlkampf für die Freihandelsfraktion der Demokraten gesprochen, was ihm die Feindschaft so einiger der künftigen »New Dealer« im Brains Trust eingetragen hatte. Einer von ihnen, Raymond Moley, hatte noch bis kurz vor dem Lichten des Ankers auf der *President Roosevelt* mit ihm konferiert. Hull, selbst kein Angehöriger des Küchenkabinetts, begegnete ihm mit Misstrauen. Roosevelt selbst hatte Moley als Ministerialdirektor im Außenministerium untergebracht, als graue Eminenz sozusagen, was Hull wurmte, da Roosevelts allgegenwärtiges Faktotum in auswärtigen Angelegenheiten ein Neuling war. Zu schweigen davon, dass Moley die letzten beiden Wochen über alles getan hatte, um die Erwartungen der Öffentlichkeit gegenüber London zu dämpfen. »Selbst im Falle eines Erfolgs der Wirtschaftskonferenz«, so stellte er in Wort und Schrift klar, »werden wir keine massive Zunahme unserer Geschäfte auf den sieben Meeren sehen.« Was Hull anging, so hatte er selbst auf der Überfahrt nach London noch nicht begriffen, dass man seiner Delegation eingeschärft hatte, das Thema Währungsstabilisierung um jeden Preis zu vermeiden; Moley war ihm gegenüber wohl nicht deutlich genug geworden.[23]

Später klagte Moley, wie viele andere, dass kein Mensch gewusst habe, wonach Roosevelt eigentlich der Sinn stand. Auch der Journalist Walter Lippmann, der die undankbare Aufgabe hatte, der Presse die Londoner Verhandlungen zu erklären, beschwerte sich. *The Times* versuchte es mit Takt: »Gut möglich«, schrieb sie in einem Leitartikel, »dass sich durch die vorübergehende Scheidung des Dollars von seiner Goldbasis Präsident Roosevelt eine bessere Gelegenheit bietet, auf der Weltkonferenz seine Führungsqualitäten unter Beweis zu stellen.«[24]

*

Wie der Annex des Palais Wilson in Genf bot auch der weit ältere Saal des Geologischen Museums in der Jermyn Street eine glanzlos funktionelle Kulisse für Verhandlungen – nur dass es den 168 Delegierten aus 66 Ländern, die sich hier zusammengefunden hatten, nicht um die Erhaltung des Weltfriedens ging, sondern um die Wiederherstellung der Prosperität. Nüchtern, schmucklos, die Wände wie die Säulen grau und grün gestrichen, glich der Saal eher einer Fabrikhalle als dem Schauplatz der epochalen Konklave, die George V. und MacDonald bei der Eröffnung am 12. Juni ankündigten. Der Souverän und sein Premierminister wandten sich von einem Podium aus an die Konferenzteilnehmer; über defekte Lautsprecher hallten ihre Worte verzerrt durch den Geruch frischer Farbe – fast hatte es den Anschein, als sperrte sich das alte Gemäuer dem hehren Zweck. Per Rundfunk gingen die Worte des Königs in alle Welt, und ohne die Echos und Verzerrungen waren sie selbst in San Francisco, Buenos Aires und Tokio noch besser zu verstehen als in dem Londoner Saal. Kameras hielten das Ereignis für die Wochenschauen fest, aber auch wenn zwischen den Reihen schwarzer Cuts und gestreifter Hosen hier und da »ein indischer Turban oder der weiße Kopfputz eines arabischen oder irakischen Delegierten« aufblitzte, auf den Kinoleinwänden der Welt sollte eher der Eindruck einer Trauerversammlung entstehen.[25]

Im Dorchester sah die amerikanische Filmschauspielerin Jeanette MacDonald, die eben zwei Musicals mit Maurice Chevalier abgedreht hatte, die deutschen Delegierten zur Drehtür hereinkommen. Sie wirkten wie Bürokraten und damit irgendwie fehl am Platz inmitten der Stars und Drehbuchautoren, der Rennstallbesitzer und Maharadschas, die die internationale Konferenz angezogen hatte wie jede andere Gala oder Premiere auch. Ihr Chef, der Minister für Wirtschaft, Landwirtschaft und Ernährung, Alfred Hugenberg, trat mit der Schauspielerin in den Aufzug. Klein und stämmig, mit buschigem Schnauzbart und goldenem Kneifer, wirkte er merkwürdig deplatziert neben dem brünetten Star – wie ein Schauspieler, der zum Vorsprechen für ein Remake des *Blauen Engel* in der Stadt war.[26]

Für Aufsehen sorgte die deutsche Delegation in London nicht. Weder inszenierte sie sich, noch wiederholte sie die auf der Abrüstungskonferenz in Genf ausgestoßenen Drohungen. Die Nationalsozialisten unter ihnen waren am stillsten, worin womöglich die Gleichgültigkeit gegenüber Vorgängen zum Ausdruck kam, die von ihrem Denken nicht weiter hätten entfernt sein können. Hugenberg, einer der konservativen Minister der Koalition und ein nicht weniger fanatischer Nationalist als sie, verlangte plötzlich »Lebensraum« für die Deutschen – ein Volk, das den Westen gegen die minderwertigen Rassen verteidigte. Er forderte Kolonien in Afrika oder näher; ob damit auch der Osten gemeint war, sagte er nicht. Allerdings brandmarkte er Chaos und Zerstörung, wie es in der Sowjetunion zu beobachten sei. Mit der Londoner Konferenz hatte das alles nichts zu tun. Die Moskauer *Prawda* protestierte gegen seinen Ausbruch; die Londoner *Times* bedauerte ihn; die Regierung in Berlin distanzierte sich von Hugenbergs Erklärung – schließlich diente sie so wenig einem diplomatischen, wie seine Person einem politischen Zweck diente, nachdem die Macht der Nazis gefestigt war. Binnen weniger Wochen war er wieder zu Hause, seiner Ämter entkleidet und aus dem politischen Leben Deutschlands verschwunden. Die deutsche Delegation nahm ihre passive Rolle als Zuschauer unter den Hauptakteuren der Konferenz wieder ein.[27]

Der Zwischenfall erinnerte daran, dass keine Agenda heilig und jeder mit seiner eigenen im Gepäck nach London gekommen war. Das Thema der deutschen Kolonien gehörte nicht hierher, sondern war – wie alle anderen revisionistischen Projekte – Sache des Völkerbunds in Genf. Schon in seiner Eröffnungsrede verärgerte Macdonald die Amerikaner, indem er das Thema ansprach, das diese von der Tagesordnung gestrichen hatten: die Kriegsschulden. Dem nicht genug, ging Chamberlain zwei Tage später ausführlicher auf diese Frage ein und bestand auf ihre Klärung, bevor an eine Stabilisierung der Währungen auch nur zu denken sei. Weder Daladier und die Franzosen noch andere dem Goldstandard verbundene Europäer – Belgier, Tschechoslowaken, Polen und Niederländer – halfen durch ihr Bestehen auf die Währungsstabilisierung, die für die amerikanische Delegation – mit Ausnahme von Hull – auf der Konferenz kein Thema mehr war. Damit blieben nur noch die Zölle, die Hull zu diskutieren wünschte, nicht aber Chamberlain, der Mann von Ottawa und der sich herausbildenden Vorzugszonen von Sterling und Empire. Litwinow verhöhnte im Namen der Sowjetunion die Unfähigkeit der kapitalistischen Mächte, ihre Probleme zu lösen, fügte jedoch hinzu, sie könnten ihr auf Kredit ihre Überschüsse verkaufen, um die »Unterkonsumtion« – ein Euphemismus für die Hungersnot – in seinem Land anzugehen. Hatte niemand die Lektionen von Genf gelernt? Dass der Eröffnung einer multilateralen Konferenz von dieser Größe ein Abgleich der Agenden, ein Minimum von Verständigung hätte vorausgehen sollen?[28]

Anstatt sich noch am Tag der Eröffnung, gleich nach MacDonalds Ansprache, dazu zu äußern, schwieg Hull sich aus. Roosevelt hatte ihn angewiesen, den Entwurf seiner Rede zu mäßigen und eine Hymne auf den klassischen Freihandel anzustimmen, die zumindest teilweise seinen eigenen Aussagen im Wahlkampf widersprach. Die amerikanische Delegation wirkte zunehmend isoliert, nicht nur von den anderen, sondern auch von ihrer eigenen Regierung. Angewiesen, den Themen Kriegsschulden und Währungsstabilisierung aus dem Weg zu gehen und ohne Zustimmung des Kongresses weder Handels- noch Zollverträge zu unterschreiben, war sie, wie die *New York Herald Tribune* schrieb, gerade mal dazu »ermächtigt, die Europäer in aller Herzlichkeit zum Beidrehen aufzufordern, um Präsident Roosevelt beim Rauchen zuzusehen«. Als Hull sich zwei Tage später an die Konferenz wandte, hielt er eine leidenschaftliche Philippika gegen wirtschaftlichen Nationalismus und Protektionismus. Was immer er in seiner Rede seinem Präsidenten zu Gefallen abgeändert haben mochte, von seinem Eifer jedenfalls hatte er nichts verloren. Konkrete Vorschläge freilich bot er nicht. Während Chamberlain Kriegsschulden und Preisniveaus zu den wesentlichen Übeln erklärte, waren das bei ihm die Zölle. Als er unter zurückhaltendem Beifall das Podium verließ, war man hinsichtlich des einzuschlagenden Wegs so klug wie zuvor. In Washingtoner Regierungskreisen, so meinte die *Baltimore Sun*, war er »als Hüter einer verlorenen Sache insgeheim zum Objekt des Bedauerns« geworden.[29]

Eine Woche nach Hulls Rede machte das amerikanische Außenministerium Schluss mit der transatlantischen Inkohärenz. Wie es am Zweiundzwanzigsten bekanntgab, sei die Währungsstabilisierung »zu keinem Zeitpunkt Sache der Delegation« gewesen. Die Konferenz habe dem Thema eine »unbillige Bedeutung« beigemessen. Der größte Teil der Presse in den Goldblockländern machte sich zu diesem Zeitpunkt längst keine Illusionen mehr über die Absichten der Amerikaner. Im stärksten davon, Frankreich, warnten die rechten Blätter wie die aus der Mitte bereits vor Amerikas Vernarrtheit in die »Droge« der Inflation und vor den Gefahren einer allgemeinen Ausbreitung dieser Sucht. Frankreich müsse ihr widerstehen. Einige wenige bezeichneten ihre eigene Abhängigkeit von Gold und Goldstandard als ruinös, aber diese Stimmen wurden zunehmend leiser und nach dem Zweiundzwanzigsten gingen sie im allgemeinen Proteststurm unter. Die Erklärung des amerikanischen Außenministeriums, so befand *Le Temps*, habe einen bedauernswerten Eindruck hinterlassen, nicht nur in Paris, sondern auch in anderen Hauptstädten. Und wenn die Londoner Konferenz sich weder mit den Kriegsschulden befassen konnte noch mit den Wechselkursen, welchen Sinn habe sie dann überhaupt? Im *Journal des Débats* hieß es, die Unnachgiebigkeit der Amerikaner in der Schuldenfrage sei von Anfang an ein Hemmschuh für die Konferenz gewesen. Mit der Frage der Währungen, so versicherte das Blatt seinen Lesern, würde sich das nicht anders verhalten.[30]

Die britische Regierung war von der Erklärung der Amerikaner keineswegs überrascht. Wie ihr Botschafter in Washington den für die Konferenz zuständigen Kabinettsausschuss Ende Mai überzeugen konnte, hatte Moleys Variante des wirtschaftlichen Nationalismus – zum Leidwesen des Außenministers – über Hulls Internationalismus triumphiert. Wie um diese Erkenntnis zu unterstreichen, traf Moley am 28. Juni persönlich in London ein.[31]

Die amerikanische Delegation, so drückte es einer der französischen Delegierten klagend aus, kampiere in ihrem Zelt und sei nur über britische Mittelsmänner zu erreichen. Auch in Belgrad bedauerte man das Verhalten der Amerikaner. »Erst kommt eine Delegation«, so sagte der jugoslawische Außenminister einem Korrespondenten der Nachrichtenagentur Havas, wenn auch inoffiziell, »die, so erfahren wir, keine wirklichen Befugnisse hat. Dann erfahren wir, dass ein neuer Herr aus Washington unterwegs ist. Wir müssen warten, und die ganze Konferenz steht still.« Im Washingtoner Außenministerium traf sich William Phillips, der Hull in dessen Abwesenheit vertrat, mit dem französischen Botschafter. Innenpolitische Erwägungen, so erklärte er ihm, hätten die Regierung veranlasst, ihre ursprünglich zugesagte Unterstützung einer raschen Stabilisierung der Währungen zu modifizieren. Aber die französische Position, so der Botschafter, sei doch weitaus logischer. Und wenn man sich zu einer Abwertung des Franc gezwungen sähe, dann opfere man in den Augen der französischen Öffentlichkeit nationale Interessen denen der Amerikaner. Phillips hatte dem nichts zu erwidern; er schien sogar einer Meinung mit ihm. Wie er einräumte, seien sich Finanzministerium, Zentralbank und der Brains Trust in dieser Frage nicht einig.[32]

Roosevelt, der gerade im Urlaub auf Campobello Island in New Brunswick – gleich jenseits der kanadischen Grenze – weilte, hatte Moley jedoch allem Anschein nach nicht nach London geschickt, um Hull die Schau zu stehlen, sondern als »Mittelsmann«, der seine Ansichten über die Konferenz bekräftigen und für Einigkeit innerhalb der amerikanischen Delegation sorgen sollte. Die Presse freilich wollte das nicht glauben, und Moleys Ankunft war nur eine weitere Demütigung des Präsidenten für seinen Außenminister. Roosevelt sah die Konferenz weder als Gremium kurzfristiger Entscheidungen noch als Schiedsgericht für Einwände gegen seine innenpolitischen Prioritäten; für ihn war sie eher eine Arbeitsgruppe, die mit einigem Glück auf neue internationale Formen ökonomischen Managements kam. Wenn die anderen nicht mit seinem Programm zur Anhebung der Preise kooperierten, so hatte er Moley vor dessen Abreise eingeschärft, »dann gibt es eben nichts zu kooperieren. Wir können uns von deren Kleinmut keine Grenzen setzen lassen.«[33]

Was aber gab es dann für die Vertreter der weltgrößten Wirtschaft bei der weltgrößten Wirtschaftskonferenz noch groß zu besprechen? Die Kriegsschulden jedenfalls nicht; das hatte sich der Gläubiger selbst verbeten, abgesehen davon, dass er sich in Washington bereit erklärt hatte, im Falle der am 15. Juni für Großbritannien und andere fälligen Tranchen auch eine symbolische Begleichung zu akzeptieren, ohne das gleich als Zahlungsverzug zu werten. Ebenso wenig kamen die Zölle in Frage, die nur für Verwirrung sorgten, da hier selbst die Delegierten sich nicht einig waren – sprach der eine sich für eine Senkung aus, war tags darauf der andere dagegen. Vielleicht, so der Vorschlag aus Washington, sollten sie erst mit dem Außenminister sprechen, bevor sie mit der Presse redeten, was jedoch auch nichts half. Die zunehmende Schwäche des Dollars gab erneut Anlass zu Befürchtungen vor einer Abwärtsspirale mit dem Pfund Sterling; darüber hinaus zeichnete sich eine Panik unter Haltern goldgestützter Währungen ab. Parallele Gespräche begannen. Aber nicht im Geologischen Museum, inmitten unter Glas ausgestellter Fragmente aus Pleistozän oder Quartär, sondern ein gutes Stück entfernt, direkt über den Goldtresoren der Bank von England. Dort hatten schon früh amerikanische und britische Zentralbanker und Vertreter des Finanzministeriums ein erstes Stabilisierungsabkommen ausgehandelt, das Roosevelt mit einer Warnung an Hull verworfen hatte, sich vor der »Währungsstabilität von Banken beeinflusster Kabinette« zu hüten. Moley war zu diesem Zeitpunkt noch auf See, und als er in London eintraf, musste er feststellen, dass man ein weiteres Abkommen aufgesetzt hatte, von dem sieben Goldwährungsländer, Chamberlain, der größte Teil der amerikanischen Delegation und er selbst inbrünstig hofften, Roosevelt würde es akzeptieren. Es verpflichtete alle Unterzeichner, Finanzspekulationen nach Möglichkeit zu unterbinden und, sofern sie sich vom Goldstandard verabschiedet hatten, irgendwann – zu welchem Umrechnungskurs auch immer – wieder zu ihm zurückzukehren. Walter Lippmann sah darin »genau die Art von diplomatischer Formel, auf die Regierungen zurückgreifen, wenn sie keine Entscheidung treffen können«. Aber Verfasser wie Unterzeichner hofften, dass selbst eine abstrakte Verpflichtung die Nervösen beruhigen und die Wogen glätten würde – wenigstens für die Dauer der Konferenz.[34]

»Die Welt«, antwortete Roosevelt bei seiner Rückkehr aus dem Urlaub noch von Bord des Kreuzers *Indianapolis* aus, »wird sich nicht lange von dem trügerischen Schein einer zeitweiligen und vermutlich künstlichen Stabilität der Devisen einiger weniger großer Länder blenden lassen.« Höhnisch sprach er von den »alten Fetischgestalten sogenannter Weltbankiers« und bekräftigte seinen Glauben an manipulierte Währungen und nationale Methoden der wirtschaftlichen Erholung. Der bittere, fast tyrannische Ton seines Schreibens kam bei den Adressaten in London gar nicht gut an, aber wirklich entsetzt wären sie gewesen, hätten sie den beleidigenden Ton der unredigierten Fassung gekannt – unter anderem die

Anspielung auf »die Nationen, denen es an der Fähigkeit oder am Mut mangelt, sich ihrer gegenwärtigen Gefahr zu stellen«. Er verwarf die Notwendigkeit einer sofortigen Stabilisierung und drängte die Konferenz, ihre Mission auf der Stelle wiederaufzunehmen und die »fundamentalen ökonomischen Übel zu kurieren«.[35]

Auch wenn die Fachkommission in ihrem Bericht vom Januar die Wiederherstellung des internationalen Goldstandards ganz oben auf die Liste der Prioritäten für eine wirtschaftliche Erholung gesetzt hatte, die Planer des Völkerbunds bezweifelten, dass es weise sei, die Londoner Konferenz durch die sofortige Währungsstabilisierung zum Scheitern zu bringen. Ihre Prioritäten deckten sich mehr mit Roosevelts als mit denen vieler anderer. Und vielleicht, so jedenfalls meinten nicht nur einige der Teilnehmer, war auch der Zeitpunkt der Konferenz alles andere als günstig gewählt, da die Währungen mit dem Ausstieg der Amerikaner aus dem Goldstandard im April einmal mehr in Unordnung geraten waren.[36]

»Könnten Sie uns Genaueres zur Konferenz sagen?«, fragte ein Reporter Roosevelt vier Tage später bei einer Pressekonferenz im Weißen Haus. »Kein Sterbenswörtchen«, antwortete er. Umso wortreicher äußerten andere sich auf der anderen Seite des Atlantiks. Die »Bombe«, die er mit seiner Erklärung hatte platzen lassen, war so angekommen, wie sie gemeint war, als Affront, und traf die Delegationen in London ins Mark. »Noch ein amerikanischer Schulmeister«, lautete in etwa der Refrain, und selbst Redakteuren, denen die Erklärung inhaltlich zusagte, missfiel ihr Ton. Chamberlain, der auf einen Kompromiss hingearbeitet hatte, setzte einen Antrag auf Vertagung der Konferenz auf. Die französische Presse forderte ihre Delegierten auf, die Koffer zu packen und nach Hause zu kommen. Vor allem bei entsprechend vorbelasteten Beobachtern hatten nationale Stereotype Hochkonjunktur. Die mangelnde amerikanische Kohärenz in London kam nicht von einer Nation, sondern von einem Kontinent, der sich eine staatliche Anarchie leisten konnte, die jede Nation in Europa um die Existenz gebracht hätte; die Entrüstung der Amerikaner über die Belehrungen europäischer Schuldner ihrem Gläubiger gegenüber ließ das Land sich wieder auf sich selbst besinnen, und das arroganter denn je; seine Experimente, seine Liebelei mit Inflation und Spekulation, setzte seine lateinamerikanischen Satelliten unter Zugzwang und gefährdete den Rest der Welt. Verabschieden wir uns doch von dem Londoner Trauerspiel, schrieben die Zornigsten unter ihnen mit nationalistischer Schadenfreude, und am besten auch gleich von aufdringlichen amerikanischen Beobachtern – Schluss mit der amerikanischen Vormundschaft über Europa.[37]

Ein anderer Refrain begrüßte das Primat der nationalen über die internationale Wirtschaft. Faschisten, Linke, Keynesianer und Konservative hatten – jeder aus anderen Gründen – Anlass, sich über Roosevelts Torpedierung der Konferenz zu freuen. Die »national geplante Welt der Zukunft«, so schrieb der konservative Parlamentarier Leopold Amery in *The Times*, sollte die Wirtschaft des 19. Jahrhunderts mitsamt Goldstandard, Freihandel und ihrem verworrenen Internationalismus vergessen – der sei in tausend Stücke zersprungen, und niemand bekäme ihn wieder hin. Wie die Pressezaren Rothermere und Beaverbrook hielt er den Augenblick für gekommen, im Empire eine eigene Wirtschaft – eine Sterlingzone seiner Dominions – aufzubauen; allein sie wäre in der Lage, mit den Vereinigten Staaten zu konkurrieren. Es hätte ihrer Ermutigung nicht bedurft; längst stellte die Regierung von sich aus Überlegungen zu einer Konferenz aller Länder der Sterlingzone an.[38] Jetzt, wo die Konferenz das Totengeläut für die wirtschaftliche Zusammenarbeit hatte ertönen lassen, gab das japanische Massenblatt *Asahi* das Auftauchen fünf weiterer ähnlicher Blocks – wie etwa den von Japan und Mandschukuo – bekannt.[39] In Deutschland, wo man die Ereignisse in London größtenteils noch immer mit der distanzierten Gleichgültigkeit von Zuschauern kommentierte, entstaubte man hier und da die »gesunde Autarkie«, nach der die Hugenberg-Presse nach seinem »Lebensraum«-Ausbruch gerufen hatte. Roosevelt, so brüstete sich der *Berliner Lokal-Anzeiger*, habe sich Hitlers Ansatz zu eigen gemacht, um zu Hause für Aufschwung zu sorgen und das innere Gleichgewicht ohne internationale Planung wiederherzustellen.[40] Schon jetzt reisten die Nationalsozialisten ins Donaubecken, und der »Lebensraum« schien eine merkwürdig expansionistische Variante der Autarkie. Aber das spielte keine Rolle, in Berlin war man durchaus zufrieden ob des Londoner Debakels. Andernorts erwies die nationale Selbstgenügsamkeit dem Kosmopolitismus die letzte Ehre. In Rom machte die im Besitz der Banca Commerciale Italiana und einiger profaschistischer Verbände befindliche *La Tribuna* den Vorschlag, die zweiundsechzig Delegationen in London feierlich schwören zu lassen, nie wieder zu einer internationalen Konferenz zusammenzukommen.[41] In Brüssel stellte auf den erneuten Aufruf des Finanzministers zur internationalen Zusammenarbeit hin *La Nation Belge* die Frage, was dem Land diese Art Treffen je gebracht hätten – womöglich täte man besser daran, den Ruf der Großmächte künftig zu ignorieren.[42] Für ein Land von der Größe Belgiens konnte ein solcher Trotz unmöglich für den Wunsch nach Isolation stehen; Neutralität jedoch, gleicher Abstand zu den mächtigen Nachbarn – warum nicht?

Bei alledem wollte keine der Delegationen, am allerwenigsten die amerikanische, die Schuld am Scheitern der Konferenz auf sich nehmen. Chamberlain hatte es sich anders überlegt. Die Franzosen blieben, selbst wenn sie – wie die anderen Mitglieder des Goldblocks – die Teilnahme an geldpolitischen Diskussionen verweigerten. Noch drei Wochen lang diskutierten die Kommissionen abstrakt Handel und Preise, Subventionen, öffentliche Arbeiten, Rohstoffe, Handelspolitik und Gold. Am 27. Juli vertagte man sich; Ergebnis der Übung waren ein Stapel Resolutionen und einige Grundsatzpapiere.

Die den Demokraten nahestehende internationalistische Presse jenseits des Atlantiks, die – mehr mit Renommee als mit Auflagenzahlen – wenigstens auf das Establishment zu wirken versuchte, hatte Roosevelt mit bestürzter Ratlosigkeit empfangen. Die *New York Times* fand das Schreiben des Präsidenten »zu einem ungünstigen Zeitpunkt und mit ungünstiger Formulierung« kommend und warf ihm vor, die Europäer an der Nase herumgeführt zu haben, als er ihnen im April in Washington Hoffnungen gemacht habe, nur um diese dann im Juli in London zunichtezumachen. Außerdem bezweifelte sie, dass er die Angst der Europäer vor einer Inflation nachvollziehen konnte.[43] Walter Lippmann bedauerte in seiner Kolumne das – ebenso ignorante wie inkohärente – Spektakel der von ihrem eigenen Präsidenten desavouierten und entsprechend demoralisierten amerikanischen Londoner Delegation.[44] Wie die *New York Times* zeichnete auch die *Baltimore Sun* das Bild eines ebenso launenhaften wie inkonsequenten Präsidenten. Noch bevor Roosevelt von Bord der *Indianapolis* aus sein Kabel nach London schickte, hatte die *New York Herald Tribune* seinen »wirtschaftlichen Chauvinismus« ebenso bedauert wie seine rücksichtslose Gleichgültigkeit gegenüber dem Rest der Welt; sie nannte ihn den »großen Improvisator«, dessen eigener Außenminister und engster Berater, zu schweigen von seinen Landsleuten, keine Ahnung hatten, was ihm als Nächstes in den Sinn kommen würde.[45]

Was auch immer dran sein mochte an diesen Vorwürfen, die neue Regierung war gerade mal vier Monate im Weißen Haus, in das sie mit einer bestenfalls vagen ökonomischen Vision eingezogen war; von einer Führungsrolle in der Welt war nie die Rede gewesen. Und sosehr man das unschicklich provokante Auftreten des Präsidenten missbilligen mochte, selbst die Internationalisten und die Verfechter des Freihandels unter seinen Kritikern räumten ein, dass zu Hause seine Haltung einige Popularität genoss.[46] Boulevardzeitungen, Familienmagazine, die Großstadtpresse, selbst andere Blätter des Establishments stimmten aus voller Kehle in diese Arie nationalen Trotzes mit ein.

Die Hearst-Presse, die Anfang des Jahres noch Attacken gegen die »ausländische Konkurrenz« und Weltkonferenzen aller Art geritten hatte, vor allem wenn die Anstöße dazu aus Genf gekommen waren, rief jetzt die Heraufkunft eines neuen »Unabhängigkeitstags« und eines »neuen Amerikanismus« aus. Karikaturen, Kolumnen und Leitartikel, die sich eher wie Proklamationen denn als Nachrichten ausnahmen, äußerten ihre Erleichterung darüber, sie endlich los zu sein, die Pestilenz aus Übersee – Auslandspropaganda, Schuldenerlass, Freihandel, Abrüstung, Fremdwährung und vieles mehr, was sich mit dem New Deal nicht so recht vereinbaren ließ. Man wähnte sich damit in Abrahams Schoß.[47] *The Saturday Evening Post*, das konservative Monatsmagazin aus dem Hause Curtis, legte zwar nie den polemischen Eifer der Hearst-Blätter an den Tag, erinnerte aber seine sechs Millionen Leser daran, dass der heimische Wohlstand Motor des Außenhandels sei und nicht umgekehrt. Als Erstes komme die Heimat.[48] Die großen etablierten Blätter stießen ins selbe Horn. Die *Los Angeles Times* hörte sich an wie ihre Rivalen aus dem Hause Hearst, als sie Roosevelt dafür applaudierte, »säumige Zahler wie Frankreich und seine Goldgenossen in die Schranken gewiesen« zu haben; und das *Wall Street Journal* klang nicht anders mit seinem Lobgesang auf des Präsidenten Absichtserklärung, den Rest der Welt einfach zu ignorieren. Die Botschaft für London, so das Blatt, »bekennt sich ungeniert zum Vorrang des nationalen Eigeninteresses über die Solidarität mit Übersee« und habe »endlich unsere romantische Fiktion von Amerikas netter Vernünftigkeit gegenüber allen geringeren Arten aufgegeben«.[49] Und sogar die *New York Evening Post*, die sich auf der Suche nach einer Identität neben der Acht-Spalten-Optik auch an einer gemäßigteren Stimme versuchte, warf ihren Hut in den Ring. Auch sie sprach von einem weiteren Unabhängigkeitstag, und auch sie freute sich, den »Alle-und-jeden-liebenden Amerikanismus« durch einen neuen stolzen New Deal mit seinem »bissigen Amerikanismus« ersetzt zu sehen.[50]

Allem Anschein nach war das auch die Presse, auf die Roosevelt hörte. Eines Vormittags um die Monatsmitte kam Moley aus London zurück ins Weiße Haus, wo ihn Roosevelt – von Morgenzeitungen umgeben – im Bett sitzend empfing. »Hallo«, begrüßte er ihn bester Laune. »Haben Sie die Zeitungen von den Tagen gesehen, die Sie nicht da waren? Meine Erklärung hat hier eine ganz große Presse bekommen.«[51]

*

»Falls eine Nation die Konferenz zum Scheitern bringen sollte«, hatte der glücklose Hull in seiner Ansprache am Vierzehnten gesagt, »hat sie den Fluch der Menschheit verdient.« Das Schicksal von Generationen liege in ihrer Hand und sie dürfe auf keinen Fall scheitern, hatte MacDonald derselben Delegation bereits bei seiner Eröffnungsansprache im Geologischen Museum mitgegeben. »So kann das nicht weitergehen«, meinte er über die Weltwirtschaftskrise. Im April hielt der liberale Volkswirtschaftler Sir Walter Layton die bevorstehende Konferenz für die bedeutendste seit Versailles.[52]

Nach dem Scheitern der Konferenz stürzte der Himmel allerdings doch nicht ein; das musste selbst Layton in seiner Manöverkritik in *Foreign Affairs* einige Monate später einräumen. »Bislang hat die Vertagung der Konferenz noch nicht zum Desaster geführt«, schrieb er: »Hatten wir denn dann alle unrecht mit unseren Prognosen?«[53] Im Lauf der folgenden Monate und Jahre erholten sich die Volkswirtschaften der einzelnen Länder wieder, jede auf ihre Weise: in Großbritannien langsam, beeindruckender in Japan, schleppend in den Vereinigten Staaten, überhaupt nicht in Frankreich. Ein Muster ließ sich nicht erkennen, außer dass diejenigen Länder besser abschnitten, die eher reflationierten als deflationierten und statt der Bindung an den Goldstandard die Geschicke ihrer Währung selbst in die Hand nahmen.[54] Eines nach dem anderen kehrten sich selbst die hartnäckigeren unter den Ländern vom Goldstandard ab, bis es ihn 1936 nicht mehr gab. Das Scheitern der Konferenz hatte nur ein Muster beschleunigt, das bereits seit Jahren zu erkennen war und sich dann auf Jahre hinaus bestätigen sollte: die Unfähigkeit der Nationen seit dem Großen Krieg, ihre wirtschaftliche und monetäre Politik auf eine Art und Weise zu koordinieren, die ein gemeinsamer internationaler Standard wie das Gold nicht nur förderte, sondern voraussetzte. Der innenpolitische Druck, dem Zentralbanken und Finanzministerien sich in weit größerem Maße ausgesetzt sahen als vor 1914, war einfach zu stark. Die Weltwirtschaftskrise war nicht verantwortlich für diese Realität, sie hatte sie nur nachdrücklich vor Augen geführt. Und Roosevelt und seine New Dealer waren keineswegs die Ersten, die sie erkannt hatten und sich ihr beugten.

Layton hatte noch vor der Konferenz durchblicken lassen, dass die Langzeitfolgen eines Scheiterns der Gespräche womöglich gravierender wären als die unmittelbaren. Womöglich, so meinte er, wich eine Welt offener und unabhängiger Ökonomien einer geschlossenen Welt autarker Einheiten. Aber selbst die eifrigsten Verfechter der ersteren Variante hatten sich längst für die zweite entschieden. Großbritannien und die Vereinigten Staaten hatten es aufgegeben, sich für eine liberale Welt von Laissez-faire und Laissez-passer starkzumachen; die Konferenz ratifizierte ihre Entscheidung nur. Desgleichen hatten sie es aufgegeben, den Weltfrieden, den sie sich in Versailles und danach vorgestellt hatten, durch Abrüstung, Abschreckung oder Zwang herbeiführen zu wollen. Im Verlauf dieses Prozesses zerfiel endgültig die Kriegsallianz zwischen Frankreich, Großbritannien und den Vereinigten Staaten, die als Einzige die aufkeimenden Bedrohungen in Europa und Ostasien hätte eindämmen können. Die anderen Mächte sahen zu. Sie hatten die Unabhängigkeit nicht nur – als Autarkie – idealisiert, sondern sich entschlossen, sie zu erobern: die Sowjetunion zu Hause, Japan, Italien und Deutschland im Ausland. London und Genf, beides Schauplätze ein und desselben Versagens, konfrontierten die Welt mit dem Ableben wechselseitiger Abhängigkeit einer umfassenderen Art, als Layton sie im Sinne gehabt hatte.

Es war ein vager Begriff. Aber ob damit nun ein Multilateralismus im eigentlichen Sinne gemeint war oder, was von größerer Tragweite gewesen wäre, die Inkaufnahme kurzfristiger nationaler Opfer im Gegenzug für kollektive Gewinne auf längere Sicht, Mitte 1933 konnte davon endgültig keine Rede mehr sein. In den westlichen Demokratien war die progressive Meinung weitgehend für kollektive Sicherheit, Freihandel sowie – zumindest theoretisch – für Freiheit von Verfolgung und bedauerte Verstöße dagegen durch andere. In der Praxis freilich scheute sie sich davor, auch dafür einzustehen, wann immer die Risiken oder Kosten der damit einhergehenden Verpflichtung zu groß erschienen. Sie schloss sich anderen an, die derlei Ideale von vorneherein nie geteilt hatten, und zog sich zurück auf das vertraute Terrain des Bekannten und der Nation; und ihre politische Führung folgte ihr. Den Rest besorgten nationale Mythen um Tugend und Opferrolle, die Instinkten wie Selbsterhaltung oder Vermeidung etwas Edles verliehen. Für alle anderen Mächte war die wechselseitige Abhängigkeit, zumal nachdem Japan ihr auch noch den Rücken gekehrt hatte, ein Gräuel. Das Leitmotiv der Nation gegen eine feindliche Welt sorgte für die Impulse zwischen Regierung und Volk. 1933 war die größte dieser Mächte, die Sowjetunion, im Bereich der Militarisierung allen anderen bereits weit voraus. Aber die anderen folgten, predigten gleichfalls den Frieden, rüsteten aber dabei für den Krieg. Und es gab im herrschenden Vakuum nichts, was sie hätte aufhalten können.

Im Lauf der nächsten acht Jahre reizte ein Trio räuberischer Mächte – Italien, Japan und Deutschland – die Geduld des passiven Trios – die Vereinigten Staaten, Großbritannien und Frankreich – bis an die Grenzen aus, wobei sie sich eine Zeitlang einer opportunistischen siebten Macht, der Sowjetunion, bedienten, bis schließlich alle miteinander Krieg führten. Als die Delegierten 1933 aus Genf ohne ein Abrüstungsabkommen und aus London ohne einen konzertierten Ansatz zur wirtschaftlichen Erholung abreisten, während die Vereinigten Staaten und ihre ehemaligen Verbündeten sich zankten und Deutschland und die Sowjetunion wiederaufrüsteten, konsolidierte Japan eine Eroberung und Italien zog eine in Betracht – als mit anderen Worten sich die Flure leerten und die Türen schlossen, begann das Schreckgespenst der internationalen Anarchie umzugehen und die Nachkriegszeit schlug um in die Vorkriegszeit.

EPILOG

Genf

Oktober 1933

Als die Abrüstungskonferenz Ende September wieder zusammentrat, kam auch Joseph Goebbels nach Genf. Damit machte er als Propagandaminister ebendem Völkerbund, den zu vernichten er im Wahlkampf ein Jahr zuvor gelobt hatte, seine Aufwartung. Elegant, liebenswürdig, ein Ausbund von Versöhnlichkeit, bewegte er sich mühelos im Genfer Milieu und behauptete unverfroren, der Nazismus stehe für den Frieden, für eine höhere Form von Demokratie und für die Verteidigung des Westens gegen den Bolschewismus. Nur einmal ertappte ihn ein Fotograf mit finsterer Miene vor dem Carlton, fast als hätte er den Mann hinter der Maske entlarvt.[1]

Arthur Henderson hatte nicht aufgegeben. Unermüdlich wie eh und je setzte er sich für die Abrüstung ein. Die Konferenz, der er in Genf vorsaß, hatte sich im Juni vertagt, nicht nur aus Rücksicht auf die bevorstehende Weltwirtschaftskonferenz, sondern auch aus schierer Notwendigkeit, da die Deutschen verlangten, was die anderen ihnen nicht zugestehen konnten, nämlich das sofortige Recht auf dieselben Waffen wie sie, wenn auch nicht auf einmal in derselben Quantität. Sie konnten in Genf über den Frieden reden, während sie zu Hause aufrüsteten. Bei der Weltwirtschaftskonferenz in London sprach Henderson auf den Fluren des Geologischen Museums diverse Delegierte an, aber nicht einer wollte etwas von Abrüstung hören. Premierminister MacDonald, der Präsident der Konferenz, hatte ihm ein Büro verweigert. Im Spätsommer bereiste er eine Hauptstadt nach der anderen, krank, verzweifelt, hoffnungslos, aber bei aller höflichen Gleichgültigkeit gegenüber seiner Sache unbeirrt.[2]

Als die Abrüstungskonferenz im September wieder zusammentrat, hatte das Klima sich deutlich verschlechtert. Die Militarisierung der deutschen Gesellschaft erfolgte im Gleichschritt mit einer massiven, von Berlin aus orchestrierten Propagandakampagne der Nationalsozialisten im benachbarten Österreich, dem man das Privileg der Zugehörigkeit zu einem Großdeutschland versprach. Um die Welt von etwas zu überzeugen, was sie längst wusste, verlangten die Franzosen eine Untersuchung der deutschen Wiederaufrüstung gemäß Artikel 213 des Versailler Vertrags. Ironischerweise veranlasste der unheilvolle Augenblick die zerstrittene ehemalige Allianz denn doch noch zum Handeln, bevor die Möglichkeit eines Kompromisses sich in Luft auflöste und man sich – jeder für sich alleine – in die Wüstenei eines neuen Wettrüstens zurückzog. Nicht dass man plötzlich einer Meinung gewesen wäre, weder hinsichtlich der Forderung der Franzosen nach einer starken gemeinsamen Front angesichts der Verstöße des Reichs gegen die Bestimmungen von Versailles noch hinsichtlich der Art und Zahl der Waffen, derer man sich entledigen oder die man den Deutschen letztendlich zugestehen würde. Doch als die deutsche Delegation die Maske der Versöhnlichkeit ablegte und eine sofortige – und erhebliche – Aufrüstung als das oberste ihrer Ziele enthüllte, war man sich einig. Das konnte man unmöglich akzeptieren. Um ihre Absicht zu unterstreichen, bestanden sie auf Inspektionen. Der britische Außenminister John Simon betonte das am 14. Oktober vor den versammelten Delegierten des Genfer Abrüstungsbüros, und das noch während sie der Anschaffung der meisten der Waffen, die Versailles den Deutschen verwehrt hatte – selbst Panzer und Kriegsflugzeuge –, wenn schon nicht sofort, so doch im Prinzip zustimmten. Nicht lange nachdem er wieder Platz genommen hatte, traf die Nachricht ein, dass Deutschland die Konferenz verlassen würde. Noch in derselben Nacht gab Hitler über den Rundfunk Deutschlands Austritt aus dem Völkerbund bekannt.[3]

Unmöglich konnte er ausländischen Inspektoren erlauben, das

ganze Ausmaß der deutschen Wiederaufrüstung aufzudecken – kein deutscher Nationalist konnte das. Schon jetzt hob das Reich Rekruten aus und produzierte Waffen für eine Kriegsarmee. Es war nicht der Zeitpunkt, um das Ansehen des Reichs zu gefährden, indem man die Enthüllung seiner Arglist riskierte. Da war es schon besser, in die Offensive zu gehen und den anderen vorzuwerfen, weder abrüsten zu wollen noch Deutschland die im Dezember prinzipiell eingeräumte Gleichberechtigung auch in der Praxis zuzugestehen. Oder besser noch, die Aufmerksamkeit abzulenken, sich zu behaupten und die Meinung der Weltöffentlichkeit durch Friedensbeteuerungen und Neuwahlen – ohne Opposition – zu beeindrucken. Drei Wochen später stimmten vierzig Millionen Deutsche für Hitler, der sich am Fenster der Reichskanzlei in der Wilhelmstraße zeigte, um ihren Jubel entgegenzunehmen. Er hatte die Reaktionen des Auslands gefürchtet – Sanktionen, wenn nicht Schlimmeres. Sie blieben aus. Sein Vabanquespiel hatte Erfolg gehabt – die erste einer ganzen Strähne erfolgreicher Wetten, die erst sechs Jahre später abreißen sollte, als Großbritannien und Frankreich sich weigerten, den Einmarsch in Polen hinzunehmen.[4]

Aber zunächst einmal war eine weitere Tür zugefallen. Die Genfer Konferenz zog sich zwar noch ins nächste Jahr hinein, aber ohne Außenminister; an deren statt schickte man Beamte. Die Japaner, die Ausbau und Modernisierung ihrer Flotte weit über die von den Flottenabkommen von 1922 und 1930 gesetzten Grenzen hinaus betrieben, hatten ihre Abneigung gegenüber jedweden neuen Zwängen bereits demonstriert. Aber wie sollte die Sowjetunion eine Abrüstungskonvention unterschreiben, die nicht auch von Japan unterzeichnet war? Und wie Polen, wenn die Unterschrift der Sowjetunion fehlte? Und wie konnten beide – oder auch nur einer ihrer nervösen Nachbarn – eine Rüstungsbegrenzung auch nur in Betracht ziehen, wenn Deutschland nicht mit am Verhandlungstisch saß? Italien kehrte Genf den Rücken. Großbritannien sah bald darauf von weiteren Vorschlägen ab und erlaubte Deutschland, die begonnene Wiederaufrüstung fortzusetzen. Der amerikanische Chefdelegierte Norman Davis gab bekannt, dass die Abrüstung fortan eine rein europäische Angelegenheit sei. Und so kam es denn auch; Roosevelt sollte einige Jahre lang keine Reden mehr über Europa halten. Davis schlug er vor, nach Chamonix in den französischen Alpen zu gehen; das Außenministerium hätte ihn lieber gleich wieder zu Hause gesehen.[5]

In New York enthüllte World Peaceways im Musikpavillon am Union Square das größte Buch der Welt. Gut eine Tonne schwer, enthielt es die Unterschriften von mehr als einer halben Million Kriegsgegner und sollte dem Willen der Friedensorganisation zufolge nach New York auch in London, Paris, Oslo und Genf zu sehen sein. Henderson gratulierte per Überseetelegramm.[6]

Und im Vorzimmer des Kristallsaals im alten Palais Wilson in Genf, dem Tagungsraum des Rats, fiel der 1922 von Aristide Briand anlässlich der Dritten Generalversammlung enthüllte Fries von der Decke – eine Allegorie auf den Frieden. Er zersprang in tausend Stücke. Ein Angestellter des Hotels fegte die Trümmer zusammen.[7]

Dank

Ich schulde so einigen Freunden, Kollegen und Bekannten Dank für ihre Hilfe bei der Arbeit an diesem Buch.

Zu denen, die während des einen oder anderen Stadiums Teile des Buchs gelesen und wertvolle Vorschläge gemacht oder mir meine sehr speziellen bis esoterischen Fragen beantwortet haben, gehören Robin Blackwood und die Professoren und Professorinnen George Hall, Alice Kelikian, Shefali Misra, Antony Polonsky, Othmar Plöckinger, Govind Sreenivasan und Bernard Wasserstein.

Für Hilfe bei den italienischen Karikaturen möchte ich mich bei Professorin Ada Gigli und Dr. Elisa Paladino bedanken; im Falle der deutschen bei Professorin Sabine von Mering und Professor Jonathan Petropoulos sowie bei Dr. Hans Zimmermann von der Herzogin Anna Amalia Bibliothek in Weimar; im Falle der amerikanischen bei John Flynn, Robert Gillham, Susan Liberator und Laura Hibbler; im Falle der japanischen bei Professor Matthew Fraleigh.

Außerdem danke ich April French für ihre eingehenden Recherchen zu sowjetischem Text- und Bildmaterial und Natalie Cornett für ihre Hilfe bei mehreren polnischen Artikeln.

Mein Dank gebührt auch der Brandeis University für die großzügige Unterstützung aus Forschungsfonds, namentlich dem Theodore and Jane Norman Fund, dem Provost's Research Fund sowie dem Research Circle on Democracy and Cultural Pluralism im Department of Politics.

Was Archivare angeht, gilt mein besonderer Dank Jean-Philippe Dumas, *conservateur en chef du patrimoine*, und seinen Kollegen in den Archives Diplomatiques in La Courneuve für ihre Hilfe und ihre Unterstützung bei der Suche in ihren unvergleichlichen Sammlungen, die sie in einem so idealen Ambiente präsentieren. Außerdem möchte ich mich bei Bertrand Fonck bedanken, *conservateur en chef du patrimoine* beim Service historique de la Défense in Vincennes, und David Langbart in der Textual Records Division der National Archives in College Park, Maryland.

Schließlich möchte ich mich bei Andrew Wylie und Hannah Townsend von der Wylie Agency für ihren unschätzbaren Einsatz für mich bedanken sowie bei Jonathan Jao und Sarah Haugen bei HarperCollins für ihr fachkundiges Urteil und ihre endlose Geduld.

Für die deutsche Ausgabe gilt mein Dank meiner Lektorin Tanja Hommen vom S. Fischer Verlag für ihr Interesse und ihre Unterstützung sowie dem Übersetzer Bernhard Josef für seine äußerst professionelle und sorgfältige Arbeit, sowohl was die Akkuratesse als auch die sprachliche Gestalt angeht.

Anmerkungen

In den Anmerkungen benutzte Abkürzungen

AA	Archiv des Auswärtigen Amts (Deutschland)
AN	Archives Nationales (Frankreich)
BNF	Bibliothèque Nationale (Frankreich)
DBFP	Documents on British Foreign Policy
DDF	Documents diplomatiques français
LNA	League of Nations Archives (Genf)
LNU	League of Nations Union Archives (Großbritannien)
MAE	Ministère des Affaires Etrangères (Archive des französischen Außenministeriums)
TNA	The National Archives (Großbritannien)
SHD	Service Historique de la Défense (Frankreich)
USNA	National Archives and Record Administration (USA)

Zum Geleit

1 Ian Clark, *Globalization and Fragmentation: International Relations in the Twentieth Century*. Oxford: Oxford University Press, 1997, S. 33–39.
2 Robert Kagan, *The Jungle Grows Back: America and our Imperiled World*. New York: Knopf, 2018.
3 »Realismus« als Theorie der internationalen Beziehungen unterscheidet sich von der Anwendung des Begriffs auf die Außenpolitik, wo er eher auf die Verfolgung nationaler Interessen als auf die Förderung von Idealen oder Werten in anderen Staaten oder Gesellschaften zielt.
4 A. J. P. Taylor, *The Struggle for Mastery in Europe, 1848–1918*. New York: Oxford University Press, 1971 [1954], S. xix; Thomas Hobbes, *Leviathan oder Stoff, Form und Gewalt eines kirchlichen und bürgerlichen Staates*. Frankfurt/M.: Suhrkamp, 1996. Übersetzt von Walter Euchner.
5 Thukydides, *Geschichte des Peloponnesischen Krieges*, I. Teil: Buch I–IV. Übersetzt und mit einer Einführung und Erläuterung versehen von Georg

Peter Landmann. München, Zürich: Artemis und Winkler, 1993, S. 35: »Den wahrsten Grund freilich, zugleich den meistbeschwiegenen, sehe ich im Wachstum Athens, das die erschreckten Spartaner zum Kriege zwang …«

6 Arnold J. Toynbee, *Survey of International Affairs, 1936*. London: Oxford University Press, 1937, S. 35.

7 Jonathan Haslam, *No Virtue like Necessity: Realist Thought in International Relations since Machiavelli.* New Haven, CT: Yale University Press, 2002. Siehe Kap. 1 und 2. Eine Kritik der Ambiguitäten des Konzepts des Kräftegleichgewichts respektive eine Verteidigung desselben finden sich in Inis L. Claude, »The Balance of Power Revisited«, *Review of International Studies* 15, Nr. 2, 1989, S. 77–85, und Richard Little, »Deconstructing the Balance of Power: Two Traditions of Thought«, ebd., S. 87–100, www.jstor.org/stable/20097173.

8 Randall L. Schweller, »The Twenty Years' Crisis, 1919–1939: Why a Concert Didn't Arise«, in Colin Elman und Miriam Fendius Elman (Hg.), *Bridges and Boundaries. Historians, Political Scientists, and the Study of International Relations*. Cambridge: Massachusetts Institute of Technology Press, 2001, S. 182–212; Clark, *Globalization and Fragmentation*, S. 67–74.

9 Kagan, *Jungle Grows Back*, S. 133; Kagan zieht eine Parallele zwischen Präsident Obamas Forderung, Europa solle für sich selbst sorgen, und dem »realistischen« und isolationistischen William Howard Taft, der diese Forderung in den 1930er-Jahren erhoben hatte. Siehe dazu auch Hans J. Morgenthau, »The Mainsprings of American Foreign Policy: The National Interest vs. Moral Abstractions«, *American Political Science Review* 44, Nr. 4 (1950), S. 833–854, doi:10.2307/1951286; Haslam, *No Virtue like Necessity*, S. 186–189; Jonathan Haslam, *The Vices of Integrity: E. H. Carr, 1892–1982*. New York: Verso, 1999, S. 79, 120; R. W. Davies, »Edward Hallett Carr, 1892–1982«, *Proceedings of the British Academy* 69 (1983), S. 473–511, 483–485, 488; E. H. Carr, *The Twenty Years' Crisis*. London: Macmillan, 1961 [1939], S. 219–223, 235–239; Carr scheint hier die Notwendigkeit sowohl der Moral als auch der Macht in Politik und internationalen Beziehungen ins Auge zu fassen; siehe außerdem sein später von ihm selbst als »ziemlich schwach« bezeichnetes utopisches Werk *Conditions of Peace*. London: Macmillan, 1942.

10 Haslam, *No Virtue like Necessity*, S. 119, 142; Kenneth Waltz, *The Theory of International Politics*. Reading, MA: Addison-Wesley, 1979, S. 88–101, 117.

11 Waltz, *Theory of International Politics*, S. 47, 67, 69, 117, 122. Waltz befasst sich eigenen Aussagen zufolge nur mit Systemen, nicht mit den Interaktionen einzelner Einheiten in diesen, bei denen er die Möglichkeit von Veränderungen durchaus einräumt. Er stellt allerdings Raymond Arons Behauptung in Frage, Staaten bestimmten eher das System, als dass sie vom

System bestimmt würden. Siehe hierzu auch Robert O. Keohane, »Theory of World Politics: Structural Realism and Beyond«, in Robert O. Keohane (Hg.), *Neorealism and Its Critics*. New York: Columbia University Press, 1986, S. 158–194. Der Realismus könne, so führt er aus, nicht »über das Rationalitätspostulat von der Struktur des Systems auf nationale Interessen schließen«, S. 190.

12 Paul Schroeder, *The Transformation of European Politics, 1763–1848*. New York: Oxford University Press, 1994.

13 Robert W. Cox, »Social Forces, States, and World Orders: Beyond International Relations Theory«, in Keohane, *Neorealism and Its Critics*, S. 204–254, 224–225. Für Cox manifestieren sich die der neuen amerikanischen Hegemonie zugrunde liegenden neuen Werte und Institutionen bereits auf der Londoner Weltwirtschaftskonferenz im Juli 1933. Allerdings predigte Roosevelt dort – über seine berühmte Erklärung – noch immer fiskalischen Konservatismus; der New Deal war für ihn ausschließlich eine nationale Angelegenheit; siehe Kapitel 12.

14 Zu den drei einflussreichsten Historikern, die dieser Schule lose zuzuordnen sind, gehören Eckart Kehr, der posthum durch die Widerlegung von Rankes *Primat der Außenpolitik* berühmt wurde, Fritz Fischer, der für den Ausbruch des Krieges 1914 in erster Linie Deutschland und kriegslüsterne heimische Kräfte verantwortlich machte, sowie Hans-Ulrich Wehler, der das wilhelminische Regime und den Krieg unter den Aspekten gesellschaftlicher Strukturen und einer anachronistischen Feudalaristokratie erklärt. Siehe dazu Eckart Kehr, *Schlachtflottenbau und Parteipolitik, 1894–1901*. Berlin: E. Ebering, 1930; Fritz Fischer, *Griff nach der Weltmacht: Die Kriegszielpolitik des kaiserlichen Deutschland, 1914/18*. Düsseldorf: Droste, 1961, und Hans-Ulrich Wehler, *Das Deutsche Kaiserreich, 1871–1918*. Göttingen: Vandenhoeck & Ruprecht, 1973.

15 Frederic William Maitland, *Why the History of English Law Is not Written: An Inaugural Lecture Delivered in the Arts School at Cambridge on 13 October 1888*. London: C. J. Clay & Sons, 1888.

16 Frank McDonough (Hg.), *The Origins of the Second World War: An International Perspective*, London und New York: Continuum, 2011, S. 1–13. Ein Blick in allgemeine Arbeiten über die Ursprünge des Krieges legt die Vermutung nahe, dass transnationale bzw. transkontinentale Ansätze erst in jüngerer Zeit Anklang gefunden haben. Vor allem auf die wesentlichen europäischen Mächte und die Taylor-Kontroverse konzentriert sich unter der englischsprachigen Literatur Esmonde Robertson (Hg.), *The Origins of the Second World War: Historical Interpretations*. London: Macmillan, 1971; Richard Overy und Andrew Wheatcroft, *The Road to War*. London: Penguin, 1999 [1989] widmet jedes seiner sieben Kapitel einer der Großmächte; Robert Boyce und Joseph A. Maiolo (Hg.), *The Origins of World War Two: The Debate Continues*. London: Palgrave Macmillan, 2003

beschäftigt sich dagegen zur Hälfte – S. 205–359 – mit globalen Themen wie Wirtschaftstheorie, Ideologie und Diplomatie. Globale Einzelursachen herauszuarbeiten, hat Historiker nur gelegentlich interessiert; eine nennenswerte Ausnahme aus jüngerer Zeit ist Joseph Maiolo, *Cry Havoc: How the Arms Race Drove the World to War, 1931–1941*. New York: Basic Books, 2010.

17 David Reynolds, »The Origins of Two ›World Wars‹: Historical Discourse and International Politics«, *Journal of Contemporary History* 38, Nr. 1 (Januar 2003), S. 29–44.

18 Die meisten Studien über nationalsozialistische bzw. faschistische Bewegungen der Jahre 1930–33 verweisen, wenn auch auf unterschiedliche Weise, auf die menschlichen Folgen der Wirtschaftskrise; einige betonen die »unter Druck« geratene, verängstigte oder antimoderne Mittelklasse, so etwa Seymour Martin Lipset, *Soziologie der Demokratie*. Neuwied a. Rh./Berlin-Spandau: Luchterhand, 1963. Unter den Marxisten unterschied Antonio Gramsci bereits 1921 beim Kern der ersten Faschisten sowohl ein kleinbürgerliches als auch ein zweites, landbesitzendes oder kapitalistisches Element; vgl. hierzu die Auszüge in David Beetham, *Marxists in Face of Fascism: Writings by Marxists on Fascism from the Inter-war Period*. Totowa, NJ: Barnes & Noble Books, 1984, S. 82–87. Eine der frühesten und bekanntesten marxistischen Ansichten über die Rolle von Finanz- oder Monopolkapital findet sich bei Franz L. Neumann, *Behemoth: Struktur und Praxis des Nationalsozialismus 1933–1944*. Neu herausgegeben von Alfons Söllner und Michael Wildt, Hamburg: EVA, 2018. Das im Exil geschriebene Werk erschien 1942 bei der Oxford University Press in New York und ebenda 1944 in einer erweiterten Ausgabe. Zur Brutalisierung siehe George L. Mosse, *Gefallen für das Vaterland. Nationales Heldentum und namenloses Sterben*. Stuttgart: Klett-Cotta, 1993. Siehe insbesondere Kapitel 8; es findet sich dieses u. a. auch in Stéphane Audoin-Rouzeau und Annette Becker, *14–18, Retrouver la Guerre*. Paris: Gallimard, 2000, S. 47–49; Kritik erfuhr Mosse u. a. von Robert Gerwarth in *Die Besiegten: Das blutige Erbe des Ersten Weltkriegs*. München: Siedler Verlag, 2017, S. 24 f.

19 Alexander Wendt, »Constructing International Politics«, *International Security* 20, Nr. 1 (Sommer 1995), S. 71–81; Alexander Wendt, »Anarchy Is What States Make of It: The Social Construction of Power Politics«, *International Organization* 46, Nr. 2 (Frühjahr 1992), S. 391–425; frühere Kritik am Realismus findet sich u. a. in Keohane, *Neorealism and Its Critics* und Andrew Linklater, *Beyond Realism and Marxism: Critical Theory and International Relations*. Houndmills, Basingstoke, Hampshire: Macmillan 1990.

20 Richard Haass, *A World in Disarray*. New York: Penguin, 2017, S. 203–205.

21 Martin Wolf, »The US-China Conflict Challenges the World«, *Financial Times*, 21. Mai 2019; Wolf zitiert eine Studie des Peterson Institute for International Economics.

22 Haass, *World in Disarray*, S. 115–117.

Prolog

1 »Parley on Arms to Open today«, *Chicago Daily Tribune*, 2. Februar 1932, S. 7; »Physionomie de la séance d'ouverture«, *Le Petit Journal*, 2. Februar 1932, S. 1; »Physionomie de la séance d'ouverture«, ebd., S. 3; »L'Organisation matérielle de la conférence«, *Le Petit Parisien*, 1. Februar 1932, S. 1, Foto des »palais de verre«, wie der Annex hier genannt wird; Vernon Bartlett, *Intermission in Europe. The Life of a Journalist and Broadcaster*. New York: Oxford, 1938, S. 106; Major-General A. C. Temperley, *The Whispering Gallery of Europe*. London: Collins, 1938, S. 26–28.

2 *New York Herald Tribune*, 1. Februar 1932, S. 1; »Geneva Ready for Inaugural Session«, *Journal de Genève*, 19. Februar 1932, S. 1; »La Contagion de la peur«, *Journal de Genève*, 19. Februar 1932, S. 1.

3 Hugh R. Wilson, *Diplomat between Wars*. New York: Longmans, Green, 1941, S. 259–260; Salvador de Madariaga, *Morning without Noon. Memoirs*. Westmead: Heath, 1974, S. 255–256; Walter Lippmann, with Council on Foreign Relations, *The United States in World Affairs. An Account of American Foreign Relations, 1932*. New York und Boston: Harper & Brothers, 1933, S. 62–69.

4 *Le Matin*, 1. Februar 1932, S. 3, »Les évènements d'Extrême-Orient«; *New York Times*, 30. Januar 1932, S. 1, »Foreign Zone is Shelled«; *Le Petit Journal*, 2. Februar 1932, S. 3, »L'organisation matérielle de la Conférence«; »Sur le Champ de bataille. Chapeï n'est qu'un immense brasier«, *Journal de Genève*, 31. Januar 1932.

5 »La morne séance d'ouverture de la conférence du désarmement«, *L'Écho de Paris*, 3. Februar 1932, S. 1; George Slocombe, *A Mirror to Geneva: Its Growth, Grandeur and Decay*. New York: Henry Holt, 1938, S. 61; »La Conférence du désarmement s'ouvre demain à 15 heures«, *Le Petit Parisien*, 1. Februar 1932, S. 1.

6 »Le Front unique des grandes puissances au Conseil de la S. D. N.«, *Le Petit Parisien*, 3. Februar 1932, S. 1; Henry Hertz, »A Genève, une séance brusquée du Conseil de la S. D. N.«, *L'Œuvre*, 3. Februar 1932, S. 2; »Arms Talk to Begin Despite War Clouds«, *New York Times*, 1. Februar 1932.

7 Bartlett, *Intermission in Europe*, 93; »Peace Effort Gets Support of League«, *New York Times*, 3. Februar 1932, S. 1.

8 *Le Matin*, 6. Februar 1932, S. 1 (Foto).

9 »Die drei Aufgaben für Genf«, *Vossische Zeitung*, 3. Februar 1932, S. 1; »Physionomie de la séance d'ouverture«, *Le Petit Journal*, 3. Februar 1932,

S. 1; »L'ouverture de la conférence du désarmement«, *L'Œuvre*, 3. Februar 1932, S. 2.

10 »L'organisation matérielle de la Conférence«, *Le Petit Journal*, 2. Februar 1932, S. 3 und »Autour de la Conférence du désarmement«, ebd., 3. Februar 1932, S. 3; »Genève, lieu de rencontre des hommes d'état du monde entier«, *Le Petit Parisien*, 4. Februar 1932, S. 3.

11 Temperley, *Whispering Gallery*, S. 39; Slocombe, *Mirror to Geneva*, S. 46–47, 61, 206; Malcolm Muggeridge, *Chronicles of Wasted Time*, Bd. 2, *The Infernal Grove.* London: Fontana, 1981 [1973], S. 8–9. Muggeridge, eigentlich Journalist, arbeitete damals vorübergehend für das damals noch dem Völkerbund angegliederte Internationale Arbeitsamt (International Labour Office) in Genf.

12 Madariaga, *Morning without Noon*, S. 34–35; »Bells to ring here for arms parley«, *New York Herald Tribune*, 1. Februar 1932, S. 4, und ebd., 1. Februar, S. 1; ein Foto zeigt Angehörige der Internationalen Frauenliga für Frieden und Freiheit mit sieben großen Packkisten mit etwa zwei Millionen Unterschriften an der Londoner Victoria Station; »La journée des petitions«, *Journal de Genève*, 7. Februar 1932, S. 10; siehe Foto des Beitrags »Geneva Hears Arms Cut Plea of 8 Million«, *International Herald Tribune*, 7. Februar 1932, S. 1; »Arms Plea Opens with Plea to Heed Desire of Peoples«, *New York Times,* 3. Februar 1932, S. 1 (Hinweis auf die Frauen im Publikum); »Le défilé de la paix«, *Le Matin*, 7. Februar 1932, S. 3; »Journée émouvante à Genève«, *Le Petit Journal*, 7. Februar 1932, S. 1; Andrew Webster, »The League of Nations, Disarmament and Internationalism«, in Glenda Sluga und Patricia Clavin (Hg.), *Internationalisms: A Twentieth-Century History*. Cambridge: Cambridge University Press, 2017, S. 139–169.

13 Thomas A. Davies, *The Possibilities of Transnational Activism: The Campaign for Disarmament between the Two World Wars.* Boston: Martinus Nijhoff, 2007, S. 114–117, 151–154, 170.

14 Davies, S. 131–148.

15 MAE, PA-AP166 498, Louis Aubert an Premierminister Pierre Laval, 6. Januar 1932.

16 LNA, R 1871, Korrespondenz zwischen Friedensgruppen und Drummond bezüglich einer »Friedensarmee« (»Peace Army«), größtenteils Februar 1932; LNA, S474, Text von Hendersons Rede, 21. Oktober 1932; Temperley, *Whispering Gallery*, S. 167–168; Maurice Vaïsse, *Sécurité d'abord: La Politique française en matière de désarmement, 9 décembre 1930–17 avril 1934*. Paris: Pedone, 1981, S. 190–200; Muggeridge, *Infernal Grove*, S. 10.

17 Robert Dell, *The Geneva Racket*. London: Robert Hale Limited, 1941, S. 7–8; Wilson, *Diplomat between Wars*, S. 222; Norman Hillson, *Geneva Scene.* London: Routledge, 1936, S. 28. E. H. Carr attackierte die Naivität

solcher Ansichten in *The Twenty Years'‹ Crisis*. London: Macmillan, 1961 [1939], S. 17–19; Arnold J. Toynbee (Hg.), *Survey of International Affairs 1932*. London: Royal Institute of International Affairs, 1933, S. 173–192. Toynbee zufolge hatten »engstirnige« nationale Regierungen und eine »speichelleckerische« Presse »das launische und unkoordinierte, wenn auch zweifelsohne aufrichtige Verlangen der Weltöffentlichkeit nach einer Friedensversicherung« vereitelt – in gewissem Sinne also die Mechanismen der Demokratie.

18 MAE, 39CPCOM 107, Botschaft Tokio an Paris, 25. Februar 1932 und 17. Mai 1932; USNA RG 165, McIlroy (Militärattaché, Tokio) an War Department, 10. März 1932; siehe u. a. auch Pertinax in *L'Écho de Paris*, 17. Mai 1932 und André Viollis in *Le Petit Parisien*, 18. Mai 1932.

19 MAE 39CPCOM 102, Botschaft Tokio an Paris, 22. April 1932 (zitiert Korrespondenz aus Schanghai).

20 Robert Bickers, *Out of China: How the Chinese Ended the Era of Western Domination*. Cambridge, MA: Harvard University Press, 2017, S. 132–133; Christian Henriot, *Shanghai, 1927–1937: Municipal Power, Locality, and Modernization*. Berkeley: University of California Press, 1993 [1991], S. 65–78 (hinsichtlich der öffentlichen Meinung in Schanghai); Donald A. Jordan, *China's Trial by Fire: The Shanghai War of 1932*. Ann Arbor: University of Michigan Press, 2001, S. 73–76, 78, 177, 212, 241–42.

21 Dell, *Geneva Racket*, 104; Auguste de Saint-Aulaire, *Genève contre la paix*. Paris: Plon, 1936, S. 7–8.

22 Joseph Ballinger (Volkswirtschaftler in Amherst), »Geneva Plots to Internationalize US«, *New York American*, 23. Oktober 1932, S. 2-E; ebd., »Disarming Ideas«, Karikatur und Kommentar, 27. Oktober 1932, S. 12; Thomas A. Bailey, *The Man in the Street: The Impact of American Public Opinion on Foreign Policy*. New York: Macmillan, 1948, S. 308.

23 Siehe *Asahi* 4. Dezember 1931, wo es heißt, das ganze Land werfe dem Völkerbund seit September seine rein theoretische Sicht des Problems vor, sowie *Asahi* 14. April 1932, wo es heißt, der Bund behandle die Angelegenheit rein theoretisch (beide aus MAE, 39CPCOM 102, Presseschau, französische Botschaft Tokio an Paris, 24. Dezember 1931 und 22. April 1932).

24 Wilhelm Deist u. a., *Ursachen und Voraussetzungen des Zweiten Weltkrieges*. Frankfurt/M.: Fischer Taschenbuch Verlag, 1989, S. 71–88. Die Originalausgabe erschien 1979 unter dem Titel *Ursachen und Voraussetzungen der deutschen Kriegspolitik* als Band 1 der Reihe *Das Deutsche Reich und der Zweite Weltkrieg*, hg. vom Militärgeschichtlichen Forschungsamt Freiburg.

25 Joseph Kessel, »Devant le plus grand bar du monde«, *Le Matin*, 7. Februar 1932, S. 1.

26 Harry Graf Kessler, *Tagebücher, 1918–1937*. Frankfurt/M.: Insel, 1961, S. 666; Eintrag für den 16. Mai 1932 (Pfingstmontag).

27 Walter Lippmann, »Unity at Shanghai; the Conference at Geneva«, *New York Herald Tribune*, 4. Februar 1932, S. 19.

28 Maurice Lair, »Stresemann«, *Revue française des sciences politiques*, Juli–September 1939, S. 365–392 (laut BNF FOL-LN1-232-17309); »The League Assembly: Sir A. Chamberlain's Speech«, *The Times*, 12. September 1927, S. 11.

1 Heuschreckenjahre

1 »Jugend voll Hass und ohne Hoffnung«, *Vossische Zeitung*, 1. September 1932 (Morgen-Ausgabe), S. 2. Der unverlangt eingesandte Beitrag eines achtzehnjährigen Arbeitslosen erschien unter dem Namenskürzel »K. B.«.

2 John B. Priestley, *English Journey. Being a rambling but truthful account of what one man saw and heard and felt and thought during a journey through England during the autumn of the year 1933*. London: Victor Gollancz, 1934, S. 10, 232, 257, 292–293. Die zeitgenössische deutsche Übersetzung erwähnt das Kameradentreffen zwar, übergeht jedoch geflissentlich alle diesbezüglichen Einzelheiten, auch die hier zitierten Passagen. *Englische Reise. Ein zwangloser, aber wahrheitsgetreuer Bericht darüber, was ein Mann auf einer Reise durch England im Herbst des Jahres 1933 sah und hörte, fühlte und dachte*. Berlin: Fischer, 1934, S. 80–108. Martin Luther übersetzt Joel 2,25 mit »Und ich will euch die Jahre erstatten, welche die Heuschrecken, Käfer, Geschmeiß und Raupen, mein großes Heer, so ich unter euch schickte, gefressen haben« (Lutherbibel 1912); Winston Churchill, *Der Sturm zieht auf* (Bd. 1 von *Der zweite Weltkrieg*). Bern: Scherz, 1949; Churchill greift das Bibelzitat als Überschrift des fünften Kapitels auf (»Die Heuschreckenjahre«), um auf die knappen Verteidigungsausgaben von 1931–35 angesichts der deutschen Wiederaufrüstung hinzuweisen; man hatte sie zuvor gegen ihn benutzt, als er in seiner Eigenschaft als Schatzkanzler eine Sparpolitik verhängt hatte, um am Goldstandard festhalten zu können; siehe Philip Williamson, »Baldwin's Reputation: Politics and History, 1937–1967«, *The Historical Journal* 47, Nr. 1 (2004), S. 127–168, http://www.jstor.org.resources.library.brandeis.edu/stable/4091548.

3 »Preparing for the World Conference«, *The Times*, 3. November 1932, S. 13; Patricia Clavin und Jens-Wilhelm Wessels, »Another Golden Idol? The League of Nations' Gold Delegation and the Great Depression, 1929–1932«, *The International History Review* 26, Nr. 4 (2004), S. 765–795, http://www.jstor.org.resources.library.brandeis.edu/stable/4011058; MAE 75CPCOM 73, *Rapport de la délégation de l'or du comité financier de la Société des Nations*. Geneva: Société des Nations, Juni 1932, S. 17–22.

4 »Cheered in Des Moines«, *New York Times*, 5. Oktober 1932, S. 1; »Hoover's Speech at Cleveland«, ebd., 16. Oktober 1932, S. 34.
5 Jean-Norton Cru, *Témoins*. Nancy: Presses Universitaires de Nancy, 2006 [1929], S. 566–567.
6 »Les croix de bois«, *Le Matin*, 5. Februar 1932, S. 4.
7 »Wunder um Verdun«, *Vossische Zeitung*, 2. September 1932 (Morgen-Ausgabe), S. 2–3; »Miracle à Verdun«, *Le Populaire*, 23. Oktober 1932, S. 4; Brian Bond, *Britain's Two World Wars against Germany: Myth, Memory and the Distortion of Hindsight*. Cambridge: Cambridge University Press, 2014, S. 43–44.
8 Paul Joseph Cremers, *Die Marneschlacht*. Bielefeld und Leipzig: Velhagen und Klasing, 1932, S. 12, 14; Paul Enders, Eintrag für »Cremers« in *Neue deutsche Biographie*, Bd. 3. Berlin: Bürklein-Ditmar, 1957, S. 410; »Mannheimer Marneschlacht«, *Vossische Zeitung*, 4. Februar 1933 (Abend-Ausgabe), S. 6–7 (der Militärexperte der Zeitung kritisierte die Charakterzeichnung des Stücks, nicht die Akkuratesse seiner Darstellung allgemein).
9 AN F 7 13504, Havas-Kabel mit Zitat aus *Iswestija*, 27. August 1932.
10 Paul Jankowski, »Twenty Years of Disenchantment: The American Entry into World War I Remembered, 1917–1937«, *South Central Review* 34, Nr. 3 (Herbst 2017), S. 115–127.
11 »M. Herriot on Peace«, *The Times*, 12 September 1932, S. 9; »Further than Stimson«, *New York Times*, 13. September 1932, S. 20; »Amitié franco-américaine. La journée de la Marne«, *Le Figaro*, 12. September 1932, S. 1.
12 »Bulletin du jour. Le discours de M. Herriot« und »La Marne«, *Le Temps*, 12. September 1932, beide S. 1.
13 H. R. Knickerbocker, *Deutschland – so oder so?* Berlin: Rowohlt, 1932, S. 58–68; Simona Colarizi, *L'opinione degli italiani sotto il regime, 1929–43*. Rom und Bari: Laterza, 1991, S. 83–85; Jessica Murphy, »Charles Sheeler (1883–1965)«, Website des Metropolitan Museum of Art, New York City, November 2009, https://www.metmuseum.org/toah/hd/shee/hd_shee.htm; H. R. Knickerbocker, *Kommt Europa wieder hoch?* Berlin: Rowohlt, 1932, S. 51–62.
14 Richard Hoggart, *A Local Habitation*. London: Chatto & Windus, 1988, S. 73 (Bd. 1 von *Life and Times*, 3 Bde., 1988–1992).
15 »Ost-Oberschlesische ›Armutschächte‹«, *Vossische Zeitung*, 10. September 1932 (Morgen-Ausgabe), S. 4; Edmund Wilson, *The American Earthquake: A Documentary of the Twenties and Thirties*. New York: Farrar, Strauss and Giroux, 1979 [1958], S. 457–462.
16 League of Nations, *World Economic Survey, 1932–3*. Geneva: League of Nations, September 1933, S. 11–24; Charles H. Feinstein, Peter Temin und Gianni Toniolo, *The World Economy between the Wars*, 2. Aufl., New York und Oxford: Oxford University Press, 2008, S. 94 (die Zahlen unter-

scheiden sich geringfügig; entsprechend sind hier nur Annäherungswerte genannt).

17 »Preparing for the World Conference«, *The Times*, 3. November 1932, S. 13.

18 William Stoneman, *A History of the Economic Analysis of the Great Depression in America*. New York: Garland, 1979, S. 36–65; Feinstein, Temin und Toniolo, *World Economy between the Wars*, S. 128–134; Robert Skidelsky, *Politicians and the Slump: The Labour Government of 1929–1931*. London: Macmillan, 1967, S. 17, 210–215; Peter Clarke, *Hope and Glory: Britain, 1900–1990*. London: Penguin, 1996, S. 147–148; »Sir Oswald Mosley's Fascism«, *Observer*, 2. Oktober 1932, S. 7; Simeon Strunsky, Rezension »*A New Deal* by Stuart Chase«, *New York Times*, 3. September 1932, Book Review Section, S. 9.

19 »Preparing for the World Conference«, *The Times*, 3. November 1932, S. 13.

20 *Daily Herald*, 24. Oktober 1932, zitiert in MAE, 92 CPCOM 210, tägliche Presseschau der französischen Botschaft, 24. Oktober 1932; »Déséquilibre«, *Le Temps*, 10. September 1932, S. 1; Léon Blum, »La fausse sagesse«, *Le Populaire*, 23. Oktober 1932, S. 1.

21 Knickerbocker, *Deutschland – so oder so?*, S. 39, 61–62.

22 »Le rôle de l'état«, *Le Temps*, 11. Dezember 1932, S. 1.

23 Henri de Kérillis, »Une enquête en Amérique (IX). Comment Wall Street épuise les nerfs de l'Amérique«, *L'Écho de Paris*, 31. Oktober 1932, S. 1–2.

24 Paul Schmidt, *Statist auf diplomatischer Bühne, 1923–1945: Erlebnisse des Chefdolmetschers im auswärtigen Amt mit den Staatsmännern Europas*. Bonn: Athenäum-Verlag, 1950, S. 251; Ellen Schrecker, *The Hired Money*. New York: Arno Press, 1978, S. 235–239; »American Opinion of Arms Rejected«, *New York Times*, 12. Juni 1932, S. 4.

25 Editorial, *New York American*, 11. Dezember 1932 (nach Ansicht des Verfassers war die Ursache der Depression »der große Krieg, aber auch Extravaganz, Torheit, Spielsucht und Kurzsichtigkeit unserer Nation«); »Cheered in Des Moines«, *New York Times*, 5. Oktober 1932, S. 1, und »Hoover's Speech at Des Moines«, ebd., S. 18.

26 *Nichi Nichi*, 19. November 1932, aus MAE 39CPCOM 102, Lens (Tokio) an Herriot, 1. Dezember 1932, tägliche Presseschau der französischen Botschaft Tokio, S. 15–30, November 1932; siehe dazu auch MAE 39CPCOM 117, Martel (Tokio) an Paul-Boncour, 1. und 13. April 1933 (zum Schließen der indischen Märkte für japanische Baumwolle); Lt.-General K. Sato, »The Future of Japan«, *Japan Times*, 3. April 1932; »Grandi Urges Unity to End Depression«, *New York Times*, 4. Juni 1932, S. 4.

27 Knickerbocker, *Kommt Europa wieder hoch?*, S. 62–68.

28 »Devisenkontrolle auf dem Ozeandampfer«, *Vossische Zeitung*, 4. Oktober

1932 (Morgen-Ausgabe), S. 5; Richard Lewisohn, »Diamanten-Währung«, ebd., 1. November 1932 (Abend-Ausgabe), S. 1.

29 R. G. Hawtrey, *The Gold Standard in Theory and Practice*, 3. Aufl. London: Longmans, Green, 1933, S. 20, 30. So mancher erkannte damals, dass das System nicht so selbstregulierend war, wie es den Anschein hatte. Siehe dazu u. a. Gustav Cassel, *The Crisis in the World's Monetary System*. Oxford: Clarendon Press, 1932, S. 3–8; Jacques Néré, *La Crise de 1929*. Paris: Armand Colin, 1973, S. 7–32; Feinstein, Temin und Toniolo, *World Economy between the Wars*, S. 3–5, 28–30, 35.

30 Paul Einzig, *International Gold Movements*, 2. Aufl. London: Macmillan, 1931, S. 1–4; Royal Institute of International Affairs, *The International Gold Problem: A Record of the Discussions of a Study Group of Members*. Oxford: Oxford University Press, 1931, S. 207–208 (Anmerkungen von R. G. Hawtrey); Luis I. Jácome, »Central Banking in Latin America: From the Gold Standard to the Golden Years«, International Monetary Fund, Working Paper 15/60, Monetary and Capital Markets Department, März 2015; Barry Eichengreen, *Globalizing Capital: A History of the International Monetary System*, 2. Aufl. Princeton: Princeton University Press, 2008, S. 6–42.

31 Richard Lewinsohn, *Financial Contagion: Lessons from the Great Depression*. Berlin: Richard Lewinsohn-Morus Stiftung, 2010 [1934], Kap. 3; Harold James, *The End of Globalization: Lessons from the Great Depression*. Cambridge: Harvard University Press, 2001, S. 53–63, 68–100; Paul Reynaud, *Mémoires*, Bd. 1. Paris: Flammarion, 1960, S. 338.

32 *League of Nations, Gold Delegation Report*. Geneva: League of Nations, 1932, Kap. 4 und S. 69–81; Abriss davon in MAE 75 CPCOM73, Conférence Economique Internationale, Anmerkung vom 13. Juni 1932; Cassel, *Crisis*, S. 65–70; Barry Eichengreen und Peter Temin, »The Gold Standard and the Great Depression«, *Contemporary European History* 9, Nr. 2 (2000), S. 183–207.

33 Knickerbocker, *Deutschland – so oder so?*, S. 170–171. Einzig, *International Gold Movements*, S. 33–34; Pierre Coste, *Les Grands Marchés financiers. Paris, Londres, New-York: La Lutte pour la Suprématie*. Paris: Payot, 1932, S. 50–52; Robert Boyce, *The Great Interwar Crisis*. London: Palgrave Macmillan, 2009, S. 303–314. Siehe Paul Einzig, *Behind the Scenes of International Finance*. London: Macmillan, 1932; Einzig bezichtigte Frankreich, mehr als jede andere Nation, seine Goldreserven als Kriegskasse für politische Zwecke zu nutzen. Eine einseitige Verschwörungsphantasie nennt dies Robert Boyce in *Great Interwar Crisis*, S. 272.

34 Marguerite Perrot, *La Monnaie et l'Opinion Publique en France et en Angleterre de 1924 à 1936*. Paris: Cahiers de la Fondation Nationale des Sciences Politiques, 1955, S. 88–100; *Le Petit Journal*, 2. Februar 1932, S. 1,

»La conférence du désarmement s'ouvre aujourd'hui à Genève«; »La crise économique, qui a fait naître contre la France tant de jalousies …«; »La perte de l'or entraîne-t-elle celle de la raison?«, *Le Matin,* 8. Februar 1932, S. 1.

35 Siehe S. 61 oben; siehe auch die Reden der italienischen und polnischen Delegierten der Weltwirtschaftskonferenz laut Transkripten in »Speeches at the Conference«, *The Times*, 14. Juni 1933, S. 9; Perrot, *La Monnaie*, S. 96–103; J. M. Keynes, »Two Years of Gold: How Far Are We from Prosperity Now?« *Daily Mail*, 19. September 1933, in *Collected Writings of John Maynard Keynes*, Bd. 21. London: Macmillan, Cambridge University Press for the Royal Economic Society, 1982, S. 284–288; J. L. Garvin, »Laying the Ghosts«, *Observer*, 18. Juni 1933, S. 16.

36 Arnold J. Toynbee (Hg.), *Survey of International Affairs, 1932*. London: Royal Institute of International Affairs, 1933, S. 2, 4.

37 Sir Arthur Salter, »The Future of Economic Nationalism«, *Foreign Affairs* 11, Nr. 1 (Oktober 1932), S. 9–20.

38 J. M. Keynes, »National Self-Sufficiency«, in *Collected Writings*, Bd. 21, S. 233–246 (aus *New Statesman and Nation*, 8. und 15 Juli 1933, Überarbeitung eines Vortrags am University College, Dublin, am 19. April 1933); im Deutschen zitiert nach John Maynard Keynes, *Über nationale Selbstgenügsamkeit*. Hg. und übersetzt von Michael Tillmann. Norderstedt: Books on Demand, 2014; Perrot, *La Monnaie*, S. 88–95.

39 Lennart Samuelson, *Soviet Defense Industry Planning: Tukhachevskii and Military-Industrial Mobilization, 1926–1937*. Stockholm: Institute of East European Economies, 1996, S. 107; Jochen Hellbeck, *Revolution on My Mind: Writing a Diary under Stalin*. Cambridge, MA: Harvard University Press, 2006, S. 85.

40 Deist u. a., *Ursachen und Voraussetzungen*, S. 220–225.

41 Ebd., S. 226–228.

42 S. Washio, *Transpacific*, 7. April 1932, zitiert in Sandra Wilson, *The Manchurian Crisis and Japanese Society, 1931–33*. New York: Routledge, 2002, S. 56–57.

43 *Hitlers zweites Buch: Ein Dokument aus dem Jahr 1928*. Eingeleitet und kommentiert von Gerhard L. Weinberg. Mit einem Gleitwort von Hans Rothfels. Stuttgart: Deutsche Verlags-Anstalt, 1961, S. 127–132.

44 Isabel Butterfield, *Manhattan Tales, 1920–45*. Lewes, UK: Book Guild, 1999, S. 66.

45 »Novembre!«, Cassandre (Kolumne), *Commentaires*, 6. November 1932, S. 3.

46 Mihail Sebastian, *Seit zweitausend Jahren*. Übersetzt und mit einem Nachwort und einer Dokumentation hg. von Daniel Rhein. Paderborn: Igel-Verlag und Bukarest: Editura Fundajiei Culturale Romane, 1997, S. 31.

2 Tokio und Rom

1 »The Diet Opened«, *Japan Chronicle Weekly Edition* (Kobe), 1. September 1932, S. 276.

2 »The Special Session«, *Japan Chronicle Weekly Edition* (Kobe), 25. August 1932, S. 231; »The Special Session«, *Japan Chronicle Weekly Edition* (Kobe), 8. September 1932, S. 303–304; USNA, RG 84, Bd. 768, Grew (Tokio) an das Außenministerium, 17. November 1932, Bericht über »Zeitungen in Japan«; MAE 39CPCOM 102, Lens (Tokio) an Herriot, tägliche Presseschau der französischen Botschaft, 1.–10. August 1932, 12. August 1932.

3 »The Political Parties«, *Japan Chronicle*, 15. September 1932, S. 335; MAE 39CPCOM 107, Martel (Tokio) an Tardieu, 25. Februar 1932.

4 MAE 39CPCOM 107, Martel an Tardieu, 4., 24. März, 24. Mai 1932.

5 MAE 39CPCOM 107, Martel an MAE, 31. März 1932; TNA, FO 371/16243, Lindley (Tokio) an FO, 26. Mai 1932.

6 »The Political Parties«, *Japan Chronicle*, 15. September 1932, S. 335; MAE 39CPCOM 102, Martel an MAE, 27. Mai 1932; *Miyako*, 12. Mai 1932; *Yomiuri*, 12. und 17. Mai 1932; *Hochi*, 18. Mai 1932; *Jiji*, 20. Mai 1932; *Nichi Nichi*, 19. Mai 1932 (alle aus der täglichen Presseschau der französischen Botschaft, 10.–20. Mai 1932); TNA, FO 371/16243, Lindley (Tokio) an FO, 23. Juni 1932.

7 W. G. Beasley, *Japanese Imperialism, 1894–1945*. New York und Oxford: Oxford University Press, 1987, S. 156–174; Peter Duus, »Introduction« und Alvin D. Coox, »The Kwantung Army Dimension«, in Peter Duus, Ramon H. Myers und Mark R. Peattie (Hg.), *The Japanese Informal Empire in China, 1895–1937*. Princeton, NJ: Princeton University Press, 1989, S. xi–xxix, 395–428.

8 MAE 339CPCOM 107, Martel (Tokio) an Tardieu, 16. März, 15. Mai (Bericht der Rengo-Nachrichtenagentur), 17. Mai 1932; Stephen S. Large, »Substantiating the Nation: Terrorist Trials as Nationalist Theatre in Early Showa Japan«, in Sandra Wilson (Hg.), *Nation and Nationalism in Japan*. New York: RoutledgeCurzon, 2002, S. 55–68.

9 André Viollis, »Sous le masque japonais«, *Le Petit Parisien*, 19. Oktober 1932, S. 1; Stephen S. Large, »Nationalist Extremism in Early Showa Japan: Inoue Nissho and the ›Blood-Pledge Corps Incident,‹ 1932«, *Modern Asian Studies* 35, Nr. 3 (Juli 2001), S. 533–564.

10 Sandra Wilson, *The Manchurian Crisis and Japanese Society, 1931–33*. New York: Routledge, 2002, S. 114–119; Robert A. Scalapino, *Democracy and the Party Movement in Prewar Japan: The Failure of the First Attempt*. Berkeley: University of California Press, 1975 [1953], S. 361; MAE 39CPCOM 107, 23. April und 7 Juli 1932, Martel (Tokio) an Tardieu; Viollis, »Sous le masque japonais«; TNA FO 371/16243, Lindley (Tokio) an FO, 5. Juli 1932.

11 Auguste Raynal, »Les difficultés intérieures du gouvernement japonais«, *Le Figaro*, 23. August 1932, S. 3; MAE 39CPCOM 107, Martel (Tokio) an Tardieu, 25. Mai und 15. Juni 1932; TNA FO 371/16243, Lindley (Tokio) an FO, 22. Juli 1932.

12 MAE 39CPCOM 107, Martel (Tokio) an Tardieu, 23. April und 25. Mai 1932; Wilson, *Manchurian Crisis*, S. 62–67.

13 MAE 39CPCOM 107, Martel (Tokio) an Tardieu, 25. Mai 1932; Scalapino, *Democracy and the Party Movement*, S. 361; Wilson, *Manchurian Crisis*, S. 114–119.

14 Justus D. Doenecke (Hg.), *The Diplomacy of Frustration: The Manchurian Crisis of 1931–1933 as Revealed in the Papers of Stanley K. Hornbeck*. Palo Alto, CA: Hoover Institution Press, 1981, S. 3–40. Einem Bericht zufolge betrachtete die gesamte ausländische Gemeinde Mukdens damals den japanischen Angriff auf die Stadt als vorsätzlich: »Sees ›Bold Gamble‹ by Japanese Army«, *New York Times*, 12. Oktober 1931, S. 17; Beasley, *Japanese Imperialism*, S. 133–134.

15 Wilson, *Manchurian Crisis*, S. 170–173; MAE 39CPCOM 102, Martel (Tokio) an Briand (Paris), 15. Juli 1931, tägliche Presseschau der französischen Botschaft vom 1.–15. Juni 1931, 1.–15. September 1931 und 25. September 1932.

16 MAE 39CPCOM 102, Briand an MAE, 24. Dezember 1931, *Asahi*, 1. Dezember 1931, aus der täglichen Presseschau der französischen Botschaft, 1.–15. Dezember 1931; USNA RG 84, file 891, Grew an Außenministerium, Bericht über die japanische Presse, 17. November 1932.

17 Wilson, *Nation and Nationalism*, S. 84–89; MAE 39CPCOM 102, Briand an MAE, 25. September 1931.

18 MAE 39CPCOM 102, Briand an MAE, 24. Dezember 1931, *Asahi*, 1. Dezember 1931, aus der täglichen Presseschau der französischen Botschaft, 1.–15. Dezember 1931; USNA RG 84, file 891, Grew an Außenministerium, Bericht über die japanische Presse, 17. November 1932.

19 AE E 102, Briand an MAE, 25. September 1931; Wilson, *Nation and Nationalism*, S. 84–89.

20 Peter Duus, Ramon H. Myers und Mark R. Peattie (Hg.), *Japanese Wartime Empire, 1931–1945*. Princeton, NJ: Princeton University Press, 1996, S. 104–105, 136–170; Nakagane Katsuji, »Manchukuo and Economic Development«, in Duus, Myers und Peattie (Hg.), *Informal Empire*, S. 133–157; Coox, »Kwantung Army« (siehe Anmerkung 7, S. 409–414).

21 Sterling Tatsuji Takeuchi, *War and Diplomacy in the Japanese Empire*. New York: Routledge, 2011 [Chicago: University of Chicago Press, 1935], S. 292–297, 303–305; Duus, Myers und Peattie, *Japanese Wartime Empire*, S. 206–212. Hinsichtlich der Aufforderung zum Harakiri finden sich in der Literatur unterschiedliche Darstellungen; siehe u. a. William E. Leuchten-

burg, *Herbert Hoover: The American Presidents Series, 1929–1933*. New York: Times Books; Pierce Brendon, *The Dark Valley: A Panorama of the 1930s*. London: Jonathan Cape, 2001; im Bahnhof Tokio erinnert heute eine Metalltafel an den Ort des Attentats. MAE 39CPCOM 107, Martel (Tokio) an Tardieu, 16. März 1932; Viollis, »Gestation pénible«; Pertinax, »Evènements de Tokio«; Donald A. Jordan, *China's Trial by Fire: The Shanghai War of 1932*. Ann Arbor: University of Michigan Press, 2001, S. 25–43.

22 Jordan, *Trial by Fire*, S. 25–43.

23 Louise Young, *Japan's Total Empire: Manchuria and the Culture of Wartime Imperialism*. Berkeley: University of California Press, 1998, S. 78, 101; Wilson, *Manchurian Crisis*, S. 37; USNA RG 84 Diplomatic posts, Bd. 767 (1932), Grew (Tokio) an das Außenministerium, 9. Juli 1932. Bezüglich der Kommission des Völkerbunds siehe *Asahi*, 4. Dezember 1931, 14. April 1932; *Hochi*, 4. und 15. Dezember 1931; *Asahi* und *Miyako*, 9. Dezember 1931; *Chugai Shogio*, 13. April 1932; *Yomiuri*, 14. April, 12. Mai 1932; *Tokyo Nichi Nichi*, 29. Mai 1932; *Nihon*, 18. Juli 1932. Zu Jinzhou/Chinchow siehe *Tokyo Nichi Nichi* und *Chugai Shogyo*, 1. Dezember 1932 (alle in Übersetzung nach den *revues de presse* in MAE 39CPCOM 102).

24 LNA, R 1867, Japanese government to Secretary-General Drummond, 10. Oktober 1931; LNA, R 1871, 2. März 1932, »Explanatory Note Communicated by the Japanese Government«; LNA, R 1869, Zusammenfassung der Berichte an Drummond vom 21. September–13. Oktober 1931, denen zufolge mehr Chinesen als Japaner in der Mandschurei waren; »Text of Japan's Statement«, *New York Times*, 7. Februar 1932, S. 1; »Yoshizawa Denies Break with League«, *New York Times*, 22. Februar 1932, S. 13. Die Behauptung, die Einwohner seien alle Mandschuren und damit ethnisch keine Chinesen gewesen, war Unsinn.

25 »Araki Says Japan May Quit League«, *New York Times*, 26. März 1932, S. 13; FO 371/16243, Lindley (Tokio) an Außenministerium, 27. April 1932; »Araki Urges Japan to Block White Race«, *New York Times*, 14. August 1932, S. 5; »›We Are Descendants of Gods – We Will Rule the World‹ – Gen. Sadao Araki«, *China Weekly Review*, 20. August 1932, S. 438; MAE 39CPCOM 117, Lens (Tokio) an Herriot, 20. September 1932; »Monroe Doctrine. General Araki's Instinct for Propaganda«, *Japan Chronicle Weekly Edition*, 1. September 1932, S. 325; »Asiatic Monroe Doctrine«, *North China Herald and Supreme Court and Consular Gazette*, 21. September 1932, S. 450; John R. Murnane, »Japan's Monroe Doctrine? Re-Framing the Story of Pearl Harbor«, *The History Teacher* 40, Nr. 4 (August 2007), S. 503–520; Kentaro Kaneko, »A ›Japanese Monroe Doctrine‹ and Manchuria«, *Contemporary Japan* 1 (1932), S. 176–184.

26 J. O. P. Bland, *China: The Pity of It.* London: William Heinemann, 1932, S. 268; MAE 39CPCOM 107, Martel an Herriot, 29. Juni 1932, und Lens an Herriot, 4. September 1932; Wilson (Hg.), *Nation and Nationalism*, S. 84–89; »Kaku Dead«, *New York Times*, 11. Dezember 1932, S. 35; »The Attack on Mukden«, *Japan Chronicle Weekly Edition*, 1. September 1932, S. 268, und »Japan and the World«, S. 279; »The Special Session«, *Japan Chronicle Weekly Edition*, 8. September 1932, S. 303–304.

27 MAE 39CPCOM 107, Lens an Herriot, 14. und 25. September 1932; USNA, RG 84 Diplomatic posts, Bd. 767 (1932), Grew an Stimson, o. D. (Anfang September 1932), 8. Oktober 1932, 21. Oktober 1932, 18. November 1932.

28 MAE 39CPCOM 117, Lens an Herriot, 20. September 1932; USNA, RG 84 Diplomatic posts, Bd. 767 (1932), Grew an Stimson, 8. Oktober 1932; Joseph C. Grew, *Ten Years in Japan: A Contemporary Record Drawn from the Diaries and Private and Official Papers of Joseph C. Grew*. New York: Simon & Schuster, 1944, S. 36–37.

29 Siehe das Dossier zu dieser Affäre in USNA, RG 84 Diplomatic posts, Bd. 767 (1932), einschließlich City Bank of New York, »Far Eastern District Circular«, 28. Juni 1932; *Jiji Shimpo*, 2. September 1932; *Chugai Shogyo*, 27. September 1932; *Osaka Mainichi*, 28. September 1932; Grew an Stimson, 18. September 1932 (Synopse der Affäre); Grew, *Ten Years* zitiert ausführlich aus der Korrespondenz, die sich in den National Archives findet; »Japanese in Raid on American Bank«, *New York Times*, 11. September 1932, S. 21.

30 Young, *Total Empire*, das ganze Kap. 3, insbesondere die Seiten 45–50, 55–65, 94–98; *Japan Chronicle Weekly Edition*, 29. September 1932, Foto, S. 441.

31 »General Honjo's Farewell«, *Japan Chronicle Weekly Edition*, 8. September 1932, S. 320; »General Honjo's Triumph« und »Tokyo Cheers Honjo«, *Japan Chronicle Weekly Edition*, 15. September 1932, S. 353; »Recognition Protocol Signed«, *Japan Chronicle Weekly Edition*, 22. September 1932, S. 383 und »New State Rejoicings«, Foto S. 387; »Tokio feiert«, *Vossische Zeitung*, 16. September 1932, S. 2.

32 John Embree, *Suye Mura: A Japanese Village*. Ann Arbor: Center for Japanese Studies, University of Michigan, 1995 [Chicago 1939], S. 74–78. Embee lebte 1935–1936 in dem Dorf.

33 USNA, RG 165, M1216, roll 2, MID 2063–309 to 2063–348 (Kriegsministerium, Militärische Abwehr), 15. Juni 1932, »Summary of Military Events«; idem, 17. Dezember 1932, unter Berufung auf offizielle Quellen spricht er von 1161 Toten und 2574 Verwundeten vom 28. September 1931 bis zum 12. Dezember 1932. Wilson, *Manchurian Crisis*, S. 21, ebenfalls mit Berufung auf offizielle Quellen spricht er von 603 Toten bis Mitte Juli 1932. Wilson, *Manchurian Crisis*, S. 132–139; Young, *Total Empire*, S. 136–140;

Japan Chronicle Weekly Edition, 15. September 1932, S. 347, Foto, »Volunteers to Defend Manchukuo«.

34 TNA FO 371/16243, Lindley (Tokio) an FO, 13. September 1932.

35 Kazuko Kuramoto, *Manchurian Legacy: Memoirs of a Japanese Colonist*. East Lansing: Michigan State University Press, 1999, S. 19. Sie nennt kein Datum für diese spezielle Parade; die *New York Times* beschreibt eine solche am 11. März 1932: »Say Tokyo Will Recognize Regime«, 12. März 1932, S. 8.

36 Georges Moresthe, »Un entretien de notre envoyé spécial avec le régent Pou-Yi«, *Le Petit Parisien*, 25. September 1932, S. 25.

37 Georges Moresthe, »Dans Kharbine au lendemain des inondations de la Soungari«, *Le Petit Parisien*, 8. Oktober 1932, S. 8; A. T. Steele, »Manchurian Towns Resemble Forts«, *New York Times*, 3. September 1932, S. 23; USNA RG 165, M1216, roll 2, MID 2063–309 to 2063–348 (Kriegsministerium, Militärische Abwehr), »Conditions in Manchuria«, 19. Oktober 1932.

38 Théodor Vaucher, »Rome a vu hier l'apothéose du fascisme«, *Le Petit Parisien*, 29. Oktober 1932, S. 3; »Fascisti Celebrate the March on Rome«, *New York Times*, 29. Oktober 1932, S. 2.

39 Emilio Gentile, *The Sacralization of Politics in Fascist Italy*. Cambridge, MA: Harvard University Press, 1996, S. 46–52, 80–90, 125; »Mussolini Appeals to USA to Accept Lausanne«, *Manchester Guardian*, 24. Oktober 1932, S. 12; »Fascist Fete Ruined by Rome Downpour«, *New York Times*, 17. October 1932, S. 9.

40 MAE 97CPCOM 269, Charles-Roux (Vatikan) an Herriot, 28. Oktober 1932 (zwei Depeschen); 1939 wurde aus Pacelli Papst Pius XII.

41 Robert Mallett, *Mussolini in Ethiopia, 1919–1935*. New York: Cambridge University Press, 2015, S. 7–8, 11; »French Aims in Europe«, *Manchester Guardian*, 19. Mai 1930, S. 9, und »Fiery Speech by Mussolini«, S. 13; »Le Mémorandum de M. Briand et le discours de M. Mussolini«, *Journal des Débats*, 19. Mai 1930, S. 1.

42 Mit den Kontroversen zwischen der Außenpolitik vor und während der Zeit des Faschismus beschäftigen sich u. a. G. Bruce Strang, *On the Fiery March: Mussolini Prepares for War*. Westport, CT: Praeger, 2003, S. 2–11, und MacGregor Knox, *Common Destiny: Dictatorship, Foreign Policy, and War in Fascist Italy and Nazi Germany*. New York: Cambridge University Press, 2000, S. 113–147.

43 Dino Grandi, Außenminister von 1929–1932, sah sich als Inkarnation dieser Politik. Siehe *Il mio paese. Ricordi autobiografici*. Bologna: Il Mulino, 1985, S. 350 ff.; Knox, *Common Destiny*, S. 127–131 (zu Mussolinis »Pseudopazifismus« und Grandis »*peso determinante*«; Mallett, *Mussolini in Ethiopia*, S. 46–49; Angelo Del Boca, *La Guerra d'Etiopia. L'Ultima impresa del colonialismo*. Mailand: Longanesi, 2010, S. 65–66.

44 MAE 97CPCOM 269, Französische Botschaft Rom an Tardieu, 24. Mai 1932. (Nach einer französischen Übersetzung von *Gioventù Fascista*, 20.–30. Mai 1932, Artikel von Lido Caiani.)
45 MAE 97CPCOM 235–366–1, Dampierre (Rom) an Herriot, 7. Juli 1932. *Colloqui con Mussolini*, Übersetzung von *Mussolinis Gespräche mit Emil Ludwig*, 1932.
46 Angelo Michele Imbriani, *Gli Italiani e il Duce. Il mito e l'imaggine di Mussolini negli ultimi anni del fascismo (1938–1943)*. Neapel: Liguore, 1992, S. 14–15; Simona Colarizi, *L'opinione degli italiani sotto il regime, 1929–43*. Rom und Bari: Laterza, 1991, S. 5–7; Paul Corner, »Fascist Italy in the 1930s: Popular Opinion in the Provinces«, in ders. (Hg.), *Popular Opinion in Totalitarian Regimes: Fascism, Nazism, Communism*. Oxford: Oxford University Press, 2009, S. 122–146.
47 Colarizi, *Opinione*, S. 83–87; Paul Corner, *The Fascist Party and Popular Opinion in Mussolini's Italy*. Oxford: Oxford University Press, 2012, S. 183–192.
48 Corner, *Fascist Party*, S. 88–89.
49 »The World: Week by Week«, *Observer*, 16. Oktober 1932, S. 18; Colarizi, *Opinione*, S. 105.
50 Corner, *Popular Opinion*, S. 192, 193, Anm. 73.
51 Knox, *Common Destiny*, S. 146–47; Del Boca, *La Guerra d'Etiopia*, S. 70.
52 Christopher Duggan, »The Internalization of the Cult of the Duce: The Evidence of Diaries and Letters«, in Stephen Gundle, Christopher Duggan und Giuliana Peri (Hg.), *The Cult of the Duce. Mussolini and the Italians*. Manchester: Manchester University Press, 2013, S. 129–143.
53 Grandi, *Il mio paese*, S. 344; Benito Mussolini, »La Dottrina del Fascismo«, *Enciclopedia Italiana*. Bd. 14, 1932; deutsche Übersetzung in Benito Mussolini, *Der Geist des Faschismus: Ein Quellenwerk*. Hg. und erläutert von Horst Wagenführ. München: C. H. Beck'sche Verlagsbuchhandlung, 1943, S. 12; *International Conciliation* 302 [Januar 1935], S. 5–17, 7, 16; Gentile, *Sacralization*, S. 112–120; Emilio De Bono, »Ieri e oggi in colonia«, *Gerarchia*, Nr. 7–8 (Juli–August 1932), S. 525–532.
54 Antonio Morena, *Mussolini's Decennale: Aura and Mythmaking in Fascist Italy*. Toronto: University of Toronto Press, 2015, S. 31–62.
55 BNF DOSS FOL-LN1–232 (21120, A), Mussolini-Dossier: »La France, L'Italie et la paix«, *Journal Industrielle,* 25. Oktober 1932; »Le discours de M. Mussolini à Turin«, *Bulletin quotidien*, 25. Oktober 1932, S. 240; »Le discours de M. Mussolini à Milan«, *Bulletin quotidien*, 27. Oktober 1932, S. 242; MAE 97CPCOM 258, Dampierre (Rom) an Herriot, 18. Oktober 1932; MAE 97CPCOM 269, Charles-Roux (Vatican) an Herriot, 27. Oktober 1932 (über seine Meetings mit den Botschaftern Polens und der Tschechoslowakei); MAE 97CPCOM 269, Dampierre (Rom) an Herriot, 26. Oktober 1932, im Anhang in Übersetzung Artikel von Aldo Vallori aus

der *Corriere della Sera*, 22. und 23. Oktober 1932; MAE 97CPCOM 269, Dampierre (Rom) an Herriot, allgemeine Studie der italienischen Presse, 19. Dezember 1932, S. 99.

56 MAE 118CPCOM 161: Campagnac (französischer Konsul, Split) an Herriot, 27. September und 25. Oktober 1932; Boissier (französischer Konsul, Zagreb) an Herriot, 12., 20. und 24. Oktober 1932; Naggiar (französischer Botschafter, Belgrad) an Herriot, 15. Oktober 1932; Dubail (französischer Chargé d'affaires Belgrad) an Herriot, 10. November 1932.

57 Del Boca, *La Guerra d'Etiopia*, S. 64–65, 70–71; Mallett, *Mussolini in Ethiopia*, S. 63–71.

58 Grandi, *Il mio paese*, S. 360.

3 Berlin

1 Es war dies 1932 die zwölfte Wahl in Deutschland: acht Länderwahlen einschließlich der in Preußen, zwei Wahlgänge der letzten Reichspräsidentenwahl der Weimarer Republik im März und April sowie die Reichstagswahlen vom Juli und November. Siehe dazu *Vossische Zeitung*, 14. September 1932 (Abend-Ausgabe).

2 Camille Loutre, »La journée électorale«, *Le Petit Parisien*, 7. November 1932, S. 1; Harry Graf Kessler, *Tagebücher, 1918–1937*. Frankfurt/M.: Insel, 1961, S. 694–696, Eintrag vom 7. November 1932; »Wahlstimmung in Berlin«, *Vossische Zeitung*, 7. November 1932, S. 5; AN F 7 14329, Comité Franco-allemande d'information et de documentation. Bericht von M. Ravoux, »Les élections du 6 novembre et la situation politique en Allemagne«, 8. November 1932.

3 Jürgen Falter, Thomas Lindenberger und Siegfried Schumann, *Wahlen und Abstimmungen in der Weimarer Republik*. München: C. H. Beck, 1986, S. 86, Abbildung 1.3.1.4. Eine Aufschlüsselung der Stimmen findet sich im Ravoux-Bericht, AN F 7 14329, siehe Ravoux-Bericht: 79,3 Prozent der Wahlberechtigten gingen an die Urne; nur dreimal seit 1919 war die Wahlbeteiligung höher (einmal vier Monate zuvor am 31. Juli, als 84 Prozent der Deutschen wählten); siehe dazu auch »November 1932« auf http://www.wahlplakate-archiv.de; *L'Écho de Paris*, 7. November 1932; »Wahlstimmung in Berlin«, *Vossische Zeitung*, 7. November 1932, S. 5.

4 »Wahlmüdigkeit?«, *Vossische Zeitung*, 1. November 1932 (Morgen-Ausgabe), S. 2.

5 USNA, RG 59 862.00 Bd. 84, Sackett (Berlin) an Washington, 2. September 1932; »Wettkampf um den Reichstag«, *Vossische Zeitung*, 30. August 1932, S. 1; André François-Poncet, *Als Botschafter im ›Dritten Reich‹: Die Erinnerungen des französischen Botschafters in Berlin September 1931 bis Oktober 1938*. Mainz/Berlin: Florian Kupferberg, 1980 (1946), S. 49–52; Kessler, *Tagebücher*, S. 689–690, 694–696, Einträge für den 20. September

und den 7. November 1932; Georges Suarez, *Profils de Rechange*. Paris: Editions Excelsior, 1933, S. 223–226 (zu Papen).

6 François-Poncet, *Als Botschafter*, S. 57–59; USNA, RG 59 862.00 Bd. 84, Sackett an Washington, 2. September 1932; Hermann Pünder, *Politik in der Reichskanzlei: Aufzeichnungen aus den Jahren, 1929–1932*. Stuttgart: Deutsche Verlags-Anstalt, 1961, S. 144, Anm. 353.

7 Wilhelm Deist u. a., *Ursachen und Voraussetzungen des Zweiten Weltkrieges*. Frankfurt/M.: Fischer Taschenbuch Verlag, 1989 [1979], S. 71–80; Die Originalausgabe erschien 1979 unter dem Titel *Ursachen und Voraussetzungen der deutschen Kriegspolitik* als Band 1 der Reihe *Das Deutsche Reich und der Zweite Weltkrieg*; hg. vom Militärgeschichtlichen Forschungsamt Freiburg. »Papens Programm-Rede«, *Vossische Zeitung*, 11. Juni 1932, S. 1; »Das große Wirtschaftsprogramm«, *Vossische Zeitung*, 29. August 1932, S. 1, und »Die Programm-Rede des Reichskanzlers«, S. 2; »Papens ›Umbau der Verfassung‹«, *Vossische Zeitung*, 12. Oktober 1932 (Abend-Ausgabe), S. 2. Richard Evans, *The Coming of the Third Reich*. London: Penguin, 2003, S. 275–276, 284; Volker Ullrich, *Adolf Hitler: Die Jahre des Aufstiegs*, Bd. 1. Frankfurt/M.: Fischer Verlag, 2013, S. 365; Pünder, *Politik in der Reichskanzlei*, S. 149 (8. Oktober 1932); Kessler, *Tagebücher*, S. 671, Eintrag für den 11. Juni 1932 (Kessler vergleicht Papen mit einem »verbiesterten Ziegenbock« und einer Figur aus *Alice in Wonderland*).

8 Jürgen Förster, *Die Wehrmacht im NS-Staat*. München: Oldenbourg, 2007, Kap. 1, »Die Ausgangslage: Reichswehr zwischen Vergangenheit und Zukunft«, S. 7; Deist, *Ursachen und Voraussetzungen*, S. 459–474; Evans, *Coming of the Third Reich*, S. 250, 286.

9 Jürgen Falter, *Hitlers Wähler*. München: Verlag C. H. Beck, 1991, S. 327–328; »Reich Lists Newspapers«, *New York Times*, 18. September 1932, S. E4 (das deutsche Pressehandbuch bezeichnete 1814 der 4647 Zeitungen des Landes als unparteiisch, die größte Einzelgruppe); MAE 78CPCOM-620–22–1, Botschafter André François-Poncet an Paris, 2. November 1932 (Abriss über die Maßnahmen der Regierung Papen zur Kontrolle der Presse); vergleiche hierzu jedoch François-Poncet an Paris, 6. Oktober 1932, wo er über den Erfolg der Regierung dabei berichtete, bei der Presse durch Angst für Besonnenheit zu sorgen; »Reich Acts to Make the Radio Patriotic«, *New York Times*, 18. September 1932, S. E3.

10 »Hitler Promises to Obtain Power«, *New York Times*, 2. September 1932, S. 4.

11 »Göring gegen die Erbschleicher«, *Vossische Zeitung*, 16. September 1932 (Morgen-Ausgabe), S. 3.

12 »K. P. D. im nationalistischen Kostüm«, *Vossische Zeitung*, 27. Oktober 1932 (Abend-Ausgabe), S. 3; »Volksgemeinschaft aller Deutschgesinnten«, *Deutsche Allgemeine Zeitung*, 18. Oktober 1932, S. 1.

13 »Zentrum sucht Wahl-Plattform«, *Vossische Zeitung*, 16. September 1932 (Morgen-Ausgabe), S. 3.
14 Falter, *Hitlers Wähler*, S. 25–26 und insbesondere S. 123–125.
15 Falter, S. 32–34, 285–289; »›Was bleibt? Es bleibt die Muttersprache‹. Günter Gaus im Gespräch mit Hannah Arendt«. Sendung vom 28. 10. 1964. Transkript im Interview-Archiv des Rundfunks Berlin-Brandenburg (rbb), https://www.rbb-online.de/zurperson/interview_archiv/arendt_hannah.html; Othmar Plöckinger (Hg.), *Quellen und Dokumente zur Geschichte von »Mein Kampf«, 1924–1945*. Stuttgart: Franz Steiner, 2016, S. 465–467 (Brief Martin Heideggers an seinen Bruder Fritz, 18. Dezember 1931).
16 Dorothy Thompson, *I Saw Hitler!* New York: Farrar and Rhinehart, 1932, S. 12; Klaus Mann, *Der Wendepunkt. Ein Lebensbericht*. Hamburg: Rowohlt Taschenbuch Verlag, 2006 [1952], S. 346–349.
17 H. R. Knickerbocker, *Deutschland – so oder so?* Berlin: Rowohlt, 1932, S. 209–210. (Später dann, zur Zeit der Münchner Krise 1938, schien hinter Hitlers Schreibtisch ein Porträt Bismarcks zu hängen.)
18 Siehe u. a. Mann, *Wendepunkt*, S. 345.
19 Max Domarus (Hg.), *Hitler: Reden und Proklamationen, 1932–1945*, Bd. 1. München: Süddeutscher Verlag, 1965, S. 134 (7. September 1932).
20 »The Great God Bluff«, *New York Times*, 11. September 1932, S. E1; Domarus, *Hitler: Reden und Proklamationen*, S. 138 (Rede vom 11. Oktober), S. 140 (Rede vom 17. Oktober). Durch seine wiederholten Erklärungen, warum er einzig und allein die Kanzlerschaft akzeptieren würde, rechtfertigte Hitler sich auch seinen entsetzten Anhängern gegenüber, warum er Hindenburgs Angebot der Vizekanzlerschaft in der Regierung abgelehnt hatte, die er und Papen im August zu bilden versucht hatten.
21 Othmar Plöckinger, *Reden um die Macht? Wirkung und Strategie der Reden Adolf Hitlers im Wahlkampf zu den Reichstagswahlen am 6. November 1932*. Wien: Passagen Verlag, 1999, S. 17–28, 154–178.
22 Siehe dazu *Vossische Zeitung*, 8. Oktober 1932 (Abend-Ausgabe), S. 2: »Nazi, erwache!«
23 Wolfgang Schivelbusch, *Die Kultur der Niederlage*, Berlin: Alexander Fest Verlag, 2001, S. 240.
24 »Nicht mehr ›Heil Hugenberg!‹«, *Vossische Zeitung*, 7. Oktober 1932 (Morgen-Ausgabe), S. 3 (der hier zitierte Dr. Quaatz bezichtigte außerdem das »internationale Kapital« der Zusammenarbeit mit dem internationalen Sozialismus, was sich wahrscheinlich auf die Kredite und die daraus resultierende Verschuldung Deutschlands bezieht).
25 »Notizen zur Außenpolitik«, *Vossische Zeitung*, 1. November 1932 (Morgen-Ausgabe), S. 3.
26 Ausländischen Beobachtern fiel das Fehlen des Themas »Ausland« bei den

Wahlen auf. Siehe dazu u.a. AN F7 13429, Ravoux' Bericht über die Wahl vom 6. November 1932.

27 Dominic Lieven, *The End of Tsarist Russia: The März to World War I and Revolution*. New York: Penguin, 2015, S. 359.

28 USNA, RG 59 862.00 vol. 84, George Gordon, Chargé d'affaires, S. i, Berlin an Washington, 15. Oktober 1932; »Unsere Meinung«, *Deutsche Allgemeine Zeitung*, 13. Oktober 1932, S. 1. Der größte Teil der Presse, auch der rechten Presse, fand seine Vorschläge zur Verfassung unklar bis gefährlich. Siehe z. B. »Die Mehrheit des Herrn von Papen«, *Vossische Zeitung* (Abend-Ausgabe), 13. Oktober 1932, S. 3.

29 Deist u.a., *Ursachen und Voraussetzungen*, S. 41–47; Kessler, *Tagebücher*, S. 644, Eintrag für den 3. Oktober 1930.

30 »Von Papen Is Linked with Steel Helmet«, *New York Times*, 3. September 1932, S. 5; »Le vrai visage de l'Allemagne. Les casques d'acier organisent à Berlin des manifestations militaristes«, *Le Quotidien*, 3. September 1932; »Le Congrès des casques d'acier suscité l'enthousiasme des berlinois«, *L'Écho de Paris*, 4. September 1932, S. 1; »180000 anciens combattants ont défilé hier en uniforme devant les gouvernants du Reich et le KronPrinz«, *L'Écho de Paris*, 5. September 1932, S. 1; AN F7 13429, Directeur politique Elsass-Lothringen an Sureté générale, 5. September 1932.

31 »Hitler Promises to Obtain Power«, *New York Times*, 2. September 1932, S. 4; »Hitler im Sportpalast«, *Vossische Zeitung*, 2. September 1932 (Morgen-Ausgabe), S. 3; Domarus, *Reden*, Bd. 1, Teil 1, S. 132–133 (1. September 1932).

32 »Volksgemeinschaft aller Deutschgesinnten«, *Deutsche Allgemeine Zeitung*, 8. Oktober 1932, S. 1.

33 Falter, *Hitlers Wähler*, S. 123–125.

34 J. Le Boucher, »Vers la Restauration des Hohenzollern«, *Action Française*, 26. August 1932.

35 *Hitler: Reden, Schriften, Anordnungen*, Bd. 5, Teil 2. New York: K. G. Saur, 1998, S. 45 (16. Oktober 1932); *Deutsche Allgemeine Zeitung*, 21. Oktober 1932, S. 1, Text von Hitlers offenem Brief vom 20. Oktober 1932.

36 Domarus, *Reden*, Bd. 1, Teil 1, S. 130–131 (23. August 1932), S. 132 (29. August 1932), S. 134 (7. September 1932); Kessler, *Tagebücher*, S. 684, Eintrag für 23. August 1932; Ullrich, *Hitler*, Bd. 1, S. 367–368.

37 *Hitlers zweites Buch: Ein Dokument aus dem Jahr 1928*. Eingleitet und kommentiert von Gerhard L. Weinberg, mit einem Geleitwort von Hans Rothfels. Stuttgart: Deutsche Verlags-Anstalt, 1961, S. 36–37. Weinberg äußert darüber hinaus die Vermutung, dass die überstürzte politische Entwicklung nach 1928 das Manuskript zum einen bereits überholt hätte und somit größere Revisionen unvermeidlich gewesen wären; zum anderen hätten wohl auch andere Rücksichten dazu beigetragen, »eine Veröffentlichung inopportun erscheinen zu lassen«.

38 Mit anderen Ansichten über den Zeitpunkt der Herausbildung von Hitlers außenpolitischem Programm oder ob er überhaupt ein solches hatte, beschäftigt sich John Hiden, »National Socialism and Foreign Policy, 1919–1933«, in Peter Stachura (Hg.), *The Nazi Machtergreifung*. London: George Allen & Unwin, 1983, S. 146–161.

39 *Zweites Buch*, S. 83–84.

40 Siehe *Zweites Buch*, S. 102–103, 163, 219–224 und 81, wo Hitler ebendie Polen-Politik darlegt, die Himmler 1939 in die Tat umsetzen sollte: »Unter gar keinen Umständen« sollte man »Polen mit der Absicht annektieren, aus ihnen eines Tages Deutsche machen zu wollen«. Es gelte vielmehr, »diese rassisch fremden Elemente abzukapseln, um nicht das Blut des eigenen Volkes immer wieder zersetzen zu lassen«, oder man müsste sie »entfernen« und durch deutsche Volksgenossen ersetzen.

41 *Zweites Buch*, S. 217–219.

42 *Zweites Buch*, S. 127–132, 217.

43 *Zweites Buch*, S. 106–107.

44 *Zweites Buch*, Kapitel V, »Die Politik der NSDAP«, und Kapitel VIII, »Notwendigkeit der Militärmacht – Die Grenzen von 1914 kein Ziel«.

45 Hitlers Rede vom 13. Juli 1928 in Berlin, aus *Hitler: Reden, Schriften, Anordnungen*, Bd. 3, Teil 1, S. 11–21; Ähnliches äußert er in seinen Reden vom Mai 1928; siehe dazu auch Gerhard Weinbergs Geleitwort zu *Hitlers zweites Buch*, S. 23–25.

46 Domarus, *Reden*, Bd. 1, Teil 1, S. 80, 84 (27. Januar 1932); S. 226 (21. März 1933); *Hitler: Reden, Schriften, Anordnungen*, Bd. 5, Teil 1, S. 150 (Rede auf einer NSDAP-Versammlung in Güstrow, 2. Juni 1932).

47 Domarus, *Reden*, Bd. 1, Teil 1, S. 74–75 (27. Januar 1932); Ullrich, *Hitler*, Bd. 1, S. 326.

48 *Hitler: Reden, Schriften, Anordnungen*, Bd. 5, Teil 1, S. 29 (Rede in Elbing, 5. April 1932).

49 *Hitler: Reden, Schriften, Anordnungen*, Bd. 5, Teil 1, S. 78 (Rede in Ortelsburg, 19. April 1932).

50 *Hitler: Reden, Schriften, Anordnungen*, Bd. 5, Teil 1, S. 130 (Rede in Rodenkirchen, 24. Mai 1932).

51 *Hitler: Reden, Schriften, Anordnungen*, Bd. 5, Teil 1, S. 144 (»Hitler Wants to Make Friends with Us«, *Daily Sketch*, 30. Mai 1932) und S. 99–100 (Interview mit Carlo Scorza, 29. April 1932, veröffentlicht in Carlo Scorza, *Fascismo: Idea imperiale*. Rom: de Gasperis, 1933, S. 80–87).

52 *Hitler: Reden, Schriften, Anordnungen*, Bd. 5, Teil 2, S. 129 (Rede in Essen, 30. Oktober 1932).

53 Siehe hierzu u. a. folgende Artikel aus dem *Völkischen Beobachter*: »Die falsche Politik der Papen Regierung in der Sicherheitsfrage«, 8. September 1932, S. 3; »Die französische Antwortnote – eine vernichtende Niederlage für die deutschnationale Diplomatenkunst«, 12. September 1932, S. 2;

»Deutschlands Niederlage in London«, 21. September 1932, S. 1; »Hat der Reichskanzler v. Papen Frankreich ein Militärbündnis angeboten?«, 4. September 1932, S. 1; »Französische Quertreibereien gegen die Konferenz in London«, 12. Oktober 1932, S. 2; »Frankreich will Negertruppen durch Spanien befördern«, 20. Oktober 1932, S. 1; Artikelserie über die Besetzung des Ruhrgebiets durch Frankreich, »Feind im Land«, 12. September 1932 und die Tage danach.

54 Othmar Plöckinger (Hg.), *Quellen und Dokumente*, S. 511–528; Plöckinger, *Geschichte eines Buches: Adolf Hitlers »Mein Kampf«, 1922–1945*. München: Institut für Zeitgeschichte/R. Oldenbourg, 2006, S. 363–366, 378–386.

55 Deist u. a., *Ursachen und Voraussetzungen*, Bd. 1, S. 99.

56 Knickerbocker, *Deutschland – so oder so?*, S. 84–87, 90–100.

57 Ullrich, *Hitler*, Bd. 1, S. 337–338; Ian Kershaw, *Der Hitler-Mythos. Führerkult und Volksmeinung*. Stuttgart: Deutsche Verlags-Anstalt, 1999, S. 55–59; »Hitler über Deutschland«, *Völkischer Beobachter*, 27. Oktober 1932, S. 2.

58 AN F7 13429, Comm. sp. Straßburg an pol. Direktor Elsass-Lothringen, 8. März 1932.

59 AN F7 13429, Comm. sp. Weißenburg an pol. Direktor Elsass-Lothringen, 10. August 1932; Comm. sp. Saargemünd an SG, 15. und 16. August 1932.

60 AN F7 13429, Int. an Ratspräsident und Min. AE, 22. Januar 1932.

61 Knickerbocker, *Deutschland – so oder so?*, S. 80–84.

62 Knickerbocker, *Deutschland – so oder so?*, S. 35.

63 »Wahlstimmung in Berlin«, *Vossische Zeitung*, 7. November 1932, S. 5; Joseph Goebbels, *Tagebücher, 1924–1945*, hg. von Ralf Georg Reuth, Bd. 2. München: Piper, 2003 [1992]; Eintrag für den 6. November 1932; in dieser Ausgabe der *Tagebücher* ist der Eintrag von diesem Tag, gemacht im Berliner Kaiserhof; in der Ausgabe des Instituts für Zeitgeschichte (*Die Tagebücher von Joseph Goebbels*, hg. von Elke Fröhlich. New York: K. G. Saur, 1998–2006, Teil I, 1923–1941, Bd. 2/III [2006]) stammt der Eintrag vom folgenden Tag und scheint in München erfolgt zu sein; in diesem wiederholt Goebbels nicht seine Überlegung vom Vortag, der zufolge die Ergebnisse nicht so schlecht waren, wie die Pessimisten befürchtet hatten.

64 *Berliner Lokal-Anzeiger*, zitiert in *Vossische Zeitung*, »Kampf oder Versöhnung?«, 8. November 1932 (Morgen-Ausgabe), S. 2; »Wer gewinnt?«, ebd., S. 1; »Politisch keine Änderung erwartet«, ebd. (Abend-Ausgabe), S. 2; Adolf Kimmel, *Der Aufstieg des Nationalsozialismus im Spiegel der französischen Presse, 1930–1933*. Bonn: H. Bouvier, 1969, S. 111–113; das »Ratten«-Zitat stammt von Colonel Frédéric Delebecque, einem Angehörigen der militanten Action française; Pertinax, »Les élections au

Reichstag«, *L'Écho de Paris*, 7. November 1932, S. 3; USNA, RG 59 862.00 Bd. 84, Gordon an Washington, 11. November 1932.

65 »Wer gewinnt?«, *Vossische Zeitung*, 8. November 1932 (Abend-Ausgabe), S. 1–2; Joseph Goebbels, *Tagebücher* (IfZ-Version), Teil I, Band 2, Eintrag für den 9. November 1932.

66 Rüdiger Barth und Hauke Friederichs, *Die Totengräber: Der letzte Winter der Weimarer Republik*. Frankfurt/M.: Fischer, 2018, S. 13, 16, 20, 29.

4 Moskau

1 Stepan Podlubnyi, *Tagebuch aus Moskau, 1931–1939*. Aus dem Russischen übersetzt und herausgegeben von Jochen Hellbeck. München: Deutscher Taschenbuch Verlag, 1996, S. 100–102; »La capitale soviétique a été hier le théâtre d'une grande parade de l'armée rouge«, *Le Petit Parisien*, 8. November 1932, S. 3; Malcolm Muggeridge, *The Green Stick*, Bd. 1 (1972) von *Chronicles of Wasted Time*, 2 Bde. London: Collins, 1972–1973, S. 229–230; MAE 117CPCOM 925, Dejean (Moskau) an Herriot, 20. November 1932.

2 »Der Sowjetbürger muss demonstrieren«, *Vossische Zeitung*, 18. September 1932, S. 2. Obwohl der Autor seine Erfahrungen auf der früheren Demonstration gegen die angeklagten Ingenieure nicht datiert, scheinen sie, den geschilderten Einzelheiten nach zu gehen, mit dem Schauprozess gegen die Industriepartei der Ingenieure im November 1930 zusammenzufallen. Siehe u. a. den Bericht in Eugene Lyons, *Assignment in Utopia*. New York: Harcourt, Brace, 1937, S. 470–476.

3 USNA, RG 59, T-1249, Robert F. Skinner, Gesandter in Riga, an Washington, 30. Juli und 19. August 1932. Skinner hatte Kennan um einen Bericht über die wirtschaftliche Entwicklung in der UdSSR gebeten, in dem Kennan von einer »Romantik der wirtschaftlichen Entwicklung« sprach. Siehe dazu auch David C. Engerman, »Modernization from the Other Shore: American Observers and the Costs of Soviet Economic Development«, *American Historical Review* 105, Nr. 2 (April 2000), S. 383–416.

4 Muggeridge, *Green Stick*, S. 206–210; AN F7 13504, Comm. sp. Choisy-le-Roi to SG, 2. September 1932; Henri de Kerillis, »Voyages en Russie«, *L'Écho de Paris*, 1. September 1932, S. 1; Malcolm Cowley, *The Dream of the Golden Mountains: Remembering the 1930s*. New York: Penguin, 1981 [1964], S. 153.

5 Victor Kravchenko, *I Chose Freedom: The Personal and Political Life of a Soviet Official*. New Brunswick, NJ: Transaction, 1989 [1946], S. 52, 60. dt.: *Ich wählte die Freiheit: Das private und politische Leben eines Sowjetbeamten*. Zürich: Thomas, 1947. Krawtschenko setzte sich während des

Zweiten Weltkrieges in die Vereinigten Staaten ab; seine Memoiren wurden von westlichen Kommunisten angegriffen, man bezeichnete ihn als Spion, worauf er 1949 – erfolgreich – eine Verleumdungsklage gegen die französische KP führte.

6 Sheila Fitzpatrick, *Everyday Stalinism: Ordinary Life in Extraordinary Times: Soviet Russia in the 1930s*. Oxford und New York: Oxford University Press, 1999, S. 138.

7 Podlubnyi, *Tagebuch*, S. 84 (27. Juli 1932), S. 97–98 (10. Oktober 1932); Orlando Figes, *Die Flüsterer. Leben in Stalins Russland*. Berlin: Berlin-Verlag, 2008, S. 230–231.

8 Jochen Hellbeck, *Revolution on My Mind: Writing a Diary under Stalin*. Cambridge, MA: Harvard University Press, 2006, S. 146–159.

9 Figes, *Die Flüsterer*, S. 158, 170–171; Stephen Kotkin, *Stalin: Waiting for Hitler, 1929–1941*. New York: Penguin, 2017, S. 127; Kotkin schätzt die Zahl der Toten allein von 1931–1933 auf fünf bis sieben Millionen, die Zahl derer, die fast verhungert wären, auf um die zehn Millionen.

10 Muggeridge, *Green Stick*, S. 257; Arthur Koestler, *The Invisible Writing*. New York: Macmillan, 1954, S. 51, 55–56; dt.: *Die Geheimschrift. Bericht eines Lebens 1932 bis 1940*. München: Desch, 1955.

11 Stephen Kotkin, *Magnetic Mountain: Stalinism as a Civilization*. Berkeley: University of California Press, 1995, S. 53; Koestler, *Invisible Writing*, S. 67–68; James Harris, *The Great Fear: Stalin's Terror of the 1930s*. New York: Oxford University Press, 2016, S. 88–93.

12 Eugene Lyons, *Assignment in Utopia*. New York: Harcourt, Brace and Company, 1937, S. 265–267.

13 Harris, *Great Fear*, S. 102–112; Kotkin, *Stalin*, S. 103–105, 113; Lars T. Lih, Oleg V. Naumov, Oleg V. Khlevniuk (Hg.), *Stalin's Letters to Molotov, 1925–1936*. New Haven: Yale University Press, 1995, S. 225–226; R. W. Davies u. a. (Hg.), *The Stalin-Kaganovich Correspondence, 1931–1936*. New Haven: Yale University Press, 2003, S. 9–10, 104–109. Siehe dazu auch das anonym verfasste Pamphlet über die Rjutin-Affäre *Letter of an Old Bolshevik: The Key to the Moscow Trials*. New York: Rand School Press, 1937.

14 *Prawda*, 11. November 1932 (aus AN, F7 15304, *Bulletin périodique de la presse russe, vom 8. Oktober bis 30. November 1932*, S. 18).

15 John Scott, *Behind the Urals: An American Worker in Russia's City of Steel*. Bloomington: Indiana University Press, 1973 [1942], S. 270; Auszug aus Stalins Ansprache vom 4. Februar 1931; Jonathan Haslam, *Soviet Foreign Policy, 1930–1933: The Impact of the Depression*. London: Macmillan, 1983, S. 1–4.

16 Sheila Fitzpatrick, *On Stalin's Team: The Years of Living Dangerously in Soviet Politics*. Princeton, NJ: Princeton University Press, 2015, S. 38–39;

Harris, *Great Fear*, S. 36–40, 93–95; David R. Stone, *Hammer and Rifle. The Militarization of the Soviet Union, 1926–1933*. Lawrence: University of Kansas Press, 2000, S. 64–76; Lyons, *Assignment*, S. 370–376; Davies u. a., *Stalin-Kaganovich Correspondence*, Dok. 57, Stalin to Kaganovich, 11. August 1932; Kotkin, *Stalin*, S. 102–103.

17 Stone, *Hammer and Rifle*, S. 43–53, 108–114, 118; Haslam, *Soviet Foreign Policy*, S. 1–4; Kotkin, *Magnetic Mountain*, S. 16, 29–35; Victor Serge, *Memoirs of a Revolutionary*. New York: New York Review Books, 2012 [Paris, 1951], S. 284.

18 Alexander Hill, *The Red Army and the Second World War*. Cambridge: Cambridge University Press, 2017, S. 37–41; Stone, *Hammer and Rifle*, S. 210–216; Lennart Samuelson, *Soviet Defense Industry Planning: Tukhachevskii and Military-Industrial Mobilization 1926–1937*. Stockholm: Institute of East European Economies, 1996, S. 174–179.

19 117CPCOM 925, Dejean (Moskau) an Tardieu, 3. und 5. Mai 1932; Dejean (Moskau) an Herriot, 10. November 1932; USNA, RG 59, T-1249, Skinner (Riga) an Washington, o. D. (Januar 1933). Zur Demonstration am 1. Mai 1932 auf dem Roten Platz siehe auch Michael Gelb (Hg.), *An American Engineer in Stalin's Russia: The Memoirs of Zara Witkin, 1932–1934*. Berkeley und Los Angeles: University of California Press, 1992, S. 47–49; Hill, *Red Army*, S. 36 (Tanketten).

20 USNA, RG 59, T-1249, Cole (Riga) an Washington, 8. April 1932, mit Berichten amerikanischer, in sowjetischen Fabriken beschäftigter Ingenieure; und Robert Murphy (US-Konsul, Paris) an das amerikanische Außenministerium, Bericht über ein Treffen mit Alexander Wischnewski, 16. Februar 1932.

21 Corliss und Margaret Lamont, *Russia Day by Day: A Travel Diary*. New York: Covici-Friede, 1933, S. 70–72, 92, 95–96, 149; Scott, *Behind the Urals*, S. 5.

22 Koestler, *Invisible Writing*, S. 151; »Die Provokationen der Kriegstreiber«, *Prawda*, 12. November 1932; »Sabotage des Friedens«, *Iswestija*, 16. Oktober 1932; Leitartikel in *Prawda* und *Iswestija*, 30. November 1932, über den französisch-sowjetischen Nichtangriffspakt; Samuelson, *Soviet Defense*, S. 189–193.

23 USNA, RG 59, T-1249, Cole (Riga) an Washington, 8. April 1932; Davies u. a., *Stalin-Kaganovich Correspondence*, Dok. 8, Stalin an Kaganovich, 30. August 1931.

24 Podlubnyi, *Tagebuch*, S. 97–98, Eintrag für den 10. Oktober 1932; USNA, RG 59, T-1249, Cole (Riga) an Washington, 9. Mai 1932; A. W. Golubew, »›Rossiia mozhet polagat'sia lish' na samu sebia‹: Predstavleniia o budushchei voine v sovetskom obshchestve 1930-kh godov« (»›Russland kann sich nur auf sich selbst verlassen‹. Die Perspektiven der sowjetischen Öffentlichkeit in den 1930er-Jahren hinsichtlich eines künftigen Krieges«), *Otechest-*

vennaia istoriia Nr. 5 (2008), S. 108–127, 112. Ich bedanke mich bei April French für die Übersetzung dieses Artikels.

25 Golubew, »Russland kann sich nur auf sich selbst verlassen«, S. 112–113, 118, 123.

26 Jon Jacobson, *When the Soviet Union Entered World Politics*. Berkeley und Los Angeles: University of California Press, 1994, S. 275–280.

27 Simon Sebag Montefiore, *Stalin. Am Hof des roten Zaren*. Frankfurt/M.: Fischer Taschenbuch Verlag, 2006, S. 120–124.

28 Podlubnyi, *Tagebuch*, S. 102 (10. November 1932).

29 Massive Vorwürfe erheben diesbezüglich Anne Applebaum in *Roter Hunger. Stalins Krieg gegen die Ukraine*. München: Siedler, 2019, S. 239–262, und Timothy Snyder in *Bloodlands. Europa zwischen Hitler und Stalin*. München: C. H. Beck, 2011, insbes. S. 62–67.

30 Applebaum, *Roter Hunger*, S. 263–282; Harris, *Great Fear*, S. 93–95 und passim; Harris betont die kritische Rolle fehlerhafter Informationen und Stalins Glaubwürdigkeit.

31 Terry Martin, »The Origins of Soviet Ethnic Cleansing«, *Journal of Modern History* 70, Nr. 4 (Dezember 1998), S. 813–861, insbesondere S. 836–846; Terry Martin, *The Affirmative Action Empire: Nations and Nationalism in the Soviet Union, 1923–1939*. Ithaca: Cornell University Press, 2001, S. 281, 291–308.

5 New York

1 »Roosevelt, Buoyant, Gets Returns Here«, *New York Times*, 9. November 1932, S. 9; »President Is Calm in Admitting Defeat«, ebd., S. 14.

2 »Voting Jam Delays Notables at Polls«, *New York Times*, 9. November 1932, S. 11; »Les scènes pittoresques de la journée électorale«, *Le Petit Parisien*, 9. November 1932, S. 1; »Plus de quarante millions d'électeurs ont voté hier pour la désignation du président des Etats-unis«, *Le Matin*, 9. November 1932, S. 1.

3 Donald A. Ritchie, *Electing FDR: The New Deal Campaign of 1932*. Lawrence: University Press of Kansas, 2007, S. 38.

4 »Crowd Cheers Appeal«, *New York Times*, 4. September 1932, S. 1; Text von Roosevelts Rede in Topeka, 14. September 1932, in der er Hoovers Philosophie mit den Worten »Hilf den Wenigen, vielleicht sind die dann so freundlich, den Vielen zu helfen« zusammenfasste, 14. September 1932, ebd., S. 15; »President Decides to Take the Stump«, ebd., 15. September 1932, S. 1; »So Far, so Good« (Leitartikel), ebd., 17. September 1932, S. 14; Text von Roosevelts Ansprache in Chicago, ebd., 2. Oktober 1932, S. 33; Henri de Kérillis, »Une enquête en Amérique (14). Quoique Hoover ait beaucoup progressé ces derniers jours, sa défaite est vraisemblable«,

L'Écho de Paris, 6. November 1932, S. 1; Pertinax, »Victoire écrasante de M. Roosevelt«, ebd., 9. November 1932, S. 1.

5 Anne O'Hare McCormick, »A New Americanism Is Emerging«, *New York Times*, 4. September 1932, S. SM1; »News from Abroad. Roosevelt's Bright Chances«, *Manchester Guardian*, 1. Juli 1932, S. 14.

6 Franz von Höllering, »Die Größte Freude«, *Vossische Zeitung*, 23. September 1932, S. 9.

7 »Hoovers aussichtloser Kampf«, *Vossische Zeitung*, 24. Oktober 1932, S. 1; Henri de Kérillis, »Une enquête en Amérique (4). Comment la fée publicité remue la pâte politique«, *L'Écho de Paris*, 24. Oktober 1932, S. 1; »Une enquête en Amérique (6). La bataille de la prohibition pose des questions insolubles«, ebd., 27. Oktober 1932.

8 Marion Elizabeth Rodgers (Hg.), *The Impossible H. L. Mencken*. New York: Doubleday, 1991, S. 326–330; »Mencken Tells How Magic Word ›Beer‹ Brought the Cheers«, *Baltimore Evening Sun*, 26. Oktober 1932; McCormick, »New Americanism«; John Dos Passos, *In All Countries*. New York: Harcourt, Brace, 1934, S. 229–237.

9 MAE 18CPCOM 302, Jules Henry (Chargé d'affaires Washington) an Herriot, 15. August 1932; »Family Flies to Chicago«, *New York Times*, 3. Juli 1932, S. 1; Henri de Kérillis, »Une enquête en Amérique (3). Hoover et Roosevelt face à face«, *L'Écho de Paris*, 23. Oktober 1932, S. 1. Raymond Moley, ein Mitglied von Roosevelts »Brains Trust«, bezeichnete Hoover als »voll Informationen und Dogmen« und als »Gefangenen seiner Kenntnisse«; siehe *After Seven Years*. New York: Harper & Brothers, 1939, S. 9–10.

10 »News from Abroad: Roosevelt's Bright Chances. Liberality of the Programme«, *Manchester Guardian*, 1. Juli 1932, S. 14; »The Prohibition Plank Which Was Adopted«, *New York Times*, 16. Juni 1932, S. 1; MAE 18CPCOM 302, Jules Henry (Chargé d'affaires Washington) an Herriot, 6. Oktober 1932; ebd., Claudel an Herriot, 17. Oktober 1932; »Hoover's Speech at Des Moines« (kompletter Text), *New York Times*, 5. Oktober 1932, S. 18, und »Hoover's Speech at Cleveland« (kompletter Text), *New York Times*, 16. Oktober 1932, S. 34.

11 »Text of Governor Roosevelt's Speech at Commonwealth Club«, *New York Times*, 24. September 1932, S. 6; Ritchie, *Electing FDR*, S. 140–141; Frank Freidel, *Franklin D. Roosevelt: The Triumph*. Boston: Little, Brown, 1956, S. 368–369; R. G. Tugwell, *The Brains Trust*. New York: Viking, 1968, S. xxiii, xxv, 94.

12 Ritchie, *Electing FDR*, S. 129–130, 133, 142–143; Robert Dallek, *Franklin Roosevelt and American Foreign Policy, 1932–1945*. Oxford: Oxford University Press, 1995 [1979], S. 18–19; Charles A. Beard, *American Foreign Policy in the Making, 1932–1940: A Study in Responsibilities*. New Haven: Yale University Press, 1946, S. 102–104; Moley, *After Seven Years*, S. 47–52; Tugwell, *Brains Trust*, S. 193–196.

13 »American Public Opinion on the World Economic Conference«, RIIA/8/289. Chatham House, London, 13. Juli 1933 (Chatham House Online Archive, 2017. Copyright © the Royal Institute of International Affairs).

14 Cordell Hull, *The Memoirs of Cordell Hull*, Bd. 1. New York: MacMillan, 1948, S. 150 ff.; »Republican Party Platform of 1932«, 14. Juni 1932, The American Presidency Project, http://www.presidency.ucsb.edu/ws/index.php?pid=29638; Richard Breitman und Allan J. Lichtman, *FDR and the Jews*. Cambridge: The Belknap Press of Harvard University Press, 2013, S. 42; Moley, *After Seven Years*, S. 61–62.

15 Malcolm Cowley, *Exile's Return: A Literary Odyssey of the American 1920s*. New York: Penguin, 1979 [1951], S. 79.

16 Lowes Dickinson, »America's War Responsibility«, *New Republic*, 28. Juli 1926.

17 »As others see us«, *The Living Age*, Januar 1932, zitiert Garet Garrett, »As Noble Lenders«, *Saturday Evening Post*, 17. Oktober 1931; »What the Hearst Papers Advocate No. 10«, *New York American*, 1. September 1932; »It's Not a Pretty Picture, but It's True«, *New York American*, 3. September 1932; William Daniel Everhart, »The American Press and World Peace« (Dissertation, University of Southern California, 1932), S. 12–13; Warren I. Cohen, *The American Revisionists: The Lessons of Intervention in World War I*. Chicago: University of Chicago Press, 1967, Kapitel 2; Paul Jankowski, »Twenty Years of Disenchantment: The American Entry into World War I Remembered«, *South Central Review* 34, Nr. 3 (Herbst 2017), S. 115–127.

18 Arnold J. Toynbee (Hg.), *Survey of International Affairs 1932*. Oxford: Oxford University Press, 1933, S. 270–273; »Stimson Rents House at Geneva for One Month«, *New York Times*, 9. April 1932, S. 5; »Stimson Causes Excitement«, ebd., 20. April 1932, S. 11; »Courage Is Seen in Stimson's Trip«, ebd., 24. April 1932, S. E3; »Text of the Speech Delivered by President Hoover in Accepting Renomination«, ebd., 21. August 1932, S. 4; Justus D. Doenecke (Hg.), *The Diplomacy of Frustration: The Manchurian Crisis of 1931–1933 as Revealed in the Papers of Stanley K. Hornbeck*. Palo Alto: Hoover Institution Press, 1981, S. 14, 23; Raymond Leslie Buell, Walter Millis, Frank H. Simonds, »Foreign Problems Confronting the New Administration«, Foreign Policy Association, 23. Februar 1933, die Kommentare von Buell und Millis; Beard, *American Foreign Policy*, S. 111–116; Hugh R. Wilson, *Diplomat between Wars*. London: Longmans, Green, 1941, S. 212.

19 Frank Freidel, *Franklin D. Roosevelt: The Ordeal*. Boston: Little, Brown, 1954, S. 18.

20 Freidel, *Ordeal*, S. 72–73, 78–81, 87–89, 235; Dallek, *Roosevelt*, S. 11–12; Beard, *American Foreign Policy*, S. 60; Franklin D. Roosevelt, »Our

Foreign Policy: A Democratic View«, *Foreign Affairs* 6, Nr. 4 (Juli 1928), S. 573–586.

21 »Hearst Starts Garner Boom for Presidency«, *New York Herald Tribune*, 3. Januar 1932, S. 1; Walter Lippmann, »Candidate Franklin Delano Roosevelt«, in Gilbert A. Harrison (Hg.), *Public Persons*. New York: Liveright, 1976, S. 113–116, Nachdruck des Artikel der *New York Herald Tribune,* 8. Januar 1932; Elliott Roosevelt (Hg.), *F. D. R. His Personal Letters, 1928–1945*, Bd. 1. New York: Duell, Sloane, and Pierce, 1950, S. 267 Fn.; Thomas A. Bailey, *The Man in the Street: The Impact of American Public Opinion on Foreign Policy*. New York: MacMillan, 1948, S. 308; Freidel, *Triumph,* S. 245–246; »Who Will Be the Next President?«, *New York American*, 3. Januar 1932, S. 1 (Text von Hearsts Sendung).

22 »Text of Roosevelt's Address«, *New York Times*, 3. Februar 1932, S. 4; »Irony and Applause for Governor Roosevelt«, ebd., 4. Februar 1932, S. 2; Ritchie, *Election*, S. 84; Freidel, *Triumph*, S. 249–253; »Hearst Starts Garner Boom for Presidency«, *New York Herald Tribune*, 3. Januar 1932, S. 1.

23 Frank H. Simonds, *Can America Stay at Home?* New York: Harper & Brothers, 1932, S. 313–322, 358.

24 Robert A. Divine, *The Illusion of Neutrality*. Chicago: University of Chicago Press, 1962, S. 25; Sandra Wilson, *The Manchurian Crisis and Japanese Society, 1931–33*. New York: Routledge, 2002, S. 93–96; MAE 39CPCOM 107, Lens (Tokio) an Herriot, 4. September 1932 (Uchidas Rede bei der Eröffnung des Reichstags, 23. August, in der er sowohl Nicaragua als auch Panama ansprach).

25 Karikatur »Of the Jeffersonian School« sowie der positive Leitartikel zu John Garners Annahme der Nominierung zum Vizepräsidenten (Garner war bis dahin Sprecher des US-Repräsentantenhauses gewesen), *New York American*, 5. September 1932, S. 6.

26 Ritchie, *Election*, S. 157–160.

27 Divine, *Illusion*, S. 23–41; Thomas A. Davies, *The Possibilities of Transnational Activism: The Campaign for Disarmament between the Two World Wars*. Boston: Martinus Nijhoff, 2007, S. 106–109.

28 »Le succès de M. Roosevelt aux élections américaines: Les conséquences de la victoire démocrate«, *Le Petit Parisien*, 10. November 1932, S. 1; »Après les élections américaines: L'attitude future des démocrates en politique étrangère«, *Le Matin*, 11. November 1932, S. 1; »L'élection présidentielle aux Etats-Unis. Roosevelt l'emporte«, *Le Petit Journal*, 9. November 1932, S. 1; »America and the Man«, *Observer*, 6. November 1932, S. 16; MAE 39CPCOM 102, *Chugai Shogyo*, 10. November 1932, und *Asahi*, 13. November 1932, from Lens (Tokio) an Herriot, tägliche Presseschau der französischen Botschaft, 1.–15. November 1932; USNA RG 165, (M1216), roll 4, McIlroy (Militärattaché, Tokio) to War Department,

14. November 1932; »US opposition much exaggerated«, *Manchester Guardian*, 11. November 1932, S. 9; Karikatur von Low, ebd., S. 10; »Ein wirklich unabhängiger Präsident«, *Vossische Zeitung*, 10. November 1932 (Abend-Ausgabe), S. 2; Moley, *Seven Years*, S. 71–73, 78–79; Bernard Sternsher, »The Stimson Doctrine: F. D. R. versus Moley and Tugwell«, *Pacific Historical Review* 31, Nr. 3 (August 1962), S. 281–289.

6 Paris und London

1 »Waffenstillstands-Tag«, *Vossische Zeitung*, 9. November 1932, S. 3; und »Drei Minuten Stille über England«, ebd., 11. November 1932, S. 1; *New York Times*, 12. November 1932, S. 1, »Unknown Soldier Honored at Finished Tomb«; »Germany Ignores the Occasion«; »Cenotaph Is Dedicated«; »Services at White Plains«; »Armistice of 1918 Recalled by Baker«, ebd., alle S. 6; David Reynolds, *The Long Shadow: The Legacies of the Great War in the Twentieth Century*. New York: Norton, 2014, S. 205–206.

2 »King Braves a Cold Wind at the Cenotaph«, *Manchester Guardian*, 12. November 1932, S. 11; »C'est aux cris de ›vive la paix!‹ que Paris a commémoré hier l'anniversaire de l'armistice«, *L'Œuvre*, 12. November 1932, S. 1; »Paris Less Martial on Armistice Day«, *New York Times*, 12. November 1932, S. 6.

3 »Police and Communists Clash«, *New York Times*, 12. November 1932, S. 6; »Les manifestations pacifists«, *Le Petit Parisien*, 12. November 1932, S. 2; »La manifestation«, *Le Populaire*, 12. November 1932, S. 1; »La démonstration pacifiste du Panthéon: Après la cérémonie, les camelots du roi provoquent des bagarres«, *L'Œuvre*, 12. November 1932, S. 4; Stéphane Audoin-Rouzeau und Annette Becker, *14–18: Retrouver la Guerre*. Paris: Gallimard, 2000, S. 251.

4 Pertinax, »Le problème du désarmement tel qu'il se pose aujourd'hui pour la France«, *L'Écho de Paris*, 26. Oktober 1932, S. 3; »Les patriotes parisiens ont célébré hier la quatorzième anniversaire de l'armistice«, ebd., 12. November 1932, S. 1; Pierre Renaudel, »La Conférence de désarmement ne doit pas échouer«, *Le Populaire*, 4. November 1932, S. 1; Léon Blum, »La sécurité de la France«, ebd., 16. Oktober 1932, S. 1; Léon Blum, *Discours de Romans: Prononcé le 24 juillet 1932*. Valence: Imprimerie de la Volonté socialiste, 1932.

5 André Siegfried, *Tableau des Partis en France*. Paris: Bernard Grasset, 1930, S. 95–112.

6 Maurice Vaïsse, *Sécurité d'abord: La Politique française en matière de désarmement, 9 décembre 1930–17 avril 1934*. Paris: Pedone, 1981, S. 20, 54–64; Arno Wolfers, *Britain and France between Two Wars*. New York: Norton, 1966 [1940], S. 11–20, 128–152.

7 Vincent Auriol, »Liquidons la guerre«, *Le Populaire*, 13. November 1932, S. 1; AN F7 13429, Bericht der Polizeipräfektur über ein Gespräch mit Léon Daudet, Salle Pleyel, 6. November 1932.

8 Léon Blum, »Le scandale Weygand«, *Le Populaire*, 24. Oktober 1932, S. 1; »Le scandale Weygand« (enthält auch die Hervé-Zitate), ebd., 26. Oktober 1932, S. 4.

9 Antoine Prost und Jay Winter, *Penser la grande guerre: Un essai d'historiographie*. Paris: Seuil, 2004, S. 20–22, 54; Pierre Renouvin, »Les historiens américains et les Responsabilités de la Guerre«, *Revue des Deux Mondes*, 15. April 1931; Albert Malet und Jules Isaac, *Histoire contemporaine (de 1815 à nos jours) 3e année avec la collaboration de M. Henri Bejean*. Paris: Hachette, 1935, S. 572–573.

10 Jean Guéhenno, *Journal d'un homme de quarante ans*. Paris, Grasset, 1934; deutsch: *Ein Mann von 40 Jahren: Tagebuch von Jean Guéhenno*. Zürich: Büchergilde Gutenberg, 1936, S. 25, 30, 62, 64, 157; eine genauere Übersetzung des Liedtexts findet sich bei Richard von Kralick: »Gott der Gnade, rette Rom und Frankreich durch dein heiliges Herz! Gott des Sieges, gib Elsaß an Frankreich wieder in des heil'gen Herzens Namen!«, in *Allgemeine Geschichte der Neuesten Zeit von 1815 bis zur Gegenwart. Dritter Band: 1857–1875*, S. 822; Louis Madelin, »L'esprit national: L'armée et la nation«, *L'Écho de Paris*, 9. November 1932, S. 1.

11 Alain, *Propos sur les pouvoirs*. Paris: Gallimard, 1938 [1935], S. 157–162 (*Propos* vom 5. April 1924 und 12. Juli 1930); Alain, *Elements d'une doctrine radicale*. Paris: Gallimard, 1933; Siegfried, *Tableau*, S. 111–112.

12 »Hausschlüssel gegen Joos«, *Vossische Zeitung*, 28. November 1931, S. 1; »Arms Session Riot Approved in Paris«, *New York Times*, 29. November 1931, S. 6; »Rioters Halt Paris Session on Disarming«, *Washington Post*, 28. November 1931, S. 1; »Berlin Press Jeers at Paris Arms Row«, *New York Times*, 29. November 1931, S. 6; Augenzeugenberichte finden sich auch in Madariaga, *Morning without Noon*, S. 184, und Geneviève Tabouis, *Vingt ans de suspense diplomatique*. Paris: Albin Michel, 1958, S. 102–103.

13 »Les naufrageurs de la paix«, *Le Radical*, 6. Dezember 1931, S. 1; Georges Suarez, »Les thénardiers de la paix n'ont pas pu parler«, *L'Écho de Paris*, 28. November 1931, S. 1; »Une bonne leçon«, *Le Figaro*, 28. November 1931, S. 1.

14 »Les naufrageurs de la paix«, *Le Radical*, 6. Dezember 1931, S. 1; »Kein Wort des Bedauerns?«, *Vossische Zeitung*, 29. November 1931, S. 1; »Berlin Press Jeers at Paris Arms Row«, *New York Times*, 29. November 1931, S. 6; »Deputies in Uproar in Paris on Arms«, ebd., 9. Dezember 1931, S. 10.

15 Marguerite Perrot, *La Monnaie et l'Opinion Publique en France et en Angleterre de 1924 à 1936*. Paris: Cahiers de la Fondation Nationale des Sciences Politiques, 1955, S. 107–111.

16 Henri de Kérillis und Raymond Cartier, *Faisons le point*. Paris: Grasset, 1931, S. 100–105; »France Pays Hommage at Briand's Funeral«, *New York Times*, 13. März 1932, S. 19; Tabouis, *Vingt ans de suspense*, S. 109–111.

17 »La fin des illusions«, *Le Figaro*, 8. Juli 1932, S. 1; »L'accord est fait à Lausanne«, *L'Œuvre*, 9. Juli 1932, S. 1.

18 Paul Allard, »Les mutineries dans l'armée francaise«, *L'Œuvre*, 25., 26., 27., 28., 31. August 1932. Allards Buch erschien später unter dem Titel *Les Dessous de la guerre révélés par les comités secrets*.

19 Claude Lévi-Strauss in Monique Lévi-Strauss (Hg.), »*Chers tous deux«: Lettres à ses parents, 1931–1942*. Paris: Seuil, 2015, S. 186 (Brief vom 2. November 1932).

20 Charles Seignobos, »Le sens des élections françaises de 1932«, *L'Année politique française et étrangère* 7, Nr. 3 (November 1932), S. 273–290.

21 Emmanuel Berl, *La Politique et les partis* (Paris: Editions Rieder, 1932), S. 62; »Tribune Libre: Louis Lafon, Opinions de province«, *Le Temps*, 9. April 1932, S. 1; »Tribune libre: Louis Lafon, Opinions de province«, ebd., 22. April 1932, S. 1; »Questions bien posées«, ebd., 26. April 1932, S. 1; »M. Herriot à La Tour-du-Pin«, *L'Œuvre*, 18. April, 1932, S. 1; »Dans le calme«, ebd., 20. April 1932, S. 1; »M. Ed. Herriot à Avignon définit le ›radicalisme social et national‹ «, ebd., 25. April 1932, S. 1.

22 Marcel Ray, »Les élections françaises et la politique extérieure de la France«, *L'Œuvre*, 24. April 1932, S. 1; »France Pays Hommage at Briand's Funeral«, *New York Times*, 13. März 1932, S. 19; Wladimir d'Ormesson, »Tribune libre: La politique et les politiques«, *Le Temps*, 2. April 1932, S. 1; Seignobos, »Le sens des élections«; Berl, *Politique*, S. 148.

23 Berl, *Politique*, S. 147–150; Kérillis und Cartier, *Faisons le point*, S. 95–97; Vaïsse, *Sécurité d'abord*, S. 161–167; Siegfried, *Tableau*, S. 105.

24 »Questions extérieures. Amorce ou rapprochement?«, *Le Temps*, 20. November 1932, S. 1; »Certitudes«, *Le Temps*, 9. November 1932, S. 1; »Épargne et budget«, *Le Temps*, 1. Dezember 1932, S. 1.

25 Robert Allan Doughty, *The Seeds of Disaster: The Development of French Army Doctrine, 1919–1939*. Hamden, CT: Archon, 1985, S. 33–71; Williamson Murray, »Armored Warfare: The British, French, and German Experiences«, in Williamson Murray und Allan R. Millett (Hg.), *Military Innovation in the Interwar Period*. Cambridge: Cambridge University Press, 1996, S. 6–49; Jean Doise und Maurice Vaïsse, *Diplomatie et Outil Militaire, 1871–1991*. Paris: Seuil, 1992 [1987], S. 293–299; David Chuter, *Humanity's Soldier. France and International Security, 1919–2001*. Providence und Oxford: Berghahn, 1996, S. 115–126; SHD (Vincennes), 1 N 34, Weygand an den Kriegsminister, 17. Dezember 1934.

26 H. R. Knickerbocker, *Kommt Europa wieder hoch?* Berlin: Rowohlt, 1932, S. 153–162. Das Buch basiert auf zwischen August und Oktober in Europa

geführten Interviews; die Pariser Interviews scheinen vom September zu sein. Die *Vossische Zeitung* veröffentlichte unter dem Titel »Bericht einer Reise durch die Wirtschaftskrise« zahlreiche Interviews aus diesem Band in Übersetzung, so etwa in zwei Folgen das mit dem »Schofför Théophile« am 29. und 30. September 1932 (Morgen-Ausgabe) S. 4, nicht aber das mit Herriot.

27 Knickerbocker, *Kommt Europa wieder hoch?*, S. 136–145.

28 »Prince at Edinburgh Service: Arrested Communists Made to Observe Silence«, *Manchester Guardian*, 12. November 1932, S. 11 und 16, »Silence Broken by Communists«.

29 »Salford's Act of Homage«, *Manchester Guardian*, 12. November 1932, S. 13.

30 »Hundert zu Eins«, *Vossische Zeitung*, 29. Oktober 1932 (Abend-Ausgabe), S. 2. Die Presse widmete dem Hungermarsch durchaus mehr Aufmerksamkeit als dem Handicap. Siehe zum Beispiel »Unemployed March to Hyde Park«, *Manchester Guardian*, 26. Oktober 1932, S. 12 und 17, »The Hunger March Disorders«; ebd., 27. Oktober, S. 3, Foto, »The Cambridgeshire at Newmarket« und S. 10, »The Lancashire Hunger Marchers«; »Hunger March disorders in London«, ebd., 28. Oktober 1932, S. 9; Marguerite Perrot, *La monnaie et l'opinion publique en France et en Angleterre de 1924 à 1936*. Paris: Cahiers de la fondation nationale des sciences politiques, 1955, S. 96–101; »Hunger as a Stunt«, *Observer*, 30. Oktober 1932, S. 16.

31 MAE 92CPCOM 281, Fleuriau an Paris, 5. Mai und 8. Dezember 1932.

32 Charles Loch Mowat, *Britain between the Wars, 1918–1940*. Chicago: University of Chicago Press, 1969 [1955], S. 433–434, 458, 463; Peter Clarke, *Hope and Glory: Britain 1900–1990*. London: Penguin, 1996, S. 157–159; Ross McKibbin, *Parties and People. England 1914–1951*. Oxford: Oxford University Press, 2010, S. 87–88.

33 John B. Priestley, *Englische Reise. Ein zwangloser, aber wahrheitsgetreuer Bericht darüber, was ein Mann auf einer Reise durch England im Herbst des Jahres 1933 sah und hörte, fühlte und dachte*. Berlin: Fischer, 1934, S. 154, 171–194, 220, 256. Priestley unternahm seine Reise im Herbst 1933.

34 E. L. Woodward, *Short Journey*. London: Faber and Faber, 1942, S. 114–121, 222.

35 McKibbin, *Parties*, S. 90–104; Malcolm Muggeridge, *The Thirties: 1930–1940 in Great Britain*. London: Weidenfeld and Nicolson, 1989 [1940], S. 106; Pierre Maillaud (Pierre Bourdan), *The English Way*. New York: Oxford University Press, 1946, S. 29–33, 81; MAE 92CPCOM 281, Fleuriau an Paris, 8. Dezember 1932.

36 Maillaud, *English Way*, S. 79, 177; Robert C. E. Bechhofer (»Ephesian«), *Stanley Baldwin: Manor Miracle*. New York: Greenberg, 1937, S. 231; Muggeridge, *Thirties*, S. 188–190; Phillip Williamson, *Stanley Baldwin:*

Conservative Leadership and National Values. Cambridge: Cambridge University Press, 1999, S. 249, 252. Williamson hat Baldwin überzeugend rehabilitiert hinsichtlich der abträglichen Darstellung einiger seiner Zeitgenossen und der ersten größeren Biographie: G. M. Young, *Stanley Baldwin*. London: Rupert Hart-Davis, 1952.

37 Maillaud, *English Way*, S. 32–34.

38 League of Nations Archives (Geneva): R1871, Briefe von L. E. Roberts, Percival Després und John Davis, 26. Februar 1932. Die Briefe, die in Genf erhalten sind, lassen darauf schließen, dass bis zum 4. März etwa 250 Personen dem Aufruf des Dean of Canterbury Richard »Dick« Sheppard in der Presse vom 26. Februar nachgekommen waren. »A Peace Army: Unarmed Intervention Proposed«, *Manchester Guardian*, 26. Februar 1932, Brief von H. R. L. (»Dick«) Sheppard; League of Nations Union archives (London School of Economics), 1/2 (MF 416), Protokolle von Sitzungen des Generalrats, Jahressitzung, 20.–22. Juni 1933, Bemerkungen von Viscount Cecil; »The Cause of Armaments: Fear and Suspicion: The Archbishop's Appeal«, *Manchester Guardian*, 7. November 1932, S. 5.

39 »Germany's Claim to Equality«, *The Times*, 12. Oktober 1932, S. 8; »Back to Disarmament«, *The Times*, 4. November 1932, S. 15.

40 »To Keep or Break Faith«, *Observer*, 16. Oktober 1932, S. 18; »Chancellor's New Assertion of the Right to Rearm«, *Manchester Guardian*, 9. November 1932, S. 4; *The Times*, »Back to Disarmament«, 4. November 1932, S. 15.

41 *Daily Telegraph*, 2. und 5. November 1932; *Daily Herald*, 27. November 1932; *Daily Express*, 30. November 1932; *News Chronicle*, 5. Oktober und 18. November 1932, tägliche Presseschau der französischen Botschaft, Oktober (MAE 92 CPCOM 210) und November (MAE 92 CP COM 211) 1932; »Our London Correspondence. Tory Backbenchers and Disarmament«, *Manchester Guardian*, 2. November 1932, S. 8.

42 *Morning Post*, 3., 5., 10. Oktober 1932; *Yorkshire Post*, 25. Oktober 1932, aus MAE 92CPCOM 210, tägliche Presseschau der französischen Botschaft, Oktober 1932.

43 »Whither Europe?«, *Observer*, 9. Oktober 1932, S. 16 und »Arms and the Nations«, ebd., 30. Oktober 1932, S. 16; *News Chronicle*, 10. Oktober 1932, aus MAE 92 CPCOM 210, tägliche Presseschau der französischen Botschaft, Oktober 1932; Daniel Waley, *British Public Opinion and the Abyssinian War, 1935–6*. London: Temple Smith, 1975, S. 91–111 (Völkerbund).

44 *Daily Express*, 5. Oktober und 18. November 1932, tägliche Presseschau der französischen Botschaft, MAE 92 CPCOM 210 und 211.

45 *Morning Post*, 10. Oktober 1932, zur Bestürzung über die Durchsetzung des Artikels 16 der Völkerbundsatzung, *Morning Post* und *Daily Telegraph*,

1. November 1932, alle aus der täglichen Presseschau zur britischen Presse der französischen Botschaft, Oktober (MAE 92 CP COM 210) und November (MAE 92 CP COM 211) 1932; David Lloyd George, *War Memoirs*, Bd. 1. Boston: Little, Brown, 1933, S. 48.

46 George Slocombe, *A Mirror to Geneva: Its Growth, Grandeur and Decay*. London: Jonathan Cape, 1937, S. 99–106; Maillaud, *English Way*, S. 208; Harold Nicolson, *Diaries & Letters, 1930–1939*. New York: Athenaeum, 1966, S. 81–82 (Eintrag für den 21. Juli 1931).

47 »British Disarmament Policy: Lord Cecil and Sir John Simon's Speech: ›Satisfactory, if –‹: A Straight Question to Germany«, *Manchester Guardian*, 12. November 1932, S. 13.

48 Churchills Rede findet sich in *Hansard*, Commons Sitting vom 23. November 1932, 5. Serie, Bd. 271, unter http://hansard.millbanksystems.com/commons/1932/nov/23/debate-on-the-address; abgerufen am 11. Mai 2018.

49 Baldwins Rede findet sich in *Hansard,* Commons Sitting vom 10. November 1932, 5. Serie, Bd. 270, unter https://api.parliament.uk/historic-hansard/commons/1932/nov/10/international-affairs; Young, *Baldwin*, S. 54; »The British Policy«, *Manchester Guardian*, 12. November 1932, S. 10; »Mr. Baldwin's Speech«, ebd., 17. November 1932, S. 8 sowie die Korrespondenz zwischen Francis Acland und Nowell Smith, S. 18; *Morning Post*, 18. November 1932, aus MAE 92 CP COM 211, tägliche Presseschau der französischen Botschaft; Philip Williamson und Edward Baldwin (Hg.), *Baldwin Papers: A Conservative Statesman, 1907–1948*. Cambridge: Cambridge University Press, 2004, S. 303.

50 TNA Cab. 23 70, Kabinettsprotokolle vom 13. Januar 1932, S. 29–30.

51 TNA Cab. 23 70, Kabinettsprotokolle vom 13. Januar 1932, S. 29–30; TNA Cab. 23 72 10, Kabinettsprotokolle vom 11. Oktober 1932, TNA Cab. 224 34 10, Memorandum des Außenministers, 28. Oktober 1932; Cab. 224 29 27, Memorandum des Luftfahrtministers, 8. April 1932.

52 »To-day's Labour Conference: Preparing a Socialist Policy for the Next Time. Strong Stand on Disarmament«, *Manchester Guardian*, 3. Oktober 1932, S. 9.

53 André Siegfried, *England's Crisis*. New York: Harcourt, Brace, 1931, S. 306–307; J. A. Stevenson, »Canada's Foreign Policy«, *Pacific Affairs* 7, Nr. 2 (Juni 1934), S. 153–162; Maillaud, *English Way*, S. 215–226; Brett Holman, »The Air Panic of 1935: British Press Opinion between Disarmament and Rearmament«, *Journal of Contemporary History* 46, Nr. 2 (2011), S. 288–307.

54 BNF DOSS (Simon) FOL LN1–232 (18137): Georges Suarez, »Sir John Simon«, *Tribune Nations*, 21. Februar 1935; »Silhouettes étrangères«, *Revue des deux mondes* 3, 1. Mai 1932, S. 129–135; Jawaharlal Nehru, *An Autobiography*. New Delhi: Penguin Books India, 2004 [1936], S. 183,

201; »The Disarmament Debate: Sir John Simon on Germany's Claim to Equality«, *Manchester Guardian*, 11. November 1932, S. 3.

55 Young, *Baldwin*, S. 29, 61–62, 68, 83, 94. Young, der seine Biographie auf der Grundlage seiner persönlichen Bekanntschaft mit Baldwin und Zugang zu seinen persönlichen Aufzeichnungen schrieb, arbeitete ohne Quellenangaben; Williamson hat die Wahrheit über Baldwins außenpolitischen Ansatz vor Youngs Umgang damit gerettet. Thomas Jones, *A Diary with Letters, 1931–1950*. New York: Oxford University Press, 1954, S. 28, Eintrag für den 27. Februar 1932.

56 Baldwins Rede findet sich in *Hansard*, Sitting Commons vom 6. März 1925, 5. Serie, Bd. 181, einzusehen unter https://api.parliament.uk/historic-hansard/com mons/1925/mar/06/industrial-peace; Williamson und Baldwin, *Baldwin Papers*, S. 497; Philip Williamson, »Baldwin's Reputation: Politics and History, 1937–1967«, *Historical Journal* 47, Nr. 1 (2004), S. 167, http://www.jstor.org.resources.library.brandeis.edu/stable/4091548.

7 Warschau und Budapest

1 MAE 106CPCOM 322, Laroche (Warschau) an Herriot, 16. November 1932; M. B. B. Biskupski, *Independence Day: Myth, Symbol, and the Creation of Modern Poland*. Oxford: Oxford University Press, 2012, S. 14.

2 Biskupski, *Independence Day*, S. 60–62, 75–77; Slocombe, *Mirror to Geneva: Its Growth, Grandeur, and Decay*. New York: Henry Holt, 1938, S. 253–254; Louis Duffort, *L'Autre Pologne*. Paris: Editions de la Revue mondiale, 1932, S. 234; Andrzej Garlicki (Hg.), *Józef Pilsudski, 1867–1935*, Aldershot, UK: Scolar Press, 1995, S. 82–90.

3 MAE 106CPCOM 322, Laroche (Warschau) an Herriot, 16. November 1932, enthält eine Presseschau mit Auszügen aus der *Gazeta Polska*, 13. November 1932; Biskupski, *Independence Day*, S. 43, 71–73; Heidi Hein, *Der Piłsudski-Kult und seine Bedeutung für den polnischen Staat, 1926–1939*. Marburg: Herder-Institut, 2002, S. 230–231; W. Sikorski, »La campagne allemande pour la révision«, *Revue des deux mondes* VII, 1. Januar 1932, S. 49–62.

4 MAE 106CPCOM 322, Laroche (Warschau) an Herriot, 16. November 1932.

5 MAE 106CPCOM 322, Laroche (Warschau) an Herriot, 16. November 1932 und Konsul von Kattowitz und Krakau an MAE, 4. Mai 1932; Biskupski, *Independence Day*, S. 77; Hein, *Piłsudski-Kult*, S. 234.

6 Jules Laroche, *La Pologne de Pilsudski: Souvenirs d'une ambassade, 1926–1935*. Paris: Flammarion, 1953, S. 21; Louis Duffort, *L'Autre Pologne*, S. 182.

7 Duffort, *L'Autre Pologne*, S. 16–40.

8 »Oberschlesiens Kulturzentrale«, *Vossische Zeitung*, 8. November 1932 (Abend-Ausgabe), S. 6.

9 Duffort, *L'Autre Pologne*, S. 143–151.

10 Frank H. Simonds, *Can Europe Keep the Peace?* New York: Harper & Brothers, 1934 [1931, 1932], S. 55–70; Duffort, *L'Autre Pologne*, S. 122–127; »Polish-German Friction. II. Danzig Dying. Polish Rival Fostered«, *Manchester Guardian*, 15. November 1932, S. 9.

11 »Polish-German Friction«, *Manchester Guardian*; Duffort, *L'Autre Pologne*, S. 122–127.

12 Laroche, *Pologne*, S. 58; Duffort, *L'Autre Pologne*, S. 311.

13 Peter Stachura (Hg.), *Poland between the Wars, 1918–1939*. London: Macmillan, 1998, S. 62.

14 MAE 106CPCOM 322, der französische Konsul von Kattowitz und Krakau an MAE, 11. Mai 1932.

15 MAE 106CPCOM 350, Margerie (Berlin) an MAE, 1. März 1931; MAE 106CPCOM 351, François-Poncet (Berlin) an MAE, 27. April 1932; Generaloberst von Seeckt, *Wege deutscher Außenpolitik*. Leipzig: Quelle & Meyer, 1931, S. 16–17; Fürst von Bülow, *Denkwürdigkeiten in vier Bänden*, Bd. 2. Berlin: Ullstein, 1930, S. 244–246.

16 »German-Polish Friction. I. East Prussia Today«, *Manchester Guardian*, 14. November 1932, S. 9; Fritz Kern, »Das Unglück der Roggenlogik«, *Vossische Zeitung*, 2. November 1932 (Morgen-Ausgabe), S. 4.

17 Der vollständige Titel von Nitrams Schrift lautete: *Achtung! Ostmarken Rundfunk! Polnische Truppen haben heute Nacht die ostpreußische Grenze überschritten.* »German-Polish Friction. I. East Prussia Today«, *Manchester Guardian*, 14. November 1932, S. 9; MAE 106CPCOM 350, François-Poncet (Berlin) an MAE, 23. März 1932; MAE 106CPCOM 351, François-Poncet (Berlin) an MAE, 27. April, 26. Mai, 2. Juni 1932; »Hitlers Erfolg bei Tannenberg«, *Vossische Zeitung*, 19. März 1932 (Abend-Ausgabe), S. 4; »Die Vergleichszahlen für morgen abend«, *Vossische Zeitung*, 5. November 1932 (Abend-Ausgabe), S. 2; »Die Resultate in den Wahlkreisen«, ebd., 7. November 1932 (Abend-Ausgabe), S. 2. Bei den Reichstagswahlen 1932 erhielt die NSDAP in Ostpreußen sowohl am 31. Juli als auch am 6. November doppelt so viele Stimmen wie ihr nächster Konkurrent, die SPD, obwohl ein Verlust von über 113 000 Stimmen im November Ostpreußen zu ihrer gerade mal zwölftstärksten Bastion von fünfunddreißig Wahlkreisen machte, nachdem es im Juli noch die sechststärkste gewesen war.

18 MAE 106CPCOM 350, François-Poncet (Berlin) an MAE, 30. März 1932; ebd., Notiz der französischen Botschaft in Berlin, 10. März 1931, nebst den Ergebnissen einer demographischen Studie Ostpreußens von S/Dir Handelsbeziehungen, im Auftrag des französischen Konsuls in Königsberg.

19 MAE 106CPCOM 350, François-Poncet (Berlin) an MAE, 30. März 1932; MAE 106CPCOM 351, François-Poncet (Berlin) an MAE, 2. Juni 1932; MAE 106CPCOM 351, Chargé d'affaires Berlin an MAE, 19. Mai 1932 und Anlage zu einem Aide-mémoire der französischen Botschaft Warschau, 30. Mai 1932. »Hitlers Erfolg bei Tannenberg«; »Noch gibt es Brücken ... Die eingefrorenen deutsch-polnischen Beziehungen«, *Vossische Zeitung*, 11. Oktober 1932 (Morgen-Ausgabe), S. 2; MAE 106CPCOM 351, Laroche (Warschau) an MAE, 20. Juli 1932 und Pierre Arnal, Chargé d'affaires Berlin an MAE, 13. Oktober 1932.

20 Siehe S. 150–154.

21 MAE 106CPCOM 350, Laroche (Warschau) an MAE, 13. Juli 1932 (zwei Berichte); SHD (Vincennes), GR 1 N42, Bericht über MacArthurs Besuch bei Weygand, 2. Oktober 1932.

22 Stachura, *Poland between the Wars*, S. 59–60; Antony Polonsky, *Politics in Independent Poland, 1921–1939.* Oxford: Oxford University Press, 1972, S. 54–65.

23 MAE, 106CPCOM 322, Laroche (Warschau) an Paris, 16. März 1933; Duffort, *L'autre Pologne*, S. 238; Eva Plach, *The Clash of Moral Nations: Cultural Politics in Pilsudski's Poland, 1926–1935.* Athens: Ohio University Press, 2006, S. 7, 14, 161 (sieht eine Kollision moralischer Visionen für die Nation zwischen Piłsudskis Freunden und Gegnern).

24 Laroche, *Pologne*, S. 16–17.

25 Laroche, *Pologne*, S. 106–109, 111–112; »Danzig Protests Visit of Polish Destroyer«, *New York Times*, 16. Juni 1932, S. 4; MAE 106CPCOM 333, Laroche an MAE, 4. Mai 1932, Note des Büros für Politische und Geschäftliche Angelegenheiten, 7. Juni 1932.

26 SHD (Vincennes), GR 1 N85, Conseil supérieur de la Guerre, Dossiers zur *exercise méditerranée*, 1932–1933, 5. November 1932 (Pläne) und 5. März 1933 (Lektionen).

27 Laroche, *Pologne*, S. 49–50, 101, 115; MAE 106CPCOM-333, Laroche an Paris, 20. September 1932.

28 MAE 106CPCOM-333, François-Poncet (Berlin) an Paris, 3. November 1932; der französische Botschafter in Rom an Paris, 9. November 1932; Laroche (Warschau) an Paris, 3. (an Berthelot) und 5. November 1932; Laroche, *Pologne*, S. 116.

29 Anna M. Cienciala, »Polish Foreign Policy, 1926–1939. ›Equilibrium‹: Stereotype and Reality«, *Polish Review* 20, Nr. 1 (1975), S. 42–57; Jonathan Haslam, *Soviet Foreign Policy, 1930–33. The Impact of the Depression.* London: Macmillan, 1983, S. 97–112; Jonathan Haslam, *The Soviet Union and the Struggle for Collective Security in Europe, 1933–39.* London: Macmillan, 1984, S. 11–16; James Harris, *The Great Fear: Stalin's Terror of the 1930s.* New York: Oxford University Press, 2016, S. 116–117.

30 »German-Polish Friction. III. The Way Out«, *Manchester Guardian*, 16. November 1932, S. 9.
31 H. R. Knickerbocker, *Kommt Europa wieder hoch?* Berlin: Rowohlt, 1932, S. 62–68; Simonds, *Europe*, S. 29–34.
32 Henri Béraud, »Au coeur grouillant de l'Europe«, *Le Petit Parisien*, 21. September 1932, S. 1 (Serie über Mitteleuropa); Simonds, *Europe*, S. 81–91.
33 *Le Petit Parisien*, »Au coeur grouillant de l'Europe«.
34 SHD (Vincennes), GR 1 N42, Note über MacArthurs Besuch bei Weygand, 2. Oktober 1932.
35 MAE, 94CPCOM 109, Vienne (Budapest) an Paris, 30. Dezember 1932.
36 »Armistice Day in Rumania« (Foto), *Manchester Guardian*, 16. November 1932, S. 12; MAE 110CPCOM 177, französische Botschaft Bukarest an Paris, 16. Dezember 1930.
37 Henri Béraud, »Au coeur grouillant de l'Europe«, *Le Petit Parisien*, 24. September 1932, S. 1 (Serie über Mitteleuropa), Interview mit Horthy.
38 MAE 94CPCOM 108, Vienne (Budapest) an Paris, 27. August 1932; »Story of Crown Offer Annoys Hungarians«, *New York Times*, 26. August 1932, S. 4.
39 MAE 94CPCOM 108, Vienne (Budapest) an Paris, 4. Oktober 1932.
40 BNF DOSS FOL-LN1–232 (10564) (Dokumentation über Gömbös nach seinem Tod 1936), darunter auch »Les Commentaires de la Quinzaine«, *Cahiers de la Quinzaine*, 15. Januar 1937; MAE Z 108, Vienne (Budapest) an Paris, 4. Oktober 1932.
41 MAE 94CPCOM 108, Vienne (Budapest) an Paris, 4. Oktober 1932.
42 MAE 94CPCOM 108, Beauverger (Chargé d'affaires Budapest) an Paris, 25. Oktober 1932.
43 MAE 94CPCOM 108, Beauverger (Chargé d'affaires Budapest) an Paris, 25. Oktober 1932.
44 MAE 110CPCOM 177, Puaux (Bukarest) an Paris, 3., 27. Juli, 3. Oktober, 30. Dezember 1930, 17. Juni, 17. September 1931.
45 MAE 118CPCOM 177, Dard (Botschafter Belgrad) an Paris, 20. Oktober und 5. November 1931.
46 MAE 118CPCOM 177, Dubail (Chargé d'affaires Belgrad) an Paris, 10. November 1932.
47 Christian Axboe Nielsen, *Making Yugoslavs: Identity in King Aleksandar's Yugoslavia*. Toronto: University of Toronto Press, 2014, S. 37–39.
48 MAE 118CPCOM 177, Naggiar (Botschafter Belgrad) an Paris, 6. Juli 1932; Campagnac (französischer Konsul, Split) an Paris, 27. September 1932 (Dalmatiner); Boissier (französischer Konsul, Zagreb) an Paris, 1. Oktober 1932.
49 Siehe S. 108–110; MAE118CPCOM 177, Dubail (Chargé d'affaires Belgrad) an Paris, 10. November 1932.

50 MAE 116CPCOM 101, Charles-Roux (Prag) an Briand, 1. und 4. Oktober 1930.

51 MAE 116CPCOM 101, Leon Noel (Prag) an Herriot, 2. Oktober 1932; »Harte Urteile im Volkssport-Prozess«, *Vossische Zeitung*, 24. September 1932 (Abend-Ausgabe), S. 2; »Verurteilter Volkssport«, ebd., 25. September 1932, S. 3; »Nach dem Spruch von Brünn«, ebd., 27. September 1932 (Abend-Ausgabe), S. 3; »Germans Aroused as Czechs Convict Nazi Plotters«, *Chicago Daily Tribune*, 25. September 1932, S. 8.

52 MAE 116CPCOM 101, Konsul Bratislava, Bericht vom 25. August 1932; ebd., Chargé d'affaires Prag an Briand, 1. Dezember 1930.

53 MAE 116CPCOM 101, Charles-Roux (Prag) an Briand, 11. Januar 1932; Charles-Roux an Tardieu, 2. und 18. April und an Herriot, 14. Juni 1932.

54 MAE 116CPCOM 101, Charles-Roux (Prag) an Briand, 20. September 1930.

55 Henri Béraud, »Au coeur grouillant de l'Europe. Conversation avec le Président Masaryk«, *Le Petit Parisien*, 29. September 1932, S. 1; H. R. Knickerbocker, *Kommt Europa wieder hoch?*, S. 39–50; Thomas G. Masaryk, »Pangermanism and the Eastern Question«, *The New Europe* 1, Nr. 1 (19. Oktober 2016), S. 1–19.

56 »Borah's Talk with French Reporters«, *New York Times*, 24. Oktober 1931, S. 11; »Borah Rejoices Germans«, ebd., 25. Oktober 1931, S. 24; »Borah Statement Alarms the Poles«, ebd., 1. November 1931, S. 55; »Czech Assails Borah«, ebd., 3. November 1931, S. 3; »Irredentists Hail Borah«, ebd., 22. November 1931, S. 74; MAE 110CPCOM 177, französischer Botschafter Bukarest an Paris, 29. November 1931; André Tardieu, *Devant l'obstacle: L'Amérique et nous*. Paris: Émile-Paul Frères, 1927, S. 295; Robert Lord Vansittart, *Lessons of my Life*. New York: Knopf, 1934, S. x (bezeichnet die Ernennung Borahs als den »schlechtesten Witz in der Geschichte der Demokratie«).

57 »Borah's Talk with French Reporters«, *New York Times*, 24. Oktober 1931, S. 11.

58 »Mr. Churchill and Europe«, *Observer*, 27. November 1932, S. 14; »Arms and the Nation«, ebd., 30. Oktober, S. 16; »Back to Disarmament«, *The Times*, 4. November 1932, S. 15; *Le Temps* (Beispiele): »Le Règlement de la paix«, 2. September 1927, S. 1; »L'égalité des droits aux armements«, 14. Oktober 1932, S. 1; »Le problème des dettes de guerre«, 19. Dezember 1932, S. 1; »Les projets de révision territoriale«, 2. Januar 1933, S. 1; »Le révisionnisme et l'opinion occidentale«, *L'Echo de Belgrade*, 11. Januar 1933 (von MAE 118CPCOM 161, Naggiar (Belgrad) an Paris, 13. Januar 1933).

59 Peter Neville, *Benes and Masaryk: Czechoslovakia*. London: Haus, 2010, S. 93, 104–105; Frank H. Simonds, *Can Europe Keep the Peace*? New York: Harper & Brothers, 1934 [1931, 1932], S. 91; Raymond Leslie Buell,

Walter Millis, Frank H. Simonds, »Foreign Problems Confronting the New Administration«, Foreign Policy Association, 23. Februar 1933; Simonds erwähnte diesen Austausch während der Fragestunde.

60 »Danger Signal in Eastern Europe«, *Manchester Guardian*, 17. Oktober 1932, S. 8; Neville, *Benes and Masaryk*, S. 21; Lloyd George, zitiert in Robert Boyce, *The Great Interwar Crisis and the Collapse of Globalization*. London: Palgrave Macmillan, 2009, S. 50–51.

61 Simonds, *Europe*, S. 47–55.

62 »Arms and the Nation«; *Daily Express*, 31. Oktober 1932, MAE 92 CPCOM 101, tägliche Synopse der britischen Presse, französische Botschaft, Oktober 1932; Boyce, *Interwar Crisis*, S. 51; MAE 106CPCOM 333, Laroche (Warschau) an Paris, 10. November und 9. Dezember 1932; »La démission de M. Zaleski«, *Les Débats*, 4. November 1932, S. 1; Laroche, *Pologne*, S. 112.

63 »Back to Disarmament«, *The Times*, 4. November 1932, S. 15; Simonds, *Europe*, S. 35–44.

8 Türen öffnen sich – einen Spaltbreit

1 Hugh R. Wilson, *Diplomat between Wars*. New York: Longmans, Green, 1941, S. 274–275; Geneviève Tabouis, *Vingt ans de suspense diplomatique*. Paris: Albin Michel, 1958, S. 130; A. C. Temperley, *The Whispering Gallery of Europe*. London: Collins, 1938, S. 223.

2 Maurice Vaïsse, *Sécurité d'abord: La Politique française en matière de désarmement, 9 décembre 1930–17 avril 1934*. Paris: Pedone/Publications de la Sorbonne, 1981, S. 341–345; »Egalité des droits et sécurité. L'accord des cinq puissances à Genève. L'opinion allemande«, *Le Temps*, 14. Dezember 1932, S. 1; Henry de Korab, »La formule française d'égalité dans la sécurité prévaut dans l'entente réalisée à Genève«, *Le Matin*, 12. Dezember 1932, S. 1; Philippe Barrès, »L'accord de Genève encourage le Reich à pousuivre sa politique d'exigences«, ebd., S. 3; »Die Botschaft aus Genf«, *Vossische Zeitung*, 12. Dezember 1932 (Abend-Ausgabe), S. 1.

3 Robert Dell, *The Geneva Racket*. London: Robert Hale, 1941, S. 29; George Slocombe, *A Mirror to Geneva: Its Growth, Grandeur and Decay*. London: Jonathan Cape, 1937, S. 116.

4 Édouard Réquin, *D'une guerre à l'autre. 1919–1939: Souvenirs*. Paris: Charles-Lavauzelle, 1949, S. 174; es hatten sich schließlich neunundfünfzig Nationen zur Genfer Konferenz eingefunden.

5 Bertrand Russell, »There Need Be No War: World Boycott of Aggressor State«, *Sunday Referee*, 24. September 1933 (aus LNA S 474, Akte Henderson); Temperley, *Whispering Gallery*, S. 48–54, 59–64, 71–75, 84, 92, 133; Réquin, *Souvenirs*, S. 97–103, 106–112.

6 Réquin, *Souvenirs*, S. 51; Salvador de Madariaga, *Morning without Noon: Memoirs*. Westmead: Saxon House, 1973, S. 48; Temperley, *Whispering Gallery*, S. 207.

7 Paul Schmidt, *Statist auf diplomatischer Bühne, 1923–1945: Erlebnisse des Chefdolmetschers im Auswärtigen Amt mit den Staatsmännern Europas*. Bonn: Athenäum, 1950, S. 231–232.

8 MAE PA-AP (Archives Tardieu), S. 166, »Réductions d'effectifs réalisés depuis la mise en vigueur du pacte«, 12. Februar 1932.

9 TNA cab. 24/233/22, Memorandum von Simon, 27. September 1932; »Row Ends Session in League's Hall«, *New York Times*, 23. Juli 1932, S. 5; F. S. Northedge, *The League of Nations: Its Life and Times, 1920–1946*. Leicester: Leicester University Press, 1986, S. 126.

10 »Bulletin du jour: Le Plan d'organisation de la paix«, *Le Temps*, 16. November 1932, S. 1; Frank H. Simonds, *Can Europe Keep the Peace?* New York: Harper & Brothers, 1934 [1931, 1932], S. 47–55; MAE 97CPCOM 269, Charles-Roux, French ambassador Vatican to Paris, 27. Oktober 1932.

11 Temperley, *Whispering Gallery*, S. 57–58; Réquin, *Souvenirs*, S. 105–107, 113–115; Edward W. Bennett, *German Rearmament and the West, 1932–1933*. Princeton, NJ: Princeton University Press, 1979, S. 57; Slocombe, *Mirror to Geneva*, S. 280.

12 TNA cab. 23/72/10, Kabinettsprotokoll vom 11. Oktober 1932.

13 Thomas A. Davies, *The Possibilities of Transnational Activism: The Campaign for Disarmament between the Two World Wars*. Boston: Martinus Nijhoff, 2007, S. 134–135; Northedge, *League*, S. 113, 117; TNA cab. 23/72/10, Kabinettsprotokolle vom 11. Oktober 1932; »The Women's Program for Peace. An Editorial Letter to Miss Mary E. Woolley, at the Geneva Disarmament Conference«, *Ladies' Home Journal* 49, Nr. 3 (März 1932), S. 24; MAE PA-AP 166 508, Note an Tardieu zu dem Artikel im *Ladies' Home Journal*, 25. Januar 1932; Walter Lippmann, Council on Foreign Relations, *The United States in World Affairs: An Account of American Foreign Relations, 1932*. New York: Harper & Brothers, 1933, S. 237–240.

14 Arnold J. Toynbee, *Survey of International Affairs, 1932*. London: Oxford University Press, 1933, S. 173–192.

15 Lippmann, *World Affairs*, S. 227–229, 233; siehe oben S. 168–172.

16 MAE PA-AP166 498, Note von M. [Louis] Aubert, 6. Januar 1932.

17 Siehe Prolog; Vaïsse, *Sécurité d'abord*, S. 190–200; Henry Stimson, *On Active Service in Peace and War*. New York: Harper & Brothers, 1948 [1947], S. 170.

18 MAE PA-AP 166 (Archives Tardieu) 508, Tardieus Rede über TSF (Rundfunk), 6. Februar 1932; MAE PA-AP 166 505, Bericht über die Unterredung zwischen Simon und Tardieu, Genf, 24. Februar 1932.

19 »Text of the Speech Delivered by President Hoover in Accepting Renomination«, *New York Times*, 12. August 1932, S. 4; »The War Machine that Guards the City«, ebd., 25. September 1932, S. SM 8; Lisle A. Rose, *The Breaking Storm*, Bd. 2 von *Power at Sea*, 3 Bde. (Columbia: University of Missouri Press, 2007), S. 54, 62–63, 167–168. Japan baute im Gegensatz dazu bis an die Grenzen der zugewiesenen Limits und darüber hinaus.

20 »Manöverauftakt im Warthebogen«, *Vossische Zeitung*, 19. September 1932, S. 2; »Die Manöver sind zu Ende«, ebd., 22. September (Abend-Ausgabe), S. 2; »Manöverkritik. Die Lehren von Frankfurt«, ebd., 24. September (Abend-Ausgabe), S. 1.

21 Bennett, *German Rearmament*, S. 16–18; Wilhelm Deist u. a., *Ursachen und Voraussetzungen des Zweiten Weltkrieges*. Frankfurt/M.: Fischer Taschenbuch Verlag, 1989, S. 41–47, 448, 459–479; Conan Fischer, *Stormtroopers: A Social, Economic, and Ideological Analysis, 1929–35*. London: George Allen & Unwin, 1983, S. 6; AN F7 13429, Préfecture de Police, Note vom 16. September 1932; siehe dort außerdem 4. Februar 1932 Int./SG an den Präsidenten des Rates, MAE: Studie über die militärische Zusammenarbeit Deutschlands und der Sowjetunion seit 1922; »Les armements de l'Allemagne«, *Revue des deux mondes* 8 (1. Februar 1932), S. 509–544; eine nicht näher genannte »haute personnalité« (hochgestellte Persönlichkeit), vermutlich von der militärischen Abwehr, expliziert die deutsche Wiederaufrüstung, mit Ausnahme der Pläne für das künftige Heer.

22 Bennett, *German Rearmament*, S. 53–59; MAE PA-AP 166 498 (Archives Tardieu), François-Poncet (Berlin) an Briand, 30. November 1931; und Service français de la Société des Nations, Anmerkung zur Vorgehensweise des Dossiers zur deutschen Wiederaufrüstung, 21. Januar 1932.

23 Bennett, *German Rearmament*, S. 174–175, 203; André François-Poncet, *Als Botschafter im ›Dritten Reich‹: Die Erinnerungen des französischen Botschafters in Berlin September 1931 bis Oktober 1938*. Mainz/Berlin: Florian Kupferberg, 1980 (1946), S. 60; MAE 106CPCOM 351, François-Poncet (Berlin) an AE, 7. September 1932; Deist, *Ursachen*, S. 479.

24 Slocombe, *Mirror to Geneva*, S. 203, 251–263; Temperley, *Whispering Gallery*, S. 75–78, 81, 119, 131–132, 188; siehe auch die skeptische französische Analyse der Vorschlage Litwinows in seiner Rede vom 11. Februar 1932 sowie der sowjetischen Vorschläge vom 18. Februar 1932 in MAE PA-AP 166 508.

25 Robert W. Davies, »Soviet Military Expenditure and the Armaments Industry, 1929–1933: A Reconsideration«, *Europe-Asia Studies* 45, Nr. 4 (1993), S. 577–608.

26 Siehe S. 148–149.

27 P. H. Vigor, *The Soviet View of War, Peace and Neutrality*. London: Routledge, 1975, S. 4–6, 8–9, 23–24, 197.

28 David R. Stone, *Hammer and Rifle: The Militarization of the Soviet*

Union, 1926–1933. Lawrence: University Press of Kansas, 2000, S. 1–12, 108–114, 124–128, 170–173; Lennart Samuelson, *Soviet Defense Industry Planning: Tukhachevskii and Military-Industrial Mobilization, 1926–1937*. Stockholm: Stockholm Institute of East European Economies, 1996, S. 134–152, 213 mit Anm. 38.

29 Samuelson, *Soviet Defense*, S. 174–179; Alexander Hill, *The Red Army and the Second World War*. Cambridge: Cambridge University Press, 2017, S. 30–32.

30 Stone, *Hammer and Rifle*, S. 174, 184; Samuelson, *Soviet Defense*, S. 174–179, 187–199, 203–213, 227–246.

31 *Sarja wostoka*, 15. Oktober 1932, aus AN F7 13504, »Bulletin périodique de la presse russe, du 8 octobre au 30 novembre 1932«; »Twilight in Geneva«, *Iswestija*, 28. Januar 1933, und »For the Charter of Independence of Peoples«, *Prawda*, 9. Februar 1932, beide aus AN F 7 13505, »Bulletin périodique de la presse russe, du 3 janvier au 12 février 1933«.

32 Davies, »Soviet Military Expenditure«.

33 Vigor, *Soviet View*, S. 16.

34 Madariaga, *Morning without Noon*, S. 248; Madariaga schrieb den »Apolog« einem »renommierten britischen Staatsmann« zu, womit er Churchill meinte, der die Fabel am 24. Oktober 1928 in einer Rede in Aldersbrook zitierte; Robert Rhodes James (Hg.), *Winston S. Churchill: His Complete Speeches, 1897–1963*, Bd. 5. London: Chelsea House, 1974, S. 4520 (Aldersbrook, 24. Oktober 1928). Auf wen Churchill dabei Bezug nahm, ist jedoch unklar.

35 Tabouis, *Vingt ans*, S. 131.

36 »La séance«, *L'Œuvre*, 14. Dezember 1932, S. 1, 4; Jean-Michel Renaitour, »Ecrivains et Hommes d'Etat«, *La revue diplomatique*, Mai 1937 (aus BNF DOSS FOL-LN1–232 [11892]).

37 »Premier Loses, 402–187«, *New York Times*, 14. Dezember 1932, S. 1 und »France Consults Britain«, ebd., 13. Dezember 1932, S. 1; »La séance«; »La Journée«, *L'Œuvre*, 13. Dezember 1932, S. 1; »Trêve nationale«, *Le Temps*, 15. Dezember 1932, S. 1.

38 »Paris soulevé contre le tribut«, *L'Action française*, 14. Dezember 1932, S. 1; »La Politique«, ebd., 15. Dezember 1932, S. 1; André Siegfried, *Tableau des Partis en France*. Paris: Bernard Grasset, 1930, S. 112–120; Vaïsse, *Sécurité d'abord*, S. 323–341; »La Journée«, *L'Œuvre*, 13. Dezember 1932, S. 1; Tabouis, *Vingt ans*, S. 132; »La Chambre a surtout voté contre M. Hoover«, *Le Matin*, 15. Dezember 1932, S. 1; »L'Angleterre entre l'Amérique et l'Europe«, *Le Temps*, 18. Dezember 1932, S. 1.

39 MAE 92CPCOM-211, *Britische Presse* November 1932, *Daily Herald*, *Financial Times*, 24. November 1932 (aus dem Abriss).

40 »Appeal to the United States«, *Manchester Guardian*, 25. November 1932, S. 8; aus MAE 92CPCOM-275–2, *Bulletin périodique de la presse anglaise*,

23. November–28. Dezember 1932: Walter Layton in *News Chronicle*, 19. Dezember 1932; John Maynard Keynes in *Daily Mail*, 12. Dezember 1932.

41 MAE 92CPCOM-275–2, *Bulletin périodique*; *Daily Telegraph*, 9. Dezember 1932; »Commons and American Debt. Mr. Chamberlain's Statement«, *The Times*, 15. Dezember 1932, S. 6–7.

42 MAE 92CPCOM-211, *Britische Presse* November 1932: *Daily Express*, 29. November 1932; MAE Z-275–2, *Bulletin périodique*, siehe Anmerkung 40, *Daily Express*, 12. Dezember 1932, *Evening Standard*, 14. Dezember 1932 und *News-Chronicle*, 30. November 1932; »The Fourth Note«, *The Times*, 14. Dezember 1932, S. 13.

43 »Appeal to the United States«; Lippmann, *World Affairs*, S. 159; James H. R. Cromwell, *The Voice of Young America*. New York: Scribner's, 1933, S. 12.

44 Frank H. Simonds, *The ABC of War Debts and the Seven Popular Delusions about Them*. New York: Harper & Brothers, 1933, S. 1–4, 52–60; »What? No civilization?«, Karikatur im *New York American*, 17. September 1932; »The Back-Seat Driver«, Karikatur im *New York American*, 15. September 1932.

45 »Debt Cancellation Scheme Reeks with Dishonesty, Deceit«, *New York American*, 1. September 1932, S. 14; »If Cancellationists Have their Way«, ebd., 2. September 1932, S. 12; »Norman's Visit First Step in New Offensive against U. S. Taxpayer«, ebd., 10. September 1932 (Finanzredakteur), S. 14; »Lincoln Was Old-Fashioned, So They Say«, ebd., 19. September 1932, S. 10; »What Is Washington Holding Back on the Cancellation Subject?«, ebd., 1. Oktober 1932, S. 12; »Letting Him Down«, ebd., 14. Oktober 1932, S. 14; »American Taxpayers Must Pay for Europe's War Debt Moratorium«, ebd., 6. Dezember 1932, S. 12; Karikatur »Cut the Rope!«, ebd., 15. Dezember 1932, S. 12; »French Default on War Debts a Final Answer to League Court Advocates«, ebd., 16. Dezember 1932, S. 14.

46 Cromwell, *Young America*, S. 16–17; Lippmann, *World Affairs*, S. 168–169; »Congress Unmoved in Stand on Debts«, *New York Times*, 9. Juli 1932, S. 5.

47 »American Public Opinion and War Debts« (Bemerkungen David Astors), RIIA/8/251, Royal Institute of International Affairs (Chatham House), London, 24. Januar 1933 (nicht wörtliche stenographische Aufzeichnung), auch einsehbar auf: http://go.galegroup.com/choa/i.do?$id=GALE%7CI JFRVT663540028&v=2.1&u=chtacomp&it=r&p=CHOA&sw=w&view type=Manuscript 2017; MAE 18CPCOM 303, Note der französischen Botschaft, 2. Januar 1933; Tabouis, *Vingt ans*, S. 133.

48 Lippmann, *World Affairs*, S. 181–186; »Baker Urges Allies and United States to Erase War Debts«, *New York Times*, 30. August 1926, S. 1; »Sees Cancellation an Issue«, ebd., 1. September 1926, S. 6; »Plead for Genero

sity«, ebd., 20. Dezember 1926, S. 1; »Coolidge Deplores Debt Cut Talk Now«, ebd., 22. Dezember 1926, S. 1.

49 Supplement, »The War Debts«, *Economist*, 12. November 1932, S. 1–4, 13–14; Simonds, *ABC*, S. 1–10, 11–19.

50 Siehe u. a. »Nation revolts at menace of US markets glutted by foreign goods«, *New York American*, 1. Januar 1933, S. L-4; »Hawley-Smoot Tariff Fails to Protect Home Market – Let Congress Act at Once!«, ebd., 2. Januar 1933, Leitartikel; »US Needs Higher Tariff, not Lower – Alien Competition Must Be Shut Out«, ebd., 3. Januar 1933, Leitartikel.

51 *Economist,* 12. November 1932, Supplement, S. 10; Simonds, *ABC*, S. 34–42, 52–60; André Tardieu, *Devant l'obstacle: L'Amérique et nous.* Paris: Émile-Paul Frères, 1927, S. 260–261.

52 Charles A. Beard, *American Foreign Policy in the Making, 1932–1940: A Study in Responsibilities.* New Haven, CT: Yale University Press, 1946, S. 121; Raymond Moley, *After Seven Years.* New York: Harper & Brothers, 1939, S. 69.

53 Moley, *Seven Years*, S. 72–73, 77.

54 Moley, S. 73–76, 86–90, 98–101; »Hoover Leaves War Debts to Roosevelt« und »Telegrams Are Revealed«, *New York Times*, 23. Dezember 1932, S. 1.

55 »Senate Democrats Back Debt Stand«, *New York Times*, 23. Dezember 1932, S. 2.

56 Raymond Moley, *The First New Deal.* New York: Harcourt, Brace, 1966, S. 7–39 und *Seven Years*, S. 70.

57 Boyce, S. 391–392; »Commons and American Debt: Mr. Chamberlain's Statement«, *The Times*, 15. Dezember 1932, S. 6–7. Ich bedanke mich bei Professor George Hall vom Economics Department der Brandeis University für seine Hilfe bei diesen Daten, von denen einige hier wiedergegeben sind. 1932 war man mit 84 446 000 US-Dollar im Verzug, während die Bundesausgaben sich auf 4 535 147 138 US-Dollar beliefen; 1933 war man mit 170 550 536 US-Dollar im Verzug, während die Bundesausgaben sich auf 3 863 544 922 US-Dollar beliefen.

58 Daten von Hall: 1932 belief sich das Nettosozialprodukt der USA auf 59 500 000 000 US-Dollar, 1933 auf 57 200 000 000 US-Dollar. Angesichts des Umstands, dass das französische Bruttosozialprodukt sich 1932 (in Francs von 1938) schätzungsweise auf 380 000 000 000 belief, betrug die Dezember-Tranche von 480 000 000 Francs – wegen des Moratoriums die einzige Zahlung in diesem Jahr – 0,01 Prozent. Siehe dazu auch Paul Beaudry, »The French Depression in the 1930s«, *Review of Economic Dynamics* 1, Nr. 5 (2002), S. 73–99, Abb. 1. Da das britische Sozialprodukt 1932 etwa 4 320 000 000 Pfund Sterling betrug, belief sich die Dezember-Rate von 20 000 000 auf etwa 0,4 Prozent Prozent. Siehe dazu James Mitchell und Solomon Solomou, »Monthly GDP Estimates for Interwar

Britain«, https://niesr.ac.uk/sites/default/files/publications/dp348.pdf (annualisierte Zahl für Dezember).

59 »Roosevelt May be Forced to Appeal to Europe's Masses, Says Morgenthau«, *New York American*, 25. Dezember 1932, S. E-3.

60 Merryle Stanley Rukeyser, »Which Way, America?«, *New York American*, 21. Dezember 1932.

61 Karl Strupp, *Der Vertrag von Lausanne: Text mit Erläuterungen und ausführlicher Einleitung über die Entwicklung des Reparationsproblems*. Gießen: Verlag Emil Roth, 1932, S. 44. Patricia Clavin, *Securing the World Economy: The Reinvention of the League of Nations, 1920–1946*. Oxford: Oxford University Press, 2015 [2013], S. 78–83; »Lausanne Convention Full Text«, *The Times*, 9. Juli 1932, S. 9; »The World Conference«, ebd., 3. September 1932, S. 11.

62 Clavin, *Securing*, S. 93; »Preparing for the World Conference«, *The Times*, 3. November 1932, S. 13; »March 4 and June 15«, ebd., 9. Januar 1933, S. 13; »The Lausanne Model«, ebd., 16. Januar 1932, S. 13; »La Conférence économique mondiale«, *Le Temps*, 8. Januar 1933, S. 1; MAE 75CPCOM 73, Boisanger (Genf) an Paris, Bericht über die Sitzung der vorbereitenden Kommission, 9. Januar 1933 und ebd., Massigli (Genf) an Paris, 19. Januar 1933.

63 »Désarmement économique«, *Le Temps*, 12. Februar 1933, S. 1; »Mr. Roosevelt Moves«, *The Times*, 23. Januar 1933, S. 13.

64 *League of Nations World Economic Survey, 1932–33*. Genf: League of Nations, 1933, S. 34–37; »The World Conference Draft Annotated Agenda Submitted by Preparatory Commission of Experts«, supplement, *Economist*, 28. Januar 1933, S. 2.

65 MAE 75CPCOM 73, Fleuriau (London) an Paris, 1. Juni 1932.

9 Japan schließt eine Tür

1 »Small Powers Ask for Check on Japan at League Meeting«, *New York Times*, 7. Dezember 1932, S. 1; »Arbitration in East Is Asked in League«, ebd., 8. Dezember 1932, S. 6; »La Vie Internationale: L'assemblée extraordinaire de la S. D. N.«, *Journal de Genève*, 7. Dezember 1932, S. 8.

2 »League Hears Clash of China and Japan«, *New York Times*, 22. November 1932, S. 1; »Le problème mandchou«, *Le Petit Parisien*, 22. November 1932, S. 3.

3 »Le Conseil et les évènements de Shanghai«, *L'Écho de Paris*, 3. Februar 1932, S. 1; Raymond Leslie Buell, »The League of Nations' Record in the Sino-Japanese Dispute«, *New York Times*, 27. März 1932, S. 3; Salvador de Madariaga, *Morning without Noon*. Westmead: Saxon House, 1974, S. 216–217; »Dr. Schnee ist zurück«, *Vossische Zeitung*, 21. September 1932 (Morgen-Ausgabe), S. 2.

4 Donald A. Jordan, *China's Trial by Fire: The Shanghai War of 1932*. Ann Arbor: University of Michigan Press, 2001, S. 10–23, 60–90, 163–167. Einige Journalisten und alte China-Experten bedauerten die Empfänglichkeit sowohl der Diplomaten als auch des Völkerbunds für die chinesischen Appelle; sie sahen darin nichts als Naivität und Wunschdenken gegenüber einem Land ohne Regierung. Siehe z. B. J. O. P. Bland, *China: The Pity of It*. London: William Heinemann, 1932.

5 Justus D. Doenecke (Hg.), *The Diplomacy of Frustration: The Manchurian Crisis of 1931–1933 as Revealed in the Papers of Stanley K. Hornbeck*. Stanford: Hoover Institution Press, 1981, S. 3–40; Walter Lippmann, Council on Foreign Relations, *The United States in World Affairs: An Account of American Foreign Relations, 1932*. New York: Harper & Brothers, 1933, Appendix VII; »Says League Evades our Japanese Policy«, *New York Times*, 16. Oktober 1932, S. E4.

6 Madariaga, *Morning without Noon*, S. 220–223; DDF I, Bd. 2, Dok. 118, Massigli (Genf) an Herriot, 17. Dezember 1932.

7 »Progress at Geneva«, *Japan Chronicle Weekly Edition* (Kobe), 26. Januar 1933, S. 104.

8 »Military Comment«, *Japan Chronicle Weekly Edition* (Kobe), 13. Oktober 1932, S. 483 und »A United Nation«, S. 485–486; Ian Nish, *Japan's Struggle with Internationalism: Japan, China, and the League of Nations, 1931–3*. London: Kegan Paul International, 1993, S. 180–181; MAE, 39CPCOM 107, Havas-Kabel vom 15. Oktober 1932; USNA RG 165, (M1216), roll 4, McIlroy (Militärattaché, Tokio) an Kriegsministerium, 7. Oktober 1932.

9 MAE 39CPCOM 102, tägliche Presseschau der französischen Botschaft, *Yomiuri*, 16. November 1932, und *Jiji*, 27. November 1932; USNA RG 165, (M1216), roll 4, McIlroy (Militärattaché, Tokio) an Kriegsministerium, 7. Oktober 1932.

10 USNA, RG 84, file 444.00/1–2 Grew an Stimson, 8. Oktober 1932, RG 84, file 442.00, Grew an Stimson, 21. Oktober 1932 und RG 84, file 894.00/465, Grew an Stimson, 27. Januar 1933; USNA RG 165, (M1216), roll 4, McIlroy (Militärattaché, Tokio) an Kriegsministerium, 14. November [sic; Dezember] und 30. Dezember 1932; »Au Japon. L'opinion publique commence à craindre les conséquences de la folie nationaliste des gouvernants«, *Le Populaire*, 3. Februar 1933, S. 3, zitiert *Hochi Shimbun*; USNA, RG 84, Bd. 768, Grew (Tokio) an Außenministerium, 17. November 1932, Bericht über »Zeitungen in Japan«.

11 USNA RG 59 894.00, box 7301, Grew (Tokio) an Außenministerium, 20. September 1932; USNA RG 165, (M1216), roll 4, McIlroy (Militärattaché, Tokio) an War Department, 30. Dezember 1932; MAE 39CPCOM 107, Martel (Tokio) an Herriot, 29. Juni 1932 und Lens an Paul-Boncour, 23. Dezember 1932; »Progress at Geneva«, *Japan Chronicle Weekly Edition*

(Kobe), 26. Januar 1933, S. 104 und »Japan and her Neighbours«, ebd., 2. Februar 1933, S. 141–142.

12 RG 84 diplomatic posts Bd. 766, Grew (Tokio) an Außenministerium, 9. Februar 1933; »Pan-Asianism Again«, *Japan Chronicle Weekly Edition*, 2. Februar 1933, S. 139 und »League of Asia«, S. 162.

13 USNA RG 165, (M1216), roll 4, McIlroy (Militärattaché, Tokio) an Kriegsministerium, 7. Oktober 1932. Er machte diese Bemerkung fünf Tage nach der Veröffentlichung des Lytton-Berichts.

14 *League of Nations: Draft of the Report Provided for in Article 15, Paragraph 4, of the Covenant.* Geneva, 16. Februar 1933, S. 12–14.

15 *Draft of the Report Provided for in Article 15*, 14; »Beginning again in China«, *Japan Chronicle Weekly Edition*, 12. Januar, 1933, S. 32.

16 »Orthodoxy and Dissent«, *Japan Chronicle Weekly Edition*, 2. März 1933, S. 283–284; Thomas W. Burkman, *Japan and the League of Nations: Empire and World Order, 1914–1938*. Honolulu: University of Hawaii Press, 2008, S. 177–190.

17 »Japan and Her Neighbours«, *Japan Chronicle Weekly Edition*, 2. Februar 1933, S. 141–142.

18 Siehe S. 85; MAE 39CPCOM 107, Lens (Tokio) an Herriot, 25. September und 23. November 1932; MAE 39CPCOM 108, Martel (Tokio) an Paul-Boncour, 17. März 1933; USNA RG 165, (M1216), roll 4, McIlroy (Militärattaché, Tokio) an Kriegsministerium, 7. Oktober 1932.

19 *Japan Chronicle Weekly Edition*, 2. März 1933, S. 283–284, »Orthodoxy and Dissent«.

20 Walter Lippmann, Council on Foreign Relations, *The United States in World Affairs. An Account of American Foreign Relations, 1933*. New York und Boston: Harper & Brothers, 1934, S. 33; Arnold J. Toynbee, *Survey of International Affairs 1932*. London: Oxford University Press, 1933, S. 537; »Relations Resumed between China and Russia«, *New York Times*, 13. Dezember 1932, S. 4.

21 Jonathan Haslam, *The Soviet Union and the Threat from the East, 1933–1941: Moscow, Tokyo, and the Prelude to the Pacific War*. Pittsburgh: University of Pittsburgh Press, 1992, S. 1–11; Dr. A. Legendre, »Un Conflit entre Japon et Russie est-il possible?«, *Le Figaro*, 27. Juni 1932, S. 1; Eugene Lyons, *Assignment in Utopia*. New York: Harcourt, Brace, 1937, S. 250–255.

22 MAE 39CPCOM 137, AE-Note, 28. Dezember 1932 und Dejean (Moskau) an Paul-Boncour, 19. Januar 1933; MAE 39CPCOM 136, Konsul in Harbin an Nanking, 26. Juli 1932; ebd., Wilden (Peking) an MAE, 19. August 1932; ebd., Lens (Tokio) an MAE, 31. August 1932; *Figaro*, »Conflit«, 27. Juni 1932.

23 Toynbee, *Survey 1932*, S. 533.

24 Jonathan Haslam, *Soviet Foreign Policy, 1930–33: The Impact of the*

Depression. London: Macmillan, 1983, S. 74–83; Haslam, *Soviet Union and Threat*, S. 1–11, 24–30; R. W. Davies u. a. (Hg.), *The Stalin-Kaganovich Correspondence, 1931–1936*. New Haven: Yale University Press, 2003, Dok. 26, Stalin an Kaganowitsch, 5. Juni 1932 und Dok. 48, Kaganowitsch an Stalin, 17. Juli 1932.

25 MAE, 39CPCOM 136, Martel (Tokio) an Tardieu, 12., 19. April und 5. Mai 1932; und Payart (Moskau) an MAE, 24. September 1932; MAE 39CPCOM 137, Dejean (Moskau) an Herriot, 22. November 1932.

26 Toynbee, *Survey 1932*, S. 534–535.

27 Haslam, *Soviet Foreign Policy*, S. 74–96; David R. Stone, *Hammer and Rifle: The Militarization of the Soviet Union, 1926–1933*. Lawrence: University of Kansas Press, 2000, S. 184.

28 MAE 39CPCOM 136, Presseberichte von Payart et al. (Moskau): *Iswestija*, 15., 18., 23. April, 30. Mai, 6. Juni 1932 und *Prawda*, 30. Mai 1932; MAE 39CPCOM 137, idem, *Prawda*, 13. Dezember 1932; Dejean (Moskau) an Paul-Boncour, 28. Februar 1933.

29 MAE 39CPCOM 137, französischer Botschafter (Moskau) an Paul-Boncour, 25. Januar 1933; USNA RG 59, T-1249, roll 5, Skimmer (Riga) an Außenministerium, 20. Januar und 24. März 1933; Stone, *Hammer and Rifle*, S. 204–209; siehe S. 147–148.

30 A. W. Golubew, »*Esli mir obrushitsia na nashu Respubliku …«: Sovestkoe obshchestvo i vneshniaia ugroza v 1920–1940-e gg.* [»Wenn die Welt über unsere Republik herfällt …«. Sowjetgesellschaft und Bedrohung von außen, 1920er- bis 1940er-Jahre]. Moskau: Kuchkovo pole, 2008, S. 141–145. Ich bedanke mich bei April French, Passagen des Werks gefunden und übersetzt zu haben.

31 MAE 39CPCOM 137, MAE Note 28. Dezember 1932; MAE 39CPCOM 136, Havas-Kabel aus Tokio, 2. Juni 1932.

32 MAE 39CPCOM 137, Lens (Tokio) an Paul-Boncour, 23. Oktober 1932; MAE 39CPCOM 136, Martel (Tokio) an Tardieu, 12. April und 30. Mai 1932.

33 MAE 39CPCOM 136, Martel (Tokio) an Tardieu, 22. und 30. Mai 1932; TNA FO 371/16243, Lindley (Tokio) an FO, 27. April 1932; Haslam, *Soviet Foreign Policy*, S. 80–81.

34 MAE 39CPCOM 137, Lens (Tokio) an Paul-Boncour, 23. Oktober 1932.

35 William Martin, »Le Japon est-il l'ennemi des Soviets?«, *Journal de Genève*, 27. Oktober 1932; »Japan's Delegate at Geneva«, *Manchester Guardian*, 7. Dezember 1932, S. 13; Toynbee, *Survey 1932*, S. 535.

36 MAE 39CPCOM 137, Dejean (Moskau) an Paul-Boncour, 19. Januar 1933; ebd., Lens (Tokio) an Paul-Boncour, 19. Januar 1933; MAE 39CPCOM 137, Martel (Tokio) an Paul-Boncour, 17. März 1933.

37 MAE 39CPCOM 137, Lens (Tokio) an Paul-Boncour, 19. Januar 1933; Haslam, *Soviet Union and Threat*, S. 2–3.

38 USNA RG 59 894.00, Hoover an Stimson, 24. Februar 1933.
39 Siehe S. 168–170; Frank H. Simonds, *Can America Stay at Home?* New York und London: Harper & Brothers, 1932, S. 280–283.
40 Simonds, *Can America*, S. 253, 313–332; Raymond Leslie Buell, Walter Millis, Frank H. Simonds, »Foreign Problems Confronting the New Administration«, Foreign Policy Association, 23. Februar 1933, Bemerkungen von Millis.
41 Toynbee, *Survey 1932*, S. 540–558.
42 TNA FO 370/16151, Note von Wellesley, 23. Februar 1932; TNA FO 371/15874, Lindsay (Washington) an Außenministerium, 21. Januar 1932; Robert Vansittart, *The Mist Procession*. London: Hutchinson, 1958, S. 437; Toynbee, *Survey*, S. 550–552.
43 TNA FO 371/16163, Lindley (Tokio) an FO, 11. März 1932 und Anmerkungen des Außenministeriums.
44 Toynbee, *Survey 1932*, S. 523–524, 527 (Anmerkung); »Manchukuo«, *The Times*, 16. September 1932, S. 13; »Public Opinion and the Lytton Report«, ebd., 15. Oktober 1932, S. 15; »The League and Manchuria« ebd., 23. November 1932, S. 13; »Manchukuo and Geneva«, ebd., 17. Januar 1933, S. 13; »The Shanghai Crisis: Record of a Discussion at Chatham House, 22nd Februar 1932«, *International Affairs* 11, Nr. 2 (März 1932), S. 153–179, Bemerkungen von Fremantle.
45 »The Lytton Report«, *Manchester Guardian*, 3. Oktober 1932, S. 8; LNA, R3609, Akte mit Briefen an den Generalsekretär, Januar–März 1933; Toynbee, *Survey 1932*, S. 552.
46 »La France isolée«, *Le Figaro*, 5. Dezember 1932, S. 3; »Où sont les garanties de la paix?«, ebd., 7. Dezember 1932, S. 1; »La solution du problème mandchoue et chinois«, ebd., 9. Dezember 1932, S. 1; »Le conflit sino-japonais. Une heure critique pour la SDN«, ebd., 10. Januar 1933, S. 1; »La leçon de l'extrême-orient«, ebd., 21. Januar 1933.
47 DDF, I, Bd. 2, Dok. 183, »Note du service français de la S. D. N. Le conflit sino-japonais«, Paris, 10. Januar 1933.
48 USNA RG 59 894.00, Hoover to Stimson, 24. Februar 1933.
49 »Roosevelt Hears Views of Stimson on Foreign Policy«, *New York Times*, 10. Januar 1933, S. 1; »Firm on Recognition«, ebd., 17. Januar 1933, S. 1; »Roosevelt Reveals Policy in Far East«, ebd., 18. Januar 1933, S. 1; Henry L. Stimson und McGeorge Bundy, *On Active Service in Peace and War*. New York: Harper & Brothers, 1947, 1948, S. 297; Raymond Moley, *After Seven Years*. New York: Harper & Brothers, 1939, S. 94–95; siehe S. 168–170.
50 Rexford G. Tugwell, »Franklin D. Roosevelt on the Verge of the Presidency«, *The Antioch Review* 16, Nr. 1 (Frühjahr 1956), S. 46–79.
51 Rexford G. Tugwell, *The Democratic Roosevelt: A Biography of Franklin D. Roosevelt*. Garden City, NY: Doubleday, 1957, S. 346;

Henry L. Stimson, *The Far Eastern Crisis: Recollection and Observations*. New York: Harper & Brothers for Council on Foreign Relations, 1936, S. 226; Charles A. Beard, *American Foreign Policy in the Making, 1932–1940: A Study in Responsibilities*. New Haven, CT: Yale University Press, 1946, S. 133–144; Bernard Sternsher, »The Stimson Doctrine: F. D. R. versus Moley and Tugwell«, *Pacific Historical Review* 31, Nr. 3 (August 1962), S. 281–289.

52 »As Japan hears the Verdict«, *New York Herald Tribune*, 6. September 1932, S. 14; »Japan's Request for Time«, ebd., 10. September 1932, S. 8; »März of Events. Muscovite and Mongolian«, *New York American*, 10. September 1932, S. E-1; »Delaying the Performance« (Karikatur und Kommentar, Leitartikelseite), ebd., 2. Dezember 1932; Karikatur auf der Leitartikelseite, ebd., 12. Dezember 1932.

53 *League of Nations: Draft of the Report*, S. 14–15; Lippmann, *World Affairs 1933*, S. 37–38; »30,000 Japanese Attack«, *New York Times*, 24. Februar 1933, Sp. 1 und »Tokyo Ultimatum Threatens Force«, S. 5.

54 USNA RG 165, (M1216), roll 4, McIlroy (Militärattaché, Tokio) an Kriegsministerium, 24. Februar 1933; Nish, *Japan's Struggle*, S. 189–194, 209–210.

55 MAE 39CPCOM 102, Lens an Paul-Boncour, 7. März 1933, tägliche Presseschau der französischen Botschaft, 19. Februar 1933–7. März 1933: *Asahi*, 19. Februar, *Nichi Nichi*, 19. und 21. Februar, *Fukuoka Nichi Nichi*, 21. Februar, *Chugai Shogyo* 23. Februar.

56 USNA RG 165, (M1216), roll 4, McIlroy (Militärattaché, Tokio) an Kriegsministerium, 24. Februar 1933.

57 Hugh R. Wilson, *Diplomat between Wars*. London: Longmans, Green, 1941, S. 280.

58 Wickham Steed, »German Armaments? Menace or Opportunity?«, *Sunday Times*, 11. September 1932, S. 14; »Hoddo of 13th Year Threatens League of Nations«, *New York American*, 11. September 1932, S. 11; »Arms and the Germans«, *New York Herald Tribune*, 2. September 1932, S. 4; »Geneva Is Upset by Prospect of Armament Race«, ebd., 14. September 1932, S. 8; USNA RG 59 862.00, Bd. 84, Edge (Paris) an Stimson, 14. Februar 1932; »Un discours de Molotov sur la situation international du pays du socialism«, *L'Humanité*, 25. January 1933, S. 3.

59 »Advisory Body Is Formed«, *New York Times*, 25. Februar 1933, S. 1; Paul Schmidt, *Statist auf diplomatischer Bühne 1923–1945, Erlebnisse des Chefdolmetschers im Auswärtigen Amt mit den Staatsmännern Europas*. Bonn: Athenäum-Verlag, 1950, S. 252–253. Schmidt erinnert die Szene folgendermaßen: Nach Matsuokas Erklärung, eine Zusammenarbeit Japans mit dem Völkerbund sei in dieser Angelegenheit ab sofort nicht mehr möglich, »erhob er sich und mit ihm die ganze japanische Delegation, und die Japaner verließen im Gänsemarsch unter dem betretenen Schweigen

der anderen Delegierten die Sitzung. Erst als sich die Tür hinter dem letzten Japaner geschlossen hatte, verfiel der Präsident Paul Hymans auf den Ausweg, die Sitzung aufzuheben, um dem Vorgang seinen dramatischen Charakter zu nehmen.« Die Wochenschau von Associated Press zeigte die Szene nicht.

10 Das Reich in den Augen des Auslands

1 Harry Graf Kessler, *Tagebücher, 1918–1937: Politik, Kunst und Gesellschaft der zwanziger Jahre* (Frankfurt/M.: Insel Verlag, 1962 [1961]), S. 703–704, Eintrag für den 30. Januar 1933.

2 Armand Bérard, *Au temps du danger allemand*, Bd. 1 von *Un ambassadeur se souvient*, 5 Bde. Paris: Plon, 1976–1982, S. 162–163, 164, 166.

3 Volker Ullrich, *Adolf Hitler: Die Jahre des Aufstiegs*. Frankfurt/M.: S. Fischer, 2013, S. 378, 392–394; Bérard, *Ambassadeur*, S. 174; André François-Poncet, *Als Botschafter im ›Dritten Reich‹: Die Erinnerungen des französischen Botschafters in Berlin September 1931 bis Oktober 1938*. Mainz/Berlin: Florian Kupferberg, 1980 (1946), S. 75–77.

4 Ullrich, *Hitler*, S. 384–385; Bérard, *Ambassadeur*, S. 171.

5 J. Noakes und G. Pridham (Hg.), *Nazism, 1919–1945: A Documentary Reader*, Bd. 1. Exeter: University of Exeter Press, 1998–2001 [1983–1998], S. 110–113; Ullrich, *Hitler*, S. 378–384.

6 Ullrich, S. 401, 407, 412.

7 Ullrich, S. 399–400, 408–409; Noakes und Pridham, *Nazism*, Bd. 1, S. 129 (Anmerkung); Bérard, *Ambassadeur*, S. 173. Siehe z. B. auch Jacques Bainville, »Les Hohenzollern et Hitler«, *L'Action française*, 26. November 1931, S. 1; MAE 78CPCOM 676, französischer Botschafter in Madrid an Paris, 3. August 1932 (Zusammenfassung der Vorhersagen in der spanischen Presse); François-Poncet, *Als Botschafter*, S. 75.

8 Pierre Jardin, *Aux racines du mal: 1918 le déni de la défaite*. Paris: Tallandier, 2005; Ralf Georg Reuth (Hg.), *Joseph Goebbels, Tagebücher 1897–1945*, Bd. 2. München: Piper, 1995, Eintrag für den 10. Dezember 1932, Anm.; AA, Serie C: »1933–1937 Das dritte Reich: die ersten Jahre«, Bd 1, 30. Januar–15. Mai 1933, Dok. 3, Kabinettsprotokolle vom 31. Januar 1933.

9 Goebbels, *Tagebücher*, Einträge für den 30. und 31. Januar 1933; AA, Serie C, Band 1, Dok. 7, Kabinettsprotokolle vom 1. Februar 1933; zu Fricks Aktionen in Thüringen siehe S. 133–134; Richard Evans, *The Coming of the Third Reich*. Penguin: New York, 2003, S. 317–321.

10 Andreas Wirsching, »›Man kann nur Boden germanisieren‹: Eine neue Quelle zu Hitlers Rede vor den Spitzen der Reichswehr am 3. Februar 1933«, *Vierteljahrshefte für Zeitgeschichte* 49 (2002), S. 516–550. Einige Historiker haben in Frage gestellt, dass Hitlers Bemerkungen wörtlich

genommen werden können oder sollten, da sie nur in den Notizen von Anwesenden (wie der späteren Hoßbach-Niederschrift 1937) festgehalten sind. Siehe u. a. Ian Kershaw, *Hitler 1889–1936*. Stuttgart: Deutsche Verlags-Anstalt, 1998, S. 561; Kershaw unterstellt, dass seine Zuhörer sie »mehr als eine lockere Metapher für Expansionspolitik« sahen. Wirsching legt die Kopie einer anonymen Aufzeichnung der Rede vor, derer die Deutsche Kommunistische Partei binnen weniger Tage nach der Rede habhaft wurde; nach Moskau geschickt, blieb sie dort bis zu ihrer Veröffentlichung 2011 unentdeckt. Wenn Hitler, wovon man ausgehen kann, sich der Loyalität der Wehrmacht zu vergewissern versuchte, dann dürfte es ihm kaum geholfen haben, dieser einen Rassenkrieg im Osten in Aussicht zu stellen.

11 »Hitler vor der Reichswehr«, *Vossische Zeitung*, 5. Februar 1933, S. 2.

12 Philippe Barrès, »Hitler est nommé chancelier du Reich et M. von Papen, vice-chancelier«, *Le Matin*, 31. Januar 1933, S. 1; »Bulletin du jour. Le cabinet Hitler en Allemagne«, *Le Temps*, 31. Januar 1933, S. 1.

13 Barrès, *Le Matin*, 31. Januar 1933; »La crise politique en Allemagne«, *Le Temps*, 27. Februar 1933, S. 1; USNA, RG 59.862 Bd. 84, Walter Edge (Paris) an Stimson, 14. Februar 1933.

14 USNA RG 59 862 Bd. 84, F. L. Belin (Warschau) an Stimson, 8. Februar 1933 und G. B. Stockton (Wien) an Stimson, 2. Februar 1933; MAE 116CPCOM 94, Leon Noël (Prag) an Paul-Boncour, 5. Februar 1933.

15 Adolf Kimmel, *Der Aufstieg des Nationalsozialismus im Spiegel der französischen Presse, 1930–1933*. Bonn: H. Bouvier, 1969, S. 144–156; »Le chancelier Hitler« (Leitartikel ohne Autorenangabe), *L'Europe nouvelle*, 4. Februar 1933, S. 1; »En présence de Hitler et de l'ex-Kronprinz« (Leitartikel ohne Autorenangabe), *L'Œuvre*, 6. Februar 1933, S. 1.

16 Kimmel, *Aufstieg*, S. 138–140, 142–144, 152–156; Charles Maurras, »La Politique. Eternelle Allemagne«, *Action Française*, 7. Februar 1933, S. 1 und J. B. [Jacques Bainville], »Un million de voix gagnées par Hitler«, ebd., 5. Februar 1933, S. 1; »Choucroute et Macaroni«, *L'Avenir*, 5. Februar 1933, S. 1; Léon Blum, »Hitler au pouvoir«, *Le Populaire*, 9. Februar 1933; Pertinax, »Hitler, Chancelier du Reich«, *L'Écho de Paris*, 31. Januar 1933.

17 MAE, 78CPCOM 676, Laroche (Warschau) an Paris, 8. Februar 1933 (Presseschau); USNA RG 59.862 Bd. 84, F. L. Belin (Warschau) an Stimson, 8. Februar 1933; S. Pinkney Tuck (Prag) an Stimson, 3. Februar 1933; G. B. Stockton (Wien) an Stimson, 2. Februar 1933.

18 »Hitler in the Saddle«, *Economist*, 4. Februar 1933, S. 224; Sebastian Edwards, *American Default: The Untold Story of FDR, the Supreme Court, and the Battle over Gold*. Princeton, NJ: Princeton University Press, 2018, S. 20.

19 »Hitler in the Saddle«; »Hitler News Fails to Stir Wall Street«, *New York*

Times, 31. Januar 1933, S. 3; »Another German election«, ebd., 2. Februar 1933, S. 16; »The German Contest«, ebd., 27. Februar 1933, S. E4; »Hugenberg-Giant Shadow over Hitler«, ebd., 26. Februar 1933, S. SM 7.

20 MAE 92 CP COM 213, französische Botschaft London an Paris, 31. Januar 1933 (*News-Chronicle* und *Daily Telegraph*); »Herr Hitler in Office«, *The Times*, 31. Januar 1933, S. 11; »Dissolution in Germany«, ebd., 3. Februar 1933, S. 11; »Hitler Smashes Military Plot. Fascist Hero Forms Cabinet«, *Daily Express*, 31. Januar 1933, S. 1; »Red Wave of Terror«, ebd., 1. Februar 1933, S. 2; »Hitler«, *Manchester Guardian*, 31. Januar 1933, S. 8 und »The First Day«, ebd., 1. Februar 1933, S. 8.

21 »Hitler in Power«, *The Nation*, 8. Februar 1933, S. 137 und »Hitler Wins«, ebd., 15. Februar 1933, S. 277; »Scared to Death«, *Time*, 27. Februar 1933, S. 15 (aus Michael Zalampas, *Adolf Hitler and the Third Reich in American Magazines, 1923–1939*. Bowling Green, OH: Bowling Green State University Popular Press, 1989, S. 26, 28, 26 mit Anm. 114, 28 mit Anm. 3; »Hitler in the Saddle«, *Economist*, 4. Februar 1933, S. 224; »Hitler«, *Manchester Guardian*, 31. Januar 1933, S. 8; »German ›Fascist‹ Regime«, *The Times*, 15. Februar, S. 12; »A Hitlerist state«, 16. Februar 1933, S. 12 und 17. Februar 1933, S. 13, »Chancellor Hitler«.

22 »Germany To-Day: Dangers Within and Without«, *Sunday Times*, 26. Februar 1933, S. 16; D. Sefton Delmer, »Germany's 21-Day Chancellor«, *Daily Express*, 22. Februar 1933, S. 10; »Liberty Officially Abolished All over Germany«, ebd., 28. Februar 1933, S. 1. In der zweiten Februar-Hälfte berichtete *The Times* fast täglich über politisch motivierte Gewalt in Deutschland.

23 *Iswestija*, 30. Januar 1933, aus MAE, *Bulletin périodique de la presse russe*, S. 226, 3. Januar–12. Februar 1933; USNA, RG 59.862 Bd. 84, französischer Konsul Triest und Fiume an Paul-Boncour, 1. Februar 1933.

24 MAE, 97CPCOM 235–366–1, französischer Konsul Palermo an Paul-Boncour, 14. Februar 1933; MAE 97CPCOM-258, französischer Konsul Rom an Paul-Boncour; USNA, RG 59.862 Bd. 84, Garrett (Rom) an Stimson, 1. Februar 1933; *Prawda*, 19. November 1932, »In an Impasse«, aus MAE, 117 CPCOM 918, *Bulletin périodique de la presse russe*, Nr. 224, 8. Oktober–30. November 1932; Jonathan Haslam, *Soviet Foreign Policy, 1930–33: The Impact of the Depression*. London: Macmillan, 1983, S. 113–118.

25 AN 462 AP 14, handschriftliche Notizen von André François-Poncet, 9. Februar 1933.

26 Ebd.; DDF, I, Bd. 2, Nr. 264, François-Poncet an Paul-Boncour, 5. Februar 1933 und Nr. 275, François-Poncet an Paul-Boncour, 8. Februar 1933; François-Poncet, *Als Botschafter*, S. 102.

27 DBFP, II, Bd. 4, Nr. 238, Rumbold an Simon, 7. Februar 1933.

28 Detlev Clemens, *Herr Hitler in Germany. Wahrnehmungen und Deutungen*

des Nationalsozialismus in Großbritannien 1920 bis 1939. Göttingen: Vandenhoeck & Ruprecht, 1996, S. 253–256.

29 USNA, RG 59.862, Bd. 84, Sackett (Berlin) an Stimson, 7. Februar 1933.

30 DDF, I, Bd. 2, Nr. 275, François-Poncet an Paul-Boncour, 8. Februar 1933.

31 Jonathan Haslam, *The Soviet Union and the Struggle for Collective Security in Europe, 1933–39*. London: Macmillan, 1984, S. 9; DDF, I, Bd. 2, Nr. 289, François-Poncet an Paul-Boncour, 11. Februar 1933 (Gespräch mit sowjetischen Diplomaten).

32 DBFP, II, Bd. 4, Nr. 243, Rumbold an Simon, 22. Februar 1933 und 240, Rumbold an Simon, 14. Februar 1933.

33 USNA, RG 59.862 Bd. 84, Leon Dominian, amerikanischer Generalkonsul, Stuttgart, an Stimson, 21. Februar 1933.

34 DDF, I, Bd. 2, Nr. 378, François-Poncet an Paul-Boncour, 7 März 1933.

35 François-Poncet, *Als Botschafter*, S. 107.

36 Siehe zum Beispiel DDF, I, Bd. 2, Nr. 351, François-Poncet an Paul-Boncour, 28. Februar 1933; Kessler, *Tagebücher*, S. 709–711, Eintrag für den 28. Februar 1933.

37 Noakes und Pridham, *Nazism*, Bd. 1, S. 141–142; »News from Abroad. Storm Troopers as Police«, *Manchester Guardian,* 25. Februar 1933, S. 13, 18.

38 A. J. Nicholls, *Weimar and the Rise of Hitler*. New York: St. Martin's Press, 1991 [1968], S. 116; Jürgen W. Falter, *Hitlers Wähler*. München: Verlag C. H. Beck, 1991, S. 38–41; vgl. Goebbels, *Tagebücher* 2, Eintrag für den 5. März 1933; »Die Perspektiven«, *Vossische Zeitung*, 7. März 1933, S. 1 (Morgen-Ausgabe).

39 Falter, *Wähler*, S. 25 (Tabelle), S. 40; *Vossische Zeitung*, »Perspektiven«, 7. März 1933, zitiert die *Deutsche Allgemeine Zeitung* und die *Kreuzzeitung*.

40 »Potsdam Spirit Hailed«, *New York Times*, 22. März 1933, S. 1; MAE 78CPCOM 676, François-Poncet an Paul-Boncour, 22. März 1933; François-Poncet, *Als Botschafter*, S. 118–120.

41 »L'apothéose d'Hitler« (Foto), *Le Petit Parisien*, 22. März 1933; Victor Klemperer, *Ich will Zeugnis ablegen bis zum letzten: Tagebücher, 1933–1934*. Berlin: Aufbau, 2006 [1995], Einträge für den 10., 22., 30. März 1933; Kessler, *Tagebücher*, S. 712, Eintrag für den 18. März 1933.

42 Clemens, *Herr Hitler in Germany*, S. 299–301; siehe u. a. DBFP, II, Bd. 5, Dok. 22, Rumbold an Simon, 5. April 1933; FRUS, 1933, Bd. 2, Sackett an Hull, 21. März 1933; MAE 78CPCOM 676, François-Poncet an Paul-Boncour, 22. März und 4. April 1933.

43 USNA, RG 59.862 Bd. 84, J. Webb Benton (Prag) an Hull, 14. März 1933; ebd., *Il Giornale d'Italia*, 4. März 1933, S. 1, »Dal Teatro di Weimar alla Chiesa di Potsdam« (von Garrett, Rom, an Hull, 10. März 1933); MAE 117 CPCOM 985, François-Poncet an Paul-Boncour, 11. März 1933

(sowjetische Presseberichte); »Bulletin du jour, La reunion du Reichstag allemande«, *Le Temps*, 22. März 1933, S. 1.

44 *Gazeta Warszawska*, 30. März 1933; Übersicht über die Meldungen der Nachrichtenagenturen, beide aus MAE, *Bulletin périodique de la presse polonaise,* S. 231, 24. März–30. April 1933.

45 »Régression«, *Le Temps,* 30. März 1933, S. 1 und »Bulletin du jour: Le chaos politique en Allemagne«, ebd., 2. April 1933, S. 1; »Nazi Discipline«, *The Times*, 9. März 1933, S. 11; »Reprisals in Germany«, ebd., 11. März 1933, S. 9; »Violence in Germany«, ebd., 17. März 1933, S. 13; »According to Plan«, ebd., 3. April 1913, S. 15; »German Fugitives Tell of Atrocities«, *New York Times*, 20. März 1933, S. 1; »Half Million Jews Affected by Hitler Furor in Germany«, ebd., 26. März 1933, S. 4; Richard Breitman, Allan J. Lichtman, *FDR and the Jews.* Cambridge, MA: Harvard University Press, 2013, S. 55.

46 »British Jews and Germany«, *Sunday Times*, 26. März 1933, S. 17; »En face d'une invasion allemande«, *Le Figaro*, 2. April 1933, S. 1.

47 »Judea Declares War on Germany«, *Daily Express*, 24. März 1933, S. 1; »Hitler Nazis Declare War on World Jewry«, *Chicago (Daily) Tribune*, 31. März 1933, S. 1.

48 Siehe u. a. »Nazis Want Peace while they Effect Internal Reforms«, *New York Times*, 7. März 1933, S. 1; MAE 78CPCOM-676 10. März 1933, französischer Botschafter in Washington an Paris (Presseschau).

49 »The Spirit of Potsdam«, *The Times*, 22. März 1933, S. 15.

50 »Cabinet Made the Issue«, *New York Times*, 2. Februar 1933, S. 1.

51 »Hitler Reassures East Prussians«, *New York Times*, 5. März 1933, Sp. 20; »Hitler and the Corridor«, *Manchester Guardian*, 14. Februar 1933, S. 13; »Dictatorship Bill Passed in Germany«, ebd., 23. März 1933, S. 11; »Hitler's Reichstag Speech: Statement of Foreign Policy«, S. 14; »Herriots Bumerang«, *Vossische Zeitung*, 10. Februar 1933, S. 1; DDF, I, Bd. 2, Dok. 282, François-Poncet an Paul-Boncour, 10. Februar 1933.

52 AA, C, Bd. 1, Dok. 1, 30. Januar 1933, *Runderlass* von Bülow.

53 AA, C, Bd. 1, Dok. 6, Dirksen (Moskau) an Bülow, 31. Januar 1933; DBFP, II, Bd. 4, Nr. 232, Simon an Rumbold, 31. Januar 1933; USNA, RG 59.862 Bd. 84, Memorandum von W. R. Castle, 2. Februar 1933; DDF, I, Bd. 2, Dok. 260, François-Poncet an Paul-Boncour, 4. Februar 1933.

54 USNA, RG 59.862 Bd. 84, Sackett an Stimson, 20. Februar 1933.

55 DDF, I, Bd. 2, François-Poncet an Paul-Boncour: Dok. 260, 4. Februar 1933, Dok. 275, 8. Februar 1933, Dok. 413, 15. März 1933; ebd., Bd. 3, François-Poncet an Paul-Boncour, Dok. 70, 30. März 1933, Dok. 92, 5. April 1933, Dok. 105, 8. April 1933; François-Poncet, *Als Botschafter*, S. 164–167; er äußert sich hier eingehender über seine Begegnung mit Hitler als in seinem Kabel an sein Außenministerium seinerzeit; USNA RG 59 762.00 Box 4346, Berlin an Washington, 19. April 1933 (Rosenberg).

56 DBFP, II, Bd. 5, Dok. 23, Rumbold an Simon, 7. April 1933 und Dok. 36, Rumbold an Simon, 26. April 1933; Clemens, *Herr Hitler in Germany*, S. 293–294.

57 USNA, RG 59, file 862.00/3013, Charles Hathaway, München, an George Gordon, Chargé d'affaires Berlin, 13. Mai 1933, S. 22, 33, 44–45.

58 FRUS, 1933, Bd. 2, Klieforth (Berlin) an Stimson, 20. Februar 1933 und Norman Davis über Gordon (Berlin) an Hull, 9. April 1933; Othmar Plöckinger, *Geschichte eines Buches: Adolf Hitlers »Mein Kampf«, 1922–1945*. München: Institut für Zeitgeschichte/R. Oldenbourg, 2006, S. 489, 496; Cordell Hull, *The Memoirs of Cordell Hull*, Bd. 1. New York: Macmillan, 1948, S. 235–245.

59 MAE, 117 CPCOM 985, Dejean (Moskau) an Paul-Boncour, 10., 22., 27. März 1933; ebd., François-Poncet an Paul-Boncour, 8., 11., 16. und 27. März 1933.

60 »Die Bibel der deutschen Faschisten« in Othmar Plöckinger (Hg.), *Schlüsseldokumente zur internationalen Rezeption von »Mein Kampf«*. Stuttgart: Franz Steiner, 2016, S. 11–74. 1939, am Vorabend des Hitler-Stalin-Pakts, gab Stalin seinem inneren Kreis – der längst nicht mehr der von 1932 war – Hitlers Buch zur Lektüre; wie viele es jedoch tatsächlich gelesen und es darüber hinaus diesmal ernst genommen haben, ist nicht bekannt; siehe Stephen Kotkin, *Stalin*, Bd. 2. New York: Penguin, 2017, S. 681–682.

61 »Fascismo«, *Corriere della Sera*, 7. März 1933, Sp. 1 (Auschnitt von USNA, RG 59.862 Bd. 84, Garrett an Stimson, 10. März 1933); »The Spirit of Potsdam«, *The Times*, 22. März 1933, S. 15; »Nazis Want Peace While They Effect Internal Reforms«, *New York Times*, 7. März 1933, S. 1.

62 »Hitlerism«, *Manchester Guardian*, 22. März 1933, S. 10; Edgar Ansel Mowrer, *Germany Puts the Clock Back*. London: Bodley Head, 1933, S. 40–50, 326; Wickham Steed, *The Meaning of Hitlerism*. London: Nisbet, 1934, S. 52–55. A. J. P. Taylor zog eine direkte Verbindung von der Außenpolitik des Dritten Reichs zu den »schlechten« Kräften der deutschen Geschichte (in *The Course of German History: A Survey of the Development of Germany since 1815*. London: H. Hamilton, 1945), bevor er dann in *The Origins of the Second World War* zum gegenteiligen Schluss kam: A. J. P. Taylor, *The Origins of the Second World War*. London: H. Hamilton, 1961; *Le Temps*, 22. März 1933, S. 1, »Bulletin du jour, La reunion du Reichstag allemande«.

63 USNA, RG 59.862 Bd. 84, Stafford (Kaunas) an Stimson, 22. Februar 1933, zitiert *Lietuvios Zinios*, 14. Februar 1933; Paul Ravoux, »En Allemagne: En l'an I du troisième Reich«, *L'Europe nouvelle*, 11. Februar 1933, S. 1; USNA, RG 59.862 Bd. 84, Edge (Paris) an Stimson, 9. Februar 1933, zitiert »Les élections allemandes: Le triomphe d'Hitler«; »Et maintenant?«, *L'Avenir*, 2. Februar 1933, S. 1; *Le Figaro*, 6. März 1933, S. 1.

64 DBFP, II, Bd. 5, Dok. 36, Rumbold an Simon, 26. April 1933; FRUS, 1933, Bd. 2, Dominian (Stuttgart) an Hull, 4. April 1933; Plöckinger, *Geschichte eines Buches*, S. 524–529; Karl Radek warf den Deutschen am 22. März 1933 in der *Iswestija* vor, die UdSSR versklaven zu wollen und in den Slawen eine minderwertige Rasse zu sehen; dies war jedoch nicht die dominante sowjetische Linie, die zu der Zeit eher ambivalent bis ratlos war. Siehe z. B. MAE 117 CPCOM 985, Dejean an Paul-Boncour, 4. April 1933.

65 Wilhelm Deist u. a., *Ursachen und Voraussetzungen des Zweiten Weltkrieges*. Frankfurt/M.: Fischer Taschenbuch Verlag, 1989, S. 133.

66 USNA, RG 59.862 Bd. 84, Walter Edge (Paris) an Sackett, 1. Februar und 9. Februar 1933 (Zusammenfassungen der Presse); »Hitler chancelier«, *Journal des Débats*, 31. Januar 1933, S. 1; »Un avertissement prophétique«, *Le Figaro*, 9. Februar 1933, S. 1; Édouard Herriot, »Retour au calme«, *Ere nouvelle*, 9. Februar 1933, S. 1; MAE Z 676, Corbin (Brüssel) an Paris, 16. und 23. Februar 1933.

11 Komplizen wider Willen

1 »The Children's Hour«, *The Times*, 13. Februar 1933, S. 13.

2 MAE 92CPCOM-281, Fleuriau (London) an Paul-Boncour, 22. Februar 1933.

3 »›Un-British‹ Oxford Men: Communist Motion Stirs City«, *Daily Express*, 13. Februar 1932, S. 11; *The Times*, »Children's Hour«; E. L. Woodward, *Short Journey*. London: Faber & Faber, 1942, S. 182–183.

4 Woodward, S. 182–183.

5 »Britain and Europe«, *Sunday Times*, 5. Februar 1933, S. 14; »The Universities. Oxford Pacifists' Petty Triumph«, ebd., 12. Februar 1933, S. 20, »Men, Women, and Memories«, ebd., 19. Februar 1933, S. 13; Robert Lord Vansittart, *The Mist Procession*. London: Hutchinson, 1958, S. 430.

6 James J. Barnes und Patience P. Barnes, *Hitler's Mein Kampf in Britain and America: A Publishing History, 1930–39*. Cambridge: Cambridge University Press, 1980, S. 16, 78; Sven Felix Kellerhoff, *»Mein Kampf«: Die Karriere eines deutschen Buches*. Stuttgart: Klett-Cotta, 2015, S. 268–270, 276–280, 287; Antoine Vitkine, *Hitlers »Mein Kampf«. Geschichte eines Buches*. Hamburg: Hoffmann und Campe, 2015, S. 96–100, 127–143; »Une conversation avec Adolf Hitler«, *Le Matin*, 22. November 1933, S. 1; Othmar Plöckinger, *Geschichte eines Buches: Adolf Hitlers »Mein Kampf«, 1922–1945*. München: Institut für Zeitgeschichte/R. Oldenbourg, 2006, S. 461–497, 513–514, 520–524, 549–555. Das Original der Gesamtübersetzung wurde der russischen Öffentlichkeit erst nach der Auflösung der UdSSR zugänglich; Stephen Kotkin, *Stalin*, Bd. 2. New York: Penguin, 2017, S. 681, Anm. 243.

7 MAE 106CPCOM 334, Laroche (Warschau) an Paul-Boncour, 24. Februar und 4. April 1933; Georges Simenon, *Mes apprentissages: Reportages, 1931–1946*. Paris: Omnibus, 2001, S. 782; siehe u. a. *Gazeta Polska* (offiziell) 4. April 1933 und *Gazeta Warszawska*, beide aus MAE, *Bulletin périodique de la presse polonaise,* S. 231, 24. März–30. April 1933.

8 USNA RG 59 862.00 vol. 84, J. Webb Benton (Prag) an Hull, 27. März 1933; DDF, I, Bd. 3, Dok. 100, Naggiar (Belgrad) an Paul-Boncour, 6. April 1933.

9 AA, C, I, Dok. 152, Hoesch an AA, 12. April 1933; Harry Graf Kessler, *Tagebücher, 1918–1937: Politik, Kunst und Gesellschaft der zwanziger Jahre*. Frankfurt/M.: Insel Verlag, 1962 [1961], S. 715–717, Eintrag für den 5. Mai 1933.

10 Thomas Jones, *A Diary with Letters, 1931–1950*. New York: Oxford University Press, 1954, S. 107–108 (29. April 1933).

11 Richard Breitman, Allan J. Lichtman, *FDR and the Jews*. Cambridge, MA: Harvard University Press, 2013, S. 53–56; »35,000 Jam Streets outside the Garden«, *New York Times*, 28. März 1933, S. 1.

12 AN F 7 13430, Bericht der Präfektur Haut-Rhin, 21. Februar 1933; ebd., Bericht des *Contrôleur général* (Polizeidirektor) Straßburg, 24. Februar 1933; ebd., Berichte der *Commissaires spéciaux*, Wissembourg und Lauterbourg, 2. März 1933; Préfet Moselle an Daladier, 23. März 1933.

13 AN F 7 13430, Bericht der Präfektur, Note, 25. März 1933; USNA RG 59 862.00 Bd. 84, Warrington Dawson (Paris) an Hull, 21. März 1933.

14 AN F 7 13430, Bericht der Präfektur; Note, 27. März 1933; »De nombreux Juifs d'Allemagne arrivent en France«, *L'Œuvre*, 1. April 1933, S. 2; »Le mouvement de protestation contre les menées antisémites d'Allemagne«, ebd., 2. April 1933, S. 2.

15 Eugene Lyons, *Assignment in Utopia*. New York: Harcourt, Brace, 1937, S. 281–282, 397–401, 572–580; »Soviets in 16th Year Calm and Hopeful«, *New York Times*, 13. November 1932, S. E4; Keynes in *New Statesman*, 10. Dezember 1932, S. 770, zitiert in Jonathan Haslam, *Soviet Foreign Policy, 1930–33: The Impact of the Depression*. London: Macmillan 1983, S. 112; Louis Fischer, »Nouveaux aspects de l'URSS«, *L'Europe nouvelle*, 25. Februar 1933, S. 1.

16 »The Soviet and the Peasantry«, Serie eines »Korrespondenten in Russland« (Malcolm Muggeridge), *Manchester Guardian*, 25. März 1933, S. 13; 27. März 1933, S. 9; und 28. März 1933, S. 9. Siehe auch »Famine in Russia« (Interview mit Gareth Jones), ebd., 30. März 1933, S. 12; David C. Engerman, »Modernization from the Other Shore: American Observers and the Costs of Soviet Economic Development«, *American Historical Review* 105, Nr. 2 (April 2000), S. 383–416; Malcolm Muggeridge, *The Green Stick*, Bd. 1 von *Chronicles of Wasted Times*. London: Fontana, 1981 [1973], Kapitel 5, insbesondere S. 256–260 und Muggeridge, *Winter*

in Moscow. Thirsk: Stratus, 2003 [1934]; »André Gide contre le fascisme«, *L'Œuvre*, 21. März 1933, S. 2.

17 »The Problem of Revision«, *The Times*, 29. April 1933, S. 15; MAE 92 CP COM 312, Fleuriau (London) an Paul-Boncour, 29. April 1933.

18 »Germany Today: The Nationalist Movement«, Brief von E. L. Woodward, *The Times*, 27. März 1933, S. 8.

19 Edward W. Bennett, *German Rearmament and the West, 1932–1933.* Princeton, NJ: Princeton University Press, 1979, S. 377–378; MAE 117 CPCOM 985, Fleuriau (London) an Paul-Boncour, 16. Mai 1933.

20 »The Problem of Revision«, *The Times*, 29. April 1933, S. 15; Maurice Cowling, *The Impact of Hitler: British Politics and British Policy, 1933–1940.* Cambridge: Cambridge University Press, 1975, S. 7, 18, 19–20; Helen McCarthy, *The British People and the League of Nations: Democracy, Citizenship, and Internationalism, c. 1918–1945.* Manchester: Manchester University Press, 2011, S. 4, 8–9.

21 Lucien Souchon, »L'affaire de Kehl. Ce n'est qu'un commencement«, *Le Figaro*, 11. März 1933, S. 1; Émile Buré, »Scandale à Genève!«, *L'Ordre*, 19. Februar 1933, S. 1; »De l'abstrait au concret«, ebd., 18. Februar 1933, S. 1; »Toujours dans le marasme!«, ebd., 15. Februar 1933.

22 Bertrand de Jouvenel, »Mort de l'Allemagne démocratique«, *La République*, 11. März 1933, S. 1 und »Quand l'Allemagne bout«, ebd., 16. Februar 1933, S. 1; Léon Blum, »Le réarmement de l'Allemagne et le désarmement général«, *Le Populaire*, 12. März 1933, S. 1; *Le Figaro*, 27. Dezember 1951, S. 1; »La déposition de Léon Blum devant la Commission sur les évènements de 1933 à 1945«, zitiert in Wacław Jędrzejewicz, »The Polish Plan for a ›Preventive War‹ against Germany in 1933«, *Polish Review* 11, Nr. 1 (Winter 1966), S. 62–91, Anm. 61.

23 Der Versailler Vertrag sah selbst für erhebliche Verstöße Deutschlands gegen die Rüstungsbestimmungen keine unmittelbaren Sanktionen vor. Hätte Frankreich einen Krieg begonnen, hätte das außerdem gegen die Bestimmungen von Locarno verstoßen und die Franzosen um die Unterstützung der Briten gebracht.

24 MAE, *Bulletin périodique de la presse polonaise*, 230 (9. Februar–23. März 1933, S. 231 (24. März–30. April 1933) und 232 (1. Mai–10. Juni 1933); zum Ende von Rapallo siehe ebd., S. 231; *Illustrowany Kurjer Codzienny*, 29. März 1933 und *Czas*, 28. März 1933.

25 Fritz Kern, »Vier Jahre Staatskrise«, *Vossische Zeitung*, 19. Oktober 1932 (Morgen-Ausgabe), S. 4.

26 USNA RG 59 862.00 Bd. 84, Gordon an Hull, 27. März 1933.

27 »Wie Russlands Gold nach Westen rollt. 500 Millionen in zwei Jahren«, *Vossische Zeitung*, 6. Oktober 1932, S. 2. (Abend-Ausgabe).

28 MAE, 117CPCOM 985, enthält die Mitteilung der Sûreté Générale an Herriot, 28. September 1932; ebd., François-Poncet an Herriot, 4. Oktober

1932, Arnal (Chargé d'affaires Berlin) an Herriot, 20. Oktober 1932 und General Renondeau (Militärattaché, Berlin) an Kriegsministerium, 25. Oktober 1932.

29 Aleksandr M. Nekrich, *Pariahs, Partners, Predators: German-Soviet Relations, 1922–1941*, hg. und übersetzt von Gregory L. Freeze. New York: Columbia University Press, 1997, S. 1–12.

30 Generaloberst von Seeckt, *Deutschland zwischen West und Ost*. Hamburg: Hanseatische Verlagsanstalt, 1933, S. 31, 45.

31 MAE 117CPCOM 985, François-Poncet an Paul-Boncour, 1. und 8. März 1933.

32 MAE 117CPCOM 985, François-Poncet an Paul-Boncour, 4. Oktober 1932.

33 Jonathan Haslam, *Soviet Foreign Policy, 1930–33: The Impact of the Depression*. London: Macmillan, 1983, S. 7–9, 55–57, 97–106.

34 MAE 117CPCOM 986, François-Poncet (Berlin) an Paul-Boncour, 8. Februar und 1. März 1933; Dejean (Moskau) an Paul-Boncour, 1. Februar 1933.

35 Siehe z. B. »Hitler Denounces Democratic Foes«, *New York Times*, 3. März 1933, S. 5; MAE 117CPCOM 986, französische Botschaft Moskau, »Note sur les rapports germano-sovietiques« und Dejean an Paul-Boncour, S. 14, 27., 29.–30. März 1933 (TASS-Kabel und *Iswestija*); MAE 117CPCOM 985, französische Botschaft Moskau an MAE, 3. März 1933.

36 USNA RG 59, T-1249, roll 5, Robert Skinner (Riga) an Stimson, 20. Januar 1933 (»falscher Alarm« und Stalins Rede); roll 6, Felix Cole (Riga) an Hull, 24. März und 16. Juni 1933 (Plenarsitzung vom Januar); Haslam, *Soviet Foreign Policy 1930–1933*, S. 4–6.

37 MAE 117CP COM 960, Payart (Chargé d'affaires Moskau) an Paul-Boncour, 10. Mai und 2. Juni 1933; Jonathan Haslam, *The Soviet Union and the Struggle for Collective Security in Europe, 1933–39*. London: Macmillan, 1984, S. 1–26; Jonathan Haslam, *The Soviet Union and the Threat from the East, 1933–1941: Moscow, Tokyo, and the Prelude to the Pacific War*. Pittsburgh: University of Pittsburgh Press, 1992, S. 11–27.

38 »Soviet Police Seize 4 Britons in Raids«, *New York Times*, 13. März 1933, S. 7; MAE 117CP COM 960, Dejean (Moskau) an Paul-Boncour, 16. April 1933; Muggeridge, *Green Stick*, S. 260–261.

39 MAE 117CP COM 960, Dejean (Moskau) an Paul-Boncour, 12. Februar 1933; Payart an Paul-Boncour, 2. Juni 1933.

40 MAE 117 CPCOM 985, François-Poncet an Paul-Boncour, 1. März und 5. April 1933; Pressenotizen der französischen Botschaft, Berlin, 3. März und 12 April 1933; MAE 117CP COM 960, François-Poncet an Paul-Boncour, 11. Juli 1933; »Russland in Aktion«, *Vossische Zeitung*, 9. Juli 1933, S. 4.

41 Nekrich, *Partners and Pariahs*, S. 40–50, 63–70.

42 MAE 117 CPCOM 985, François-Poncet (Berlin) an Paul-Boncour,

29. April, 3. und 6. Mai 1933; Dejean (Moskau) an Paul-Boncour, 6. Mai 1933; »Berliner Vertrag verlängert«, *Vossische Zeitung*, 6. Mai 1933 (Morgen-Ausgabe), S. 4.

43 MAE 117 CPCOM 985, François-Poncet (Berlin) an Paul-Boncour, 16. März, 29. April und 3. Mai 1933.

44 Nekrich, *Partners and Pariahs*, S. 65–101; John Scott, *Behind the Urals: An American Worker in Russia's City of Steel*. Bloomington: Indiana University Press, 1973 [1942], S. 113; siehe A. W. Golubew, »*Esli mir obrushitsia na nashu Respubliku …«: Sovestkoe obshchestvo i vneshniaia ugroza v 1920–1940-e gg.* [»Wenn die Welt über unsere Republik herfällt …«. Sowjetgesellschaft und Bedrohung von außen, 1920er- bis 1940er-Jahre] Moskau: Kuchkovo pole, 2008, S. 268: »In hohem Maße definierten die außenpolitischen Stereotypen eines erheblichen Teils der Sowjetgesellschaft jener Jahre durch sowjetische Karikaturen der 1920er- und 1930er-Jahre geschaffene Bilder von der Außenwelt.« Ich bedanke mich bei April French für das Auffinden und die Übersetzung von Teilen dieser Arbeit.

45 Golubew, S. 40–43, 65–70.

46 Santi Corvaja, *Hitler and Mussolini: The Secret Meetings*. New York: Enigma, 2001, S. 7–9; Robert Mallett, *Mussolini in Ethiopia, 1919–1935*. New York: Cambridge University Press, 2015, S. 42–46.

47 Corvaja, *Hitler and Mussolini*, S. 171–178; Nicholas Farrell, *Mussolini: A New Life*. London: Weidenfeld & Nicolson, 2003, S. 243, 246.

48 Mallett, *Mussolini*, S. 75–76; Corvaja, *Hitler and Mussolini*, S. 26.

49 John T. Lauridsen, *Nazism and the Radical Right in Austria, 1918–1934*. Copenhagen: Museum Tusculanum Press, 2007, S. 251–252; Arnold J. Toynbee, *Survey of International Affairs 1933*. London: Oxford University Press, 1934, S. 192–193; er schreibt Anfang 1934, noch vor Dollfuß' Ermordung, den er als neuen österreichischen Nationalisten beschreibt; die Heimwehren in seiner Koalition seien »gegen die Nationalsozialisten«.

50 AA, C, I, Dok. 12, Hassell an AA, 6. Februar 1933, 14, Neurath an Hassell, 7. Februar 1933, Dok. 27, Köpke an Hassell, 20. Februar 1933, Dok. 35, Hassell an AA, 23. Februar 1933, Dok. 51, Hassell an AA, 6. März 1933, Dok. 64, Hassell an AA, 8 März 1933.

51 MAE 110CPCOM 178, François-Poncet (Berlin) an Paul-Boncour, 21. Juni 1933.

52 Lauridsen, *Austria*, S. 251; *Le Temps,* S. 20, 21 und »L'affaire des armes de Hirtenberg«, 22. Februar 1933, S. 1; »Big arms shipment to Hungary alleged and denied in Austria«, *New York Times*, 10. Januar 1933, S. 10; »Shift by Austria laid to Mussolini«, ebd., 21. Februar, S. 4; »Austria abandons sharp arms note«, ebd., 22. Februar 1933, S. 8; *Documents on German Foreign Policy, 1918–1945*, 14 Bde. (Washington, DC: US Government Printing Office, 1949–1983), Serie C, 1933–1937, Bd. 1, 30. Januar–14. Oktober 1933, Dok. 81, Circular of German Foreign

Ministry, 13. März 1933 (Hirtenberg-Affäre); USNA RG 59 862.00 vol. 84, Edge (Paris) an Stimson, 14. Februar 1932.

53 Unterzeichnet wurde das Drei-Mächte-Abkommen schließlich am 17. März 1934.

54 BNF, Banque DOSS FOL-LN1–232 (21120, A), *Bulletin Quotidien* 12. Juni 1933, Mussolinis Rede vor dem Senat vom 7. Juni, in der er den Pakt ankündigt.

55 DDF, I, Bd. 3: François-Poncet (Berlin) an Paul-Boncour: Dok. 15, 30. März 1933; Dok. 70, 30. März 1933 (AA-Beamter bestätigt die Autorenschaft des Außenministeriums, mit Ausnahme der geschäftlichen Passagen).

56 Edward W. Bennett, *German Rearmament*, S. 367, 373–379; Angelo Del Boca, *La Guerra d'Etiopia: L'Ultima impresa del colonialismo*. Mailand: Longanesi, 2010, S. 49–51; Mallett, *Mussolini*, S. 50.

57 Zur jüngsten polnischen Angst siehe Toynbee, *Survey 1933*, S. 185.

58 Siehe S. 229–231; MAE 106CPCOM-334, Laroche (Warschau) an Paul-Boncour, 21. Februar 1933; DDF, I, Bd. 3, Dok. 91, d'Arbonneau (Warschau) an Daladier, 5. April 1933.

59 DDF, I, Bd. 3, Dok. 24, Laroche (Warschau) an Paul-Boncour, 21. März 1933 und Dok. 87, Laroche an Paul-Boncour, 5. April 1933; Jules Laroche, *La Pologne de Pilsudski: Souvenirs d'une ambassade, 1926–1935*. Paris: Flammarion, 1953, S. 122–123.

60 »Anti-revision Pact Denied in Warsaw«, *New York Times*, 26. April 1933, S. 8; MAE 106CPCOM-334, Laroche (Warschau) an Paul-Boncour, 22. April 1933; Laroche, *Souvenirs*, S. 125; AA C, I, Dok. 180, Moltke (Warschau) an AA, 23. April (berichtet von 30 000 Mann in Vilnius/Wilno).

61 »Deutsche Kultur im polnischen Land«, *Vossische Zeitung*, 14. April 1933 (Morgen-Ausgabe), S. 4; Toynbee, *Survey 1933*, S. 186–187; Laroche, *Souvenirs*, S. 107, 120; »Poles Fear Nazi Raid for Arms at Danzig«, *New York Times*, 7. März 1933, S. 16.

62 AA C, I, Dok. 167, Moltke (Warschau) an AA, 19. April 1933 (Unterredungen vom 6. und 12. April), und *Aufzeichnung*, 12. April 1933; »Polish Jews' Protest«, *The Times*, 24. April 1933, S. 11.

63 BNF Banque DOSS FOL-LN1–232 (21120, A), *Bulletin Quotidien*, 12. Juni 1933, Mussolinis Rede vor dem Senat am 7. Juni; Laroche, *Souvenirs*, S. 121; AA, Dok. 168, *Aufzeichnung* von Hey, Berlin, 20. April 1933.

64 Wacław Jędrzejewicz, »The Polish Plan for a ›Preventive War‹ against Germany in 1933«, *Polish Review* 11, Nr. 1 (Winter 1966), S. 62–91; Jameson W. Crocket, »The Polish Blitz, More than a Mere Footnote to History: Poland and Preventive War with Germany, 1933«, *Diplomacy and Statecraft* 20, Nr. 4 (November 2009), S. 561–579. Einschätzungen dieser kontroversen Episode vor und nach dem Krieg; AA, C, I, Dok. 180, Moltke

(Warschau) an AA, 23. April 1933; ebd., Dok. 183, Moltke an AA, 25. April 1933; ebd., Dok. 184, Koch (Prag) an AA, 25. April 1933; DBFP, 2. Serie, Bd. 5 (London: HMSO, 1933), Nr. 23, Rumbold (Berlin) an Simon, 7. April 1933; Jędrzejewicz, »Polish Plan«, S. 74–76; »Verbrecherische Kriegsgerüchte«, *Vossische Zeitung*, 27. April 1933, S. 1.

65 AA, C, I, Dok. 180, Moltke (Warschau) an AA, 23. April 1933; MAE, 106CPCOM 334, Laroche (Warschau) an Paul-Boncour, 4. April 1933.

66 AA, C, I, Dok. 180, Moltke (Warschau) an AA, 23. April 1933; AA, C, I, Dok. 183, Moltke an AA, 25. April 1933; DDF, I, Bd. 3, Dok. 238, Laroche (Warschau) an Paul-Boncour, 4. Mai 1933, Note 1; Laroche, *Souvenirs*, S. 127.

67 AA, C, I, Dok. 201, Memorandum von Neuraths (der der Unterredung beiwohnte), 2. Mai 1933; DDF, I, Bd. 3, Dok. 238, Laroche (Warschau) an Paul-Boncour, 4. Mai 1933.

68 DDF, I, Bd. 3, Dok. 91, d'Arbonneau, Militärattaché (Warschau) an Daladier, 5. April 1933; MAE 106CPCOM-334, Laroche (Warschau) an Paul-Boncour, 21. Februar, 6., 22. März, 1. Juni 1933.

69 MAE 118CPCOM 960, französischer Botschafter Belgrad an Paul-Boncour, 25. April 1933.

70 MAE 110CPCOM-170, Puaux (Bukarest) an Briand, 19. September und 18. Oktober 1931 und an Herriot, 30. Juni 1932 und an Paul-Boncour, 21. Januar 1933; MAE 110CPCOM-177, Puaux an Briand, 16. März, 29. Juni, 4. Juli, 30. November 1931; MAE 110CPCOM 178, Puaux an Paul-Boncour, 17. April 1933; Keith Hitchins, *Romania 1866–1947*. Oxford: Oxford University Press, 1994, S. 437–438.

71 Toynbee, *Survey 1933*, S. 193–194; MAE 94CPCOM-109, Vienne (Budapest) an Paul-Boncour, 17. Mai und 16. Juni 1933; ein nahezu zeitgenössischer Bericht über die Deutschfreundlichkeit in Ungarn findet sich in C. A. Macartney, »Hungary and the Present Crisis«, *International Affairs (Royal Institute of International Affairs 1931–1939)* 17, Nr. 6 (1938), S. 749–768, doi:10.2307/3019411.

72 MAE 94CPCOM-109, Vienne (Budapest) an Paul-Boncour, 7. Mai 1933; AA, C, I, 2, von Schoen (Budapest) an AA, 21. Juni 1933; MAE 94CPCOM-109, Vienne (Budapest) an Paul-Boncour, 16. Juni 1933.

73 AA, C, I, 2, von Hassell (Rom) an AA, 30. Juni 1933; Toynbee, *Survey 1933*, S. 195, 206.

74 DDF, I, Bd. 3, Dok. 397, Vienne (Budapest) an Paul-Boncour, 16. Juni 1933; ebd., Dok. 290, Vienne (Budapest) an Paul-Boncour, 17. Mai 1933.

75 Wilhelm Deist u. a., *Ursachen und Voraussetzungen des Zweiten Weltkrieges*. Frankfurt/M.: Fischer Taschenbuch Verlag, 1989, S. 463–479; siehe außerdem S. 267–268.

76 Deist, *Ursachen* und *Voraussetzungen*, S. 634; Bennett, *German Rearmament*, S. 330, 348.

77 MAE PA-AP 166 505 (Archives Tardieu), Memorandum von Oberstleutnant Louis Koeltz über seine Unterredung mit Blomberg, 20. Februar 1932.
78 Bennett, *German Rearmament*, S. 329–330, 362–363; Conan Fischer, *Stormtroopers: A Social, Economic, and Ideological Analysis, 1929–35.* London: George Allen & Unwin, 1983, S. 6.
79 Paul Schmidt, *Statist auf diplomatischer Bühne 1923–1945, Erlebnisse des Chefdolmetschers im Auswärtigen Amt mit den Staatsmännern Europas.* Bonn: Athenäum, 1950, S. 261–263.
80 Siehe Kapitel 10, S. 364.
81 Detlev Clemens, *Herr Hitler in Germany: Wahrnehmung und Deutungen des Nationalsozialismus in Großbritannien, 1920 bis 1939.* Göttingen: Vandenhoeck & Ruprecht, 1996, S. 286–289; DBFP, 2. Serie, Bd. 5, Dok. 127, Cadogan (Genf) an Leeper, 10. Mai 1933, einschließlich des Temperley-Memos und Note 1 (Vansittarts Unterstützung und Verteilung im Kabinett), 16. Mai.
82 Maurice Vaïsse, *Sécurité d'abord: La Politique française en matière de désarmement, 9 décembre 1930–17 avril 1934.* Paris: Pedone/Publications de la Sorbonne, 1981, S. 360–365.
83 Breitman und Lichtman, *FDR and the Jews*, S. 58–66.
84 Bennett, *German Rearmament*, S. 385–386; Vaïsse, *Sécurité*, S. 390–399; MAE 75CPCOM 537, François-Poncet (Berlin) an Paris, 17., 18., 19. März 1933 und Massigli (Genf) an Paris, 17. März 1933.
85 MAE 75CPCOM 537, Massigli (Genf) an US-Delegierte, 18. März 1933.
86 MAE 75CPCOM 537: Noël (Prag) an Paris, 17. März 1933; Massigli (Genf) an Paris, 18. März 1933 und an die US-Delegation in Genf, 18. März 1933; Joseph Paul-Boncour an Paris, 19. März 1933; Corbin (Brüssel) an Paris, 21. März 1933.
87 Walter Lippmann, Council on Foreign Relations, *The United States in World Affairs: An Account of American Foreign Relations, 1933* (New York: Harper & Brothers, 1934), S. 54–63; MAE 75CPCOM 537, Bericht der Direction politique über Massiglis Unterredung mit Davis, 7. April 1933.
88 MAE 75CPCOM 538, Militärattaché Budapest an Paris, 1. Mai 1933.
89 Vaïsse, *Sécurité*, S. 390–399; MAE 75CPCOM 537, Jouvenel (Rom) an Paris, 25. April 1933.
90 Philip Williamson und Edward Baldwin (Hg.), *Baldwin Papers: A Conservative Statesman, 1907–1948.* Cambridge: Cambridge University Press, 2004; Baldwin an Cecil, 12. März 1933.
91 DBFP, 2. Serie, Bd. 5, Dok. 88, Patterson (Genf) an Simon, 25. April 1933; DDF, I, Bd. 3, Dok. 197, Note de la délégation française à la conférence du désarmement, 27. April 1933.
92 Lippmann, *United States 1933*, S. 65.
93 DBFP, 2. Serie, Bd. 5, Patteson (Genf) an Simon, 27. April 1933.

94 »Our Stand on Consultation«, *New York Times*, 11. Mai 1933, S. 11; »Italy Yields Point at Arms Parley«, ebd., 11. Mai 1933, S. 11; »Security Pledged only on Set Terms«, ebd., 6. Mai 1933, S. 3; »Recall of Davis Urged in Senate«, ebd., 26. Mai 1933; Raymond Moley, *After Seven Years*. New York: Harper & Brothers, 1939, S. 90–94, 163–164, 319; Cordell Hull, *The Memoirs of Cordell Hull*, Bd. 1. New York: Macmillan, 1948, S. 227–228; Frank H. Simonds, *America Faces the Next War*. New York: Harper & Brothers, 1933, S. xvi–xvii, 71–79; Charles A. Beard, *American Foreign Policy in the Making, 1932–1940: A Study in Responsibilities*. New Haven, CT: Yale University Press, 1946, S. 123–130. SHD (Vincennes) GR 1 N42, Note über das Treffen zwischen MacArthur und Weygand, 2. Oktober 1932.

95 »Nazi Book Burning Fails to Stir Berlin«, *New York Times*, 11. Mai 1933, S. 1; »100,000 March Here in Protest over Nazi Policies«, ebd.; »Simon and Hitler Envoy in Angry Session«, ebd.; »House of Commons: Herr Rosenberg's Visit«, *The Times*, 11. Mai 1933, S. 7; DBFP, 2. Serie, Bd. 5, Dok. 118, Simon an Rumbold, 8. Mai 1933 und 138, Simon an Rumbold, 11. Mai 1933.

96 Armand Bérard, *Un ambassadeur se souvient*. Paris: Plon, 1976, S. 194–195; DDF, I, Bd. 3, Dok. 143, François-Poncet (Berlin) an Paul-Boncour, 19. April 1933; ebd., Dok. 122, Daladier an Paul-Boncour; DBFP, 2. Serie, Bd. 5, Dok. 127, Cadogan (Genf) an Leeper, 10. Mai 1933. Bei der SA lag die Zahl gar noch höher; siehe S. 267–268.

97 DBFP, 2. Reihe, Bd. 5, Dok. 124, Patteson (Genf) an Simon, 10. Mai 1933; MAE 75CPCOM 538, François-Poncet (Berlin) an Paris, 11. Mai 1933; DDF, I, Bd. 3, Dok. 239, Massigli (Genf) an Paul-Boncour, 4. Mai 1933; ebd., Dok. 263, François-Poncet (Berlin) an Paul-Boncour, 11. Mai 1933.

98 DDF, I, Bd. 3, Dok. 145, François-Poncet an Paul-Boncour, 20. April 1933; ebd., Dok. 185, Paul-Boncour an de Jouvenel, 26. April 1933; ebd., Dok. 332, François-Poncet (Berlin) an Paul-Boncour, 30. Mai 1933.

99 DBFP, 2. Serie, Bd. 5, Dok. 127, Cadogan (Genf) an Leeper, 10. Mai 1933, einschließlich des Temperley-Memos.

100 »The Lesson of Fulham«, *News Chronicle*, 27. Oktober 1933; »Fulham's Victor Asks for Five More Peace Verdicts«, *Daily Herald*, 30. Oktober 1933; Vansittart, *Mist Procession*, S. 478, 481; Vaïsse, *Sécurité d'abord*, S. 65–70; Édouard Réquin, *D'une guerre à l'autre (1919–1939): Souvenirs*. Paris: Charles-Lavauzelle, 1949, S. 179–183; Robert Dallek, *Franklin D. Roosevelt and American Foreign Policy, 1932–1945*. New York: Oxford University Press, 1995 [1979], S. 35–36; Hull, *Memoirs*, S. 222–227.

101 Siehe S. 328–329.

102 Bérard, *Ambassadeur*, S. 192.

12 Washington schließt eine weitere Tür

1 Frank Freidel, *Franklin D. Roosevelt: The Ordeal*. Boston: Little, Brown, 1954, S. 78–81, 135–137, 235.

2 Sebastian Edwards, *American Default: The Untold Story of FDR, the Supreme Court, and the Battle over Gold*. Princeton, NJ: Princeton University Press, 2018, S. 13–20; »Hoover Attack Sweeping«, *New York Times*, 1. November 1932, S. 1.

3 Chatham House Archives, RIIA/8/289, »American Public Opinion on the World Economic Conference«, Diskussion in Chatham House, London, 13. Juli 1933; Edwards, *Default*, S. 51–53; Walter Lippmann, Council on Foreign Relations, *The United States in World Affairs. An Account of American Foreign Relations, 1932*. New York: Harper & Brothers, 1933, S. 72–73.

4 Raymond Moley, *After Seven Years*. New York: Harper & Brothers, 1939, S. 121; R. G. Tugwell, *The Brains Trust*. New York: Viking, 1968, Appendix: »Proposal for an Economic Council«; Edwards, *Default*, S. 7.

5 Edwards, *Default*; Lippmann, *Survey 1933*, S. 74; »Roosevelt Demands ›National Income‹ be Redistributed«, *New York Times*, 23. Mai 1932, S. 1.

6 Moley, *Seven Years*, S. 160.

7 »London and Washington. Our Budget and their Currency«, *Sunday Times* (London), 23. April 1933, S. 16.

8 Edwards, *Default*, S. 80–81; »French Cabinet and Currency« und »Anglo-American Talks in Full Swing«, *Sunday Times*, 23. April 1932, S. 17; »M. Herriot devant la situation créée par l'abandon du dollar-or«, *Le Petit Parisien*, 21. April 1933, S. 1.

9 »City Chatter: Dollar Decision's Effect on Stock Markets«, *Sunday Times*, 23. April 1933, S. 2.

10 Lippmann, *Survey 1933*, S. 76–80; Edwards, *Default*, S. 68–69.

11 »Anglo-American Talks in Full Swing«, *Sunday Times*, 23. April 1932, S. 17; »Les Entretiens Franco-Anglais-Américains de Washington. L'automobile de M. Herriot entre en Collision avec un Car«, *Le Petit Journal*, 25. April 1933; »Les Conversations de Washington. La Journée de M. Herriot«, ebd., 26. April 1933, S. 1.

12 »America off Gold«, *The Times*, 21. April 1933, S. 13; »The Fall of the Dollar«, *Economist*, 22. April 1933, S. 849–850; »La crise du dollar et les entretiens de Washington«, *Le Temps*, 21. April 1933, S. 1.

13 Jacques Bainville, »Confusion et inquiétude«, *Action Française*, 27. April 1933, S. 1; »La bataille monétaire«, *Le Figaro*, 22. April 1933, S. 1 und »La Politique. La Leçon de l'oncle Sam«, ebd., 23. April 1933, S. 1; »Le dollar«, *Le Temps*, 22. April 1933, S. 1; Léon Blum, »Une révolution en amérique«, *Le Populaire*, 22. April 1933, S. 1.

14 »M. Daladier, dans un grand discours à Orange, fait applaudir la politique française«, *L'Œuvre*, 24. April 1933, S. 1, 4 (kompletter Text in MAE 75CPCOM 74, Handelsbeziehungen [Paris] an Botschaft Washington, 24. April 1933).

15 Siehe u. a. »La politique. La cour des miracles«, *Le Figaro*, 15. Juni 1933, S. 1; Lucien Romier, »L'échec de la conférence de Londres est moins dangereux pour la France que pour d'autres nations«, *Le Petit Parisien*, 5. Juli 1933, S. 1; Pertinax, »La conférence de Londres«, *L'Écho de Paris*, 7. Juli 1933, S. 1.

16 André Tardieu, *Devant l'obstacle: L'Amérique et nous*. Paris: Émile-Paul Frères, 1927, S. 282–288; Robert Dallek, *Franklin D. Roosevelt and American Foreign Policy, 1932–1945*. Oxford: Oxford University Press, 1995 [1979], S. 37–38.

17 »Le désarmement économique«, *Action Française*, 21. Januar 1933, S. 1; MAE, 75CPCOM74, Fleuriau (London) an Paul-Boncour, 9. Mai 1933; ebd., François-Poncet an Berlin, 12., 13., 14. Juni 1933; MAE 75CPCOM75, Laroche (Warschau) an Paul-Boncour, 28. Juni 1933.

18 Adam Tooze, *Ökonomie der Zerstörung. Die Geschichte der Wirtschaft im Nationalsozialismus*. München: Siedler, 2007, S. 64, 74–75; Patricia Clavin, *Securing the World Economy: The Reinvention of the League of Nations, 1920–1946*. Oxford: Oxford University Press, 2015 [2013], S. 104–105 und Anm. 64.

19 Clavin, *Securing the World Economy*, S. 106–107; Lippmann, *Survey 1933*, S. 104–105; »The World Conference«, *The Times*, 10. Mai 1933, S. 15.

20 Lippmann, *Survey 1933*, S. 101; Clavin, *Securing*, S. 102–103, 114; DDF, I, Bd. 3, Dok. 258, »Note de la Direction des Relations Commerciales« (MAE), 9. Mai 1933; »The Tariff Truce«, *The Times*, 15. Mai 1933, S. 15 und »Trade Agreements«, ebd., 19. Mai 1933, S. 15.

21 »World Economic Conference«, *The Times*, 27. Februar 1933, S. 6; Lippmann, *Survey 1933*, S. 121–122, 125–126; »Bulletin du Jour. Le discours de M. Daladier«, *Le Temps*, 11. Juni 1933, S. 1.

22 Clavin, *Securing*, S. 107; »Hull, Sailing, Hopes for Lower Tariffs«, *New York Times*, 31. Mai 1933, S. 3; Moley, *Seven Years*, S. 207.

23 Cordell Hull, *The Memoirs of Cordell Hull*, Bd. 1. New York: Macmillan, 1948, S. 161, 198, 204–205; Tugwell, *Brains Trust*, S. 475–476.

24 Moley, *Seven Years*, S. 217; Lippmann, *Survey 1933*, S. 125–129; »America off Gold«, *The Times*, 21. April 1933, S. 13; Cavin, *Securing*, S. 120.

25 Paul Schmidt, *Statist auf diplomatischer Bühne, 1923–1945, Erlebnisse des Chefdolmetschers im Auswärtigen Amt mit den Staatsmännern Europas*. Bonn: Athenäum-Verlag, 1950, S. 267; »Georges V a solenellement inauguré la conférence économique mondiale«, *Le Petit Parisien*, 13. Juni 1933, S. 1; »Quick Settlement Asked«, *New York Times*, 13. Juni 1932, S. 1; »The King's Speech«, *The Times*, 13. Juni 1933, S. 9.

26 Schmidt, S. 265–267.

27 Schmidt, S. 265; »Bid by Hugenberg for Prestige Seen«, *New York Times*, 18. Juni 1933, S. 22; »Dr. Hugenberg's Note Criticized in London«, ebd., 19. Juni 1933, S. 2; »Soviet Is Angered by Hugenberg Aim«, ebd., 20. Juni 1933, S. 4; »Les délégués du Reich suggèrent qu'un empire colonial soit restitué à l'Allemagne«, *Le Petit Parisien*, 17. Juni 1933, S. 3.

28 »Le Discours de M. MacDonald et le Problème des Dettes«, *Le Petit Parisien*, 13. Juni 1933, S. 1; »M. Daladier a exposé le point de vue français«, ebd., 14. Juni 1933 und »La séance de l'après-midi«, S. 3; »Les chefs des délégations apportent à la tribune les thèses de leurs pays«, ebd., 15. Juni 1933.

29 Moley, *Seven Years*, S. 227; »Barriers to Trade Assailed by Hull«, *New York Times*, 15. Juni 1933, S. 3; »The King's Speech«, *The Times*, 13. Juni 1933, S. 9 und »US Views on the Conference«, S. 10.

30 Lippmann, *Survey 1933*, S. 129; »L'Europe et l'Amérique«, *Le Journal des Débats*, 15. Juni 1933, S. 1 und »Les Illusions de la Conférence«, 18. Juni 1933; »Bulletin du Jour. Les Etats-Unis et la Conférence de Londres«, *Le Temps*, 24. Juni 1933, S. 1.

31 TNA, T 188/71, Kabinettsausschuss zur Konferenz, Mai 1933, enthält das Telegramm von Lindsay (Washington), 24. Mai 1933.

32 MAE 75CPCOM 75, Coulondre (London) an Paul-Boncour, 30. Juni 1933; Chargé d'affaires Belgrad an Paul-Boncour, 1. Juli 1933; Laboulaye (Washington) an Paul-Boncour, 30. Juni 1933.

33 Moley, *Seven Years*, S. 236, 240.

34 Moley, *Seven Years*, S. 233, 239 mit Anm. 29; Clavin, *Securing*, S. 118–120; Lippmann, *Survey 1933*, S. 132.

35 FDR Presidential Library, Significant Documents Collection, FDR 9-A box 156, Entwurf der Mitteilung vom 3. Juli 1933.

36 Clavin, *Securing*, S. 120; Walter Layton, »After the World Economic Conference«, *Foreign Affairs* 12, Nr. 1 (Oktober 1933), S. 20–29.

37 FDR Presidential Library, Presidential Press Conferences, 1. Serie, Transkripte, Nr. 32, 7. Juli 1932 (ein weiteres Mal gefragt, räumte Roosevelt unverbindlich ein, dass einige Nationen in London womöglich doch über monetäre Angelegenheiten sprechen würden); »London Gets Message«, *New York Times*, 4. Juli 1933, S. 1; Walter Lippmann, »Today and Tomorrow: High and Mighty Language«, *Los Angeles Times*, 5. Juli 1933, S. A4; *Le Petit Parisien*, 5. Juli 1933, S. 1; Romier, »L'échec de la Conférence de Londres est moins dangereux pour la France que pour d'autres nations«; Pertinax, »La conférence de Londres«, *L'Écho de Paris*, 7. Juli 1933, S. 1; *Ami du Peuple*, 7. Juli 1933, S. 1.

38 Leopold Amery, »Work Left for the Conference«, *The Times*, 8. Juli 1933, S. 13; MAE 75CPCOM76, Corbin (London) an Paul-Boncour, 24. Juli 1933.

39 *Asahi*, o. D. zitiert in »An International Anarchy«, *Japan Weekly Chronicle*, 20. Juli 1933, S. 74.
40 MAE, 75CPCOM75, François-Poncet (Berlin) an Paul-Boncour, 4., 5., 7. Juli 1933.
41 MAE 75CPCOM 75, Jouvenel (Rom) an Paul-Boncour, 4. Juli 1933; Details über *La Tribuna* in MAE 97 CPCOM 366–1, ausführlicher Bericht über die italienische Presse von Dampierre (Rom) an Paul-Boncour, 19. Dezember 1932.
42 MAE 74CPCOM 75, französischer Botschafter (Brüssel) an Paul-Boncour, 6. Juli 1933.
43 »Salvage Operations«, *New York Times*, 5. Juli 1933, S. 18; »Foreign Exchange«, ebd., 6. Juli 1933, S. 20.
44 Walter Lippmann, »Today and Tomorrow: High and Mighty Language«, 5. Juli 1933, in *New York Herald Tribune*, *Los Angeles Times* etc.
45 »Economic Jingoism«, *New York Herald Tribune*, 1. Juli 1933, S. 8; ebd., 5. Juli 1933, »French Press Bitterly Assails Roosevelt Role« und »Roosevelt's Currency Program Still Puzzles Capital Observers«, beide S. 7; ebd., 5. Juli, »The Great Improvisator«, S. 10; MAE 75CPCOM 75, Laboulaye (Washington) an Paul-Boncour, 2., 4., 6. Juli 1933.
46 MAE 75CPCOM 75, Laboulaye an Paris, 4. Juli 1933.
47 »The Reactionary Parley«, *New York American*, 1. Juli 1933, S. 10; »The New Independence Day« (Karikatur), ebd., 4. Juli 1933, S. 10; »Pest Swatting Time« (Karikatur), ebd., 5. Juli 1933, S. 12; »Safe and Sound« (Karikatur), ebd., 6. Juli 1933, S. 12; »New Americanism«, ebd., 7. Juli 1933, S. 12.
48 »This Thing of Trade«, Saturday Evening Post 206, Nr. 1 (1. Juli 1933), S. 5–10; »Volunteers for Industrial Death«, ebd. 206, Nr. 2 (8. Juli 1933), S. 8–10.
49 »The Conference Totters«, *Los Angeles Times*, 5. Juli 1933, S. A4; »Realism for London«, *Wall Street Journal*, 6. Juli 1933, S. 6.
50 »Independence Day – 1933« (Karikatur), *New York Evening Post* (vorher und später die *New York Post*), 6. Juli 1933, S. 8 und »New Americanism«, ebd., 3. Juli 1933, S. 8.
51 Moley, *Seven Years*, S. 270.
52 »Opening of the Conference«, *The Times*, 13. Juni 1933, S. 9, und »The Afternoon Session«, ebd., 15. Juni 1933, S. 9; Sir Walter Layton, »The Tasks of the World Economic Conference«, *Foreign Affairs* 11, 3 (April 1933), S. 406–419.
53 Layton, »After the World Economic Conference«, *Foreign Affairs* 12, 1 (Oktober 1933), S. 20–29.
54 Charles H. Feinstein, Peter Temin und Gianni Toniolo, *The World Economy between the Wars*. New York: Oxford University Press, 2008, S. 165–167.

Epilog

1 Robert Dell, *The Geneva Racket*. London: Robert Hale, 1941, S. 104; Paul Schmidt, *Statist auf diplomatischer Bühne, 1923–1945, Erlebnisse des Chefdolmetschers im Auswärtigen Amt mit den Staatsmännern Europas*. Bonn: Athenäum-Verlag 1950, S. 277–281; das berühmte Foto stammt von Alfred Eisenstaedt; der Fotograf beschreibt die Umstände seiner Entstehung in *Eisenstaedt on Eisenstaedt: A Self-Portrait*. New York: Abbeville Press, 1985, S. 60–61.

2 Major General A. C. Temperley, *The Whispering Gallery of Europe*. London: Collins, 1938, S. 252; Hugh R. Wilson, *Diplomat between Wars*. London: Longmans, Green, 1941, S. 263.

3 Temperley, *Whispering Gallery*, S. 254–256; Edward W. Bennett, *German Rearmament and the West, 1932–1933*. Princeton, NJ: Princeton University Press, 1979, S. 471–474; Maurice Vaïsse, *Sécurité d'abord: La Politique française en matière de désarmement, 9 décembre 1930–17 avril 1934*. Paris: Pedone/Publications de la Sorbonne, 1981, S. 462–468; Salvador de Madariaga, *Morning without Noon: Memoirs*. Westmead: Saxon House, 1973, S. 277; Norman Hillson, *Geneva Scene*. London: Routledge, 1936, S. 170–178.

4 Bennett, *German Rearmament*, S. 475–480, 485–490; »Hitler Smiles at Ovations Given by Festive Crowds«, *New York Times*, 13. November 1933, S. 1.

5 Dell, *Geneva Racket*, S. 104–105; Vaïsse, *Sécurité*, S. 469–473; MAE, E 117, Martel (Tokio) an Paul-Boncour, 19. Juni 1933.

6 »2,330-Pound Book of Peace Unveiled«, *New York Times*, 17. Oktober 1933, S. 19.

7 Geneviève Tabouis, *Vingt ans de suspense, Diplomatique*. Paris: Albin Michel, 1958, S. 160.

Quellen und Literatur

I. Veröffentlichte Primärquellen

A. Offizielle Veröffentlichungen

Documents Diplomatiques Français, 1932–1939
Serie I, Bd. 2, 15. November 1932–17. März 1933. Paris: Imprimerie Nationale, 1966.
Serie I, Bd. 3, 17. März–15. Juli 1933. Paris: Imprimerie Nationale, 1967.
Documents on British Foreign Policy, 1919–1939
2. Serie, Bd. 4, 1932–1933. London: MMSO, 1950.
2. Serie, Bd. 5, 1933. London: HMSO.
Foreign Relations of the United States, 1933. Bd. 2. Washington, DC: Department of State, 1948.
Documents on German Foreign Policy, 1918–1945. Serie C, 1933–1937, Bd. 1. Washington, DC: US Government Printing Office, 1949–1983 (14 Bde.).
Akten zur deutschen auswärtigen Politik 1918–1945 aus dem Archiv des Auswärtigen Amts, Serie C: 1933–1937: Das Dritte Reich: Die ersten Jahre. Bd. 1, Teil 1 (30. Januar–15. Mai 1933) und Teil 2 (16. Mai–14. Oktober 1933). Göttingen: Vandenhoeck und Ruprecht, 1971.
League of Nations (Völkerbund). *Appeal by the Chinese Government: Report of the Commission of Inquiry. Genf, 1. Oktober 1932.*
– *Draft of the Report Provided for in Article 15, Paragraph 4, of the Covenant.* Genf, 16. Februar 1933.
– *World Economic Survey, 1932–3*. Genf, September 1933.
– *Rapport de la délégation de l'or du comité financier de la Société des Nations.* Genf: Société des Nations, Juni 1932.

Außenministerium, Frankreich (Ministère des Affaires Etrangères) Paris:
Bulletin périodique de la presse anglaise, 339, 23. November–28. Dezember 1932.
– 230, 9. Februar–23. März 1933.
– 231, 24. März–30. April 1933.
Bulletin périodique de la presse russe, 224, 8. Oktober–30. November 1932.
– 226, 3. Januar–12. Februar 1933.

B. Andere veröffentlichte Sammlungen

Domarus, Max (Hg.): *Hitler: Reden und Proklamationen, 1932–1945.* Bd. 1. München: Süddeutscher Verlag, 1965.
Hitler: Reden, Schriften, Anordnungen. Bd. 5, Teil 1. Hg. und kommentiert von Klaus A. Lankheit. München: K. G. Saur, 1996.
Hitler: Reden, Schriften, Anordnungen. Bd. 5, Teil 2. Hg. und kommentiert von Christian Hartmann und Klaus A. Lankheit. München: K. G. Saur, 1998.
Noakes, J., und G. Pridham (Hg.): *Nazism, 1919–1945: A Documentary Reader.* Bd. 1. Exeter: University of Exeter Press, 1998–2001 (1983–1998).
Plöckinger, Othmar (Hg.): *Quellen und Dokumente zur Geschichte von »Mein Kampf«, 1924–1945.* Stuttgart: Franz Steiner, 2016.
– *Schlüsseldokumente zur internationalen Rezeption von »Mein Kampf«.* Stuttgart: Franz Steiner, 2016.

Bibliothèque Nationale (Paris) DOSS Dossiers mit Zeitungsausschnitten
FOL-LN1–232–10564: Gyula Gömbös.
FOL-LN1–232–11892: Édouard Herriot.
FOL LN1–232–18137: John Simon.
FOL-LN1–232–21120 A: Benito Mussolini.
FOL-LN1–232–17309: Austen Chamberlain.

C. Zeitungen und Periodika

China: *China Weekly Review*, *North China Herald and Supreme Court and Consular Gazette.*
Deutschland: *Deutsche Allgemeine Zeitung*, *Kreuzzeitung*, *Völkischer Beobachter*, *Vossische Zeitung.*
Frankreich: *L'Avenir*, *Commentaires*, *Les Débats*, *L'Écho de Paris*, *Ere nouvelle*, *L'Europe nouvelle*, *Le Figaro*, *L'Humanité*, *Journal des Débats*,

Le Petit Journal, Le Petit Parisien, Le Populaire, Le Matin, L'Œuvre, L'Ordre, La République, Le Temps.
Großbritannien: *Daily Express, Daily Herald, Daily Mail, Daily Telegraph, Economist, Evening Standard, Financial Times, Manchester Guardian, Morning Post, New Statesman, News Chronicle, Observer, Sunday Referee, Sunday Times, The Times, Yorkshire Post.*
Italien: *Il Giornale d'Italia, Corriere della Sera.*
Japan: *Asahi (Tokio/Osaka), Chugai Shogyo, Fukuoka Nichi Nichi, Hochi, Japan Times, Japan Chronicle Weekly Edition, Jiji, Jiji Shimpo, Miyako, Yomiuri, Osaka Mainichi.*
Jugoslawien: *L'Écho de Belgrade.*
Polen: *Gazeta Polska, Gazeta Warszawska.*
Schweiz: *Journal de Genève.*
Sowjetunion: *Iswestija, Prawda, Sarja wostoka.*
USA: *Baltimore Evening Sun, Chicago Daily Tribune, International Herald Tribune, Ladies' Home Journal, The Nation, New York American, New York Evening Post, New York Herald Tribune, New Republic, Saturday Evening Post, Time.*

D. Memoiren, Tagebücher und Briefe

Bartlett, Vernon: *Intermission in Europe: The Life of a Journalist and Broadcaster.* New York: Oxford, 1938.
Bérard, Armand: *Au temps du danger allemand.* Bd. 1 von *Un ambassadeur se souvient.* Paris: Plon, 1976–1982 (5 Bde.).
Bülow, Bernhard Fürst von: *Denkwürdigkeiten in vier Bänden.* Bd. 2. Berlin: Ullstein, 1930.
Butterfield, Isabel: *Manhattan Tales, 1920–45.* Lewes, UK: Book Guild, 1999.
Churchill, W. S.: *Der Sturm zieht auf.* Bd. 1 von *Der zweite Weltkrieg.* Bern: Scherz, 1948 (6 Bde.).
Cowley, Malcolm: *The Dream of the Golden Mountains: Remembering the 1930s.* New York: Penguin, 1981 (1964).
Davies, R. W. u. a. (Hg.): *The Stalin-Kaganovich Correspondence, 1931–1936.* New Haven, CT: Yale University Press, 2003.
Eisenstaedt, Alfred: *Eisenstaedt on Eisenstaedt: A Self-Portrait.* New York: Abbeville Press, 1985.
François-Poncet, André: *Als Botschafter im ›Dritten Reich‹: Die Erinnerungen des französischen Botschafters in Berlin September 1931 bis Oktober 1938.* Mainz/Berlin: Florian Kupferberg, 1980 (1946).

Gelb, Michael (Hg.): *An American Engineer in Stalin's Russia: The Memoirs of Zara Witkin, 1932–1934*. Berkeley: University of California Press, 1992.

Goebbels, Joseph: *Tagebücher, 1924–1945*. Bd. 2. Hg. von Ralf Georg Reuth. München: Piper, 2003 (1992).

– *Die Tagebücher von Joseph Goebbels*. Teil I, 1923–1941, Bd. 2/III. Hg. von Elke Fröhlich. New York: K. G. Saur, 1998–2006.

Grandi, Dino: *Il mio paese: Ricordi autobiografici*. Bologna: Il Mulino, 1985.

Grew, Joseph C.: *Ten Years in Japan: A Contemporary Record Drawn from the Diaries and Private and Official Papers of Joseph C. Grew*. New York: Simon & Schuster, 1944.

Guéhenno, Jean: *Journal d'un homme de quarante ans*. Paris: Grasset, 1934; dt.: *Ein Mann von 40 Jahren: Tagebuch von Jean Guéhenno*. Zürich: Büchergilde Gutenberg, 1936.

Hoggart, Richard: *A Local Habitation*. Bd. 1 von *Life and Times*. London: Chatto & Windus, 1988–1992 (3 Bde.).

Hull, Cordell: *The Memoirs of Cordell Hull*. Bd. 1. New York: MacMillan, 1948.

James, Robert Rhodes (Hg.): *Winston S. Churchill: His Complete Speeches, 1897–1963*. Bd. 5. London: Chelsea House, 1974.

Jones, Thomas: *A Diary with Letters, 1931–1950*. New York: Oxford University Press, 1954.

Kessler, Harry Graf: *Tagebücher, 1918–1937*. Frankfurt/M.: Insel, 1961.

Klemperer, Victor: *Ich will Zeugnis ablegen bis zum letzten: Tagebücher, 1933–1934*. Berlin: Aufbau Verlag, 2006 (1995).

Koestler, Arthur: *Die Geheimschrift: Bericht eines Lebens 1932 bis 1940*. München: Desch, 1955.

Kravchenko, Victor: *I Chose Freedom: The Personal and Political Life of a Soviet Official*. New Brunswick, NJ: Transaction, 1989 (1946).

Kuramoto, Kazuko: *Manchurian Legacy: Memoirs of a Japanese Colonist*. East Lansing: Michigan State University Press, 1999.

Lamont, Corliss, und Margaret Lamont: *Russia Day by Day: A Travel Diary*. New York: Covici-Friede, 1933.

Laroche, Jules: *La Pologne de Pilsudski: Souvenirs d'une ambassade, 1926–1935*. Paris: Flammarion, 1953.

Lévi-Strauss, Claude: *»Chers tous deux«: Lettres à ses parents, 1931–1942*. Hg. von Monique Lévi-Strauss. Paris: Seuil, 2015.

Lih, Lars T., Oleg V. Naumov und Oleg V. Khlevniuk (Hg.): *Stalin's Letters to Molotov, 1925–1936*. New Haven, CT: Yale University Press, 1995.

Lloyd George, David: *War Memoirs*. Bd. 1. Boston: Little, Brown, 1933.
Lyons, Eugene: *Assignment in Utopia*. New York: Harcourt, Brace, 1937.
Madariaga, Salvador de: *Morning without Noon: Memoirs*. Westmead: Heath, 1974.
Mann, Klaus: *Der Wendepunkt: Ein Lebensbericht*. Reinbeck bei Hamburg: Rowohlt Taschenbuch Verlag, 2006 (1952).
Moley, Raymond: *After Seven Years*. New York: Harper & Brothers, 1939.
Muggeridge, Malcolm: *The Green Stick*. Bd. 1 von *Chronicles of Wasted Time*. London: Collins, 1972–1973 (2 Bde.).
– *The Infernal Grove*. Bd. 2 von *Chronicles of Wasted Time*. London: Fontana, 1981 (1973).
Nehru, Jawaharlal: *An Autobiography*. New Delhi: Penguin Books India, 2004 (1936).
Podlubnyi, Stepan: *Tagebuch aus Moskau, 1931–1939*. Aus dem Russischen übersetzt und herausgegeben von Jochen Hellbeck. München: Deutscher Taschenbuch Verlag, 1996.
Réquin, Édouard: *D'une guerre à l'autre (1919–1939): Souvenirs*. Paris: Charles-Lavauzelle, 1949.
Roosevelt, Elliott (Hg.): *F. D. R.: His Personal Letters, 1928–1945*. Bd. 1. New York: Duell, Sloane, and Pierce, 1950.
Rose, Lisle A.: *The Breaking Storm*. Bd. 2 von *Power at Sea*. Columbia: University of Missouri Press, 2007 (3 Bde.).
Schmidt, Paul: *Statist auf diplomatischer Bühne, 1923–1945: Erlebnisse des Chefdolmetschers im Auswärtigen Amt mit den Staatsmännern Europas*. Bonn: Athenäum-Verlag, 1950.
Scott, John: *Behind the Urals: An American Worker in Russia's City of Steel*. Bloomington: Indiana University Press, 1973 (1942).
Serge, Victor: *Memoirs of a Revolutionary*. New York: New York Review Books, 2012 (1951).
Simenon, Georges: *Mes apprentissages: Reportages, 1931–1946*. Paris: Omnibus, 2001.
Stimson, Henry L.: *On Active Service in Peace and War*. New York: Harper & Brothers, 1948 (1947).
– *The Far Eastern Crisis: Recollection and Observations*. New York: Harper & Brothers for Council on Foreign Relations, 1936.
Temperley, Arthur C.: *The Whispering Gallery of Europe*. London: Collins, 1938.
Tugwell, R. G.: *The Brains Trust*. New York: Viking, 1968.

– »Franklin D. Roosevelt on the Verge of the Presidency«. In: *The Antioch Review* 16, Nr. 1 (Frühjahr 1956), S. 46–79.
Vansittart, Robert Lord: *Lessons of My Life.* New York: Knopf, 1934.
– *The Mist Procession.* London: Hutchinson, 1958.
Williamson, Philip, und Edward Baldwin (Hg.): *Baldwin Papers: A Conservative Statesman, 1907–1948.* Cambridge: Cambridge University Press, 2004.
Wilson, Hugh R.: *Diplomat between Wars.* New York: Longmans, Green, 1941.
Woodward, E. L.: *Short Journey.* London: Faber and Faber, 1942.

E. Zeitgenössische Kommentare und Analysen

Alain: *Elements d'une doctrine radicale.* Paris: Gallimard, 1933.
– *Propos sur les pouvoirs.* Paris: Gallimard, 1938 (1935).
»American Public Opinion on the World Economic Conference«. Diskussion im Chatham House, London, 13. Juli 1933. Chatham House Archives, RIIA/8/289.
Anonym [»Une haute personnalité« / »Eine hochgestellte Persönlichkeit«]: »Les armements de l'Allemagne«. In: *Revue des deux mondes* 8 (1. Februar 1932), S. 509–544.
Anonym: *Letter of an Old Bolshevik: The Key to the Moscow Trials.* New York: Rand School Press, 1937.
Bechhofer, Robert C. E. (»Ephesian«): *Stanley Baldwin: Manor Miracle.* New York: Greenberg, 1937.
Berl, Emmanuel: *La Politique et les partis.* Paris: Editions Rieder, 1932.
Bland, J. O. P.: *China: The Pity of It.* London: William Heinemann, 1932.
Blum, Léon: *Discours de Romans: Prononcé le 24 juillet 1932.* Valence: Imprimerie de la Volonté socialiste, 1932.
Buell, Raymond Leslie, Walter Millis, und Frank H. Simonds: »Foreign Problems Confronting the New Administration«. Foreign Policy Association, 23. Februar 1933. Bemerkungen von Buell und Millis.
Cassel, Gustav: *The Crisis in the World's Monetary System.* Oxford: Clarendon Press, 1932.
Coste, Pierre: *Les Grands Marchés financiers. Paris, Londres, New-York: La Lutte pour la Suprématie.* Paris: Payot, 1932.
Cromwell, James H. R.: *The Voice of Young America.* New York: Scribner's, 1933.
Cru, Jean-Norton: *Témoins.* Nancy: Presses Universitaires de Nancy, 2006 (1929).

De Bono, Emilio: »Ieri e oggi in colonia«. In: *Gerarchia,* 7–8 (Juli–August 1932), S. 525–532.
Dell, Robert: *The Geneva Racket, 1920–1939.* London: Robert Hale Limited, 1941.
Dos Passos, John: *In All Countries.* New York: Harcourt, Brace, 1934.
Duffort, Louis: *L'Autre Pologne.* Paris: Editions de la Revue mondiale, 1932.
Einzig, Paul: *International Gold Movements.* 2. Aufl. London: Macmillan, 1931.
– *Behind the Scenes of International Finance.* London: Macmillan, 1932.
Embree, John: *Suye Mura: A Japanese Village.* Ann Arbor: Center for Japanese Studies, University of Michigan, 1995 (Chicago, 1939).
Everhart, William Daniel: »The American Press and World Peace«. Dissertation, University of Southern California, Los Angeles, 1932.
Hawtrey, R. G.: *The Gold Standard in Theory and Practice.* 3. Aufl. London: Longmans, Green, 1933.
Hillson, Norman: *Geneva Scene.* London: Routledge, 1936.
Hitlers zweites Buch: Ein Dokument aus dem Jahr 1928. Eingeleitet und kommentiert von Gerhard L. Weinberg. Mit einem Geleitwort von Hans Rothfels. Stuttgart: Deutsche Verlags-Anstalt, 1961.
Ishiwara, Kanji: »A Plan to Occupy Manchuria«. In: *Sources of Japanese Tradition,* hg. von Wm. Theodore de Bary, Carol Gluck und Arthur Tiedemann, Bd. 2, Teil 2. 2. Aufl. New York: Columbia University Press, 2006, S. 294–298.
Kaneko, Kentaro: »A ›Japanese Monroe Doctrine‹ and Manchuria«. In: *Contemporary Japan* 1 (1932), S. 176–184.
Kérillis, Henri de, und Raymond Cartier: *Faisons le point.* Paris: Grasset, 1931.
Keynes, J. M.: »National Self-Sufficiency«. In: *Collected Writings of John Maynard Keynes,* Bd. 21. London: Macmillan, Cambridge University Press for the Royal Economic Society, 1982, S. 233–246.
– »Two Years off Gold: How Far Are We from Prosperity Now?« In: *Collected Writings of John Maynard Keynes*, Bd. 21. London: Macmillan, Cambridge University Press for the Royal Economic Society, 1982, S. 284–288.
Knickerbocker, Hubert R.: *Kommt Europa wieder hoch?* Berlin: Rowohlt, 1932.
– *Deutschland – so oder so?* Berlin: Rowohlt, 1932.
Lair, Maurice: »Stresemann«. In: *Revue française des sciences politiques,* Juli–September 1939, S. 365–392.

Layton, Sir Walter: »After the World Economic Conference«. In: *Foreign Affairs* 12, Nr. 1 (Oktober 1933), S. 20–29.
– »The Tasks of the World Economic Conference«. In: *Foreign Affairs* 11, Nr. 3 (April 1933), S. 406–419.
Lewinsohn, Richard: *Financial Contagion: Lessons from the Great Depression.* Berlin: Richard Lewinsohn-Morus Stiftung, 2010 (1934).
Lippmann, Walter, Council on Foreign Relations: *The United States in World Affairs: An Account of American Foreign Relations, 1932.* New York: Harper & Brothers, 1933.
– *The United States in World Affairs: An Account of American Foreign Relations, 1933.* New York: Harper & Brothers, 1934.
Maillaud, Pierre [Pierre Bourdan]: *The English Way.* New York: Oxford University Press, 1946.
Malet, Albert, und Jules Isaac: *Histoire contemporaine (de 1815 à nos jours). 3e année avec la collaboration de M. Henri Bejean.* Paris: Hachette, 1935.
Masaryk, Thomas G.: »Pangermanism and the Eastern Question«. In: *The New Europe* 1, Nr. 1 (19. Oktober 2016), S. 1–19.
Mussolini, Benito: »La Dottrina del Fascismo«. In: *Enciclopedia Italiana.* Bd. 14, 1932; dt.: *Der Geist des Faschismus: Ein Quellenwerk.* Hg. und erläutert von Horst Wagenführ. München: C. H. Beck, 1943.
Priestley, J. B.: *Englische Reise.* Berlin: S. Fischer, 1934.
Renouvin, Pierre: »Les historiens américains et les Responsabilités de la Guerre«. In: *Revue des Deux Mondes,* 15. April 1931.
Rodgers, Marion Elizabeth (Hg.): *The Impossible H. L. Mencken.* New York: Doubleday, 1991.
Roosevelt, Franklin D.: »Our Foreign Policy: A Democratic View«. In: *Foreign Affairs* 6, Nr. 4 (July 1928).
Royal Institute of International Affairs. The International Gold Problem: A Record of the Discussions of a Study Group of Members. Oxford: Oxford University Press, 1931.
Salter, Arthur, Sir: »The Future of Economic Nationalism«. In: *Foreign Affairs* 11, Nr. 1 (Oktober 1932), S. 9–20.
Scorza, Carlo: *Fascismo: Idea imperiale.* Rom: De Gasperis, 1933.
Seeckt, Hans von: *Deutschland zwischen West und Ost.* Hamburg: Hanseatische Verlagsanstalt, 1933.
– *Wege deutscher Außenpolitik.* Leipzig: Von Quelle & Meyer, 1931.
Seignobos, Charles: »Le sens des élections françaises de 1932«. In: *L'Année politique française et étrangère* 7, Nr. 3 (November 1932), S. 273–290.
»The Shanghai Crisis: Record of a Discussion at Chatham House, 22nd

February 1932«. In: *International Affairs* 11, Nr. 2 (März 1932), S. 153–179.
Siegfried, André: *England's Crisis.* New York: Harcourt, Brace, 1931.
– *Tableau des Partis en France.* Paris: Bernard Grasset, 1930.
Sikorski, W.: »La campagne allemande pour la révision«. *Revue des deux mondes* 7, Nr. 1 (1. Januar 1932), S. 49–62.
Simonds, Frank H.: *The ABC of War Debts and the Seven Popular Delusions about Them.* New York: Harper & Brothers, 1933.
– *America Faces the Next War.* New York: Harper & Brothers, 1933.
– *Can America Stay at Home?* New York: Harper & Brothers, 1932.
Slocombe, George: *A Mirror to Geneva: Its Growth, Grandeur and Decay.* New York: Henry Holt, 1938.
Steed, Wickham: *The Meaning of Hitlerism.* London: Nisbet, 1934.
Stevenson, J. A.: »Canada's Foreign Policy«. *Pacific Affairs* 7, Nr. 2 (Juni 1934), S. 153–162.
Suarez, Georges: *Profils de Rechange.* Paris: Editions Excelsior, 1933.
Tabouis, Geneviève: *Vingt ans de suspense diplomatique.* Paris: Albin Michel, 1958.
Tardieu, André: *Devant l'obstacle: L'Amérique et nous.* Paris: Émile-Paul Frères, 1927.
Thompson, Dorothy: *I Saw Hitler!* New York: Farrar and Rhinehart, 1932.
Toynbee, Arnold J. (Hg.): *Survey of International Affairs, 1932.* London: Royal Institute of International Affairs, 1933.
– *Survey of International Affairs, 1936.* London: Oxford University Press, 1937.
Wilson, Edmund: *The American Earthquake: A Documentary of the Twenties and Thirties.* New York: Farrar, Strauss and Giroux, 1979 (1958).
Wolfers, Arno: *Britain and France between Two Wars.* New York: Norton, 1966.

F. Literatur, Film und Theater

Blutendes Deutschland. Regie: Johannes Häussler. Nationalsozialistischer Propagandafilm, 1933.
Chlumberg, Hans: *Wunder um Verdun* (Miracle à Verdun). Berlin: S. Fischer Verlag, 1932 (geschr. 1930), aufgeführt in Berlin und Paris, 1932.
Cremers, Paul Joseph: *Die Marneschlacht* (Theaterstück). Bielefeld und Leipzig: Velhagen und Klasing, 1932.

Johst, Hanns: *Schlageter.* Hitler gewidmetes Theaterstück; Erstaufführung zu seinem vierundvierzigsten Geburtstag, 20. April 1933.
Les Croix de bois (*Die hölzernen Kreuze*). Regie: Raymond Bernard, 1932. Film nach dem gleichnamigen Roman von Roland Dorgelès (1919).
Sebastian, Mihail: *Seit zweitausend Jahren.* Übersetzt und mit einem Nachwort und einer Dokumentation hg. von Daniel Rhein. Paderborn: Igel-Verlag und Bukarest: Editura Fundajiei Culturale Romane, 1997 (1934).

II. Unveröffentlichte Primärquellen und Materialien

A. Frankreich

Archives du ministère de l'Europe et des affaires etrangéres (Paris-La Courneuve)

Correspondence politique et commerciale, 1919–1939

18CPCOM 302 USA (correspondance générale politique, juin 1931–octobre 1932).
18CPCOM 303 USA (correspondance générale politique, novembre 1932–décembre 1933).
39CPCOM 102 Japon (presse, novembre 1930–avril 1933).
39CPCOM 107 Japon (politique intérieure, 1932–1932).
39CPCOM 108 (microfilm P/16983) Japon (politique intérieure, 1933–1934).
39CPCOM 117 Japon (politique extérieure, 1932–1934).
39CPCOM 136 Japon (relations avec URSS, avril–septembre 1932).
39CPCOM 137 Japon (relations avec l'URSS, octobre 1932–avril 1933).
75CPCOM 73 Conférence économique internationale (juin 1932–avril 1933).
75CPCOM 74 Conférence économique internationale (avril–juin 1933).
75CPCOM 75 Conférence économique internationale (22 juin–7 juillet 1933).
75CPCOM 76 Conférence économique internationale (13 juin–31 décembre 1933).
75CPCOM 537 Conférence du désarmement (mars–avril 1933).
75CPCOM 538 Conférence du désarmement (1–15 mai 1933).
78CPCOM 676 (microfilm P/16687) Allemagne (politique intérieure, septembre 1932 juin–1933).
78CPCOM-620–22–1 Allemagne (presse, septembre 1932–mai 1933).

92CPCOM 210 Grande-Bretagne (presse, octobre 1932).
92CPCOM 211 Grande-Bretagne (presse, novembre 1932).
92CPCOM 213 Grande-Bretagne (presse, janvier 1933).
92CPCOM 182 Grande-Bretagne (presse, 1930–1936).
92CPCOM 262 Grande-Bretagne (politique intérieure, dossier général, 1932–33).
92CPCOM 270 Grande-Bretagne (politique extérieure, 27 octobre 1930–30 août 1934).
94CPCOM 108 Hongrie (politique intérieure, octobre 1931–octobre 1932).
94CPCOM 109 Hongrie (politique intérieure, novembre 1932–juillet 1934).
97CPCOM 258 Italie (politique intérieure, 1932–1936).
97CPCOM 269 Italie (politique extérieure, 1932–1935).
97CPCOM 235–366–1 Italie (presse, 1932–1935).
106CPCOM 322 Pologne (politique intérieure, avril 1932–avril 1934).
106CPCOM 333 Pologne (affaires extérieures, 1930–32).
106CPCOM 334 Pologne (affaires extérieures, janvier 1933–janvier 1934).
106CPCOM 350 Pologne (relations avec l'Allemagne, janvier 1931–mars 1932).
106CPCOM 351 Pologne (relations avec l'Allemagne, avril–décembre 1932).
110CPCOM 170 Roumanie (politique intérieure, 1 mai 1931–31 mars 1933).
110CPCOM 177 Roumanie (politique extérieure, 1 janvier 1930–31 décembre 1932).
110CPCOM 178 Roumanie (politique extérieure, 1 janvier 1933–mai 1934).
116CPCOM 94 Tchécoslovaquie (presse 1930–1935).
116CPCOM 101 Tchécoslovaquie (politique intérieure, 1930–35).
117CPCOM 925 URSS (armée, mai 1932–1935–1940).
117CPCOM 960 URSS (politique extérieure, mai 1932–décembre 1933).
117CPCOM 985 Relations entre l'URSS et l'Allemagne (juin 1932–mai 1933).
117CPCOM 986 Relations entre l'URSS et Allemagne (juin 1933–avril 1934).
118CPCOM 161 Yougoslavie (politique intérieure, juillet 1932–février 1933).
118CPCOM 177 Yougoslavie (politique extérieure, 1932–1933).

Archives Nationales (Pierrefitte-Sur-Seine)
Série F7 (police-renseignements généraux)
F7 13429 Allemagne 1932.

F7 13430 Allemagne 1933.
F7 13504 USSR 1932.

Archives François-Poncet
462 AP 14 (ambassade de France, 1931–1939).

Archives Tardieu
PA-AP166 498 Conférence du désarmement, novembre 1931–janvier 1932.
PA-AP 166 505 Conférence du désarmement, 12–29 février 1932.
PA-AP 166 508 Conférence du désarmement, janvier–février 1932.

Service Historique de la Défense (Vincennes, France)
1 N 34 Conseil supérieur de la guerre, 1934.
GR 1 N42 (Etat major Weygand, 1930–1935).
GR 1 N85 (Exercises combines, 1932–1933).

B. Großbritannien

The National Archives (Kew, Richmond, Surrey)
Foreign Office Correspondence
FO 371/16243: Political – far eastern, Japan (1932).
FO 370/16151: Political – far eastern, general (mostly Shanghai crisis, 1932).
FO 371/16163: Political – far eastern, China (1932).

Cabinet
T 188/71: Cabinet committee on world economic conference, May 1933.
Cab. 24/233/22: Memorandum to cabinet from foreign secretary, September 1932.
Cab. 23/72/10: Cabinet minutes, 11 October 1932.

C. Vereinigte Staaten von Amerika

National Archives and Records Administration (College Park, Maryland)

General Records of the Department of State
RG 59.862, vol 84: Germany, internal affairs, 1932–1933, or box.
RG 59 762.00: Germany, external affairs.
RG 59 T-1249 (Mikrofilm): Soviet Union internal affairs, 1930–39.

Roll 1, 1932–1933
RG 84 vols. 84, 93, 765–768: Japan Legation and Consular Posts, 1932–1933.
RG 165: Records of the War Department General and Special Staffs (Mikrofilm).
M1216: Correspondence of military intelligence on conditions in Japan, 1918–1941 (31 Rollen).
Roll 2: 1932–1933

FDR Presidential Library (Hyde Park, NY).
Significant Documents Collection, FDR 9-A box 156 (draft of message of 3 July 1933).

D. League of Nations Archives [Völkerbund-Archiv] (Genf)

R 1869: Sino-Japanese dispute, 1931–1933.
R 1871: Sino-Japanese dispute, 1932.
R 3609: Sino-Japanese dispute, 1933.
S 474: Arthur Henderson, 1931–1933.

III. Veröffentlichte Sekundärliteratur

Applebaum, Anne: *Roter Hunger. Stalins Krieg gegen die Ukraine.* München: Siedler, 2019.
Audoin-Rouzeau, Stéphane, und Annette Becker: *14–18: Retrouver la guerre.* Paris: Gallimard, 2000.
Bailey, Thomas A.: *The Man in the Street. The Impact of American Public Opinion on Foreign Policy.* New York: Macmillan, 1948.
Barth, Rüdiger, und Hauke Friederichs: *Die Totengräber: Der letzte Winter der Weimarer Republik.* Frankfurt/M.: Fischer, 2018.
Beard, Charles A.: *American Foreign Policy in the Making, 1932–1940: A Study in Responsibilities.* New Haven: Yale University Press, 1946.
Beasley, W. G.: *Japanese Imperialism, 1894–1945.* New York: Oxford University Press, 1987.
Beaudry, Paul: »The French Depression in the 1930s«. In: *Review of Economic Dynamics* 1, Nr. 5 (2002), S. 73–99.
Beetham, David: *Marxists in Face of Fascism: Writings by Marxists on Fascism from the Inter-war Period.* Totowa, NJ: Barnes & Noble Books, 1984.
Bennett, Edward W.: *German Rearmament and the West, 1932–1933.* Princeton, NJ: Princeton University Press, 1979.

Bickers, Robert: *Out of China: How the Chinese Ended the Era of Western Domination*. Cambridge, MA: Harvard University Press, 2017.
Biskupski, M. B. B.: *Independence Day: Myth, Symbol, and the Creation of Modern Poland*. Oxford: Oxford University Press, 2012.
Bond, Brian: *Britain's Two World Wars against Germany: Myth, Memory and the Distortion of Hindsight*. Cambridge: Cambridge University Press, 2014.
Boyce, Robert: *The Great Interwar Crisis*. London: Palgrave Macmillan, 2009.
Boyce, Robert, und Joseph A. Maiolo (Hg.): *The Origins of World War Two: The Debate Continues*. London: Palgrave Macmillan, 2003.
Breitman, Richard, und Allan J. Lichtman: *FDR and the Jews*. Cambridge, MA: The Belknap Press of Harvard University Press, 2013.
Burkman, Thomas W.: *Japan and the League of Nations: Empire and World Order, 1914–1938*. Honolulu: University of Hawaii Press, 2008.
Carr, Edward Hallett: *Grundlagen eines dauernden Friedens*. Zürich: Steinberg, 1943.
– *The Twenty Years' Crisis*. London: Macmillan, 1961 (1939).
Chuter, David: *Humanity's Soldier. France and International Security, 1919–2001*. Providence und Oxford: Berghahn, 1996.
Cienciala, Anna M.: »Polish Foreign Policy, 1926–1939. ›Equilibrium‹: Stereotype and Reality«. In: *Polish Review* 20, Nr. 1 (1975), S. 42–57.
Clark, Ian: *Globalization and Fragmentation: International Relations in the Twentieth Century*. Oxford: Oxford University Press, 1997.
Clarke, Peter: *Hope and Glory: Britain 1900–1990*. London: Penguin, 1996.
Claude, Inis L.: »The Balance of Power Revisited«. In: *Review of International Studies* 15, Nr. 2 (1989), S. 77–85.
Clavin, Patricia: *Securing the World Economy: The Reinvention of the League of Nations, 1920–1946*. Oxford: Oxford University Press, 2015 (2013).
Clavin, Patricia, und Jens-Wilhelm Wessels: »Another Golden Idol? The League of Nations' Gold Delegation and the Great Depression, 1929–1932«. In: *The International History Review* 26, Nr. 4 (2004), S. 765–795.
Clemens, Detlev: *Herr Hitler in Germany: Wahrnehmung und Deutungen des Nationalsozialismus in Großbritannien 1920 bis 1939*. Göttingen: Vandenhoeck & Ruprecht, 1996.
Cohen, Warren I.: *The American Revisionists: The Lessons of Intervention in World War I*. Chicago: University of Chicago Press, 1967.

Colarizi, Simona: *L'opinione degli italiani sotto il regime, 1929–43.* Rom und Bari: Laterza, 1991.
Coox, Alvin D.: »The Kwantung Army Dimension«. In: *The Japanese Informal Empire in China, 1895–1937,* hg. von Peter Duus, Ramon H. Myers und Mark R. Peattie. Princeton, NJ: Princeton University Press, 1989, S. 395–428.
Corner, Paul: »Fascist Italy in the 1930s: Popular Opinion in the Provinces«. In: *Popular Opinion in Totalitarian Regimes: Fascism, Nazism, Communism,* hg. von Paul Corner. Oxford: Oxford University Press, 2009, S. 122–146.
– *The Fascist Party and Popular Opinion in Mussolini's Italy*. Oxford: Oxford University Press, 2012.
Corvaja, Santi: *Hitler and Mussolini: The Secret Meetings.* New York: Enigma, 2001.
Cowley, Malcolm: *Exile's Return: A Literary Odyssey of the American 1920s.* New York: Penguin, 1979 (1951).
Cowling, Maurice: *The Impact of Hitler: British Politics and British Policy, 1933–1940.* Cambridge: Cambridge University Press, 1975.
Cox, Robert W.: »Social Forces, States, and World Orders: Beyond International Relations Theory«. In: *Neorealism and Its Critics,* hg. von Robert O. Keohane. New York: Columbia University Press, 1986.
Crocket, Jameson W.: »The Polish Blitz, More than a Mere Footnote to History: Poland and Preventive War with Germany, 1933«. In: *Diplomacy and Statecraft* 20, Nr. 4 (November 2009), S. 561–579.
Dallek, Robert: *Franklin Roosevelt and American Foreign Policy, 1932–1945.* Oxford: Oxford University Press, 1995 (1979).
Davies, R. W.: »Edward Hallett Carr, 1892–1982«. In: *Proceedings of the British Academy* 69 (1983), S. 473–511.
– »Soviet Military Expenditure and the Armaments Industry, 1929–1933: A Reconsideration«. In: *Europe-Asia Studies* 45, Nr. 4 (1993), S. 577–608.
Davies, Thomas A.: *The Possibilities of Transnational Activism: The Campaign for Disarmament between the Two World Wars.* Boston: Martinus Nijhoff, 2007.
Deist, Wilhelm, Manfred Messerschmidt, Hans-Erich Volkmann und Wolfram Wette: *Ursachen und Voraussetzungen des Zweiten Weltkrieges.* Frankfurt/M.: Fischer Taschenbuch Verlag, 1989. Die Originalausgabe erschien 1979 unter dem Titel *Ursachen und Voraussetzungen der deutschen Kriegspolitik* als Band 1 der Reihe *Das Deutsche Reich und der Zweite Weltkrieg*, hg. vom Militärgeschichtlichen Forschungsamt Freiburg.

Del Boca, Angelo: *La Guerra d'Etiopia: L'Ultima impresa del colonialismo.* Mailand: Longanesi, 2010.
Divine, Robert A.: *The Illusion of Neutrality.* Chicago: University of Chicago Press, 1962.
Doenecke, Justus D. (Hg.): *The Diplomacy of Frustration: The Manchurian Crisis of 1931–1933 as Revealed in the Papers of Stanley K. Hornbeck.* Palo Alto, CA: Hoover Institution Press, 1981.
Doughty, Robert Allan: *The Seeds of Disaster: The Development of French Army Doctrine, 1919–1939.* Hamden, CT: Archon, 1985.
Duggan, Christopher: »The Internalization of the Cult of the Duce: The Evidence of Diaries and Letters«. In: *The Cult of the Duce: Mussolini and the Italians,* hg. von Stephen Gundle, Christopher Duggan und Giuliana Peri. Manchester, UK: Manchester University Press, 2013, S. 129–143.
Duus, Peter: »Introduction«. In: *The Japanese Informal Empire in China, 1895–1937,* hg. von Peter Duus, Ramon H. Myers und Mark R. Peattie. Princeton, NJ: Princeton University Press, 1989, S. xi–xxix.
Edwards, Sebastien: *American Default: The Untold Story of FDR, the Supreme Court, and the Battle over Gold.* Princeton, NJ: Princeton University Press, 2018.
Eichengreen, Barry: *Globalizing Capital. A History of the International Monetary System.* 2. Aufl. Princeton, NJ: Princeton University Press, 2008.
Eichengreen, Barry, und Peter Temin: »The Gold Standard and the Great Depression«. In: *Contemporary European History* 9, Nr. 2 (2000), S. 183–207.
Enders, Paul: »Cremers« [Paul Joseph]. In: *Neue deutsche Biographie.* Berlin: Bürklein-Ditmar, 1957.
Engerman, David C.: »Modernization from the Other Shore: American Observers and the Costs of Soviet Economic Development«. In: *American Historical Review* 105, Nr. 2 (April 2000), S. 383–416.
Evans, Richard: *The Coming of the Third Reich.* London: Penguin, 2003.
Falter, Jürgen: *Hitlers Wähler.* München: Verlag C. H. Beck, 1991.
Farrell, Nicholas: *Mussolini: A New Life.* London: Weidenfeld & Nicolson, 2003.
Feinstein, Charles H., Peter Temin und Gianni Toniolo: *The World Economy between the Wars.* 2. Aufl. New York: Oxford University Press, 2008.
Figes, Orlando: *Die Flüsterer. Leben in Stalins Russland.* Berlin: Berlin-Verlag, 2008.

Fischer, Conan: *Stormtroopers: A Social, Economic, and Ideological Analysis, 1929–35*. London: George Allen & Unwin, 1983.

Fischer, Fritz: *Griff nach der Weltmacht: Die Kriegszielpolitik des kaiserlichen Deutschland, 1914/1918*. Düsseldorf: Droste, 1961.

Fitzpatrick, Sheila: *Everyday Stalinism: Ordinary Life in Extraordinary Times: Soviet Russia in the 1930s*. New York: Oxford University Press, 1999.

– *On Stalin's Team: The Years of Living Dangerously in Soviet Politics*. Princeton, NJ: Princeton University Press, 2015.

Förster, Jürgen: *Die Wehrmacht im NS-Staat*. München: Oldenbourg, 2007.

Freidel, Frank: *Franklin D. Roosevelt: The Ordeal*. Boston: Little, Brown, 1954.

– *Franklin D. Roosevelt: The Triumph*. Boston: Little, Brown, 1956.

Garlicki, Andrzej: *Jozef Pilsudski, 1867–1935*. Hg. und übersetzt von John Coutouvidis. Aldershot, UK: Scolar Press, 1995.

Gaus, Günter. »›Was bleibt? Es bleibt die Muttersprache‹. Günter Gaus im Gespräch mit Hannah Arendt«. Sendung vom 28.10.1964. Transkript im Interview-Archiv des Rundfunks Berlin-Brandenburg (rbb), https://www.rbb-online.de/zurperson/interview_archiv/arendt_hannah.html.

Gentile, Emilio: *The Sacralization of Politics in Fascist Italy*. Cambridge, MA: Harvard University Press, 1996.

Gerwarth, Robert: *Die Besiegten: Das blutige Erbe des Ersten Weltkriegs*. München: Siedler Verlag, 2017.

Golubew, A. W.: »›Rossiia mozhet polagat'sia lish' na samu sebia‹: Predstavleniia o budushchei voine v sovetskom obshchestve 1930-kh godov« [»Russland kann sich nur auf sich selbst verlassen«. Die Perspektiven der sowjetischen Öffentlichkeit in den 1930-Jahren hinsichtlich eines künftigen Krieges]. In: *Otechestvennaia istoriia* no. 5 (2008), S. 108–127.

– *»Esli mir obrushitsia na nashu Respubliku …«: Sovestkoe obshchestvo i vnesh niaia ugroza v 1920–1940-e gg.* [»Wenn die Welt über unsere Republik herfällt …«. Sowjetgesellschaft und die Bedrohung von außen, 1920er- bis 1940er-Jahre]. Moskau: Kuchkovo pole, 2008.

Haas, Richard: *A World in Disarray: American Foreign Policy and the Crisis of the Old Order*. New York: Penguin, 2017.

Harris, James: *The Great Fear: Stalin's Terror of the 1930s*. New York: Oxford University Press, 2016.

Haslam, Jonathan: *No Virtue like Necessity: Realist Thought in International Relations since Machiavelli*. New Haven, CT: Yale University Press, 2002.

– *Soviet Foreign Policy, 1930–1933: The Impact of the Depression.* London: Macmillan, 1983.
– *The Soviet Union and the Struggle for Collective Security in Europe, 1933–39.* London: Macmillan, 1984.
– *The Soviet Union and the Threat from the East, 1933–1941: Moscow, Tokyo, and the Prelude to the Pacific War.* Pittsburgh: University of Pittsburgh Press, 1992.
– *The Vices of Integrity: E. H. Carr, 1892–1982.* New York: Verso, 1999.
Hein, Heidi: *Der Piłsudski-Kult und seine Bedeutung für den polnischen Staat, 1926–1939.* Marburg: Herder-Institut, 2002.
Hellbeck, Jochen: *Revolution on My Mind: Writing a Diary under Stalin.* Cambridge, MA: Harvard University Press, 2006.
Henriot, Christian: *Shanghai, 1927–1937: Municipal Power, Locality, and Modernization.* Berkeley: University of California Press, 1993 (1991).
Hiden, John: »National Socialism and Foreign Policy, 1919–1933«. In: *The Nazi Machtergreifung,* hg. von Peter Stachura. London: George Allen & Unwin, 1983, S. 146–161.
Hill, Alexander: *The Red Army and the Second World War.* Cambridge: Cambridge University Press, 2017.
Hitchins, Keith: *Romania, 1866–1947.* Oxford: Oxford University Press, 1994.
Holman, Brett: »The Air Panic of 1935: British Press Opinion between Disarmament and Rearmament«. In: *Journal of Contemporary History* 46, Nr. 2 (2011), S. 288–307.
Imbriani, Angelo Michele: *Gli Italiani e il Duce: Il mito e l'imaggine di Mussolini negli ultimi anni del fascismo (1938–1943).* Neapel: Liguore, 1992.
Jacobson, Jon: *When the Soviet Union Entered World Politics.* Berkeley: University of California Press, 1994.
Jacome, Luis I.: »Central Banking in Latin America: From the Gold Standard to the Golden Years«. International Monetary Fund, working paper 15/60, Monetary and Capital Markets Department, März 2015.
James, Harold: *The End of Globalization: Lessons from the Great Depression.* Cambridge: Harvard University Press, 2001.
Jankowski, Paul: »Twenty Years of Disenchantment: The American Entry into World War I Remembered, 1917–1937«. In: *South Central Review* 34, Nr. 3 (Herbst 2017), S. 115–127.
Jardin, Pierre: *Aux racines du mal: 1918 le déni de la défaite.* Paris: Tallandier, 2005.

Jędrzejewicz, Waclaw: »The Polish Plan for a ›Preventive War‹ against Germany in 1932«. In: *Polish Review* 11, Nr. 1 (Winter 1966), S. 62–91.
Jordan, Donald A.: *China's Trial by Fire: The Shanghai War of 1932*. Ann Arbor: University of Michigan Press, 2001.
Kagan, Robert: *The Jungle Grows Back: America and Our Imperiled World*. New York: Knopf, 2018.
Kehr, Eckart: *Schlachtflottenbau und Parteipolitik, 1894–1901*. Berlin: E. Ebering, 1930.
Kellerhoff, Sven Felix: *»Mein Kampf«: Die Karriere eines deutschen Buches*. Stuttgart: Klett-Cotta, 2015.
Keohane, Robert O.: »Theory of World Politics: Structural Realism and Beyond«. In: *Neorealism and Its Critics,* hg. von Robert O. Keohane. New York: Columbia University Press, 1986, S. 158–194.
Kershaw, Ian: *Hitler 1889–1936*. Stuttgart: Deutsche Verlags-Anstalt, 1998.
– *Der Hitler-Mythos. Führerkult und Volksmeinung*. Stuttgart: Deutsche Verlags-Anstalt, 1999.
Kimmel, Adolf: *Der Aufstieg des Nationalsozialismus im Spiegel der französischen Presse, 1930–1933*. Bonn: H. Bouvier, 1969.
Knox, MacGregor: *Common Destiny: Dictatorship, Foreign Policy, and War in Fascist Italy and Nazi Germany*. New York: Cambridge University Press, 2000.
Kotkin, Stephen: *Magnetic Mountain: Stalinism as a Civilization*. Berkeley: University of California Press, 1995.
– *Stalin*. Bd. 2. New York: Penguin, 2017.
Large, Stephen S.: »Nationalist Extremism in Early Showa Japan: Inoue Nissho and the ›Blood-Pledge Corps Incident‹, 1932«. In: *Modern Asian Studies* 35, Nr. 3 (Juli 2001), S. 533–564.
– »Substantiating the Nation: Terrorist Trials as Nationalist Theatre in Early Showa Japan«. In: *Nation and Nationalism in Japan,* hg. von Sandra Wilson. New York: Routledge Curzon, 2002, S. 55–68.
Lauridsen, John T.: *Nazism and the Radical Right in Austria, 1918–1934*. Kopenhagen: Museum Tusculanum Press, 2007.
Lieven, Dominic: *The End of Tsarist Russia: The March to World War I and Revolution*. New York: Penguin, 2015.
Linklater, Andrew: *Beyond Realism and Marxism: Critical Theory and International Relations*. Basingstoke: Macmillan, 1990.
Lipset, Seymour Martin: *Soziologie der Demokratie*. Neuwied a. Rh./Berlin-Spandau: Luchterhand, 1963.
Little, Richard: »Deconstructing the Balance of Power: Two Traditions

of Thought«. In: *Review of International Studies* 15, Nr. 2 (1989), S. 87–100.

Macartney, C. A.: »Hungary and the Present Crisis«. In: *International Affairs* (Royal Institute of International Affairs, 1931–1939) 17, Nr. 6 (1938), S. 749–68.

Maiolo, Joseph: *Cry Havoc: How the Arms Race Drove the World to War, 1931–1941*. New York: Basic Books, 2010.

Maitland, Frederick William: *Why the History of English Law Is not Written: An Inaugural Lecture Delivered in the Arts School at Cambridge on 13 October 1888*. London: C. J. Clay & Sons, 1888.

Mallett, Robert: *Mussolini in Ethiopia, 1919–1935*. New York: Cambridge University Press, 2015.

Martin, Terry: *The Affirmative Action Empire: Nations and Nationalism in the Soviet Union, 1923–1939*. Ithaca, NY: Cornell University Press, 2001.

– »The Origins of Soviet Ethnic Cleansing«. In: *Journal of Modern History* 70, Nr. 4 (Dezember 1998), S. 813–861. Siehe besonders die Seiten 836–846.

Matsusaka, Y. Tak: »Managing Occupied Manchuria, 1931–1934«. In: *Japanese Wartime Empire, 1931–1945*, hg. von Peter Duus, Ramon H. Myers und Mark R. Peattie. Princeton, NJ: Princeton University Press, 1996, S. 97–135.

McCarthy, Helen: *The British People and the League of Nations: Democracy, Citizenship, and Internationalism, c. 1918–1945*. Manchester: Manchester University Press, 2011.

McDonough, Frank: »Introduction«. In: *The Origins of the Second World War: An International Perspective*, hg. von Frank McDonough. New York: Continuum, 2011.

McKibbin, Ross: *Parties and People: England, 1914–1951*. Oxford: Oxford University Press, 2010.

Moley, Raymond: *The First New Deal*. New York: Harcourt, Brace, 1966.

Montefiore, Simon Sebag: *Stalin. Am Hof des roten Zaren*. Frankfurt/M.: Fischer Taschenbuch Verlag, 2006.

Morena, Antonio: *Mussolini's Decennale: Aura and Mythmaking in Fascist Italy*. Toronto: University of Toronto Press, 2015.

Morgenthau, Hans J.: »The Mainsprings of American Foreign Policy: The National Interest vs. Moral Abstractions«. In: *American Political Science Review* 44, Nr. 4 (1950), S. 833–854.

Mosse, George L.: *Gefallen für das Vaterland. Nationales Heldentum und namenloses Sterben*. Stuttgart: Klett-Cotta, 1993.

Mowat, Charles Loch: *Britain between the Wars, 1918–1940*. Chicago: University of Chicago Press, 1969 (1955).
Murnane, John R.: »Japan's Monroe Doctrine? Re-Framing the Story of Pearl Harbor«. In: *The History Teacher* 40, Nr. 4 (August 2007), S. 503–520.
Murphy, Jessica: »Charles Sheeler (1883–1965)«. Website des Metropolitan Museum of Art, New York City, November 2009, https://www.metmuseum.org/toah/hd/shee/hd_shee.htm.
Murray, Williamson: »Armored Warfare: The British, French, and German Experiences«. In: *Military Innovation in the Interwar Period*, hg. von Williamson Murray und Allan R. Millett. Cambridge: Cambridge University Press, 1996, S. 6–49.
Myers, Ramon H.: »Creating a Modern Enclave: The Economic Integration of Japan, Manchuria, and North China, 1932–1945«. In: *Japanese Wartime Empire, 1931–1945*, hg. von Peter Duus, Ramon H. Myers und Mark R. Peattie. Princeton, NJ: Princeton University Press, 1996, S. 136–170.
Nekrich, Aleksandr M.: *Pariahs, Partners, Predators: German-Soviet Relations, 1922–1941*. Hg. und übersetzt von Gregory L. Freeze. New York: Columbia University Press, 1997.
Néré, Jacques: *La Crise de 1929*. Paris: Armand Colin, 1973.
Neumann, Franz: *Behemoth: Struktur und Praxis des Nationalsozialismus 1933–1944*. Neu herausgegeben von Alfons Söllner und Michael Wildt. Hamburg: EVA, 2018 (1942).
Neville, Peter: *Benes and Masaryk: Czechoslovakia*. London: Haus, 2010.
Nicholls, A. J.: *Weimar and the Rise of Hitler*. New York: St. Martin's Press, 1991 (1968).
Nielsen, Christina Axboe: *Making Yugoslavs: Identity in King Aleksandar's Yugoslavia*. Toronto: University of Toronto Press, 2014.
Nish, Ian: *Japan's Struggle with Internationalism: Japan, China, and the League of Nations, 1931–3*. London: Kegan Paul International, 1993.
Northedge, F. S.: *The League of Nations: Its Life and Times, 1920–1946*. Leicester: Leicester University Press, 1986.
Perrot, Marguerite: *La Monnaie et l'Opinion Publique en France et en Angleterre de 1924 á 1936*. Paris: Cahiers de la Fondation Nationale des Sciences Politiques, 1955.
Plach, Eva: *The Clash of Moral Nation: Cultural Politics in Pilsudski's Poland, 1926–1935*. Athens: Ohio University Press, 2006.
Plöckinger, Othmar: *Geschichte eines Buches: Adolf Hitlers »Mein Kampf«, 1922–1945*. München: Institut für Zeitgeschichte/R. Oldenbourg, 2006.

– *Reden um die Macht? Wirkung und Strategie der Reden Adolf Hitlers im Wahlkampf zu den Reichstagswahlen am 6. November 1932*. Wien: Passagen Verlag, 1999.
Polonsky, Antony: *Politics in Independent Poland, 1921–1939*. Oxford: Oxford University Press, 1972.
Pünder, Hermann: *Politik in der Reichskanzlei: Aufzeichnungen aus den Jahren 1929–1932*. Stuttgart: Deutsche Verlags-Anstalt, 1961.
Reynolds, David: *The Long Shadow: The Legacies of the Great War in the Twentieth Century*. New York: Norton, 2014.
– »The Origins of Two ›World Wars‹: Historical Discourse and International Politics«. In: *Journal of Contemporary History* 38, Nr. 1 (Januar 2003), S. 29–44.
Ritchie, Donald A.: *Electing FDR: The New Deal Campaign of 1932*. Lawrence: University Press of Kansas, 2007.
Robertson, Esmonde (Hg.): *The Origins of the Second World War: Historical Interpretations*. London: Macmillan, 1971.
Samuelson, Lennart: *Soviet Defense Industry Planning: Tukhachevskii and Military-Industrial Mobilization, 1926–1937*. Stockholm: Institute of East European Economies, 1996.
Scalapino, Robert A.: *Democracy and the Party Movement in Prewar Japan: The Failure of the First Attempt*. Berkeley: University of California Press, 1975 (1953).
Schivelbusch, Wolfgang: *Die Kultur der Niederlage. Der amerikanische Süden 1865. Frankreich 1871. Deutschland 1918*. Berlin: Alexander Fest Verlag, 2001.
Schrecker, Ellen: *The Hired Money: The French Debt to the United States, 1917–1929*. New York: Arno Press, 1978.
Schroeder, Paul: *The Transformation of European Politics, 1763–1848*. New York: Oxford University Press, 1994.
Schweller, Randall L.: »The Twenty Years' Crisis, 1919–1939: Why a Concert Didn't Arise«. In: *Bridges and Boundaries: Historians, Political Scientists, and the Study of International Relations*. Hg. von Colin Elman und Miriam Fendius Elman. Cambridge, MA: Massachusetts Institute of Technology Press, 2001, S. 182–212.
Skidelsky, Robert: *Politicians and the Slump: The Labour Government of 1929–1931*. London: Macmillan, 1967.
Snyder, Timothy: *Bloodlands. Europa zwischen Hitler und Stalin*. München: C.H. Beck, 2011.
Stachura, Peter (Hg.): *Poland between the Wars, 1918–1939*. London: Macmillan, 1998.

Sternsher, Bernard: »The Stimson Doctrine: F.D.R. versus Moley and Tugwell«. In: *Pacific Historical Review* 31, Nr. 3 (August 1962), S. 281–289.
Stone, David R.: *Hammer and Rifle: The Militarization of the Soviet Union, 1926–1933*. Lawrence: University of Kansas Press, 2000.
Stoneman, William: *A History of the Economic Analysis of the Great Depression in America*. New York: Garland, 1979.
Strang, G. Bruce: *On the Fiery March: Mussolini Prepares for War.* Westport, CT: Praeger, 2003.
Takeuchi, Sterling Tatsuji: *War and Diplomacy in the Japanese Empire*. New York: Routledge, 2011 (1935).
Taylor, A.J.P.: *The Course of German History: A Survey of the Development of Germany since 1815*. London: H. Hamilton, 1945.
– *The Origins of the Second World War.* London: H. Hamilton, 1961.
– *The Struggle for Mastery in Europe, 1848–1918*. New York: Oxford University Press, 1971 (1954).
Thukydides: *Geschichte des Peloponnesischen Krieges*. I. Teil: Buch I–IV, Übersetzt und mit einer Einführung und Erläuterung versehen von Georg Peter Landmann. München/Zürich: Artemis & Winkler, 1993.
Tooze, Adam: *Ökonomie der Zerstörung. Die Geschichte der Wirtschaft im Nationalsozialismus*. München: Siedler, 2007.
Tugwell, Rexford G.: *The Democratic Roosevelt: A Biography of Franklin D. Roosevelt*. Garden City, NY: Doubleday, 1957.
Ullrich, Volker: *Adolf Hitler: Biographie. Die Jahre des Aufstiegs 1889–1939*. Frankfurt/M.: Fischer Verlag, 2013.
Vaïsse, Maurice: *Sécurité d'abord: La Politique française en matière de désarmement, 9 décembre 1930–17 avril 1934*. Paris: Pedone, 1981.
Vigor, P.H.: *The Soviet View of War, Peace and Neutrality*. London: Routledge, 1975.
Vitkine, Antoine: *Hitlers »Mein Kampf«. Geschichte eines Buches*. Hamburg: Hoffmann und Campe, 2015.
Waley, Daniel: *British Public Opinion and the Abyssinian War, 1935–6*. London: Temple Smith, 1975.
Waltz, Kenneth Neal: *Theory of International Politics*. New York: Random House, 1979.
Webster, Andrew: »The League of Nations, Disarmament and Internationalism«. In: *Internationalisms. A Twentieth-Century History*, hg. von Glenda Sluga und Patricia Clavin. Cambridge: Cambridge University Press, 2017.
Wehler, Hans-Ulrich: *Das Deutsche Kaiserreich, 1871–1918*. Göttingen: Vandenhoeck & Ruprecht, 1973.

Wendt, Alexander: »Anarchy Is What States Make of It: The Social Construction of Power Politics«. In: *International Organization* 46, Nr. 2 (Frühjahr 1992), S. 391–425.
– »Constructing International Politics«. In: *International Security* 20, Nr. 1 (Sommer 1995), S. 71–81.
Williamson, Philip: »Baldwin's Reputation: Politics and History, 1937–1967«. In: *Historical Journal* 47, Nr. 1 (2004), S. 127–168.
– *Stanley Baldwin: Conservative Leadership and National Values.* Cambridge: Cambridge University Press, 1999.
Wilson, Sandra: *The Manchurian Crisis and Japanese Society, 1931–33.* New York: Routledge, 2002.
Wirsching, Andreas: »›Man kann nur Boden germanisieren‹: Eine neue Quelle zu Hitlers Rede vor den Spitzen der Reichswehr am 3. Februar 1933«. In: *Vierteljahrshefte für Zeitgeschichte* 49 (2002), S. 516–550.
Young, G. M: *Stanley Baldwin.* London: Rupert Hart-Davis, 1952.
Young, Louise: *Japan's Total Empire: Manchuria and the Culture of Wartime Imperialism.* Berkeley: University of California Press, 1998.
Zalampas, Michael: *Adolf Hitler and the Third Reich in American Magazines, 1923–1939.* Bowling Green, OH: Bowling Green State University Popular Press, 1989.

Register

(Bei den japanischen Namen steht der Familienname vor dem Vornamen; bspw. ist Araki der Familienname, Sadao der Vorname.)